J.-Matthias Graf von der Schulenburg | Ute Lohse

Versicherungsökonomik

Ein Leitfaden für Studium und Praxis

J.-Matthias Graf von der Schulenburg | Ute Lohse

Versicherungsökonomik

Ein Leitfaden für Studium und Praxis

2. Auflage

vvw.de

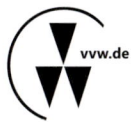

Bibliografische Information der Deutschen Nationalbibliothek

Die Deutsche Nationalbibliothek verzeichnet diese Publikation in der Deutschen Nationalbibliografie; detaillierte bibliografische Daten sind im Internet über http://dnb.d-nb.de abrufbar.

© 2014   Verlag Versicherungswirtschaft GmbH   Karlsruhe

Das Werk einschließlich aller seiner Teile ist urheberrechtlich geschützt. Jede Verwertung, die nicht ausdrücklich vom Urhebergesetz zugelassen ist, bedarf der vorherigen Zustimmung des Verlags Versicherungswirtschaft GmbH, Karlsruhe. Jegliche unzulässige Nutzung des Werkes berechtigt den Verlag Versicherungswirtschaft GmbH zum Schadenersatz gegen den oder die jeweiligen Nutzer.
Bei jeder autorisierten Nutzung des Werkes ist die folgende Quellenangabe an branchenüblicher Stelle vorzunehmen:
© 2014 Verlag Versicherungswirtschaft GmbH, Karlsruhe

Jegliche Nutzung ohne die Quellenangabe in der vorstehenden Form berechtigt den Verlag Versicherungswirtschaft GmbH zum Schadenersatz gegen den oder die jeweiligen Nutzer.

Beachten Sie bitte stets unseren Aktualisierungsservice auf unserer Homepage unter **vvw.de**→Service→Ergänzungen/Aktualisierungen
Dort halten wir für Sie wichtige und relevante Änderungen und Ergänzungen zum Download bereit.

Gleichstellungshinweis
Zur besseren Lesbarkeit wird auf geschlechtsspezifische Doppelnennungen verzichtet.

ISBN 978-3-89952-615-8

Vorwort zur 2. Auflage

Dieses Lehrbuch ist das Ergebnis langjähriger wissenschaftlicher Lehrtätigkeit. Der Leitfaden gewährt einen umfassenden Überblick über Themen, Methoden und Aussagen der Versicherungswirtschaftslehre. Als der Verlag uns mitteilte, dass die erste Auflage vergriffen sei, gab es nur zwei Möglichkeiten: einen Nachdruck der alten Auflage zu produzieren oder eine 2. überarbeitete Auflage herauszugeben. Zu der zweiten Alternative gab es allen Anlass: Während die Halbwertzeiten bei theoretischen Abschnitten eher lang sind, sind sie bei institutionellen und deskriptiven Ausführungen eher kurz. Letztere sind aber wichtig, da Versicherungsökonomik eine angewandte Wirtschaftswissenschaft ist, die die jeweiligen rechtlichen Rahmenbedingungen und die aktuellen Marktentwicklungen zu berücksichtigen hat. Glücklicherweise bot sich meine langjährige Forschungsleiterin für Versicherungswissenschaften, Frau Dr. Ute Lohse, als Koautorin an.

Gegenüber der ersten Auflage von 2005 haben wir neben den vielen Aktualisierungen und Überarbeitungen in Bezug auf Gesetze, Rahmenbedingungen und statistisches Datenmaterial die Bereiche „Risikomanagement in der Versicherungswirtschaft" und „Aufsichtsrechtliches Solvabilitätssystem für Versicherungsunternehmen" erweitert. Auch sind aktuelle Herausforderungen mit kritischen Würdigungen für die einzelnen Geschäftsfelder der Versicherungswirtschaft aufgenommen worden. Gleichzeitig ist das Kapitel Unternehmensführung und -steuerung in der 2. Auflage – bis auf das Resümee – gestrichen worden, denn es bietet Potential für ein neues Lehrbuch mit fundierter Aufarbeitung des Themengebietes Versicherungsmanagement.

Letztlich darf an dieser Stelle der Dank an die Kollegen des Lehrstuhls für ihre wertvollen Hinweise nicht fehlen. Insbesondere gilt dieser Dank Regina Thon für ihre vielfältigen Korrektur- und Layoutarbeiten sowie Patrizio Vanella für seine statistischen Überarbeitungen und Ergänzungen.

Hannover, im September 2014

J.-Matthias Graf von der Schulenburg   Ute Lohse

Inhaltsverzeichnis

Vorwort	V
Abbildungsverzeichnis	XV
Abkürzungsverzeichnis	XXI
Einführung	1
Kapitel I – Grundlagen der Versicherungswirtschaftslehre	**9**
1 Versicherungsökonomik als Teil der Wirtschaftswissenschaften	11
1.1 Volkswirtschaftslehre	11
1.2 Betriebswirtschaftslehre	12
1.3 Nobelpreisträger der Ökonomie	17
2 Charakteristika der Versicherung	24
2.1 Gegenstand der Versicherungsökonomik	24
2.2 Ansätze der Versicherungsökonomik	26
2.3 Definition des Begriffs Versicherung	32
2.4 Besonderheiten des Produkts Versicherung	39
2.5 Abgrenzung von Versicherung und Wette	40
3 Risikomanagement in der Versicherungswirtschaft	42
3.1 Risiko und Wahrscheinlichkeit	42
3.2 Bildung von Wahrscheinlichkeiten	49
3.3 Anwendungsbeispiele für Wahrscheinlichkeiten	56
3.4 Risikoarten	62
3.4.1 Überblick	62
3.4.2 Versicherungstechnische Risiken	62
3.4.2.1 Zufallsrisiko	63
3.4.2.2 Änderungsrisiko	65
3.4.2.3 Irrtumsrisiko	66
3.4.2.4 Risiko aufgrund asymmetrischer Informationen	66

      3.4.3 Kapitalanlagerisiken   67
           3.4.3.1 Kapitalmarktrisiken   69
           3.4.3.2 Kreditrisiken   70
           3.4.3.3 Liquiditätsrisiken   71
      3.4.4 Sonstige Risiken   71
   3.5 Risikomanagementprozess   72
      3.5.1 Überblick   72
      3.5.2 Quantifizierung der Risiken als Bewertungselement   74
      3.5.3 Asset Liability Management als ausgewähltes Steuerungselement   77

4 Versicherungsmärkte, -formen und -produkte   **81**
   4.1 Überblick   81
   4.2 Gliederung nach Geschäftsfeldern   82
      4.2.1 Sach- versus Personenversicherung   82
      4.2.2 Schaden- versus Summenversicherung   83
      4.2.3 Lebensversicherung versus Nicht-Lebensversicherung   84
      4.2.4 Sozial- versus Individualversicherung   85
   4.3 Gliederung nach der Regulierungstiefe   91
      4.3.1 Überblick   91
      4.3.2 Versicherungspflicht   92
      4.3.3 Monopolanbieter   93

5 Versicherung und Wirtschaftsordnung   **94**
   5.1 Funktion der Wirtschaftsordnung   94
   5.2 Versicherung in der Marktwirtschaft   95
   5.3 Versicherung in der Zentralverwaltungswirtschaft   97

Kapitel II – Grundzüge der Versicherungstechnik ausgewählter Branchen   **99**

1 Grundzüge der Schaden- und Unfallversicherung   **101**
   1.1 Grundlagen der Schaden- und Unfallversicherung   101
   1.2 Determinanten der Schadenversicherung   103
   1.3 Schadenverhütung   105
   1.4 Versicherungstechnische Grundlagen   109
   1.5 Versicherungstechnik in der Kraftfahrtversicherung   113
      1.5.1 Kraftfahrzeug-Haftpflichtversicherung   113
      1.5.2 Fahrzeugversicherung   115

		1.5.3 Kraftfahrt-Unfallversicherung	115
		1.5.4 Tarifierung in der Kfz-Haftpflicht- und Fahrzeugversicherung	116
	1.6	Aktuelle Herausforderungen in der Schadenversicherung	119

2 Grundzüge der Lebensversicherung — 121

- 2.1 Grundlagen der Lebensversicherung — 121
- 2.2 Geschichtliche Entwicklung der Lebensversicherung — 123
- 2.3 Hauptprodukte der Lebensversicherung — 125
- 2.4 Kalkulation der Lebensversicherungsprämie — 137
  - 2.4.1 Überblick — 137
  - 2.4.2 Nettoprämienberechnung — 141
  - 2.4.3 Bruttoprämienberechnung — 147
  - 2.4.4 Modell zur Veranschaulichung der Wirkung der Rechnungsgrundlagen — 148
- 2.5 Aktuelle Herausforderungen in der Lebensversicherung — 158
  - 2.5.1 Motivation und Klassifikation der Versicherungsnachfrager — 158
  - 2.5.2 Entwicklung des Lebensversicherungsmarkts — 162

3 Grundzüge der privaten Krankenversicherung — 164

- 3.1 Grundlagen der privaten Krankenversicherung — 164
- 3.2 Wesentliche gesetzliche Grundlagen der PKV — 166
- 3.3 Leistungen der PKV — 167
- 3.4 Beitragssystem der PKV — 168
- 3.5 Versichertenkreis — 169
- 3.6 Versicherungstechnische Grundlagen — 170
- 3.7 Aktuelle Herausforderungen der PKV — 172

4 Grundzüge der Rückversicherung — 174

- 4.1 Grundlagen der Rückversicherung — 174
  - 4.1.1 Begrifflichkeiten — 174
  - 4.1.2 Rechtliche Grundlagen — 175
  - 4.1.3 Funktionen der Rückversicherung — 176
- 4.2 Klassische Rückversicherungsformen und -arten — 178
  - 4.2.1 Formen der Rückversicherung — 178
  - 4.2.2 Arten der Rückversicherung — 179
- 4.3 Prämienkalkulation — 185
- 4.4 Rückversicherungspolitik — 187

4.5 Alternativer Risikotransfer ... 188
4.6 Aktuelle Herausforderungen der Rückversicherung ... 191

Kapitel III – Grundlagen der Versicherungstheorie ... **195**

1 Grundmodell der ökonomischen Entscheidungslehre ... **197**
   1.1 Modellbegriff ... 197
   1.2 Entscheidungsfeld ... 198
   1.3 Zielsystem ... 201
   1.4 Rationalitätspostulate und messtheoretische Ansätze für Entscheidungsträger ... 203
   1.5 Klassifikation von Entscheidungsmodellen ... 204

2 Entscheidung bei Sicherheit ... **205**
   2.1 Sicherheitsdefinition ... 205
   2.2 Entscheidung bei einer Zielsetzung ... 205
   2.3 Entscheidung bei mehreren Zielsetzungen ... 208
   2.4 Spezielle Entscheidungsregeln ... 213
      2.4.1 Zielgewichtung ... 213
      2.4.2 Lexikographische Präferenzordnung ... 214
      2.4.3 Maximierung des minimalen Zielerreichungsgrads ... 214
      2.4.4 Goal-Programming ... 215

3 Entscheidung bei Risiko ... **217**
   3.1 Risikodefinition ... 217
   3.2 Klassische Entscheidungsprinzipien ... 220
      3.2.1 Erwartungswertkriterium ... 220
      3.2.2 Lexikographisches Entscheidungskriterium ... 223
      3.2.3 Kriterium von Lange (Modus – Spannweite) ... 224
      3.2.4 Mittelwert-Standardabweichungs- und Mittelwert-Varianz-Ansatz ... 228
      3.2.5 Indifferenzkurvenanalyse ... 232
   3.3 Erwartungsnutzenkriterium ... 235
      3.3.1 Grundkonzept ... 235
      3.3.2 Empirische Ermittlung der Nutzenfunktion ... 242
      3.3.3 Mögliche Verläufe der Nutzenfunktion ... 246
      3.3.4 Beschreibung des Ausmaßes der Risikoaversion ... 251

4	**Entscheidung bei Ungewissheit**	**259**
4.1	Ungewissheitsdefinition	259
4.2	Entscheidungsregeln für Ungewissheitssituationen	260
	4.2.1 MaxiMin-Regel (Wald-Regel)	260
	4.2.2 MaxiMax-Regel	261
	4.2.3 Hurwicz-Regel	262
	4.2.4 Laplace-Regel	263
	4.2.5 Savage-Niehans-Regel	264
	4.2.6 Krelle-Regel	265
4.3	Forderungen an Entscheidungsregeln bei Ungewissheit	267
4.4	Omelettenproblem	268

Kapitel IV – Analyse der Versicherungsnachfrage und des Versicherungsangebots   **271**

1	**Besonderheiten von Versicherungsmärkten**	**273**
2	**Modelltheoretische Analyse der Versicherungsnachfrage**	**278**
2.1	Annahmen	278
2.2	Analytische Lösung	281
2.3	Herleitung der Versicherungsgeraden	285
2.4	Erwartungsnutzenfunktion	287
2.5	Versicherungsoptimum	289
2.6	Versicherungsangebot und Gleichgewicht auf dem Versicherungsmarkt	294
3	**Moral Hazard**	**299**
3.1	Definition	299
3.2	Einfluss der Schadenverhütung	300
3.3	Struktur des Moral-Hazard-Problems bei Schadenverhütungsmaßnahmen	302
	3.3.1 Risikoerhöhendes Moral Hazard	302
	3.3.2 Mengenerhöhendes Moral Hazard	304
3.4	Staatliche Regulierung bei Moral Hazard	312
4	**Adverse Selection und staatliche Regulierung**	**315**
4.1	Vorbemerkungen	315
4.2	Versicherung bei Kenntnis der Risikotypen (First-Best-Situation)	318
4.3	Versicherung bei Unkenntnis der Risikotypen (Second-Best-Situation)	322
4.4	Staatliche Regulierung bei Adverse Selection	326

Kapitel V – Staatsversicherungstheorie und Sozialversicherung · 329

1 Eingriffe des Staats in die individuelle Risikovorsorge · 331

2 Bedeutung der Privat- und Sozialversicherung für die Wirtschaft · 335
- 2.1 Wesen der Privat- und Sozialversicherung · 335
- 2.2 Verschiedene Ebenen der Sozialpolitik · 337
- 2.3 Rolle der Wirtschaftsordnung für die Funktionen der Versicherung · 340

3 Wirtschaftliche Gründe für Staatseingriffe bei der Risikovorsorge · 343
- 3.1 Problemstellung · 343
- 3.2 Finanzierungsargumente · 345
- 3.3 Allokationsargumente · 347
  - 3.3.1 Externe Effekte · 347
  - 3.3.2 Sinkende Durchschnittskosten · 348
  - 3.3.3 Minderschätzung zukünftiger Bedürfnisse · 351
  - 3.3.4 Informationsdefizite · 352
  - 3.3.5 Informations- und Anbieterwechselkosten · 361
- 3.4 Risikotheoretische Argumente · 375
  - 3.4.1 Asymmetrische Informationsverteilung · 375
  - 3.4.2 Risikofreude wegen Haftungsbegrenzung · 379
- 3.5 Distributionsargumente · 382
- 3.6 Stabilitätsargumente · 386

4 Staatliche Einflussnahme auf die Risikovorsorge · 388
- 4.1 Versicherungspflicht und Pflichtversicherung · 388
- 4.2 Staatliche Versicherungsaufsicht · 391
- 4.3 Sozialversicherung · 394
- 4.4 Harmonisierung, Liberalisierung und Deregulierung · 395

5 Versicherungstheoretische Aspekte der Alterssicherung · 398
- 5.1 Systeme der Alterssicherung im Überblick · 398
- 5.2 Finanzierungsverfahren · 399
- 5.3 Einzelwirtschaftlicher Vergleich der Finanzierungsverfahren · 401
- 5.4 Gesamtwirtschaftlicher Vergleich im Rahmen eines Wachstumsmodells · 405
- 5.5 Kritische Anmerkungen zur modelltheoretischen Betrachtung · 410

6	**Aufsichtsrechtliches Solvabilitätssystem für Versicherungsunternehmen**	**413**
	6.1 Institutionen der Versicherungsaufsicht	413
	6.2 Aufgaben und Ziele der Versicherungsaufsicht	414
	6.3 Grundstrukturen von quantitativen Aufsichtsmodellen	417
	6.4 Solvency-Prozess	419

Kapitel VI – Sozialversicherung — 425

1	**Grundlagen des Sozialversicherungssystems**	**427**
	1.1 Soziale Sicherung	427
	1.2 Soziale Grundwerte	430
	1.3 Gestaltungsprinzipien der sozialen Sicherung	432
	1.4 Organisationsmöglichkeiten sozialer Sicherung	433
	1.5 Leistungen im System der sozialen Sicherung	437
	1.6 Finanzierungsarten und Finanzierungsverfahren	439
2	**Gesetzliche Krankenversicherung**	**441**
	2.1 Einführung	441
	2.2 Kreis der Versicherten	441
	2.3 Aufgaben und Leistungen	443
	2.4 Organisation und Finanzierung	444
	2.5 Herausforderungen für die gesetzliche Krankenversicherung	450
	2.6 Aktuelle Diskussionspunkte und Reformen	456
3	**Gesetzliche Rentenversicherung**	**460**
	3.1 Einführung	460
	3.2 Kreis der Versicherten	461
	3.3 Aufgaben und Leistungen	463
	3.4 Berechnung der Rente	467
	3.5 Organisation und Finanzierung	474
	3.6 Weitere Herausforderungen und Reformen	475
	3.7 Kritische Würdigung und Ausblick	479
4	**Arbeitslosenversicherung**	**481**
	4.1 Einführung	481
	4.2 Kreis der Versicherten	485
	4.3 Aufgaben und Leistungen	485

4.4 Organisation und Finanzierung	488
4.5 Aktuelle Diskussionspunkte	489
5 Gesetzliche Unfallversicherung	**490**
5.1 Einführung	490
5.2 Kreis der Versicherten	491
5.3 Versicherte Risiken	492
5.4 Aufgaben und Leistungen	496
5.5 Organisation und Finanzierung	500
5.6 Kritische Würdigung	501
6 Soziale Pflegeversicherung	**504**
6.1 Einführung	504
6.2 Kreis der Versicherten	505
6.3 Aufgaben und Leistungen	505
6.4 Organisation und Finanzierung	508
6.5 Private Pflege-Pflichtversicherung und Pflege-Zusatzversicherung	509
6.6 Kritische Würdigung und weitere Reformen	511
Resümee und Ausblick	**515**
Literaturverzeichnis	**521**
Stichwortverzeichnis	**523**

Abbildungsverzeichnis

Abbildung	1: Teilgebiete der Versicherungswissenschaft	4
Abbildung	2: Nobelpreisträger der Ökonomie 1969-2013	19
Abbildung	3: Versicherungsgeschäft als Gegenstand der Versicherungsökonomik	24
Abbildung	4: Versicherungsökonomik und ihre Theorien	28
Abbildung	5: Maslow'sche Bedürfnispyramide	32
Abbildung	6: Unterscheidung von Beitrag und Prämie	33
Abbildung	7: Mögliche Bestandteile einer Definition von Versicherung	34
Abbildung	8: Wette verunstetigt den Einkommensstrom	40
Abbildung	9: Versicherung verstetigt den Einkommensstrom	41
Abbildung	10: Wahrscheinlichkeitsfunktion einer diskreten Verteilung	43
Abbildung	11: Verteilungsfunktion einer diskreten Verteilung	44
Abbildung	12: Wahrscheinlichkeitsfunktion einer kontinuierlichen Verteilung	45
Abbildung	13: Schiefe Verteilungen	47
Abbildung	14: Wahrscheinlichkeitsfunktion für den diskreten Fall	57
Abbildung	15: Verteilungsfunktion für den diskreten Fall	58
Abbildung	16: Verteilungsfunktion für den stetigen Fall	58
Abbildung	17: Verteilungskurve einer Schadenverteilung	59
Abbildung	18: Verteilungskurve bei rechtsschiefer Schadenverteilung	60
Abbildung	19: Verteilungskurve bei linksschiefer Schadenverteilung	60
Abbildung	20: Verbundene Wahrscheinlichkeiten im Entscheidungsbaum	61
Abbildung	21: Risiken in Versicherungsunternehmen	62
Abbildung	22: Versicherungstechnische Risiken	63
Abbildung	23: Groß- bzw. Katastrophenrisiken versus tägliche Risiken	65
Abbildung	24: Kapitalanlagerisiken	69
Abbildung	25: Risikomanagementprozess	72
Abbildung	26: Geschäftsfelder des Versicherungsmarktes	81
Abbildung	27: Sach- versus Personenversicherung	83
Abbildung	28: Versicherungsarten und ihre Klassifikation	84

Abbildungsverzeichnis

Abbildung	29: Sozialversicherung versus Individualversicherung	86
Abbildung	30: Entwicklung der Altersvorsorge	90
Abbildung	31: Regulierungstiefe des Versicherungsmarktes	91
Abbildung	32: Versicherungszweige der Schaden- und Unfallversicherung	102
Abbildung	33: Europäisierung der Schadenversicherung	104
Abbildung	34: Phasen der Schadenverhütung	108
Abbildung	35: Prämienberechnung am Beispiel der Feuerversicherung	111
Abbildung	36: Vereinheitlichung der Kfz-Haftpflichtversicherung in Europa	115
Abbildung	37: Combined Ratio in Prozent	120
Abbildung	38: Funktionen der Lebensversicherung	121
Abbildung	39: Anzahl der Lebensversicherungsunternehmen	122
Abbildung	40: Prämienzusammenhänge	138
Abbildung	41: Zeitliche Entwicklung des Garantiezinses	140
Abbildung	42: DAV-Sterbetafel 2008, Männer, 1,75 %	143
Abbildung	43: Verlauf von Deckungskapital und riskiertem Kapital bei einer Erlebensfallversicherung mit Einmalprämie zu Versicherungsbeginn	150
Abbildung	44: Verlauf von Deckungskapital und riskiertem Kapital bei einer Todesfallversicherung mit Einmalprämie zu Versicherungsbeginn	151
Abbildung	45: Verlauf von Deckungskapital und riskiertem Kapital bei einer kombinierten Erlebens- und Todesfallversicherung mit Einmalprämie zu Versicherungsbeginn	152
Abbildung	46: Verlauf von Deckungskapital und riskiertem Kapital bei einer Erlebensfallversicherung mit laufender Prämienzahlung	153
Abbildung	47: Verlauf von Deckungskapital und riskiertem Kapital bei einer Todesfallversicherung mit laufender Prämienzahlung	154
Abbildung	48: Verlauf von Deckungskapital und riskiertem Kapital bei einer kombinierten Erlebens- und Todesfallversicherung mit laufender Prämienzahlung	155
Abbildung	49: Verlauf von Deckungskapital und riskiertem Kapital bei einer kombinierten Erlebens- und Todesfallversicherung mit Einmalprämie zu Versicherungsbeginn unter Berücksichtigung von Zinsen	157
Abbildung	50: Kundenzufriedenheit und Kundenbindung	161

Abbildung	51: Einflussfaktoren auf das Marktpotenzial der Lebensversicherung	162
Abbildung	52: Unterschiede zwischen GKV und PKV	166
Abbildung	53: Versicherung, Rückversicherung und Retrozession	175
Abbildung	54: Ausgewählte Risikobereiche im Versicherungsunternehmen	177
Abbildung	55: Arten der Rückversicherung	180
Abbildung	56: Entwicklung der versicherten Katastrophenschäden	192
Abbildung	57: Ergebnismatrix	200
Abbildung	58: Sicherheit, Risiko und Ungewissheit	200
Abbildung	59: Anspruchsniveau bei Monozielsystem	207
Abbildung	60: Zieldreieck	208
Abbildung	61: Indifferente Ziele	210
Abbildung	62: Komplementäre Ziele	210
Abbildung	63: Konkurrierende Ziele	211
Abbildung	64: Entscheidungsfindung bei Mehrfachzielsetzung	211
Abbildung	65: Gebräuchliche Entscheidungsregeln bei Mehrfachzielen	212
Abbildung	66: Gesamtnutzenwert bei Mehrfachzielsetzung	213
Abbildung	67: MaxMin-Kriterium	215
Abbildung	68: Goal-Programming	216
Abbildung	69: Entscheidungsprinzipien	220
Abbildung	70: St. Petersburger Paradoxon	222
Abbildung	71: Dichtefunktion der Schadenverteilung	223
Abbildung	72: Dichtefunktion der freien Reserve am Ende der Periode	224
Abbildung	73: Lagestatistiken einer symmetrischen Verteilung	225
Abbildung	74: Lagestatistiken einer rechtsschiefen Verteilung	226
Abbildung	75: Lagestatistiken einer linksschiefen Verteilung	226
Abbildung	76: Spannweite als Risikomaß	227
Abbildung	77: Kritik am Lange-Kriterium	228
Abbildung	78: Mittelwert-Standardabweichungs-Ansatz: Risikoaversion	229
Abbildung	79: Mittelwert-Standardabweichungs-Ansatz: Risikoneutralität	229
Abbildung	80: Mittelwert-Standardabweichungs-Ansatz: Risikosympathie	230
Abbildung	81: Schadenverteilung	231
Abbildung	82: Gewinnverteilung	231

Abbildung 83: Dichtefunktion der Gewinnverteilung	232
Abbildung 84: Chancen-Äquivalenzfeld	233
Abbildung 85: Indifferenzkurven	234
Abbildung 86: Ergebnismatrix bei Risiko	235
Abbildung 87: Ergebnismatrix mit und ohne Versicherung	237
Abbildung 88: Standard-gamble-Verfahren	239
Abbildung 89: Ergebnismatrix beim Standard-gamble-Verfahren	239
Abbildung 90: Beispiel	240
Abbildung 91: Geldnutzenfunktion	240
Abbildung 92: Ermittlung der Geldnutzenfunktion	242
Abbildung 93: Ergebnis bei alternativen Verträgen	243
Abbildung 94: Sicherheitsäquivalent	244
Abbildung 95: Geldnutzenfunktion und Sicherheitsäquivalent	245
Abbildung 96: Risikoneutralität	246
Abbildung 97: Risikofreude	247
Abbildung 98: Risikoscheu	248
Abbildung 99: Vergleich risikoavers, risikoneutral und risikofreudig	248
Abbildung 100: Nutzen- und Grenznutzenfunktion	249
Abbildung 101: Savage-Nutzenfunktion	250
Abbildung 103: Auswirkung der absoluten und relativen Riskoaversion auf Versicherungsnachfrage	253
Abbildung 104: Veränderung der absoluten und relativen Risikoaversion mit steigendem Vermögen	254
Abbildung 105: Entscheidungsmatrix (Nutzenmatrix) bei Ungewissheit	259
Abbildung 106: MaxiMin-Regel	261
Abbildung 107: Hurwicz-Regel	262
Abbildung 108: Laplace-Regel	263
Abbildung 109: Savage-Niehans-Regel	264
Abbildung 110: Ungewissheitspräferenzkurve	265
Abbildung 111: Krelle-Regel	265
Abbildung 112: Beispiel zur Forderung 4	267
Abbildung 113: Omelettenproblem I	268

Abbildung 114: Omelettenproblem II	269
Abbildung 116: Charakteristika des Guts Versicherung	274
Abbildung 117: Vermögen im Schadens- und Nichtschadensfall mit und ohne Versicherung	280
Abbildung 119: Versicherungsgerade	286
Abbildung 120: Erwartungsnutzen-Indifferenzkurvensystem	288
Abbildung 121: Versicherungsoptimum aus Nachfragersicht	290
Abbildung 122: Wahl des optimalen Versicherungsumfangs durch den Versicherungsnehmer	294
Abbildung 123: Wahl des optimalen Versicherungsangebots durch den Versicherer	295
Abbildung 124: Marktgleichgewicht (Edgeworth-Box)	296
Abbildung 125: Risikoerhöhendes und mengenerhöhendes Moral Hazard	301
Abbildung 126: Mengenerhöhendes Moral Hazard	307
Abbildung 128: Phänomene aufgrund asymmetrischer Informationen	317
Abbildung 130: Preis-Gleichgewicht bei Unkenntnis der Risikotypen	323
Abbildung 132: Risikogemeinschaften lohnen sich	333
Abbildung 133: Bereiche der Sozialpolitik	339
Abbildung 134: Marktwirtschaft versus Staatsverwaltungswirtschaft	341
Abbildung 135: Chicago School und Harvard School	343
Abbildung 137: Informationsdefizite	352
Abbildung 139: Hotelling'sches Straßenmodell	362
Abbildung 140: Doppelt geknickte Nachfragekurve	366
Abbildung 144: Nutzenfunktion bei Haftungsbegrenzung	380
Abbildung 145: Erwartungsnutzen bei Haftungsbegrenzung	381
Abbildung 146: Versicherung und Haftungsbegrenzung	382
Abbildung 147: Alternative Gerechtigkeitssituationen	383
Abbildung 151: Modell zweier überlappender Generationen	402
Abbildung 152: Wirkungen der Einflussgrößen auf die Höhe des Beitragssatzes	404
Abbildung 154: Korrelationsmatrix der Risikomodule	421
Abbildung 155: Risikovorsorge im Überblick	430
Abbildung 156: Anzahl der Gesetzlichen Krankenkassen im Zeitablauf	445

Abbildung 157: System der ambulanten Versorgung in der GKV 448
Abbildung 158: Ausgaben der GKV für einzelne Leistungsbereiche 449
Abbildung 159: Leistungen der gesetzlichen Rentenversicherung 467
Abbildung 160: Rentenrechtliche Versicherungszeiten 470
Abbildung 161: Rentenartfaktoren 471
Abbildung 162: Zulagen, Mindestbeiträge und Höchstgrenzen der „Riester-Förderung" 476
Abbildung 163: Anspruchsdauer auf Arbeitslosengeld abhängig von der Dauer des Versicherungspflichtverhältnisses 486
Abbildung 164: Anspruchsdauer auf Arbeitslosengeld unabhängig vom Lebensalter 487
Abbildung 165: Meldepflichtige Arbeitsunfälle 493
Abbildung 166: Entwicklung der meldepflichtigen Wegeunfälle 494
Abbildung 167: Berufskrankheiten ab 1960 495
Abbildung 168: Monatliche Leistungen der sozialen Pflegeversicherung 507

Abkürzungsverzeichnis

ALG	Arbeitslosengeld
AltZertG	Altersvorsorgeverträge-Zertifizierungsgesetz
ALV	Arbeitslosenversicherung
AnlV	Anlageverordnung
AVmEG	Altersvermögensergänzungsgesetz
AVmG	Altersvermögensgesetz
BaFin	Bundesanstalt für Finanzdienstleistungsaufsicht
BAuA	Bundesanstalt für Arbeitsschutz und Arbeitsmedizin
BGB	Bürgerliches Gesetzbuch
BKV	Berufskrankheitenverordnung
BMG	Bundesministerium für Gesundheit
BP	Bruttoprämie
BUK	Bundesverband der Unfallkassen
CAPM	Capital Asset Pricing Modell
CEIOPS	Committee of European Insurance and Pension Supervisors
DASA	Arbeitsweltausstellung in Dortmund
DAV	Deutsche Aktuarvereinigung
DDD	Dread-Disease-Deckung
DGUV	Deutsche Gesetzliche Unfallversicherung
DKG	Deutsche Krankenhausgesellschaft
EIOPA	Europäische Aufsichtsbehörde für das Versicherungswesen und die betriebliche Altersversorgung
ESFS	Europäisches System der Finanzaufsicht
EV	Erstversicherer
FQWG	Finanzstruktur- und Qualitäts-Weiterentwicklungsgesetz
FuE	Forschung und Entwicklung
G-BA	Gemeinsamer Bundesausschuss
GDV	Gesamtverband der Deutschen Versicherungswirtschaft

GKV	Gesetzliche Krankenversicherung
GKV-VSTG	Gesetz zur Verbesserung der Versorgungsstrukturen in der GKV
GMG	Gesundheitsmodernisierungsgesetz
GRV	Gesetzliche Rentenversicherung
GUV	Gesetzliche Unfallversicherung
HGB	Handelsgesetzbuch
JAEG	Jahresarbeitsentgeltgrenze
Kfz	Kraftfahrzeug
KHG	Krankenhausfinanzierungsgesetz
KSVG	Künstlersozialversicherungsgesetz
KVLG	Gesetz über die Krankenversicherung der Landwirte
MaRisk	Mindestanforderungen an das Risikomanagement
NP	Nettoprämie
PEPP	Pauschalierende Entgelte für Psychiatrie und Psychosomatik
PflVG	Pflichtversicherungsgesetz
PKV	Private Krankenversicherung
PML	probable maximum loss
PRV	Pflegerentenversicherung
RV	Rückversicherer
SGB	Sozialgesetzbuch
SL	stop loss
SPV	Soziale Pflegeversicherung
UPD	Unabhängige Patientenberatung Deutschland
W	Wahrscheinlichkeit
VAG	Versicherungsaufsichtsgesetz
VaR	value at risk
VN	Versicherungsnehmer
VS	Versicherungssumme
VU	Versicherungsunternehmen
VVG	Versicherungsvertragsgesetz
XL	excess of loss

Einführung

Einführung

Dieses Lehrbuch bietet eine Einführung in die Versicherungsökonomik, d. h. die wirtschaftswissenschaftlichen Grundlagen der Versicherungswirtschaft. Es ist für Studenten an Universitäten, Hochschulen und Akademien der Versicherungswirtschaft geschrieben, die über Grundkenntnisse in Mathematik, Statistik und Mikroökonomik verfügen. Das Buch enthält Teile, die eher deskriptiv sind (Kapitel I, II und VI), also den Status quo und Entwicklungsperspektiven beschreiben. Hier geht es um die Vermittlung von Grundwissen sowie von Grundzusammenhängen und -strukturen. In diesen Teilen werden aber auch methodische Grundbegriffe der Versicherungswirtschaft und ökonomisches Handwerkszeug erklärt. Andere Teile des Buches wiederum sind der Erklärung theoretischer Konzepte der Wirtschaftswissenschaften (Kapitel III, IV und V) und hier insbesondere der Risiko- und Entscheidungstheorie unter Unsicherheit gewidmet, die in einem versicherungswirtschaftlichen Curriculum nicht fehlen dürfen.

Die Versicherungsökonomik oder Versicherungswirtschaftslehre ist Teilgebiet sowohl der Wirtschaftswissenschaften als auch der Versicherungswissenschaften. Wie viele „Bindestrichökonomien" – beispielhaft sei die Gesundheitsökonomik, Umweltökonomik, Bildungsökonomik und Bankbetriebslehre genannt – ist die Versicherungsökonomik eine wissenschaftliche Disziplin, die nur im Zusammenspiel mit anderen Disziplinen sinnvoll gelehrt und gelernt werden kann. Deshalb werden in diesem Buch immer wieder Bezüge sowohl zu Teilgebieten der allgemeinen Wirtschaftswissenschaften als auch zu anderen Teilgebieten der Versicherungswissenschaften hergestellt.

Die Versicherungswissenschaft umfasst insbesondere folgende Teilgebiete:

- Versicherungsrecht
- Versicherungsmedizin
- Versicherungsmathematik
- Versicherungsbetriebslehre
- ökonomische Versicherungstheorie sowie
- Sozialversicherungstheorie

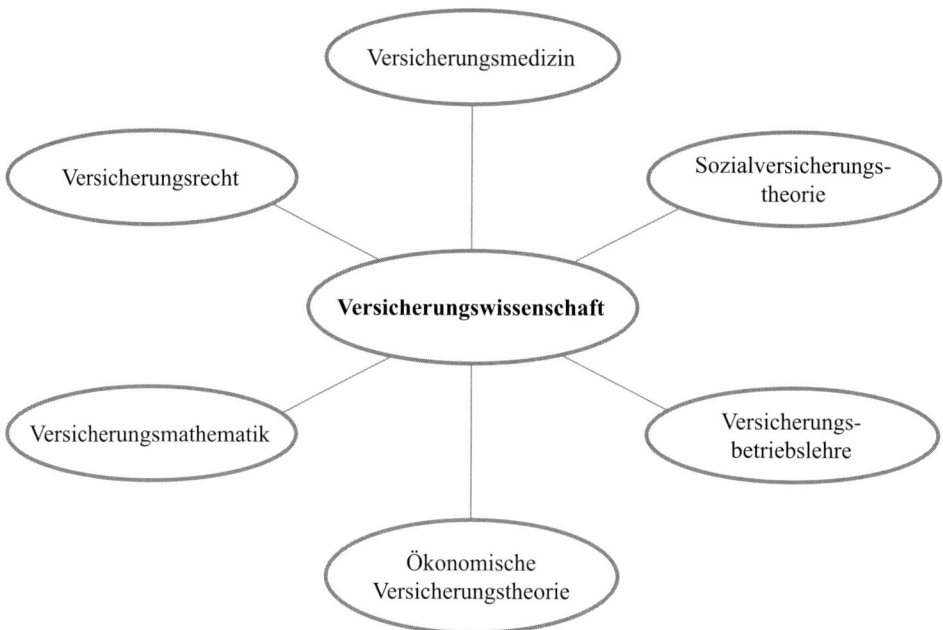

Abbildung 1: Teilgebiete der Versicherungswissenschaft

Das *Versicherungsrecht* beschäftigt sich mit den spezifischen, kodifizierten und nicht-kodifizierten Normen, die die Versicherungsmärkte regulieren. Die rechtliche Grundlage, unter der Versicherungsverträge abgeschlossen werden, ist zum Teil ähnlich dem rechtlichen Rahmen anderer Geschäftszweige in unserer Volkswirtschaft. Dabei sind insbesondere das Bürgerliche Gesetzbuch und das Handelsgesetzbuch zu nennen. Zum Teil unterscheidet sich der rechtliche Rahmen der Versicherungswirtschaft aber erheblich vom rechtlichen Rahmen anderer Branchen in unserer Volkswirtschaft. Als spezifische Rechtsnormen der Versicherungswirtschaft sind hier zu nennen:

- das *Versicherungsvertragsgesetz* (VVG)
- das *Versicherungsaufsichtsgesetz* (VAG)
- das *Versicherungsunternehmensrecht*
- das *Versicherungswettbewerbsrecht*
- das *Versicherungssteuerrecht*
- das *Pflichtversicherungsgesetz* (PflVG) sowie
- das *Sozialversicherungsgesetz* (SGB).

Fragestellung des *Versicherungsrechts* ist z. B., welche Auswirkungen die Rechtsnormen, die für die Versicherungswirtschaft gelten, auf das Verhalten der Akteure (Anbieter und Nachfrager von Versicherungsschutz) haben und was angesichts dieser Normen erlaubt oder auch nicht erlaubt ist. Häufig folgt die rechtliche Beurteilung aus einer plausiblen ökonomischen Erwägung. So sind Verträge unzulässig, bei denen der Versicherte im Schadenfall mehr an Schadenleistung erhält als er an Schaden erlitten hat (Bereicherungsverbot). Ökonomisch ist dies leicht zu erklären Bei einem solchen Versicherungsvertrag hat der Versicherungsnehmer einen Anreiz. Den Schadenfall zu begünstigen oder sogar mutwillig herbeizuführen *(Moral Hazard-Verhalten)* und verursacht dadurch vermeidbare volkswirtschaftliche Kosten.

Das Pflichtversicherungs- und das Sozialversicherungsgesetz enthalten viele Versicherungspflichtregelungen, d. h., einem Versicherungsnehmer steht es nicht frei, ob er einen Versicherungsvertrag abschließen will oder nicht. Dies wird als *Versicherungspflicht* bezeichnet. Vielfach ist der Versicherungsnehmer aber berechtigt zu entscheiden, bei welchem Versicherer er den Versicherungsvertrag abschließen möchte. In einigen Fällen ist ihm aber auch diese Freiheit genommen (bei der gesetzlichen Rentenversicherung, der Arbeitslosenversicherung, der Unfallversicherung und bei gesetzlich vorgeschriebenen Pools wie dem Atompool). Dies wird dann als *Pflichtversicherung* bezeichnet.

Drei Begründungen werden für die Versicherungspflicht genannt:
- der Gläubigerschutz, z. B. der Schutz von Opfern im Straßenverkehr vor der Zahlungsunfähigkeit eines Unfallverursachers,
- der Schutz der Allgemeinheit vor unabweisbaren Forderungen Einzelner, z. B. Schutz des Staates vor Versorgungsansprüchen derer, die von Armut im Alter oder Armut wegen schwerer Krankheit betroffen bzw. bedroht sind und
- die Gewährleistung von Versicherungsschutz für einkommensschwache Arbeitnehmer.

Vier Begründungen werden für die Pflichtversicherung genannt:
- der geringere administrative Aufwand einer Monopolanstalt,
- das Fehlen von Anbietern in einer Marktwirtschaft (z. B. beim Schutz gegen Elementarrisiken),
- die Möglichkeit, die Versicherung auch zur Einkommensumverteilung und andere staatliche Ziele zu instrumentalisieren (z. B. in der Sozialversicherung) und
- die effektivere Kontrolle von Schadenverhütung und Schadenvorsorge.

Ob diese Gründe generell und in jedem Fall stichhaltig sind, gilt es zu diskutieren, was in Kapitel I, Abschnitt 4.3. in Bezug auf die Gründe für die staatliche Regulierung von Versicherungsmärkten geschieht.

Einführung

Die *Versicherungsmedizin* beschäftigt sich mit medizinischen Fragen, die für Versicherungen, insbesondere Personenversicherungen, relevant sind. Dabei wird zwischen Lebensversicherungsmedizin, Krankenversicherungsmedizin und Unfallversicherungsmedizin differenziert. Die Schadenwahrscheinlichkeiten in der Krankenversicherung hängen von der Morbidität, d. h. der Erkrankungshäufigkeit der Versicherten ab. Sie gilt es zu erfassen, um die Prämie (= Preis für die Gewährung des Versicherungsschutzes) zu berechnen. Die Fälligkeit einer Lebensversicherung hängt von der Mortalität, d. h. der Sterblichkeit, und damit auch von der Morbidität, ab. Diese Daten dienen der Berechnung der Lebensversicherungsbeiträge. Eine möglichst genaue Risikoprüfung ist die Voraussetzung für eine risikogerechte Prämie. Eine risikogerechte Prämie ist wiederum Voraussetzung für den Schutz des Versicherungsunternehmens vor Verlusten durch eine unvorhergesehene Ansammlung von schlechten Risiken *(Adverse Selection)*.

Moderne Diagnosemethoden (einschließlich Gentests) in Verbindung mit epidemiologischen (Epidemiologie = Lehre von der Krankheitshäufigkeit) und sozialmedizinischen (Sozialmedizin = Erkundung von Zusammenhängen zwischen Krankheiten und Zugehörigkeit zu sozialen Gruppen) Untersuchungsergebnissen erlauben zuverlässigere Aussagen über die Mortalität und Morbidität.

Dem Versicherungsmediziner werden Fragen nach Wirkungszusammenhängen (Kausalität) zwischen bestimmten Risikofaktoren und Erkrankungswahrscheinlichkeiten gestellt. D. h. der Versicherungsmediziner steht somit vor der Herausforderung, epidemiologische Daten und Fakten in Schadenwahrscheinlichkeiten zu transformieren.

Die *Versicherungsmathematik* hat eine lange Tradition. In ihren Bereich fällt die Kalkulation von Tarifen, d. h. von Bedarfsprämien für verschiedene Angebote an Versicherungsschutz. Außerdem ist der Versicherungsmathematiker der Experte zur Berechnung von Risikoreserven. Um diese Aufgabe leisten zu können, bedient er sich verschiedener Modelle und den für diese Modelle notwendigen empirischen Daten. Bei den Modellen kann zwischen deterministischen Modellen (gelten bei relativer Sicherheit), stochastischen Modellen (arbeiten mit Wahrscheinlichkeiten) und hybriden (gemischten) Modellen unterschieden werden.

Die ökonomische Versicherungstheorie ist die volkswirtschaftliche Ausrichtung der Wirtschaftswissenschaften, die sich mit Themen des Versicherungswesens befasst. Die *Versicherungsbetriebslehre* ist hingegen die betriebswirtschaftliche Ausrichtung. Beide Disziplinen zusammen können als Versicherungswirtschaftslehre oder Versicherungsökonomik bezeichnet werden. Die ökonomische Versicherungstheorie bedient sich vor allem des mikroökonomischen Instrumentariums, um Nachfrage, Angebot und Wettbewerb auf Versicherungsmärkten zu analysieren. Die Versicherungsbetriebslehre bedient sich der Managementansätze der Betriebswirtschaftslehre, um die verschiedenen Facetten des Versicherungsunternehmens zu analysieren.

Die *Sozialversicherungstheorie* beschäftigt sich mit der Finanzierung, der Leistungsgewährung und der Organisation der Sozialversicherung. Die Sozialversicherungstheorie untersucht somit die Besonderheiten der Sozialversicherung. Diese liegen in der Umlagefinanzierung, den Anforderungen aus dem Sozialrecht und der starken staatlichen Regulierung der Sozialversicherung.

Die Begriffe ökonomische Versicherungstheorie, Versicherungsökonomik, Versicherungswirtschaftslehre und Versicherungsbetriebslehre können aber auch synonym verwendet werden, wie dies in diesem Buch geschehen soll. So wie die Trennung zwischen Volks- und Betriebswirtschaft auch nur einen didaktischen Wert hat, aber in der modernen wirtschaftswissenschaftlichen Forschung eher hinderlich ist, so ist auch die Unterscheidung in volkswirtschaftliche und betriebswirtschaftliche Versicherungswissenschaft eher fragwürdig, da strategische betriebliche Entscheidungen ohne die Kenntnis der volkswirtschaftlichen Rahmenbedingungen nicht getroffen werden sollten und Aussagen über Versicherungsmärkte ohne Kenntnis der betrieblichen Besonderheiten von Versicherungsunternehmen nicht möglich sind.

Das vorliegende Lehrbuch umfasst vor allem Themen, die den beiden letztgenannten Gebieten, der Versicherungsökonomik und der Sozialversicherungstheorie, entnommen sind. Die Sozialversicherungstheorie nimmt dabei einen geringeren Raum ein. Insbesondere werden sozialpolitische Themen in diesem Buch kaum behandelt, da sie – bis auf ein paar Dauerthemen wie den demographischen Wandel und den medizinisch-technischen Fortschritt – von aktueller Tagespolitik und der jeweiligen politischen „Großwetterlage" abhängen. Fragen des Versicherungsrechts, der Versicherungsmedizin und der Versicherungsmathematik werden ebenfalls nur gestreift.

Insgesamt ist das Buch so konzipiert, dass es in einem Studienjahr (etwa 28 Doppelstunden) durchgearbeitet werden kann. Die Studenten haben dann einen umfassenden Überblick über die Themen, Methoden und Aussagen der Versicherungswirtschaftslehre. Als vertiefende und ergänzende Literatur werden versicherungswissenschaftliche Lehrbücher, wie das nun schon legendäre Lehrbuch von *Werner Mahr* und die hervorragenden Lehrbücher von *Dieter Farny, Jean-François Outreville* sowie *Peter Zweifel* und *Roland Eisen,* empfohlen. Darüber hinaus sind Handwörterbücher und Versicherungslexika hilfreiche Nachschlagewerke.

Kapitel I

Grundlagen der Versicherungswirtschaftslehre

1 Versicherungsökonomik als Teil der Wirtschaftswissenschaften

1.1 Volkswirtschaftslehre

Die Wirtschaftswissenschaften werden in der Lehre und in der Forschung traditionell in die Behandlung von nationalökonomischen Fragen (Volkswirtschaftslehre, Economics) und ökonomischen Fragen der einzelnen Betriebe (Betriebswirtschaftslehre, Business Administration) eingeteilt.

Die *Volkswirtschaftslehre* gliedert sich in die folgenden drei Teildisziplinen:

- die Wirtschaftstheorie
- die Wirtschaftspolitik und
- die Finanzwissenschaft

Die Wirtschaftstheorie hat zur Aufgabe, mit Hilfe von (algebraisch oder grafisch dargestellten) Modellen Hypothesen über das Verhalten von Wirtschaftssubjekten oder wirtschaftliche Interdependenzen abzuleiten und so die Grundlage für empirische Untersuchungen zu legen. Kapitel III (Entscheidungen unter Unsicherheit) und Kapitel V (Sozialversicherungstheorie) enthalten Ausführungen, die der Wirtschaftstheorie zuzuordnen sind.

Bei der Wirtschaftspolitik geht es um die Frage, mit welchen Instrumenten der Staat Ziele zur Verbesserung der Allokation der Verteilung von Einkommen, Vermögen und Chancen und der Stabilisierung des Wirtschaftsgeschehens verwirklichen kann, d. h. es geht um Allokation, Distribution und Stabilisation des Wirtschaftsprozesses. Wirtschaftspolitische Überlegungen, Wertvorstellungen und Konzepte sind in der Versicherungswirtschaft von großer Bedeutung. So ist die Regulierung von Versicherungsmärkten mit dem Ziel des Verbraucher- und Gläubigerschutzes und die Schaffung von Sozialversicherungssystemen zur Absicherung gegen das Alters-, Krankheits-, Pflege-, Unfall- und Arbeitslosigkeitsrisiko praktizierte Wirtschafts- und Sozialpolitik.

Die Finanzwissenschaft als Teil der Volkswirtschaftslehre beschäftigt sich schließlich mit der Frage, wie staatliche Aufgaben finanziert werden können und sollten. Dieses Forschungsgebiet liefert z. B. Erkenntnisse zu der Frage, ob und unter welchen Bedingungen Sozialversicherungssysteme nach dem Umlage- oder einem kapitalgedeckten Verfahren finanziert werden sollen.

Sowohl die Einteilung in Nationalökonomie und Betriebswirtschaftslehre als auch die weitere Untergliederung dieser Fächer erfolgt aus rein didaktischen Gründen und historischen Entwicklungen. Die meisten ökonomischen Probleme haben sowohl eine makro- als auch eine mikroökonomische Perspektive und umfassen einerseits eine gesamt- bzw. nationalökonomische, andererseits aber auch eine einzelwirtschaftliche Dimension. Denkt ein Unternehmen z. B. über neue Vertriebswege nach, so ergeben sich daraus viele Management- und Marketingfragen, die der Betriebswirtschaftslehre zuzuordnen sind. Gleichzeitig gilt es über Kosten und Nutzen verschiedener Alternativen nachzudenken, so dass Fragestellungen der ökonomischen Entscheidungstheorie (ggf. unter Unsicherheit) relevant sind, derer sich beide Disziplinen bedienen. Die Frage, ob z. B. Internet-, Maklervertrieb oder der Vertrieb über den Bankensektor (Allfinanz) zu empfehlen ist, erfordert eine Marktanalyse sowie eine Untersuchung des Nachfragerverhaltens, für die u. a. die Instrumente der mikroökonomischen Wirtschaftstheorie hilfreich sein können. Mit anderen Worten, die Beantwortung von versicherungswirtschaftlichen Fragen erfordert nicht selten ein umfassendes disziplinäres und interdisziplinäres Methodenwissen.

Betriebswirtschaftslehre und Nationalökonomie bedienen sich zu einem großen Teil der gleichen ökonomischen Methoden und folgen bestimmten Paradigmen. Hier sind in erster Linie zu nennen:

- Jeder handelt rational, d. h. jeder hat Ziele, die er angesichts bestimmter Beschränkungen möglichst gut erreichen will (Rationalitätspostulat).
- Jeder sieht die Alternativkosten seines Handelns: Bestehen (mindestens) zwei alternative und sich gegenseitig ausschließende Handlungsmöglichkeiten, so ist der Nettonutzen einer ausgeschlagenen Handlung den Kosten der gewählten Handlung zuzurechnen (Opportunitätskostenprinzip).
- Jeder unterliegt in seinem Handeln Informationsdefiziten und institutionellen Bindungen, die zu Informations- und Transaktionskosten führen. Sie führen zu einer scheinbar eingeschränkten Rationalität der Wirtschaftssubjekte (*Bounded Rationality*).

1.2 Betriebswirtschaftslehre

In der *Betriebswirtschaftslehre* wird häufig eine Untergliederung in Grundfragen des Unternehmens, in betriebliche Funktionen und in verschiedene Branchen vorgenommen. Dieser Einteilung folgt häufig auch die Denomination der Abteilungen oder Lehrstühle an wirtschaftswissenschaftlichen Fakultäten.

Als Grundfragen der Betriebswirtschaftslehre werden z. B.

- betriebliche Produktionsfaktoren,
- Wahl der Rechtsform,
- Investitionsentscheidungen,

- Unternehmenszusammenschlüsse und
- Wahl des Standortes

behandelt.

Für Versicherungsunternehmen sind die wichtigsten Produktionsfaktoren (Inputs): Sicherheitskapital, Rückversicherungsschutz (Rückversicherung ist vereinfacht ausgedrückt die Versicherung des Versicherers), Personal (Faktor menschliche Arbeitskraft), Bürogebäude sowie Informations- und Kommunikationstechnologien. Die Produktion in Industrie- und Handelsunternehmen unterscheidet sich erheblich von der Produktion in Versicherungsunternehmen: bei Versicherung geht es nicht um die Produktion von sächlichen Produkten oder um das Handeln mit bereits bestehenden Produkten, sondern um die Identifikation, Konsolidierung und Finanzierung von Risiken. Versicherungsunternehmen sind Dienstleistungsunternehmen – genauer Finanzdienstleistungsunternehmen – und damit typische Know-how-Unternehmen. Deshalb hat der Produktionsfaktor Arbeit (Personal, Human Capital) im Vergleich zu den anderen Produktionsfaktoren eine herausragende Bedeutung. Dies hat ökonomische Konsequenzen: Das Management muss vor allem den Faktor Mensch mit berücksichtigen. Wichtige Aufgaben sind die Auswahl qualifizierter Mitarbeiter, das Bilden und Nutzen von Humankapital sowie die Koordination und die Kontrolle von Arbeitsprozessen. Internes Wachstum der Unternehmen (Wachstum des eigenen Stammhauses) ist schwerer möglich, weshalb von den Unternehmen häufig der Weg des externen Wachstums gewählt wird (*Mergers & Acquisitions*).

Auf eine sprachliche Besonderheit sei noch bezüglich des Begriffes Produktion hingewiesen: In der Versicherungspraxis wird unter „Produktion" das Generieren von Neugeschäft, d. h. die in einer Periode getätigten Neuabschlüsse von Versicherungsverträgen, verstanden. Der Versicherungsökonom würde dieses eher als Vertriebserfolg und mit „Produktion" die gesamte Wertschöpfung oder Leistungserbringung eines Versicherungsunternehmens bezeichnen. Dazu gehört der Abschluss neuer Verträge genauso wie die Entwicklung von neuen Versicherungsprodukten, die Betreuung und Bearbeitung des Bestandsgeschäfts sowie die Erstellung von Serviceleistungen (z. B. Beratung des Versicherungsnehmers in Fragen des Risikomanagements).

Die Wahl der Rechtsform ist für Versicherungsunternehmen eingeschränkt. Für Unternehmen der Sozialversicherung wird in Deutschland durch das Grundgesetz und die Sozialversicherungsgesetze ein enger Rahmen gesetzt. Gem. Art. 87 Abs. 2 GG sind Sozialversicherungsträger als „Körperschaften des öffentlichen Rechts" zu betreiben, falls sie sich über mehr als ein Bundesland erstrecken. Als Träger kommen Genossenschaften (Unfallversicherung), staatliche Anstalten (Rentenversicherung, Arbeitslosenversicherung) und Körperschaften öffentlichen Rechts in Frage, die dem Versicherungsverein auf Gegenseitigkeit sehr nahe kommen (Gesetzliche Krankenkassen). Die Versicherungsaufsicht über die Unternehmen der Sozialversicherung obliegt je nach Art der Versicherung den Landes- und Bundesministerien bzw. dem Bundesversicherungsamt.

Individual-, Privat- oder Marktversicherer (alle Begriffe werden hier synonym verwendet), also Versicherer, die der Aufsicht der Bundesanstalt für Finanzdienstleistungsaufsicht (BaFin) unterliegen, können folgende Unternehmensrechtsformen haben:

- Aktiengesellschaft (AG)
- Versicherungsverein auf Gegenseitigkeit (VVaG) oder
- öffentlich-rechtliche Versicherung

Anzuführen ist an dieser Stelle auch die Rechtsform Europäische Aktiengesellschaft („Societas Europaea", SE) für Aktiengesellschaften in der Europäischen Union und im Europäischen Wirtschaftsraum. Im Versicherungsbereich sind bereits einige Versicherungskonzerne mit Rechtsform AG in diese Form umgewandelt worden. Als Unternehmensbeispiele können Allianz SE, Hannover Rückversicherung SE und ARAG SE angeführt werden. Vorteile dieser einheitlichen europäischen Rechtsform sind in der Erschließung neuer Märkte (grenzüberschreitende Transaktionen) in Europa und in dem einheitlichen Marktauftritt zu sehen. Die Rechtsform spiegelt somit die zunehmende Internationalisierung der Geschäftstätigkeit sowie der Belegschaft wider. Bei diesen so genannten „Betriebsstättenkonzernen" ist nur eine Finanzaufsicht, nämlich die des Sitzlandes, zuständig. Daher ermöglicht diese Rechtsform auch den Unternehmen, ihren Sitz innerhalb der Europäischen Union zu verlegen – ggf. interessant für die Versicherungsunternehmen mit der Einführung von Solvency II im Hinblick auf das Kapitalanlagemanagement.

Alle anderen Rechtsformen sind ausgeschlossen, da bei ihnen nicht gewährleistet ist, dass der Versicherer seinen aus den Verträgen eingegangenen Zahlungsverpflichtungen nachkommen kann. Z. B. wäre die GmbH (Gesellschaft mit beschränkter Haftung) eine ungeeignete Rechtsform für ein Versicherungsunternehmen.

Unternehmenszusammenschlüsse zu einem Versicherungs- oder Finanzdienstleistungskonzern können sich ergeben durch:

- Zusammenschluss zweier Gesellschaften (Merger),
- Kauf einer Gesellschaft durch eine andere (Akquisition),
- Gründung einer Gesellschaft, z. B. eines privaten Krankenversicherers (Bildung einer Holding),
- Beteiligung an einer Gesellschaft und / oder
- personelle Identität der Persönlichkeiten an der Spitze von Unternehmen (z. B. im Vorstand).

Angesichts des gestiegenen Wettbewerbsdrucks auf Versicherungsmärkten ist das Vorhandensein geeigneter Konzernstrukturen von großer Bedeutung. Merger und Akquisitionen haben zu einer Konzentration auf den Versicherungsmärkten geführt. Früher war bei der Konzernbildung das Beteiligungsmodell vorherrschend: Das Hauptunternehmen (z. B. ein Versicherer) hielt Beteiligungen an anderen Finanzdienstleistungsunternehmen (z. B. an einer Krankenversicherung, einer Bank, einer Bausparkasse, einem Investmentinstitut) und hat diese Unternehmen über ein Vorstandsressort und ein spezifisches Beteiligungscontrolling geführt. Danach hat sich immer mehr das Holdingmodell durchgesetzt. Über die einzelnen Teilgesellschaften des Konzerns (Sach-, Lebens- und Krankenversicherer, Bank, Investmentinstitut) wird eine Holding gesetzt, die die Verantwortung für die operative Ausrichtung des Konzerns trägt und bestimmte zentrale Aufgaben wahrnimmt (Personalplanung und -entwicklung des Topmanagements, Kapitalanlage, Durchführung von Konzernangelegenheiten, wie Corporate Governance und Compliance, Investor Relations und Konzern-Controlling).

Außerdem denken Versicherer darüber nach, wie sie mit einer *differenzierten Produkt-, Vertriebs- und Konzernstruktur* auf die sich ändernden Kundenbedürfnisse besser eingehen können. Dazu sind *Produkte* für die spezifischen Kundenbedürfnisse zu entwickeln. Die Versicherer arbeiten dabei an – aus der Industrieproduktion bekannten – Mass-Customization-Konzepten, d. h. an standardisierten Komponenten, die zu individualisierten Versicherungsprodukten zusammengestellt werden können. Z. B. wird eine individuelle Hausversicherung aus den Komponenten Sturm-, Hagel-, Feuer-, Leitungswasser-, Grundwasser- und Grundbesitzerhaftpflichtversicherung zusammengesetzt, die individuell kalkuliert und dann kumuliert werden. Bei den *Vertriebskonzepten* ist auszuloten, welche Kundengruppen mit welchen Vertriebswegen und Marketingmethoden am besten erreicht und zum Abschluss eines Versicherungsvertrags bewegt werden können. Denn in einer pluralistischen Gesellschaft gibt es nicht „den Kunden", sondern viele verschiedene Kundentypen. Die traditionelle *Konzernstruktur* ist – wie früher in der Industrie auch – an den Produktlinien ausgerichtet. Es stellt sich aber immer stärker die Frage, ob die Konzernstruktur nicht an Kundengruppen und Marktsegmenten auszurichten ist. Dabei gilt der Leitsatz, dass die Konzernstruktur ein Spiegelbild der Marktstruktur aus Unternehmenssicht sein sollte. Identifiziert das Unternehmen z. B. die Geschäftsbereiche „Privatkunden" und „Geschäftskunden" mit jeweils detaillierten Segmenten (z. B. Industriekunden, Firmenkunden, Freie Berufe etc. für den Geschäftskundenbereich), dann sollte die Konzernstruktur auch entsprechend gestaltet werden, z. B. durch eine Abgrenzung der Profitcenter gemäß der identifizierten Segmente.

Die Standortwahl für die Hauptverwaltung eines Versicherers richtet sich angesichts der modernen Informations- und Kommunikationstechnologien stärker nach traditionellen Überlegungen („Wir sind dort, wo wir schon immer waren"), oder nach Kosten und Verfügbarkeit von geeignetem Personal als nach Markterfordernissen. Allerdings gilt im Dienstleistungsgeschäft im Allgemeinen und im Finanzdienstleistungsgeschäft im Besonderen: „All business is local". Der Vertrieb muss im Gegensatz zu anderen betrieblichen Funktionen kundennah organisiert und geführt werden. Für viele Versicherer stellt sich daher die Frage einer optimalen räumlichen Verteilung der Geschäftsstellen und Kundenbüros.

Die betrieblichen Funktionen beschäftigen sich u. a. mit

- Produktion,
- Absatz,
- Investition und Finanzierung,
- Steuern und externem betrieblichen Rechnungswesen sowie
- internem betrieblichen Rechnungswesen und Controlling.

Zu den letzten beiden Funktionen gehören auch der Jahresabschluss, die Kostenrechnung sowie die betriebswirtschaftliche Statistik und Vergleichsrechnung. Diese Teildisziplinen sind ebenfalls interdependente Felder. Betriebsexterne Einflüsse – wie branchentarifliche Vereinbarungen, die allgemeine Wirtschaftslage oder das Verhalten von Konkurrenten auf den betreffenden Märkten – sind entscheidende Rahmenbedingungen für interne betriebliche Strukturen.

Eine zu straffe Einteilung in Funktionen führt zu einer Erstarrung der innerbetrieblichen Strukturen sowie zu „Erbhöfen" einzelner Funktionsträger. Um diese Gefahr zu senken, sind zum Beispiel in den letzten Jahren in vielen Unternehmen Produktmanagementpositionen geschaffen worden. Diese werden mit hoch qualifizierten Fachkräften besetzt, die einen Überblick über den gesamten Produktionsprozess haben. Die Erkenntnis, dass die Steuerung eines Unternehmens eine ganzheitliche Aufgabe darstellt, führte zur Schaffung von Controlling-Abteilungen, die eine funktionale Übersicht über alle Unternehmensbereiche haben und die Unternehmensleitung unterstützen.

Neben dieser funktionsbezogenen Betriebswirtschaftslehre haben sich diverse branchenbezogene wirtschaftswissenschaftliche Fächer gebildet, z. B.:

- Bankbetriebslehre
- Versicherungsbetriebslehre
- Industriebetriebslehre und
- Handelsbetriebslehre

Diese branchenspezifischen wirtschaftswissenschaftlichen Disziplinen umfassen viele der bereits genannten volks- und betriebswirtschaftlichen Bereiche. Insbesondere in den beiden Bereichen Banken und Versicherungen üben das staatliche Handeln und somit volkswirtschaftliche Aspekte einen sehr starken Einfluss aus. Hier ist vor allem die staatliche Finanzdienstleistungsaufsicht (Bankenaufsicht, Versicherungsaufsicht und Wertpapieraufsicht) zu erwähnen. Zudem spielen Staatsbanken, die Bundesbank, die Europäische Zentralbank (EZB) und öffentlich-rechtliche Versicherungsgesellschaften eine große Rolle. Die Versicherungsbetriebslehre ist deshalb eine umfassende Disziplin, die auch stark volkswirtschaftliche Aspekte berücksichtigen muss. Dieses gilt insbesondere, weil das Versicherungswesen als Dienstleistungssektor einen sehr wichtigen Einfluss auf die Entwicklung einer Volkswirtschaft hat, die Verflechtung dieser Volkswirtschaft im internationalen Finanzgefüge fördert und damit auch einen Beitrag zur Globalisierung der Märkte leistet.

Es gibt verschiedene Wege, um die Einbettung der Versicherungsbetriebslehre in die Wirtschaftswissenschaften darzustellen. Eine Möglichkeit wäre es, zu zeigen, in welchen wirtschaftlichen Überlegungen Wirtschaftssubjekte (Unternehmen und Individuen) von dem Phänomen der Unsicherheit betroffen sind und inwieweit diese Unsicherheit durch Versicherung vermindert werden kann. Eine andere Möglichkeit wäre es, die oben aufgeführten Branchen und betrieblichen Funktionen auf ihre Bedeutung für versicherungswirtschaftliche Fragen zu untersuchen. Hier soll ein anderer Weg gewählt werden, der eher die theoretische Fundierung der Versicherungsbetriebslehre verdeutlicht: Mit Blick auf die Nobelpreisträger der Ökonomie stellt sich die Frage, ob sie etwas zur Entwicklung der Versicherungswissenschaft beigetragen haben.

1.3 Nobelpreisträger der Ökonomie

Alfred Nobel hatte in seinem Testament im Jahre 1895 verfügt, dass die 33 Millionen schwedischen Kronen (auf heutige Verhältnisse umgerechnet ca. 165 Millionen €), die er mit der Herstellung und dem Vertrieb von Dynamit erwirtschaftet hatte, in einem Fonds anzulegen sind. Die daraus entstehenden Zinsen sollen jährlich als Preisgeld für die größten Verdienste für die Menschheit im abgelaufenen Jahr ausgezahlt werden. An die Wirtschaft hatte er jedoch nicht gedacht, weil er von Ökonomie ohnehin nicht viel hielt, schon gar nicht als Wissenschaft. Dennoch wird seit 1969 alljährlich gemeinsam mit den anderen Nobelpreisen auch ein Wirtschafts-Nobelpreis verliehen, dessen Preissumme von mehr als einer Million Euro aber von der schwedischen Reichsbank stammt. Damit ist eine Liste von herausragenden Ökonomen entstanden, von denen sich erstaunlich viele mit versicherungswissenschaftlich relevanten Themen befasst haben. Die nachfolgende Abbildung gibt die Liste der ökonomischen Nobelpreisträger sowie deren Forschungsgebiete, für die sie den Nobelpreis erhalten haben, wieder.

1969	*Ragnar Frisch* *Jan Tinbergen*	Entwicklung ökonometrischer Modelle
1970	*Paul Samuelson*	Statische und dynamische Wirtschaftstheorie
1971	*Simon Kuznets*	Empirische Erklärung des Wirtschaftswachstums
1972	*John Hicks* *Kenneth Arrow*	Gleichgewichts- und Wohlfahrtstheorie
1973	*Wassily Leontief*	Input-Output-Analyse
1974	*Friedrich. A. von Hayek* *Gunnar Myrdal*	Geld- und Konjunkturtheorie

1975	Leonid W. Kantorowitsch T. Charles Koopmans	Theorie der optimalen Ressourcenverwendung
1976	Milton Friedman	Geldtheorie
1977	James E. Meade Bertil Ohlin	Einfluss des Außenhandels auf die Binnenwirtschaft
1978	Herbert A. Simon	Entscheidungsprozesse in Wirtschaftsorganisationen
1979	Arthur Lewis Theodore Schultz	Analyse der Probleme in Entwicklungsländern
1980	Lawrence Klein	Entwicklung ökonometrischer Konjunkturmodelle
1981	James Tobin	Einfluss der Finanzmärkte auf Beschäftigung, Produktion und Preisentwicklung
1982	George Stigler	Einfluss des Staates auf den Markt
1983	Gérard Debreu	Mathematisches Modell der Marktwirtschaft
1984	John Stone	Entwicklung von Systemen der volkswirtschaftlichen Gesamtrechnungen
1985	Franco Modigliani	Analyse des Sparverhaltens privater Haushalte
1986	James Buchanan	Anwendung von Marktgesetzen auf politische Entscheidungsprozesse
1987	Robert Solow	Einfluss des technischen Fortschritts auf das Wirtschaftswachstum
1988	Maurice Allais	Entscheidungs- und Mikrotheorie
1989	Trygve Haavelmo	Außenhandelstheorie
1990	Harry Markowitz Merton Miller William Sharpe	Finanztheorie
1991	Ronald Coase	Law & Economics
1992	Gary S. Becker	Anwendung der Ökonomie auf soziales Verhalten
1993	Robert Fogel Douglas North	Wirtschaftsgeschichte
1994	Reinhard Selten John Nash John C. Harsanyi	Spieltheorie
1995	Robert Lucas	Rationale Erwartungen
1996	James A. Mirrlees William Vickrey	Anreize in der ökonomischen Theorie der asymmetrischen Information

1997	Robert C. Merton Myron S. Scholes	Wert von Derivaten
1998	Amartya Sen	Wohlfahrtsökonomie
1999	Robert A. Mundell	Währungs- und Fiskalpolitik
2000	James J. Heckman Daniel McFadden	Mikroökonometrie
2001	George A. Akerlof A. Michael Spence Joseph E. Stiglitz	Funktionsweise von Märkten
2002	Daniel Kahneman Vernon L. Smith	Entscheidungsfindung unter Unsicherheit Etablierung von Laborexperimenten als Methode der empirischen Analyse, z. B. bei der Analyse alternativer Marktmechanismen
2003	Robert F. Engle Clive W. J. Granger	Statistische Methoden zur Analyse von Zeitreihen
2004	Finn E. Kydland Edward C. Prescott	Beiträge zur dynamischen Makroökonomik: Die Zeitkonsistenz von Wirtschaftspolitik und die treibende Kraft von Konjunkturzyklen
2005	Robert Aumann Thomas Schelling	Spieltheorie und Analyse von Konflikt und Kooperation
2006	Edmund S. Phelps	Analyse intertemporaler Zielkonflikte in makroökonomischer Politik
2007	Leonid Hurwicz Eric S. Maskin Roger B. Myerson	Entwicklung der Grundlagen des Mechanism Design
2008	Paul Krugmann	Analysen der Handelsmuster und Räume wirtschaftlicher Aktivität
2009	Elinor Ostrom	Analyse ökonomischen Handelns im Bereich Gemeinschaftsgüter
	Oliver E. Williamson	Analyse ökonomischen Handelns im firmeninternen Bereich
2010	Peter A. Diamond Dale Mortensen Christopher Pissarides	Analyse von Märkten mit Friktion
2011	Thomas Sargent Christopher Sims	Empirische Untersuchung von Ursache und Wirkung in der Makroökonomie
2012	Alvin E. Roth Lloyd S. Shapley	Forschung zur Verteilung zwischen Menschen und Märkten („stabile Allokationen")
2013	Eugene F. Fama Lars Peter Hansen Robert J. Shiller	Empirische Analysen von Vermögenspreisen

Abbildung 2: Nobelpreisträger der Ökonomie 1969–2013

Bei den 45 Verleihungen bis 2013 wurden 74 Wissenschaftler geehrt. 73-mal ging der Preis an einen Mann und einmal an eine Frau. 53 der Nobelpreisträger stammen aus den USA und nur einer ist Deutscher, *Reinhard Selten*, und einer Österreicher, *Friedrich A. von Hayek*. Auf einige dieser herausragenden Persönlichkeiten der Wissenschaft soll nachfolgend eingegangen werden, soweit sie versicherungswirtschaftliche Fragen behandelt haben.

Paul Samuelson geht in seinem berühmten Lehrbuch u. a. auf den Unterschied zwischen Wette / Spiel und Versicherung ein. Zudem hat er sich mit den Finanzierungsverfahren der Sozialversicherung beschäftigt und ist dabei der Frage nachgegangen, ob das Anwartschaftsdeckungsverfahren oder das Umlageverfahren besser geeignet sei. Die Antwort auf diese Frage ist: Es kommt darauf an. Je geringer die Bevölkerungswachstumsrate, je geringer die Lohnsteigerungsrate und je höher der Zinssatz ist, umso eher ist das Anwartschaftsdeckungsverfahren geeignet, die Alterssicherung zu finanzieren. Dieses Verfahren wird derzeit nicht in der Sozialversicherung, sondern in der Lebensversicherung angewandt, soll aber Einzug in die gesetzliche Alterssicherung halten. Ein Beispiel dafür sind die sog. „*Riester*-Produkte", bei denen es sich um eine staatlich geförderte Zusatzrente handelt.

Kenneth Arrow ist wohl einer der bedeutendsten Versicherungstheoretiker. Er hat sich sehr intensiv mit der Krankenversicherung beschäftigt und ist der Frage nachgegangen, welche Rolle die Unsicherheit bei der Nachfrage nach Gesundheitsleistung spielt. In einem theoretischen Modell analysiert er die Eigenschaften eines optimalen Selbstbehaltes (deductible) aus der Sicht des Versicherungsnachfragers. Ein Selbstbehalt ist ein absoluter Betrag (z. B. 1.000 €), den der Versicherte im Schadensfall selbst tragen muss. Das Gegenstück ist eine proportionale Selbstbeteiligung (co-insurance), bei welcher der Versicherte immer einen bestimmten Prozentsatz (z. B. 20 %) des Schadens trägt.

Milton Friedman steht für eine Wirtschafts- und Ordnungspolitik, in welcher der Staat sich weitgehend zurückhält. Er ist wie *Friedrich von Hayek* ein Verfechter freier Märkte und damit einer derjenigen, die für eine Liberalisierung der Versicherungsmärkte und einen Abbau des Sozialversicherungsschutzes stehen.

Gérard Debreu hat in seinem berühmten Buch „Theory of Value" das Funktionieren von Märkten bei Vorliegen von Unsicherheit untersucht. *Arrow* und *Debreu* gelten als diejenigen Wissenschaftler, welche die mathematischen Grundlagen für die Entwicklung der neoklassischen Allokationstheorie bei Sicherheit und Unsicherheit gelegt haben. Insbesondere haben sie gezeigt, dass sich auch bei Bestehen von Unsicherheit ein Preissystem für risikobehaftete Ansprüche entwickeln kann, das den Bedingungen eines *Pareto*-Optimums genügt, und dass zu jedem *Pareto*-Optimum ein Preissystem unter Unsicherheit abgeleitet werden kann. Dies gilt aber nur in einer Welt ohne Informations- und Transaktionskosten, weswegen auch der Ausdruck *Arrow-Debreu*-Welt existiert, wenn von einer Welt der vollständigen Märkte ausgegangen wird. In einer

Welt mit Informations- und Transaktionskosten bilden sich hingegen spezialisierte Institutionen, die diesen Kosten ihre Existenz verdanken, nämlich Banken und Versicherungen.

Der Theoretiker *James Tobin* zeigte die Bedeutung von Finanzmärkten und Kapitalsammelstellen, zu denen auch Versicherungsgesellschaften gehören, für die volkswirtschaftliche Entwicklung auf. Die mittlerweile in der ökonomischen Theorie weit verbreitete Anwendung der wirtschaftlichen Theorie der Entscheidung unter Unsicherheit wurde sowohl von *James Tobin* als auch von *Franco Modigliani* verwendet und weiterentwickelt. Dabei geht es darum, den wirtschaftlichen Entscheidungsprozess nicht als ein Maximierungsverhalten unter Sicherheit und bestimmten Nebenbedingungen darzustellen, sondern ihn für den Fall zu beschreiben, dass bestimmte Größen stochastischer Natur, d. h. wahrscheinlichkeitsverteilt sind.

Der Name *James Buchanan* steht für die ökonomische Theorie der Politik. Diese „Public Choice Theory" zeigt, wie der politische Entscheidungsprozess in Demokratien, das Verhalten von Interessengruppen und die selbstständigen Ziele von Bürokraten Einfluss auf den Wirtschaftsprozess haben. Im Rahmen der Versicherungswirtschaft interessieren hier insbesondere die Fragen der Regulierung und Deregulierung von Versicherungsmärkten sowie Überlegungen, inwieweit Versicherungsschutz den Charakter eines öffentlichen Gutes hat. Zudem wird die Versicherungswirtschaft durch mächtige Interessenverbände charakterisiert. Viele Risiken sind durch Sozialversicherungen abgedeckt. Dass gerade die Sozialversicherung in den vergangenen Jahren eine starke Ausweitung erfahren hat, ist mit Hilfe des theoretischen Instrumentariums von *James Buchanan* erklärbar.

Zu nennen ist auch *Maurice Allais*, der vor *Debreu* gezeigt hat, dass Risikomärkte, z. B. vollständige Versicherungsmärkte, zu einer optimalen Allokation der Übernahme von Risiko führen können.

Der erste deutsche Nobelpreisträger der Ökonomie ist *Reinhard Selten* (*Hayek* lehrte zwar in Freiburg, ist aber Österreicher). Er erhielt den Nobelpreis für seine Arbeiten zur Spieltheorie. Diese Theorie ist gerade durch die Versicherungstheorie stark befruchtet worden und vice versa. Ein theoretisches Grundmodell der Versicherungstheorie ist das Modell der Spiele gegen die Natur. Zusammen mit *Reinhard Selten* bekam **John Nash**, der auch den Nichtökonomen durch den beeindruckenden Kinofilm „A Beautiful Mind" bekannt ist, den Nobelpreis für seine spieltheoretischen Arbeiten. Sie haben viele Versicherungsökonomen im Bereich der Modellierung von Versicherungsmärkten stark beeinflusst. Beispielhaft sei der berühmte Versicherungsmathematiker und -ökonom *Karl Borch* zu nennen, der die *Nash*-Lösung eines kooperativen Spiels zur Modellierung optimaler Rückversicherungskontrakte verwendete. Die Werke von *Karl Borch* sind in der Aufsatzsammlung „The Mathematical Theory of Insurance" 1974 bei Lexington zusammengefasst worden.

Eine große Ehrung für die Versicherungswissenschaft ist der Nobelpreis des Jahres 2001. *George Akerlof* hat den berühmten Aufsatz „The Market for Lemons" geschrieben, mit dem er die Forschung über die Wirkung asymmetrischer Informationsverteilungen begann. Sie spielen vor allem auf Versicherungsmärkten eine große Rolle, wie *Joseph Stiglitz* deutlich machte. Er zeigte auch, dass asymmetrische Informationsverteilungen die Grundlage von Moral Hazard und Adverse Selection bilden und auf Versicherungsmärkten dazu führen können, dass gar kein Versicherungsangebot besteht, die Versicherungsmärkte sich in einem Ungleichgewicht befinden und / oder zu einer suboptimalen Allokation der Ressourcen führen. Staatseingriffe in die individuelle Risikovorsorge können hiermit begründet werden. *Stiglitz* hat auch theoretische Konzepte zur Beschreibung des Verhaltens bei Risiko geliefert, die heute zum Standardwerkzeug der Versicherungstheorie gehören. Dazu gehört z. B. das Konzept des „mean-preserving increasing risk".

Auch im Jahre 2002 wurden Wissenschaftler geehrt, die sich mit Themen auseinander gesetzt haben, die einen starken versicherungswissenschaftlichen Bezug haben. *Vernon Smith* hat sich intensiv mit der Frage der optimalen Versicherungsnachfrage beschäftigt. Von seinem Aufsatz „Optimal Insurance Coverage" im Journal of Political Economy (1968) erfolgt die Ableitung des „Lehrsatzes von *Smith*", der in Kapitel IV, Abschnitt 2 behandelt wird. *Daniel Kahneman* hat sich mit der Entscheidungstheorie unter Unsicherheit und mit menschlichen Auswahl- und Bewertungsmechanismen beschäftigt und damit wichtige Beiträge zu versicherungsrelevanten Fragestellungen erarbeitet. Einige seiner Ideen finden sich in Kapitel I, Abschnitt 3, in dem auf heuristische Prinzipien eingegangen wird, wieder.

Der Nobelpreis für Wirtschaftswissenschaften ging 2003 unter anderem an *Robert Engle*, der den Begriff der „autoregressiv bedingten Heteroskedazität" geprägt hat. Sie ist bei der Abschätzung des Risikos von Finanzanlagen zu beachten. Für Akteure auf Finanzmärkten sind die zufälligen Schwankungen über die Zeit, auch Volatilität genannt, von besonderer Wichtigkeit, da das Risiko von Anlagen in Aktien, derivativen Finanzanleihen und anderen Anlagen hierdurch bestimmt werden. Die Schwankungen können im Zeitablauf stark variieren – ruhige Perioden werden von turbulenten Zeiten mit größeren Fluktuationen abgelöst. Obwohl sich die Volatilität über die Zeit verändert, waren Wirtschaftswissenschaftler lange Zeit gezwungen, mit der Annahme einer konstanten Volatilität zu arbeiten. *Engle* gelang es nun, statistische Methoden zur Analyse von Zeitreihen zu entwickeln, die eine zeitlich variierende Volatilität modellieren. Diese Methoden werden zu unverzichtbaren Werkzeugen für Finanzanlageinstitutionen – wie Versicherungen – bei der Analyse von Finanzmärkten, der Risikobewertung und des Risk Managements werden.

Auch in den Folgejahren waren die Themen der Nobelpreisträger für Wirtschaftswissenschaften oft finanzwissenschaftlich ausgerichtet: *Robert Aumann* und *Thomas*

Schelling forschten durch Analyse der Spieltheorie für ein besseres Verständnis von Konflikten und Kooperationen (2005).

Im Jahr 2013 erhielten die drei US-Ökonomen *Eugene F. Fama, Lars Peter Hansen* und *Robert J. Shiller* den Wirtschaftsnobelpreis für Empirische Analysen von Vermögenspreisen. Diese Untersuchungen sind für Prognosen von längerfristigen Preisentwicklungen auf den Finanzmärkten relevant.

Aus der Liste der Nobelpreisträger und deren Hauptarbeitsgebieten wird deutlich, dass die Versicherungswirtschaftslehre ein Teil der Wirtschaftswissenschaften ist, auf ihr beruht und sie befruchtet hat. Berühmte Ökonomen, unter ihnen *Paul Samuelson, Kenneth Arrow, Maurice Allais* oder *Joseph Stiglitz*, haben sich mit versicherungswirtschaftlichen Fragen beschäftigt. Allerdings spiegelt sich der heutige Stand der Versicherungswirtschaftslehre noch nicht in der Liste der Nobelpreisträger wider, da die Wissenschaftler naturgemäß den Nobelpreis in Geisteswissenschaften erst im hohen Alter erhalten.

2 Charakteristika der Versicherung

2.1 Gegenstand der Versicherungsökonomik

Gegenstand der Versicherungswirtschaftslehre sind das Versicherungsunternehmen, der Versicherungsmarkt, d. h. der Kauf und Verkauf von Versicherungsschutz, und die Fragen, die sich jedem Wirtschaftssubjekt stellen, das sich mit Versicherung beschäftigt. Außerdem gehört zur Versicherungswirtschaftslehre die Frage, welche ökonomischen Gründe für eine spezielle Marktordnung für Versicherungsmärkte und für staatliche Eingriffe in die individuelle Risikovorsorge sprechen und welche ökonomischen Auswirkungen diese haben. Deshalb beschäftigt sich die Versicherungswirtschaftslehre auch mit der Versicherungspflicht, der Pflichtversicherung und den stark regulierten Sozialversicherungen (siehe Kapitel VI).

Die drei Themenschwerpunkte der Versicherungsökonomik sind die *Wirtschaftseinheit*, die *Wirtschaftstätigkeit*, d. h. das Versicherungsgeschäft, und die (politische, wirtschaftliche, rechtliche und soziale) *Umwelt*.

Das institutionelle Objekt der Versicherungsbetriebslehre ist das Versicherungsunternehmen (VU) im Sinne einer *Wirtschaftseinheit*, die Versicherungsgeschäfte betreibt, d. h. das Versicherungs-, Rückversicherungs-, und Sozialversicherungsunternehmen (sowie Unternehmen, die Teilfunktionen des Versicherungsunternehmens zum Geschäftsgegenstand haben, wie z. B. Finanzdienstleistungsunternehmen, die auf den Vertrieb spezialisiert sind).

Wie die nachfolgende Abbildung verdeutlicht, kann das Versicherungsgeschäft in drei Aufgaben untergliedert werden.

```
                    Versicherungsgeschäft
                    /        |         \
                   ↓         ↓          ↓
          Risikogeschäft  Spar- und   Dienstleistungs- und
                          Entspargeschäft  Abwicklungsgeschäft
```

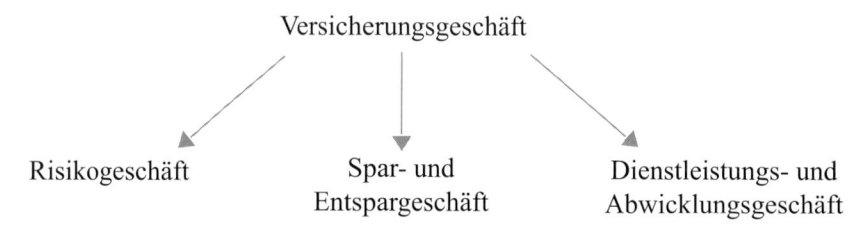

Abbildung 3: Versicherungsgeschäft als Gegenstand der Versicherungsökonomik

Das Versicherungsgeschäft umfasst somit:

- Das *Risikogeschäft* als Kern des Versicherungsgeschäfts; dieses beinhaltet die Übertragung eines Risikos vom Versicherungsnehmer auf das Versicherungsunternehmen; Versicherungsunternehmen geben Risiken häufig an andere Versicherungsgesellschaften oder Rückversicherer weiter.

- Das *Spar- und Entspargeschäft* in der Lebens-, Kranken- und Unfallversicherung; zunächst wird Kapital angespart, das vom Versicherungsunternehmen zu einem bestimmten oder unbestimmten Termin zurückgezahlt wird (z. B. Rentenauszahlung).
- Das *Dienstleistungs- und Abwicklungsgeschäft*, welches das Risiko- und Spar- / Entspargeschäft erst ermöglicht (z. B. Kundenberatung).

Die primäre *Umwelt* des Versicherungsunternehmens wird durch die Märkte gebildet, auf denen Versicherungsgeschäfte getätigt werden bzw. auf denen die Produktionsfaktoren beschafft werden. Dabei sind vor allem drei Märkte zu nennen:

- Absatzmarkt: Kunde des Versicherungsunternehmens ist der Versicherungsnehmer bzw. andere Versicherungsunternehmen. Auf den Absatzmärkten agiert ein Versicherer häufig sowohl als Anbieter von Risikoschutz als auch als Nachfrager von Risikodeckung (Rückversicherung).
- Beschaffungsmarkt: Auf diesem Markt werden die Produktionsfaktoren erworben, die das Versicherungsunternehmen benötigt. Lieferanten sind private Haushalte (Arbeit), selbstständige Dienstleistungsunternehmen (z. B. Vermittler) und andere Unternehmen (vor allem sächliche Produktionsmittel).
- Finanzmärkte: Versicherungsunternehmen verwalten umfangreiche Finanzmittel, die sie auf den Finanzmärkten platzieren. In der letzten Zeit ist auch die Frage intensiv diskutiert worden, inwieweit sich Finanzmärkte dazu eignen, versicherungstechnische Risiken weiterzugeben. Dabei erfolgt eine Analyse z. B. der Optionsmärkte die, ähnlich wie Versicherungsmärkte, Geschäfte beinhalten, bei denen bedingte Forderungen gehandelt werden. Im Falle der Versicherung besteht die bedingte Forderung darin, dass der Versicherer nur bei Eintritt eines Schadensfalls zahlen muss. Auf Optionsmärkten wird die Option nur dann in Anspruch genommen, wenn eine bestimmte Bedingung erfüllt ist, z. B. wenn der Kurs eines Wertpapiers über einen bestimmten Wert steigt oder eine Naturkatastrophe eintritt.

Die Umwelt lässt sich in verschiedene Bereiche oder Schichten gliedern, z. B. in Konkurrenten, Staat und Öffentlichkeit oder in einen nationalen Markt, den EU-Markt und den Weltmarkt. Für die Analyse mag es zwar aus Gründen der Systematik zweckmäßig sein, die einzelnen Schichten voneinander zu trennen. Aufgrund der Internationalisierung und Globalisierung nähern sich aber die Marktbedingungen und Marktregulierungen an, obwohl Besonderheiten einzelner Versicherungsmärkte bestehen bleiben. Hierbei ist z. B. an die Unterschiedlichkeit der nationalen Alterssicherungssysteme und deren Auswirkung auf den Versicherungsmarkt zu denken.

Zur Umwelt gehören auch kodifizierte und nicht-kodifizierte Normen. Als kodifizierte Normen sind die staatlichen Gesetze und Verordnungen zu nennen, die den rechtlichen Rahmen für das Versicherungsgeschäft bilden. In den traditionellen Wirtschaftswissenschaften wird der gesetzliche Rahmen immer als gegeben vorausgesetzt. Die

Wirtschaftssubjekte optimieren oder maximieren ihre Zielfunktion unter Beachtung bestimmter Nebenbedingungen, wozu ökonomische Budgetbeschränkungen und eben die Normen gehören.

Es ist der Verdienst der *Public Choice Theory* und der *Property Rights Theory*, dass bei der Beschreibung und Analyse von wirtschaftlichen Fragestellungen Normen nicht als gegeben hingenommen werden, sondern anerkannt wird, dass deren Veränderung selbst Ziel der Optimierung der Wirtschaftssubjekte ist. So entsteht eine Wechselwirkung zwischen dem Rechtsrahmen und dem ökonomischen Handeln: Der Rechtsrahmen determiniert das Handeln, das Handeln wiederum induziert die Veränderung des Rechtsrahmens. Wirtschaftsunternehmen und deren Verbände wenden erhebliche Ressourcen dafür auf, den Rechtsrahmen zu verändern oder unerwünschte Veränderungen zu vermeiden. Gerade auch die Versicherungswirtschaft ist dafür bekannt, dass sie aktiv versucht, den Rechtsrahmen, in dem sie tätig ist, zu beeinflussen. Beispielhaft seien hier die Novellierung des Versicherungsvertragsgesetzes oder die Einführung der Europäischen Vermittlerrichtlinie genannt. An der Diskussion und der dafür gebildeten Kommission waren auch Vertreter der Versicherungswirtschaft (Unternehmen, Verbände, Vereine etc.) aktiv beteiligt.

Die Aussage, dass die Umwelt nicht starr und unveränderlich ist, gilt nicht nur für den Rechtsrahmen, sondern generell. Durch unternehmerisches Handeln können auch Nachfragerpräferenzen verändert und Strukturen auf Rückversicherungsmärkten beeinflusst werden.

2.2 Ansätze der Versicherungsökonomik

Die *volkswirtschaftlichen Ansätze* (siehe Abschnitt 1.1.) sind drei Theoriekomplexen zuzuordnen: der Mikro-, der Makro- und der Verteilungstheorie.

Die Mikrotheorie demonstriert anhand der Modellierung einer einzelnen Wirtschaftseinheit (Versicherungsunternehmen, Versicherungsnehmer) das typische Verhalten einer ganzen Gruppe. Dabei unterstellt sie, dass jede Wirtschaftseinheit eine Nutzenfunktion (oder Zielfunktion) unter Beachtung von Beschränkungen, die ihr die Umwelt auferlegt, maximiert. Z. B. wird bei der Analyse des Verhaltens von Versicherungsnehmern unterstellt, dass diese eine Nutzenfunktion mit den Argumenten Einkommen, Sicherheit und Freizeit unter den Nebenbedingungen einer bestimmten Ressourcenausstattung, bestimmter Arbeitsmarktbedingungen und einem gegebenen Preissystem maximieren. Als Ergebnis resultiert das optimale Arbeitsangebot des Individuums, der optimale Konsumkorb und die optimale Versicherungsnachfrage. Diese Optimalitätsbedingungen erlauben es, die Veränderungen der Optimalwerte – z. B. des Arbeitsangebotes und der Versicherungsnachfrage – zu untersuchen, wenn sich einzelne Parameter – z. B. die Versicherungsprämie oder der Lohnsatz – ändern. Entsprechend wird bei den

Versicherungsunternehmen unterstellt, dass sie eine Zielfunktion maximieren, die die Argumente Erwartungswert des Gewinns und Sicherheit oder im Sinne der wertorientierten Unternehmenssteuerung den Shareholder Value (Erwartungswert des abdiskontierten freien Cash Flows aller Geschäftsaktivitäten) enthält.

Die Makrotheorie analysiert die ökonomischen Bedingungen in stationären und wachsenden Volkswirtschaften und welchen Einfluss sie auf Allokation, Distribution und Stabilität des Wirtschaftsgeschehens haben. Insbesondere die langfristigen Verträge im Versicherungswesen werden stark von gesamtwirtschaftlichen Faktoren determiniert, wie z. B. der Finanzierung der Alterssicherung.

Die auf der Theorie der Gerechtigkeit basierende Verteilungstheorie beschäftigt sich mit den vor allem für die Sozialversicherung zentralen Aspekten der Umverteilungswirkungen und -gerechtigkeit. Dabei stellt sich konkret die Frage, inwieweit eine Änderung des Systems der sozialen Sicherung die inter- und intragenerative Gerechtigkeit berührt. Fragen der Gerechtigkeit können immer nur unter Heranziehung von Werturteilen über Gerechtigkeit (Gerechtigkeitskriterien) beantwortet werden, da es ohne Werturteile unmöglich ist, abzuleiten, ob eine Veränderung der Verteilung von Einkommen, Vermögen, Chancen und Risiken zu mehr Gerechtigkeit führt oder nicht.

Die Versicherungsökonomik bedient sich einer großen Zahl an Theorien aus dem ökonomischen Methodenspektrum. Die nachstehende Abbildung gibt einen Überblick.

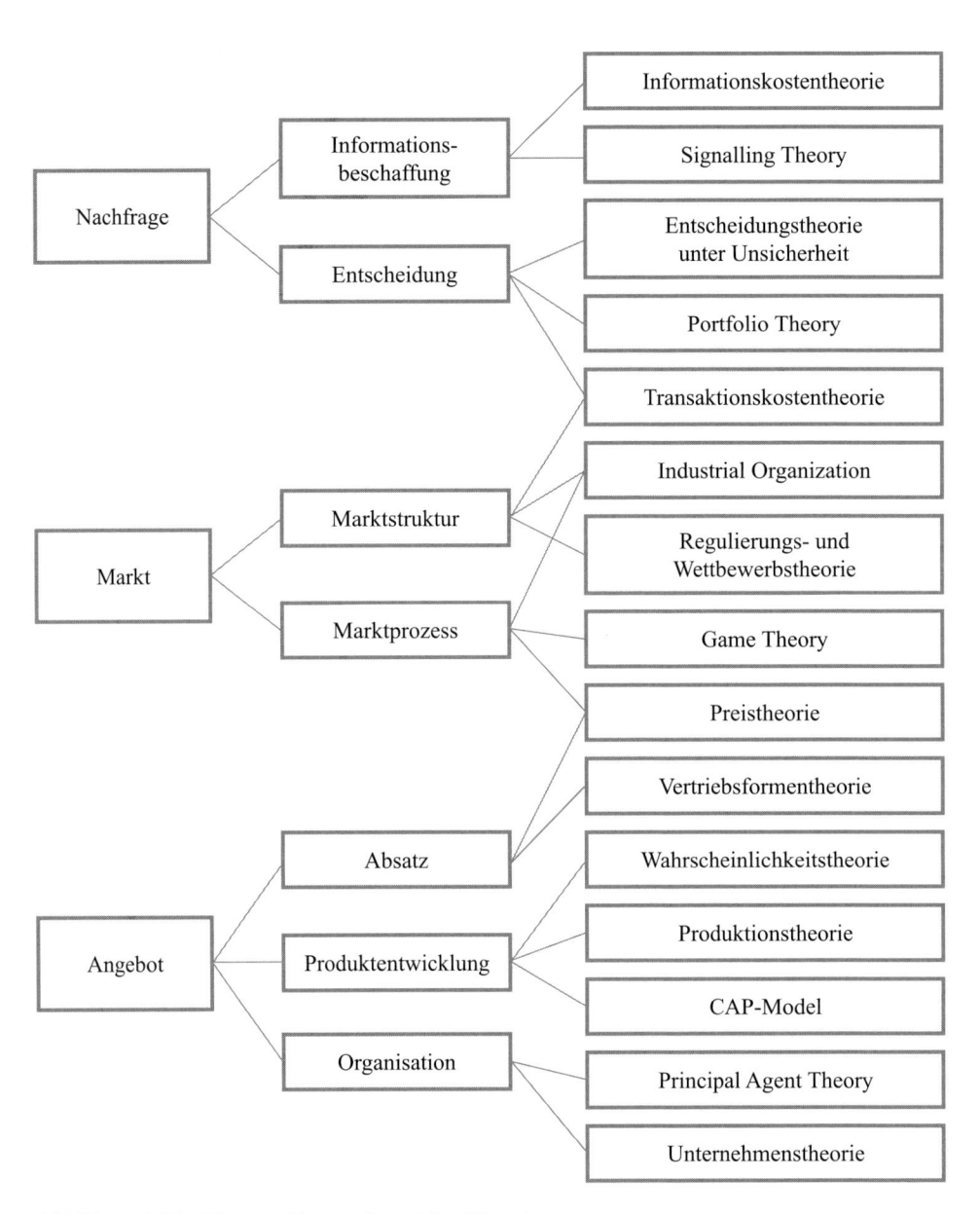

Kapitel I Grundlagen der Versicherungswirtschaftslehre

```
Nachfrage ─┬─ Informations-      ─┬─ Informationskostentheorie
           │  beschaffung          └─ Signalling Theory
           │
           └─ Entscheidung        ─┬─ Entscheidungstheorie
                                   │  unter Unsicherheit
                                   └─ Portfolio Theory

Markt     ─┬─ Marktstruktur      ─┬─ Transaktionskostentheorie
           │                       ├─ Industrial Organization
           │                       └─ Regulierungs- und
           │                          Wettbewerbstheorie
           └─ Marktprozess        ─┬─ Game Theory
                                   └─ Preistheorie

Angebot   ─┬─ Absatz             ─┬─ Vertriebsformentheorie
           │                       └─ Wahrscheinlichkeitstheorie
           ├─ Produktentwicklung ─┬─ Produktionstheorie
           │                       └─ CAP-Model
           └─ Organisation       ─┬─ Principal Agent Theory
                                   └─ Unternehmenstheorie
```

Abbildung 4: Versicherungsökonomik und ihre Theorien

Dabei wird hier die in der Ökonomik übliche Unterteilung in die Analyse des Angebotes, der Nachfrage und des Marktes vorgenommen. Für die Analyse der Nachfrage findet die Entscheidungstheorie, insbesondere die Entscheidungstheorie unter Unsicherheit, Anwendung, da Versicherung nachgefragt wird, um mehr Sicherheit zu erlangen (siehe Kapitel III). Allerdings basieren Nachfrageentscheidungen in der Realität nicht immer bzw. selten auf einer rationalen, strukturierten Analyse der Sachverhalte, meist wird die Nachfrageentscheidung auf der Basis bestimmter Muster getroffen. Solche Muster werden heuristische Verfahren genannt. Heuristische Verfahren sind bestimmte Leitprinzipien, die sich in der Praxis bewährt haben (aber meist nicht auf einer Theorie basieren) und deshalb von Entscheidungsträgern angewandt werden. So arbeiten Entscheidungsträger auch bei der Abschätzung von Wahrscheinlichkeiten zur Ermittlung der besten Entscheidung unter Unsicherheit nicht mit statistischen Methoden, sondern mit einfachen Prinzipien, d. h. heuristischen Verfahren (siehe Kapitel I, Abschnitt 3.2.). Das Phänomen des nur bedingt analytisch-rationalen Vorgehens bei Entscheidungssituationen wird in der neueren ökonomischen Literatur auch mit *Bounded Rationality* bezeichnet.

Auf für den Nachfrager intransparenten Märkten, wie dem Versicherungsmarkt, spielen so genannte Signale (insbesondere für Qualität und Preisgünstigkeit) sowie Suchstrategien eine erhebliche Rolle für das Marktgeschehen (siehe Kapitel V, Abschnitt 3.3.4.) und beeinflussen, wie Informations- und Transaktionskosten, die Marktstruktur und den Marktprozess. Welche Rolle Signale (z. B. Markennamen, Werbung, Preise, Vertriebsformen) spielen und wie sie wirken, ist Gegenstand der Signalling Theory. Versicherungsmärkte weisen in der Regel oligopolistische Strukturen auf und lassen sich deshalb nur bedingt mit Hilfe der Modelle der vollständigen Konkurrenz oder des Monopols analysieren. Die so genannte IO-Forschung (Industrial Organization oder Industrieökonomik) analysiert die Prozesse auf oligopolistischen Märkten sowie den Einfluss staatlicher Regulierung auf das Verhalten der Marktteilnehmer (siehe Kapitel V, Abschnitt 6).

Eine weitere wichtige Frage – die Gegenstand der so genannten Preistheorie ist – lautet: Wovon hängen die Höhe und die Struktur der Preise ab? Allgemein lautet die Antwort: von Angebot und Nachfrage, d. h. von den Nachfragerpräferenzen, der Marktstruktur und den Produktionskosten. In der Versicherungsökonomik wird die ansonsten in den Wirtschaftswissenschaften als Preis- und Kostentheorie bezeichnete Methodik einer alten Tradition folgend „Versicherungstechnik" genannt (siehe Kapitel II). Die Versicherungstechnik bedient sich der Wahrscheinlichkeits- und Tariftheorie. Zur Erklärung des strategischen Verhaltens von Anbietern erweist sich die Spieltheorie als leistungsfähige Methode (siehe Kapitel III, Abschnitt 4), mit der die Prozesse auf Märkten als Abfolge von Spielzügen der Beteiligten modelliert werden.

Die Regulierungs- und Wettbewerbstheorie hat für die Versicherungswirtschaft besondere Bedeutung, da die Frage heftig diskutiert wird, inwieweit für das Banken- und das Versicherungswesen eine besondere Marktregulierung und Wettbewerbsordnung notwendig ist. Mit den Aufsichtsgesetzen zum Versicherungs- und Bankenwesen, die durch die Bundesanstalt für Finanzdienstleistungsaufsicht (BaFin) überwacht werden, wurde ein Regulierungsrahmen geschaffen, der dem Gläubiger- und damit Verbraucherschutz dienen soll. Ausgelöst durch die drei großen Finanzkrisen der letzten Jahre, die Aktienkrise von 2001 (*Dot Com-Crisis*), die Bankenkrise von 2007/8 (*Suprime Crisis*) und die Eurokrise von 2011/12 (*Governmental Debt Crisis*), wurde die Regulierung des Finanzdienstleistungssektors kontinuierlich verstärkt.

Schließlich gilt es, die Versicherungsunternehmen selbst zu analysieren, wozu die produktions- und betriebswirtschaftlichen Theorien heranzuziehen sind. Letztere wird auch als *Versicherungsbetriebslehre* bezeichnet.

In der Versicherungsbetriebslehre können – wie in der Allgemeinen Betriebswirtschaftslehre – sieben verschiedene Ansätze, die jeweils unterschiedliche Merkmale des Wirtschaftens oder des Versicherungsunternehmens in den Vordergrund stellen, unterschieden werden:

- entscheidungstheoretischer Ansatz
- güterwirtschaftlicher Ansatz
- funktionaler Ansatz
- genetischer Ansatz
- systemtheoretischer Ansatz
- informationstheoretischer Ansatz und
- sozialwissenschaftlicher Ansatz

Der *entscheidungstheoretische Ansatz* versteht das Wirtschaften im Versicherungsunternehmen als „Summe von Entscheidungen über Unternehmensziele und Mittel", die zur Erreichung der Ziele zweckmäßig sind. Im Mittelpunkt der Betrachtung stehen dabei die Formulierung der Unternehmensziele und die Ableitung optimaler Entscheidungen bezüglich dieser Ziele unter Beachtung der bestehenden Rahmenbedingungen. Der *güterwirtschaftliche Ansatz* sieht die Unternehmen als Institutionen, die mittels Faktorkombination Güter produzieren. Diesem Ansatz folgend werden Versicherungsunternehmen als produzierende Einheiten betrachtet und analysiert, wobei Produktionsfaktoreinsatz, Produktionsfaktorkombination und entstehende Produkte untersucht und funktionale Beziehungen zwischen Input und Output hergestellt werden. Wenn diese Beziehungen rein mengenmäßig bewertet werden, wird von der Produktionstheorie gesprochen, wohingegen es sich um die Kostentheorie handelt, falls der Input monetär bewertet wird. Nach dem *funktionalen Ansatz* wird die Gesamtaufgabe des Versicherungsunternehmens in die betriebswirtschaftlichen Funktionen Beschaffung, Leistungserstellung, Absatz, Finanzierung und Verwaltung untergliedert. Der *genetische Ansatz* stellt bei der Analyse den Lebenszyklus eines Unternehmens in den Vordergrund. Entsprechend knüpft dieser Ansatz an bestimmte Tatbestände im Lebenszyklus von Versicherungsunternehmen – wie z. B. Gründung, sprunghaftes internes und externes Wachstum, grundsätzliche Neuordnung des Unternehmens, Sanierung und Liquidation – an. Nach dem *systemtheoretischen Ansatz* ist ein Versicherungsunternehmen ein produktives System von Elementen, bei dem die Elemente innerhalb des Unternehmens und mit der Umwelt auf bestimmte Weise miteinander verknüpft sind. Bei Einbezug von organisatorischen Regelungen entsteht ein kybernetisches System. Das *informationstheoretische Konzept* versteht den Versicherungsschutz als Informationsprodukt, das für den Kunden eine prognostische Garantiewirkung hat. Das Versicherungsprodukt hat für den Kunden die Funktion, dass sein Vermögen durch mögliche Schäden nicht gemindert wird. Der *sozialwissenschaftliche Ansatz* geht vom Verhalten der am Versicherungsgeschäft beteiligten Menschen, wie z. B. Versicherungsnehmern, Vermittlern, Unternehmensleitung, Mitarbeitern und Faktorlieferanten, aus, deren Verhaltensweisen in Entscheidungen zum Ausdruck kommen.

Welcher Ansatz gewählt wird, hängt von der Fragestellung ab. Werden diese Ansätze im Zusammenhang betrachtet, ergibt sich eine umfassende Theorie des Versicherungsunternehmens. Die *Neue Institutionenökonomie* (New Institutional Economics) versucht dabei, die verschiedenen Ansätze zu integrieren, indem es die Informationskosten (auch unter Berücksichtigung asymmetrischer Informationsverteilungen), die Transaktionskosten (Vertragskosten) und sinkende Produktionskosten (aufgrund von *Economies of Scale* und *Economies of Scope*) als zentrale Faktoren für die Bildung und ökonomische Berechtigung von Unternehmen herausstellt. Anders ausgedrückt: Gäbe es diese spezifischen Kosten nicht, so hätten Unternehmen keinen Bestand.

Eine besondere Herausforderung an Versicherungsunternehmen ist die *Entwicklung neuer Produkte*. Hier finden insbesondere die Marktforschung und die Wahrscheinlichkeitstheorie, um die Tarife neuer Produkte kalkulieren zu können, Anwendung. Mit Hilfe des Capital Asset Pricing Models wird der Preis eines Wertpapiers oder Optionsscheins (dazu können auch Versicherungsverträge gezählt werden) in Komponenten zerlegt, die dem risikolosen Teil, dem unsystematischen Risiko (Zufallsrisiko) und dem systematischen Risiko (Änderungsrisiko) entsprechen (siehe Kapitel III, Abschnitt 3.4.).

Schließlich gilt es, den Versicherungsbetrieb zu organisieren. Eine große Herausforderung ist dabei, die Ineffizienzen zu überwinden, die aus asymmetrischen Informationsverteilungen resultieren. Mitarbeiter (Agents) haben Informationen (z. B. über ihren wahren Leistungseinsatz), die der Vorgesetzte (Principal) nicht besitzt. Die Principal-Agent-Theorie wird in einem anderen Zusammenhang behandelt, nämlich im Verhältnis zwischen Versicherungsunternehmen und Versicherungsnehmer (siehe die Behandlung des Moral Hazard- und des Adverse Selection-Theorems in Kapitel IV, Abschnitte 3 und 4).

2.3 Definition des Begriffs Versicherung

Versicherungen bieten Sicherheit. Sicherheit stellt eines der Grundbedürfnisse der Menschen dar. Nach Maslow und der bekannten Maslow'schen Bedürfnispyramide folgt das Bedürfnis nach Sicherheit unmittelbar der Befriedigung der physiologischen Grundbedürfnisse wie Ernährung und Unterkunft. Es spielt somit eine wesentliche Rolle in der Präferenzfunktion der meisten Menschen.

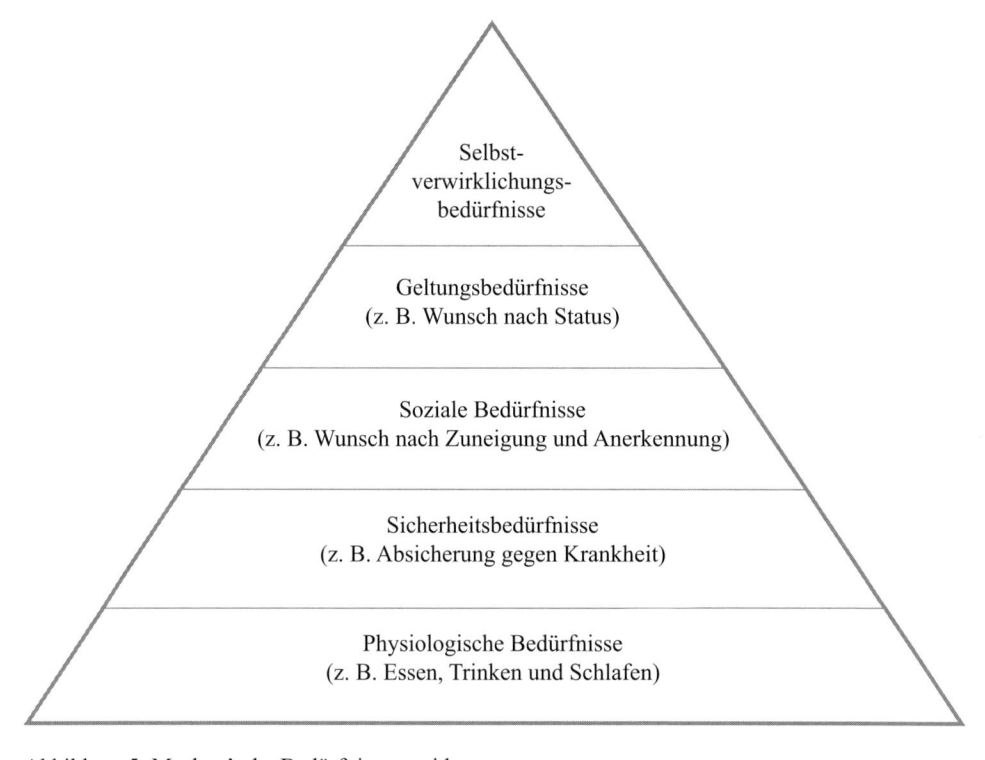

```
                /\
               /  \
              /Selbst-\
             /verwirk-\
            /lichungs-  \
           / bedürfnisse \
          /---------------\
         /  Geltungs-      \
        /  bedürfnisse      \
       /  (z. B. Wunsch      \
      /   nach Status)        \
     /-------------------------\
    /   Soziale Bedürfnisse     \
   / (z. B. Wunsch nach          \
  /   Zuneigung und Anerkennung) \
 /-------------------------------\
```

- Selbstverwirklichungsbedürfnisse
- Geltungsbedürfnisse (z. B. Wunsch nach Status)
- Soziale Bedürfnisse (z. B. Wunsch nach Zuneigung und Anerkennung)
- Sicherheitsbedürfnisse (z. B. Absicherung gegen Krankheit)
- Physiologische Bedürfnisse (z. B. Essen, Trinken und Schlafen)

Abbildung 5: Maslow'sche Bedürfnispyramide

Theoretische Grundlage für das Versicherungsgeschäft sind die Erkenntnisse aus der Wahrscheinlichkeitstheorie und das sog. „Gesetz der großen Zahlen": Es ist zu beobachten, dass die Schadenereignisse bei bestimmten Risiken Regelmäßigkeiten aufweisen. Diese Regelmäßigkeiten sind umso deutlicher festzustellen, je größer die Zahl der beobachteten Fälle ist. Aus der Beobachtung der Häufigkeit bestimmter Schadenereignisse können Aussagen zur Wahrscheinlichkeit des Eintretens eines Schadens abgeleitet werden. Diese Wahrscheinlichkeitsaussagen sind umso besser, je größer die Zahl der beobachteten Fälle ist. Diese Erfahrungswerte dienen als Grundlage für die Prämienkalkulation. Als Prämie bzw. Beitrag wird das Entgelt bezeichnet, welches der Versicherungsnehmer für die Gewährung von Versicherungsschutz zu entrichten hat. In der Praxis wird bei Versicherungsunternehmen in der Rechtsform einer AG von einer

Prämie und bei allen anderen Rechtsformen (Versicherungsverein auf Gegenseitigkeit und öffentlich-rechtliches Unternehmen) und in der Sozialversicherung von einem Beitrag gesprochen. Die Prämie bzw. der Beitrag (beide Begriffe werden im Folgenden synonym verwandt) ist der Preis für eine bedingte Forderung (die Zahlung eines Betrages bei Eintritt eines bestimmten Ereignisses), den Versicherungsschutz.

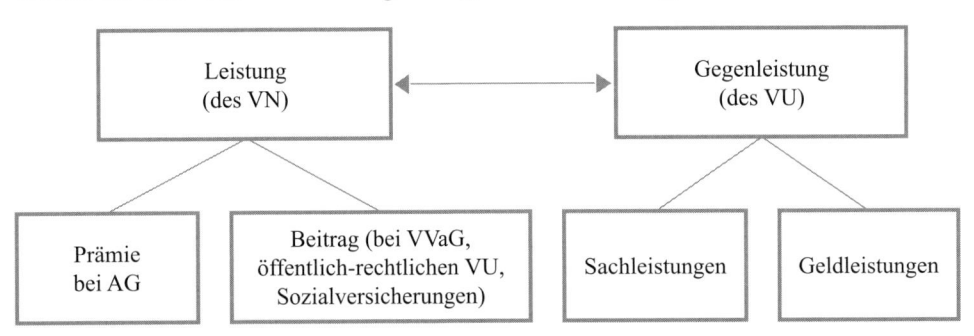

```
                Leistung                              Gegenleistung
                (des VN)     ◄──────────►             (des VU)
                /       \                             /       \
         Prämie    Beitrag (bei VVaG,         Sachleistungen   Geldleistungen
         bei AG    öffentlich-rechtlichen VU,
                   Sozialversicherungen)
```

Abbildung 6: Unterscheidung von Beitrag und Prämie

Das Gesetz der großen Zahlen kann ein Versicherer nur dann für sich nutzen, wenn er eine hinreichend große Zahl an Risiken in seinem Versicherungsbestand hat. Erst dann kommt es zum Risikoausgleich im Kollektiv, falls die Risiken nicht positiv miteinander korreliert sind. Von Korrelation zweier Risiken wird gesprochen, wenn diese irgendwie miteinander verbunden sind. Eine positive Korrelation bezeichnet den Fall, dass der Eintritt eines Schadensfalles bei einem Versicherungsvertrag tendenziell assoziiert ist mit dem Eintritt eines Schadensfalls bei einem anderen Versicherungsvertrag. Eine negative Korrelation bezeichnet analog den Fall, dass der Eintritt eines Schadenfalls bei einem Versicherungsvertrag tendenziell assoziiert ist mit dem Nichtschadenfall bei einem anderen Vertrag. Positive Korrelationen von Risiken sind häufiger als negative; beispielhaft sei das Feuerrisiko zweier nebeneinander liegender Häuser oder die Schadensfälle aufgrund des Hagelrisikos in einer Region angeführt. Als Maß für die Korrelation kann die Kovarianz

$$Cov(x, y) = E\big((x - E(x)) \cdot (y - E(y))\big)$$

verwendet werden. Diese ist positiv, wenn große Schäden bei dem einen Risiko (z. B. Gebäudefeuerversicherung) häufig mit großen Schäden bei einem anderen Risiko (z. B. Hausratversicherung) zusammentreffen. Die Kovarianz ist negativ, wenn große Schäden bei einem Risiko tendenziell mit kleinen Schäden bei dem anderen Risiko korrelieren. Sind die Risiken gar nicht korreliert, ist die Kovarianz null.

Aber auch für große Einzelwagnisse (z. B. Kernreaktor, Wettersatellit) wird Versicherungsschutz gewährt, obwohl das Gesetz der großen Zahlen nicht anwendbar ist und damit ein Risikoausgleich im Kollektiv nicht gegeben ist. Durch Risikoteilung (Mitversicherung, Risikopool, Rückversicherung) erfolgt eine Atomisierung der Risiken. Dieses Prinzip ist von Finanzmärkten bekannt. Das Konkursrisiko einer Aktiengesellschaft wird auf die Schultern vieler Aktionäre verteilt.

In Theorie und Praxis sind viele Versuche unternommen worden, die Merkmale der Versicherung in einer Definition zusammenzufassen. Dabei wurden die wirtschaftlichen, rechtlichen, mathematischen und sonstigen Elemente der Versicherung in unterschiedlicher Weise berücksichtigt. Nach der für wirtschaftswissenschaftliche Erklärungen vorherrschenden Bedarfstheorie kann die folgende Definition aufgestellt werden:

> *Versicherung ist die Deckung eines im Einzelnen ungewissen, insgesamt geschätzten Mittelbedarfs auf der Grundlage des Risikoausgleichs im Kollektiv und in der Zeit.*

Diese Definition sieht Versicherung ganz aus der Sicht des Versicherers: Er bietet ein abstraktes Leistungsversprechen an, das für das Gesamtgeschäft kalkulierbar sein muss. Angesichts der Vielzahl von Aspekten, unter denen Versicherung betrachtet werden kann, ist es nicht verwunderlich, dass die Frage „Was ist eigentlich Versicherung?" unterschiedlich beantwortet wird. Dennoch lassen sich auch bei den verschiedenen Definitionen von Versicherung immer wieder auftretende Bestandteile feststellen, die allerdings von einzelnen Wissenschaftlern mit unterschiedlicher Wertigkeit aufgegriffen werden.

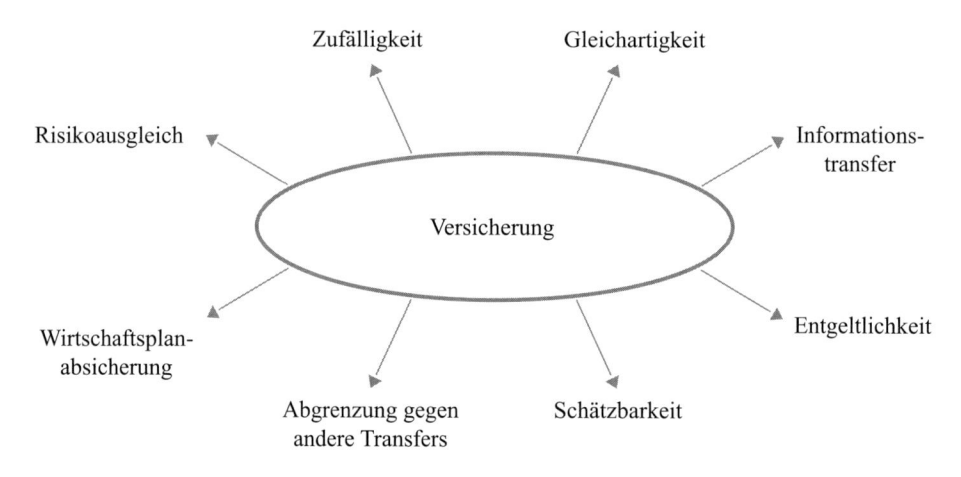

Abbildung 7: Mögliche Bestandteile einer Definition von Versicherung

Es folgen einige häufig verwendete Versicherungsdefinitionen:

> Definition von *Alfred Manes* (1877–1963):
>
> „*Versicherung ist gegenseitige Deckung eines zufälligen schätzbaren Geldbedarfs zahlreicher gleichartig bedrohter Wirtschaften.*"
>
> (*Manes, A.*: Versicherungslexikon, Berlin 1930).

Definition von *Paul Braeß* (1904–1973):

"Versicherung ist planmäßige und entgeltliche Deckung eines risikobedingten Eventualbedarfs."

(*Braeß, P.*: Versicherung und Risiko, Wiesbaden 1960).

Definition von *Karl Hax* (1901–1978):

"Versicherung ist Deckung eines im Einzelnen ungewissen, insgesamt aber schätzbaren Geldbedarfs auf der Grundlage eines durch Zusammenfassung einer genügend großen Zahl von Einzelwirtschaften herbeigeführten Risikoausgleichs."

(*Hax, K.*: Grundlagen des Versicherungswesens, Wiesbaden 1964).

Definition von *Dieter Farny* (1934–2013):

"Die Leistung des Versicherers ist das abstrakte Schutzversprechen, die ständige Bereitschaft, beim Eintritt des Versicherungsfalles eine Geldleistung zu zahlen, kurz, die Gewährung von Versicherungsschutz. Die Leistung ist nicht auf den Fall des Schadeneintritts beschränkt, sondern eine davon unabhängige Dauerleistung."

(*Farny, D.*: Produktions- und Kostentheorie der Versicherung, Karlsruhe 1965).

Definition von *Wolfgang Müller* (1936–1993):

"Der Versicherer überlässt dem Entscheider ganz bestimmte Arten von Informationen, die sein Informationsdefizit reduzieren und ihm dadurch zuverlässigere Erwartungen über den künftigen Zustand des versicherten Gegenstandes ermöglichen."

(*Müller, W.*: Das Produkt Versicherung, in: Jung, M. / Lucius, R. R. / Seifert, W. (Hrsg.): Geld und Versicherung, Festgabe für Wilhelm Seuß, Karlsruhe 1981).

Die aufgeführten Definitionen haben einige Schwächen, auf die im Folgenden eingegangen werden soll:

Gleichartigkeit der Risiken (z. B. *Manes*) ist keine Voraussetzung für Versicherung, sondern eher hinderlich für einen guten Risikoausgleich im Kollektiv. Eine Abgrenzung von Versicherung gegenüber Wette oder Glücksspiel fehlt (z. B. *Braeß*): Versicherung ist ein Vertrag, der eine bedingte Forderung enthält. Dies bedeutet, dass das Versicherungsunternehmen an den Versicherungsnehmer zu zahlen hat, wenn – und das ist die Bedingung – der Schadenfall eingetreten ist. Hierin unterscheidet sich aber Versicherung nur unwesentlich vom Glücksspiel, wie z. B. dem Roulette. Die Spielbank hat an den Spieler zu zahlen, wenn – und das ist hier die Bedingung – die Kugel auf die Zahl fällt, auf die der Spieler gesetzt hat.

Versicherung setzt den Risikoausgleich und die Schätzbarkeit nicht voraus (z. B. *Hax*): Versicherung als bedingtes Leistungsversprechen setzt einen Risikoausgleich nicht voraus, da eine Versicherung nur ein Risiko oder eine sehr geringe Zahl an Risiken betreffen kann (z. B. Atompool eines Landes). Durch Rückversicherung oder eine staatliche Haftungsgarantie kann erreicht werden, dass trotz fehlenden Risikoausgleichs der Versicherer immer leistungsfähig bleibt. Schätzbarkeit ist auch keine conditio sine qua non für Versicherbarkeit. Die ursprüngliche Idee des Versicherungsvereins auf Gegenseitigkeit (z. B. die frühen Feuerkassen) beruhte genau darauf, dass das Risiko wegen fehlender Erfahrungswerte nicht kalkuliert werden konnte. Dies war Grund für den Zusammenschluss und die Übernahme der anfallenden Schadensfälle durch eine Umlage.

Das Gesetz der großen Zahlen spielt in der älteren Versicherungsliteratur eine große Rolle. Es besagt, dass je größer die Zahl der geschätzten Risiken bzw. beobachteten Schäden ist, desto zuverlässiger werden die eintretenden Schäden von den berechneten Schadenerwartungswerten abgebildet.

Das folgende Rechenbeispiel erläutert diesen Sachverhalt. Nachstehende Annahmen sind dabei vorab festzulegen: Ein Versicherer hat n im statistischen Sinne unabhängige Risiken (Versicherungsverträge) in seinem Portefeuille. Sein Bestand ist homogen (alle Versicherungsverträge haben die gleichen Eigenschaften in Bezug auf potentielle Schadenhöhen und Eintrittswahrscheinlichkeiten). Der Versicherungsvertrag hat folgende Schadenverteilung: Es tritt entweder ein Schaden von einer Geldeinheit (Schadensumme $s = 1$) mit einer (Schaden-)Wahrscheinlichkeit von $p = 0{,}5$ ein, oder es tritt kein Schaden ($\bar{s} = 0$) mit einer (Nichtschaden-)Wahrscheinlichkeit von $(1 - p) = 0{,}5$ ein.

Ist $n = 1$ (ein Vertrag bzw. ein versichertes Risiko) gilt: Der Erwartungsschaden beträgt $E(s) = 0{,}5 \cdot s + 0{,}5 \cdot \bar{s} = 0{,}5$. Der Erwartungsschaden ist – wie das Beispiel veranschaulicht – ein rein fiktiver Wert, der selbst i. d. R. nicht eintritt. Bei der Versicherung *eines* Risikos ist die Wahrscheinlichkeitsverteilung im Beispiel dadurch gekennzeichnet, dass der Schaden entweder 1 Geldeinheit ($s = 1$) oder 0 Geldeinheiten ($\bar{s} = 0$) beträgt, wobei der Eintritt mit jeweils einer Wahrscheinlichkeit von 0,5 erwartet wird. Es handelt sich um eine so genannte Zweipunktverteilung. Die Varianz für diesen Vertrag, die mit *Var(s)* bezeichnet wird, ist definiert als die im Mittel zu erwartende quadratische Abweichung vom Erwartungswert:

$Var = p \cdot (s - ps)^2 + (1 - p) \cdot (\bar{s} - ps)^2$. Sie beträgt in diesem numerischen Beispiel:

$Var = 0{,}5 \cdot (1 - 0{,}5 \cdot 1)^2 + (1 - 0{,}5) \cdot (0 - 0{,}5 \cdot 1)^2 = 0{,}5 \cdot 0{,}25 + 0{,}5 \cdot 0{,}25 = 0{,}25$

Die Standardabweichung (Streuung) des Erwartungswertes dieses Vertrages ist definitorisch $\sigma(s) = \sqrt{Var(s)}$, d. h. die Standardabweichung entspricht der Quadratwurzel der Varianz. Ihr Wert beträgt $\sigma(s) = 0{,}05$.

Wenn der Versicherer *zwei* unabhängige Risiken ($n = 2$) dieses Typs versichert hat, so ist der Erwartungsschaden $2\,p\,s = 1$. Dieser Wert tritt mit einer Wahrscheinlichkeit von

$$p \cdot (1-p) + (1-p) \cdot p = 0{,}5$$

ein. Mit einer Wahrscheinlichkeit von

$$(1-p)^2 = 0{,}25$$

ist die Schadensumme 0 und mit einer Wahrscheinlichkeit von

$$p^2 = 0{,}25$$

gleich 2 (beide Verträge führen zu einem Schaden). Je mehr Risiken das Versicherungsunternehmen versichert hat, umso mehr ähnelt die Wahrscheinlichkeitsverteilung einer Normalverteilungskurve. Der Abstand zwischen dem Maximalwert dieser Kurve in einem Wahrscheinlichkeits-Schaden-Diagramm und den Wendepunkten entspricht der Standardabweichung. Je größer die Zahl der Verträge ist, desto steiler und enger wird die Kurve.

Dieses Phänomen der Stauchung der Dichtefunktion wird durch die Standardabweichung und den *Braeß*'schen Streuungskoeffizienten beschrieben, der nach dem bekannten Kölner Versicherungswissenschaftler *Paul Braeß* (1904–1973) benannt wurde. Diese statistischen Größen sollen nachfolgend erklärt werden:

Bei einem homogenen Bestand mit n Risiken ist der Erwartungsschaden allgemein $E(s) = n \cdot p \cdot s$ und in unserem Beispiel $E(s) = n \cdot p \cdot s = n \cdot 0{,}5$. Der Erwartungsschaden steigt somit proportional mit der Zahl der Versicherungsverträge an.

Die Varianz eines Bestandes mit n Risiken ist $n \cdot Var(s)$.

Somit beträgt die Standardabweichung eines Portefeuilles mit n Risiken $\sqrt{n \cdot Var(s)}$, d. h.

$$\sqrt{n \cdot Var(s)} = \sqrt{n(p(s-ps)^2 + (1-p)(0-ps)^2)} = \sqrt{n(0{,}5 \cdot 0{,}25 + 0{,}5 \cdot 0{,}25)} = 0{,}05\sqrt{n}.$$

Die Standardabweichung steigt somit unterproportional mit der Zahl der Verträge.

Der *Braeß*'sche Streuungskoeffizient BS ist definiert als die Standardabweichung eines Versicherungsportefeuilles pro Vertrag, d. h.

$$BS = \frac{\sqrt{n \cdot Var(s)}}{n}$$

Er misst somit die relative Streuung. Der Ausdruck sinkt mit Zunahme von n, da gilt:

$$\frac{\sqrt{n \cdot Var(s)}}{n} = \frac{\sqrt{Var(s)}}{\sqrt{n}}$$

Mit anderen Worten, die Streuung – gemessen durch die Standardabweichung pro Vertrag – ist umso kleiner, je größer der Versicherungsbestand ist. Dies gilt auch, wenn die Annahme der Homogenität aufgehoben wird (wenn sich z. B. die Versicherungsverträge in der Schadenhöhe oder der Schadenwahrscheinlichkeit unterscheiden).

Dem Gesetz der großen Zahlen wird in der modernen Versicherungstheorie und -praxis nicht mehr die Bedeutung zugemessen wie früher, da für die Beurteilung des Risikos, welches ein Versicherer übernommen hat, der höchstmögliche Schaden (Probable Maximum Loss, PML) eine größere Bedeutung einnimmt. In unserem Beispiel ist der $PML = s \cdot n = n$, sowie die Varianz des Gesamtschadens $0{,}25 \cdot n$. Insbesondere muss ein Versicherer dafür Sorge tragen, dass er den PML mit Sicherheitsmitteln hinterlegt hat, um die Wahrscheinlichkeit eines Ruins nahe Null zu halten. Aber sowohl der PML als auch die Gesamtvarianz steigen in unserem Beispiel proportional zur Bestandgröße.

Aufgrund der vorgetragenen Bedenken gegenüber gebräuchlichen Definitionen wird abschließend formuliert:

Eine moderne Definition des Versicherungsbegriffs

Versicherung ist die Verknüpfung eines Kapital-, Risiko- und Informationstransfers. Der Kapitaltransfer löst eine bedingte Forderung aus, die beim Versicherungsnehmer risikomindernd wirkt. Im Versicherungsvertrag verpflichtet sich der Versicherte, dem Versicherer bestimmte Informationen zu überlassen.

Der Kapitaltransfer beschreibt die Bezahlung der Versicherungsprämie durch den Versicherungsnehmer, sowie die Zahlung des Versicherers im Leistungsfall. Dem Risikotransfer entspricht das Leistungsversprechen des Versicherers für den Eventualfall. Der Informationstransfer kennzeichnet den Informationsfluss zwischen Versicherungsnehmer und Versicherer bei Abschluss und während der Laufzeit des Versicherungsvertrages. Der Begriff „bedingt" zeigt das Risiko an, wohingegen der Terminus „risikomindernd" Versicherung gegen Wette abgrenzt.

2.4 Besonderheiten des Produkts Versicherung

Das *Produkt „Versicherung"* hat besondere *Charakteristika*, die die Nachfrage nach Versicherungsleistungen von der normalen Nachfrage nach Gütern unterscheiden:

- Bei Versicherung handelt es sich um eine *Dienstleistung* – genauer gesagt um eine Finanzdienstleistung. Dienstleistungen sind unter anderem durch die Eigenschaft charakterisiert, dass der Nachfrager und der Anbieter bei ihrer Erstellung zusammenwirken müssen. Dienstleistungen sind durch das *Uno-actu-Prinzip* gekennzeichnet (z. B. Friseur und Kunde, Arzt und Patient). Aus dem Uno-actu-Prinzip folgen die Nichtlagerfähigkeit der Produkte, die Tendenz, Leer- und Überkapazitäten vorzuhalten und eine erhöhte Intransparenz der Märkte, da der Nachfrager nur sehr schwierig Informationen über das Produkt durch Dritte einholen kann.

- Wichtig für den Preisbildungsprozess auf solchen Märkten ist zudem, dass eine *Arbitrage*, die zur Preisnivellierung führt, erschwert ist. So wie ein armer Patient, der eine Blinddarmoperation besonders preiswert erhält, diese nicht an einen reichen Patienten verkaufen kann, so kann ein Versicherter seine Haftpflichtversicherung oder Lebensversicherung nicht oder nur sehr bedingt an einen anderen verkaufen. Wo Arbitrage sehr kostspielig oder unmöglich ist, bestehen für Anbieter häufig Möglichkeiten und Anreize zu Preisdifferenzierungen. *Preisdifferenzen und -differenzierungen* sind demnach ein weiteres typisches Merkmal von Versicherungsmärkten, wenn sie nicht durch Aufsicht untersagt werden.

- Die *Entscheidung*, das Produkt „Versicherung" nachzufragen, wird immer *unter Unsicherheit* getroffen, es sei denn, der Versicherungsbetrug ist schon fest eingeplant. Daraus folgt, dass Versicherung ohne eine zeitliche Dimension nicht vorstellbar ist.

- Versicherung ist immer ein *zeitraum-* und nicht *zeitpunktbezogenes Geschäft*. Die Qualität des Angebotes kann daher erst im Zeitablauf oder aufgrund von Vergangenheitserfahrungen, die in die Zukunft projiziert werden, beurteilt werden. Versicherung ist somit immer auch ein Gut, bei dem *Qualitätsunsicherheit* eine Rolle spielt, da nicht sicher ist, ob der Versicherer auch die Leistungen einhalten kann und will, die er beim Abschluss verspricht.

Andere Dienstleistungen, wie z. B. Bankdienstleistungen, Gesundheitsleistungen und Bildungsgüter, weisen ähnliche Besonderheiten auf wie das Gut Versicherungsschutz, weshalb sich die ökonomische Analyse dieser Wirtschaftsbereiche auch ähnlicher Methoden bedient wie die Versicherungswirtschaftslehre.

2.5 Abgrenzung von Versicherung und Wette

Wissenschaftler haben sich auch mit der oben bereits aufgeworfenen Problemstellung der Abgrenzung von Versicherung und Wette bzw. Glücksspiel beschäftigt. Diese Begriffe haben den Tausch eines festen Betrages gegen eine bedingte Forderung gemeinsam. D. h. die Gegenleistung erfolgt nur dann, wenn bestimmte, ex ante definierte, Ereignisse eingetreten sind. Dennoch besteht ein fundamentaler Unterschied, den *Karl Hax* und Nobelpreisträger *Paul Samuelson* gut herausgearbeitet haben und der nachfolgend graphisch dargestellt wird, wobei die Sichtweise des Versicherungsnehmers eingenommen wird:

> *Karl Hax* (1901–1978):
>
> *„Glücksspiel bedeutet die Übernahme eines Risikos bei gleichzeitig gegebenen und erhofften Gewinnchancen, Versicherung dagegen die Abwälzung eines unerwünschten Risikos."*
>
> (Hax, K.: Grundlagen des Versicherungswesens, Wiesbaden 1964).
>
> *Paul Samuelson* (1915–2009):
>
> *„Versicherung verstetigt das Einkommen bei Eintritt von Zufallsereignissen, Wette verunstetigt es."*
>
> (Samuelson, P. A.: Economics. An Introductory Analysis, New York 1967).

In der ersten Graphik wird die Wette dargestellt. Durch die Wette bzw. durch ein Glücksspiel wird das sichere Vermögen durch den Wetteinsatz vermindert (Einkommensstrom), in der Hoffnung, das Vermögen zu erhöhen, wenn die Wette gewonnen wird.

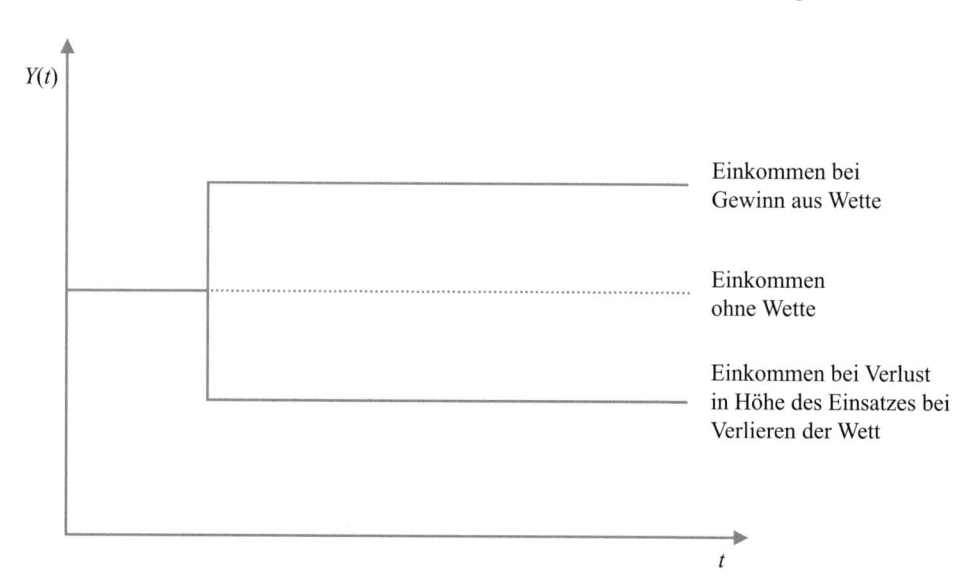

Abbildung 8: Wette verunstetigt den Einkommensstrom

Vor Abschluss der Versicherung besteht Unsicherheit über das von einem Schadensfall bedrohte Vermögen. Der Abschluss eines Versicherungsvertrages sichert das Vermögen ab, wofür der Versicherungsnehmer einen (sicheren) Verlust in Form der Versicherungsprämie in Kauf nimmt.

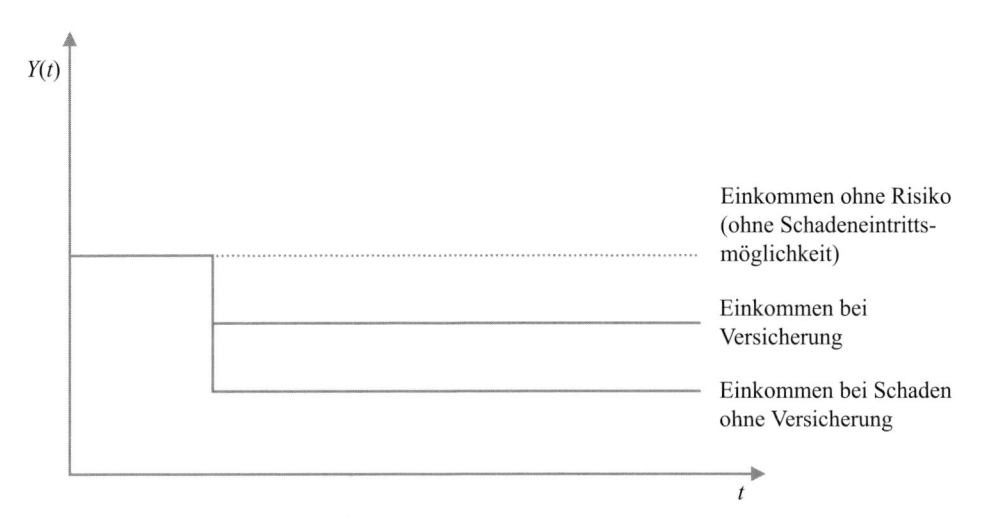

Abbildung 9: Versicherung verstetigt den Einkommensstrom

3 Risikomanagement in der Versicherungswirtschaft

3.1 Risiko und Wahrscheinlichkeit

In den Grundmodellen der Wirtschaftswissenschaften wird in der Regel von vollständigen Informationen aller Beteiligten und von Sicherheit ausgegangen. Dabei bedeutet vollständige Information, dass alle Fakten bekannt sind, die für die Entscheidungsfindung nützlich sind oder sein könnten. Sicherheit bedeutet zudem, dass der Entscheidungsträger bei jeder Entscheidung genau weiß, was die Konsequenz aus der Entscheidung ist bzw. welcher Zustand eintreten wird. Dies gilt auch für die Entscheidung, nichts zu tun.

Sicherheit ist jedoch keine Selbstverständlichkeit; sie wird vielmehr durch die Existenz von Risiken bedroht. In einer Welt voller Sicherheit gäbe es keine Versicherung. Das Vorhandensein von Risiko ist somit eine Voraussetzung für das Versicherungsgeschäft.

Um das Phänomen des Risikos handhabbar zu machen, bedienen sich die Wissenschaft und die Versicherungstechnik des Konstrukts der Wahrscheinlichkeit, ein Begriff, der bereits mehrfach verwendet wurde. In diesem Abschnitt soll der Begriff Wahrscheinlichkeit näher erläutert werden. Wahrscheinlichkeiten werden verwandt, um den unsicheren Eintritt eines Ereignisses zu beschreiben und zu operationalisieren. Tritt ein Ereignis mit hundertprozentiger Gewissheit ein, dann wird dies als Sicherheit bezeichnet mit der Wahrscheinlichkeit 1,0. Wahrscheinlichkeiten können mit $f(x)$ bezeichnet werden, wobei x die stochastische Variable ist, auf die sich die Wahrscheinlichkeitsfunktion f bezieht. Z. B. ist es sicher, dass eine Person in den nächsten 200 Jahren sterben wird. Die Eintrittswahrscheinlichkeit des Ereignisses Tod – bei Kennzeichnung des Ereignisses Tod mit s – ist somit

$$f(s) = 1$$

Die Wahrscheinlichkeit, dass diese Person im nächsten Jahr (t) stirbt, ist kleiner als 1:

$$f(s_{Tod} \mid t = 1 \text{ Jahr}) < 1$$

Dies ist die Sterbewahrscheinlichkeit. Die Überlegung zeigt, dass Wahrscheinlichkeiten immer zeitraumbezogen sind.

Da Wahrscheinlichkeiten sich zu 1 ergänzen müssen, wenn alle Möglichkeiten erfasst wurden, d. h.

$$\sum_{i=1}^{n} f(x_i) = 1,$$

bezeichnet

$$f(e_t) = 1 - f(s_t)$$

die Überlebenswahrscheinlichkeit, wobei e_t das Ereignis des Überlebens von Periode t beschreibt. Diese Wahrscheinlichkeiten werden benötigt, um z. B. Lebensversicherungsprämien zu berechnen. Sie werden in so genannten Sterbetafeln erfasst, die verschiedenen Altersklassen und Bevölkerungsgruppen (z. B. Männern und Frauen) Sterbe- und Überlebenswahrscheinlichkeiten zuordnen (siehe Kapitel II, Abschnitt 2).

Ist die unsichere Größe messbar (wie z. B. Gewinn in Euro), so kann die Wahrscheinlichkeitsverteilung in der Form einer Dichtefunktion dargestellt werden.

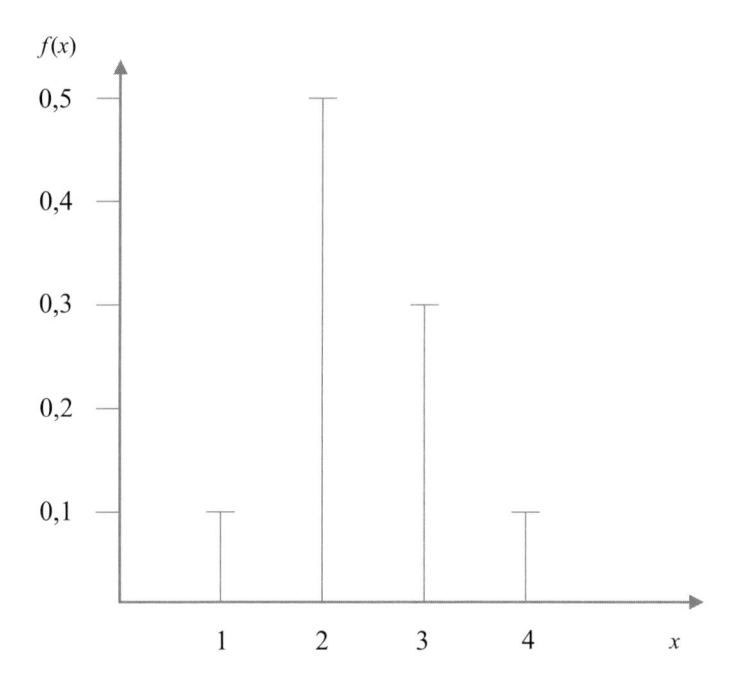

Abbildung 10: Wahrscheinlichkeitsfunktion einer diskreten Verteilung

Die Variable x kann die Werte 1, 2, 3 und 4 annehmen, wobei sich die Wahrscheinlichkeiten, $f(1) = 0,1$, $f(2) = 0,5$, $f(3) = 0,3$ und $f(4) = 0,1$ zu 1 aufsummieren:

$$\sum_{i=1}^{n} f(x_i) = 1$$

Der „häufigste" bzw. wahrscheinlichste Wert ist 2. Er wird auch als Modus bezeichnet. Der Median ist der Wert, bei dem die Schadenverteilung in zwei gleich große Teile geteilt wird, d. h. bei dem mit einer Wahrscheinlichkeit von 0,5 ein kleinerer (bzw. gleich großer) und mit einer Wahrscheinlichkeit von 0,5 ein größerer (bzw. gleich großer) Wert eintritt. Im obigen Beispiel liegt der Median ebenfalls bei 2. Der „Durchschnittswert" bzw. Erwartungswert ist

$$E(x) = \sum_{i=1}^{n} f(x_i) \cdot x_i = 0,1 \cdot 1 + 0,5 \cdot 2 + 0,3 \cdot 3 + 0,1 \cdot 4 = 2,4$$

und kann auch als Mittelwert bezeichnet werden.

Eine andere Darstellung der Verteilung ist die in Form einer Verteilungsfunktion.

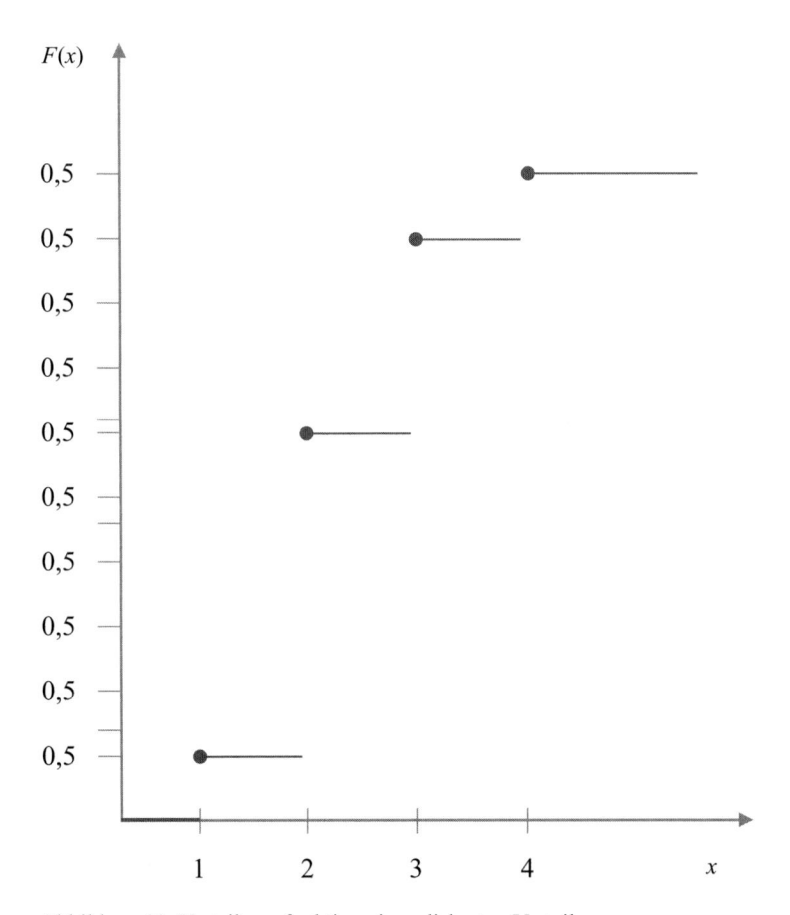

Abbildung 11: Verteilungsfunktion einer diskreten Verteilung

Die Verteilungsfunktion

$$F(x_m) = \sum_{i=1}^{m} f(x_i), \text{ mit } m \leq n,$$

gibt an, wie groß die Wahrscheinlichkeit ist, dass die unsichere Größe den Wert x oder einen Wert kleiner als x annimmt.

Die Darstellung von kontinuierlichen Verteilungen kann analog zu der Darstellung diskreter Verteilungen erfolgen.

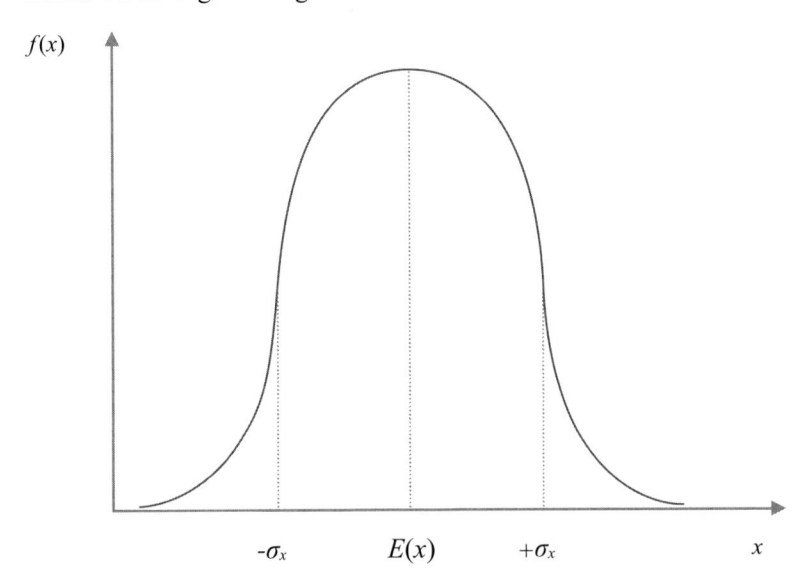

Abbildung 12: Wahrscheinlichkeitsfunktion einer kontinuierlichen Verteilung

Die Fläche unter der Dichtefunktion ist 1:

$$\int_{-\infty}^{+\infty} f(x)dx = 1$$

Die dargestellte Dichtefunktion hat die Form einer Normalverteilung (Gauß'sche Glockenkurve). Diese ist durch drei Eigenschaften gekennzeichnet: Erstens ist der Median gleich dem Erwartungswert. Der Erwartungswert spielt eine große Rolle bei der Kalkulation der Prämie. Würde es sich bei der Verteilung um eine Schadenverteilung eines bestimmten Versicherungsvertrages handeln, so entspräche der Erwartungswert der so genannten Nettoprämie. Diese wird in der Praxis auch Bedarfsprämie genannt.

Zweitens beträgt der Abstand bei den Abszissenwerten zwischen dem Erwartungswert und dem Wert, bei dem die Funktion ihren Wendepunkt hat, der Standardabweichung

$$\sigma_x = \sqrt{\sum_i f(x_i) \cdot (x_i - E(x))^2}$$ (diskrete Verteilung) oder

$$\sigma_x = \sqrt{\int_{-\infty}^{+\infty} f(x) \cdot (x - E(x))^2 \, dx}$$ (stetige Verteilung).

Drittens ist sie symmetrisch um den Erwartungswert, so dass sie mit Hilfe von zwei Größen hinreichend beschrieben werden kann: dem Erwartungswert $E(x)$ und der Standardabweichung σ.

Je breiter die Dichtefunktion ist, d. h. je flacher die Verteilungsfunktion verläuft, umso größer ist das Risiko. Deshalb wird auch die Standardabweichung oder die Varianz

$$V(x) = \sigma_x^2$$

als Maß für das Risiko und den Risikotransfer zwischen dem Versicherten und dem Versicherer genutzt. Der Erwartungswert der Versicherungsleistung beschreibt den Umfang des erwarteten Schadens (transferiertes Risiko) und die Varianz die Größe des Risikos.

Allerdings muss beachtet werden, dass Schadenverteilungen in aller Regel nicht normalverteilt, sondern rechtsschief – wie $f(x_1)$ – oder linksschief – wie $f(x_2)$ – sind. Bei einem Versicherungsvertrag ist häufig die Wahrscheinlichkeit, dass kein Schaden eintritt, relativ hoch, während Großschäden recht selten sind (rechtsschiefe Verteilung). Oder es tritt mit einer überdurchschnittlich hohen Wahrscheinlichkeit ein Großschaden ein (z. B. Feuer in Spanplattenwerken). In diesen Beispielen schiefer Verteilungen reichen die Angabe des Erwartungswertes und der Standardabweichung nicht aus, um die Verteilung und damit das Risiko hinreichend zu beschreiben. So könnte es sein, dass bei einer links- und einer rechtsschiefen Verteilung die Werte für den Erwartungswert und die Standardabweichung identisch sind, obwohl sie ein völlig unterschiedliches Risiko beschreiben.

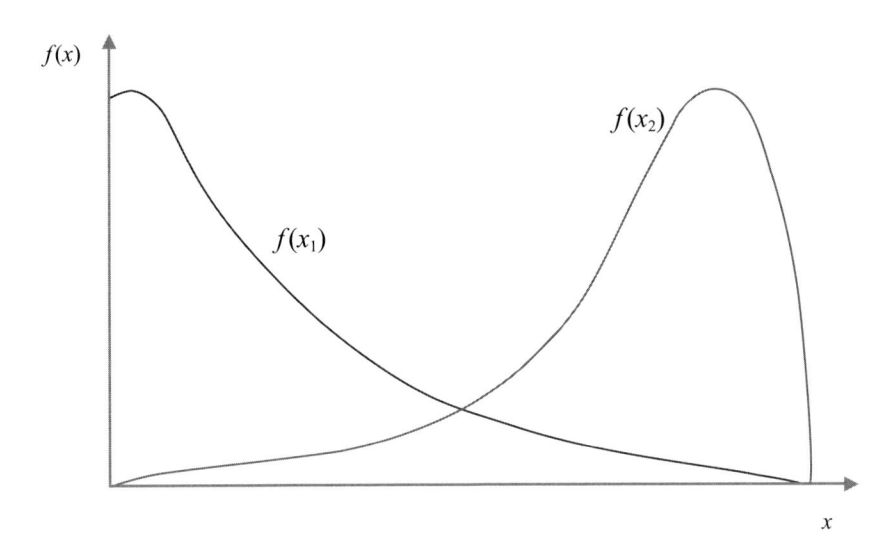

Abbildung 13: Schiefe Verteilungen

An folgendem Beispiel soll die Anwendung von Verteilungsfunktionen und Varianzen veranschaulicht werden. Die Marktprämie bzw. Bruttoprämie, die ein Versicherer für die Übernahme eines Risikos verlangt, setzt sich aus vier Komponenten zusammen:

Bruttoprämie (BP)	=	Nettoprämie (NP)
	+	Risikozuschlag (RZ)
	+	Abschlusskostenzuschlag (AZ)
	+	Verwaltungskostenzuschlag (VZ)

Die Nettoprämie entspricht dem Erwartungswert der Versicherungsleistung, d. h. den voraussichtlichen Schadenzahlungen. Unter Annahme von $f(x)$ als Wahrscheinlichkeitsverteilung für das vom Versicherer übernommene Risiko, wobei $f(x)$ die Wahrscheinlichkeitsfunktion des Schadens x bezeichnet, so gilt:

$$NP = \sum_{i=1}^{n} f(x_i) \cdot x_i \quad \text{(diskrete Verteilung) oder}$$

$$NP = \int_{0}^{VS} f(x) \cdot x \, dx \quad \text{(stetige Verteilung).}$$

Aus der Berechnung der Nettoprämie bei der stetigen Verteilung gehen auch die Grenzen der Schadenverteilung hervor. Der Mindestschaden ist 0 und der maximale Schaden entspricht der vertraglich vereinbarten Versicherungssumme VS.

Der Risikozuschlag trägt der Größe des übernommenen Risikos Rechnung. Unter Vernachlässigung der möglichen Schiefe der Verteilung, kann die Größe des Risikos mit der Varianz $Var(x)$ angegeben werden. Es wäre also sinnvoll, den Risikozuschlag in Abhängigkeit von der Varianz (oder irgendeinem anderen Risikomaß) zu wählen, also z. B.:

$$RZ = \alpha \cdot Var(x)$$

Die Höhe von α ist vom Versicherer zu bestimmen und spiegelt seinen Grad der Risikoaversion wider.

Der Abschlusskostenzuschlag AZ ergibt sich aus den Kosten des Versicherers für den Abschluss des Vertrages, d. h. vor allem dem Entgelt (der Prämie) für den Außendienst / Vertrieb. Der größte Teil der Abschlusskosten ist die Prämie für den Außendienst, die häufig als Promillesatz der Versicherungssumme,

$$AZ = \frac{\beta \cdot VS}{t},$$

oder als Prozentsatz der ersten Jahresprämie,

$$AZ = \frac{\psi \cdot BP}{t},$$

festgelegt wird, wobei diese Kosten über die erwartete Laufzeit des Vertrages t zu verteilen sind.

Der Verwaltungskostenzuschlag VZ berechnet sich aus den anzurechnenden Kosten pro Vertrag für den laufenden Betrieb des Versicherungsunternehmens sowie den Kosten der Bereitstellung des benötigten Kapitals. Es ist plausibel, dass er mit der Höhe der Bruttoprämie linear ansteigt:

$$VZ = \omega \cdot BP$$

Aus der Sicht des Versicherers sieht die Bewertung von Versicherung folgendermaßen aus: Der Erwartungswert an Versicherungsleistung entspricht der Nettoprämie NP. Der „Preis" für den Versicherungsschutz, d. h. der Erwartungswert des Verlustes aus Sicht des Versicherungsnehmers ist unter Berücksichtigung der oben gemachten Annahmen:

$$BP - NP = RZ + AZ + VZ = \alpha \cdot Var(x) + \frac{\psi \cdot BP}{t} + \omega \cdot BP$$

Nach Umformungen folgt

$$BP = \frac{E(x) + \alpha \cdot Var(x)}{1 - \frac{\psi}{t} - \omega}$$

Die Bruttoprämie ist umso höher, je höher der Erwartungsschaden und die Varianz sowie die Zuschlagsfaktoren für Risiko, Abschlusskosten und Verwaltungsaufwand sind. Der erwartete Gewinn des Versicherers entspricht dem Risikozuschlag.

3.2 Bildung von Wahrscheinlichkeiten

Bisher erfolgte in den Beispielen eine pragmatische Rechnung mit Wahrscheinlichkeiten. Es stellt sich aber die Frage, woher die Wahrscheinlichkeiten stammen, welche die Wirtschaftssubjekte in ihr Entscheidungskalkül einfließen lassen. Wahrscheinlichkeitsvorstellungen bilden sich aufgrund von Erfahrungen und Modellauswertungen.

Ob es jedoch objektive (d. h. vom Betrachter unabhängige) Wahrscheinlichkeiten geben kann, ist in der Literatur umstritten. Vielleicht ist die Frage im Rahmen der Entscheidungstheorie auch nicht so wichtig, da für Entscheidungen immer nur die persönlichen Wahrscheinlichkeitsvorstellungen des Entscheiders von Bedeutung sind, egal, ob diese seiner subjektiven Vorstellung entspringen oder aus technischen bzw. objektiven Tatbeständen resultieren. Bei einem perfekten Würfel ist die Wahrscheinlichkeit 1:6, dass beim nächsten Wurf eine 6 kommt, was in einem Experiment überprüft werden kann. Ob sich jedoch ein Spieler an die Modellvorstellungen des perfekten Würfels hält oder nicht, ist ihm überlassen. Vielleicht folgt er einem ganz anderen Modell, das theoretisch sogar falsch ist: „Weil bei den letzten 10 Würfen keine 6 kam, ist es sehr wahrscheinlich, dass bald eine kommt", oder: "Ich habe schon so oft eine 6 gewürfelt, dass ich auch diesmal wahrscheinlich Glück haben werde".

Versicherungsunternehmen schätzen die für ihre Prämienkalkulationen erforderlichen Wahrscheinlichkeiten aufgrund von Vergangenheitsbeobachtungen. Inwieweit sie diese Wahrscheinlichkeiten bei ihrer Preisbildung zugrunde legen, oder ob sie mit Auf- und Abschlägen arbeiten, hängt von den subjektiven Prognosen ab, die sie über die zukünftigen Häufigkeiten abgeben.

Wahrscheinlichkeiten sind somit das Ergebnis statistischer Datenauswertungen, Modellsimulationen und subjektiver Bewertungen. Zur Kalkulation von Erwartungswert und Standardabweichung bzw. Varianz sind numerische Wahrscheinlichkeiten notwendig. Die meisten Menschen denken aber nicht in Zahlen. Deshalb wird zumeist die explizite Nennung subjektiver Wahrscheinlichkeiten umgangen und durch umgangssprachliche Formulierungen ausgedrückt, wie zum Beispiel:

- liegt nahe
- normalerweise
- manchmal
- praktisch unmöglich
- mit geringer Chance
- gelegentlich
- wahrscheinlich
- eventuell
- denkbar
- unwahrscheinlich
- nicht ausgeschlossen
- mit an Sicherheit grenzender Wahrscheinlichkeit
- nie
- sicher
- ein klassischer Fall
- möglich

Studien zeigen, dass Entscheidungsträger mit den umgangssprachlichen Formulierungen jedoch i. d. R. unterschiedliche numerische Wahrscheinlichkeiten verbinden. So besteht neben dem Schätzproblem auch noch ein Kommunikationsproblem.

Den Menschen fällt es – trotz oder vielleicht auch wegen der vielen Informationen – extrem schwer, subjektive Wahrscheinlichkeiten durch rasches, überschlagartiges Kombinieren und Schließen aus elementaren Wahrscheinlichkeiten zu ermitteln und mit ihnen umzugehen.

Deshalb bedienen sich Entscheider – wie die psychologische Forschung gezeigt hat – bei der subjektiven Abschätzung von Wahrscheinlichkeiten neben statistischen Auswertungen und anderen Anhaltspunkten so genannter heuristischer Prinzipien. Diese leiten den Entscheider in der Regel relativ gut und verlässlich, können ihn aber auch in die Irre führen. Denn leider enthalten die heuristischen Prinzipien zur Abschätzung von Wahrscheinlichkeiten eine ganze Reihe von systematischen Fehlern. Dies soll in diesem Abschnitt anhand einfacher Beispiele verdeutlicht werden.

Bei den folgenden heuristischen Prinzipien, die zur Abschätzung von relativen Häufigkeiten und Wahrscheinlichkeiten dienen, handelt es sich um die bekanntesten und von der Wissenschaft am intensivsten untersuchten Prinzipien. Die Schwachstellen dieser Prinzipien werden gleich in Klammern genannt:

- Das Repräsentationsprinzip (das Verhältnis von Stichprobenumfang zur Grundgesamtheit wird häufig nicht beachtet),
- das Prinzip der kognitiven Verfügbarkeit von Beispielen (seltene Ereignisse werden häufig überschätzt, wenn ein Beispiel vorhanden ist),
- das Simulationsprinzip („Ich wollte, dass es geschehen wird"; behindert das Lernen aus Erfahrung),
- das Prinzip des Ankereffektes (es wird ein Anker / Aufhänger gesucht, um die Wahrscheinlichkeit zu schätzen, der jedoch falsch war),
- das Prinzip des Framing (die Verpackung der Fragestellung spielt eine Rolle für das Schätzergebnis).

Repräsentationsprinzip

Das Repräsentationsprinzip besagt, dass Menschen gewisse Vorstellungen über Relationen haben. So hatte der berühmte Mathematiker Gottfried Wilhelm Leibniz beobachtet, dass Menschen zu seiner Zeit maximal 80 Jahre alt wurden. Er schloss daraus, dass dann wohl die jährliche Sterbewahrscheinlichkeit eines Menschen 1 : 80 ist. Mittlerweile wissen wir, dass die Sterbewahrscheinlichkeit im Kleinkindalter hoch ist, dann sinkt und erst ab einem bestimmten Alter wieder ansteigt.

Um das Repräsentationsprinzip zu verdeutlichen, soll eine kleine experimentelle Aufgabe gegeben werden:

In einer Großstadt werden alle Familien mit sechs Kindern aufgesucht und befragt, wann ihre Kinder geboren sind und welches Geschlecht sie haben (T = Tochter, S = Sohn). In 72 Fällen war die exakte Anordnung der Töchter und der Söhne nach der Reihenfolge der Geburt: T S T S S T

Was ist Ihre grobe Schätzung der Zahl der Familien mit der Reihenfolge: S T S S S S ? Ist die Zahl wahrscheinlich größer, genauso hoch oder geringer?

In Experimenten sagten über 80 % aller Befragten „geringer", obwohl beide Sequenzen wahrscheinlichkeitstheoretisch gleich häufig sind. Die erste Sequenz ist aber repräsentativ für die Gesamtpopulation, bei der im Durchschnitt ein Verhältnis von 52 : 48 für Jungen und Mädchen zu erwarten ist, und wird deshalb als wahrscheinlicher wahrgenommen.

Zur Verdeutlichung soll das nächste Experiment dienen:

In einer Kreisstadt gibt es zwei Abteilungen zur Geburtshilfe, eine größere im Kreiskrankenhaus – mit einem Durchschnitt von 70 Geburten pro Woche – und eine kleinere in einem kirchlichen Krankenhaus – mit einem Durchschnitt von 10 Geburten pro Woche. Aus statistischen Gründen wird das Verhältnis von Jungen- zu Mädchengeburten über zwei Jahre verfolgt. Es werden insbesondere alle Wochen markiert, in denen in den Abteilungen 60 % und mehr aller Geburten Knaben waren.

Was glauben Sie, in welcher Abteilung waren Wochen mit mehr als 60 % Knabengeburten häufiger:

- in der größeren Abteilung,
- in der kleineren Abteilung oder
- war die Zahl der Wochen mit mehr als 60 % Knabengeburten in beiden Abteilungen ungefähr gleich?

In einer Studie antworteten Probanden wie folgt:

- in der größeren Abteilung 21 %,
- in der kleineren Abteilung 21 %,
- beide Abteilungen ungefähr gleich 58 %.

Tatsächlich ist die Wahrscheinlichkeit einer solchen Abweichung vom Durchschnitt von etwa 52 : 48 in der kleineren Abteilung viel höher als in der großen Abteilung. So beispielhaft in einer Abteilung, in der jede Woche nur eine Geburt stattfindet. Dort ist die Wahrscheinlichkeit sehr hoch, dass im Durchschnitt jede zweite Woche ein Junge geboren wird und damit, dass mehr als 60 % Knabengeburten stattfinden.

Ein weiterer systematischer Fehler beim Anwenden des Repräsentationsprinzips ist der Glücksspielfehlschluss: ein Glücksspieler verspielt sein Geld, indem er verbissen auf eine Farbe setzt („nach so viel Weiß muss doch eine Serie Schwarz kommen"). Dabei ist bei jedem Wurf die Wahrscheinlichkeit, dass Schwarz kommt, immer gleich groß, egal, wie oft Schwarz in der Vergangenheit kam.

Zwei weitere Beispiele sollen die Problematik des Repräsentationsprinzips beleuchten.

In einer Zufallsstichprobe von 50 Kindern im Alter von 6 Jahren wird ein Intelligenztest durchgeführt: Dieses Instrument ist sehr gut getestet und ist speziell für dieses Alter auf einen Mittelwert von 100 Punkten geeicht. Das erste Kind, welches getestet wird, kommt auf eine IQ-Gesamtpunktzahl von 150. Welchen Durchschnitt für die gesamte Stichprobe erwarten Sie?

Die Mehrzahl der Befragten meint: 100 Punkte, obwohl der Erwartungswert

$$\frac{5.050}{50} = 101 \text{ Punkte ist.}$$

Eine weitere wichtige Information, die bei Anwendung des Repräsentationsprinzips systematisch ausgeblendet wird, ist – neben der oben diskutierten Grundgesamtheitsproblematik – die Stichprobengröße. Das folgende Beispiel beinhaltet eine fiktive Persönlichkeitsbeschreibung:

„Hans Hartmann ist ein hagerer, starkknochiger Mann von etwa 50 Jahren, mit bedächtigen Bewegungen, mit hellen Augen und einem tief gekerbten Gesicht. Manuell ist er außerordentlich geschickt. Kein Mann vieler Worte, meist in sich gekehrt, ist er dennoch nicht unbeliebt. Er ist verheiratet, ohne Kinder. Er ist selbstständig und arbeitet im Beruf seiner Vorfahren. Nebenbei ist er ein ausgezeichneter Kenner der heimischen Vogelwelt und wird sogar von Ornithologen gelegentlich befragt. Er ist religiös; trotz seiner im Ganzen konservativen Auffassung könnte die Vermutung bestehen, dass er bei der letzten Wahl die Grünen gewählt hat."

Tippen Sie bei Hans Hartmann eher auf einen Fischer oder auf einen Bauern?

In der vom Statistischen Bundesamt gezogenen 1 %-Stichprobe der deutschen Erwerbsbevölkerung fanden sich 350-mal so viele Landwirte wie selbstständige Fischer. Fiel die Wahl auf einen Fischer, muss die Frage gestellt werden, ob es in der Persönlichkeitsbeschreibung einen Anhaltspunkt darauf gibt, der auf eine 350-mal so große Wahrscheinlichkeit hindeutet, dass es sich um einen Fischer statt um einen Bauern handelt.

Kein Mensch verlangt die Kenntnis der genauen Zahl, doch sollte ungefähr abgeschätzt werden können, wie viele der Speisen, die im Laufe einer Woche zur Ernährung gebraucht werden, von einem Landwirt und wie viele von einem Fischer produziert wurden.

Prinzip der kognitiven Verfügbarkeit von Beispielen

Einzelne Menschen haben Vorerfahrungen, die ihre Wahrscheinlichkeitseinschätzungen prägen. Kennt eine Person jemanden, der vom Blitz erschlagen wurde, so schätzt diese Person die Wahrscheinlichkeit, durch einen Blitzschlag zu sterben, i. d. R. höher ein, als sie wirklich ist. Hat ein Reisender schon mal einen Koffer verloren, ist er eher bereit, eine Reisegepäckversicherung abzuschließen, da die Wahrscheinlichkeit des Kofferverlusts für die Zukunft höher eingeschätzt wird.

Zur Illustration folgt ein Beispiel aus der experimentellen Forschung:

Lesen Sie folgende Liste von 24 Personen laut vor.

Veronika Ferres	Paula Kinski	Claudia Schiffer
Thomas Köhler	Max Glas	Frank Marion
Dirk Appel	Michael Lorenz	Penélope Cruz
Egon Müller	Ernst Sührig	Werner Nest
Diane Kruger	Kurt Petzold	Emil Harder
Ursula von der Leyen	Angelina Jolie	Emma Watson
Steffi Graf	Angela Merkel	Julia Roberts
Hans Hauska	Klaus Larsen	Albert Schneider

Nun die Frage: Sind in der Liste mehr Frauen als Männer oder mehr Männer als Frauen vorhanden?

Die meisten tippen auf mehr Frauen als Männer, obwohl dies falsch ist. Die Fehleinschätzung liegt daran, dass bekannten Frauen zufällig aus dem Hannoverschen Telefonbuch selektierte Männer gegenübergestellt wurden.

Was bekannt ist, wird besser im Gedächtnis aufbewahrt, wird leichter wieder abgerufen und gewinnt damit größeres Gewicht bei der Abschätzung von Häufigkeiten. Grundsätzlich wird Auffälliges und Farbiges besser im Gedächtnis behalten als Unauffälliges und Blasses.

Simulationsprinzip

Nach dem Simulationsprinzip beurteilt ein Entscheider nach seinen persönlichen Präferenzen und Überzeugungen einen Sachverhalt und nicht nach objektiven Kriterien. So meinen nach einer Umfrage 66 % aller Autofahrer, dass sie besser fahren als der Durchschnitt – was sicherlich nicht stimmen kann.

Prinzip des Ankereffektes

Der Ankereffekt besagt, dass zur Abschätzung der Wahrscheinlichkeit nach einem Anker, d. h. Aufhänger gesucht wird. Dieser Anker ist eine Vorinformation. Wenn eine Person z. B. in einem Spanplattenwerk gearbeitet hat, so schätzt diese Person die Feuergefahr in der Industrie viel höher ein, als wenn sie in anderen Zweigen der Wirtschaft tätig war, da die Arbeiter in einem Spanplattenwerk ständig mit der Brandgefahr und den fatalen Folgen konfrontiert sind. Vorinformationen prägen das Denken und die Fragen, die aufgeworfen werden.

Prinzip des Framing

Für einen Großteil menschlichen Verhaltens ist ein zentrales Phänomen verantwortlich, welches als „Framing" oder „Rahmung" bekannt ist. Die Verpackung entscheidet häufig über die Bewertung des Inhalts. Hierzu sei ebenfalls ein Experiment dargestellt, bei dem Probanden zwei Varianten vorgeführt wurden.

Erste Variante:

600 Menschen in einer entlegenen Dschungelregion sind von einer seltenen, tödlich verlaufenden Parasitenerkrankung bedroht. Aus verschiedenen Vorschlägen, wie die Menschen gerettet werden könnten, haben sich als einzig durchführbar zwei Therapien – A und B – herausgestellt:

- Wenn Therapie A angewandt wird, wird die Rettung von 200 Menschen erwartet.
- Wenn Therapie B angewandt wird, gibt es eine 1/3-Chance, dass alle gerettet werden, und eine 2 : 3-Chance, dass niemand überlebt.

Für welche der beiden Therapien würden Sie sich entscheiden?

Zweite Variante:

600 Menschen in einer entlegenen Dschungelregion sind von einer seltenen, tödlich verlaufenden Parasitenerkrankung bedroht. Aus verschiedenen Vorschlägen, wie die Menschen gerettet werden könnten, haben sich als einzig durchführbar zwei Therapien – C und D – herausgestellt:

- Wenn Therapie C angewandt wird, wird der Tod von 400 Menschen erwartet.
- Wenn Therapie D angewandt wird, gibt es eine 1 : 3-Chance, dass niemand stirbt, und eine 2 : 3-Chance, dass alle 600 sterben.

Für welche der beiden Therapien würden Sie sich entscheiden?

Es handelt sich bei A und C bzw. B und D um genau dieselben Alternativen, nur wird der Erwartungsnutzen das eine Mal in Überlebens-, das andere Mal in Sterbewahrscheinlichkeiten ausgedrückt. In verschiedenen Probandengruppen entschied sich eine große Mehrheit in der ersten Variante des Experiments für die Risikovermeidungsstrategie A und in der zweiten Variante für die risikobereite Strategie D.

Die fünf bekannten heuristischen Prinzipien zur Abschätzung von Wahrscheinlichkeiten sind hier erläutert worden, da auch Versicherungsnehmer und Entscheidungsträger in Unternehmen sich solcher Prinzipien bedienen, um Wahrscheinlichkeiten abzuschätzen, die dann in ihre Entscheidungsfindung einfließen. In einer Branche, in der das Risiko und damit Wahrscheinlichkeiten eine so überragende Rolle spielen, ist für die

Verhaltensanalyse die Kenntnis der heuristischen Prinzipien wichtig. Besondere Bedeutung spielen sie auch im Marketing von Versicherungsprodukten, wo es darum geht, die Schadeneintrittswahrscheinlichkeiten subjektiv höher erscheinen zu lassen, als sie objektiv sind. Die Beispiele zeigen aber auch, wie gefährlich es ist, sich als Entscheider auf seine Intuition bei der Abschätzung von Wahrscheinlichkeiten zu verlassen. Eine Überprüfung der subjektiven Wahrscheinlichkeiten mit Hilfe von Modellen, Statistiken und logischem Denken ist ratsam.

3.3 Anwendungsbeispiele für Wahrscheinlichkeiten

Im Folgenden werden beispielhaft drei Anwendungen der Wahrscheinlichkeitsrechnung beschrieben, die nur der Illustration dienen.

Anwendungsbeispiel 1: Der Fehlerteufel

Angenommen, Professor Dr. Wichtig hat einen bedeutenden wissenschaftlichen Text verfasst. Seine Assistenten Arne und Berta werden damit beauftragt, diesen Text Korrektur zu lesen. Dabei findet Arne 18 Fehler ($A = 18$) und Berta 22 Fehler ($B = 22$). Die Differenz ist erstaunlich, und so fragt sich Professor Dr. Wichtig, wie viele Fehler F er in dem Text zu erwarten hat. Zunächst prüft er, welche Fehler beide gemeinsam entdeckt haben. Das Ergebnis ist $C = 12$, d. h. Arne hat 6 Fehler und Berta hat 10 Fehler allein entdeckt.

Reichen die Angaben $A = 18$, $B = 22$ und $C = 12$ aus, um die erwartete Fehlerzahl zu bestimmen?

Prof. Dr. Wichtig definiert nun, dass Arnes Entdeckerrate (Wahrscheinlichkeit des Findens von Fehlern) p und Bertas Entdeckerrate q ist:

$A = p \cdot F$

$B = q \cdot F$

Dabei ist F die tatsächliche – aber unbekannte – Zahl der Fehler in dem Text.

Aus der Tatsache, dass C die gemeinsam erkannten Fehler darstellt, kann geschlossen werden, dass

$$C = p \cdot q \cdot F = \frac{A}{F} \cdot \frac{B}{F} \cdot F = \frac{A \cdot B}{F}$$ gilt, woraus folgt:

$$F = \frac{A \cdot B}{C}$$

Für die unbekannte erwartete Fehlerzahl gilt:

$$F = A + B - C + x,$$

wobei x die Zahl der von Arne und Berta unerkannten Fehler darstellt.

Nach x aufgelöst:

$$x = F - A - B + C$$

Wird für F obige Gleichung eingesetzt, folgt:

$$x = \frac{A \cdot (B-C) + C \cdot (C-B)}{C}$$

Für das numerische Beispiel gilt somit:

$F = 33$ und $x = 5$.

Professor Dr. Wichtig muss also erwarten, dass noch 5 unerkannte Fehler im Text enthalten sind. Wenn ihm das zu viel ist, sollte er nochmals gründlich auf Fehlersuche gehen.

Anwendungsbeispiel 2: Der Erwartungsschaden bei Selbstbehalt

Viele Versicherungsvereinbarungen legen einen Selbstbehalt fest. In diesem Falle gilt, dass bis zu einer Höhe von z. B. 1.000 € (p. a.) der Versicherungsnehmer alle Schadenzahlungen selber zu tragen hat. Darüber hinausgehende Beträge sind versichert, d. h. sie werden vom Versicherer übernommen. Wie ist die Aufteilung des Risikos und mit welchem Erwartungsschaden (d. h. welcher Nettoprämie) hat der Versicherte zu rechnen?

Annahme: Die Wahrscheinlichkeitsverteilung des Risikos $f(x)$ sei bekannt.

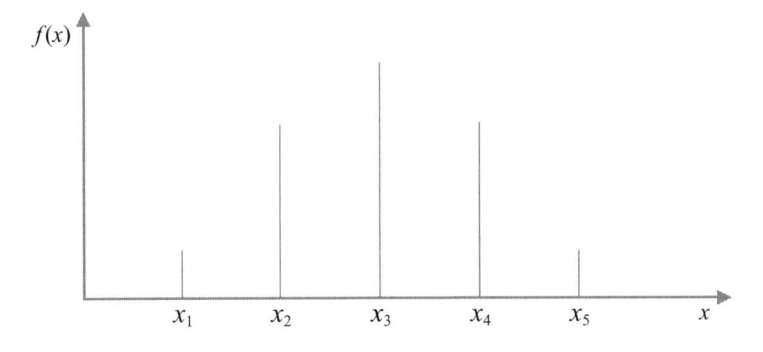

Abbildung 14: Wahrscheinlichkeitsfunktion für den diskreten Fall

Diese Wahrscheinlichkeitsverteilung ermöglicht, die Verteilungsfunktion $F(x)$ zu zeichnen. Interessanterweise entsprechen die eingezeichneten Flächen dem Erwartungswert des Schadens:

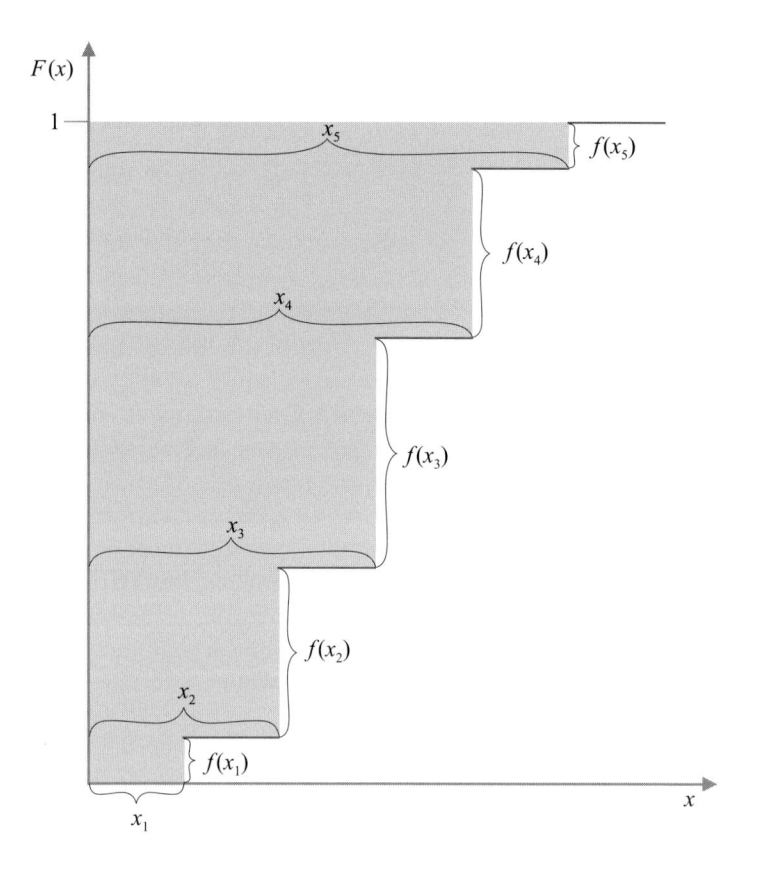

Abbildung 15: Verteilungsfunktion für den diskreten Fall

Im stetigen Fall ergibt sich für $F(x)$:

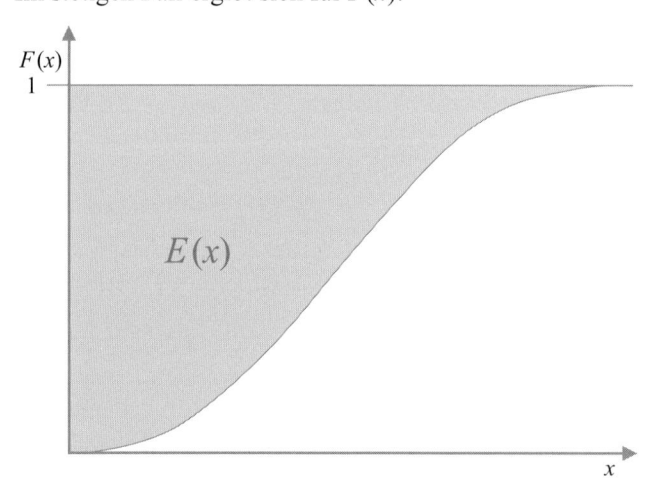

Abbildung 16: Verteilungsfunktion für den stetigen Fall

Die Fläche oberhalb der Kurve entspricht dem Erwartungswert des Schadens. Für den Erwartungsschaden gilt also:

$$E(x) = \int (1-F(x))dx$$

Wird die Risikoteilung nun bei $SB = 1.000$ € vorgenommen, so übernimmt der Versicherer den Teil des Erwartungsschadens, der sich rechts vom Selbstbehalt befindet, d. h.:

$$E(x_{VU}) = \int_{SB}^{\infty} (1-F(x))dx = \int_{1.000}^{\infty} (1-F(x))dx$$

Der Versicherungsnehmer hat hingegen den linken Teil zu tragen:

$$E(x_{VN}) = \int_{0}^{SB} (1-F(x))dx = \int_{0}^{1.000} (1-F(x))dx$$

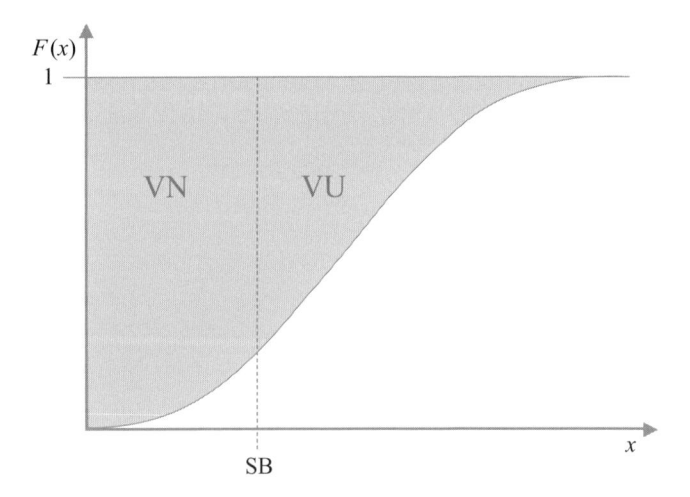

Abbildung 17: Verteilungskurve einer Schadenverteilung

Sind die Wahrscheinlichkeiten für kleine Schäden relativ groß, so verläuft die Verteilungskurve im linken Bereich steiler. Die Fläche, d. h. die Nettoprämie des Versicherers (VU), die oberhalb der Kurve rechts vom SB entsteht, wird kleiner.

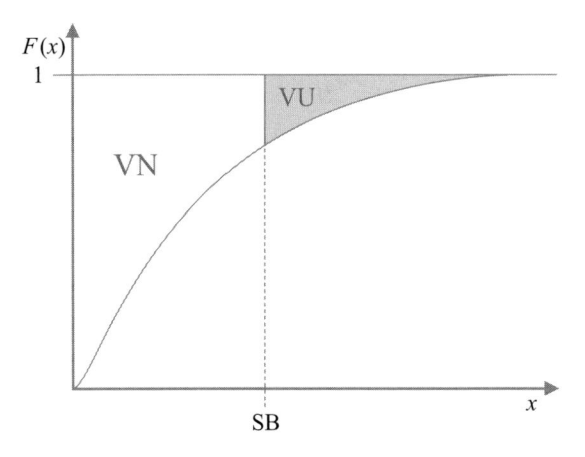

Abbildung 18: Verteilungskurve bei rechtsschiefer Schadenverteilung

Sind die Wahrscheinlichkeiten für kleine Schäden relativ klein, so verläuft die Verteilungskurve im linken Bereich flacher. Die Fläche, d. h. die Nettoprämie des Versicherers (VU), die oberhalb der Kurve rechts vom SB entsteht, wird größer.

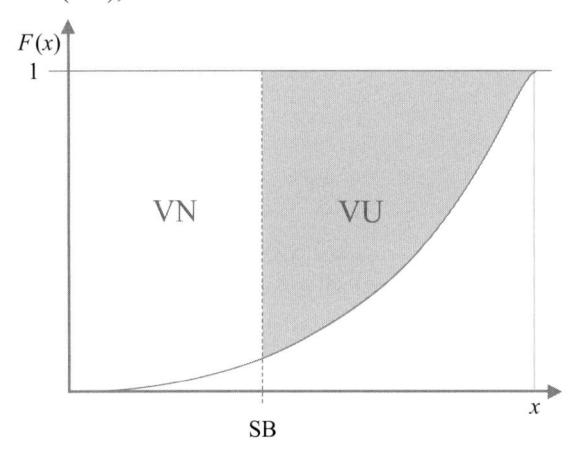

Abbildung 19: Verteilungskurve bei linksschiefer Schadenverteilung

Anwendungsbeispiel 3: Der nützliche Zeuge

In einer nebeligen Nacht überfährt ein Taxifahrer einen Fußgänger und begeht Fahrerflucht. Einige Zeugen haben aus der Ferne zweifelsfrei einen hellen Wagen mit einem beleuchteten Taxischild gesehen. Ein Zeuge war näher am Ort und behauptet, das Taxi sei ein Opel gewesen.

Unter den Taxis der Stadt sind 85 % Mercedes und 15 % Opel; andere Taxis gibt es in der Stadt nicht.

Mehrere Versuche mit dem Zeugen ergaben, dass dieser unter den Sichtverhältnissen der Unfallnacht in 80 % aller Fälle den Wagentyp eines Taxis richtig erkennt.

Wie hoch schätzen Sie die Wahrscheinlichkeit, dass der Unfallwagen tatsächlich ein Opel war?

Wenn Sie schätzen, dass die Wahrscheinlichkeit ungefähr 80 % beträgt, so gehören Sie zur großen Mehrheit. Eine nähere Betrachtung ist aber notwendig:

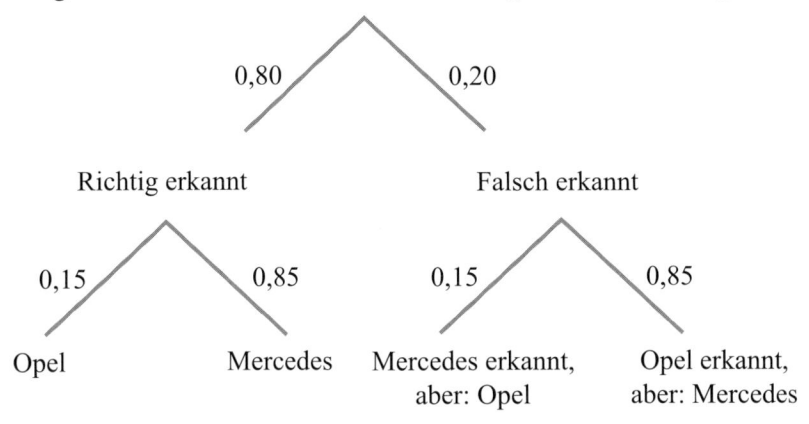

```
                         0,80 /\ 0,20
                             /  \
                  Richtig erkannt   Falsch erkannt
                    /\                /\
              0,15/  \0,85      0,15/  \0,85
                 /    \             /    \
              Opel  Mercedes   Mercedes erkannt,   Opel erkannt,
                               aber: Opel          aber: Mercedes
```

Abbildung 20: Verbundene Wahrscheinlichkeiten im Entscheidungsbaum

$P(\text{Opel} \cap \text{Richtig erkannt})$ $= 0{,}15 \times 0{,}8 = 12\,\%$

$P(\text{Opel} \cap \text{Nicht richtig erkannt})$ $= 0{,}15 \times 0{,}2 = 3\,\%$

$P(\text{Mercedes} \cap \text{Richtig erkannt})$ $= 0{,}85 \times 0{,}8 = 68\,\%$

$P(\text{Mercedes} \cap \text{Nicht richtig erkannt}) = 0{,}85 \times 0{,}2 = 17\,\%$

In 29 % der Fälle war das Fahrzeug ein Opel, in 71 % ein Mercedes. Wenn der Zeuge unter den angegebenen Bedingungen einen Opel erkennt, so ist es tatsächlich in 12 von 29 Fällen (41 %) ein Opel, und in 17 von 29 Fällen (59 %) ein Mercedes gewesen. Es ist also immer noch wahrscheinlicher, dass das Taxi ein Mercedes war, als dass es ein Opel war.

Der beste Zeuge zur Aufklärung der Tat ist natürlich derjenige, der immer richtig oder immer falsch liegt, weil dadurch eindeutig bestimmt werden kann, um welchen Fahrzeugtyp es sich gehandelt hat. Der schlechteste Zeuge ist der, der in 50 % der Fälle das Richtige und in 50 % der Fälle das Falsche sagt, d. h. seine Aussage ist wertlos. Bei diesem Zeugen sollte von den Wahrscheinlichkeiten ausgegangen werden, die den Häufigkeiten in der Grundgesamtheit entsprechen, d. h. 85 : 15.

3.4 Risikoarten

3.4.1 Überblick

Versicherungsunternehmen sehen sich vielfältigen Risiken ausgesetzt. Zunächst ist das allgemeine unternehmerische Risiko zu nennen, wobei zwischen externen Risiken (Marktrisiken usw.) und internen Risiken (Managementfehlern usw.) unterschieden werden kann. Da jedes Unternehmen den allgemeinen unternehmerischen Risiken ausgesetzt ist und diese für Versicherungsunternehmen dieselbe Bedeutung wie für andere Unternehmen haben, werden sie hier nicht weiter behandelt.

Von besonderer Bedeutung für Versicherungsunternehmen sind die so genannten versicherungstechnischen Risiken (das Geschäft mit Versicherungsrisiken bildet den Kern des Versicherungsgeschäfts).

Darüber hinaus haben in den letzten Jahren u. a. die hohen Wertverluste von Kapitalanlagen (vor allem von Aktien) gezeigt, dass Versicherer auch in hohem Maße von Kapitalanlagerisiken betroffen sind. Alle weiteren Risiken werden im Folgenden in der Rubrik „Sonstige Risiken" zusammengefasst, bei denen vor allem Systemrisiken sowie Rechtsrisiken angesprochen werden sollen.

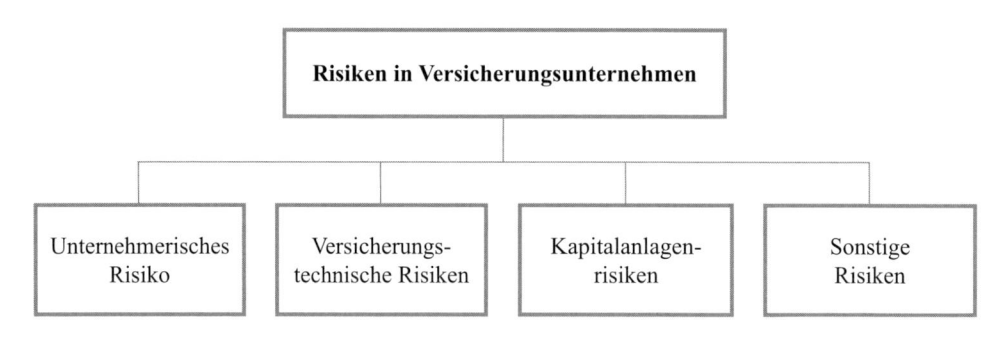

Abbildung 21: Risiken in Versicherungsunternehmen

3.4.2 Versicherungstechnische Risiken

Die Kernkompetenz eines Versicherungsunternehmens liegt im Transfer von Risiken vom Versicherungsnehmer zum Versicherer. Die Risiken ergeben sich dabei aus den Wahrscheinlichkeitsverteilungen der Einzelschäden. Das Versicherungsunternehmen leistet einen Ausgleich der Schäden bzw. Risiken im Kollektiv (Gesetz der großen Zahlen) und in der Zeit. Aus den einzelnen Schadenverteilungen der Versicherungsnehmer lässt sich eine Gesamtschadenverteilung des Kollektivs bestimmen, die sich durch den Erwartungswert und die Streuung beschreiben lässt. Das versicherungstechnische Risiko ergibt sich aus der Streuung der Gesamtschadenverteilung des Kollektivs, d. h. der potentiellen bzw.

tatsächlichen Abweichung vom Erwartungswert. Die tatsächliche Höhe des Gesamtschadens ist unbestimmt. Das Versicherungsunternehmen ist deshalb einem Restrisiko ausgesetzt, für das es neben der reinen Risikoprämie, die sich aus dem Erwartungswert der Gesamtschadenverteilung ergibt, ein zusätzliches Entgelt (Sicherheitszuschlag) benötigt.

Eine Abweichung des tatsächlichen Wertes des Gesamtschadens von dem geschätzten Erwartungswert des Kollektivs kann verschiedene Ursachen haben. In der Literatur werden häufig die folgenden Arten (Ursachen) des versicherungstechnischen Risikos unterschieden: das *Zufallsrisiko*, das *Änderungsrisiko* und das *Irrtumsrisiko*. Diese Arten bzw. Ausprägungen des versicherungstechnischen Risikos geben jeweils eine eigene Erklärung dafür ab, warum der tatsächliche Gesamtwert der Schäden vom geschätzten Erwartungswert abweicht.

Neben den drei genannten Ausprägungen des versicherungstechnischen Risikos gibt es das Risiko aufgrund asymmetrischer Informationsverteilung, zu dem die Phänomene „Moral Hazard" und „Adverse Selection" zu zählen sind.

```
                    Versicherungstechnische Risiken
                    ┌──────────┬──────────┬──────────┐
              Zufallsrisiko  Änderungsrisiko  Irrtumsrisiko  Risiko aufgrund
                                                             asymmetrischer
                                                             Informationen
```

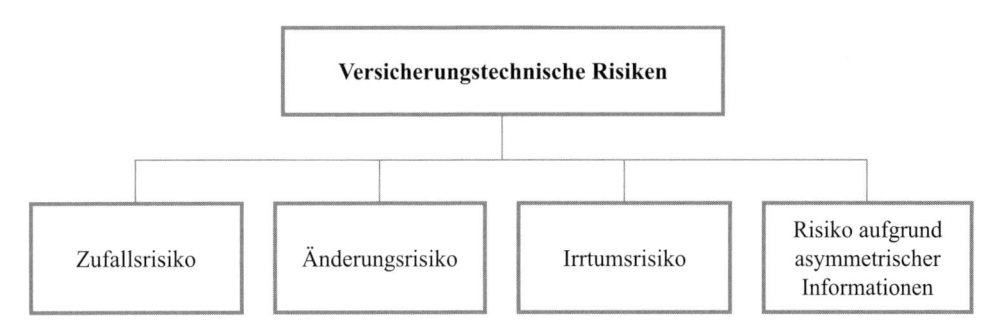

Abbildung 22: Versicherungstechnische Risiken

3.4.2.1 Zufallsrisiko

Das Zufallsrisiko beschreibt eine *zufällige* Abweichung des tatsächlichen Gesamtwerts der Schäden vom geschätzten Erwartungswert. Die Gründe können in einer Abweichung in der Anzahl und / oder der Höhe der Schäden liegen:

- Es treten zufällig besonders viele / wenige Versicherungsfälle ein (Abweichung der tatsächlichen von den geschätzten Häufigkeiten der Schäden).

- Es treten zufällig besonders hohe / niedrige Einzelschäden ein (Abweichung der tatsächlichen von den geschätzten Schadenhöhen).

Es kann zwischen unterschiedlichen Arten des Zufallsrisikos unterschieden werden:

- **Kumulrisiko:**

    Bei einem Kumulschaden erweisen sich mehrere versicherungstechnische Einheiten (Risiken) aufgrund zufälliger Umstände als nicht unabhängig (nicht disjunkt, d. h. korreliert). Ein und dasselbe Ereignis kann gleichzeitig Schäden bei einer Vielzahl von versicherten Risiken auslösen (z. B. der legendäre Münchener Hagelsturm vom 12.07.1984 oder die Kollision von mehreren Fahrzeugen, die beim gleichen Versicherungsunternehmen versichert sind).

- **Ansteckungsrisiko:**

    Durch ein und dasselbe Ereignis können nacheinander Versicherungsfälle bzw. Schäden bei mehreren (beim gleichen Versicherer versicherten) Risiken ausgelöst bzw. verursacht werden (ein Beispiel für die Krankenversicherung sind ansteckende Krankheiten; für die Gebäudeversicherung Brände, die auf benachbarte Gebäude übergreifen).

- **Katastrophenrisiko:**

    Ein Groß- bzw. Katastrophenschaden liegt vor, wenn die Höhe eines Schadens eine bestimmte Grenze übersteigt (beispielsweise Großbrände, Flugzeugabstürze und Atomreaktorunfälle). Die Einschätzung eines Schadens als Groß- bzw. Katastrophenschaden ist schwierig, die Beurteilung hängt letztlich auch von der Zeichnungskapazität des Versicherungsunternehmens ab.

Als Groß- bzw. Katastrophenrisiken werden Risiken bezeichnet, für die folgende Bedingungen gelten:

- geringe Anzahl an Schadenereignissen (SE),
- sehr große Schadenhöhe je Schadenereignis (SSE),
- eine geringe Schadeneintrittswahrscheinlichkeit und
- die Risiken übersteigen die Kapazität des betrachteten Versicherungsunternehmens.

Schadenhöhe je
Schadenereignis
(SSE)

Katastrophenrisiko, z. B. schwere industrielle Risiken

Isoschadenkurve

Tägliche Risiken

Anzahl
Schadenereignisse
(SE)

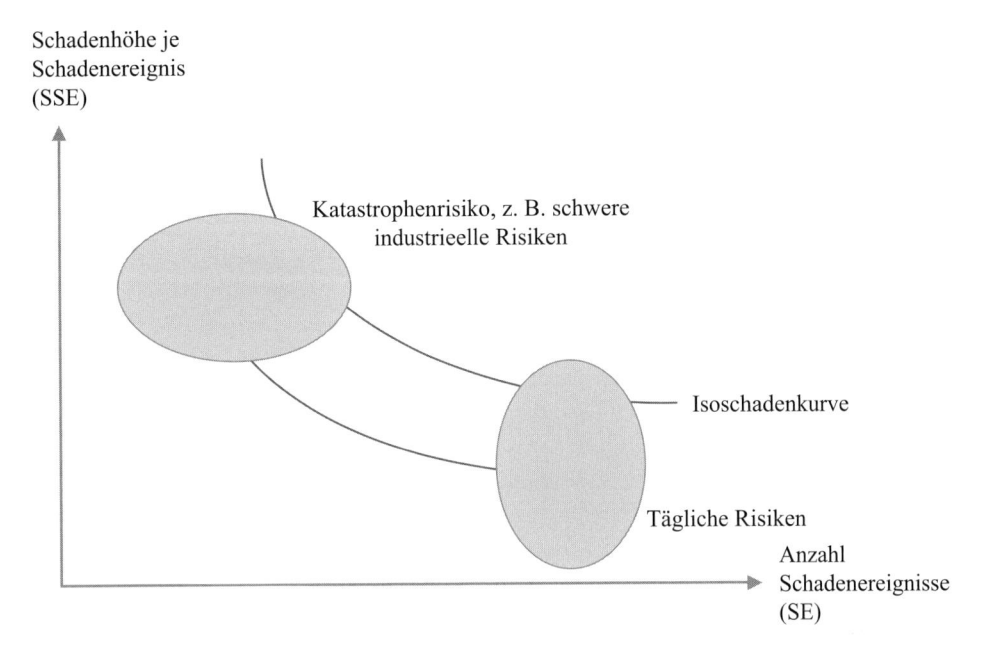

Abbildung 23: Groß- bzw. Katastrophenrisiken versus tägliche Risiken

In der Abbildung werden tägliche Risiken von Katastrophenrisiken abgegrenzt. Die Linien sind Isoschadenkurven, bei denen $SSE \cdot SE$ immer den gleichen Wert ergibt. Eine Bewegung entlang einer Isoschadenkurve führt bei konstantem Gesamtschaden zu einer Ver- oder Entschärfung der Risikosituation (Vielzahl kleiner Schäden versus geringe Anzahl Großschäden).

3.4.2.2 Änderungsrisiko

Als Änderungsrisiko wird bezeichnet, wenn der tatsächliche Gesamtwert der Schäden vom geschätzten Erwartungswert abweicht, weil sich die versicherten Risiken geändert haben. Als Gründe können angeführt werden:

- Die Wahrscheinlichkeitsverteilung des Gesamtschadens hat sich nach dem Zeitpunkt der Schätzung, also im Verlauf der Zeit, in unvorhersehbarer Weise geändert. Die Änderungen betreffen einzelne, viele oder alle versicherten Einzelrisiken im Bestand des Versicherungsunternehmens.
- Die Änderung der Wahrscheinlichkeitsverteilung kann durch Veränderungen in den Risikofaktoren ausgelöst werden. Die Risikofaktoren können dabei aus Bereichen wie *Natur* (z. B. Veränderungen von meteorologischen oder geologischen Gegebenheiten wie Sturm, Hagel oder Erdbeben), *Technik* (z. B. Veränderungen im Bereich der Produktion oder in der Medizintechnik), *Wirtschaft* (z. B. Veränderungen der ökonomischen Strukturen) oder *Gesellschaft* (z. B. Veränderungen von Verhaltensweisen und Werturteilen) stammen.

Reale Wahrscheinlichkeitsverteilungen sind ex ante immer unbekannt und können durch Auswertung empirischer Daten auf dem Wege subjektiver Schätzungen lediglich approximativ aus Stichproben ermittelt werden. Dabei wird vereinfachend vorausgesetzt, dass die zugrunde liegenden Verhältnisse stationär (d. h. zeitlich invariant) sind oder einem unterstellten Trend folgen. Die weitaus meisten Risikofaktoren unterliegen dynamischen Veränderungsprozessen im Zeitablauf, aus denen sich ein (Änderungs-)Risiko im Sinne einer finalen Unbestimmtheit ergibt.

3.4.2.3 Irrtumsrisiko

Wenn der tatsächliche Gesamtwert der Schäden vom geschätzten Erwartungswert abweicht, weil die Informationen unvollständig sind oder die vorhandenen Informationen zur Risikokalkulation fehlerhaft verwendet wurden, kann dies als Irrtumsrisiko bezeichnet werden. Die Wahrscheinlichkeitsverteilung des Gesamtschadens wurde also unzutreffend geschätzt: Der Versicherer hat bei der Kalkulation des Risikogeschäfts nicht die wirkliche, sondern eine falsch eingeschätzte Gesamtschadenverteilung zugrunde gelegt.

Versicherer arbeiten stets mit unvollkommener Information über die tatsächliche Schadenverteilung und sind auf Schätzungen angewiesen, die mit Fehlern behaftet sein können. Das Irrtumsrisiko resultiert dabei ganz allgemein aus der Nichtberücksichtigung von vorhandenen Informationen, die für die Risikoabschätzung relevant sind, oder aus handwerklichen Fehlern bei der Quantifizierung und Bewertung der Risiken.

Dabei kann zwischen den folgenden Ausprägungen unterschieden werden:

- Diagnoserisiko: Die Unsicherheit liegt in der Diagnose der stochastischen Gesetzmäßigkeit des Schadenverlaufs in der Vergangenheit (Irrtumsrisiko im engeren Sinne).

- Prognoserisiko: Der vom Zufall abhängige zukünftige Schadenverlauf kann selbst bei bekannter Gesetzmäßigkeit nie mit Sicherheit prognostiziert werden (Irrtumsrisiko im weiteren Sinne, wird vom Zufalls- und Änderungsrisiko determiniert).

3.4.2.4 Risiko aufgrund asymmetrischer Informationen

Asymmetrische Informationen führen zu den Phänomenen

- Moral Hazard und

- Adverse Selection.

Als *Moral Hazard* wird der Sachverhalt bezeichnet, wenn der Erwartungsschaden mit Versicherungsschutz höher ist als ohne Versicherungsschutz. Dies liegt daran, dass der Versicherungsnehmer nach Abschluss des Versicherungsvertrages auf Schadenverhütung und Schadenvermeidung weitgehend verzichtet oder sogar den Schadensfall absichtlich verursacht. Der Versicherte ändert aufgrund des Versicherungsschutzes sein Verhalten, wobei der Versicherer keine Möglichkeit hat, eine Verhaltensänderung im Einzelnen zu beobachten. Damit ergibt sich durch Moral Hazard das Problem, dass der Versicherte einen geringeren Anreiz hat, Schadenverhütungs- und Schadenverminderungsmaßnahmen zu ergreifen. Für den Versicherer ergibt sich die Fragestellung, wie er durch eine entsprechende Vertragsgestaltung, beispielsweise durch Selbstbeteiligungsmodelle, Moral Hazard und Versicherungsbetrug eindämmen kann. Proportionale Selbstbeteiligungen, Abzugsfranchisen (Selbstbehalte) und Bonus-Malus-Tarife (wie in der Kraftfahrzeugversicherung) sind Instrumente, die zur Anwendung kommen können. In Kapitel IV, Abschnitt 3 wird das Moral-Hazard-Phänomen mit Hilfe eines theoretischen Modellrahmens genauer analysiert.

Adverse Selection tritt auf, wenn gute und schlechte Risiken, also Risiken mit niedrigem und mit hohem Erwartungsschaden in einer Tarif- bzw. Risikogruppe zusammengefasst werden, weil der Versicherer zwischen ihnen nicht unterscheiden kann. Beide Typen von Versicherten erhalten Versicherungsschutz für die gleiche (Durchschnitts-)Prämie. Die Folge ist, dass die schlechten Risiken den Versicherungsschutz zu „billig" und die guten Risiken zu „teuer" erhalten. Volkswirtschaftlich entstehen hierdurch Wohlfahrtsverluste, da die guten Risiken das Instrument Versicherung zu wenig, die schlechten Risiken zu viel nutzen werden. Für den Versicherer entsteht zudem das Problem, dass er im Wettbewerb wegen seiner Kalkulation die guten Risiken verliert und somit der Anteil der schlechten Risiken in seinem Bestand zunimmt. Er wird dann entweder Verluste realisieren oder seine Prämien erhöhen müssen, was ihn weniger wettbewerbsfähig macht. Konzentrationstendenzen sind die Folge, die durch staatliche Eingriffe in das Marktgeschehen verhindert werden können. Die Versicherungstheorie ermöglicht hierbei, Aussagen zu den Wohlfahrtseffekten staatlicher Marktregulierung zu machen sowie Möglichkeiten und Grenzen einer Regulierungs- und Deregulierungspolitik aufzuzeigen, worauf später noch eingegangen wird. In Kapitel IV, Abschnitt 4 wird das Adverse-Selection-Phänomen ebenfalls mit Hilfe eines theoretischen Modellrahmens analysiert.

Die Risikoarten Irrtums-, Änderungs- und Zufallsrisiko sowie das Risiko aufgrund von asymmetrischer Information sind Bestandteil des versicherungstechnischen Risikos. Eine differenzierte Analyse einzelner Risikoarten ist meist nicht möglich, weil die dafür notwendigen Informationen nicht vorhanden oder weil sie nicht eindeutig einer Risikoart zuzuordnen sind.

3.4.3 Kapitalanlagerisiken

Versicherungsunternehmen verfügen i. d. R. über umfangreiche Kapitalanlagen und sind deshalb auch Kapitalanlagerisiken ausgesetzt. In früheren Zeiten wurde in Versicherungsunternehmen den Kapitalmarktrisiken keine große Bedeutung zugemessen. Vielmehr galt der Leitspruch: „Die Risiken des Versicherungsgeschäftes liegen auf der Passivseite, das der Banken auf der Aktivseite". Die Begründung für diesen Satz liegt darin, dass auf der Aktivseite der Bilanz die Kapitalanlagen stehen, während auf der Passivseite die versicherungstechnischen Rückstellungen und die Verbindlichkeiten für das selbst abgeschlossene Geschäft verbucht werden. Die jüngste Zeit zeigt, wie trügerisch diese Leitmaxime ist: Versicherungsunternehmen sind vor allem wegen sinkender Kapitalerträge, Verlusten bei Aktien, Beteiligungen und Derivaten sowie einer risikoreichen Kapitalanlagepolitik in erhebliche Schwierigkeiten geraten. Deshalb wird heute das Kapitalanlagerisiko von den Versicherungsunternehmen als wichtig betrachtet und verstärkt analysiert.

Die Kapitalanlagen werden aufgrund unterschiedlicher gesetzlicher Bestimmungen in drei Vermögensblöcke unterteilt. Nach dem Versicherungsaufsichtsgesetz wird zwischen den Beständen des Deckungsstocks und dem übrigen gebundenen Vermögen unterschieden. Beide zusammen ergeben das gebundene Vermögen. Diejenigen Kapitalanlagen, die im Sinne des Gesetzes nicht gebunden sind, werden dem freien Vermögen zugerechnet. Hier zeigt sich die Verbindung zwischen den beiden Seiten der Bilanz, da sich die Einteilung und Abgrenzung der Vermögensblöcke aus den jeweils zuzuordnenden Passivpositionen ergibt, aus denen die Kapitalanlagen finanziert werden.

Der Deckungsstock ist vor dem Zugriff anderer Gläubiger geschützt und dient der Abdeckung der Ansprüche der Versicherungsnehmer im Konkursfall. Die Bedeutung des Deckungsstocks ist in der Unfall-, Kranken- und Lebensversicherung unmittelbar einleuchtend, wobei der Anlagestock in der fondsgebundenen Lebensversicherung ein selbstständiger Bereich des Deckungsstocks ist. Die Bestände des Deckungsstockvermögens eines Versicherers sind in einem Deckungsstockverzeichnis einzutragen.

Um die Leistungsfähigkeit der Versicherungsunternehmen langfristig zu sichern, erlässt die BaFin umfangreiche Kapitalanlagevorschriften. Um die dauernde Erfüllbarkeit der Versicherungsverträge sicherzustellen, sind für das Sicherungsvermögen und das sonstige gebundene Vermögen folgende Anlage-Postulate nach § 54 Abs. 1 Versicherungsaufsichtsgesetz zu beachten:

- Möglichst große Sicherheit und Rentabilität,
- bei jederzeitiger Liquidität sowie
- angemessener Mischung und Streuung.

Die Anlageverordnung (AnlV) konkretisiert für Erstversicherer diese Postulate, nennt quantitative Mischungs- und Streuungsgrenzen sowie Bestimmungen zur Kongruenz und Belegenheit der Anlagen. Weiterhin enthält die Verordnung die Verpflichtung zu einem qualitativen Anlagemanagement und zu internen Kontrollverfahren. Durch BaFin-Rundschreiben erfolgt eine Konkretisierung dieser einzelnen Bestimmungen.

Durch die Beachtung der Vorschriften der BaFin und der Anlage-Postulate werden zwar die Kapitalanlagerisiken vermindert, aber – wie gerade die jüngste Entwicklung gezeigt hat – nicht eliminiert.

Bei den Kapitalanlagerisiken lassen sich Kapitalmarkt-, Kredit- und Liquiditätsrisiken unterscheiden.

```
                    ┌──────────────────────┐
                    │  Kapitalanlagerisiken │
                    └──────────────────────┘
                               │
        ┌──────────────────────┼──────────────────────┐
┌───────────────────┐ ┌───────────────────┐ ┌───────────────────┐
│ Kapitalmarkt-     │ │   Kreditrisiken    │ │  Liquiditätsrisiken│
│ risiken           │ │                    │ │                    │
└───────────────────┘ └───────────────────┘ └───────────────────┘
```

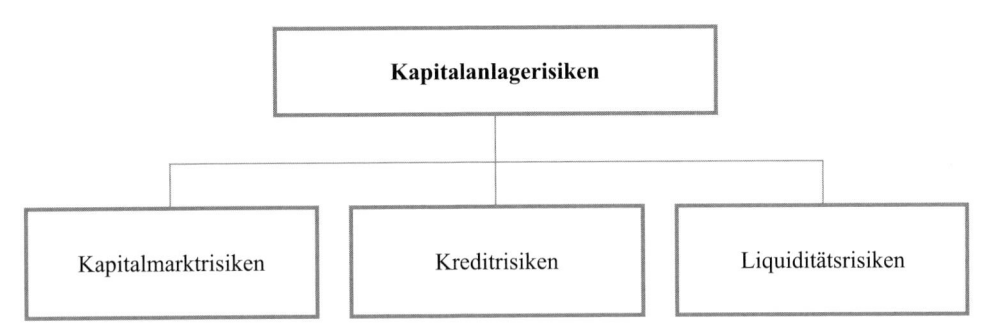

Abbildung 24: Kapitalanlagerisiken

3.4.3.1 Kapitalmarktrisiken

Kapitalmarktrisiken entstehen u. a. aufgrund von negativen Entwicklungen der Höhe und / oder der Volatilität von Marktpreisen. Wirtschaftsgüter, Vermögenswerte, aber auch Verbindlichkeiten unterliegen *Preisrisiken*, da sich deren Preise am Markt permanent ändern können. Dies gilt auch für derivative Finanzinstrumente (Optionen, Termingeschäfte usw.), die als abgeleitete Produkte ähnlichen Preisrisiken unterliegen, wie die ihnen zugrunde liegenden Basiswerte. Preisrisiken resultieren dabei aus (häufig nicht-linearen) Änderungen der Marktwerte von Portfoliopositionen als Reaktion auf Preisänderungen der jeweiligen Risikofaktoren.

Als Risikofaktoren seien exemplarisch Zinssätze, Devisenkurse, Wertpapierkurse und Indizes genannt. Aus ihren Schwankungen resultieren vor allem Zinsänderungs-, Devisenkursänderungs- und Wertpapierkursänderungsrisiken. Die als Preisrisikofaktoren auftretenden Größen stellen dabei in der Praxis recht komplexe Gebilde dar, die es nicht nur in Form ihrer Betragsänderung in der Zeit, sondern auch bezüglich ihrer Struktur zu erfassen gilt.

Nicht nur die Preise selbst sind Schwankungen unterworfen, auch die Schwankungsbreite (Volatilität) ist über die Zeit veränderlich (*Volatilitätsrisiko*). Die Volatilität hat eine besondere Bedeutung für Derivate: Die Marktwerte bestimmter Derivate sind von der Schwankungsbreite des Basiswerts abhängig. Das Volatilitätsänderungsrisiko äußert sich z. B. im möglichen Wertverlust eines Derivats durch Zunahme der Volatilität des zugrunde liegenden Produktes.

Systematische und unsystematische Risiken

Eine wesentliche Eigenschaft von Risiken ist, dass das Gesamtrisiko vielfach geringer ist, als die algebraische Summe der Einzelrisiken ergeben würde. Die Ursache dieses Phänomens liegt in den Interdependenzen (Korrelationen) zwischen den einzelnen Risiken. Dieser Effekt lässt sich in praxi in Form der Diversifikation (Mischung, Streuung) nutzen. So ist beispielsweise ein aus verschiedenen Wertpapieren bestehendes, gemischtes (diversifiziertes) Portfolio weniger anfällig für Marktrisiken als ein Portfolio aus nur einer Art von Wertpapieren.

Allerdings lässt sich anhand des auf der Portfolio-Selection-Theorie aufbauenden so genannten *Capital-Asset-Pricing-Modells* (*CAPM*) zeigen, dass sich durch Diversifikationseffekte lediglich ein Teil der Risiken beseitigen lässt. Der Risikoanteil, den der Portfolioverwalter durch Diversifikation eliminieren kann, wird gemäß CAPM als *unsystematisches Risiko* bezeichnet. Es spiegelt unternehmensspezifische (also nicht allgemein marktbedingte) Kursänderungen der betreffenden Wertpapiere wider. Neben dem unsystematischen Risiko gibt es ein *systematisches Risiko*, welches den Anteil des Risikos betrifft, der mit makroökonomischen Gegebenheiten des Gesamtmarktes zusammenhängt. Mit traditionellen Methoden der Risikopoolung und Risikodiversifikation lässt sich eine Reduzierung des systematischen Risikos nicht herbeiführen. Jedoch gelingt dies durch den Einsatz derivativer Finanzinstrumente. So kann das systematische Risiko etwa durch den Verkauf von Indexterminkontrakten, wie z. B. einem DAX-Future, (teilweise) auf einen anderen Marktteilnehmer transferiert und die ursprüngliche Portfolioposition gegen Marktrisiken abgesichert werden (*Hedging*).

Besonders Rückversicherern stellte sich angesichts der in den letzten Jahrzehnten stattfindenden Zunahme der Großschaden- und Elementarschadenereignissen die Frage, welcher Anteil der von Ihnen übernommenen Risiken dem unsystematischen Risiko und welcher Anteil dem systematischen Risiko zuzuordnen ist. Das systematische Risiko sollte ein Versicherer meiden bzw. versuchen, es am Markt weiterzugeben. Aus dieser Überlegung heraus entstanden neue Produkte, die unter der Bezeichnung Alternativer Risikotransfer (ART-Produkte) subsumiert und in Kapitel II, Abschnitt 3 näher behandelt werden.

3.4.3.2 Kreditrisiken

Kreditrisiken (Adressenausfallrisiken) beschreiben die Gefahr, dass ein Versicherungsunternehmen dadurch wirtschaftlichen Schaden erleidet, dass ein Kontraktpartner seine vertraglich vereinbarten Verpflichtungen gar nicht, nur teilweise oder nur mit einer zeitlichen Verzögerung erfüllen kann, will oder darf. Dies kann in der individuellen wirtschaftlichen Situation des Kontrahenten begründet liegen (*Bonitätsrisiken*) oder seine Ursache in politischen oder volkswirtschaftlichen Gegebenheiten des Sitzlandes

des Kontrahenten haben. Letztgenanntes betrifft grenzüberschreitende Kapitaldienstleistungen (*Länderrisiko*).

Ein Vorleistungsrisiko besteht, wenn der Kontraktpartner „ausfallen" kann, während das Versicherungsunternehmen bereits Vorleistungen erbracht hat. Tritt dieses ein, so kann sich ein Verlust in Höhe der vorab geleisteten Zahlung ergeben. Ein Vorleistungsrisiko kann dann eintreten, wenn Inkongruenzen von Zahlungsterminen bestehen.

3.4.3.3 Liquiditätsrisiken

Liquiditätsrisiken beschreiben die Gefahr, dass Verbindlichkeiten nicht rechtzeitig oder nicht mit vertretbaren Kosten erfüllt werden können. Bei näherer Betrachtung lassen sich unter Kausalitätsaspekten zwei unterschiedliche Ausprägungen differenzieren: das Finanzierungsrisiko und das Risiko unzulänglicher Markttiefe.

Unter einem *Finanzierungsrisiko* wird die Gefahr verstanden, dass das Versicherungsunternehmen nicht imstande ist, zu Abwicklungsterminen oder bei der Einforderung von Einschusszahlungen seine Zahlungsverpflichtungen zu erfüllen. Mögliche Konsequenzen einer Nichterfüllung von Zahlungsverpflichtungen reichen von Imageschäden bis hin zu einer massiven Gefährdung der Unternehmensexistenz.

Das *Risiko unzulänglicher Markttiefe* (mangelnde Marktliquidität) äußert sich darin, dass ein Versicherungsunternehmen nicht in der Lage ist, eine Position (z. B. Kapitalanlage) zum vorherigen Marktpreis (oder einem nahe daran liegenden Preis) aufzulösen. Eine mangelnde Liquidität von Märkten manifestiert sich u. a. in hohen Transaktions- und Suchkosten, geringen Marktumsätzen und einer geringen Anzahl von Marktteilnehmern. Ein Marktteilnehmer, der eine Position auf einem derartigen Markt möglichst schnell liquidieren möchte (bzw. durch eine angespannte Liquiditätslage dazu gezwungen ist), muss langwierige Suchprozesse, hohe Kosten und Preisabschläge in Kauf nehmen. Dies kann zu erheblichen Vermögensverlusten führen.

3.4.4 Sonstige Risiken

Zu den sonstigen Risiken können Risiken aufgrund technischen Versagens, operationale Risiken (Betriebsrisiken) sowie Rechtsrisiken (Risiko, dass Kontrakte rechtlich nicht durchsetzbar oder nicht korrekt dokumentiert sind) gezählt werden.

Außerdem ist das *Systemrisiko* zu nennen. Dieses beschreibt den Umstand, dass der Zusammenbruch eines Marktteilnehmers, eines (Teil-)Marktes oder eines Abwicklungssystems durch eine Art „Dominoeffekt" zur Insolvenz anderer Unternehmen, zum Zusammenbruch eines Marktes oder des gesamten Finanzsystems führen kann.

Befürchtungen bezüglich des Eintretens eines Systemrisikos wurden nach dem Anschlag vom 11. September 2001 auf das World Trade Center laut, da aufgrund der schwierigen finanziellen Situation einiger Rückversicherer Auswirkungen auf andere Versicherungsunternehmen erwartet wurden. Seit der globalen Finanzkrise ist dieses Schlagwort aktueller denn je, denn es gilt als Ursache von Finanzkrisen, die die gesamte Infrastruktur des Finanzsystems erschüttern (Auswirkungen auf Zinssätze, Versicherungsprämien, Altersvorsorge etc.). Die Insolvenz von großen Finanzdienstleistungskonzernen ist ein systemisches Risiko für die Finanzmärkte und auch für die Volkswirtschaft insgesamt. Aussagen, wie „too big to fail" bzw. „to systemic to fail" kennzeichnen die Bedeutung dieser Unternehmen auf dem Markt. Eine Regulierung und Beaufsichtigung von systemrelevanten Unternehmen ist daher dringend erforderlich. Die dazu erforderlichen Maßnahmen und aufsichtsrechtlichen sowie regulatorischen Rahmenbedingungen sind derzeit noch in der Entwicklung.

3.5 Risikomanagementprozess

3.5.1 Überblick

Das Managen von Risiken gilt grundsätzlich als Kernkompetenz der Versicherungsunternehmen. Unter Risikomanagement werden alle Tätigkeiten im Zusammenhang mit Risiken verstanden. Grundsätzlich kann der Risikomanagementprozess in vier Phasen unterteilt werden: Risikoidentifikation, Risikoanalyse und -bewertung, Risikosteuerung sowie Risikokontrolle bzw. -reporting. Nachfolgende Abbildung visualisiert diesen Prozess:

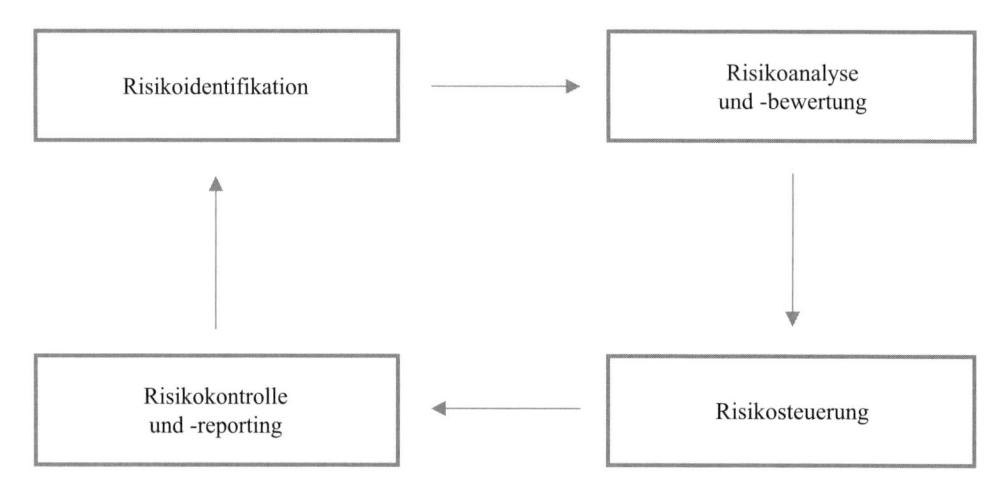

Abbildung 25: Risikomanagementprozess

Nach der Identifikation der Risiken und Aufstellung eines Risikoinventars ist es erforderlich, die erfassten Risiken mit Eintrittswahrscheinlichkeiten und Schadenpotenzialen zu hinterlegen (Risikoanalyse und -bewertung), damit die relevanten, für das Unternehmen wesentlichen Risiken berücksichtigt werden können.

Diese Risiken können dann in der Phase der Steuerung durch folgende Möglichkeiten beeinflusst werden:

- *Risikovermeidung*: z. B. durch Verlagerung industrieller Produktion aus unsicheren Ländern in stabilere Gebiete oder keine Kapitalanlage in Aktien aufgrund der Marktvolatilitäten.

- *Risikoverminderung* (differenziert nach Schadenanzahl und -höhe): z. B. Verringerung der Erkrankungswahrscheinlichkeit durch eine Grippeschutzimpfung oder Einbau einer Sprinkleranlage zur Brandeindämmung.

- *Risikoüberwälzung bzw. -transfer*: Abschluss eines Versicherungsvertrages (Risikopoolung, Rückversicherung) oder Beschränkung der Haftung bei der Unternehmensrechtsform GmbH.

Nach Durchführung dieser Steuerungsmaßnahmen unter Abwägung von Kosten-Nutzen-Relationen wird das sogenannte „Restrisiko" akzeptiert. Hervorzuheben ist, dass diese Risikoakzeptanz eine bewusste Entscheidung ist und nicht „eine zufällige Risikotragung" aufgrund der Unbekanntheit der Risiken.

Selbst bei gleicher Informationslage und bei vollständiger Transparenz wählen Entscheidungsträger mit unterschiedlichen Strategien und / oder in unterschiedlichen Entscheidungssituationen einen unterschiedlichen Mix aus Risikovermeidung, Risikominderung, Risikoüberwälzung und letztlich Risikoakzeptanz. Dies hängt damit zusammen, dass es zwei Einflussfaktoren gibt, die das Ausmaß eines Risikos determinieren, nämlich die möglichen Umweltzustände (z. B. die potentielle Höhe eines Schadens) und die Wahrscheinlichkeit des Eintritts. Damit ist kein eindeutiger Vergleich zwischen Risiken möglich: weder kardinal noch ordinal ist eine eindeutige (widerspruchsfreie) Anordnung nach der Größe der Risiken möglich.

Hinter gleichen Erwartungswerten (Produkten aus Eintrittswahrscheinlichkeiten und potentiellen Schadenhöhen) können sich ganz unterschiedliche Risiken (kleine Schäden mit höherer Wahrscheinlichkeit versus große Schäden mit geringer Wahrscheinlichkeit) verbergen. Deshalb spielen individuelle Präferenzen und Handlungsbeschränkungen bei der Risikobewertung eine wichtige Rolle. Eine Bewertung von Risiken hängt damit von der Art der Risiken, der individuellen Risikopräferenz des Betrachters und von der individuellen Risikotragfähigkeit ab.

Die letzte Prozessphase des Risikomanagements ist die Evaluierung und Dokumentierung der Risikosteuerungsmaßnahmen und deren Auswirkungen. Sie dient einerseits zur Absicherung bei Haftungsfragen und andererseits zum ‚Lernen durch Erfahrungen'. Die Überprüfung der effektiven Auswahl und der effizienten Durchführung der Risikosteuerungsmaßnahmen ist ein wesentlicher Erfolgsfaktor für ein ganzheitliches Risikomanagement.

3.5.2 Quantifizierung der Risiken als Bewertungselement

Zentrale Aufgabe der Quantifizierung von Risiken ist es, vor dem Hintergrund einer bekannten gegenwärtigen Ausgangssituation eine Wahrscheinlichkeitsverteilung möglicher Realisationen am Ende eines in der Zukunft liegenden Zeitpunktes zu liefern. Als Ergebnisvariable sei im Folgenden die Änderung der Vermögenssituation eines Versicherungsunternehmens betrachtet, wenn der gegenwärtige Wert des Vermögens W_0 und der unsichere zukünftige Wert am Periodenende W_T beträgt. Die konkret realisierte Zu- oder Abnahme der Vermögensposition (Gewinn oder Verlust) am Ende eines Zeithorizonts $t = T$, also der konkrete Wert $\Delta w(T) = W_T - W_0$, ist dabei ex ante nicht sicher prognostizierbar. Über zukünftige Werte können nur Wahrscheinlichkeitsaussagen gemacht werden. Diese können mit Hilfe der so genannten *Messverfahren für Risiken* (insbesondere Kapitalanlagerisiken) entwickelt bzw. bewertet werden, die im Folgenden dargestellt werden sollen.

Die Frage nach der Quantifizierung der Risiken hat in den letzten Jahren erheblich an Bedeutung gewonnen, insbesondere auch durch die Forderung eines Risikomanagements in Unternehmen nach dem Gesetz zur Kontrolle und Transparenz im Unternehmensbereich (*KonTraG*) und der im Rahmen von Solvency II sowie Basel II und III entwickelten Kriterien. Mit Solvency wird das Aufsichtssystem des Versicherungssektors, mit Basel dasjenige des Bankensektors bezeichnet. Die Generationen dieser Systeme werden mit römischen Ziffern nummeriert. Ziel ist eine grundlegende Reform des Aufsichtsrechts in Europa. In Bezug auf die Versicherungsunternehmen sind vor allem die Solvabilitätsvorschriften für die Eigenmittelausstattung von Versicherungsunternehmen relevant. Im Rahmen eines 3-Säulen-Ansatzes soll durch ein ganzheitliches System die Gesamtsolvabilität des jeweiligen Versicherungsunternehmens analysiert werden, in dem sowohl quantitative als auch qualitative Aspekte betrachtet werden.

Welches Messverfahren für die jeweiligen Risiken geeignet ist, kann nicht generell beantwortet werden. Allerdings sollten die Messverfahren den folgenden sieben Anforderungskriterien genügen:

- Messbarkeit aller wesentlichen Risiken
- Berücksichtigung von Interdependenzen
- analytische Fundierung
- Verteilungsunabhängigkeit
- Berücksichtigung von Nichtlinearitäten
- Berücksichtigung von Pfadabhängigkeiten und
- einfache bzw. effiziente Handhabung

Standardverfahren

Standardverfahren liefern keine Wahrscheinlichkeitsfunktionen. Ihre Art der Risikoquantifizierung basiert vielmehr auf einem vereinfachten, empirisch ermittelten Zusammenhang zwischen subjektivem Risiko und einer einfach zu beobachtenden Größe. Die Risikomessgröße ergibt sich dabei über einen einfachen funktionalen Zusammenhang aus der beobachtbaren Größe. Konkret heißt das, dass der Umfang der übernommenen Risiken aus dem Prämienvolumen, den vergangenen Schadenzahlungen und / oder den Versicherungssummen eines Versicherungsunternehmens abgeleitet wird.

Wenngleich solche Verfahren in der Praxis der Unternehmen und der Versicherungsaufsicht gegenwärtig (noch) Anwendung finden, sind sie als Risikomaß jedoch wenig geeignet. Gegen ihren Einsatz sprechen die diesen Modellen immanenten, groben Simplifizierungen komplexer realer Zusammenhänge. Insbesondere ist die fehlende Möglichkeit einer Berücksichtigung von Interdependenzen zwischen einzelnen Risiken zu nennen.

Szenario- bzw. Sensitivitäts-Ansätze

Im Zuge von Szenario-Ansätzen werden bestimmte Risikofaktor-Kombinationen (Szenarien) zusammengestellt und das Risiko neu bewertet. Bisweilen wird dabei vereinfachend ein linearer Zusammenhang zwischen Risikofaktoren und Risiken unterstellt. Wesentliche Unterschiede zur Simulation bestehen darin, dass nur eine geringe Anzahl fest definierter (reproduzierbarer) Kombinationen von Risikofaktoren untersucht wird und dass anstelle einer Wahrscheinlichkeitsverteilung eine deterministische Ergebnismatrix entsteht. Zur Quantifizierung des Risikos kann beispielsweise die Realisation mit dem höchsten Verlust gewählt werden. Wesentliche Schwachstelle dieser Art von Ansätzen ist die schwierige Konstruktion adäquater Szenarien, verbunden mit einer bestenfalls rudimentären Berücksichtigung einzelner Interdependenzen.

Varianz-Kovarianz-Ansatz

Werden eine Normalverteilung der Risikofaktorausprägungen und lineare Zusammenhänge zwischen Risikofaktoren und Risiken (z. B. Portfoliowerten) unterstellt, lässt sich eine geschlossene analytische Darstellung der Risikosituation ableiten und die direkte Berechnung eines Value-at-Risk (VaR) als Quantil durchführen. Dies hängt mit den Besonderheiten der Normalverteilung zusammen, die symmetrisch ist, mit zwei Parametern vollständig beschrieben werden kann, einfachen Gesetzen bezüglich Lineartransformation und -kombination genügt und zudem eine einfache analytische Darstellung von Quantilen erlaubt. Es lässt sich mit der bekannten statistischen Größe Standardabweichung $\sigma(w) = \sqrt{Var(w)}$ und dem Erwartungswert $E(w) = \mu(w)$ für ein beliebiges Konfidenzniveau $(1 - \alpha)$ unmittelbar der $VaR_{(1-\alpha)}$ als $(1 - \alpha)$-Quantil berechnen.

Die analytisch ansetzende Varianz-Kovarianz-Methode unterstellt Normalverteilung und setzt Kovarianzen der Risikofaktoren ein. Es wird unmittelbar das Endergebnis, der Value-at-Risk, berechnet.

Obwohl diese Methode in der Theorie überzeugend ist, erweist sie sich häufig als unbrauchbar, da weder normalverteilte Risikofaktorausprägungen noch lineare Zusammenhänge unterstellt werden können. Gerade Schadenverteilungen sind häufig eher rechtsschiefe (linkssteile) Verteilungen mit einer hohen Nichtschadenwahrscheinlichkeit und einem dann sinkenden Verlauf (abnehmende Schadenwahrscheinlichkeit bei zunehmender Schadenhöhe).

Historische Simulation

Die historische Simulation kommt ohne Annahmen bezüglich Normalverteilung und linearer Zusammenhänge aus. Zur Bestimmung einer Wahrscheinlichkeitsfunktion werden die Risiken anhand von historischen Risikofaktorausprägungen bewertet, d. h. unter historischen Rahmenbedingungen revolvierend neu berechnet. Die historische Simulation bietet den Vorteil, keine expliziten Volatilitätsangaben (Kovarianzen bzw. Korrelationen) einsetzen zu müssen, da diese in den historischen Daten implizit bereits enthalten sind. Dabei wird unterstellt, dass die Entwicklung von kurzfristigen (z. B. eintägigen) Marktwertveränderungen in einem historischen Betrachtungszeitraum (z. B. die letzten 100 Tage) einen guten Indikator für zukünftige Gewinne und Verluste darstellt. In dieser Vergangenheitsorientierung liegt allerdings ein wesentlicher Kritikpunkt am Verfahren. Als nachteilig erweist sich überdies das Erfordernis umfangreicher, aktuell vorzuhaltender Datenmengen.

Stochastische Simulation

Ähnlich wie bei der historischen Simulation werden die Risiken im Rahmen der stochastischen Simulation (auch als Monte-Carlo-Simulation bezeichnet) unter Vorgabe bestimmter Risikofaktorausprägungen für einen definierten Zeitraum revolvierend neu berechnet und aus der Vielzahl der Simulationsläufe eine diskrete empirische Verteilungsfunktion (Wahrscheinlichkeitsfunktion) bestimmt. Wesentlicher Unterschied zur historischen Simulation ist allerdings die Herkunft der Risikofaktorausprägungen, die bei diesem Verfahren mittels mathematischer Modelle unter Einsatz von (empirischen oder theoretischen) Mittelwerten, Volatilitäten (bzw. Varianzen) sowie Kovarianzen / Korrelationen der einzelnen Risikofaktoren generiert werden. Entscheidender Vorteil des Verfahrens ist seine außerordentliche Flexibilität, die prinzipiell einen Verzicht auf jegliche (einschränkende) Prämissen und so eine individuelle Anpassung an die Aufgabenstellung ermöglicht. U. a. wird auch ein Abweichen von einer rein vergangenheitsorientierten Betrachtung der Risiken möglich.

Ein Nachteil des Verfahrens ist allerdings im hohen technischen wie personellen Aufwand zu sehen, der u. a. durch umfangreiches Datenmaterial (Mittelwerte, Varianzen für alle Risikofaktoren und Kovarianzen für sämtliche Risikofaktorpaare) bedingt ist. Dennoch stellt die stochastische Simulation die wohl zukunftsträchtigste Methode dar.

Stress-Test

Die bisher beschriebenen Verfahren arbeiten mit durchschnittlichen Änderungen. Im Falle eines Zusammenbrechens von Märkten (Crash) werden diese Durchschnittswerte bedeutungslos, und bisher als gültig unterstellte Zusammenhänge verlieren ihre Gültigkeit. Daher stellen Stress-Tests eine sinnvolle Ergänzung dar.

Stress-Tests sind grundsätzlich sowohl auf Basis von Szenarioanalysen, als auch auf Basis von (historischen oder stochastischen) Simulationen möglich. In Szenarioanalysen werden bewusst ungünstige (und wenig wahrscheinliche) Risikofaktorentwicklungen kombiniert. Bei Simulationen werden Volatilitäten und Korrelationen auf deutlich überhöhte Werte gesetzt. Auch die Simulation mit Daten aus historischen Krisensituationen bzw. hieraus gewonnenen Volatilitäten und Korrelationen ist eine Möglichkeit zur Durchführung von Stress-Tests.

3.5.3 Asset Liability Management als ausgewähltes Steuerungselement

Gerade in den bisherigen drei großen Krisen

- 2001 Dot.com-Aktienmarktkrise (Zusammenbruch der Aktienmärkte),
- 2007 Immobilienmarktkreditkrise (Konkurs von 60 % der Investmentbanken) und
- 2011 EURO-Krise (Verletzung der Maastricht-Stabilitätskriterien, insbesondere Ankauf von Staatsanleihen durch die Europäische Zentralbank),

hat sich gezeigt, dass Finanzdienstleister im Allgemeinen und Versicherungsunternehmen im Speziellen eines ganzheitlichen Risikomanagements bedürfen. Sowohl die Aktivseite der Bilanz, in der die Verbindlichkeiten und Rückstellungen für Zahlungen an die Versicherungsnehmer eine zentrale Position sind, als auch die Aktivseite der Bilanz, auf der die Kapitalanlagen verzeichnet sind, „atmen" mit der Entwicklung des Kapitalmarktes. So führt beispielsweise eine Zinssenkung zu einer Verlängerung der Passivseite der Bilanz (aufgrund des steigenden Barwertes der langfristigen Verbindlichkeiten gegenüber den Versicherungsnehmern) als auch der Aktivseite der Bilanz, da die Kurse festverzinslicher Wertpapiere steigen. Die Veränderung des Eigenkapitals bzw. des Jahresüberschuss, als Residualgröße beider Seiten der Bilanz, bleibt unbestimmt.

Wesentliches Instrument zur Ausbalancierung der einzelnen Bilanzpositionen ist das Asset Liability Management (*ALM*). Mit ALM werden Überlegungen und Konzepte der Zusammensetzung der Bilanzpositionen unter Berücksichtigung der Aspekte Kapitalertrag und Sicherheit (= Risiko) bezeichnet. Die oben genannten Krisen mit stark sinkenden Zinsen haben es den Lebens- und Krankenversicherern erschwert, gegebene Zinsgarantien zu erwirtschaften. Zum anderen erwächst aus dem neuen Regulierungsrahmen Solvency II eine verstärkte Beachtung der Aktiva, d. h. der Anlagen der Finanzmittel der Versicherer. Es kann zwischen traditionellen ALM-Instrumenten, welche nur die Passivseite berücksichtigen, und so genannten ALM-Plus-Instrumenten, die eine simultane Betrachtung der Aktiv- und Passivpositionen vornehmen, differenziert werden.

Zinsänderungs- oder Wiederanlagerisiken spielen in einer risikoorientierten Betrachtung von Lebensversicherungsunternehmen eine dominante Rolle. Dem tragen auch die Erkenntnisse des Sharma-Reports Rechnung, dessen Empfehlungen in die Gestaltung des neuen europäischen Aufsichtssystems Solvency II eingegangen sind. Solvency II orientiert sich als prinzipienbasiertes Aufsichtsmodell stärker an den tatsächlichen Risiken der Versicherungsunternehmen und fordert eine adäquate Ausstattung mit Solvenzkapital und ein obligatorisches Risikomanagementsystem, in dem alle Risiken erfasst und qualitativ wie auch quantitativ auf Topmanagementebene gesteuert werden.

Unter Risikomanagement als Oberbegriff des ALM wird der planvolle Umgang mit Risiken verstanden, mit dem Ziel, die Ungewissheit über die Konsequenzen einer Entscheidung oder Handlung und damit die Gefahr eines Verlusts zu minimieren. Es soll also die Wahrscheinlichkeitsverteilung zukünftiger Zahlungsströme beeinflusst werden, um dem Unternehmen wertsteigernde Investments zu ermöglichen.

Ursprünglich entstand die Idee des ALM aus der Entwicklung von Techniken zum Umgang mit Zinsrisiken, die später auch zur Bewältigung von Nicht-Zinsrisiken übertragen wurden. Die ersten, dem heutigen ALM zugrunde liegenden Ideen wurden bereits 1938 / 1939 mit kapitalmarkttheoretischen Arbeiten von F. Macaulay und J. Hicks zur Duration von festverzinslichen Wertpapieren entwickelt und im Jahr 1952 durch F. M. Redington erstmalig mit der Aktiv- und Passivseite von Versicherungsunternehmen verknüpft. Weitere Grundlagen schuf Harry Markowitz (1952) mit seiner Theorie zur Portfolioselektion und darüber hinaus wurde Risikomanagement in den 1960er und 1970er Jahren als wissenschaftliches Thema u. a. grundlegend von R. Mehr und B. Hedges (1963) entwickelt. Weitere Arbeiten von K. Borch (1962), K. J. Arrow (1963), J. Pratt (1964) und J. Mossin (1968) stellen die Bedeutung und Integration von Risiko, Versicherung und Risikomanagement heraus.

Da ein modernes ALM die simultane Steuerung von der Aktiv- und Passivseite eines Versicherungsunternehmens, einer Altersvorsorgeeinrichtung oder Bank bedeutet, ist das Ziel mit Hilfe des *Management der Bilanzstruktur, der optimalen Gestaltung der Risiko- / Rendite-Struktur*, der *Finanzierung der Garantien*, der *Generierung von wettbewerbsfähigen Renditen* sowie der *Vermeidung von Fehlallokationen des Risikokapitals* - unter Betrachtung der *Marktwerte,* insbesondere der Passiva, und der *Integration beider Bilanzseiten,* in einem *transparenten Prozess* zu erreichen.

Im klassischen ALM der Versicherungsunternehmen werden i. d. R. die Durationen der Verpflichtungen auf der Passivseite und der Anlagen auf der Aktivseite gegenübergestellt. Die Duration gilt als Maß für die Zinssensitivität einer Anlage bzw. eines Zahlungsstroms und gibt an, in welchem zukünftigen Zeitraum diese immun gegen Zinsschwankungen ist. Eine Bilanz gilt dann als immun gegen Zinsschwankungen, wenn die Durationen der Aktiv- und der Passivseite einander entsprechen, also ein Durationmatching hergestellt ist.

Für Versicherungsunternehmen wird daher im ALM zunächst die Duration der versicherungstechnischen Verpflichtungen, also der Versicherungsverträge mit ihren Einzahlungen als Prämien und erwarteten Auszahlungen als Versicherungsleistungen, ermittelt. Darauf aufbauend wird auf der Aktivseite ein Portfolio von Anlagen gegenübergestellt, welche weitgehend der Duration und Ablaufstruktur der Passiva entsprechen, um so das Zinsänderungsrisiko zu minimieren. Es verbleibt auf der Passivseite das ökonomische Eigenkapital, dessen Aktiv-Äquivalent nun separat einer risiko-renditeorientierten Optimierung des Anlageportfolios im Sinne einer Asset Allocation unterzogen wird.

Zu beachten ist aber, dass ein Durationsmatching der Zahlungsverpflichtungen des Versicherers aufgrund der abgeschlossenen Verträge und der Kapitalanlagen nicht immer möglich ist. Beispielsweise übersteigt häufig die Dauer der Versicherungsverträge in der Personenversicherung die Dauer der am Markt erhältlichen festverzinslichen Kapitalanlagen (Staats- oder Unternehmensschuldverschreibungen). Ein perfektes Durationsmatching ist deshalb in der Regel nicht zu erreichen.

Sowohl unter Solvency II als auch unter IFRS IV wird es notwendig, von der buchwertigen Betrachtung der aus den Versicherungsverträgen resultierenden Verbindlichkeiten abzukehren und eine Bewertung zum „Fair Value" vorzunehmen. Der Markt für Verbindlichkeiten aus Versicherungsverträgen weist jedoch starke Unvollkommenheiten auf, so dass die Feststellung eines Marktpreises für verschiedene Vertragsportfolios nicht möglich ist. Die Bewertung der Passiva ist nach dem „Best Estimate" zu vollziehen. Als Surrogat für den fehlenden Marktpreis wird eine Bewertung der diskontierten Zahlungsströme herangezogen. Unter Solvency II kommt es folglich zu einem Paradigmenwechsel bei der Bewertung der Passiva von der Buch- zur Barwertbetrachtung. Gleichzeitig gilt es aber, auch den Bestimmungen des HGB gerecht zu werden und jährlich eine stichtagsbezogene Bilanz aufzustellen. Diese beiden Perspektiven – Solvency II und HGB – zu vereinen, muss Ziel eines integrierten Bilanzstrukturmanagements sein.

Die ökonomische, also auf Barwerten beruhende Bilanz liefert zukünftig die Grundlage für die Bemessung des Solvabilitätskapitals. Aus dieser Perspektive schwankt der Wert der Verbindlichkeiten mit dem Marktzins. Das Zinsänderungsrisiko umfasst somit nicht länger allein die Kapitalanlagen, sondern erstreckt sich ebenfalls auf die Verbindlichkeiten. Die Aufstellung der HGB-Bilanz vernachlässigt diesen Umstand völlig.

Beim ALM werden zunächst gemäß der bekannten Markowitz-Optimierung aufgrund historischer Renditen der Anlagen eines Versicherers die Varianzen / Kovarianzen berechnet, woraus das gesamte Risiko ermittelt wird. Darauf aufbauend finden dann Modellrechnungen statt, die zeigen, wie sich die Rendite und das Risiko verändern, wenn bestimmte Parameter sich ändern, z. B. Zinsen fallen, Aktienkurse tendenziell steigen oder Immobilienpreise sinken.

In dieser Modellierungswelt haben Monte-Carlo-Simulationen zum Zwecke der Renditeprognose in den letzten Jahren stark an Popularität gewonnen. Basierend auf Zufallszahlen werden dabei „künstliche" Renditen erzeugt, die dann als Grundlage für Optimierungsrechnungen genutzt werden können. Zwar macht der technische Fortschritt die durchzuführenden Berechnungen zunehmend zu einem kleineren technischen Problem, so dass Beschränkungen durch die verfügbare Rechenzeit immer stärker in den Hintergrund treten, dennoch sollten die sicherlich vorhandenen Vorzüge von Monte-Carlo-Simulationen im Bereich der Finanzmarkttheorie auch nicht überschätzt werden, da die Simulationen auf starken Annahmen beruhen, denen die Realität keineswegs folgen muss.

Eine weitere, sehr verbreitete Möglichkeit zur modellgestützten Erstellung von Renditeprognosen ist der Einsatz von Faktormodellen. Die einfachsten Faktormodelle betrachten nur einen einzigen Faktor. Das Standardbeispiel für ein entsprechendes Modell ist das von Sharpe, Lintner und Mossin entwickelte Capital Asset Pricing Modell (CAPM). Das CAPM sucht nach einem Gleichgewichtszusammenhang und beschreibt die Rendite von einzelnen Wertpapieren oder von nicht vollständig diversifizierten Portfolios als Funktion des risikolosen Zinses (Geldmarkt) und der Überrendite des sogenannten Marktportfolios. Das Marktportfolio stellt ein theoretisches Konstrukt dar, und stellt die zusätzliche Rendite ins Verhältnis zum übernommenen Risiko. Diese Rendite wird maßgeblich vom β-Faktor bestimmt, der den Risikogehalt des Assets im Vergleich zum Marktportfolio misst. Praktisch kann das CAPM als Regressionsgleichung verstanden werden, welche aus den historischen Daten zu den Überrenditen des Assets und des Marktportfolios einen Schätzer für β bestimmt. Mittels dieses Schätzers für β ist es möglich, auf der Grundlage einer bekannten (oder erwarteten) Überrendite des Marktportfolios und eines gegebenen risikolosen Zinses eine Renditeprognose für die Anlage zu erstellen.

In den 1990er Jahren haben E. F. Fama und K. R. French nachweisen können, dass neben der Überrendite des Marktportfolios auch weitere Faktoren in signifikantem Umfang zur Beschreibung der zu erklärenden Renditen am US-Kapitalmarkt beitragen und haben dies auch auf der Basis internationaler Daten dokumentiert. Vor allem aufgrund dieser vielfach beachteten Studien sind Multifaktormodelle als Technik zur Generierung von Renditeforecasts schnell populär geworden.

4 Versicherungsmärkte, -formen und -produkte

4.1 Überblick

Versicherungsmärkte können je nach Fragestellung nach verschiedenen Kriterien untergliedert werden:

(a) Geschäftsfelder

- Sach- und Personenversicherung
- Schaden- und Summenversicherung
- Lebens- und Nicht-Lebensversicherung
- Sozial- und Individualversicherung
- Privatkunden- und Firmenkundenversicherung oder
- Erst- und Rückversicherung

	Privatkundenversicherung	**Firmenkundenversicherung**
Lebensversicherung	Gemischte Lebensversicherung, Risiko-Lebensversicherung, private Rentenversicherung	Gruppenversicherung, betriebliche Altersvorsorge
Nicht-Lebensversicherung	Kfz-Versicherung, Unfallversicherung, Wohngebäudeversicherung	Allgemeine Betriebs-, Berufs- und Produkthaftpflichtversicherung, Feuerversicherung

Abbildung 26: Geschäftsfelder des Versicherungsmarktes

(b) Regulierungstiefe

- Freiwillige Versicherung und Versicherungspflicht
- Monopol-(Pflichtversicherer) und Konkurrenzanbieter oder
- Produkte mit spezifischer Produktregulierung und nicht regulierte Produkte

Unisextarifierung

Im Folgenden wird aufgrund der Aktualität und der generellen Auswirkungen auf die Prämienkalkulation der privaten Versicherer die Thematik „Unisextarifierung" erörtert: Die Gleichstellung von Männern und Frauen ist ein grundlegendes Prinzip der europäischen Union und nach Artikel 21 und 23 der Charta der Grundrechte der Europäischen Union ist jegliche Diskriminierung wegen des Geschlechts verboten. Die Einführung von Unisex-Tarifen, d. h. geschlechtsneutralen Tarifen, war eigentlich bereits seit 2007 durch die europäische Gleichstellungsrichtlinie gefordert worden – nur durch die Begründung einer Übergangszeit von 5 Jahren konnte die nicht erfolgte Umsetzung in Deutschland gerechtfertigt werden. Mit Wirkung zum 21. Dezember 2012 wurde diese Ausnahme ungültig. Die Anwendung dieser Tarifierungsvorschriften bezieht sich aufgrund des Bestandsschutzes nur auf die Neuabschlüsse von Versicherungsverträgen. Zu beachten sind weiterhin die unterschiedlichen Auswirkungen in den verschiedenen Geschäftsfeldern der Versicherung: So zahlten vor Einführung der Unisex-Tarife Frauen in der Krankenversicherung aufgrund ihrer statistisch längeren Lebensdauer und einer höheren Arztbesuchszahl einen höheren Versicherungsbeitrag als Männer. Demgegenüber erhielten Frauen in der Kfz-Versicherung eine günstigere Versicherung als Männer. Auf dem Versicherungsmarkt ist derzeit ein Angleichen der Beiträge festzustellen. In der Krankenversicherung sind die Beiträge der Männer deutlich gestiegen; die Beiträge für Frauen vorerst etwas gesunken (vorher 15–20 % teurer). Ähnliche Tendenzen sind in der Pflege- und Rentenversicherung bzw. in der Berufsunfähigkeitsversicherung auf dem Markt zu sehen. Umgekehrt ist es in der Risikolebens- und Kapitallebensversicherung: Hier zahlten die Männer höhere Prämien aufgrund der höheren Sterblichkeit. Auch in diesem Bereich stiegen die Prämien für Frauen nach der Gesetzesumsetzung; Der Beitragsanteil der Männer sank nur bedingt. Es bleibt abzuwarten, wie lange die Unsicherheitsphase bei der Prämientarifierung dauert und welche sekundären Prämiendifferenzierungen die Versicherungswirtschaft stattdessen entwickeln und anwenden wird.

4.2 Gliederung nach Geschäftsfeldern

4.2.1 Sach- versus Personenversicherung

Ausgangspunkt dieser Einteilung ist die Vorstellung, dass Versicherungen hinsichtlich des zu versichernden Risikos grundsätzlich in zwei Bereiche unterteilt werden können: einerseits in *Risiken, die den Menschen selbst bedrohen* (Personenversicherung), und andererseits in *Risiken, die sein (Sach-)Vermögen bedrohen* (Sachversicherung).

In der *Sachversicherung* unterliegt die Entschädigungsleistung einer doppelten Begrenzung:

- einerseits durch den Grundsatz des konkreten Schadenausgleichs, der eine möglichst genaue Schadenermittlung erfordert und aus dem das Bereicherungsverbot abgeleitet wird,
- andererseits durch die vereinbarte Versicherungssumme, die die Entschädigungsleistung nach oben begrenzt.

Für den Fall, dass der Versicherungswert ermittelbar ist, kann sich dieser bei einem Schaden (infolge einer möglichen Unterversicherung) auswirken: Liegt die Versicherungssumme unter dem Wert der versicherten Sache, so wird ein Schaden nur in diesem Verhältnis von Versicherungssumme zu Versicherungswert ausgeglichen (proportionale Minderung der Versicherungsleistung). Ist der Versicherungswert dagegen nicht ermittelbar (z. B. in der Haftpflichtversicherung), so wirkt sich dieser erst aus, wenn der Schaden die Versicherungssumme übersteigt, da der diese Haftungsgrenze überschreitende Teil des Schadens vom Versicherungsnehmer selbst zu tragen ist.

Zu den Sparten der Versicherungswirtschaft, die Personenversicherung anbieten, gehören die Lebensversicherung, die Krankenversicherung sowie die Unfallversicherung.

	Sachversicherung	**Personenversicherung**
Schadenversicherung	Feuerversicherung	private Krankenversicherung
Summenversicherung	Versicherung ideeller Werte (aber: Bereicherungsverbot)	Lebensversicherung

Abbildung 27: Sach- versus Personenversicherung

4.2.2 Schaden- versus Summenversicherung

Versicherungsformen sind Transformationsregeln, die die Entschädigung in Form einer mathematischen Funktion ausdrücken. Bei den Versicherungsformen kann zwischen Schaden- und Summenversicherung unterschieden werden. Die Schadenversicherung zielt auf die Deckung des tatsächlichen Bedarfs (*konkrete Bedarfsdeckung*), die Summenversicherung auf die Deckung des im Voraus abgeschätzten Bedarfs (*abstrakte Bedarfsdeckung*).

Bei der Schadenversicherung, zu der z. B. die Kfz-Haftpflichtversicherung, die Rechtsschutzversicherung sowie diverse Sachversicherungen (Hausrat, Gebäude, Feuer usw.) gehören, besteht ein quantitativer Zusammenhang zwischen Schaden und Versicherungsleistung; letztere wird in diesem Zusammenhang auch als Entschädigung bezeichnet.

Aus § 1 Abs. 1 Versicherungsvertragsgesetz ergibt sich, dass die Summenversicherung nur in „der Lebensversicherung und der Unfallversicherung sowie bei anderen Arten der Personenversicherung" zulässig ist, da es nur hier vorkommt, dass ein vorab festgelegter Kapitalbetrag oder eine Rente zu zahlen ist.

Demnach sind Schadenversicherungsverträge sowohl in der Personen- als auch in der Nicht-Personenversicherung möglich, während Summenversicherungsverträge nur in der Personenversicherung zulässig sind.

Im Ausland ist die Kombination zwischen Summen- und Nicht-Personenversicherung durchaus zulässig (es sei auf die in den USA vorkommende „Indemnity Benefits Insurance" verwiesen, bei der der Versicherungsnehmer eine festgesetzte Summe bei Schadeneintritt erhält, egal wie hoch der tatsächliche Schaden war und wie er behoben wurde). In Deutschland bildet zudem die private Krankenversicherung eine Ausnahme, bei der die Kombination einer Summen- mit einer Schadenversicherung möglich ist. So kann die Versicherung sowohl die Kosten eines Krankenhausaufenthalts als auch ein Krankenhaustagegeld übernehmen.

4.2.3 Lebensversicherung versus Nicht-Lebensversicherung

Die EU-Versicherungsmarktregulierung teilt das Versicherungsgeschäft in Lebens- und Nicht-Lebensversicherung ein. Die nachstehende Abbildung zeigt eine Übersicht der Versicherungszweige.

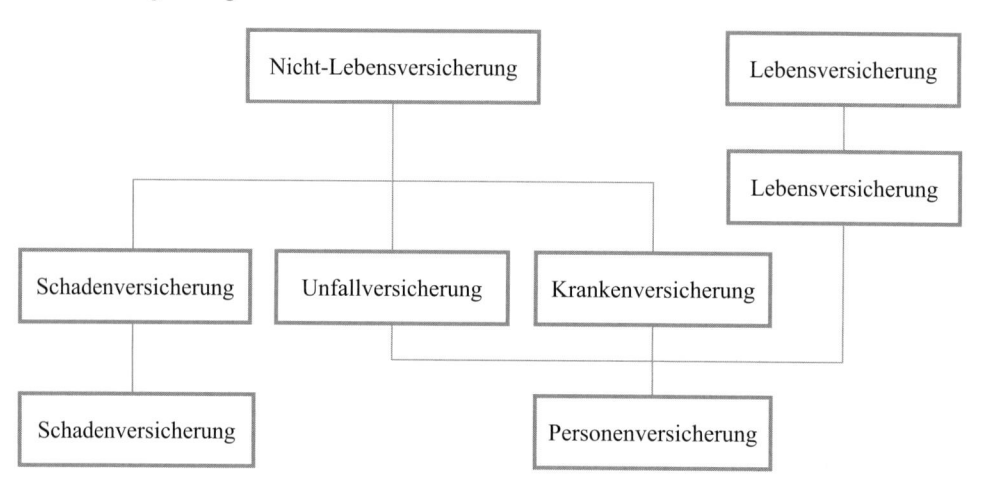

Abbildung 28: Versicherungsarten und ihre Klassifikation

In den Bereich Leben gehört ausschließlich die Lebensversicherung; dagegen umfasst der Bereich Nicht-Leben die gesamte Schadenversicherung, die Unfall- und auch die Krankenversicherung.

Diese Zuordnung ist für Deutschland problematisch, da die Krankenversicherung einen hohen sozialen Stellenwert hat und demgemäß „nach Art der Lebensversicherung" betrieben werden muss, d. h. mit Alterungsrückstellungen arbeitet, die der Stabilisierung der Beiträge im Alter dienen. Die private Krankenversicherung in Deutschland ist daher, wie auch in den Niederlanden, als Besonderheit zu betrachten, da sie im Verhältnis zur gesetzlichen Krankenversicherung einen substitutiven Charakter aufweist. Damit besitzt sie im Rahmen des Nicht-Leben-Bereichs in beiden Ländern einen ungleich stärkeren Anteil, der bei internationalen Vergleichen zu verzerrten Betrachtungen führen kann.

4.2.4 Sozial- versus Individualversicherung

Weiterhin sind als die beiden großen Teilgebiete der Versicherungsmärkte die Individualversicherung (Privatversicherung) und die Sozialversicherung zu unterscheiden. Wesentlicher Unterschied dieser beiden Bereiche ist die grundsätzliche Form der Risikovorsorge. Während bei der Individualversicherung die Risikovorsorge freiwillig und individuell ist (*Individualprinzip*), erfolgt die Risikovorsorge im Rahmen der Sozialversicherung gesetzlich verfügt und staatlich (*Sozialprinzip*). Diese unterschiedlichen Prinzipien der Individual- und Sozialversicherung wirken sich insbesondere auf die Form der Finanzierung und die Ausgestaltung der Versicherungsprodukte aus.

Obwohl sich die Sozialversicherung und die Individualversicherung bezüglich ihrer Aufgaben und Ziele deutlich unterscheiden, bereitet die Abgrenzung im Detail Schwierigkeiten. Die folgende Übersicht gibt auf der Grundlage einiger materieller und formeller Abgrenzungskriterien einen groben Überblick:

		Sozialversicherung	**Individualversicherung**
Materielle Abgrenzung	Entstehung des Versicherungsverhältnisses	Kraft Gesetz, Sonderregelungen für freiwillig Versicherte	Durch freie Vereinbarung, Sonderregelungen bei Pflichthaftpflichtversicherungen
	Versicherte Risiken	Alters- und Hinterbliebenenversorgung, Krankheit, Berufsunfall, Invalidität, Arbeitslosigkeit, Pflegebedürftigkeit	Alle versicherbaren Gefahren
	Bemessung der Gegenleistung	Nach der Höhe des Einkommens, Sachleistungsprinzip und / oder Geldleistungen bei Eintritt bestimmter Schadenereignisse	Nach Risiko und vereinbarter Leistung

	Gewährung des Versicherungs-schutzes	Sozialversicherungs-träger	Private und öffentlich-rechtliche Versicherungs-unternehmen
Formelle Abgrenzung	Rechtsgrundlagen	Sozialversicherungs-gesetze	BGB, Versicherungs-vertragsgesetz, Allgemeine Versicherungs-bedingungen
	Entscheidung über Streitigkeiten	Sozialgerichte	Ordentliche Gerichte

Abbildung 29: Sozialversicherung versus Individualversicherung

Materielle Abgrenzung

Die materielle Abgrenzung der Individual- von der Sozialversicherung kann nach den Kriterien, die nachfolgend erläutert werden, erfolgen:

- Entstehung des Versicherungsverhältnisses
- Art der versicherten Risiken
- Bemessung der Versicherungsleistung und
- Bemessung der Gegenleistung

Entstehung des Versicherungsverhältnisses:

- Mit der Sozialversicherung werden vorwiegend sozialpolitische Ziele verfolgt. Sie vereinigt in sich sowohl versicherungstechnische als auch versicherungsfremde Elemente. Die Entstehung des Versicherungsverhältnisses und der Umfang des Versicherungsschutzes sind bei der Sozialversicherung gesetzlich vorgeschrieben (Zwangscharakter). Das Versicherungsverhältnis beginnt i. d. R. bei dem Vorhandensein bestimmter arbeitsrechtlicher oder beruflicher Merkmale. Der Kreis der versicherten bzw. versicherbaren Personen in der Sozialversicherung hat sich erheblich ausgeweitet. Durch die freiwillige Versicherung in der Sozialversicherung können sich auch Selbstständige versichern. Seit 1938 gibt es eine Altersvorsorge für das deutsche Handwerk und seit 1957 eine Altersversorgung für Landwirte. Die Tendenz, dass immer weitere Kreise der Bevölkerung in die Pflichtversicherung aufgenommen werden, hält weiter an. In der gesetzlichen Krankenversicherung sind beispielhaft die intensiv diskutierten Konzepte zur so genannten „Bürgerversicherung" und zum „Kopfpauschalenmodell" zu nennen. Während bei der Bürgerversicherung das bisherige GKV-Finanzierungsmodell auch auf Selbstständige, Beamte und gut Verdienende erweitert werden soll, bezieht das Kopfpauschalenmodell nicht nur alle Bürger in den Kreis der Versicherten ein, sondern ändert zugleich auch die Finanzierungsgrundlage.

- In der Individualversicherung ist der Abschluss des Vertrages prinzipiell freigestellt und sein Inhalt im Rahmen rechtlicher Vorschriften (z. B. Versicherungsvertragsgesetz, Pflichtversicherungsgesetz) frei verhandelbar.

Versicherte Risiken:

- Bei der Sozialversicherung geht es vor allem um die Deckung von Risiken, die mit der Arbeitskraft in Zusammenhang stehen (z. B. Krankheit, Berufsunfall und Arbeitslosigkeit). Dabei wird – im Prinzip – eine Grundversorgung sichergestellt. Ziel ist vorrangig die Wiederherstellung der Arbeitskraft, z. B. durch ärztliche Leistungen, die Gewährung von Heilverfahren oder Rehabilitationsmaßnahmen in der Unfall- und Rentenversicherung (*Sachleistungsprinzip*).

- In der Individualversicherung können alle versicherbaren Risiken versichert werden. Die Leistungen werden vorwiegend in Form von Geldzahlungen gewährt. Es existieren jedoch gesetzliche Beschränkungen (so ist z. B. eine Versicherung gegen Strafmandate nicht möglich).

Bemessung der Gegenleistung:

- Bei der Bestimmung der Beiträge in der Sozialversicherung steht das Solidaritätsprinzip im Vordergrund, was bedeutet, dass Aspekte der Fürsorge und der Leistungsfähigkeit des Versicherten berücksichtigt werden. Die Beiträge ergeben sich als Prozentsatz des Lohnes bzw. Gehaltes (eine Ausnahme bildet die gesetzliche Unfallversicherung, bei der die Arbeitgeber allein die Träger der Unfallversicherung – d. h. die Genossenschaften – finanzieren). Die Beiträge in der Sozialversicherung sind nicht an individuellen Risikowahrscheinlichkeiten orientiert (z. B. sind die Beiträge nicht alters- oder familienstandsabhängig; in der gesetzlichen Krankenversicherung sind nicht erwerbstätige Familienmitglieder beitragsfrei mitversichert). Auch die Versicherungsleistungen sind nicht streng beitragsorientiert (z. B. sind die Sachleistungen in der Sozialversicherung beitragsunabhängig). Eine Folge des Solidaritätsprinzips ist zudem, dass die Sozialversicherung im Gegensatz zur Individualversicherung für die Pflichtversicherten weder Risikoausschlüsse noch Leistungsausschlüsse kennt. Sie versichert auch die von wirtschaftlicher und sozialer Schwäche besonders bedrohten Menschen bedingungslos und ohne zusätzliche Beitragsleistungen. Neben der eingeschränkten Beitragsäquivalenz der Leistungen ist es ein weiteres Merkmal der Sozialversicherung, dass die Leistungen auf einem Rechtsanspruch beruhen und nach Art und Höhe normiert sind.

- Die Kalkulation der Prämien in der Individualversicherung basiert in der Regel auf dem *versicherungstechnischen Äquivalenzprinzip* (Gleichheit von Leistung und Gegenleistung), d. h. im Sinne einer strengen Orientierung der beanspruchbaren Leistungen an den gezahlten Prämien und der Prämien an den Wahrscheinlichkeiten des Risikoeintritts. Eine Ausnahme bilden die Prämien bzw. Beiträge zur Pflegeversicherung, die auch in der privaten Krankenversicherung nicht nach dem individuellen Äquivalenzprinzip, sondern nach dem Umlageverfahren kalkuliert werden. Trotz der Orientierung der Versicherungsprämien in der Individualversicherung am versicherungstechnischen Äquivalenzprinzip erzeugen die Privatversicherungen sozialpolitisch positive Effekte. Denn durch die Vermeidung bzw. Reduzierung der negativen wirtschaftlichen Folgen des Eintritts bestimmter Risiken werden die Versicherten von Angst und Sorge befreit und ihre wirtschaftliche Lage vor Instabilitäten geschützt. Durch die freiwillige Bildung von Versichertengemeinschaften und durch die Verteilung der Kosten für die Abdeckung eingetretener Schäden auf die große Zahl der Versicherten entfällt für die Versicherten die Notwendigkeit, eine aufwändige individuelle Risikovorsorge (Vermögensbildung) zu treffen.

Die materiellen Abgrenzungskriterien sind bei genauer Betrachtung jedoch häufig nicht sehr trennscharf. Auch die Individualversicherung kennt den Zwang zum Abschluss eines Versicherungsvertrages (Versicherungspflicht). In der Kraftfahrzeug-Haftpflichtversicherung z. B. ist der Kraftfahrzeughalter verpflichtet, eine entsprechende Versicherung abzuschließen; für den Versicherer besteht Kontrahierungszwang. Auch die Individualversicherung kann an eine bestimmte Berufstätigkeit anknüpfen, wie z. B. in der Firmen-Gruppenversicherung, und ist stark von sozialen Aspekten durchzogen. Und das Sozialversicherungssystem ermöglicht die freiwillige Versicherung für Nichtversicherungspflichtige.

Formelle Abgrenzung

Die formelle Abgrenzung ermöglicht eine deutlichere Unterscheidung von Sozialversicherung und Individualversicherung. Sie erfolgt auf der Basis folgender Kriterien:

- Gewährung des Versicherungsschutzes (Art des Versicherungsträgers)
- Rechtsgrundlagen bzw. -quellen sowie
- Entscheidung über Streitigkeiten (Gerichtsbarkeit)

Diese Kriterien seien nachfolgend kurz erläutert:

- Die Sozialversicherung wird von den Sozialversicherungsträgern betrieben, basiert auf Sozialversicherungsgesetzen und trägt Rechtsstreitigkeiten vor einer eigenen Gerichtsbarkeit, den Sozialgerichten, aus. Darüber hinaus gibt es gesetzlich vorgeschriebene Schiedsstellen, falls sich z. B. Krankenkassen und Leistungserbringer im Gesundheitswesen über Honorare nicht einigen können.

- Die Individualversicherung wird von privaten und öffentlich-rechtlichen Versicherungsunternehmen betrieben, basiert auf privatrechtlichen Gesetzen sowie Allgemeinen Versicherungsbedingungen und trägt Rechtsstreitigkeiten vor ordentlichen Gerichten aus. Außerdem gibt es von der Versicherungswirtschaft selbst eingerichtete Ombudsmänner (Ombudsmann für Sach- und Lebensversicherung; Ombudsmann für die private Krankenversicherung), die Streitigkeiten zwischen Versicherungsnehmern und Versicherern schlichten. Die Entscheidungen der Ombudsmänner sind für die Versicherungsunternehmen z. T. bindend, für den Versicherungsnehmer hingegen nicht.

Gliederung der Sozialversicherung

Das deutsche System der sozialen Sicherung steht auf fünf Säulen. Es handelt sich dabei um die

- gesetzliche Rentenversicherung,
- gesetzliche Krankenversicherung,
- gesetzliche Unfallversicherung,
- soziale Pflegeversicherung sowie
- gesetzliche Arbeitslosenversicherung.

Ihre Träger sind entweder Körperschaften oder Anstalten des öffentlichen Rechts. Subsidiär können auch andere, durch den Gesetzgeber näher bezeichnete Institutionen als Sozialversicherer tätig werden (z. B. die Betriebs- und Ersatzkassen in der gesetzlichen Krankenversicherung). Das genossenschaftliche Prinzip wird bei den Trägern der Sozialversicherung durch die Selbstverwaltung verwirklicht. Die Mittel der Sozialversicherungsträger werden durch Beiträge der Versicherten, der Arbeitgeber und durch staatliche Zuschüsse aufgebracht.

Das Zusammenwirken von Sozial- und Individualversicherung während der vergangenen hundert Jahre ist im Wesentlichen gekennzeichnet durch die Ausdehnungsbestrebungen der Sozialversicherung und die Anpassungsbemühungen der privaten Versicherungswirtschaft. Der unter die Versicherungspflicht in der Sozialversicherung fallende Personenkreis ist immer mehr ausgeweitet worden, ohne dass eine klare Konzeption oder eine Systematik erkennbar ist. Es handelt sich vielfach um Einzelentscheidungen des Gesetzgebers.

Die Individualversicherung stockt die von der Sozialversicherung gebotenen Leistungen auf (z. B. Zusatzversicherungen zur gesetzlichen Krankenversicherung, Lebensversicherung neben der gesetzlichen Rentenversicherung) und ergänzt sie, soweit sie sich beispielsweise auf bestimmte Teilbereiche beschränken, wie die gesetzliche Unfallversicherung (Versicherungsschutz im Zusammenhang mit beruflicher Tätigkeit, kein Versicherungsschutz für den gesamten Freizeitbereich).

Besonders anschaulich zeigt sich das Zusammenwirken von Individual- und Sozialversicherung bei der Altersvorsorge. Früher beruhte die Altersvorsorge auf dem sogenannten „3-Säulen-Modell". Seit dem Alterseinkünftegesetz aus dem Jahr 2005 soll das „3-Schichten-Modell" ein ganzheitliches Altersvorsorgekonzept mit gesetzlichen, betrieblichen und privaten Altersvorsorgeprodukten – je nach persönlicher Situation des Versicherten – visualisieren. Hierbei ist zu beachten, dass die Altersvorsorgeprodukte der verschiedenen Schichten sowohl in der Beitragszahlungsphase als auch in der Rentenbezugsphase steuerlich und sozialversicherungstechnisch unterschiedlich behandelt werden (siehe auch Kapitel V).

In der ersten, untersten Schicht sind als Grundabsicherung die gesetzliche Rentenversicherung und die Basis-Rente zu nennen. Die betriebliche Altersversorgung mit ihren fünf verschiedenen Durchführungswegen (Pensionszusage, Direktversicherung, Pensionskasse, Pensionsfonds sowie Unterstützungskasse) und die Riester-Rente gelten als zweite Schicht. Die private Vorsorge durch Lebens-/Rentenversicherungsprodukte und andere Kapitalanlageprodukte bildet die dritte, oberste Schicht.

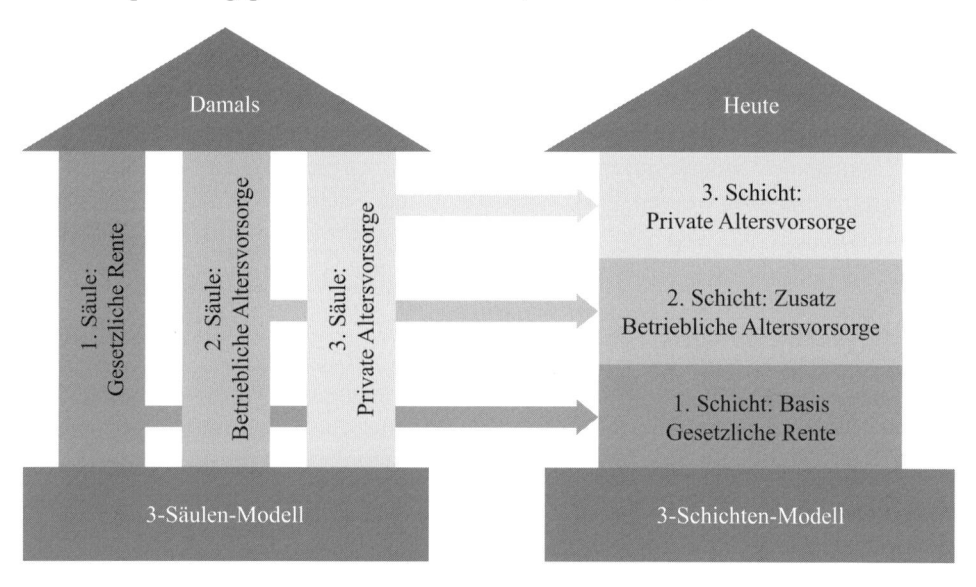

Abbildung 30: Entwicklung der Altersvorsorge

Diesen Altersvorsorgemöglichkeiten kann noch eine weitere hinzugefügt werden, die in Vergessenheit geraten ist, nämlich das Leistungsversprechen zwischen den Generationen einer Familie: Die traditionelle Alterssicherung früherer Generationen war die Sorge der Kinder für ihre Eltern. In der heutigen Zeit der Individualisierung der Gesellschaft und des hohen Anteils an 1–2 Personen-Haushalten findet dieses traditionelle Konzept nur noch bedingt Anwendung.

Gliederung der Individualversicherung

Die Individualversicherung zerfällt in die beiden großen Teilbereiche der *Erstversicherung* und der *Rückversicherung*. Sie unterscheiden sich dadurch, dass die Erstversicherung den Versicherungsschutz im Verhältnis zwischen Versicherer und Versicherungsnehmer als Endverbraucher gewährt, während die Rückversicherung sich nur auf das Verhältnis zwischen Versicherungsunternehmen (Erst- und Rückversicherungsunternehmen) bezieht.

Für die Individualversicherung ist die Aufgliederung in eine Fülle von Versicherungszweigen bzw. -sparten charakteristisch; die Sozialversicherung beschränkt sich demgegenüber auf wenige große Zweige (siehe Kapitel V).

4.3 Gliederung nach der Regulierungstiefe

4.3.1 Überblick

Die Einteilung nach der Regulierungstiefe hat vor allem ordnungspolitische und versicherungstechnische Bedeutung. Die folgende Abbildung gibt einen systematischen Überblick.

Nachfrage \ Angebot	Monopolanbieter (Pflichtversicherer)		Konkurrenzanbieter	
	Öffentlich-rechtlich	Privatrechtlich	Öffentlich-rechtlich	Privatrechtlich
Versicherungspflicht	gesetzliche Rentenversicherung, Unfallversicherung, Arbeitslosenversicherung		Krankenversicherung, Kfz-Haftpflichtversicherung	
freiwillige Versicherung	freiwillige Versicherung in der gesetzlichen Rentenversicherung		Lebensversicherung, Sachversicherung	

Abbildung 31: Regulierungstiefe des Versicherungsmarktes

Bei der Regulierungstiefe auf der Nachfrageseite wird zwischen freiwilliger Versicherung und Versicherungspflicht und auf der Angebotsseite zwischen Monopol- und Konkurrenzanbieter unterschieden. Ist der Versicherer kraft Gesetz Monopolanbieter, so wird auch von einem Pflichtversicherer bzw. von einer Pflichtversicherung gesprochen. In der Praxis existiert keine einheitliche Verwendung der Begriffe Pflichtversicherung und Versicherungspflicht.

4.3.2 Versicherungspflicht

Der *Versicherungspflicht* (*ggf. mit einem Pflichtversicherer*) kommt die Rolle einer öffentlichen Aufgabe zu (*Fürsorgepflicht*), die der Staat wahrnimmt, indem er die Bildung von Gefahrengemeinschaften gesetzlich vorschreibt und damit das Ziel der Absicherung individueller Lebensrisiken durch Bildung größerer Risikogemeinschaften verfolgt. Die Versicherungspflicht kann somit als eine besondere Form der Daseinsvorsorge bezeichnet werden.

Der Begriff der Versicherungspflicht ist jedoch nicht eindeutig definiert, sondern kann für verschiedene Tatbestände verwendet werden:

- Gesetzlich unmittelbar vorgeschriebene Versicherungspflicht (beruht auf einer ausdrücklichen gesetzlichen Verpflichtung),
- mittelbare Pflicht zum Versicherungsabschluss (die Versicherungspflicht folgt nicht unmittelbar aus Gesetzen, sondern aus dem Standesrecht oder aus der Rechtsprechung zu bestimmten Obhuts- und Fürsorgepflichten) und
- gewillkürte Versicherungspflicht (die Pflicht zum Abschluss eines privatrechtlichen Versicherungsvertrages beruht auf vertraglichen Vereinbarungen, z. B. Abschluss einer Restschuld- oder Lebensversicherung bei Kreditaufnahme).

Forderungen nach verbesserter sozialer Absicherung und somit einer Ausdehnung der Versicherungspflicht müssen mit dem auch im Versicherungsrecht gültigen Grundsatz der Vertragsfreiheit in Einklang gebracht werden. Die Versicherungspflicht kann also nicht das Ziel haben, alle Lebenslagen wirtschaftlich abzusichern. Der Gesetzgeber darf daher Forderungen nach einer neuen Versicherungspflicht nicht undifferenziert nachkommen, sondern nur bei Vorliegen bestimmter Voraussetzungen:

- Das Vorliegen einer erheblichen Gefährdung der Allgemeinheit oder eines größeren Personenkreises über das allgemeine, von jedermann in Kauf zu nehmende Lebensrisiko hinaus,
- eine ausreichende freiwillige Vorsorge kommt dabei entweder durch fehlende wirtschaftliche Möglichkeiten oder fehlende Bereitschaft nicht zustande und führt in einem erheblichen Teil der Schadensfälle zu mangelhafter Schadenvorsorge,
- die versicherungstechnische Durchführbarkeit der Pflichtversicherung und
- die Kontrollierbarkeit der Einhaltung der Versicherungspflicht.

4.3.3 Monopolanbieter

Auf der Angebotsseite ist der Ausschluss vom Wettbewerb der stärkste staatliche Regulierungseingriff. In vielen deutschen Bundesländern war bis zur Deregulierung im Jahr 1994 die Gebäudefeuerversicherung als Monopolversicherung (in der Hand öffentlich-rechtlicher Versicherungsanstalten) organisiert. Außerdem sind Sozialversicherungen i. d. R. als Angebotsmonopol organisiert.

Folgende Argumente sprechen *für* eine Pflichtversicherung (Monopolanbieter):

- Das für den Risikoausgleich erforderliche Gesetz der großen Zahl ist leichter erreichbar (Größenvorteile),
- die Gefahr der negativen Risikoauslese (Adverse Selection) wird gesenkt,
- Verhinderung der Risikoselektion durch die Anbieter,
- Vermeidung von Moral Hazard (z. B. bei Überversicherung) durch das zentrale Sammeln und Auswerten von Informationen,
- Ersparnis von Verwaltungskosten, insbesondere Marketingaufwendungen und
- die Suchkosten für den Konsumenten werden vermindert.

Folgende Argumente sprechen *gegen* eine Pflichtversicherung (Monopolanbieter):

- Es gibt keinen Wettbewerb und damit nur geringe Anreize für ein ökonomisches Verhalten der Monopolanstalt,
- die Gestaltung maßgeschneiderter, am individuellen Risiko ausgerichteter Deckungen ist unmöglich (standardisierter Versicherungsschutz),
- die Konsumentensouveränität wird eingeschränkt,
- der Versicherungsschutz verteuert sich, z. B. durch nicht benötigten Versicherungsumfang und
- eine innovative, risikogerechte Fortentwicklung der betreffenden Versicherungsart wird erschwert.

5 Versicherung und Wirtschaftsordnung

5.1 Funktion der Wirtschaftsordnung

Versicherung übernimmt in den verschiedenen Wirtschaftsordnungen eine unterschiedliche Funktion. Hierauf soll in diesem Abschnitt hingewiesen werden, da der von Ökonomen häufig gewählte Argumentationsrahmen der vollständigen Konkurrenz, der Marktwirtschaft in allen Bereichen und des passiven Staats nicht der Realität entspricht.

Ein Versicherungsvertrag sieht den Tausch von Vermögens- bzw. Einkommenspositionen vor: Der Versicherer übernimmt eine unsichere Vermögensposition vom Versicherungsnehmer und erhält dafür eine sichere Vermögensposition in Form der Prämie. Durch Zusammenfassung mehrerer Risiken im Portefeuille des Versicherers entstehen Risikopoolingseffekte, die zu einer teilweisen Eliminierung der in der Volkswirtschaft vorhandenen Risiken führen.

Die *Wirtschaftsordnung* determiniert diesen Tauschprozess und damit das Versicherungswesen in mehrerlei Hinsicht:

- Die Wirtschaftsordnung bestimmt die Struktur des *Versicherungsangebotes*.
- Sie hat einen wesentlichen *Einfluss* auf die *Unternehmensziele* und die *Organisation* der Versicherungsgesellschaften: Während Versicherer in der Marktwirtschaft sich erwerbswirtschaftlich verhalten, übernehmen öffentlich-rechtliche Versicherungsanstalten, Sozialversicherungen und Versicherer in sozialistischen Ländern die ihnen vom Staat zugewiesenen Aufgaben.
- Sie bestimmt die *Versicherungsnachfrage*, d. h. Art und Umfang der von den Einzelwirtschaften zu bewältigenden Risiken.
- Die Wirtschaftsordnung bestimmt die *Funktionen* der Versicherung: Während Versicherung in der Marktwirtschaft die Planung der einzelnen Wirtschaftssubjekte erleichtert (die bereit sind, hierfür einen Preis zu zahlen), dient sie in der Zentralverwaltungswirtschaft der Unterstützung der zentralen Planaufstellung und -durchsetzung.

Um die Rolle der Versicherung in real existierenden (gemischten) Wirtschaftsordnungen (z. B. in der sozialen Marktwirtschaft) zu verdeutlichen, ist es hilfreich, die Rolle der Versicherung in den extremen Wirtschaftsordnungen „reine Marktwirtschaft" und reine „Zentralverwaltungswirtschaft" zu diskutieren. Diese beiden Ordnungen bilden die gegensätzlichen Endpunkte eines Kontinuums, auf dem die realen Wirtschaftsordnungen der Staaten dieser Erde einzuordnen sind.

5.2 Versicherung in der Marktwirtschaft

Das Grundprinzip der Marktwirtschaft ist das *Individualprinzip*, d. h. jedes Wirtschaftssubjekt hat die Freiheit, sich im ökonomischen Bereich nach eigenem Belieben zu entfalten. Zu beachten sind lediglich generelle Rahmenbedingungen und Verhaltensnormen. Planträger sind in der Marktwirtschaft die einzelnen Wirtschaftssubjekte. Zum Aufstellen der Pläne benötigen sie Informationen, die sie durch Signale von anderen Wirtschaftssubjekten gewinnen. Der Allokations- und Verteilungsprozess ist somit durch einen *dezentralen Entscheidungsmechanismus* und horizontale (Tausch-) Beziehungen der Wirtschaftssubjekte untereinander charakterisiert. Dabei werden die Tauschverhältnisse in einer Geldwirtschaft durch die Preisrelationen bzw. durch das *Preissystem* reflektiert. Daneben sind Markenzeichen wichtige Informationssignale. Mit ihnen verbinden Marktteilnehmer aufgrund ihrer Erfahrungen in der Vergangenheit bestimmte Eigenschaften (z. B. hohe Produktqualität, Solvenz, Zuverlässigkeit), die sie auch in der Zukunft erwarten (Goodwill-Mechanismus).

In einer *„reinen" Marktwirtschaft* ist die Rolle des Staates darauf beschränkt, die rechtlichen und faktischen Rahmenbedingungen der Wirtschaftsverfassung so zu setzen, dass die Funktionsfähigkeit der Märkte erhalten bleibt und die wirtschaftliche Entscheidungsautonomie jedes Wirtschaftssubjekts sichergestellt ist. Verfolgt jedes Wirtschaftssubjekt sein Eigeninteresse (Gewinn- bzw. Nutzenmaximierung), so führt der Marktprozess unter bestimmten Bedingungen (hoher Informationsstand, Markttransparenz, Quasi-Konkavität der Präferenz- und Produktionsfunktionen) dazu, dass die Produktionsfaktoren in die ergiebigste Verwendung gelenkt werden und eine *paretooptimale Güterversorgung* der Konsumenten erreicht wird. Die Einkommensverteilung ergibt sich dann aus der Verteilung der Dispositionsrechte über die Produktionsfaktoren und der relativen Marktleistung der einzelnen Wirtschaftssubjekte. In der Marktwirtschaft ist der technisch-ökonomische Fortschritt ein endogener Prozess, d. h. Resultat der wirtschaftlichen Anreize, die von den Märkten ausgehen. Änderungen der Präferenzen und Produktionsmöglichkeiten werden durch Änderungen des Preissystems reflektiert, die wiederum die Anpassung aller Einzelpläne induzieren. Gerade in der Anpassungsfähigkeit an veränderte Bedingungen ist die Überlegenheit der Marktwirtschaft gegenüber Zentralplanungssystemen zu sehen – vorausgesetzt, das Preissystem ist genügend flexibel und die Marktsignale werden von den Wirtschaftssubjekten korrekt wahrgenommen.

In einer Welt ohne Transaktions- und Informationskosten wird es zu einer weitestgehenden Risikostreuung und -poolung kommen. In dieser *Arrow-Debreu*-Welt bilden sich keine Versicherungsunternehmen, da der Tausch von Risiken direkt zwischen den Wirtschaftssubjekten stattfindet.

Allerdings fallen in der Realität bei allen wirtschaftlichen Transaktionen Kosten an (z. B. Kosten des Vertragsabschlusses), die einen direkten Tausch von Risiken erschweren. Dies ist ein Grund für die Existenz von Versicherungsunternehmen in einer Marktwirtschaft. Ein weiterer Grund sind die Informationskosten, die mit der Evaluierung von Risiken verbunden sind. Hier realisieren Versicherer aufgrund ihrer Erfahrungen Skalenerträge, die die volkswirtschaftlichen Kosten der Risikoallokation reduzieren.

Die erheblichen Informationsprobleme der Marktpartner auf Versicherungsmärkten können dazu führen, dass Versicherung als Mittel zur Risikokonsolidierung zu wenig genutzt wird. Staatliche Regulierungen des Versicherungsangebotes und der Versicherungsnachfrage sind deshalb erforderlich. Die Versicherer haben vor allem die Schwierigkeit, das Verhalten des einzelnen Versicherten zu beobachten und zu prognostizieren. Dies ist bedingt durch die *asymmetrische Informationsstruktur*: Der Versicherungsnehmer kennt sein Verhalten; der Versicherer nur den Durchschnitt gesamter Versichertengruppen. Die Folge sind Kosten durch *Moral Hazard* und *Adverse Selection*. Weitere Gründe, die Risikoallokation durch Versicherungen nicht allein dem Marktprozess zu überlassen, sind:

- **Haftungsbegrenzungen** (durch das Unternehmensrecht oder die Garantie eines Existenzminimums), die dazu führen, dass für hohe aber seltene Haftungsschäden und Verluste freiwillig zu wenig Versicherungsschutz nachgefragt wird.
- **Minderschätzung künftiger Bedürfnisse**, die zu einer zu geringen individuellen Zukunftsvorsorge führt, speziell bei dem Alters- und Krankheitsrisiko.
- **Skalenerträge bei der Konsolidierung von Risiken**, d. h. je mehr unabhängige Risiken in einem Versicherungsbestand zusammengefasst sind, umso geringer ist das Gesamtrisiko des Versicherers; hierdurch werden Konzentrationstendenzen gefördert.

Die genannten Probleme weisen darauf hin, dass eine rein marktmäßige Allokation von Risiken aus gesamtwirtschaftlicher Sicht nicht wünschenswert ist und staatliche Markteingriffe eine ausreichende und effiziente Risikovorsorge und -konsolidierung sicherstellen sollten.

In der *sozialen Marktwirtschaft* greifen die staatlichen Regulierungsmaßnahmen sowohl auf der Nachfrage- als auch auf der Angebotsseite. Der beschriebenen Tendenz der zu geringen Risikovorsorge wird durch *Pflichtversicherungsregelungen* in der Haftpflicht-, Kranken-, Arbeitslosen-, Unfall-, Renten- und Pflegeversicherung entgegengewirkt. Der Gefahr eines zu geringen Versicherungsangebots begegnet der Staat durch *staatliche Versicherungsanstalten*. Sozialversicherungen haben zusätzlich die Aufgabe der Einkommensumverteilung, indem die Versicherungsbeiträge nicht nach aktuarischen, sondern nach sozioökonomischen Kriterien bemessen werden.

5.3 Versicherung in der Zentralverwaltungswirtschaft

Obwohl es in einer Zentralverwaltungswirtschaft natürlich auch Risiken gibt, ist zunächst nicht einzusehen, warum zu ihrer Konsolidierung Versicherungsinstitutionen notwendig sind. Als Konsequenz eines vollständigen Mengenzuteilungssystems für Konsumgüter und Ressourcen spielen Geld und Finanzen eine eher passive Rolle. Unvorhergesehene wirtschaftliche Not von Individuen gibt es nicht, da im Plan für alle Wechselfälle des individuellen Lebens Vorkehrungen enthalten sind. Die Vorleistungen und Investitionsgüter werden mengenmäßig geplant und den Betrieben zugeteilt, so dass das Problem der Zahlungsunfähigkeit nicht besteht.

Allerdings ist eine totale zentrale Mengenplanung wegen der damit verbundenen Informations-, Implementierungs- und Kontrollkosten eine Utopie, so dass Versicherungen in zentral geleiteten Wirtschaften, d. h. in sozialistischen Ländern, durchaus eine wichtige Funktion erfüllen:

- Einkommensumverteilung
- Stärkung der sozialistischen Wirtschaftsordnung und
- Unterstützung der zentralen Planung

Kapitel II

Grundzüge der Versicherungstechnik ausgewählter Branchen

1 Grundzüge der Schaden- und Unfallversicherung

1.1 Grundlagen der Schaden- und Unfallversicherung

In diesem Kapitel wird die so genannte Versicherungstechnik der drei Branchen Schaden- und Unfallversicherung, Lebensversicherung und Rückversicherung dargestellt. Versicherungstechnik ist ein für die Versicherungswirtschaft typischer Begriff, der um 1900 eingeführt wurde. Er bezeichnet die Methode der Beschreibung von Versicherungsprodukten und die Kalkulation der Versicherungsprämie auf der Basis von Rechnungsgrundlagen. Der Begriff verdeutlicht die frühere Auffassung, dass es eher ein technisches Problem sei, den richtigen Preis und die richtige Preisstruktur für ein Versicherungsprodukt festzulegen, und dass dieser Preis nur durch technische Variablen bestimmt ist. Natürlich stimmt dies nur bedingt, denn Preise sind vor allem vom Markt abhängig. Dennoch gibt es derzeit – angesichts der Schwierigkeiten, in denen sich viele Versicherer in einigen Produktbereichen (z. B. in der Industrieversicherung und der Kfz-Versicherung) befinden – eine Rückbesinnung auf die Grundsätze der Versicherungstechnik: Versicherungsprämien sollten solide kalkuliert sein, statt sie nur am Markt und den Prämien der Konkurrenten auszurichten. Kein Geschäft ist häufig besser als schlechtes Geschäft, bei dem die Prämien unter den statistischen Erwartungswerten der Zahlungsverpflichtungen des Versicherers liegen.

In Kapitel I wurden verschiedene Abgrenzungen des Versicherungsmarkts diskutiert. Die EU unterscheidet in Nicht-Lebens- und Lebensversicherung. Das VVG unterscheidet in § 1 Abs. 1 nur zwischen *Schaden-* und *Personenversicherung*. Damit hat die private Krankenversicherung (PKV) eine Sonderrolle, da sie sowohl Schaden- als auch Personenversicherung sein kann. Die Erklärung für die im VVG gewählte Abgrenzung liegt in der zur Zeit der Einführung des VVG geringen Bedeutung der PKV begründet. Aufgrund der Bedeutungszunahme der PKV unterscheidet der Gesamtverband der Versicherungswirtschaft (GDV) zwischen Rück- und Erstversicherung, letztgenannte wiederum in Lebensversicherung, Schaden- und Unfallversicherung (Kompositversicherung) und private Krankenversicherung. Die Unternehmen der privaten Krankenversicherung sind jedoch nicht Mitglieder im GDV, sondern sind in einem eigenen Verband, dem PKV-Verband, organisiert.

Nach § 1 Abs. 1 VVG ist der Versicherer in der Schadenversicherung verpflichtet, „nach dem Eintritt des Versicherungsfalls beim Versicherungsnehmer den dadurch verursachten Vermögensschaden nach Maßgabe des Vertrages zu ersetzen." Nachstehende Abbildung gibt einen quantitativen Überblick über die wichtigsten Zweige der Schaden- und Unfallversicherung – ohne die private Krankenversicherung, die in Deutschland, wie bereits erwähnt, eine Sonderstellung hat.

Bei Betrachtung der geschichtlichen Entwicklung der Schaden- und Unfallversicherung ist festzustellen, dass ein Ursprung in der Seeversicherung in Italien liegt. Ein anderer Ursprung ist die *Feuerversicherung*, welche als genossenschaftlicher Zusammenschluss im nordisch-germanischen Kulturkreis entstanden ist. Die Feuerversicherung ist der älteste Versicherungszweig in Deutschland und hat daher die Entwicklung anderer Versicherungszweige maßgeblich beeinflusst.

Versicherungszweige	Beitrags-einnahmen in Mio. €	in % (gerundet)
Schaden-/Unfallversicherung ingesamt	**56.615**	**100,00**
Kraftfahrzeug ingesamt	**20.887**	**36,89**
• Kraftfahrzeug-Haftpflichtversicherung	12.551	22,16
• Kraftfahrzeug-Fahrzeugvoll (Vollkasko)	6.811	12,03
• Kraftfahrzeug- Fahrzeugteil (Teilkasko)	1.420	2,51
Kraftfahrzeug- Fahrzeugunfallversicherung	105	0,19
Allgemeine Haftpflichtversicherung	6.927	12,24
Private Unfallversicherung	6.487	11,46
Rechtsschutzversicherung	3.331	5,88
Schutzbrief	171	0,03
Sachversicherung insgesamt	15.454	27,50
• Private Sachversicherung, davon	8.145	14,39
• Verbundene Wohngebäudeversicherungen	4.951	8,75
• Verbundene Hausratversicherung	2.682	4,74
• Nicht-Private Sachversicherung	7.309	12,91
• Sachindustrie / Gewerbe / Landwirtschaft	5.635	9,95
• Technische Versicherungen / Tierversicherungen-Betriebsunterbrechungsversicherungen	1.674	2,96
Transport- und Luftfahrtversicherung	1.818	3,24
Kredit-, Kautions-, Vertrauensschadenversicherung	1.540	2,76

Quelle: Gesamtverband der Deutschen Versicherungswirtschaft (2012), Tabelle 55.

Abbildung 32: Versicherungszweige der Schaden- und Unfallversicherung

Die im 16. Jahrhundert in Deutschland entstandenen Brandgilden, wie z. B. die Hamburger Feuerkontrakte (ab 1591, meist nur 100 Mitglieder), leisteten gegenseitige Brandschadenhilfe in Form von Geld oder Naturalien. 1676 wurden die inzwischen 46 Feuerkontrakte nach mehreren Feuersbrünsten zur General-Feuer-Cassa zusammengeschlossen. Diese besaß einen öffentlich-rechtlichen Charakter und ist die Vorläuferin der Hamburger Feuerkasse, dem ältesten noch existierenden Versicherer. In Anlehnung an das Hamburger Vorbild entstanden im Laufe der Zeit in vielen Orten öffentlich-rechtliche Feuerversicherer.

Während im Ausland, vor allem in England, sich bereits im 17. Jahrhundert private Versicherungen mit der Feuerversicherung befassten, wurden in Deutschland erst Anfang des 19. Jahrhunderts private Feuerversicherer gegründet:

- 1812   Berlinische Feuerversicherungs-Anstalt
- 1819   Leipziger Feuer-Versicherungs-Gesellschaft
- 1820   Gothaer Feuer-Versicherungs-Bank und
- 1825   Aachener Feuer-Versicherungs-Gesellschaft

Die Entwicklung der deutschen Feuerversicherung bis zum Ersten Weltkrieg war, begünstigt durch das wirtschaftliche Wachstum, durch einen stetigen Aufschwung gekennzeichnet. Die Zeit zwischen den Weltkriegen wurde durch die Inflation und die Weltwirtschaftskrise bestimmt. Steigende Schadenquoten und sinkende Durchschnittsprämiensätze, besonders in der Industriefeuerversicherung, bestimmten die Wiederaufbauphase nach dem Zweiten Weltkrieg. Als Ursache für diese Entwicklung sind eine Zunahme der Großschäden und eine übersteigerte Ausweitung der Geschäftstätigkeit zu nennen. Mit Hilfe von Sanierungskartellen und vereinbarten Grundsätzen konnte auch die Industriefeuerversicherung bis in die 1970er Jahre in die Gewinnzone geführt werden. Allerdings folgten danach wieder neue Deckungsprobleme, die sich in der jüngsten Zeit durch diverse Großschäden und zunehmenden internationalen Wettbewerb, vor allem im Industriegeschäft, verstärkten.

1.2   Determinanten der Schadenversicherung

Der Geschäftsverlauf der Schadenversicherung unterliegt aufgrund der Vielzahl der abzusichernden Risiken einer Vielzahl von Einflussgrößen. Neben der allgemeinen Konjunkturentwicklung (z. B. Entwicklung des verfügbaren Einkommens oder der Investitionstätigkeit) sind auch spezielle Entwicklungen in einzelnen Branchen von Bedeutung (z. B. die Zahl der Kfz-Neuzulassungen). Weiterhin sind

- demographische,
- gesellschaftliche,

- rechtliche,
- technologische und
- ökologische

Determinanten bzw. Einflussfaktoren zu nennen. Nachfolgende Erläuterungen dienen der Verdeutlichung: *Demographie* ist die Wissenschaft über die Bevölkerungsstruktur und die Bevölkerungsentwicklung. Beide werden durch die Entwicklung der Fertilität (Geburtenhäufigkeit), der Mortalität (Sterblichkeit), der Migration (Wanderungsbewegungen) und der Morbidität (Krankheitshäufigkeit) beeinflusst. Eine zunehmend älter werdende und kinderlose Bevölkerung hat z. B. andere Sicherheitsbedürfnisse als eine eher jüngere und kinderreiche Bevölkerung.

Dieser Wertewandel – um auf die *gesellschaftlichen Determinanten* zu kommen – verändert das Sicherheitsstreben und die Risikobereitschaft der Bürger und damit die Nachfrage nach Versicherungsschutz. Auch führt der frühere Ausbau der Sozialversicherung dazu, dass Menschen sich in einer (Schein-)Sicherheit wiegen und ihre gesamte Versicherungsnachfrage reduzieren. Die Versicherungswirtschaft hat sich hierauf in ihrer Produktpolitik einzustellen, um nicht an Prämienvolumen insgesamt zu verlieren.

Der *rechtliche Rahmen* spielt – wie in der Einführung dargelegt – für Versicherungsmärkte eine dominante Rolle. So hat das Versicherungsvertragsgesetz einen erheblichen Einfluss auf die angebotenen Produkte und auf die Vertragsgestaltung. Im Folgenden wird kurz der Europäisierungsprozess für den Schadenversicherungsbereich dargestellt:

Erste Koordinierungs-Richtlinie Schaden vom 24.07.1973	• Einführung der Niederlassungsfreiheit • Nachweis einer angemessenen Solvabilitätsspanne
Zweite Koordinierungs-Richtlinie Schaden vom 22.06.1988	• Einführung der Dienstleistungsfreiheit • Deregulierung des Großrisikengeschäfts
Dritte Koordinierungs-Richtlinie Schaden vom 18.06.1992 (92/49/EWG bzw. 2008/36/EG)	• Vollendung des Binnenmarkts für Versicherungen / Versicherungstätigkeit • Deregulierung und Harmonisierung der Bedingungen • Wegfall der präventiven Tarif- und Bedingungsgenehmigungspflicht

Abbildung 33: Europäisierung der Schadenversicherung

Die Überführung der *Dritten EU-Koordinierungs-Richtlinie Schaden* in nationales Recht erfolgte in der Bundesrepublik Deutschland durch das Dritte Durchführungsgesetz / EWG zum VAG vom 21.7.1994. Dabei wurden das Pflichtversicherungsgesetz, das Versicherungsaufsichtsgesetz und dessen Einführungsgesetz sowie das Gesetz über das Recht der Allgemeinen Geschäftsbedingungen geändert. Durch die neuen Richtlinien wurden die zugelassenen Formen für Versicherungsunternehmen, die Grundsätze der Spartentrennung, das Verbot versicherungsfremder Geschäfte, das Zulassungsverfahren für den Geschäftsbetrieb, die Rechnungslegung sowie die Zusammenarbeit der nationalen Aufsichtsbehörden harmonisiert und der grenzüberschreitende Dienstleistungsverkehr erleichtert. Dahingegen verbleibt die Finanzaufsicht über die Versicherungsunternehmen bei der Aufsichtsbehörde des Staats, in dem das Versicherungsunternehmen seinen (Haupt-)Sitz hat (*Sitzlandprinzip*). Hat das Versicherungsunternehmen von der zuständigen Behörde seines Sitzlandes eine Erlaubnis zum Geschäftsbetrieb erhalten, so gilt diese für den ganzen Bereich der EU, d. h. es ist nur noch eine Zulassung in einem EU-Land notwendig, um in der gesamten EU Versicherungsschutz anbieten zu können (*single licence*).

Neue *technologische Entwicklungen* sind immer eine Chance für die Schadenversicherung gewesen. Zu nennen ist der größte Zweig der Schadenversicherung, die Kraftfahrzeugversicherung, deren Bedeutung mit der stürmischen Entwicklung des Kraftfahrzeugs permanent wuchs. Weitere Herausforderungen ergeben sich aus dem Luftverkehr, der Atomenergie und der Informationstechnologie. Schließlich sind das gestiegene Umweltbewusstsein und die verschärften Umweltgesetze (*ökologische Determinanten*) zu nennen, die für Industrieunternehmen, Landwirte und Privatpersonen neue Risiken mit sich bringen. Diese können durch die Versicherungswirtschaft abgedeckt werden. Als Beispiel sei die Gewässerschadenhaftpflichtversicherung genannt.

1.3 Schadenverhütung

Sowohl für die Versicherungsunternehmen als auch für den Versicherungsnehmer ist die Schadenverhütung von hoher Bedeutung, da sie Schadenzahlungen vermeiden hilft und Risiken zu akzeptablen Prämien versicherbar macht. Unter Schadenverhütung werden alle Maßnahmen und Verhaltensweisen subsumiert, die zur Abwehr von Gefahren dienlich sind, insbesondere, um Personen- und Sachschäden zu verhindern oder sie in Ausmaß und Auswirkung zu begrenzen bzw. zu mindern.

Diese Schadenverhütungsmaßnahmen sind aus der Perspektive eines ganzheitlichen Risikomanagements, wie im zweiten Kapitel erläutert, als Elemente der Risikosteuerung anzusehen.

Diese Maßnahmen und Verhaltensweisen können vom Staat oder von Organisationen vorgegeben sein oder aus eigenem Sicherheitsstreben durchgeführt werden. Es lassen sich daher drei Formen der Schadenverhütung nach deren Trägern unterscheiden:

- Schadenverhütung eines einzelnen Wirtschaftssubjekts (Individuen, Unternehmen),
- Schadenverhütung einer Gruppe von Wirtschaftssubjekten und
- öffentlich, d. h. durch staatliche Institutionen, organisierte Schadenverhütung.

Individuen betreiben Schadenverhütung, indem sie z. B. Brandschutzmaßnahmen in Form von Brandschutzwänden und -türen oder auch Sprinkleranlagen zur Brandbekämpfung einbauen. Unternehmen haben zum Teil spezialisierte Abteilungen für die Schadenverhütung oder lassen sich von spezialisierten Abteilungen der Versicherungsunternehmen beraten. Beispielsweise gehören Spanplattenwerke zu denjenigen Industrieanlagen, die die höchste Feuerschadenwahrscheinlichkeit haben (bis zu 60 % aller Unternehmen haben einen größeren Feuerschaden pro Jahr). Experten der Industrieversicherer haben erreicht, die Gefahrenquellen zu identifizieren und die Feuergefahr zu verringern. Als eine Gruppe von Wirtschaftssubjekten können Verbände (z. B. Branchenverbände) betrachtet werden, die Schadenverhütungsexperten beschäftigen und ihren Mitgliedern zur Verfügung stellen. Schließlich gilt Schadenverhütung traditionell als eine staatliche Aufgabe, da Schäden externe Effekte haben können (der Brand eines Gebäudes kann benachbarte Gebäude in Brand setzen, die Infektion eines Menschen kann die Infizierung anderer Menschen zur Folge haben). Der Staat betreibt entweder Schadenverhütung durch eigene Institutionen (z. B. Gesundheitsämter) oder aber durch öffentlich-rechtliche Organisationen (z. B. Berufsgenossenschaften).

Es ist sinnvoll, ein Schadenverhütungssystem zu implementieren, bei dem die Schadenverhütung im Rahmen eines standardisierten Prozesses erfolgt. Der Prozess gliedert sich im Sinne eines ganzheitlichen Risikomanagements in bestimmte Phasen, die nachfolgend beispielhaft für die Schadenversicherung konkretisiert sind.

Zuerst müssen die *Gefahren identifiziert* werden. Dazu ist neben der Analyse der Bedrohungen (durch den Menschen, wie z. B. Brandstiftung, oder durch die Natur, wie z. B. Blitzschlag) eine Analyse der Schwachstellen notwendig. Nur wenn eine Bedrohung auf eine Schwachstelle (z. B. das Nichtvorhandensein eines Blitzableiters) trifft, wird von einer Gefahr gesprochen.

Im Rahmen der *Risikobewertung* werden die Eintrittswahrscheinlichkeit und das Schadenpotenzial der Gefahr analysiert, um das Ausmaß des Risikos in Bezug auf Schadenanzahl und -höhe zu beurteilen. Hierbei können sowohl quantitative als auch qualitative Methoden der Risikoanalyse zur Anwendung kommen.

Wenn möglich, werden im Rahmen der Steuerung *Schadenvermeidungsmaßnahmen* (*Risk Avoidance*, Schadenverhütung i. e. S.) eingesetzt. Dies könnte für ein Unternehmen z. B. bedeuten, dass bestimmte Produktionsverfahren nicht zum Einsatz kommen, weil sie ein hohes Schadenpotenzial besitzen.

Die Maßnahmen zur *Reduzierung der Eintrittswahrscheinlichkeit* (*Loss Prevention*) eines Schadens beziehen sich auf die Zeit vor Schadeneintritt. Durch geeignete Maßnahmen (z. B. Schulungen, wie eine Maschine korrekt bedient wird, oder regelmäßige Inspektionen einer technischen Anlage) kann erreicht werden, dass der Schadensfall gar nicht erst eintritt bzw. die Wahrscheinlichkeit für dessen Eintritt erheblich gesenkt wird.

Die *Schadenbegrenzung* (*Loss Reduction*) verfolgt das Ziel, das Schadenausmaß bzw. die Schadenhöhe in Grenzen zu halten, wenn ein Schadensfall eintritt. Die Schadenbegrenzungsmaßnahmen können während der Gefahrverwirklichung (z. B. während eines Sturms) oder nach dem Eintritt des Schadens (z. B. zur Vermeidung von Folgeschäden) eingesetzt werden.

Risiken, die weder vermeidbar, reduzierbar noch begrenzbar sind, können eventuell *überwälzt* werden (*Risk Transfer*, z. B. durch Versicherung, Verträge oder Hedging). Wenn dies nicht möglich oder zu teuer ist, muss das verbleibende Restrisiko *akzeptiert* werden (*Risk Retention*). Nachfolgende Abbildung visualisiert zusammenfassend diesen Prozess.

```
┌─────────────────────────────────────────┐
│     1. Identifikation einer Gefahr      │
│ (Analyse der Bedrohungen und Schwachstellen) │
└─────────────────────────────────────────┘
                    ▼
┌─────────────────────────────────────────┐
│         2. Bewertung des Risikos        │
│    (Analyse der Eintrittswahrscheinlichkeit │
│     und des Schadenpotenzials der Gefahr) │
└─────────────────────────────────────────┘
                    ▼
┌─────────────────────────────────────────┐
│          3. Schadenvermeidung           │
│             (Risk Avoidance)            │
└─────────────────────────────────────────┘
                    ▼
┌─────────────────────────────────────────┐
│ 4. Reduzierung des Eintrittswahrscheinlichkeit │
│             (Loss Prevention)           │
└─────────────────────────────────────────┘
                    ▼
┌─────────────────────────────────────────┐
│          5. Schadenbegrenzung           │
│             (Loss Reduction)            │
└─────────────────────────────────────────┘
                    ▼
┌─────────────────────────────────────────┐
│          6. Risikoüberwälzung           │
│   (Risk Transfer, z. B. durch Versicherung) │
└─────────────────────────────────────────┘
                    ▼
┌─────────────────────────────────────────┐
│       7. Akzeptanz des Restrisikos      │
│             (Risk Retention)            │
└─────────────────────────────────────────┘
```

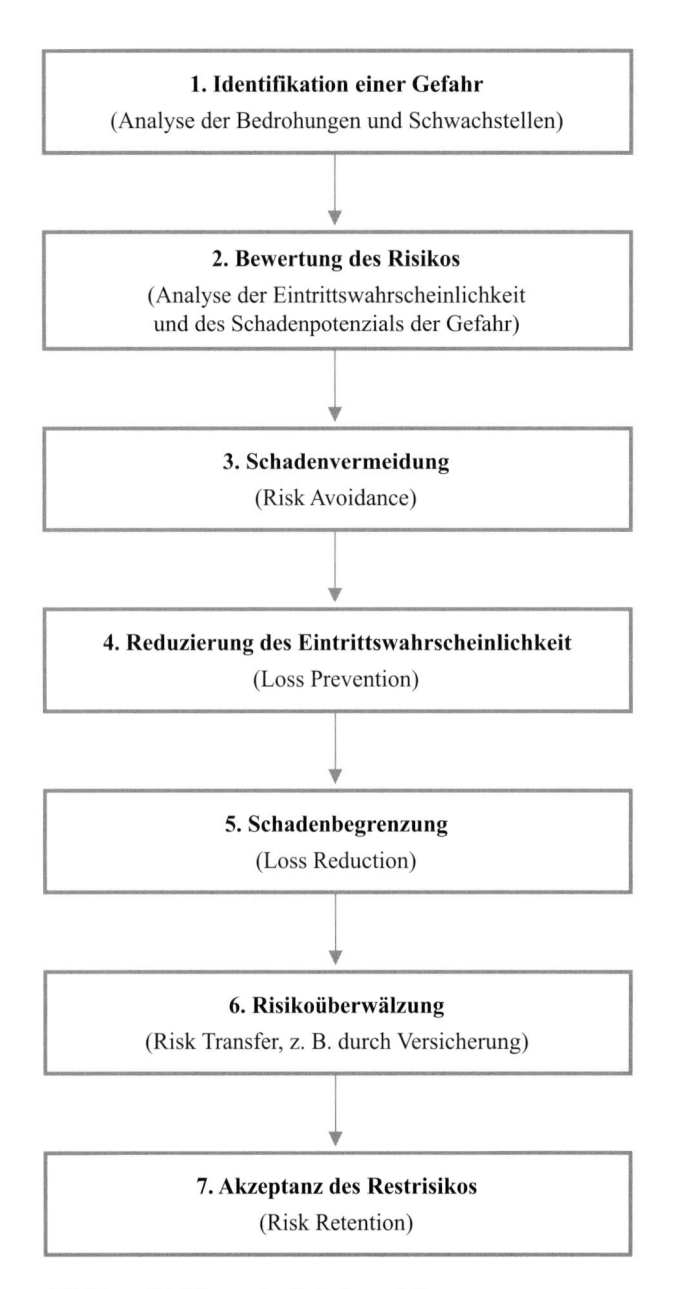

Abbildung 34: Phasen der Schadenverhütung

Für den Versicherungsnehmer stellt sich das Problem, wie er dem Versicherungsunternehmen beweisen kann, dass er Schadenverhütungsmaßnahmen durchführt, um eine für ihn günstigere Vertragsgestaltung zu erreichen. Der Versicherer steht wiederum vor der Frage, wie er geeignete wirtschaftliche Anreize zur Schadenverhütung geben kann und wie die Durchführung der Schadenverhütungsmaßnahmen kontrolliert werden können. Es liegt somit eine asymmetrische Informationsverteilung zwischen dem Versicherer und dem Versicherungsnehmer vor, die zu einer suboptimalen Allokation der Ressourcen führen kann (sogenannte Principal-Agent-Beziehung, wobei der Agent, d. h. der Versicherungsnehmer, Informationen hat, die a priori dem Principal, d. h. dem Versicherer, nicht zur Verfügung stehen). Generell betreiben Wirtschaftssubjekte zu wenig Schadenverhütung, da sie hierfür keine Anreize (z. B. durch niedrigere Versicherungsprämien) bekommen. Versicherungsunternehmen geben keine wirtschaftlichen Anreize für Schadenverhütung, da sie nicht kontrollieren können, welche Maßnahmen der Schadenverhütung der Versicherungsnehmer tatsächlich ergriffen hat bzw. letztlich kontinuierlich weiterführt. In Kapitel IV, in den Abschnitten 3 und 4 wird der Aspekt der asymmetrischen Informationsverteilungen auf Versicherungsmärkten genauer analysiert.

1.4   Versicherungstechnische Grundlagen

Die Versicherungstheorie arbeitet mit einer Reihe von versicherungstechnischen Fachausdrücken. Eine Auswahl der wichtigsten Ausdrücke soll im Folgenden vorgestellt werden:

Gesamtschaden $\quad = \quad$ *Summe der Einzelschäden (Schadenhöhen)*

$$\textit{Durchschnittsschaden} \; = \; \frac{\textit{Gesamtschaden}}{\textit{Zahl der Schäden}}$$

Der Durchschnittsschaden, auch Schadendurchschnitt genannt, gibt die auf einen Schaden im Durchschnitt entfallende Entschädigungssumme an.

$$\textit{Schadenhäufigkeit} \; = \; \frac{\textit{Anzahl Schadensfälle (Versicherungsfälle)}}{\textit{Gesamtzahl der Risiken (Einzelrisiken)}}$$

Die Schadenhäufigkeit wird auch als Schadenfrequenz, Schadenwahrscheinlichkeit oder Schadenausbruchswahrscheinlichkeit (in der Feuerversicherung) bezeichnet. Die Schadenhäufigkeit liegt wie bei einer Wahrscheinlichkeit zwischen 0 und 1, es sei denn, es kann mehr als ein Versicherungsfall pro Versicherungsvertrag vorkommen. In diesem Falle kann die Schadenhäufigkeit auch Werte größer eins annehmen.

$$\text{Schadenausbreitung} = \frac{\text{Durchschnittsschaden}}{\text{durchschnittliche Versicherungssumme}}$$

Der Schadenbedarf ist die Schadensumme pro versichertem Risiko und kann in der Schadenversicherung bei homogenen Beständen zur Berechnung der Nettoprämie herangezogen werden.

$$\text{Schadenbedarf} = \frac{\text{Gesamtschaden}}{\text{Anzahl der Risiken}}$$

$$\text{Schadensatz} = \frac{\text{Gesamtschaden}}{\text{Versicherungssumme}}$$

In der so genannten Vollwertversicherung, zu der die meisten Sachversicherungszweige gehören, u. a. die Hausrat- und die Feuerversicherung, basiert die Berechnung der Risikoprämie auf dem Schadensatz.

$$\text{Schadenquote} = \frac{\text{Gesamtschaden}}{\text{Gesamtprämie}}$$

Eine steigende Schadenquote signalisiert nicht zwangsläufig einen gesteigerten Schadenaufwand. Vielmehr führt auch ein Prämienverfall zu einem Anwachsen der Schadenquote.

Um den Zusammenhang der Begriffe in ihrer praktischen Bedeutung in der Versicherungswirtschaft zu erläutern, soll im Folgenden beispielhaft die Kalkulation einer Prämie in der Feuerversicherung vorgestellt werden:

Bezüglich einer bestimmten Feuerversicherung werden folgende Annahmen getroffen: Es erfolgt eine Unterteilung des Versicherungsbestands aufgrund von Schadenerfahrungen in Teilschadengruppen. Je mehr Gruppen gebildet werden, umso genauer kann die Kalkulation erfolgen, aber umso mehr Daten müssen vorliegen bzw. verarbeitet werden. Der Versicherer habe sich aufgrund der Abwägung des Nutzens und der Kosten einer differenzierteren Unterteilung für 10 Teilschadengruppen entschieden. Außerdem gelte:

n = Versicherungsbestand (Anzahl Verträge) = 100.000

v = durchschnittliche Versicherungssumme pro Vertrag = 100.000 €

V = Gesamtversicherungssumme = $n \cdot v$ = 10 Mrd. €

z = Anzahl der Schadensfälle = 1.000

z_i = Anzahl der Schäden je Gruppe i

d_i = Durchschnittsschaden je Gruppe i

Folgende Tabelle enthält die erforderlichen Kalkulationsdaten.

Gruppe (i)	d_i	z_i	$d_i \cdot z_i$	a_i	w_i
1	5.000	816	4.080.000	0,05	0,816
2	15.000	31	465.000	0,15	0,031
3	25.000	17	425.000	0,25	0,017
4	35.000	15	525.000	0,35	0,015
5	45.000	15	675.000	0,45	0,015
6	55.000	15	825.000	0,55	0,015
7	65.000	17	1.105.000	0,65	0,017
8	75.000	17	1.275.000	0,75	0,017
9	85.000	20	1.700.000	0,85	0,020
10	95.000	37	3.515.000	0,95	0,037
	d = 14.590	z = 1.000	D = 14.590.000	a = 0,146	w = 1,000

Abbildung 35: Prämienberechnung am Beispiel der Feuerversicherung

Der Gesamtschaden errechnet sich wie folgt:

$$D = \sum_{i=1}^{10}(d_i \cdot z_i) = 14.590.000 \text{ €}$$

Der Durchschnittsschaden ergibt sich durch Division des Gesamtschadens durch die Anzahl der Schäden:

$$d = \frac{D}{z} = 14.590 \text{ €}$$

Für die Schadenausbruchswahrscheinlichkeit (Schadenhäufigkeit) gilt:

$$h = \frac{z}{n} = \frac{1.000}{100.000} = 0,01$$

Als Schadenausbreitung wird definiert:

$$a = \frac{d}{v} = \sum_{i=1}^{10} (a_i \cdot w_i) = 0,1459 \approx 0,146 = 14,6\ \%,$$

mit $a_i = \frac{d_i}{v_i}$ und $w_i = \frac{z_i}{z}$

w_i bezeichnet dabei den Anteil der Schäden von Gruppe i an der Zahl der Schäden im Gesamtbestand.

Der Schadensatz p ist definiert als der Quotient aus Gesamtschaden und Gesamtversicherungssumme (= maximal möglicher Schaden):

$$p = \frac{Gesamtschaden}{Gesamtversicherungssumme} = \frac{D}{V} = \frac{14,59\ Mio.}{10\ Mrd.} \approx 0,00146$$

Der Schadensatz p beträgt also 1,46 Promille der Gesamtversicherungssumme.

Für den Schadensatz p gilt damit auch:

$$p = \frac{D}{V} = \frac{z \cdot d}{n \cdot v} = \frac{z}{n} \cdot \frac{d}{v} = h \cdot a$$

Sind h und a bekannt, so lässt sich für jede Versicherungssumme die Nettoprämie berechnen:

NP = p · Versicherungssumme.

In der Versicherungspraxis wird p in Tabellen für die versicherbaren Objekte festgehalten. Der Underwriter des Versicherers kann dann mit Hilfe der Versicherungssumme und vorgegebener Zuschlagsfaktoren die Versicherungsprämie errechnen. p ist somit die Nettoprämie pro Euro abgeschlossener Versicherungssumme.

Dies ist ein sehr vereinfachtes Beispiel. Die Kalkulation wird unter anderem komplexer, wenn

- es sich um Mehrperiodenverträge handelt,
- Spätschäden eine Rolle spielen können und
- Moral Hazard und Adverse Selection zu berücksichtigen sind.

1.5 Versicherungstechnik in der Kraftfahrtversicherung

1.5.1 Kraftfahrzeug-Haftpflichtversicherung

Insgesamt betrachtet ist die Kraftfahrtversicherung mit Abstand die größte Sparte der Schadenversicherungen. Sie sichert die mit der Haltung und dem Gebrauch von Kraftfahrzeugen und Anhängern verbundenen Risiken ab.

In der Kraftfahrtversicherung werden folgende Formen unterschieden:

- Kraftfahrzeug-Haftpflichtversicherung,
- Fahrzeugversicherung (Voll- und Teilkaskoversicherung) sowie
- Kraftfahrt-Unfallversicherung.

Bei der Haftpflicht- und Fahrzeugversicherung handelt es sich um eine Schaden- und bei der Unfallversicherung um eine Summenversicherung.

Die Kraftfahrzeug-Haftpflichtversicherung im Speziellen gewährt Versicherungsschutz für die Befriedigung begründeter und die Abwehr unbegründeter Schadenersatzansprüche, die aufgrund gesetzlicher Haftpflichtbestimmungen privatrechtlichen Inhalts gegen den Versicherungsnehmer oder mitversicherte Personen erhoben werden, wenn durch den Gebrauch des im Vertrag bezeichneten Fahrzeugs

- Personen verletzt oder getötet werden,
- Sachen beschädigt oder zerstört werden bzw. abhandenkommen oder
- Vermögensschäden herbeigeführt werden, die weder mit einem Personen- noch mit einem Sachschaden mittel- oder unmittelbar zusammenhängen.

Dabei ist zu beachten, dass in Deutschland neben der Verschuldenshaftung nach § 7 Abs. 1 StVG auch eine verschuldensunabhängige Haftung besteht (Gefährdungshaftung). Diese begründet sich allein dadurch, dass jemand einen gefährlichen Gegenstand besitzt oder eine gefährliche Maschine betreibt.

Um die Erfüllung der Schadenersatzansprüche für Verkehrsopfer zu gewährleisten, wurde am 7.11.1939 das „Gesetz über die Pflichtversicherung für Kraftfahrzeughalter" (Pflichtversicherungsgesetz / PflVG) erlassen. Versicherungspflicht als starker, regulativer Eingriff auf der Nachfragerseite verlangt zu seiner Komplettierung Kontrahierungszwang seitens der Anbieter. In § 5 Abs. 2 PflVG ist ein Kontrahierungszwang der Kraftfahrtversicherer festgelegt.

Während das Pflichtversicherungsgesetz anfangs ausschließlich den Schutz des Verkehrsopfers zum Ziel hatte, kamen später weitere Zielsetzungen hinzu. Mit der Neufassung vom 5.4.1965 wurden folgende Ziele verfolgt:

- Schutz der Ansprüche der Verkehrsopfer
- Schutz der Versicherungsnehmer vor überhöhten Prämien
- größerer Wettbewerb im Interesse der Verbraucher und
- Schutz vor den Folgen eines ruinösen Wettbewerbs durch Kalkulationsüberwachung, Prämiengenehmigung und Preisbindung

Für den Fall, dass das den Schaden verursachende Fahrzeug nicht ermittelbar ist (Fahrerflucht), haben die Versicherungsunternehmen nach § 12 PflVG zur Absicherung von Unfallopfern einen Entschädigungsfonds zu unterhalten. Dieser wird von den in Deutschland tätigen Kraftfahrtversicherern getragen und durch die Verkehrsopferhilfe e. V. verwaltet.

Einige Meilensteine bei der Vereinheitlichung der Kfz-Haftpflichtversicherung in Europa werden in der folgenden Abbildung dargestellt.

Straßburger Abkommen vom 20.4.1959	• Einführung einer obligatorischen Haftpflichtversicherung für Mitgliedsstaaten des Europarats • Einführung des Direktanspruchs des Geschädigten gegen den Kfz-Haftpflichtversicherer des Schädigers • Entschädigungsfonds für Unfallopfer, sofern kein Kfz-Haftpflichtversicherer zur Verfügung steht
Erste KH-Richtlinie vom 24.4.1972	• Wegfall der Kontrolle der „Grünen Internationalen Versicherungskarte" an den Innengrenzen der Europäischen Gemeinschaft
Zweite KH-Richtlinie vom 30.12.1983	• Einführung von Mindestversicherungssummen • Deckungsumfang muss auch Sachschäden umfassen

Dritte KH-Richtlinie vom 14.5.1990	• Erweiterung des Versicherungsschutzes von Fahrzeuginsassen • Einführung von Mindestversicherungssummen bei Auslandsunfällen
...	
EU-Kraftfahrzeug-versicherungsrichtline vom 16.9.2009 (2009/103/EG)	• Kraftfahrtzeug-Haftpflichtversicherung und die Kontrolle der entsprechenden Versicherungspflicht • Versicherungsschutz auf Fahrten innerhalb der EU

Abbildung 36: Vereinheitlichung der Kfz-Haftpflichtversicherung in Europa

Die EU-Kraftfahrzeugversicherungsrichtlinie regelt den Versicherungsschutz von EU-Bürgern bei einem Verkehrsunfall in einem anderen EU-Land, d. h. der Inhaber einer obligatorischen Kfz-Haftpflichtversicherung ist auf Fahrten innerhalb der EU versichert. Somit sind Grenzkontrollen auf Versicherung der Fahrzeuge nicht mehr erforderlich und die Richtlinie regelt Mindestdeckungen für den Haftpflichtschutz und Entschädigungszahlungen.

1.5.2 Fahrzeugversicherung

Die Fahrzeugversicherung (Kaskoversicherung) umfasst die Versicherung einer Beschädigung bzw. Zerstörung sowie den Verlust des Fahrzeugs und seiner unter Verschluss verwahrten oder an ihm befestigten Teile. Dabei ist nach dem Deckungsumfang zwischen der Fahrzeugteil-(Teilkasko-) und Fahrzeugvoll-(Vollkasko-) Versicherung zu unterscheiden. Im Gegensatz zur Fahrzeugteilversicherung gewährt die Fahrzeugvollversicherung zusätzlich auch Versicherungsschutz für Schäden, die auf einen Unfall oder auf vorsätzliche Handlungen betriebsfremder Personen (Vandalismus) zurückzuführen sind.

1.5.3 Kraftfahrt-Unfallversicherung

Die Kraftfahrt-Unfallversicherung erbringt Leistungen für den Fahrzeugführer und mitfahrende Personen bzw. deren Hinterbliebene, sofern im Zusammenhang mit dem Gebrauch des Kraftfahrzeugs eine Gesundheitsschädigung bzw. der Tod eingetreten ist. Sie kommt in der Praxis vor allem in Form einer *Insassenunfallversicherung* (Versicherungsleistungen über Pauschalbeträge) vor. Die Leistungen entsprechen weitgehend denen einer Allgemeinen Unfallversicherung. Während bei der Allgemeinen Unfallversicherung nur die versicherte Person berechtigt ist, Leistungen in Anspruch zu nehmen, bezieht sich die Insassenunfallversicherung i. d. R. auf alle mitfahrenden Personen.

1.5.4 Tarifierung in der Kfz-Haftpflicht- und Fahrzeugversicherung

Rechtsgrundlage für die Tarife der Kraftfahrtversicherer sind in Deutschland die §§ 8 - 11 des PflVG und die „Verordnung über die Tarife in der Kraftfahrtversicherung" (Tarifverordnung / TVO). Danach waren die Unternehmenstarife bis zur Umsetzung der 3. EU-Richtlinie 1994 genehmigungspflichtig (administrative Preise). Sowohl für die Kfz-Haftpflicht als auch für die Fahrzeugversicherung waren möglichst homogene Tarifgruppen aufgrund der Zugehörigkeit der Versicherungsnehmer zu bestimmten Wagnisgruppen zu bilden (z. B. Tarifgruppe A für Landwirte, Tarifgruppe B für Beamte und Angestellte im öffentlichen Dienst sowie Tarifgruppe R für alle übrigen Kraftfahrzeughalter).

In der *Kfz-Haftpflichtversicherung* erfolgte eine Gruppenbildung in Wagnisstärkeklassen nach sachbezogenen (objektiven) Gefahrenmerkmalen, wobei der Verwendungszweck (gewerblich, privat) und technische Merkmale (insbesondere Motorleistung) maßgeblich waren. In der *Fahrzeugversicherung* wurden Typklassen gemäß objektiver Gefahrenmerkmale eingeführt, die im Gegensatz zur Kfz-Haftpflichtversicherung nicht Motorleistungs-orientiert, sondern Reparaturkosten-orientiert sind.

Seit der Umsetzung der 3. EU-Richtlinie 1994 ist die Tarifierung in der Kfz-Versicherung nicht mehr genehmigungspflichtig. Dies führte zu einer Vielfalt unterschiedlicher Tarife und zu einem im Durchschnitt reduzierten Preisniveau für Kraftfahrtversicherungen. Der Preiswettbewerb erfuhr durch die Liberalisierung eine erhebliche – von Ökonomen erwartete – Intensivierung.

Neben den so genannten harten Risikomerkmalen (statistisch ermittelt und kontrollierbar) führten Versicherer so genannte *weiche Risikomerkmale* ein, wie z. B. das Vorhandensein einer Garage, die Zahl der Fahrer und die jährliche Kilometerleistung. Das Vorliegen dieser Risikofaktoren ist häufig nur mit hohem Aufwand überprüfbar (Problem der asymmetrischen Information) und die Korrelation zwischen diesen Faktoren und der Schadenhöhe ist nur vermutet, aber nicht statistisch nachgewiesen.

Ferner beeinflussen auch regionale Gegebenheiten am Wohnort des Fahrzeughalters, wie Straßenverhältnisse und Verkehrsdichte, den Schadenverlauf. Um statistisch nachgewiesene regionale Unterschiede in den Schadenverläufen einzubeziehen, werden Regionalklassen gebildet. Die Einteilung in Regionalklassen in der Kfz-Haftpflichtversicherung und der Fahrzeugversicherung kann jedoch von jedem Versicherer unterschiedlich erfolgen.

Typisch für die Tarifierung in der Kfz-Haftpflichtversicherung und in der Vollkaskoversicherung ist das *Bonus-Malus-System,* welches schon Mitte der 1960er Jahre eingeführt wurde. Grundprinzip der Prämienbestimmung ist *das versicherungstechnische Äquivalenzprinzip*, das zu einer Prämiendifferenzierung führen soll. In der Kraftfahrtversicherung werden zwei Methoden angewendet, um dem Äquivalenzprinzip Rechnung zu tragen: Ex ante werden die Schadeneinflussfaktoren bestimmt und bei der Prämienkalkulation eines neuen Vertrages berücksichtigt. Diese Methode wurde bereits oben mit dem Hinweis auf harte und weiche Risikofaktoren erwähnt. Die zweite Methode erfolgt ex post. Hierbei wird die Schadenhäufigkeit als Prädiktor für die Schadenwahrscheinlichkeit in der Zukunft (*Experience Rating*) verwendet. Diese Art der Tarifierung wird auch Bonus-Malus-Tarifierung genannt. Bei ihr sinkt nach einer schadenfreien Periode (z. B. ein Jahr) die Prämie (höhere Schadenfreiheitsklasse), während sie bei jedem Schaden, der der Versicherung in Rechnung gestellt wird, steigt (niedrigere Schadenfreiheitsklasse). Schematisch lässt sich diese Form der Tarifierung als eine Art Selbstbeteiligung auf Raten bezeichnen, bei der der Versicherte einen Teil des Schadens selbst trägt, jedoch nicht in der Periode, in der er den Schaden hatte, sondern in den Folgejahren.

Folgendes Beispiel erläutert diesen Sachverhalt: Die Grund- und auch Höchstprämie ist $P(max)$. Nach jedem Jahr ohne Versicherungsleistungen sinkt die Prämie um b und nach jedem Jahr mit einem Schaden, den die Versicherung trägt, steigt die Prämie um v. Die Mindestprämie sei $P(min)$, die nicht unterschritten wird. Wie hoch ist der Schaden für den Versicherer, wenn ein Schaden eintritt? Der Schaden für den Versicherer ist die Versicherungsleistung abzüglich des Werts der abdiskontierten Maluszahlungen. Wie hoch ist der Schaden SB (Selbstbeteiligung) für den Versicherungsnehmer, wenn ein Schaden eintritt, der vom Versicherungsunternehmen getragen wird? Zum einen verliert er den Bonus b, den er für ein schadenfreies Jahr bekommen hätte, und zum anderen steigt die Prämie um v:

$$SB = \sum_t \frac{(b+v)}{(1+z)^t},$$

wobei t die Zahl der Perioden ist, bis die Mindestprämie erreicht wird, und z kalkulatorische Zinsen zur Berechnung des Barwerts darstellt.

Im Fall $b = v$ gilt somit:

$$SB = \sum_t \frac{2b}{(1+z)^t}, \text{ mit } t = \frac{P - P(min)}{2b}$$

Zahlt ein Versicherungsnehmer $P(max)$ und hat jedes Jahr einen Schaden, so ist seine Beteiligung einfach b, d. h. der Bonus, den er nicht erhält.

Umgekehrt ergibt sich für einen Versicherungsnehmer, der die Mindestprämie $P(min)$ bereits bezahlt, die Selbstbeteiligung aus:

$$SB = \frac{v}{1+z} + \frac{v-b}{(1+z)^2} + \frac{2v-2b}{(1+z)^3} + \ldots$$

bis die Prämienerhöhung durch die Boni wieder kompensiert sind. Bei $b = v$ gilt:

$$SB = \frac{v}{1+z}$$

Es zeigt sich, dass es für den Versicherten nicht einfach ist, zu entscheiden, ob er einen Schaden durch seine Versicherung bezahlen lassen soll oder nicht, zumal real existierende Bonus-Malus Systeme noch erheblich komplizierter sind.

Mit einer Bonus-Malus-Tarifierung werden mehrere Ziele verfolgt: Sie soll vor allem – wie es Ziel jeder Selbstbeteiligung ist – Moral Hazard verhindern bzw. eindämmen (siehe zum Moral-Hazard-Phänomen Kapitel IV, Abschnitt 3). Außerdem soll die Bonus-Malus-Tarifierung zu mehr Beitragsgerechtigkeit führen. Darüber hinaus soll es positive Selektionsprozesse ermöglichen und Adverse Selection verhindern (siehe zu Adverse Selection Kapitel IV, Abschnitt 4). Zudem wird beim Bonus-Malus-System der anfallende Schaden – im Gegensatz zu Selbstbeteiligungsverträgen – vom Versicherer voll gedeckt, so dass die geschädigten Gläubiger geschützt bleiben.

Ein Nachteil einer Bonus-Malus-Tarifierung kann jedoch in den asymmetrischen allokativen Wirkungen gesehen werden, wie die obigen Formeln schon andeuten. Liegt die Prämie bei $P(max)$, ist der Anreiz zur Schadenvermeidung gering, da $v = 0$. Auch bei Erreichen der Mindestprämie $P(min)$ ist der Anreiz geringer, es sei denn, v ist deutlich größer als b. Zudem bergen Bonus-Malus-Systeme die Gefahr, dass ihre Anreizwirkungen geringer ausfallen als direkte Selbstbeteiligungen, weil es für den Versicherten schwer ist, die Effekte zu quantifizieren, und die Belastungen erst in der Zukunft anfallen.

Durch die Freigabe der Tarifierung in der Kraftfahrzeugversicherung kam es zu einer erheblichen Wettbewerbsintensivierung und zu einem Verfall der Prämien. Auch heutzutage gilt die Kfz-Versicherung beim Versicherungsvertrieb immer noch als Einstiegsprodukt und wird in der Hoffnung auf weiteres Geschäft im Sinne von Cross-Selling für Neukunden oft zu defizitären Prämien angeboten. Die Schaden-Kosten-Quote (Combined Ratio) lag in den letzten Jahren in diesem Geschäftsfeld immer über 100 % (2011: 107 % / siehe auch nachfolgende Abbildung).

Für eine risikoadäquate Prämienkalkulation in der Kfz-Versicherung ist nicht nur die Kenntnis, wann, wo und wie viel ein Fahrzeug gefahren wird, sondern auch wie der

Fahrer fährt, relevant. Voraussetzung für die Beurteilung ist die Erfassung und Auswertung von tatsächlichen Fahrverhaltens- und Situationsdaten über Fahrzeugsensoren und Ortungssysteme im Hinblick auf die Schadenwahrscheinlichkeit und -höhe. Ob diese Telematik-basierten Versicherungslösungen auch auf dem deutschen Kfz-Versicherungsmarkt sowohl für die Kunden als auch für die Versicherungsunternehmen erfolgreich und nachhaltig eingeführt werden, wird die Zukunft zeigen, denn der Datenschutz und die Kundenbindung sind hierbei entscheidende Determinanten.

1.6 Aktuelle Herausforderungen in der Schadenversicherung

Der Versicherungsmarkt unterliegt derzeit in fast allen Bereichen gravierenden Veränderungen. Die in den letzten Jahren aufgetretenen Großschäden, die Zunahme der Groß- und Elementarrisiken und das Auftreten neuer Gefahren (z. B. Terrorismusrisiko) führt bei den Versicherungsunternehmen zu einer Festlegung von höheren Selbstbehalten, ergänzenden Dienstleistungen, neuen Produkten mit integrierter Abdeckung mehrerer Risikoklassen sowie zu einer Abdeckung neuer oder bisher als nicht versicherbar geltender Risiken.

Die Bereitstellung von Versicherungsschutz fördert weiterhin innovative Neuerungen. Die deutsche Versicherungsbranche folgt diesem Grundsatz beispielsweise in Bezug auf die Begleitung neuer Technologien im Rahmen der Energiewende sehr konsequent. Versicherungsunternehmen werden oft auf ihre Rolle als reine Schadenregulierer reduziert, dabei ist ihr Stellenwert wesentlich größer: Versicherer sind ein wesentlicher Produktionsfaktor innerhalb von Volkswirtschaften und ihre Bedeutung ist allein aufgrund ihres Kapitalvolumens nicht zu unterschätzen. Erst die Bereitstellung von Versicherungsschutz erlaubt es oftmals, wirtschaftlich sinnvolle Projekte durchzuführen, die ohne Versicherungsschutz unterbleiben würden.

Im Geschäftsfeld Schadenversicherung ist generell eine Zunahme an Naturkatastrophen in den letzten 40 Jahren festzustellen. Für Deutschland sind vor allem meteorologische Ereignisse (Sturm) ausschlaggebend, neben hydrologischen (Überschwemmungen etc.) und klimatologischen (Temperaturextreme, Dürre etc.). Das Juni-Hochwasser 2013 infolge heftiger Starkregenfälle könnte zur teuersten Naturkatastrophe der deutschen Geschichte werden und somit die hohen versicherten Schäden der verheerenden Elbe-Flut im Jahr 2002 noch übertreffen. Bei den Schadenszenarien ist es notwendig, zwischen Gesamtschaden und versicherten Schäden zu differenzieren, wobei insgesamt betrachtet in Deutschland der Anteil der versicherten Schäden insgesamt steigt. Die nachfolgende Abbildung veranschaulicht anhand der Profitabilitäts-Kennziffer Combined Ratio die aus Sicht der Unternehmen herausfordernden Entwicklungen in der Schadenversicherung.

Versicherungszweige	2006	2007	2008	2009	2010	2011
Sachversicherung insgesamt	92,2	105,0	95,4	92,5	99,3	97,4
Private Sachversicherung	91,8	109,7	95,6	92,6	98,9	96,3
Nicht Private Sachversicherung	92,6	100,1	95,2	92,4	99,8	98,6
Transport- und Luftfahrtversicherung	89,2	89,8	95,7	98,1	95,8	98,6
Kredit-, Kautions-, Vertrauensschadenversicherung	60,5	72,0	77,9	90,8	56,9	67,3
Allgemeine Haftpflichtversicherung	85,4	89,3	89,1	90,7	91,1	90,9
Kraftfahrtversicherung	95,4	98,1	101,6	103,3	107,4	107,4
Private Unfallversicherung	86,1	79,8	78,2	79,3	80,3	79,6
Rechtsschutzversicherung	99,1	97,8	95,5	99,0	99,6	97,7
Schaden-/Unfallversicherung insgesamt	91,4	95,7	94,9	95,6	98,2	97,9

Quelle: Gesamtverband der Versicherungswirtschaft (2012), Tabelle 78.

Abbildung 37: Combined Ratio in Prozent

Als Schaden-Kosten-Quote wird das Verhältnis von Aufwendungen für den Versicherungsbetrieb (Vertrieb und Verwaltung) und Versicherungsleistungen zu abgegrenzten Prämieneinnahmen definiert.

Je geringer die Schaden-Kosten-Quote, desto profitabler arbeitet das Versicherungsunternehmen. Ist die Schaden-Kosten-Quote größer 1 bzw. größer als 100 %, so wird im eigentlichen Versicherungsgeschäft Verlust erwirtschaftet. In den letzten Jahren lag die Combined Ratio für den gesamten Bereich Schaden- / Unfallversicherung bei rund 98 % – somit gerade noch im ausreichenden Bereich.

2 Grundzüge der Lebensversicherung

2.1 Grundlagen der Lebensversicherung

Die Lebensversicherung ist ganz allgemein die Absicherung des wirtschaftlichen Risikos, das aus der Ungewissheit und Unberechenbarkeit des menschlichen Lebens resultiert.

Durch die Lebensversicherung werden folgende (Basis-)Risiken abgedeckt:

- Todesfall
- Erlebensfall und
- Berufsunfähigkeitsrisiko

Weitere Angebote der Lebensversicherer decken folgende Risiken ab:

- Unfalltod
- Ausbildung und Heirat (z. B. der Kinder) sowie
- Krankheit, d. h. das Risiko eines erhöhten Kapitalbedarfs bei lebensbedrohender Krankheit (Dread-Disease-Versicherung)

Schon die Aufzählung der sehr vielfältigen Risiken, für die die Lebensversicherung dient, zeigt, dass ihre Funktionen aus der Sicht des Nachfragers sehr vielfältig sind. Die Vielfältigkeit der Funktionen und Motive bedingt eine große Zahl an Vertragsformen, die sich mal einer größeren und mal einer weniger großen Nachfrage erfreuen. Die folgende Abbildung zeigt eine Systematik der Funktionen der Lebensversicherung aus der Sicht des Versicherungsnehmers:

Funktionen einer Lebensversicherung

Sicherheitsfunktion
- Hinterbliebenenabsicherung (Ehegatten, Kinder)
- Altersabsicherung
- Berufsunfähigkeitsabsicherung

Sparfunktion
- Sparen
- Altersvorsorge

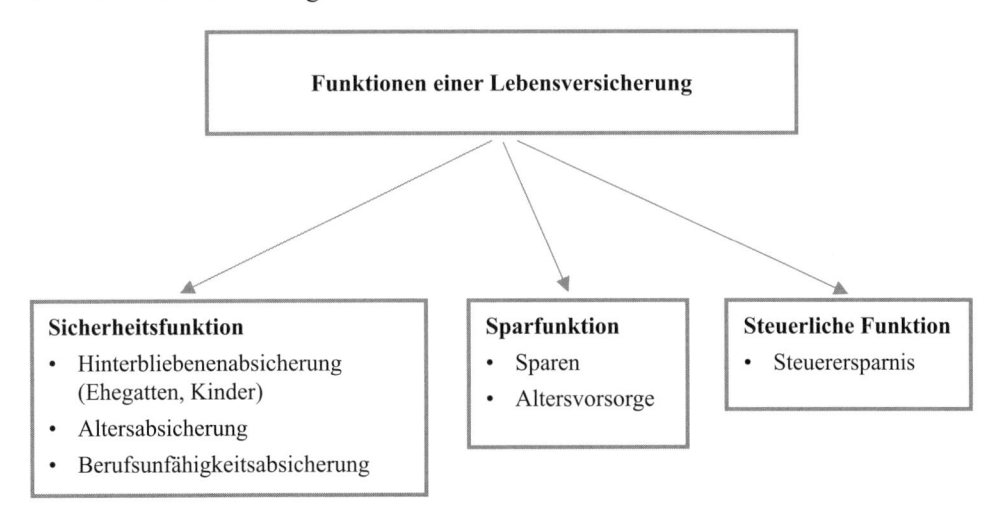

Steuerliche Funktion
- Steuerersparnis

Abbildung 38: Funktionen der Lebensversicherung

Bezüglich der Alterssicherung ist die Lebensversicherung ein wichtiger Bestandteil des heutigen 3-Schichten-Modells der Altersvorsorge (früher 3-Säulen-Modell / siehe Kapitel I, Abschnitt 4). Die Bedeutung der Eigenvorsorge im Sinne einer privaten Altersvorsorge zusätzlich zur gesetzlichen bzw. ggf. auch betrieblichen Altersvorsorge steigt aufgrund der immer größer werdenden Versorgungslücke (auch Rentenlücke genannt).

Die Struktur des Lebensversicherungsmarkts und seine Veränderung können durch drei Kriterien beschrieben werden:

- Zahl und Art (Rechtsform) der am Markt tätigen Unternehmen,
- Art und Marktanteil der verschiedenen Formen der Lebensversicherung (z. B. Risikoversicherung, Kapitallebensversicherung, fondsgebundene Lebensversicherung),
- Vertriebsform der Lebensversicherer (z. B. firmengebundene Handelsvertreter, Direktvertrieb, Makler, Allfinanzvertrieb)

In der nachfolgenden Tabelle ist nur ein Kriterium zur Darstellung der Veränderungen auf dem Lebensversicherungsmarkt – nämlich die Rechtsform – herangezogen worden:

Jahr	Gesamtanzahl VU	AG	VVaG	Öffentlich-rechtliche VU	Ausländische VU
1960	93	39	35	11	8
1970	97	39	35	12	11
1980	97	54	27	7	9
1990	110	69	25	10	6
2000	123	86	24	9	4
2010	97	73	18	4	2

Quelle: Gesamtverband der Deutschen Versicherungswirtschaft (2012), Tabelle 25.

Abbildung 39: Anzahl der Lebensversicherungsunternehmen

2.2 Geschichtliche Entwicklung der Lebensversicherung

Bereits im Altertum existierten sterbekassenähnliche Personenvereinigungen, z. B. beschäftigten sich im römischen Kaiserreich die *collegia tenuiorum* mit der Sicherung eines würdigen Begräbnisses für Leute minderen Standes. Diese Sterbekassen spielten bis in das 18. Jahrhundert in Europa eine Rolle und sind heutzutage noch in sich entwickelnden Ländern vielfach vorzufinden. Neben den Sterbekassen existierten im antiken Rom zahlreiche berufsständische Vereine, die ihren Mitgliedern nach Zahlung eines Eintrittsgeldes die Bestattungskosten ersetzten und weitere soziale Leistungen gewährten.

Im Mittelalter boten Kaufmanns- und Schiffergilden sowie Handwerkerzünfte ihren Mitgliedern Leistungen bei Krankheit, Invalidität und Tod auf der Grundlage gegenseitiger Vereinbarungen.

Als Vorläufer der modernen Rentenversicherung entwickelte sich im 13. Jahrhundert der Leibrentenkauf. Gegen Zahlung eines bestimmten Betrages an Städte, Klöster oder Privatpersonen entstand ein lebenslänglicher Rentenanspruch. Aufgrund des kirchlichen Zinsverbots kam dem Leibrentenkauf eine wichtige Funktion bei Kapitalanlage und Kapitalbeschaffung zu, da so versteckt eine Verzinsung erreicht werden konnte, deren direkte Vereinbarung verboten war.

Im 14. Jahrhundert entwickelte sich aus den Seedarlehen die Reise-Lebensversicherung. Gegen Hinterlegung eines Geldbetrages vor Reiseantritt entstand eine Zahlungsverpflichtung in vielfacher Höhe für den Fall, dass der Reisende nicht zurückkehrte; andernfalls verfiel diese. Auch wenn die Reise-Lebensversicherung ihrer Art nach mehr dem Typ einer Wette zuzuordnen ist, ist sie doch als ein Vorläufer der kurzfristigen Todesfallversicherung anzusehen.

Ihren Höhepunkt erreichten in Italien im 16. und 17. Jahrhundert die *Montes Pietates*. Dies waren zunächst kirchliche oder staatliche Leihhäuser, bei denen sich vornehmlich weniger vermögende Bürger gegen Hergabe von Pfandstücken verschulden konnten. Später boten sie jedoch auch die Möglichkeit, Aussteuerversicherungen abzuschließen. Bei der Geburt eines Mädchens konnte ein bestimmter Betrag eingezahlt werden, der im Heiratsfall in mehrfacher Höhe zurückgezahlt wurde. Er verfiel jedoch, wenn das Mädchen verstarb oder ledig blieb.

Nach dem neapolitanischen Arzt *Lorenzo Tonti* wurden die sog. *Tontinen* benannt. Hierbei handelte es sich um Anleihen, die in Form einer Leibrente verzinst wurden, wobei der jeweils jährlich gleichbleibende Zinsbetrag unter den noch lebenden Zeichnern der Anleihe aufgeteilt wurde, was eine steigende Leibrente bewirkte. Mit dem Tod des letzten Zeichners wurde die Zinszahlung eingestellt. Allerdings diente die Ausgabe der Tontinen in erster Linie der Sanierung der staatlichen Finanzen.

Bei den bisher dargestellten Vorläufern der Lebensversicherung fehlte eine auf ausreichenden Rechnungsgrundlagen aufbauende Kalkulation. Sie alle basierten – mehr oder minder – auf dem Umlageverfahren. Erst mit dem Aufschwung der Naturwissenschaften und der Mathematik (seit dem 15. Jahrhundert) wurden die Voraussetzungen für die moderne Lebensversicherungstechnik gelegt. Zu nennen sind vor allem die Entwicklung der Zinseszins- und Wahrscheinlichkeitsrechnung sowie die Beschäftigung mit der Bevölkerungs- und Sterblichkeitsstatistik. Hervorzuheben sind dabei *Simon Stevins* (1548–1620), der als Erster Zinseszinstafeln veröffentlichte, und *Edmund Halley* (1656-1742), der Sterbetafeln erfand und parallel zu *Gottfried Wilhelm Leibniz* (1646–1716) erste Zins- und Zinseszinsformeln entwickelte. *Jakob Bernoulli* (1654–1705) formulierte das Gesetz der großen Zahlen. Durch die Auswertung von Kirchenbüchern entstanden die ersten Sterblichkeitsstatistiken.

Es entwickelten sich die ersten Lebensversicherungsunternehmen, deren Tarife auf versicherungstechnischen Grundlagen beruhten:

- 1765 Gründung der Equitable in London (Verein auf Gegenseitigkeit)
- 1827 Gotha (Verein auf Gegenseitigkeit)
- 1828 Lübeck (Aktiengesellschaft) und
- 1831 Leipzig (Verein auf Gegenseitigkeit)

1870 existierten bereits 28 deutsche Lebensversicherungsgesellschaften. Die weitere Entwicklung bis 1914 wurde durch eine große Dynamik und ein kontinuierliches Wachstum bestimmt. Dabei verlor die lebenslängliche Todesfallversicherung zugunsten der Versicherung auf den Todes- und Erlebensfall an Bedeutung. Mit der Einführung der Sozialversicherung durch Bismarck (kaiserliche Botschaft von 1881) konnte der Versicherungsgedanke weiter verbreitet werden und es entwickelte sich die Volksversicherung (z. B. Volksfürsorge 1912).

Nach 1914 wurde die Entwicklung der Lebensversicherung vor allem durch zwei Krisen beeinflusst: Durch die nach dem ersten Weltkrieg einsetzende Inflation schossen die Kosten derart in die Höhe, dass 1922 die Volks- und 1923 die Großlebensversicherung eingestellt werden mussten. Schließlich vernichtete die Währungsreform 1923 nahezu den gesamten Versicherungsbestand. Die Neugeschäftsentwicklung ab 1924 entwickelte sich jedoch wieder sehr positiv; bereits 1930 konnte der ehemalige Vorkriegsbestand wieder überschritten werden.

1944 erfolgte erneut ein Zusammenbruch der deutschen Lebensversicherung. Außendienst und Verwaltung waren zerstört; durch die Abtrennung der Ostgebiete und der sowjetisch besetzten Zone gingen ca. 1/3 des Bestands und des Anlagevermögens verloren. Die Währungsreform führte zur Umstellung der Deckungsrückstellungen im Verhältnis 10 : 1. Durch die beitragspflichtige Weiterführung der Altbestände wurden die Versicherungssummen aber nicht im gleichen Verhältnis gekürzt, sondern durchschnittlich auf 60 %. Zum Ausgleich der größtenteils verlorenen Aktiva erhielten die Lebensversicherungen Ausgleichsforderungen gegen die öffentliche Hand, welche nach der Umstellung ca. 80 % des Gesamtvermögens ausmachten.

Seit der nun wiederhergestellten Stabilität konnten die Lebensversicherer ihr Geschäft wieder aufbauen, befinden sich seitdem in einer Phase starken Wachstums und konnten bezüglich der Kapitalanlagen stärker wachsen als der Bankensektor.

Einschneidende Probleme für die Lebensversicherungsunternehmen sind die Schwankungen auf den Wertpapiermärkten. Um im Wettbewerb eine attraktive Verzinsung bieten zu können, legen Lebensversicherer einen Teil ihrer Kapitalreserven in Aktien und derivativen Kapitalanlagen an. Die hohen Kursverluste von Aktien („Zusammenbruch" der Börse) nach der Jahrtausendwende und die spekulative Nutzung derivativer Kapitalanlagen hat viele Lebensversicherer in erhebliche Schwierigkeiten gebracht. In Folge der weiterhin anhaltenden Niedrigzinsphase in der Welt steigen die Herausforderungen für die Versicherungsunternehmen (siehe auch Abschnitt 2.5.2).

2.3 Hauptprodukte der Lebensversicherung

Die Hauptprodukte der Lebensversicherung können nach vier Kriterien eingeteilt werden:

- nach der Zahl der Personen, die in der Police genannt werden (Einzel- oder Gruppenversicherung),
- nach der Art des versicherten Risikos (Tod, Erlebensfall usw.),
- nach der Art der Zahlung der Versicherungsleistung (Einmalzahlung oder Rentenzahlung) und
- nach der Art des Anlagemediums (Kapitallebensversicherung, fondsgebundene LV, indexgebundene LV).

Im Folgenden werden die Hauptprodukte der Lebensversicherung erläutert. (1) bis (5) beschäftigt sich mit den verschiedenen Arten des versicherten Risikos (Todesfall, Erlebensfall, Erlebens- und Todesfall, Berufs- und Erwerbsunfähigkeit, Pflegefall). (6) behandelt neuere Formen der Lebensversicherung (Dread Disease, fondsgebundene Lebensversicherung, indexgebundene LV, Fremdwährungsversicherung, „Riester"-Produkte). (7) geht schließlich auf Gruppen- / Sammelversicherungen ein.

(1) Todesfallversicherung

Zu den Todesfallversicherungen zählen die Risikoversicherung bzw. die temporäre Todesfallversicherung, die lebenslängliche Todesfallversicherung, die Risikozusatzversicherung, die Restschuldversicherung und die Unfall-Zusatzversicherung.

(1a) Risikoversicherung/temporäre Todesfallversicherung

Die Versicherungssumme wird nur bei Tod der versicherten Person innerhalb der vertraglich vereinbarten Vertragslaufzeit ausbezahlt. Tritt der Versicherungsfall innerhalb der Vertragslaufzeit nicht ein, erhält der Versicherungsnehmer keine Beitragsrückgewähr. Da während der Laufzeit die gezahlten Beiträge für die Versicherungsleistungen – und natürlich auch die Zusatzkosten (Verwaltung, Gewinn, Sicherheitskapital) – verbraucht werden, trägt der Versicherer über die gesamte Vertragszeit ein hohes Risiko.

Eine gebräuchliche Form ist die Risikoversicherung mit veränderlichen Versicherungssummen. Dabei kann eine *linear fallende Versicherungssumme* vereinbart werden, die z. B. bei Ablauf des Vertrages null ist. Diese Form der Risikoversicherung kann folgende Zwecke verfolgen:

- Sicherung der Restschuld eines Darlehens mit konstanter Tilgungsrate,
- Sicherung eines Darlehens mit konstanter Tilgungsrate in Kombination mit einem Sparvorgang zur Absicherung eines konstanten Sparziels,
- Sicherung eines kleineren Unternehmens für den Fall des Todes von Schlüsselpersonen, wobei eine lineare Abnahme des diskontierten Human Capital aus Sicht des Unternehmens angenommen wird.

Es kann für den Versicherungsnehmer auch Sinn machen, eine Risikoversicherung mit *progressiv fallender Versicherungssumme* zu vereinbaren. Diese Form der Risikoversicherung kann folgende Zwecke verfolgen:

- Absicherung von Darlehensverträgen mit sinkendem Zinsanteil und steigender Tilgungsrate (bei konstanter Annuität),
- Sicherung eines kleineren Unternehmens für den Fall des Todes von Schlüsselpersonen, wobei eine progressive Abnahme des diskontierten Human Capital aus Sicht des Unternehmens angenommen wird.

Auch sind natürlich Kombinationen der Formen möglich, die dem Versicherungsnehmer als Paketlösung oder als innovatives und den individuellen Schutzbedürfnissen dienendes Produkt angeboten werden, aus der Sicht des Versicherers jedoch in jeder Komponente einzeln zu kalkulieren sind.

Eine weitere Form ist die Risikoversicherung mit *variabler Versicherungssumme.* Diese Form kann zum Beispiel Sinn machen, wenn ein Kontokorrentkredit abgesichert werden soll. Die Beitragsberechnung erfolgt dann monatlich gemäß der Inanspruchnahme des Kontokorrentkredits. Die Anwendung erfolgt nur bei einer Restschuldvereinbarung mit laufender Beitragszahlung zwischen Kreditinstitut und Lebensversicherer.

(1b) Lebenslängliche Todesfallversicherung

Bei der lebenslänglichen Todesfallversicherung handelt es sich um einen langfristigen Lebensversicherungsvertrag mit Sparanteil, bei dem die Versicherungssumme nur im Todesfall bezahlt wird. In der Regel endet sie mit einem Höchstalter. Sehr vereinzelt werden Auszahlungen bei Erreichung des 100. Lebensjahres vereinbart, in der Regel früher. Die Verpflichtung zur Beitragszahlung ist i. d. R. auf das Endalter von 65 oder 85 begrenzt. Die Versicherungsleistung wird auf jeden Fall erbracht, weshalb die Risikodeckung mit einem Sparvorgang kombiniert wird.

(1c) Risikozusatzversicherung

Bei der Risikozusatzversicherung handelt es sich um den Abschluss zusätzlichen Risikoschutzes mit temporär erhöhtem Todesfallrisiko. Ein Beispiel ist die Abdeckung des erhöhten Todesfallrisikos bei einer Tätigkeit auf einer Bohrinsel. Hier bietet sich statt eines individuellen Vertrags eine Gruppenversicherung an, die der Arbeitgeber abschließt. Auch hier ist eine Kombination mit diversen anderen Tarifen möglich und häufig anzutreffen.

(1d) Restschuldversicherung

Eine weitere Form ist die *Restschuldversicherung (Restkreditversicherung)*. Sie dient zum Beispiel

- zur Absicherung von Darlehen und Krediten mit begrenzten Volumina und wird von Lebensversicherern in Zusammenarbeit mit Banken (Allfinanz) angeboten,
- in Kombination mit einer Hypothek zur Abdeckung des Restkreditbetrags nach Ablauf der Zinsbindung des Kredits.

Die Restschuldversicherung kann mit anderen Versicherungen kombiniert werden, wie zum Beispiel mit der Arbeitsunfähigkeitszusatzversicherung oder der Kranken-Tagegeldversicherung.

(1e) Unfall-Zusatzversicherung

Eine mögliche Ergänzung der reinen Todesfallabsicherung ist die Unfall-Zusatzversicherung. Sie gewährt Versicherungsleistungen, wenn der Versicherte durch ein plötzlich von außen auf seinen Körper einwirkendes Ereignis unfreiwillig eine Gesundheitsstörung erleidet. Bei dieser Versicherungsform ist ein starker Rückgang beim Neugeschäft zu verzeichnen.

(2) Erlebensfallversicherung

Bei der Erlebensfallversicherung wird eine Versicherungsleistung nur dann gewährt, wenn der Versicherte zu einem vertraglich festgelegten Zeitpunkt noch lebt. Sie ist eigentlich die ideale Versicherung für diejenigen, die keine Hinterbliebenen (z. B. Kinder) haben, die sie absichern wollen.

In Deutschland wird sie vorwiegend in Form einer *Rentenversicherung* angeboten. Im Ausland, z. B. in Großbritannien, sind Lebensversicherungen, bei denen die Versicherungsleistung nur bei Erleben des Vertragsablaufes gezahlt werden, häufiger anzutreffen als in Deutschland. Aber auch in Deutschland war in den letzten Jahren eine steigende Zahl an Neuabschlüssen festzustellen (viele Einpersonenhaushalte, große Menge an ererbtem Vermögen, daher auch häufig Abschluss gegen Einmalbetrag). In Zeiten der Niedrigzinsphase sind diese Kapitalisierungsgeschäfte attraktive Produkte, die oft auch über den Bankvertrieb getätigt worden sind und als kurzfristige Kapitalanlage angesehen wurden („Abbruchversicherung"). Mit dem Ergebnis, dass die Bundesanstalt für Finanzdienstleistungsaufsicht (BaFin) diese Versicherungsgeschäfte zum Schutz der Bestandskunden des jeweiligen Lebensversicherers deckelte und strengere Auflagen für die Anbieter festlegte (Liquiditätsplanung, festgelegte Laufzeiten etc.; Rundschreiben 8/2010 – VA.).

Nachfolgend werden einige Formen der Rentenversicherung erläutert.

(2a) Aufgeschobene Rente, Rentenzahlung beginnt nach vertraglich vereinbarter Aufschubzeit

Diese Form wird mit und ohne Beitragsrückgewähr angeboten (bei Tod des Versicherungsnehmers Übertragung an Hinterbliebene möglich).

Eine Rentengarantie innerhalb der ersten 5 bis 15 Jahre ist üblich. Bei Tod des Versicherungsnehmers erfolgt bei Rentenzahlung oder Einmalzahlung die Kapitalisierung der Ansprüche an die Hinterbliebenen.

(2b) Sofort beginnende Leibrente gegen Einmalzahlung

Bei ihr legt das Versicherungsunternehmen den Einmalbetrag am Kapitalmarkt an (kein festgelegter, sondern ein schwankender Zinssatz). Die Vereinbarung einer Todesfallleistung ist möglich (Einmalbetrag abzüglich bereits gezahlter Rentenbeträge).

(2c) Leibrente

Die Leibrente ist an den Leib des Versicherungsnehmers gebunden, d. h. die Zahlung der Rente endet mit dem Tod des Versicherungsnehmers.

Varianten der Leibrenten sind:

- mit Option auf Witwen-(Witwer-)Rente der mitversicherten Person (60 % der Leibrente); diese Option verfällt bei vorzeitigem Tod der mitversicherten Person
- mit Option auf zwei gleichberechtigte Personen; volle Rentenzahlung, bis eine der Personen verstirbt, danach 60 %
- mit Option auf Waisenrente (i. d. R. 20 %) bis zur Vollendung des 21. Lebensjahres

(2d) Zeitrente

Bei der Zeitrente erfolgt die Zahlung für eine vertraglich festgelegte Zeitdauer, unabhängig vom möglichen Ableben des Versicherungsnehmers. Allerdings finden Zeitrentenverträge nur begrenzt Anwendung, z. B. als Rente, die einer Leibrente vorgeschaltet ist, oder als Zusatzleistung einer fondsgebundenen Lebensversicherung.

(3) Erlebens- und Todesfallversicherung

Die Erlebens- und Todesfallversicherung – auch (gemischte) Kapitallebensversicherung genannt – ist die klassische Lebensversicherung. Sie ist am weitesten verbreitet. Allerdings haben neuere Vertragsformen zu einem rückläufigen Marktanteil geführt.

Bei der Erlebens- und Todesfallversicherung ist die Versicherungssumme bei Tod des Versicherungsnehmers innerhalb der vertraglich festgelegten Zeit, spätestens aber bei Ablauf der Versicherung fällig.

Folgende Optionen der Vertragsgestaltung werden üblicherweise angeboten:

- mit gleich hoher Versicherungsleistung im Todes- und Erlebensfall,
- mit erhöhter Erlebensfallleistung,
- mit mehreren Teilauszahlungen (aufgrund steuerlicher Aspekte frühestens nach 12 Jahren beginnend),
- Zuzahlungen zur Leistungserhöhung, zur Reduzierung der laufenden Prämien oder zur Verkürzung der Prämienzahlungs- und / oder Versicherungsdauer. Hierbei sind steuerliche Beschränkungen zu beachten.
- Terminfixversicherung: Zahlung der Versicherungssumme bei Ablauf des Vertrages (fester Termin), unabhängig davon, ob die versicherte Person vorzeitig verstirbt oder nicht. Bei Tod der versicherten Person vor Vertragsablauf erfolgt eine Beitragsfreistellung. Anwendung findet dieser Tarif bevorzugt zur Finanzierung der Ausbildung von Kindern. Eine Variante der Terminfixversicherung ist die Aussteuerversicherung. Hierbei wird eine Kapitalleistung bei Eheschließung des versicherten Kindes, spätestens jedoch bei Erreichen des 25. Lebensjahres gezahlt.

- Auf verbundene Leben: Versicherung auf zwei Leben, bei der die Versicherungsleistung bei Tod der zuerst sterbenden versicherten Person oder bei Ablauf der Versicherung fällig wird.

Es gibt auch so genannte *dynamische Versicherungen*, bei denen Beitragszahlungen und Leistungen an die jeweilige Einkommensentwicklung angepasst werden. Versicherungsmathematisch handelt es sich um eine Bündelung von nacheinander abgeschlossenen Verträgen, d. h. jede Erhöhung wird als ein gesonderter Vertragsabschluss kalkuliert, dies ist natürlich für den Versicherungsnehmer nicht transparent und erscheint wie ein Vertrag. Primäres Ziel der dynamischen Versicherung ist die Anpassung der Versicherungsleistung an den steigenden Lebensstandard. Sekundäres Ziel ist der Ausgleich der Geldentwertung. Üblich ist die jährliche Anpassung der Beiträge (zu bestimmten Stichtagen) ohne erneute Gesundheitsüberprüfung. Dabei handelt es sich meist um eine Beitragserhöhung um einen vertraglich vereinbarten Prozentsatz (i. d. R. 1–10 %).

(4) Berufs- und Erwerbsunfähigkeitsversicherung

(4a) Berufsunfähigkeitsversicherung

Unter Berufsunfähigkeit wird eine durch Krankheit, Körperverletzung oder Kräfteverfall hervorgerufene Unmöglichkeit, den bisherigen Beruf bzw. eine ähnliche Tätigkeit auszuüben, verstanden.

Die Berufsunfähigkeitsversicherung kann als selbstständige Versicherung abgeschlossen werden. Weiter verbreitet ist jedoch die Form einer Berufsunfähigkeits-Zusatzversicherung (BUZ) bei weitgehend identischen Leistungen, die zusätzlich zu einer Erlebens- und Todesfallversicherung gegen verhältnismäßig geringen Prämienaufpreis angeboten wird.

Die Leistungen der Berufsunfähigkeitsversicherung umfassen

- eine Kapital- oder Rentenleistung im Falle der Berufsunfähigkeit,
- die Beitragsfreistellung bei einer laufenden Lebensversicherung nach Eintritt der Berufsunfähigkeit sowie
- eine Kapitalleistung (Einmalzahlung) als Wiedereingliederungshilfe (z. B. sechs Monatsrenten), wenn der Versicherte nach einer Phase der Berufsunfähigkeit wieder in das Erwerbsleben zurückkehrt.

Das Mindestalter für den Abschluss der Versicherung beträgt 15 Jahre. Es ist eine steigende Zahl an Neuabschlüssen von Lebensversicherungen mit BUZ zu verzeichnen, was zum großen Teil mit der Reform der Gesetzlichen Rentenversicherung zum 1.1.2001 erklärt werden kann. Für nach dem 1.1.1961 geborene Arbeitnehmer gewährt die Gesetzliche Rentenversicherung seitdem nur noch eine Erwerbsminderungsrente und nicht mehr die Berufs- und Erwerbsunfähigkeitsrente.

Viele Verträge enthalten eine Option auf Umwandlung in eine lebenslängliche Rente, wenn

- die Rentenzahlungsdauer bis zum 65. Lebensjahr vereinbart ist,
- die Berufsunfähigkeit spätestens bis zum 50. Lebensjahr eingetreten ist und
- diese ununterbrochen bis zum 65. Lebensjahr anhält.

(4b) Erwerbsunfähigkeits-(Zusatz-)Versicherung (EUZ)

Bei der Erwerbsunfähigkeit ist der Arbeitnehmer nicht in der Lage, irgendeine Erwerbstätigkeit in gewisser Regelmäßigkeit, z. B. täglich zwei Stunden, auszuüben. Sie ist bisher wenig verbreitet, allerdings wird ihr Potenzial aufgrund der gesetzlichen Neuregelung der Gesetzlichen Rentenversicherung (Erwerbsminderungsrente) hoch eingeschätzt. Sie kann zielgruppenorientiert angeboten werden, z. B. bei einer Erwerbsunfähigkeit aufgrund einer bestimmten Erkrankung wie Multipler Sklerose (MS).

(5) Pflegeversicherung

Pflegebedürftigkeit liegt vor, wenn eine Person wegen Krankheit oder Behinderung für die regelmäßig wiederkehrenden Verrichtungen des täglichen Lebens (An- und Auskleiden, Einnehmen von Mahlzeiten usw.) auf Dauer erhebliche Hilfe benötigt. Zum Teil wird das Pflegefallrisiko durch die gesetzliche Pflegepflichtversicherung abgedeckt, die Leistungen für häusliche und stationäre Pflege umfasst. Da die Leistungen der gesetzlichen Pflegepflichtversicherung nur eine Grundsicherung darstellen, gibt es die freiwillige Pflegeversicherung. Sie hat eine steigende Bedeutung in der Absicherung des Pflegerisikos und weist aufgrund der wachsenden Zahl alter Menschen und des Wandels der familiären Strukturen ein großes Potenzial auf.

Eine Veröffentlichung des Bundesministeriums für Gesundheit („Zahlen und Fakten zur Pflegeversicherung" 2013) verdeutlicht diese Herausforderung: In Deutschland erhalten derzeit insgesamt 2,5 Millionen Menschen jeden Monat Leistungen aus der sozialen und privaten Pflegeversicherung. Das Risiko der Pflegebedürftigkeit liegt bei Menschen zwischen 60 und 80 Jahren bei 4,2 %. In der Altersgruppe der über 80-Jährigen liegt das Pflegerisiko bereits bei 28,8 %. Dies macht die hohe Altersabhängigkeit des Pflegerisikos deutlich. Im Jahr 2020 werden laut Prognose 2,8 Millionen Menschen in Deutschland pflegebedürftig sein. Bis 2030 soll die Zahl auf 3,2 Millionen Menschen steigen.

(5a) Selbstständige Pflegerentenversicherung (PRV)

Die selbstständige Pflegerentenversicherung wird in Deutschland nur von wenigen Versicherern angeboten. Sie kann mit laufender oder einmaliger Beitragszahlung finanziert werden. Sie umfasst drei Leistungskomponenten:

1. Eine Rente (einschließlich Beitragsbefreiung) für die Dauer der Pflegebedürftigkeit (frühestens nach sechs Monaten),

2. unabhängig vom Gesundheitszustand des Versicherten eine Altersrente ab dem 80. oder 85. Lebensjahr und

3. eine Todesfallleistung von mindestens 24 und höchstens 36 Monatsrenten abzüglich bereits erbrachter (Leib- oder Pflege-) Rentenzahlungen.

Die Leistungen der PRV enden, wenn

- ein Absinken des Pflegeaufwandes unter Stufe I erfolgt,
- die Zahlung einer Altersrente beginnt oder
- der Versicherungsnehmer stirbt.

(5b) Pflegerenten-Zusatzversicherung (PRZ)

Bei der Pflegerenten-Zusatzversicherung (PRZ) findet kein Kapitalbildungsprozess wie bei der PRV statt. Sterbegeld und Leibrente als zusätzliche Leistungskomponenten entfallen bei dieser Form der Lebensversicherung.

Tritt der Pflegefall ein, setzt eine Beitragsbefreiung für die Haupt- und Zusatzversicherung ein. Die Hauptleistung der PRZ ist die Zahlung einer Rente (bei sechsmonatiger Wartezeit). Die Rente wird lebenslänglich gezahlt.

Ergänzende Zusatzleistungen privater Krankenversicherer sind eine Pflegetagegeldversicherung und eine Pflegekostenversicherung (Pflegeergänzungsversicherung). Sie tragen den Charakter einer Schadenversicherung mit Selbstbeteiligung (zur Bekämpfung von Moral Hazard).

(6) Neuere Formen der Lebensversicherung

(6a) Dread-Disease-Deckung (DDD)

Die DDD gewährt eine vertraglich festgelegte Versicherungsleistung, wenn eine schwere Erkrankung festgestellt wird, die in dem Versicherungsvertrag als Versicherungsfall definiert ist, wie z. B.:

- (schwerer) Herzinfarkt
- Schlaganfall (mit neurologischen Folgeschäden)

- Notwendigkeit einer Bypassoperation
- Krebs
- Multiple Sklerose
- chronisches Nierenversagen

Die DDD wird als Zusatzversicherung bei der temporären Todesfallversicherung und bei der Erlebens- und Todesfallversicherung von Lebensversicherern angeboten, während die selbständige DDD-Versicherung in der Krankenversicherung anzusiedeln ist.

Mögliche Ausgestaltungen im Bereich der Lebensversicherung sind:

- Zusätzliche Kapitalzahlung zur Hauptversicherung und Beitragsbefreiung der Hauptversicherung bei Schadeneintritt; Versicherungsleistung erst nach einer gewissen Wartezeit (ca. 1 Monat nach Diagnose), um sicherzustellen, dass der Versicherungsnehmer nicht schon kurze Zeit nach Diagnosefeststellung verstirbt, um so also eine Doppelzahlung zu vermeiden.
- Als teilweiser oder vollständiger Vorgriff auf die Versicherungssumme der Hauptversicherung; dieses ist die am häufigsten anzutreffende Variante der DDD.

Es bestehen starke länderspezifische Unterschiede bezüglich der versicherten Risiken und der Ausgestaltung der Produkte. „Lücken" in der sozialen Sicherung fördern die Nachfrage nach DDD. Die DDD wird in Deutschland steuerlich begünstigt, soweit sie Standardrisiken – entsprechend der obigen Liste – absichert. Als Kritik gegen den Katalog der Standardrisiken wird zu Recht eingewandt, dass dieser recht subjektiv zusammengestellt ist.

Zusätzliche Versicherungsmöglichkeiten bestehen bezüglich diverser Risiken, z. B.:

- Parkinson'sche Krankheit
- Querschnittslähmung und / oder Lähmung von mindestens 2 Extremitäten
- Blindheit, Taubheit oder Sprachverlust
- Verbrennungen 3. Grades

Der Deckungsumfang der DDD kann neben einer reinen Kapitalleistung folgende Leistungen umfassen:

- Finanzierung von besonderen Heilverfahren und Therapiemaßnahmen und evtl. damit verbundener Reisen / Auslandsaufenthalte,
- Investitionskosten für ein leidensgerechtes Umfeld: Umbau und Umzug (speziell bei Multipler Sklerose), Kinderbetreuung, häusliche Krankenpflege,
- Abwicklung von Nachlassangelegenheiten (Tilgung von Verbindlichkeiten noch zu Lebzeiten),
- Finanzierung lang gehegter persönlicher Wünsche (z. B. Reisen).

(6b) Fondsgebundene Lebensversicherung (FLV)

Bei der fondsgebundenen Lebensversicherung ist die Versicherungsleistung nicht in Geldeinheiten definiert, sondern in Anteilen an einem Fondsvermögen, da die Anlage der Sparbeiträge in Anteilen an Investmentfonds (Beteiligungsfonds, Immobilienfonds, Wertpapierfonds – Aktien, Renten – oder gemischte Fonds) erfolgt.

Folgende Aspekte sind dabei von Bedeutung:

- Feste Beitragszahlung mit ungewisser Ablaufleistung (garantierte Verzinsung nur vereinzelt gegen entsprechende Prämienzuschläge möglich); der Versicherungsnehmer trägt das Anlagerisiko.
- I. d. R. niedrigere Rendite bei den Managed Fonds gegenüber originären Fonds, weil das Fondsmanagement in Fonds investiert, welche wiederum in Fonds investieren (Fondspicker); dadurch fallen (mehrfach) Gebühren an.
- Es kann ein flexibler Fondswechsel vereinbart werden (i. d. R. einmal jährlich ohne oder mehrmals jährlich mit zusätzlichen Gebühren).
- Überwiegende Formen der fondsgebundenen Lebensversicherung sind die Versicherung auf den Todes- und Erlebensfall, Rentenversicherung, BU mit zusätzlichem Fondsanteil (relativ neu).
- Die Beiträge für die Risikotragung werden nachschüssig dem Fondsvermögen entnommen.
- Zu Beginn wird meist eine eher volatile Fondswahl zur Renditeerzielung, später ein Wechsel in weniger volatile und somit risikoärmere, aber auch renditeschwächere Fonds empfohlen.
- Die Versicherungsleistung kann erfolgen in Form von
  - Wertpapieren aus dem Fonds oder
  - einem entsprechenden monetären Gegenwert (Anteilen)
- Der Versicherungsnehmer erhält jährlich Informationen über
  - die Höhe des Todesfallschutzes,
  - die Anzahl an Anteilseinheiten,
  - den Wert einer Anteilseinheit und
  - den Gesamtwert der Anteilseinheiten.
- Die FLV besitzt eine erheblich höhere Stornoquote als konventionelle Kapitallebensversicherungen.

- Die FLV verursacht i. d. R. höhere Verwaltungskosten als die konventionellen Lebensversicherungsprodukte (aufgrund der Fondsverwaltung, Information der Versicherungsnehmer, Fondsumwandlung usw.).

Die FLV ist in Deutschland von 5,7 % Beitragsanteil in der Lebensversicherung im Jahr 2001 kontinuierlich gestiegen und stabilisiert sich in den letzten Jahren auf einen Beitragsanteil von über 14 %. Im Vergleich dazu haben die Renten- und Pensionsversicherungen einen Beitragsanteil um 35 % bzw. die Kapitalversicherung um 30 % (Stand 2012).

(6c) Indexgebundene Lebensversicherung

Bei der indexgebundenen Lebensversicherung ist die Versicherungsleistung indexiert, d. h. verändert sich mit der Entwicklung eines vertraglich vereinbarten Indikators (Indexes). Die Wertentwicklung der Lebensversicherung ist also an einen Index (z. B. DAX, EuroSTOXX) gekoppelt.

Diese Versicherung wird vorwiegend als Erlebens- und Todesfallversicherung angeboten, ist jedoch in Deutschland kaum verbreitet. In Großbritannien hat sie eine wesentlich höhere Bedeutung, allerdings mit einem hohen Anteil an Verträgen mit einer kurzen Laufzeit (3–5 Jahre).

(6d) Fremdwährungsversicherung

Es handelt sich um eine Lebensversicherung mit Geldanlage in einer anderen als der heimischen Währung (US-Dollar, Schweizer Franken etc.). Sie dient der Absicherung gegen Währungsschwäche, z. B. im Euro-Raum.

(6e) „Riester"-Produkte

Die bedrohliche finanzielle Lage der Gesetzlichen Rentenversicherung hat immer wieder zu Reformen, i. d. R. Kürzungen der Leistungen der Rentenversicherung, geführt. Die Reform, die im Jahre 2001 verabschiedet wurde, besteht aus zwei Gesetzen:

- dem Altersvermögensergänzungsgesetz (AVmEG) und
- dem Altersvermögensgesetz (AVmG).

Das AVmEG fügt sich in die Reihe der Rentenkürzungsgesetze ein, indem es das Rentenniveau von 71 % auf 67 % absenkt und die Hinterbliebenenrente von 60 % auf 55 % reduziert.

Das AVmG enthält zwei wesentliche Komponenten. Zum einen wird die betriebliche Altersvorsorge reformiert, indem

- Pensionsfonds eingeführt werden und
- die betriebliche Altersvorsorge in die Förderung mit einbezogen wird.

Zum anderen enthält das AVmG ein Förderungsprogramm der privaten Altersvorsorge. Ziel ist es, die umlagefinanzierte gesetzliche Rentenversicherung durch die nach dem Kapitaldeckungsverfahren arbeitende Individualversicherung zu ergänzen.

Die Förderung erfolgt durch Zulagen und steuerliche Absetzbarkeit (§ 10a EStG). Gefördert werden Personen, die in der Gesetzlichen Rentenversicherung versichert sind, aber nur bezüglich solcher Produkte der privaten Alterssicherung, die den Bedingungen des Altervorsorgezertifizierungsgesetzes (AltZertG) genügen. Dabei besteht für den Versicherten das Recht, die Produkte zu wechseln, d. h. es besteht ein Anspruch auf Entgeltumwandlung. Nach dem Inkrafttreten der Gesetze am 1.1.2001 haben Lebensversicherungsunternehmen entsprechende Produkte zertifizieren lassen. Allerdings sind die nach dem früheren Bundesarbeitsminister genannten Riester-Produkte – trotz der massiven staatlichen Förderung – nicht in dem Umfang gekauft worden wie erwartet. Auch sind die Deckungsbeiträge aus Sicht der Versicherer wegen der hohen Verwaltungskosten und der Wechselmöglichkeit für den Versicherten eher enttäuschend. Ein sinnvoller Abschluss dieser Produkte ist trotz staatlicher Förderung (Grund- und Kinderzulagen) und steuerlicher Absetzbarkeit abhängig von der persönlichen Situation des Kunden: unter den derzeit gegebenen Rahmenbedingungen insbesondere für kinderreiche Sparer mit einem Rentenanspruch über der Grundsicherung. Daher fordert die Versicherungsbranche von der Politik auch die Aufhebung der Vollanrechnung der Riester-Rente auf die Grundsicherung im Alter, denn das originäre Ziel dieser privaten Vorsorgeoption war und ist die Senkung der Altersarmut in Deutschland.

(7) Gruppen- / Sammelversicherung

Neben der Individualpolice werden Versicherungen für eine ganze Personengesamtheit angeboten. Dies spart vor allem Abschluss- und Verwaltungskosten.

(7a) Firmengruppenversicherungen

Sie dient zur Sicherung der Alters- und Hinterbliebenenversorgung der Arbeitnehmer eines Unternehmens oder einer Unternehmensgruppe. Der zu versichernde Personenkreis muss dabei nach objektiven Merkmalen fest umschrieben sein. Auf eine Gesundheitsprüfung wird in der Regel verzichtet.

Bei der Firmengruppenversicherung wird zwischen rabattierten Einzeltarifen und Sondertarifen unterschieden. Rabattierung der Einzeltarife um bis zu 3 % sind möglich, sofern mindestens 10 Arbeitnehmer und mindestens 50 % des umschriebenen Personenkreises versichert sind. Sondertarife mit niedrigeren Zuschlägen für Abschluss und laufende Verwaltungskosten als bei Einzeltarifen sind möglich, sofern mindestens 10 Arbeitnehmer und mindestens 90 % des umschriebenen Personenkreises versichert sind.

(7b) Vereinsgruppenversicherung

Es handelt sich um eine Gruppenversicherung auf das Leben der Mitglieder einer Vereinigung, mit Vergünstigungen gegenüber der Einzelversicherung durch Beitragsermäßigung und vereinfachte Gesundheitsprüfung. Ein großer Teil dieser Versicherungen sind Sterbegeldversicherungen.

(7c) Sammelinkasso-Versicherungsvertrag

Der Arbeitgeber verpflichtet sich bei dieser Form zur gesamten Übermittlung der Versicherungsbeiträge an den Versicherer im Namen und auf Rechnung der Versicherungsnehmer. Ihm obliegen jedoch noch weitere Nebenpflichten, z. B. Inkassokontrolle und Bestandspflege. Der Versicherer darf dabei einen Nachlass von bis zu 3 % auf die Beiträge einräumen.

2.4 Kalkulation der Lebensversicherungsprämie

2.4.1 Überblick

Wie in der Schadenversicherung ist die Versicherungsprämie (bzw. der Versicherungsbeitrag) in der Lebensversicherung der Preis für das Wirtschaftsgut Versicherungsschutz. Die Versicherungsprämie ist die Gegenleistung für das Risikogeschäft und gegebenenfalls für das Spar- / Entspargeschäft und für das Dienstleistungsgeschäft.

Die Kalkulation der Lebensversicherungsprämie beruht, wie bei allen Individualversicherungen (im Gegensatz zur Sozialversicherung), auf dem Prinzip der Gleichheit von Leistung und Gegenleistung (versicherungstechnisches Äquivalenzprinzip). Die Lebensversicherung weist jedoch eine Besonderheit auf, nämlich dass sie meist über sehr lange Zeiträume läuft und damit Leistung und Gegenleistung nicht in die gleiche Periode fallen (Problematik der Langfristkontrakte).

Um eine Vergleichbarkeit der Leistungen und Gegenleistungen über größere Zeiträume (Langfristverträge) herzustellen, sind diese mittels Rechnungszinsfuß auf einen einheitlichen Zeitpunkt zu beziehen. Normalerweise erfolgt eine Diskontierung auf den Versicherungsbeginn. Gemäß Äquivalenzgleichung gilt:

Barwert der künftigen Beiträge = Barwert der künftigen Leistung
(diskontierte Einnahmen)   (diskontierte Ausgaben)

Der Ungewissheit über Beitragszahlungsdauer und Eintritt des Versicherungsfalls wird durch Einbeziehung von Wahrscheinlichkeiten (Sterbe-, Heirats- und Berufsunfähigkeitswahrscheinlichkeiten) Rechnung getragen. Daher hat das Äquivalenzprinzip nicht für jeden einzelnen Vertrag, sondern nur für die Gesamtheit der Verträge Gültigkeit. Daneben müssen auch die Abschlusskosten und die laufenden Kosten des Versicherers berücksichtigt werden. Somit gehören

- der Rechnungszinsfuß,
- die Wahrscheinlichkeiten,
- die Kostenzuschläge und
- sonstige Zuschläge und Rabatte

zu den Rechnungsgrundlagen (RG) der Prämienkalkulation in der Lebensversicherung.

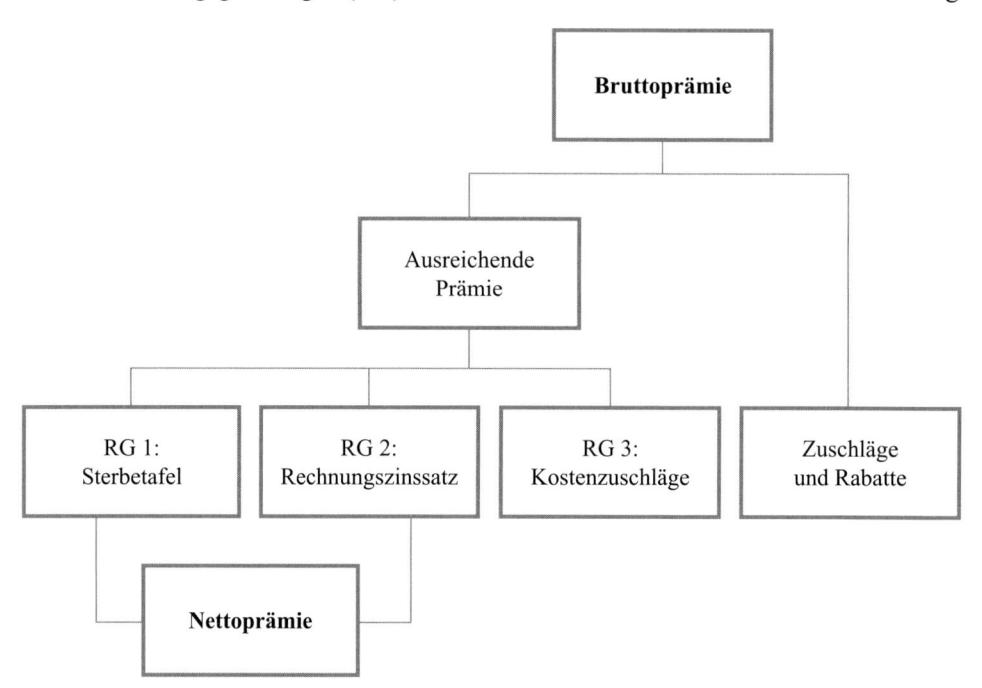

```
                    ┌──────────────┐
                    │ Bruttoprämie │
                    └──────┬───────┘
                           │
              ┌────────────┴────────────┐
              │     Ausreichende        │
              │        Prämie           │
              └────────────┬────────────┘
     ┌──────────┬──────────┼──────────┬──────────┐
  ┌──┴───┐  ┌───┴────┐  ┌──┴────┐  ┌──┴──────┐
  │RG 1: │  │ RG 2:  │  │ RG 3: │  │Zuschläge│
  │Sterbe│  │Rechnung│  │Kosten-│  │   und   │
  │tafel │  │zinssatz│  │zuschl.│  │ Rabatte │
  └──┬───┘  └───┬────┘  └───────┘  └─────────┘
     │         │
     └────┬────┘
     ┌───┴────────┐
     │Nettoprämie │
     └────────────┘
```

Abbildung 40: Prämienzusammenhänge

Der *Rechnungszinsfuß* ist derjenige Zinssatz, mit dem die Leistungen des Versicherers und die Beiträge des Versicherten auf den Versicherungsbeginn diskontiert werden. Daher beeinflusst der Zinsfuß die Prämienkalkulation in zweifacher Hinsicht: Je höher der Rechnungszinsfuß und je länger die Versicherungsdauer ist, desto niedriger ist die Prämie (bei gegebener Versicherungssumme). Dies macht sich vor allem bei Lebensversicherungen mit einem hohen Sparanteil bemerkbar, wie z. B. einer gemischten Kapitallebensversicherung, da dort ein großer Teil der Prämie als *Sparanteil* verzinslich angelegt wird. Aufgrund der Langfristigkeit der Lebensversicherung müssen diese Kapitalerträge in der Prämienkalkulation berücksichtigt werden. Da die zukünftige Verzinsung dieser Kapitalanlagen jedoch ungewiss ist, wird mit einem gleich bleibenden Zinsfuß kalkuliert, dessen Höhe aus Sicherheitsgründen so gewählt sein muss, dass dessen Erzielbarkeit langfristig sichergestellt ist.

Verschiedene Institutionen geben eine Empfehlung über die Höhe dieses Zinssatzes ab, z. B. die Deutsche Aktuarvereinigung (DAV), der Gesamtverband der Versicherungswirtschaft (GDV) und die Bundesanstalt für Finanzdienstleistungsaufsicht (BaFin). Die Entscheidung über die Höhe wird jedoch vom Bundesfinanzministerium getroffen. Der Garantiezins richtet sich nach der Entwicklung der Renditen von langfristigen (10-jährigen) Bundesanleihen. Der höchste Garantiezins – in Höhe von 4 % p.a. – wurde den Versicherungskunden von Mitte 1994 bis Mitte 2000 zugesichert. Seit diesem Zeitpunkt sank der Garantiezins kontinuierlich bis dato auf 1,75 % p.a. (seit 1.1.2012). Die zum jeweiligen Zeitpunkt ‚neuen' Garantieverzinsungen gelten aber nur für das Neugeschäft, d. h. die Bestandsverträge werden bis zu Vertragsende weiterhin zu der bei Vertragsabschluss zugesicherten Mindestverzinsung geführt. Die nachfolgende Abbildung zeigt die Entwicklung des Garantiezinses im Zeitablauf.

Kapitel II Grundzüge der Versicherungstechnik ausgewählter Branchen

Garantieverzinsung im Zeitablauf

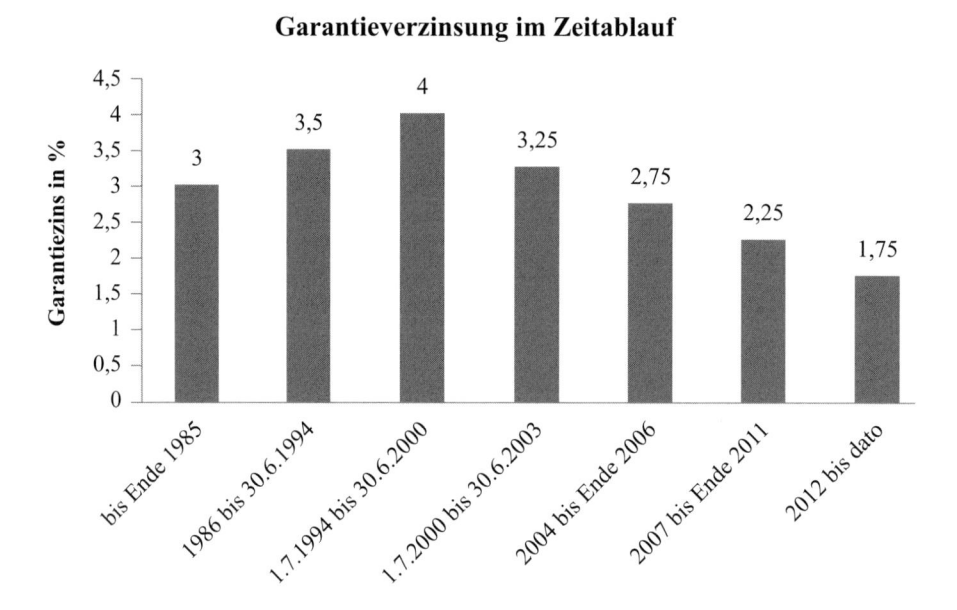

[Balkendiagramm: Garantiezins in %]
- bis Ende 1985: 3
- 1986 bis 30.6.1994: 3,5
- 1.7.1994 bis 30.6.2000: 4
- 1.7.2000 bis 30.6.2003: 3,25
- 2004 bis Ende 2006: 2,75
- 2007 bis Ende 2011: 2,25
- 2012 bis dato: 1,75

Abbildung 41: Zeitliche Entwicklung des Garantiezinses

Aufgrund dieser Entwicklung sehen sich vor allem Lebensversicherungsunternehmen mit einem hohen Bestand an Altverträgen und somit hohen Garantiezinsversprechen vor der Herausforderung einer rentablen Kapitalanlage. Es wird immer schwerer, eine auskömmliche Rendite zu adäquatem Risiko zu erzielen.

Die korrekte Bezeichnung des Rechnungszinsfußes lautet nicht Garantiezins, sondern „Höchstrechnungszinssatz". Dieser Zinssatz stellt die von dem Lebensversicherer garantierte Mindestverzinsung des Sparanteils dar. Der für die Kalkulation verwendete Zinssatz darf den vom Bundesministerium vorgegebenen Höchstzinssatz nicht übersteigen, kann ihn aber unterschreiten, was aufgrund des intensiven Wettbewerbs auf dem Lebensversicherungsmarkt i. d. R. aber nicht vorkommt.

Die Garantieverzinsung bezieht sich nur auf den Sparanteil der Beiträge. Der Beitrag enthält auch einen allgemeinen Verwaltungskostenanteil, einen Risikoanteil und einen Abschlusskostenanteil. Die garantierte Rendite auf die eingezahlten Beiträge liegt deshalb unter dem Höchstzinssatz.

Wahrscheinlichkeiten werden benötigt, um den Eintritt des Versicherungsfalles berechenbar zu machen. Diese werden den so genannten Ausscheideordnungen, in der Lebensversicherung vor allem den Sterbetafeln, entnommen, die den Abbau einer Personengesamtheit unter Berücksichtigung von einer oder mehreren Ausscheideursache(n) (Tod, Berufsunfähigkeit) abbilden.

Gerade in der Lebensversicherung mit ihren in der Regel sehr langen Laufzeiten (im Durchschnitt 27 Jahre bei einer Kapitallebensversicherung) sind die Rechnungsgrundlagen in ihrer künftigen Entwicklung schwer abschätzbar. Aufgrund von Veränderungen der Mortalitätsrate ist eine Anpassung erforderlich. Da jedoch bei Vertragsabschluss konstante Beiträge vereinbart werden, werden die Unsicherheiten bei der Kalkulation durch Sicherheitszu- bzw. -abschläge bei den Rechnungsgrundlagen berücksichtigt.

Für die tatsächliche Auszahlung am Ende des Vertrages, die Rendite der so genannten Ablaufleistung, ist der bei Vertragsbeginn festgelegte Garantiezins als Untergrenze zu verstehen. Zusätzlich wird die Überschussbeteiligung aus der laufenden Verzinsung gezahlt. Die Überschussbeteiligung wird auf den Sparanteil der Policen angerechnet, also den Teil der Beiträge, der abzüglich der Kosten für Abschluss und Verwaltung sowie den Risikoschutz am Kapitalmarkt angelegt wird.

Die Rendite der Ablaufleistung sinkt seit 2001. Der Durchschnitt der Versicherer erwirtschaftet für den Zeitraum von zwölf Jahren derzeit gut 3 % p.a. Rendite. Ein Versicherungsvertrag mit 30 Jahren Laufzeit bringt im Branchenschnitt 5 % p.a. Rendite – somit kein Vergleich zu den früheren hohen Renditen von 7 % p.a.

2.4.2 Nettoprämienberechnung

Die Kalkulation der Nettoprämie der Lebensversicherung beruht auf der Sterbetafel und dem Rechnungszinsfuß. Diese beiden Rechnungsgrundlagen lassen sich in einer kalkulatorischen Sterbetafel vereinen. Im Folgenden wird die Sterbetafel der Deutschen Aktuarvereinigung (DAV) dargestellt. Sie bezieht sich auf Männer und verwendet einen Rechnungszinsfuß von 1,75 % p.a. Die Altersskala läuft von 0 bis 121.

Dabei haben die Symbole folgende Bedeutung:

x: Alter, mit $x \in \{0;...;\omega\}$

l_x: Anzahl lebender x-jähriger

d_x: Anzahl derer, die im Zeitraum x bis $x+1$ verstorben sind

D_x: diskontierte Anzahl der Lebenden $= l_x \cdot v^x$

C_x: diskontierte Anzahl der Toten $= d_x \cdot v^x$

N_x: Summe der D_x (diskontierte Anzahl der Lebenden)

M_x: Summe der C_x (diskontierte Anzahl der Toten)

v^x: Abzinsungsfaktor $= (1+i)^{-x}$

i: Zinssatz

	l_x	d_x	D_x	N_x	C_x	M_x
0	1.000.000	6.113	1.000.000,000	41.709.632,388	6.007,862	282.635,315
1	993.887	420	976.793,120	40.709.632,388	406,077	276.627,453
2	993.467	341	959.587,162	39.732.839,267	323,478	276.221,376
3	993.126	273	942.759,728	38.773.252,106	254,800	275.897,898
4	992.853	218	926.290,387	37.830.492,378	200,279	275.643,098

...

	l_x	d_x	D_x	N_x	C_x	M_x
35	974.903	873	531.198,585	15.552.302,714	467,246	263.714,263
36	974.031	920	521.595,246	15.021.104,129	484,430	263.247,017
37	973.110	978	512.139,890	14.499.508,883	505,848	262.762,587
38	972.132	1.053	502.825,739	13.987.368,993	535,194	262.256,739
39	971.079	1.147	493.642,436	13.484.543,254	572,965	261.721,545
40	969.933	1.262	484.579,307	12.990.900,818	619,595	261.148,580
41	968.671	1.402	475.625,424	12.506.321,512	676,393	260.528,985
42	967.269	1.570	466.768,741	12.030.696,088	744,536	259.852,592
43	965.699	1.770	457.996,241	11.563.927,347	825,068	259.108,056
44	963.929	2.007	449.294,087	11.105.931,106	919,342	258.282,987
45	961.922	2.274	440.647,329	10.656.637,018	1.023,774	257.363,646
46	959.648	2.561	432.044,854	10.215.989,689	1.133,295	256.339,871
47	957.087	2.855	423.480,812	9.783.944,836	1.241,517	255.206,576
48	954.232	3.151	414.955,841	9.360.464,024	1.346,618	253.965,060
49	951.081	3.452	406.472,390	8.945.508,183	1.450,118	252.618,441
50	947.629	3.773	398.031,347	8.539.035,793	1.557,310	251.168,323
51	943.856	4.126	389.628,289	8.141.004,446	1.673,774	249.611,014
52	939.731	4.522	381.253,291	7.751.376,157	1.803,038	247.937,239
53	935.209	4.964	372.893,072	7.370.122,865	1.945,274	246.134,202

54	930.244	5.448	364.534,403	6.997.229,794	2.098,357	244.188,928
55	924.796	5.974	356.166,413	6.632.695,391	2.261,263	242.090,571

...

96	6.650	2.602	1.257,515	2.809,619	483,609	1.209,192
97	4.048	1.676	752,278	1.552,104	306,041	725,583
98	2.372	1.037	433,299	799,826	186,228	419,543
99	1.335	615	239,618	366,527	108,588	233,314
100	719	719	126,909	126,909	124,726	124,726

...

Abbildung 42: DAV-Sterbetafel 2008, Männer, 1,75 %

Bei der Erstellung der Sterbetafel wird von einem fiktiven Bestand von z. B. 1.000.000 Personen ausgegangen. Das Alter wird in der ersten Spalte angegeben. Die zweite Spalte gibt die Anzahl der lebenden Personen l_x an. In der dritten Spalte wird die Anzahl der Personen d_x, die in der Periode x bis $x + 1$ sterben, erfasst. d_x ergibt sich aus $l_x - l_{x+1}$.

Aus der jeweiligen Anzahl der Lebenden l_x und der Toten d_x in der Sterbetafel sowie dem Diskontierungsfaktor v können die Hilfsgrößen D_x und C_x berechnet werden:

$$D_x = l_x \cdot v^x = \frac{l_x}{(1+i)^x}$$

$$C_x = d_x \cdot v^{x+1} = \frac{d_x}{(1+i)^{x+1}}$$

Beispiel:

$$D_2 = l_2 \cdot v^2 = \frac{l_2}{(1+0{,}0175)^2} = \frac{993.467}{1{,}0175^2} \approx 959.587{,}562$$

Der Rechnungszinsfuß soll dem zeitlichen Versatz von Ein- und Auszahlungen Rechnung tragen. Der festgelegte Rechnungszinssatz wird in Anlehnung an den Zinssatz für Deckungsrückstellungen, der 1,75 % beträgt, festgelegt und entspricht der garantierten Verzinsung.

Die Nettoprämie kann auf der Basis der Rechnungsgrundlagen 1 und 2 (Sterbetafeln und Rechnungszinssatz) berechnet werden. Eine vereinfachte Rechnung erfolgt über Kumulationswerte:

$$N_x = D_x + D_{x+1} + \cdots + D_\omega = \sum_{x=x}^{\omega} D_x$$

$$M_x = C_x + C_{x+1} + \cdots + C_\omega = \sum_{x=x}^{\omega} C_x$$

Exemplarische Prämienberechnungsformeln:

Die Methode der Prämienberechnung soll exemplarisch an zwei Lebensversicherungsprodukten erläutert werden, wobei VS für Versicherungssumme und P für Prämie steht:

Beispiel 1: **Nettoprämie bei Risikolebensversicherung gegen Einmalprämie**

Es gelten folgende Annahmen:

- Gültig ist die DAV-Sterbetafel 2008 (T), Männer; 1,75 %.
- Der Versicherungsnehmer ist ein 35-jähriger Mann.
- Der Versicherungsnehmer wünscht eine Risikolebensversicherung gegen Zahlung einer einmaligen Prämie am Anfang der Laufzeit der Versicherung.
- Die Gesundheitsprüfung hat kein erhöhtes Risiko ergeben.
- Die Versicherungssumme beträgt 100.000 €.
- Die Versicherungsdauer beträgt 5 Jahre.

Es sei noch einmal daran erinnert, dass bei einer Risikolebensversicherung die Versicherungssumme nur dann fällig wird, wenn der Versicherungsnehmer vor Ablauf der Versicherungsdauer stirbt.

Rechenbeispiel:

Nach dem versicherungstechnischen Äquivalenzprinzip gilt, dass der Barwert der Leistungen der Versicherten (Barwert der Prämieneinnahmen) dem Barwert der Leistungen des Versicherers (Barwert der Versicherungsleistungen) entsprechen soll.

Der Leistungsbarwert der Versicherten ergibt sich aus der Einmalprämie und der Anzahl Lebender in der ersten Periode:

$P \cdot l_{35} = P \cdot 974.903$

Der Leistungsbarwert des Versicherers berechnet sich aus den zu zahlenden Versicherungsleistungen, d. h. aus der Anzahl Gestorbener und der abgezinsten Versicherungssumme. Daraus ergibt sich:

$$P = \frac{d_{35} \cdot VS \cdot v^1 + d_{36} \cdot VS \cdot v^2 + d_{37} \cdot VS \cdot v^3 + d_{38} \cdot VS \cdot v^4 + d_{39} \cdot VS \cdot v^5}{l_{35}}$$

Wird die Versicherungssumme ausgeklammert und die entsprechenden Werte eingesetzt, folgt als Nettoprämie:

$$P = \frac{100.000\ € \cdot \left(\dfrac{873}{1,0175} + \dfrac{920}{1,0175^2} + \dfrac{978}{1,0175^3} + \dfrac{1.053}{1,0175^4} + \dfrac{1.147}{1,0175^5}\right)}{974.903} \approx 483\ €$$

In der Lebensversicherungstechnik wird die Berechnung mittels der in der Sterbetafel enthaltenen Hilfsgrößen D_x und C_x durchgeführt. Dabei wird nicht die Versicherungssumme abgezinst, sondern die Anzahl der Lebenden bzw. Gestorbenen.

$$P \cdot \frac{v^{35}}{v^{35}} = \frac{VS\,(d_{35} \cdot v^{36} + d_{36} \cdot v^{37} + d_{37} \cdot v^{38} + d_{38} \cdot v^{39} + d_{39} \cdot v^{40})}{l_{35} \cdot v^{35}}$$

Das entspricht:

$$P = \frac{VS \cdot (C_{35} + C_{36} + C_{37} + C_{38} + C_{39})}{D_{35}} = \frac{(M_{35} - M_{40})}{D_{35}} VS$$

Nach Einsatz der numerischen Werte ergibt sich:

$$P = \frac{100.000\ € \cdot (263.714{,}263 - 261.148{,}58)}{531.198{,}585} \approx 483\ €$$

Allgemein gilt als Formel für die Risikolebensversicherung gegen Einmalprämie:

Leistungsbarwert der Versicherungsnehmer:

$$P \cdot D_x = P \cdot l_x \cdot v^x$$

Leistungsbarwert des Versicherers (bei Versicherungsdauer von 5 Jahren):

$$VS \cdot (C_x + C_{x+1} + C_{x+2} + \ldots + C_{x+n-1}) = VS \cdot (d_x v^{x+1} + d_{x+1} v^{x+2} + d_{x+2} v^{x+3} + \ldots + d_{x+n-1} v^{x+n})$$

Daraus folgt:

$$P = \frac{M_x - M_{x+n}}{D_x} \cdot VS$$

Der so errechnete Wert entspricht der Nettoprämie, d. h. er enthält noch keine Zuschläge z. B. für die Abschluss- und Verwaltungskosten und / oder das erhöhte Risiko des Versicherungsnehmers.

Beispiel 2: Nettoprämie bei Versicherung auf den Todes- und Erlebensfall bei jährlicher Prämienzahlung

Es gelten folgende Annahmen:
- Gültig ist die DAV-Sterbetafel 2008 (T), Männer; 1,75 %.
- Die Versicherungssumme beträgt 100.000 € und ist vom Versicherer sowohl im Todes- als auch im Erlebensfall an den Versicherten zu zahlen.
- Bei dem Versicherungsnehmer handelt es sich um einen 45-jährigen Mann, bei dem die Gesundheitsprüfung kein erhöhtes Risiko ergeben hat.
- Die Versicherungsdauer beträgt 10 Jahre.

Rechenbeispiel:

Nach dem versicherungstechnischen Äquivalenzprinzip gilt:

Leistungsbarwert des Versicherten = Leistungsbarwert des Versicherers

Der Leistungsbarwert des Versicherten beträgt:

$$P \cdot D_{45} + P \cdot D_{46} + P \cdot D_{47} + P \cdot D_{48} + P \cdot D_{49} + P \cdot D_{50} + P \cdot D_{51} + P \cdot D_{52} + P \cdot D_{53} + P \cdot D_{54}$$

Dies entspricht:

$$P \cdot (D_{45} + D_{46} + D_{47} + \ldots + D_{54}) = P \cdot (N_{45} - N_{55})$$

Der Leistungsbarwert des Versicherers beträgt:

$$\underbrace{VS \cdot (C_{45} + C_{46} + C_{47} + C_{48} + C_{49} + C_{50} + C_{51} + C_{52} + C_{53} + C_{54})}_{\text{für den Todesfall}} + \underbrace{VS \cdot D_{55}}_{\text{für den Erlebensfall}}$$

Dies entspricht:

$$VS \cdot (C_{45} + C_{46} + C_{47} + \ldots + C_{54}) + VS \cdot D_{55} = VS \cdot (M_{45} - M_{55} + D_{55})$$

Aus dem Äquivalenzprinzip ergibt sich:

$$P = \frac{M_{45} - M_{55} + D_{55}}{N_{45} - N_{55}} \cdot VS$$

Durch Einsetzen der Werte aus der Sterbetafel folgt:

$$P = \frac{257.363{,}646 - 242.090{,}571 + 356.166{,}413}{10.656.637{,}018 - 6.632.695{,}391} \cdot 100.000\ \text{\euro} \approx 9.230{,}74\ \text{\euro}$$

Allgemein ergibt sich für die Berechnung der Einmalnettoprämie bei der kombinierten Erlebens- und Todesfallversicherung:

$$P = \frac{M_x - M_{x+n} + D_{x+n}}{N_x - N_{x+n}} \cdot VS$$

2.4.3 Bruttoprämienberechnung

Um eine „ausreichende" Prämie P^a zu berechnen muss noch die Rechnungsgrundlage 3 hinzugefügt werden:

„Ausreichende" Prämie = RG1 + RG2 + RG3

Die Rechnungsgrundlage 3 enthält folgende Kostenarten:

- Abschlusskosten: Kosten, die unmittelbar mit dem Neuabschluss von Lebensversicherungen zusammenhängen (Vertreterprovisionen, Kosten für ärztliche Untersuchung bei Gesundheitsprüfung). I. d. R. ist der anzusetzende Kostensatz α ein zur Versicherungssumme proportionaler Faktor.
- Verwaltungskosten: Kosten der Verwaltung des Versicherungsbestands. Der Kostensatz β ist i. d. R. ebenfalls ein zur Versicherungssumme proportionaler Faktor.

Somit ergibt sich als „ausreichende" Prämie:

$$P^a = P + P^\alpha + P^\beta,$$

mit P^a: „ausreichende" Prämie, P: Nettoprämie, P^α, P^β: Kostenzuschläge

Die „tatsächliche" Bruttoprämie mag von der ausreichenden Bruttoprämie abweichen und wird letztlich durch den Markt und durch individuelle Besonderheiten der versicherten Person oder des versicherten Kollektivs bestimmt.

Dabei sind folgende Rabatte und Zuschläge von Bedeutung:

- Rabatte werden z. B. eingeräumt für:
  - Versicherungen mit hohen Versicherungssummen
  - Abschluss von Gruppenversicherungen
- Zuschläge werden z. B. erhoben für folgende Aspekte:
  - Prämienzahlungsform (jährliche Kalkulationsbasis; halbjährliche Zahlung 2 % Prämienaufschlag, vierteljährliche Zahlung 3 % Prämienaufschlag, monatliche Zahlung 5 % Prämienaufschlag)
  - Gesundheitszustand (bei chronischen Erkrankungen)
  - Kleinsummen (bei sehr kleinen Versicherungssummen)
  - Zuschläge aufgrund günstiger Marktlagen

2.4.4 Modell zur Veranschaulichung der Wirkung der Rechnungsgrundlagen

Die Lebensversicherung ist eine Verbindung aus Risiko- und Spargeschäft. Das Risiko der Lebensversicherung ist der vorzeitige Eintritt des Versicherungsfalls, in der Regel der Tod des Versicherten.

Anhand einfacher Modelle wird im Folgenden der Einfluss der Größen

- Lebensversicherungsart,
- Sterblichkeit,
- Zinssatz,
- Abschluss- und Verwaltungskosten

auf Prämienhöhe und -zusammensetzung veranschaulicht.

Dabei gelten folgende Annahmen:

- Der Versicherungsbestand besteht aus gleichartigen Versicherungsverträgen mit gleichen Versicherungssummen.
- Die Sterblichkeit entspricht der allgemeinen Sterbetafel.

- Es entstehen keine Überschüsse (der Barwert der künftigen Beiträge ist gleich dem Barwert der künftigen Versicherungsleistungen zuzüglich eventueller Abschluss- und Verwaltungskosten).
- Die Prämie ist während der Versicherungsdauer konstant.

Die nachfolgenden Abbildungen stellen den zeitlichen Verlauf zweier in der Lebensversicherungstechnik bedeutsamer Größen, nämlich den zeitlichen Verlauf des **Deckungskapitals** und des **riskierten Kapitals**, dar.

Dabei haben die verwendeten Symbole folgende Bedeutung:

D: Deckungskapital

K: riskiertes Kapital

VS: Versicherungssumme

EP: Einmalprämie

t: abgelaufene Versicherungsdauer

T: Ende der Versicherungsvertragsdauer

In den Modellen wird der Gedankengang schrittweise entwickelt.

Modell I

In diesem Modell werden folgende Annahmen unterstellt:

- Es gelte ein Zinssatz von 0.
- Es wird unterstellt, dass die Abschlusskosten = 0 sind.

Modell I/1

Zusätzlich werden folgende Annahmen getroffen:

- Es handelt sich um eine reine Erlebensfallversicherung.
- Der Versicherungsschutz wird gegen Zahlung einer Einmalprämie zu Versicherungsbeginn gewährt.

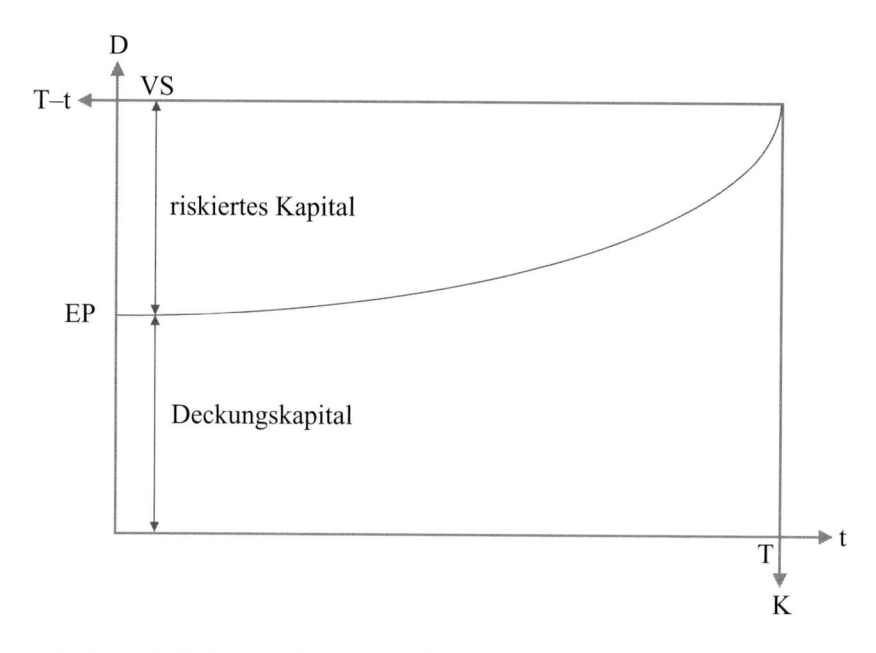

Abbildung 43: Verlauf von Deckungskapital und riskiertem Kapital bei einer Erlebensfallversicherung mit Einmalprämie zu Versicherungsbeginn

Durch das Sterben von Versicherten während der Versicherungslaufzeit erhöht sich auf den individuellen Konten der übrigen Versicherungsnehmer das Deckungskapital. Der Verlauf des Graphen D ist also abhängig von der Höhe der Einmalprämie, der Laufzeit der Versicherung und der durchschnittlichen Sterblichkeit in den einzelnen Lebensaltern während der Laufzeit.

Daraus folgt: Je kürzer die Versicherungslaufzeit, umso höher ist die Einmalprämie.

Modell I/2

Die Annahmen werden wie folgt modifiziert:

- Es handelt sich um eine reine Todesfallversicherung.
- Der Versicherungsschutz wird gegen Zahlung einer Einmalprämie zu Versicherungsbeginn gewährt.

2 Grundzüge der Lebensversicherung

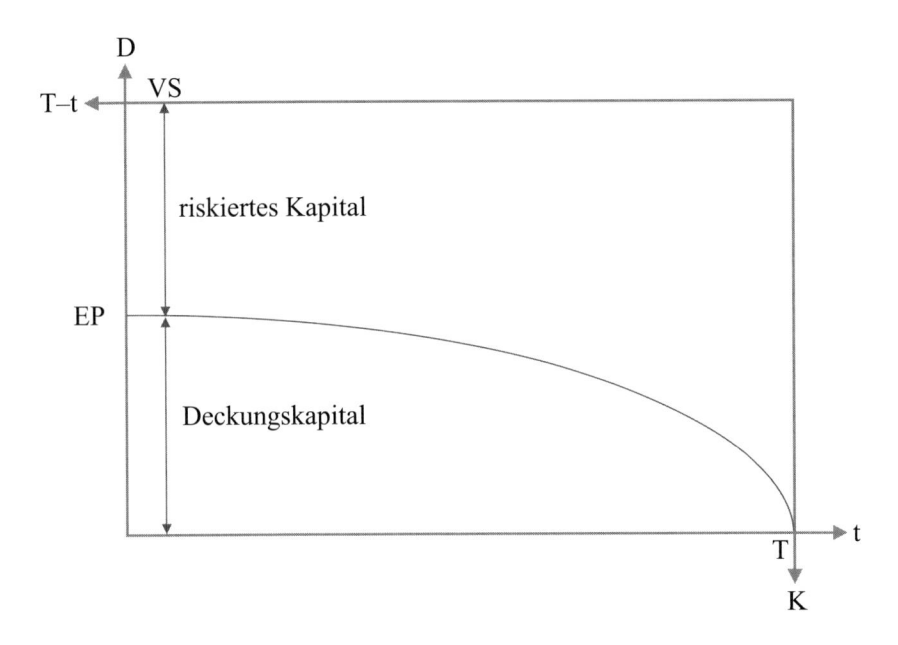

Abbildung 44: Verlauf von Deckungskapital und riskiertem Kapital bei einer Todesfallversicherung mit Einmalprämie zu Versicherungsbeginn

Durch das Sterben von Versicherten während der Versicherungslaufzeit und der daraus folgenden Zahlung der Versicherungssumme verringert sich auf den individuellen Konten der übrigen Versicherungsnehmer das Deckungskapital. Bei Ablauf des Versicherungsvertrages weist das individuelle Konto der verbliebenen Versicherungsnehmer nur noch riskiertes Kapital auf, da keine Versicherungsleistung mehr erfolgt.

Daraus folgt: Je kürzer die Versicherungslaufzeit, umso niedriger ist die Einmalprämie.

Modell I/3

In dem dritten Submodell des Modells I wird Folgendes unterstellt:

- Es handelt sich um eine kombinierte Erlebens- und Todesfallversicherung.
- Der Versicherungsschutz wird gegen Zahlung einer Einmalprämie zu Versicherungsbeginn gewährt.

Durch die vertikale Addition der Graphen der reinen Erlebens- und der reinen Todesfallversicherung ergibt sich der Graph der kombinierten Erlebens- und Todesfallversicherung. Bei einem Zinssatz von Null gilt: EP = VS, d. h. das riskierte Kapital ist zu jedem Zeitpunkt gleich Null.

Daraus folgt: Die Höhe der Einmalprämie ist unabhängig von der Versicherungslaufzeit.

```
        D
T–t ←   ↑  VS = EP
        |─────────────────────────────────┐
        |                                 |
        |                                 |
        |                                 |
        |                                 |
        |                                 |
        |                                 |
        |                                 |→ t
        └─────────────────────────────────┤
                                          T
                                          ↓
                                          K
```

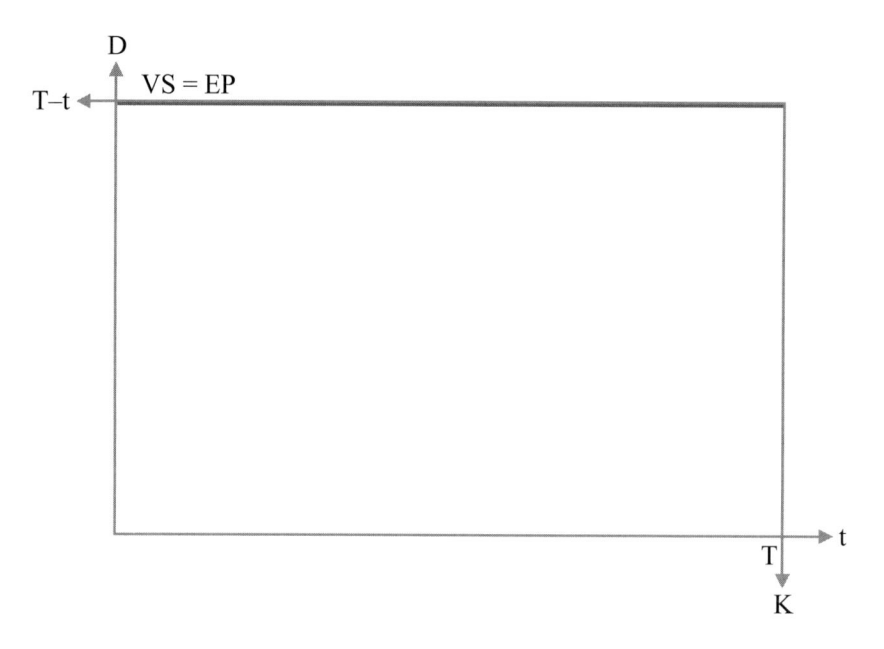

Abbildung 45: Verlauf von Deckungskapital und riskiertem Kapital bei einer kombinierten Erlebens- und Todesfallversicherung mit Einmalprämie zu Versicherungsbeginn

Modell I/4

Die bisherigen Modelle arbeiteten mit dem Fall der Einmalprämie. Diese Annahme wird nun modifiziert. Folgendes wird unterstellt:

- Es handelt sich um eine reine Erlebensfallversicherung.
- Der Versicherungsschutz wird gegen Zahlung einer in der Höhe gleichbleibenden laufenden Prämie gewährt.

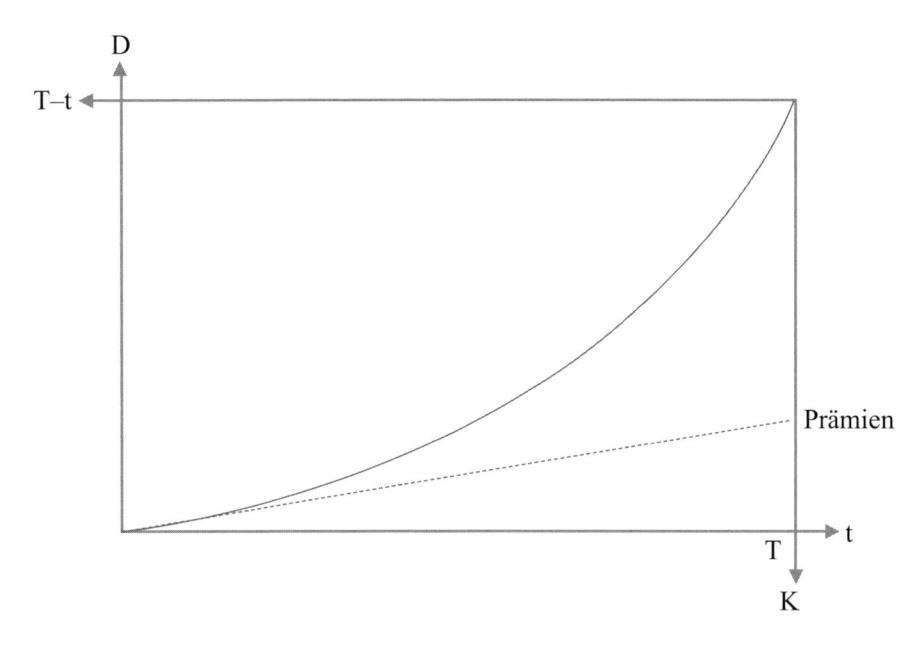

Abbildung 46: Verlauf von Deckungskapital und riskiertem Kapital bei einer Erlebensfallversicherung mit laufender Prämienzahlung

Aufgrund der kontinuierlichen Prämienzahlungen ist das Deckungskapital auf den individuellen Konten der Versicherungsnehmer am Anfang gleich null und erhöht sich während der Versicherungslaufzeit infolge der kontinuierlichen Prämienzahlungen sowie des Ablebens eines Teils der Versicherungsnehmer.

Daraus folgt: Je kürzer die Vertragslaufzeit, umso höher ist die laufende Prämie.

Modell I/5

Nunmehr erfolgt die analoge Betrachtung der reinen Todesfallversicherung. Die Annahmen sind:

- Es handelt sich um eine reine Todesfallversicherung.
- Der Versicherungsschutz wird gegen Zahlung einer in der Höhe gleichbleibenden laufenden Prämie gewährt.

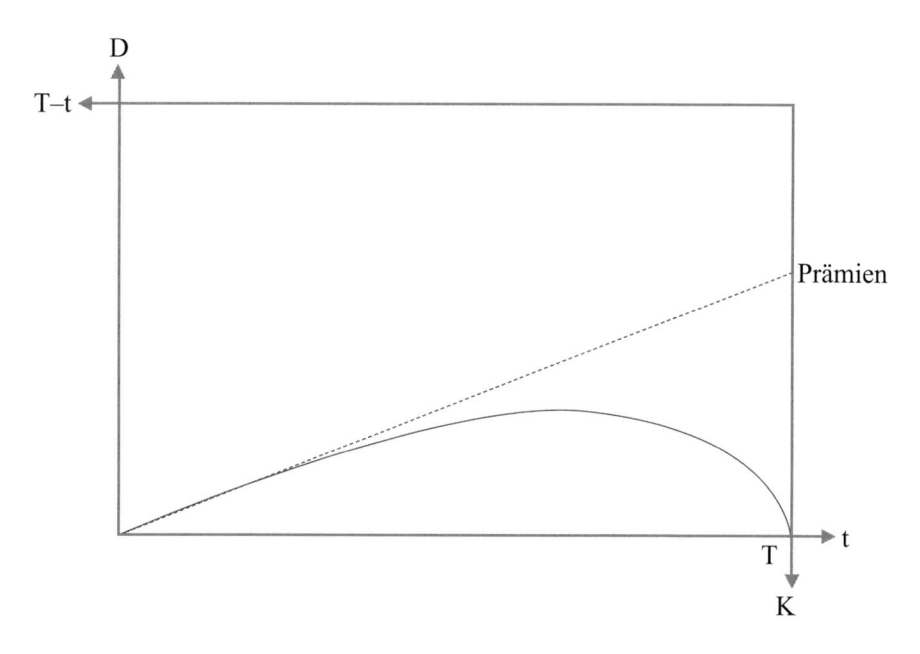

Kapitel II Grundzüge der Versicherungstechnik ausgewählter Branchen

Abbildung 47: Verlauf von Deckungskapital und riskiertem Kapital bei einer Todesfallversicherung mit laufender Prämienzahlung

Im ersten Abschnitt der Versicherungslaufzeit wird die das Deckungskapital senkende Wirkung der Todesfälle von Versicherten und die damit vorhandene Auszahlung der Versicherungssummen durch die das Deckungskapital erhöhende Wirkung der kontinuierlichen Prämienzahlung überkompensiert. Im zweiten Abschnitt der Versicherungslaufzeit wird dagegen der das Deckungskapital erhöhende Effekt der kontinuierlichen Prämienzahlung durch den das Deckungskapital senkenden Effekt der Todesfälle überkompensiert.

Daraus folgt: Je kürzer die Versicherungsdauer, umso niedriger ist die laufende Prämie.

Modell I/6

Der Vollständigkeit halber wird noch die kombinierte Erlebens- und Todesfallversicherung bei laufender Prämienzahlung betrachtet:

Es handelt sich um eine kombinierte Erlebens- und Todesfallversicherung,

Der Versicherungsschutz wird gegen Zahlung einer in der Höhe gleichbleibenden laufenden Prämie gewährt.

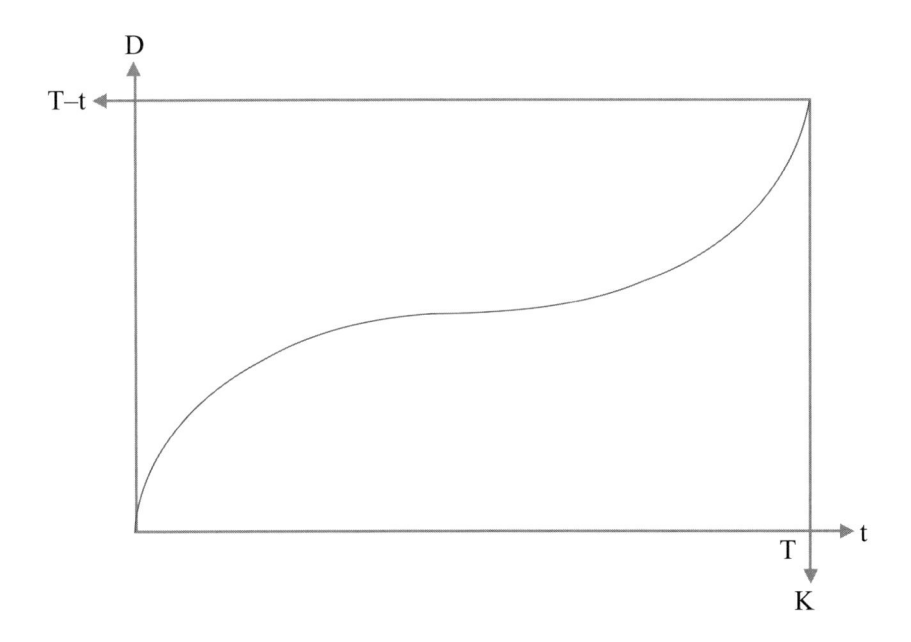

Abbildung 48: Verlauf von Deckungskapital und riskiertem Kapital bei einer kombinierten Erlebens- und Todesfallversicherung mit laufender Prämienzahlung

Durch die vertikale Addition der Graphen der reinen Erlebensfall- und der reinen Todesfallversicherung ergibt sich der Graph der kombinierten Erlebens- und Todesfallversicherung.

Daraus folgt: Durch den das Deckungskapital senkenden Effekt der Todesfallkomponente (Auszahlung der Versicherungssumme bei einem Todesfall) wird der das Deckungskapital erhöhende Effekt der Erlebensfallkomponente (die bereits erbrachten Prämienzahlungen eines Gestorbenen verteilen sich auf die verbleibenden Versichertenkonten) mehr oder weniger abgeschwächt.

Modell I/7–9

Um die Modelle der Realität anzunähern, kann die Annahme der laufenden Prämienzahlung durch die Annahme einer monatlichen oder jährlichen Prämienzahlung ersetzt werden:

- Es handelt sich um eine Erlebens- und / oder Todesfallversicherung.
- Die Versicherungsprämie ist vom Versicherten zu regelmäßigen Zeitpunkten während der Laufzeit (Monats-, Vierteljahres-, Jahresprämie) zu zahlen.

Es entstehen drei weitere Modelle (reine Erlebensfallversicherung, reine Todesfallversicherung, kombinierte Erlebens- und Todesfallversicherung), auf deren Behandlung aber hier verzichtet wird. Bei regelmäßiger, z. B. jährlicher Prämienzahlung haben die oben dargestellten Funktionen Sprungstellen.

Modell II

Die Modelle, die zum Modell II gehören, unterscheiden sich von Modell I durch die Annahme eines positiven Zinssatzes:

- Es wird unterstellt, dass der Zinssatz > 0 ist.
- Weiterhin wird angenommen, dass die Abschlusskosten = 0 sind.

Je höher der Zinssatz ceteris paribus ist, desto niedriger kann die Versicherungsprämie sein, da der Versicherer Zinserträge durch Anlage des Deckungskapitals erwirtschaftet, die er zum Teil oder vollständig zur Finanzierung der Versicherungssumme im Versicherungsfall heranzieht.

Dies sei anhand des folgenden Beispiels erläutert unter folgenden Annahmen:

- Es handelt sich um eine kombinierte Erlebens- und Todesfallversicherung.
- Der Versicherungsnehmer hat eine Einmalprämie zu Versicherungsbeginn zu bezahlen.

In Modell I führte die Nichtverzinsung zur Gleichheit der Einmalprämie mit der Versicherungssumme und somit zu keinem Risiko für den Versicherer. Ist jedoch ein positiver Zins vorhanden, so ist aufgrund der Zinserträge die Einmalprämie geringer als die Versicherungssumme und der Versicherer trägt das Zinsrisiko für den Fall, dass die Versicherungsleistung durch Todesfall vor Ablauf des Versicherungsvertrages fällig wird. Zusätzlich trägt er das Risiko, dass der Zinssatz während der Versicherungslaufzeit schwankt.

Die anderen in Modell I diskutierten Fälle können analog entwickelt werden, so dass auf eine detaillierte Darstellung hier verzichtet werden kann.

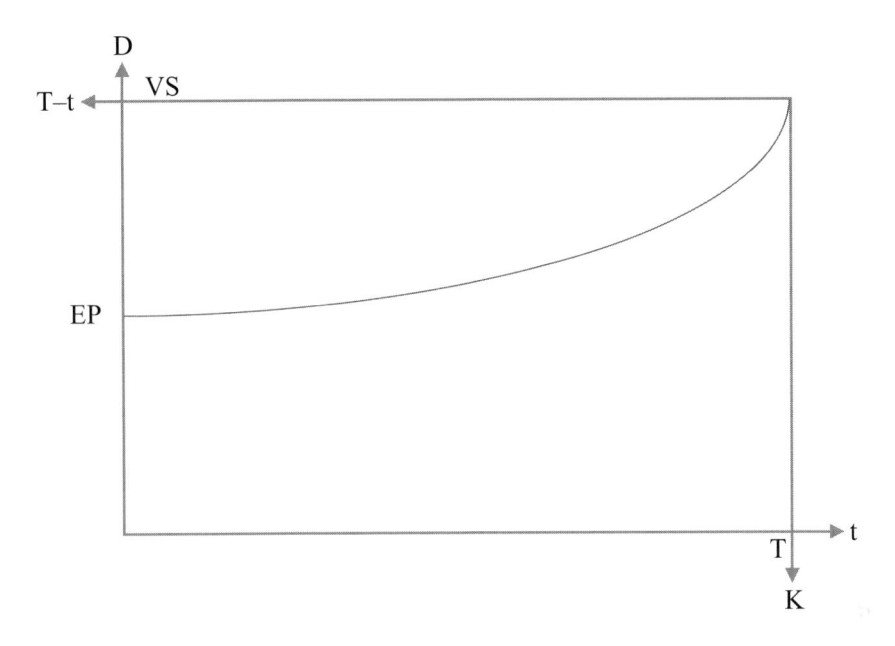

Abbildung 49: Verlauf von Deckungskapital und riskiertem Kapital bei einer kombinierten Erlebens- und Todesfallversicherung mit Einmalprämie zu Versicherungsbeginn unter Berücksichtigung von Zinsen

Modell III

Das Modell III unterscheidet sich von dem Modell II durch **positive Abschlusskosten**, die am Anfang der Versicherungslaufzeit anfallen und über die Laufzeit des Vertrages finanziert werden müssen. Die Abschlusskosten beinhalten insbesondere die Provisionen, die das Versicherungsunternehmen an Versicherungsvertreter und Maklerunternehmen zu zahlen hat. Außerdem fallen Kosten der Risikoprüfung und der Einrichtung des Versichertenkontos an.

Hierzu werden die Annahmen wie folgt modifiziert:

- Es gilt, dass der Zinssatz > 0 ist.
- Es wird unterstellt, dass die Abschlusskosten > 0 sind.

Die Kurvenverläufe ähneln denen des Modells II, jedoch sind zum einen die Prämien aufgrund der Berücksichtigung der Abschlusskosten höher und zum anderen ist das Deckungskapital um die noch ungetilgten Abschlusskosten geringer. Für den Versicherer besteht das Risiko, dass der Versicherungsvertrag vor Ablauf der vereinbarten Versicherungsdauer (z. B. durch Tod des Versicherungsnehmers oder Kündigung des Versicherungsvertrags) endet und somit ein Teil der Abschlusskosten nicht gedeckt wird.

2.5 Aktuelle Herausforderungen in der Lebensversicherung

2.5.1 Motivation und Klassifikation der Versicherungsnachfrager

Zu den Besonderheiten des Wirtschaftsguts Versicherungsschutz zählt das *Uno-actu-Prinzip*, d. h. das Zusammenwirken von Anbieter und Nachfrager ist bei der Produktion von Versicherungsschutz zwingend notwendig. Die daraus folgende erhöhte Intransparenz des Markts sowie der Zeitraumbezug des Guts Versicherungsschutz führen dazu, dass die Qualität einer Versicherung erst durch den Gebrauch erkennbar wird. Für das Funktionieren von Versicherungsmärkten im Allgemeinen und von Lebensversicherungsmärkten im Besonderen sind daher das Nachfragerverhalten, der Informationsstand der Versicherten und deren Möglichkeiten zur Informationsgewinnung von besonderer Bedeutung.

Zunächst ist von Interesse, welches die Motive für den Abschluss eines Kapitallebensversicherungsvertrags sind. Die wichtigsten Motive sind die finanzielle Absicherung der Familie im Todesfall (Hinterbliebenenschutz) und die Altersvorsorge, insbesondere die Vorsorge für das eigene Rentenalter, aber auch die Erhaltung des Lebensstandards im Alter und das mangelnde Vertrauen in das Rentensystem. Weitere Motive für den Abschluss sind je nach Lebensversicherungsprodukt die Möglichkeiten, staatliche Zulagen zu erhalten und Steuern zu sparen sowie generelle Geldanlagemotive (sichere Geldanlage). Für die Risikolebensversicherung steht die Sicherung vertraglicher Verpflichtungen (Kreditabsicherung etc.) im Vordergrund.

Von Interesse ist auch die Frage, warum sich ein Nachfrager für einen bestimmten Anbieter entscheidet. Der Hauptgrund hierfür ist die Zufriedenheit mit der Beratung. Häufig ist jedoch auch von Bedeutung, dass der Versicherungsnehmer bereits andere Verträge bei dem Versicherungskonzern abgeschlossen hat (Anbindungsfaktor). Oder die versprochene bzw. in der Vergangenheit erzielte Versicherungsleistung („günstige Leistung") ist in der Beurteilung des Versicherungsnehmers gut. In absteigender Wichtigkeit folgen: Empfehlungen durch Verwandte und Freunde, durch ein Kreditinstitut oder einen Versicherungsmakler. Allerdings nimmt der Einfluss der Makler bzw. Finanzberater zu, da deren Marktanteil auch im Privatkundenbereich in den letzten Jahren kontinuierlich gestiegen ist.

Welche Art von Beratung wird von den Versicherungsnehmern bevorzugt? Nach wie vor wird von den Nachfragern eine persönliche Beratung präferiert, eventuell auch in einer Geschäftsstelle oder in einem Kreditinstitut, während einer Beratung per Post oder Internet nur sehr geringe Bedeutung zukommt. Eine mögliche Erklärung dieses Ergebnisses liegt in der Komplexität des Lebensversicherungsprodukts und des damit verbundenen hohen Beratungsbedarfs. Bei standardisierten, beratungsarmen Produkten (beispielsweise Haftpflichtversicherung) steigt demgegenüber der Anteil des Direktvertriebs (Internet etc.).

Objektiv beraten kann eigentlich nur derjenige, der unabhängig ist. Deshalb wird seit einiger Zeit prognostiziert, dass unabhängige Außendienstorganisationen (Makler) die derzeit noch dominierenden firmengebundenen Außendienstorganisationen partiell verdrängen werden. Diese Tendenz setzt sich aber auf dem deutschen, sehr traditionellen Privatversicherungsmarkt nur langsam um.

Bei der Beantwortung der Frage, wie viel den Versicherungsnehmern die Beratung wert ist, ist eine abnehmende Zahlungsbereitschaft zu beobachten. Dass die Zahlungsbereitschaft für Beratung abnimmt, kann u. a. mit einer Verbesserung des Informationsstandes der Versicherten erklärt werden.

Die Zufriedenheit der Kunden ist für ein Versicherungsunternehmen von zentraler Bedeutung. Dies ist sowohl für den Abschluss weiterer Versicherungsverträge (Cross Selling) gültig als auch für das Fortbestehen bereits abgeschlossener Verträge (Kundenbindung). Aber auch für den Aufbau eines positiven Unternehmensimages ist die Zufriedenheit ein wichtiger Einflussfaktor.

Die Erforschung der Kundenzufriedenheit spielt in der modernen Marktforschung aus folgenden Gründen eine große Rolle:

Es stellt sich die Frage, von welchen Faktoren die Kundenzufriedenheit abhängt. Es kann sich dabei um persönliche Faktoren (Alter, Geschlecht, Beruf, Familienstand), Umweltfaktoren (Region, Land / Stadt) und Faktoren handeln, die mit dem Versicherungsvertrag zusammenhängen (Beratungsqualität bei Vertragsabschluss, Intensität der Betreuung während der Vertragszeit).

Wenn die Faktoren bekannt sind, die die Kundenzufriedenheit beeinflussen, kann der Versicherer sein Vertriebs-, Marketing- und Betreuungsinstrumentarium gezielt darauf abstellen.

Um den Zusammenhang zwischen den genannten Faktoren und den Ausprägungen der Kundenzufriedenheit zu analysieren, werden Kundendatensätze erhoben (vorhandene Routinedaten, Befragungsdaten, Sekundärdaten) und mit statistischen Methoden bearbeitet. Als Methoden seien genannt:

- Korrelationsanalyse
- Regressionsanalyse
- Clusteranalyse und
- Neuronale Netze

Als Ausprägungen der Kundenzufriedenheit werden bei der Analyse z. B. folgende Aspekte angeführt, die es zu erfassen gilt:

- Kundenbindung
- Zufriedenheit
- Vertrauen und
- Commitment

Da es sich um qualitative Variablen handelt, entsteht ein Messproblem.

Um zu einer praktikablen und kommunizierbaren Klassifikation der Kunden zu kommen, arbeitet die Marktforschung mit Bezeichnungen, von denen einige nachfolgend erläutert werden sollen:

- Bei den **Fahnenträgern** handelt es sich um einen Kundentyp, der eine hohe Zufriedenheit und eine hohe Kundenbindung aufweist. Er ist ein überzeugter Kunde, weil seine Erwartungen erfüllt wurden. Er hat vor, Kunde bei dem Unternehmen zu bleiben. Da er mit dem jetzigen Angebot des Unternehmens zufrieden ist, will er keine Veränderungen. In seinem Weiterempfehlungsverhalten ist er eher passiv. Alles in allem handelt es sich um eine stabile Kundenbeziehung.

- Die **Missionare** sind extrem zufrieden, teilweise sogar begeistert, was nicht zuletzt auch als Ursache dafür angesehen werden kann, dass bei diesem Kundentyp die Kundenbindung am höchsten ist. Er ist jedoch durch steigende Ansprüche und Erwartungen gekennzeichnet. Er verlangt ständige Verbesserung des Unternehmens. Solange das Unternehmen dem entsprechen kann, wirbt der Missionar aktiv für das Unternehmen.

- Die Zufriedenheit des **Anpassers** ist zwar größer als seine Unzufriedenheit, dies jedoch nur, weil er sein Anspruchsniveau gesenkt hat, um kognitive Dissonanzen zu vermeiden. Dieser Kundentyp ist nicht nur nicht überzeugt, sondern latent unzufrieden. Aus seiner resignativen Grundeinstellung folgt auch, dass er gefährdet ist, abzuwandern.

- Der **Bohrer** ist unzufrieden, die Kundenbindung ist entsprechend gering. Bei ihm ist irgendetwas vorgefallen, und dies teilt er auch dem Unternehmen durch Beschwerden aktiv mit. Er erwartet eine Nachbesserung und macht konstruktiv Vorschläge für eine Problemlösung, die er auch noch erwartet.

- Der **Wanderer** ist bereits frustriert. Zwar beschwert er sich noch, er glaubt jedoch nicht mehr an eine Lösung seiner Probleme. Er ist nicht nur sehr unzufrieden, auch seine Kundenbindung ist sehr gering. Diese Kunden sind abwanderungswillig und warten auf eine günstige Gelegenheit, um zu einem alternativen Anbieter zu wechseln.

- Bei den **Guerilla-Kämpfern** ist die Unzufriedenheit so hoch, dass sie sogar aktiv gegen das Unternehmen kämpfen, i. d. R. durch negative Mundpropaganda. Dieser destruktive Kundentyp ist häufig schon nicht mehr im Unternehmen zu finden, weil er bereits abgewandert ist.

Die einzelnen Kundentypen weisen deutliche Unterschiede in ihren Eigenschaften auf. Entsprechend müssen die einzelnen Kundentypen auch unterschiedlich behandelt werden. Beispielsweise sollte bei den Bohrern geprüft werden, ob durch ein professionelles Beschwerdemanagement eine bessere Betreuung erreicht werden kann. Wird bei den Bohrern die Beschwerdeursache beseitigt und ist der Kunde mit dem Beschwerdemanagement zufrieden, kann dadurch evtl. erreicht werden, dass er ein Fahnenträger oder sogar ein Missionar wird. Allerdings müssen alle Maßnahmen hinsichtlich ihres Nutzens und ihrer Kosten evaluiert werden. Beispielsweise sind ein professionelles Beschwerdemanagement oder ein individualisiertes Produktangebot (Mass Customization) mit Kosten verbunden.

Die nachfolgende Abbildung fasst die Überlegungen graphisch zusammen.

sehr niedrig		**Kundenbindung**			sehr hoch
hoch	**Unzufriedenheit**	niedrig	niedrig	**Zufriedenheit**	hoch
Guerilla-Kämpfer	**Wanderer**	**Bohrer**	**Anpasser**	**Fahnenträger**	**Missionar**
destruktiv: • völlig unzufrieden • negative Mundpropaganda • wandert ab	frustriert: • beschwert sich • sieht keine Problemlösung • abwanderungswillig	konstruktiv: • beschwert sich • will Nachbesserung • macht Vorschläge • erwartet Problemlösung	gefährdet: • ist nicht überzeugt • latent unzufrieden • resigniert • senkt Anspruchsniveau • abwanderungsgefährdet	stabil: • ist überzeugt • Erwartungen sind erfüllt • kauft wieder • will Beständigkeit • ist passiv	aktiv: • ist begeistert • steigende Ansprüche/Erwartungen • wirbt für Produkte/Unternehmen • will Verbesserungen

Abbildung 50: Kundenzufriedenheit und Kundenbindung

Bei der Analyse des Informationsstands der Versicherungsnehmer sind die bevorzugten Informationsquellen von besonderem Interesse. Zu einem hohen Anteil informieren sich die Versicherungsnehmer über den Versicherungsvertreter oder Makler, was die hohe Bedeutung der persönlichen Beratung widerspiegelt. Die starke Bedeutung des Internets (Firmen- und Vergleichsportale etc.) sowie von Wirtschafts- und Verbraucherzeitschriften deuten auf einen gestiegenen Informationsstand der Versicherten hin. Weitere Informationsquellen sind Verwandte und Freunde sowie Verbände bzw. Vereine.

Wissenschaftlich untersucht wurden auch die Kenntnisse bezüglich der Heterogenität des Lebensversicherungsmarkts. Zwar sind sich die Versicherungsnehmer durchaus bewusst, dass Leistungs- und Auszahlungsunterschiede zwischen verschiedenen Versicherungsgesellschaften vorhanden sind. Bei der Einschätzung, ob ihr Versicherungsunternehmen dem oberen, mittleren oder unteren Drittel zuzuordnen sei, fallen die subjektive Einschätzung des Versicherungsnehmers und die objektiven Tatbestände stark auseinander.

2.5.2 Entwicklung des Lebensversicherungsmarkts

Von besonderer Bedeutung für das Marktpotenzial der Lebensversicherung ist der Vorsorgebedarf für das eigene Alter, für Hinterbliebene und für den Fall der Invalidität. Darüber hinaus wird das Marktpotenzial von folgenden Faktoren beeinflusst:

- demographische Faktoren (Bevölkerungszahl, Zahl der Erwerbstätigen, Zahl und Struktur der privaten Haushalte, Fertilität, Mortalität, Migration und Morbidität)
- Einkommensentwicklung und Ersparnisbildung,
- sozialpolitische Entwicklungen (System der Altersvorsorge) und
- steuerrechtliche Rahmenbedingungen

Die positive Entwicklung dieser Faktoren in der Vergangenheit bewirkte für die Lebensversicherung ein steigendes Marktpotenzial. In der Zukunft stellt sich deren Entwicklung jedoch differenzierter dar. Auf der einen Seite sinkt die Bevölkerung, auf der anderen Seite steigt die Zahl der privaten Haushalte, bei wahrscheinlich weiter steigenden verfügbaren Einkommen. Außerdem steht den positiven Wirkungen einer unausweichlichen Reform der Sozialversicherung aufgrund der demographischen Entwicklung eine negative Wirkung aus steigenden Sozialabgaben entgegen.

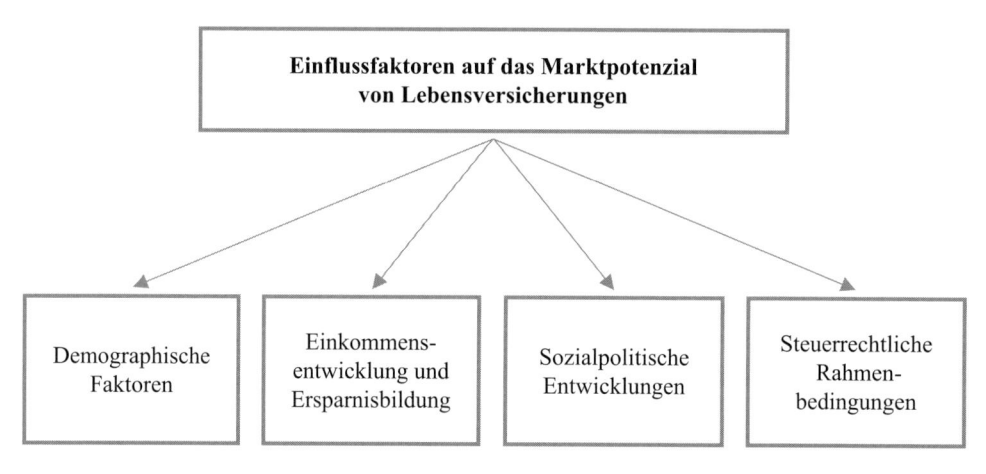

Abbildung 51: Einflussfaktoren auf das Marktpotenzial der Lebensversicherung

Abschließend sei noch einmal auf den – noch bis vor einigen Jahren unterschätzten – erheblichen Einfluss der Kapitalmärkte auf den Lebensversicherungsmarkt und die Lebensversicherer hingewiesen. Auch die Verkaufszahlen der Lebensversicherungen gegen Einmalbeitrag spiegeln den Vertriebserfolg (insbesondere über den Bankenvertrieb) dieser als Kapitalisierungsgeschäft aufgebauten Anlageform wider. Die Aufsicht reagierte im September 2010 mit strengeren Auflagen zum Schutz der Bestandskunden.

Aufgrund der voraussichtlich länger anhaltenden Niedrigzinsphase auf dem Kapitalmarkt ist eine Renditeerzielung – wie vor der Finanzkrise unter Beachtung der aufsichtsrechtlichen Vorschriften – nicht möglich. Die Senkung der Garantieverzinsung auf 1,75 % seit dem Jahr 2012 manifestiert dies und führte gleichzeitig zu einem verstärkten Rückgang der Attraktivität der Lebensversicherungsprodukte insgesamt (siehe Abschnitt 2.4.1). Die Tendenz der Versicherungskunden, den Risikoschutz von dem Sparvorgang zu trennen, d. h. den Todesfallschutz durch eine Risikolebensversicherung abzudecken und andere renditeorientierte Finanzdienstleistungsprodukte einzukaufen, wird weiter zunehmen. Erste Reaktionen der Versicherungsbranche sind im Angebot von neuen Rentenversicherungsprodukten ohne ein Garantiezinsversprechen zu finden.

3 Grundzüge der privaten Krankenversicherung

3.1 Grundlagen der privaten Krankenversicherung

Gemessen an der Beschäftigtenzahl und der Wertschöpfung ist das Gesundheitswesen mit 4,8 Millionen Beschäftigten und einem Anteil von 11,6 % des Bruttosozialprodukts (Stand 2010; BMG (2012)) der größte Wirtschaftssektor unserer Volkswirtschaft. Wesentlicher Bestandteil des Gesundheitswesens ist die Krankenversicherung und hier wiederum die private Krankenversicherung. Die Funktion und die Versicherungstechnik der privaten Krankenversicherung sind nur vor dem Hintergrund der Besonderheiten des deutschen, historisch gewachsenen „gegliederten Krankenversicherungssystems" verständlich. Seine Träger sind die gesetzlichen Krankenversicherungen (GKV) mit derzeit 11 Allgemeinen Ortskrankenkassen, 6 Ersatzkassen, 112 Betriebskrankenkassen, 6 Innungskrankenkassen, 9 Landwirtschaftlichen Krankenkassen und 1 Knappschaft-Bahn-See (insgesamt 145 Kassen; Stand 2012) sowie die private Krankenversicherung (PKV) mit 48 Unternehmen (25 AGs und 23 VVaGs; Stand 2010).

Wer ein Einkommen aus unselbstständiger Arbeit hat, das unter der gesetzlich festgelegten Versicherungspflichtgrenze (auch als Jahresarbeitsentgeltgrenze bezeichnet) liegt (im Jahre 2013: monatlich 4.350 € bzw. 52.200 € im Jahr Brutto-Arbeitsentgelt), muss sich in einer gesetzlichen Krankenversicherung versichern. Wer nicht unselbstständig beschäftigt (z. B. Selbstständiger) oder Beamter ist oder dessen Lohn / Gehalt über der Versicherungspflichtgrenze liegt, kann aus der GKV ausscheiden und sich z. B. bei einem Unternehmen der PKV versichern. In der Bundesrepublik Deutschland herrscht folgende Struktur des Krankenversicherungsschutzes vor: Ca. 72 % der Bevölkerung unterliegen der Versicherungspflicht in der GKV, weitere 17 % sind ebenfalls in der GKV versichert, verdienen allerdings mehr als die Versicherungspflichtgrenze oder gehören nicht zum Personenkreis, der der Versicherungspflicht unterliegt. 9 % sind in der PKV versichert. 2 % haben gar keinen Versicherungsschutz oder genießen einen anderen Schutz gegen das Krankheitskostenrisiko (z. B. durch die freie Heilfürsorge als Mitglied der Bundeswehr). Rund 9 % der Bevölkerung sind nicht nur in der GKV versichert, sondern haben darüber hinaus noch eine Zusatzversicherung in der PKV. Die private Krankenversicherung bietet auch die private Pflegeversicherung an. Jeder Vollversicherte in der PKV ist verpflichtet, zusätzlich eine private Pflegeversicherung abzuschließen. Die Beiträge zur Pflegeversicherung werden nach dem Umlageverfahren berechnet.

Weiterhin hat der Gesetzgeber zum 1. Januar 2013 eine staatlich geförderte private Pflegezusatzversicherung eingeführt („Pflege-Bahr"). Der Abschluss ist freiwillig und die Förderung erfolgt in Form einer Zulage. Ziel dieses Produktes ist die Stärkung der eigenverantwortlichen und kapitalgedeckten Vorsorge für den Fall der Pflegebedürftigkeit.

Zwischen den Krankenversicherern gibt es regulierten und begrenzten Wettbewerb. Seit 1996 können Versicherte der GKV von einem GKV-Unternehmen zu einem anderen wechseln. Durch die Festlegung eines einheitlichen Beitragssatzes für alle Kassen seit 2010 (derzeit 15,5 %) war die Wechselquote GKV–GKV mit 2–3 % auf einem niedrigen Wert. Die Zusatzbeiträge, die einige Krankenkassen erhoben haben, waren in den vergangenen zwei Jahren der entscheidende Grund für die Versicherten, ihre Krankenkasse zu wechseln. Auch die Ausweitung des Leistungsspektrums oder das Angebot von zusätzlichen Serviceleistungen konnten diesem Wechselargument nicht entscheidend begegnen, so dass einige Krankenkassen enorme Mitgliederverluste zu verzeichnen hatten.

Die freiwillig in der GKV Versicherten können auch zur PKV wechseln. Um Antiselektion zu vermeiden, können allerdings die Versicherten der PKV nach dem Grundsatz „Einmal PKV-versichert, immer PKV-versichert" nur dann wieder in die GKV zurückkehren, wenn das Einkommen aus unselbstständiger Arbeit unter die Versicherungspflichtgrenze fällt. Der Gesetzgeber hat vielfältige Bedingungen formuliert, um diesen Wechsel zu verhindern bzw. zumindest zu erschweren. Eine wichtige Grenze in diesen Regeln ist das Alter, denn eine Rückkehr in die GKV für Angestellte und Selbständige über dem 55. Lebensjahr ist fast unmöglich.

Da die Versicherung in der PKV auf Freiwilligkeit beruht, sind die Versicherungsnehmer frei, das PKV-Unternehmen zu wechseln. Bis zum Jahre 2008 konnten PKV-Versicherte bei einem Unternehmenswechsel ihre Alterungsrückstellungen nicht übertragen, so dass ein Wettbewerb um Bestandskunden faktisch nicht stattfand. Mit Einführung des GKV-Wettbewerbsstärkungsgesetzes wurde die Übertragbarkeit bereits gebildeter Alterungsrückstellungen für ab 1. Januar 2009 neu abgeschlossene Verträge festgelegt. Bei einem Tarifwechsel innerhalb eines Unternehmens erfolgt eine Übertragung in voller Höhe. Bei einem Wechsel zu einem neuen Unternehmen ist das alte Unternehmen zur Mitgabe der Alterungsrückstellungen im Umfang des Basistarifs verpflichtet.

Der Wechsel in den sogenannten Standardtarif ist die letztmögliche Lösung zu einer Beitragsreduzierung. Dieser Tarif ist ein brancheneinheitlicher Tarif und orientiert sich vom Leistungsumfang an dem Leistungskatalog der GKV (Festlegung im Sozialgesetzbuch V). Dieser Tarif ist vor allem für ältere Versicherte gedacht, die infolge finanzieller Nöte die hohen PKV-Beiträge im Alter nicht mehr bezahlen können.

Da die GKV ausführlich in Kapitel VI, Abschnitt 2 beschrieben wird und dieses Kapitel der Marktversicherung gewidmet ist, erfolgt eine Fokussierung auf die PKV. Eine knappe vergleichende Darstellung zwischen GKV und PKV enthält nachstehende Synopsis.

	GKV	PKV
Grundprinzip	Solidarprinzip	Äquivalenzprinzip
Finanzierung	Umlageverfahren, einkommensabhängige Beiträge, Zusatzbeiträge, Zuzahlungen, Steuern, Risikostrukturausgleich	Kapitaldeckungsverfahren, risikoäquivalente Prämien, Zinserträge, Kapitalerträge
Leistung	Sachleistungsprinzip, Leistung nach Gesetz und Bedarf, Mitversicherung von Familienangehörigen ohne eigenes Einkommen	Kostenerstattungsprinzip, Leistung nach Vertrag, Individualvertrag
Rechtsform	Körperschaften des öffentlichen Rechts, Selbstverwaltungsprinzip	Privatrechtliche Unternehmen
Gerichtsbarkeit	Sozialgerichtsbarkeit	Zivilgerichtsbarkeit

Abbildung 52: Unterschiede zwischen GKV und PKV

3.2 Wesentliche gesetzliche Grundlagen der PKV

Die PKV als substitutive Krankenversicherung zur GKV unterliegt einer starken und häufig geänderten Regulierung. § 257 SGB V (Sozialgesetzbuch, Fünftes Buch) legt fest, unter welchen Voraussetzungen und in welcher Höhe ein Arbeitnehmer Zuschüsse zu einer Vollversicherung in der PKV von seinem Arbeitgeber verlangen kann. Der Arbeitnehmer erhält höchstens einen Zuschuss von 50 % der Beiträge, die in der GKV zu zahlen sind. Wesentliche Voraussetzungen dafür sind, dass die PKV Alterungsreserven nach dem Anwartschaftsdeckungsverfahren kalkuliert, die PKV-Sparte getrennt betrieben wird, der Versicherer auf das ordentliche Kündigungsrecht verzichtet und einen Standardtarif für die Versicherten anbietet, die ggf. unter die Versicherungspflichtgrenze fallen.

Die §§ 12 a und 12 b VAG (Versicherungsaufsichtsgesetz) enthalten zusammen mit der KalV (Verordnung über die versicherungsmathematischen Methoden zur Prämienkalkulation und zur Berechnung der Alterungsrückstellung in der privaten Krankenversicherung, Kalkulationsverordnung) die gesetzlichen Grundlagen zur Prämienberechnung in der PKV. Hierzu gehören vor allem der Aufbau der Alterungsrückstellungen, der Kalkulationszins und die erlaubten Zuschläge zur Schaden- und Sparprämie).

In den §§ 178 e bis i VVG (Versicherungsvertragsgesetz) sind die Bestimmungen für den Fall einer Kündigung und eines Tarifwechsels enthalten. Diese Bestimmungen werden ergänzt durch die MB (Musterbedingungen).

Darüber hinaus gelten alle anwendbaren Vorschriften des bürgerlichen Rechts, des Versicherungsvertrags- und Versicherungsaufsichtrechts und des Handels-, Steuer- und EU-Rechts.

Die Aufstellung der Rechtsnormen macht deutlich, dass die PKV sowohl vom Sozial- als auch vom Zivilrecht beeinflusst wird. Außerdem genießt der Versicherte in der PKV einen besonderen Verbraucherschutz:

- Ausschluss von Kündigungen durch den Versicherer (§§ 257 Abs. 2 a SGB V, 178 i VVG),
- Verbot der Leistungsreduzierung (§ 178 g VVG),
- Schutz und Vorsorge vor überproportionalen Beitragssteigerungen (§§ 12 a, 12 b VAG, 178 f, 178 g VVG).

3.3 Leistungen der PKV

Die PKV bietet Versicherungsschutz für alle Krankheitskostenrisiken an:

- ambulante ärztliche Leistungen
- ambulante zahnärztliche Leistungen
- stationäre Leistungen
- sonstige Leistungen (Krankentransporte, Arznei-, Heil-, Hilfsmittel sowie Leistungen nichtärztlicher Medizinberufe)
- Krankentagegeld (Verdienstausfallversicherung)
- Pflege (im Rahmen der Pflegeversicherung) und
- Leistungen im Ausland (Auslandsreisekrankenversicherung)

Da die Tarife frei vereinbar sind, enthalten die Angebote der PKV-Unternehmen Leistungsausschlüsse, Höchstbeträge (z. B. 2.500 € Maximalerstattung für Zahnarztleistungen) und Selbstbeteiligungsregelungen. Dadurch ergibt sich eine Vielfalt an Produkten, die für den Verbraucher nicht immer leicht zu vergleichen sind.

Einige PKV-Anbieter sind sehr bemüht, innovative Krankenversicherungsprodukte zu entwickeln und anzubieten. Allerdings sind die Umsetzungschancen angesichts des geringen Marktanteils, der fehlenden Möglichkeit, direkte Verträge mit Leistungsanbietern abzuschließen, der Existenz staatlicher Gebührenordnungen und den Vorgaben für den GKV-Leistungskatalog, den die PKV als substitutive Versicherung zu beachten hat, sehr begrenzt.

Für PKV-Unternehmen ergibt sich eher die Möglichkeit, sich im Bereich der Kundenorientierung zu profilieren, indem sie einen besonderen Beratungsservice anbieten, zusätzliche Serviceleistungen zur Verfügung stellen und das Beschwerdemanagement professionalisieren. Auch spielen in jüngster Zeit Überlegungen in Richtung Managed Care, Case Management und Assistance-Leistungen eine verstärkte Rolle.

3.4 Beitragssystem der PKV

In der PKV werden die Prämien bzw. Beiträge gemäß dem Anwartschaftsdeckungsverfahren (siehe Kapitel V, Abschnitt 5.2.) berechnet, d. h. die Kalkulation basiert analog zur Lebensversicherung auf einer Lebenszyklusbetrachtung. Damit ergeben sich als Rechnungsgrundlagen für die Prämienberechnung (gemäß § 2 KalV):

- der Rechnungszins
- die Ausscheideordnung (Vertragsdauer gemäß Sterbetafel und Kündigungsrate)
- die Kopfschäden (Durchschnittsschaden nach Alter und Geschlecht)
- der Sicherheitszuschlag sowie
- sonstige Zuschläge

Dabei kann der Beitrag in verschiedene Komponenten zerlegt werden:

- die Schadenbedarfe (Leistungskosten)
- die Zuführungen zur Alterungsrückstellung
- den Sicherheitszuschlag
- Zuschläge für unmittelbare und mittelbare Abschlusskosten, Schadenregulierungskosten, sonstige Verwaltungskosten, Beitragsrückerstattung
- Zuschläge für ein erhöhtes Gesundheitsrisiko und
- gesetzlich vorgeschriebene Zuschläge

Mit Hilfe von statistischen Methoden werden die Schadenbedarfe für die einzelnen Altersjahrgänge getrennt berechnet. Da der Schadenbedarf mit dem Alter stark ansteigt, es aber das Ziel der Krankenversicherung ist, den Beitrag über das Leben des Versicherten konstant zu halten, werden in der Jugend höhere Beiträge erhoben, als für die Schadenbedarfe notwendig wären. Die Überschüsse werden der Alterungsrückstellung zugeführt. Diese Alterungsrückstellungen werden ab einem bestimmten Alter sukzessive zur Stabilisierung der Beiträge aufgelöst. Zur Kalkulation der notwendigen

Zuführungen zur Alterungsrückstellung und damit des Beitrags wird ein Zinssatz von max. 3,5 % verwendet. Erwirtschaftet die Krankenversicherung eine höhere als die rechnungsmäßige Verzinsung, so muss der Versicherer 90 % der darüber hinausgehenden Kapitalbeträge (Überzins) den Alterungsrückstellungen der Versicherten zuführen (§ 12 a Abs. 1 VAG).

Allerdings hat die Vergangenheit gezeigt, dass die Alterungsrückstellungen und ihre Verzinsung nicht dazu ausreichen, die folgenden zwei Effekte zu kompensieren: die laufend gestiegene Lebenserwartung, d. h. die sinkende Mortalität in den einzelnen Altersklassen, und die Kostensteigerungen im Gesundheitswesen (aufgrund von Mengenausweitungen, Preissteigerungen, medizintechnischem Fortschritt und Struktureffekten zu Gunsten kostenträchtiger Behandlungsleistungen). Als Reaktion hat der Gesetzgeber einen 10 %-Beitragszuschlag verordnet, der seit dem 1.1.2000 den Alterungsrückstellungen zuzuführen ist. Dieser Zuschlag wird in der Regel ab dem 22. Lebensjahr und bis zum 61. Lebensjahr berechnet. Der Beitragszuschlag dient also dem Ziel, die Krankenversicherungsprämie bei langer Vorversicherungszeit ab dem 65. Lebensjahr konstant zu halten.

3.5 Versichertenkreis

Grundsätzlich kann sich jede Person in der PKV versichern, vorausgesetzt, sie wird von dem Versicherer angenommen, da in der PKV kein Kontrahierungszwang besteht. Allerdings ist eine Krankheitskostenvollversicherung in der PKV für diejenigen uninteressant, die der Versicherungspflicht in der GKV unterliegen oder durch sonstige Institutionen einen umfassenden Krankheitskostenschutz genießen. Somit begrenzt sich der Versichertenkreis in der Vollversicherung auf Selbstständige, unselbstständig Beschäftigte, die ein Arbeitseinkommen oberhalb der Versicherungspflichtgrenze erhalten, Rentner, die während ihres Erwerbslebens in der PKV versichert waren, sowie Studenten, Ärzte im Praktikum und bisher PKV-versicherte Arbeitnehmer, Teilzeitbeschäftigte und im Erziehungsurlaub befindliche Versicherte (auch wenn sie aufgrund eines Anstiegs der Versicherungspflichtgrenze unter diese Grenze „gerutscht" sind), wenn diese Personen sich von der Versicherungspflicht haben befreien lassen.

Ob ein Wechsel von der GKV in die PKV sinnvoll ist, hängt von persönlichen Umständen, der Lebensplanung und den individuellen Präferenzen ab. Die PKV bietet umfangreicheren Versicherungsschutz bei Inanspruchnahme alternativer Heilverfahren, im Krankenhaus (Chefarztbehandlung, 1-Bett-Zimmer) und bei niedergelassenen Ärzten und Zahnärzten (höhere Honorare aufgrund der Anwendung der GOÄ, d. h. der gesetzlichen Gebührenordnung für Ärzte, und der GOZ, d. h. der gesetzlichen Gebührenordnung für Zahnärzte). Da in der GKV Familienangehörige ohne eigenes Einkommen beitragsfrei mitversichert sind, spielt auch die familiäre Planung (derzeitige und zukünftig geplante Kinderzahl, Berufstätigkeit des Ehepartners) eine entscheidende Rolle.

Da den PKV-versicherten Rentnern der Weg zurück in die GKV versperrt ist, müssen PKV-Unternehmen für Rentner mit einem Einkommen unter der Versicherungspflichtgrenze einen *Standardtarif* anbieten. Der höchstzulässige Beitrag im Standardtarif ist für Ehepaare auf 150 % des durchschnittlichen Höchstbetrags der gesetzlichen Krankenkasse begrenzt.

3.6 Versicherungstechnische Grundlagen

In der Privaten Krankenversicherung ist nicht nur das Preis- / Leistungsverhältnis von Interesse, sondern auch betriebswirtschaftliche Sachverhalte der Krankenversicherungsunternehmen. Der PKV-Verband hat einen Kennzahlenkatalog entwickelt, mit dem die unternehmensindividuellen Kennzahlen aus den Jahresabschlüssen der PKV-Unternehmen verglichen werden können. Einige von diesen Kennziffern werden im Folgenden vorgestellt:

- $Eigenkapitalquote = \dfrac{Eigenkapital}{verdiente\ Bruttoprämie}$

Die Unternehmen, die private Krankenversicherungen anbieten, müssen nach § 53 c VAG zur Sicherstellung der dauerhaften Erfüllbarkeit der Verpflichtungen aus den Versicherungsverträgen über ausreichendes Eigenkapital verfügen. Die Eigenkapitalquote stellt ein Maß für die Solvabilität eines Unternehmens dar.

- $RfB - Quote = \dfrac{Rückstellung\ für\ Beitragsrückerstattung\ (RfB)}{verdiente\ Bruttoprämie}$

Die RfB-Quote drückt aus, in welchem Umfang, bezogen auf die Beitragseinnahmen in einem Unternehmen, finanzielle Mittel für Beitragsentlastungen (z. B. Beitragsreduzierungen) bzw. für Barausschüttungen zur Verfügung stehen.

- $RfB - Zuführungsquote = \dfrac{Zuführung\ zur\ RfB}{verdiente\ Bruttoprämie}$

Bei der RfB-Zuführungsquote werden nur die neuen Zuweisungen zur Rückstellung für Beitragsrückerstattung betrachtet.

- $RfB - Entnahmeanteil\ für\ Einmalbeiträge = \dfrac{Einmalbeiträge\ aus\ der\ RfB}{Gesamtentnahme\ aus\ der\ RfB}$

Diese Kennzahl gibt den Anteil der Entnahme aus der RfB an, den das PKV-Unternehmen für Einmalbeiträge, z. B. für permanente Prämienreduzierungen, verwendet.

- $RfB - Entnahmeanteil\ für\ Barausschüttungen = \dfrac{Barausschüttung\ aus\ der\ RfB}{Gesamtentnahme\ aus\ der\ RfB}$

Diese Kennzahl gibt den Anteil der Entnahme aus der RfB an, den das PKV-Unternehmen für Barausschüttungen verwendet.

- $Überschussverwendungsquote = \dfrac{verwendeter\ Überschuss}{Überschuss}$

Die Überschussverwendungsquote gibt an, in welchem Umfang der Unternehmenserfolg (Überschuss bzw. Rohergebnis nach Steuern) an die Versicherten weitergegeben wird.

- $Versicherungsgeschäftliche\ Ergebnisquote = \dfrac{versicherungsgeschäftliches\ Ergebnis}{verdiente\ Bruttoprämie}$

Die versicherungsgeschäftliche bzw. -technische Ergebnisquote gibt den Prozentsatz der Jahresprämieneinnahmen an, der nach Abzug der Schadenaufwendungen und Kosten übrig bleibt.

- $Schadenquote = \dfrac{Schadenaufwand}{verdiente\ Bruttoprämie}$

Die Schadenquote gibt den Anteil der Versicherungsleistungen (einschließlich der Alterungsrückstellungen) an den Prämieneinnahmen des PKV-Unternehmens an.

- $Verwaltungskostenquote = \dfrac{Aufwendungen\ für\ Verwaltungskosten}{verdiente\ Bruttoprämie}$

Die Verwaltungskostenquote gibt den Anteil der Aufwendungen für Verwaltungskosten an den Prämieneinnahmen des PKV-Unternehmens an.

- $Abschlusskostenquote = \dfrac{Aufwendungen\ für\ Abschlusskosten}{verdiente\ Bruttoprämie}$

Die Abschlusskostenquote gibt den Anteil der Aufwendungen für den Abschluss der Versicherungsverträge an den Prämieneinnahmen des PKV-Unternehmens an.

- $\text{Nettoverzinsung} = \dfrac{\text{Kapitalanlageergebnis}}{\text{mittlerer Kapitalanlagebestand}}$

Dieser Quotient ist ein Maß für die Verzinsung, die das PKV-Unternehmen aus seinen Kapitalanlagen erzielt hat.

Die Zusammenstellung der vorgenannten Kennziffern gibt eine gute Basis für einen Unternehmensvergleich. Auch eignen sich die Kennziffern als Controlling-Instrument innerhalb eines Unternehmens. Allerdings sollte beachtet werden, dass jedes Rating oder Ranking ein Bewertungs- und ein Aggregationsproblem enthält und die Ziffern vergangenheitsbezogen sind, während sie für zukunftsorientierte Aussagen verwendet werden. Es bleibt dem Betrachter oder Analysten überlassen, zu bewerten, ab welchen Schwellenwerten die oben aufgeführten Kennziffern eine ausgezeichnete, gute, mittelmäßige oder schlechte Benotung verdienen, und mit welchen Gewichten die einzelnen Bewertungen in ein Gesamtrating eingehen.

3.7 Aktuelle Herausforderungen der PKV

Die PKV steht vor einer Reihe von Herausforderungen, die z. T. ihre Existenzgrundlagen fundamental berühren. Einige werden nachfolgend diskutiert:

Abhängigkeit vom Gesetzgeber: Die PKV ist nicht nur eine stark regulierte Branche, sondern wird auch im hohen Maße von der Sozialgesetzgebung beeinflusst. Auch werden immer wieder eine drastische Anhebung der Versicherungspflichtgrenze und eine Einbeziehung der Selbstständigen und der Beamten in die GKV gefordert. Dies würde der PKV-Vollversicherung ihre Grundlage entziehen. Es ist kaum anzunehmen, dass der dann verbleibende Markt für Zusatz- und Auslandsreisekrankenversicherung groß genug wäre, um eine eigenständige Branche mit rund 50 Unternehmen zu erhalten. Die Argumente der PKV-Unternehmen für die Aufrechterhaltung des Systems sind, dass die PKV überproportional zum Anteil ihrer Versicherten an der Gesamtheit der Krankenversicherten zur Finanzierung des Gesundheitssystems beiträgt. Das Argument ist plausibel, aber bisher wissenschaftlich nicht belegt. Zudem wird auf den Vorteil des Systemwettbewerbs zwischen der GKV mit Umlagefinanzierung und der PKV mit Anwartschaftsdeckungsverfahren hingewiesen. Die immer wieder stark diskutierten GKV-Reformoptionen Bürgerversicherung und Kopfpauschale (Schweizer Modell) würden wenig Raum für eine PKV lassen, wie sie heute in Deutschland betrieben wird.

Risikoselektion: Ein wichtiger Erfolgsfaktor für PKV-Unternehmen ist, inwieweit es ihnen gelingt, Risikoselektion zu betreiben. Wer bessere Risiken versichert, kann auch zu günstigeren Prämien anbieten bzw. höhere Überschüsse erwirtschaften. Es ist eine große Herausforderung für PKV-Unternehmen, ihre Produkt-, Vertriebs-, Marketing- und Servicepolitik so auszurichten, dass diese Risikoselektion erfolgreich ist. Auf der anderen Seite kann die so genannte Adverse Selection die Wettbewerbssituation eines Versicherers erheblich verschlechtern.

Unisextarifierung: Nach dem Urteil des Europäischen Gerichtshofs sind nach Geschlecht differenzierende Prämien und Leistungen ab dem 22. Dezember 2012 nicht mehr zulässig. Die offenkundigen Unterschiede zwischen den Geschlechtern (längere Lebenserwartung von Frauen etc.) dürfen keine Berücksichtigung mehr bei der Prämienkalkulation finden, so dass die Beiträge in der PKV für Männer somit ansteigen; für Frauen dürften die Beiträge geringfügig sinken. Aufgrund dieser Unsicherheiten in der Prämienkalkulation werden alle Unternehmen vorsichtiger, d. h. mit höheren Sicherheitszuschlägen, kalkulieren.

Finanzierung: Sowohl die Finanzkrise als auch die andauernde Niedrigzinsphase schmälern die Renditen an den Kapitalmärkten. Die Erwirtschaftung des gesetzlich festgelegten Höchstrechnungszinses von 3,5 % stellt für einige Unternehmen eine Herausforderung dar – eine Absenkung des PKV-Zinses würde jedoch die PKV-Prämien verteuern. Eine weitere Problematik sind die erwarteten Ausgabensteigerungen – einerseits durch den medizinisch-technischen Fortschritt, andererseits durch neue Gebührenordnungen.

Europatauglichkeit: Das EU-Recht kennt nur eine Spartentrennung zwischen Lebens- und Nicht-Lebensversicherung. Nur in Deutschland gibt es darüber hinaus noch eine durch das Sozialrecht (Arbeitgeberzuschuss) erzwungene Trennung zwischen der PKV und anderen Versicherungssparten. Damit bleibt ausländischen Versicherern der deutsche Krankenversicherungsmarkt versperrt, es sei denn, sie betreiben eine eigenständige Krankenversicherung in Deutschland. Außerdem gibt es nur in Deutschland eine private Krankenvollversicherung als Substitut zur gesetzlichen Krankenversicherung. Es ist fraglich, ob diese deutsche Besonderheit auf Dauer vom Harmonisierungsprozess in der EU unberührt bleibt.

4 Grundzüge der Rückversicherung

4.1 Grundlagen der Rückversicherung

4.1.1 Begrifflichkeiten

Ebenso wie es keine eindeutige Definition des Versicherungsbegriffs gibt, finden sich in der Literatur auch mehrere Definitionen der Rückversicherung:

Die Legaldefinition des § 779 Abs. 1 HGB (Fünftes Buch, Seehandelsrecht) lautet: Die Rückversicherung ist die Versicherung der von dem Versicherer übernommenen Gefahr.

- Unter Rückversicherung wird ein speziell ausgestaltetes Sicherungssystem eigener Art zwischen Versicherungsunternehmen verstanden: Die Rückversicherung schützt den Erstversicherer (Zedenten) gegen Vermögenseinbußen, die er infolge des Eintritts seiner Leistungspflicht aus den von ihm abgeschlossenen Versicherungsverträgen erleiden würde, wenn er sich nicht durch Rückversicherung abgesichert hätte.

Die Rückversicherung stellt jedoch keinen Versicherungszweig, sondern eine Form der Risikoübernahme dar. Während bei einem Versicherungszweig gleichartige Risiken mit einer gemeinsamen rechtlichen Grundlage zum Zwecke der risikoadäquaten Prämienkalkulation und des Risikoausgleichs zusammengefasst werden, deckt die Rückversicherung unterschiedliche Risiken aus verschiedenen Versicherungszweigen ab. Dabei ist die Rückversicherung stets *Schadenversicherung*, deren Umfang durch den Vertrag bestimmt wird. Im Rückversicherungsgeschäft herrscht vollständige Vertragsfreiheit, da die Rückversicherung nicht in der Form der staatlichen Regulierung und Beaufsichtigung unterliegt wie die Erstversicherung.

Charakteristikum der Rückversicherung ist, dass es sich bei beiden Vertragspartnern um Versicherungsunternehmen handelt. Ein Erstversicherer nimmt Versicherungsschutz bei einem Rückversicherer auf. Der Vorgang wird Zession, der Erstversicherer Zedent und der Rückversicherer Zessionär genannt. Die Versicherungsnahme eines Rückversicherers, also die Weitergabe von Risiken an einen weiteren Rückversicherer, wird als *Retrozession bezeichnet*.

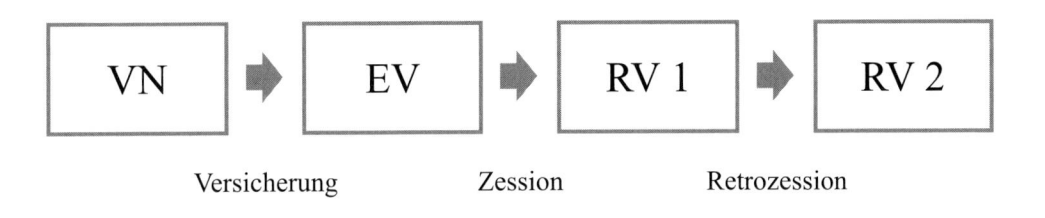

```
   VN    ⇒    EV    ⇒    RV 1   ⇒    RV 2
          Versicherung   Zession      Retrozession
```

VN: Versicherungsnehmer   EV: Erstversicherer   RV: Rückversicherer

Abbildung 53: Versicherung, Rückversicherung und Retrozession

Die Grundlage einer Rückversicherung ist der zwischen Erst- und Rückversicherer geschlossene *Rückversicherungsvertrag*. Dieser begründet jedoch keine Rechtsbeziehung zwischen einem Versicherungsnehmer des Erstversicherers und dem *Rückversicherer*. Die Rückversicherung wird auch als *sekundäre Risikoteilung* bezeichnet, um sie gegen die primäre Risikoteilung abzugrenzen, bei der sich mehrere Erstversicherer ein Risiko teilen (*Mitversicherung*).

4.1.2 Rechtliche Grundlagen

Während fast alle Erstversicherungszweige rechtlich stark reglementiert sind, besteht das kodifizierte Rückversicherungsrecht nur aus Einzelregelungen. So finden das Versicherungsvertragsrecht (siehe § 186 VVG) keine und das Versicherungsaufsichtsrecht (siehe § 1 a Abs. 1 Satz 2 VAG) nur beschränkt Anwendung auf Rückversicherungsunternehmen. Während Unternehmungen, die ausschließlich Rückversicherung betreiben (sog. professionelle Rückversicherer) und nicht in der Rechtsform des Versicherungsvereins auf Gegenseitigkeit (VVaG) geführt werden, im Wesentlichen nur den Bestimmungen, die sich auf Rechnungslegung und Bilanzprüfung beziehen, unterliegen, stehen Unternehmungen, die neben der Rückversicherung noch andere aufsichtspflichtige Versicherungszweige betreiben, in vollem Umfang unter der Aufsicht der Bundesanstalt für Finanzdienstleistungsaufsicht (BaFin).

Die fehlende Reglementierung der Rückversicherer folgt aus dem fehlenden Schutzbedürfnis der Erstversicherer, da ihnen ausreichender Sachverstand unterstellt wird. Weiterhin steht der internationale Charakter des Rückversicherungsgeschäfts einer nationalen Reglementierung entgegen. Die rechtliche Grundlage für die Rückversicherung wird daher vor allem durch generelle Vorschriften des Handels- bzw. Privatrechts, die Vereinbarungen des Rückversicherungsvertrags sowie den Usancen des Rückversicherungsgeschäfts gebildet. Im Zuge der geplanten Regelungen durch Solvency II ergeben sich für die staatliche Aufsicht der Erst- und Rückversicherer aber tiefgreifende Veränderungen in der Europäischen Union.

4.1.3 Funktionen der Rückversicherung

Die Rückversicherung dient dem Erstversicherer als ein Produktionsfaktor bei der Erstellung des Guts Versicherungsschutz. Dabei bietet der Rückversicherer dem Erstversicherer nicht nur Rückversicherungsschutz, sondern auch weitergehende Dienstleistungen an. Die folgenden Funktionen können unterschieden werden:

- risikopolitische Funktion (Bereitstellung und Produktion von Rückversicherungsschutz)
- kreditwirtschaftliche Funktion
- Instrument zur indirekten Finanz- und Aufbauhilfe
- Dienstleistungsfunktion (z. B. Beratungsdienstleistungen) sowie
- konzernpolitisches Instrument

Risikopolitische Funktion: Der Erstversicherer verfolgt mit der Rückversicherung das Ziel, Ergebnisschwankungen auszugleichen (Bilanzschutz) sowie das versicherungstechnische Risiko (Abweichung zwischen tatsächlichem und erwartetem Schadenbedarf) zu verringern, wobei die Rückversicherung nur eine Möglichkeit für die Erreichung dieses Ziels darstellt. Generell können folgende Maßnahmen zur Reduzierung des versicherungstechnischen Risikos unterschieden werden:

- kalkulatorische Maßnahmen (Risikoausschlüsse, Beitragsanpassungsklauseln, Preispolitik)
- bilanzielle Maßnahmen (Schwankungsrückstellung)
- organisatorische Maßnahmen (Produktpolitik, Schadenverhütung, Größe und Zusammensetzung des Bestands) oder
- geschäftspolitische Maßnahmen (Beeinflussung der Ist-Solvabilität, Inanspruchnahme von Rückversicherungsschutz, Bildung von Risikoreserven usw.)

Der Vorteil der Rückversicherung für den Erstversicherer besteht darin, dass der Rückversicherer dem Erstversicherer einen Teil des Bruttoschadenaufwands erstattet, so dass der Erstversicherer lediglich den Nettoschadenaufwand zu tragen hat. Dennoch muss der Erstversicherer im Rahmen seiner Risikopolitik abwägen, welchen Teil der übernommenen Risiken er in Rückversicherung gibt und welchen er selbst übernimmt und damit mit eigenen Sicherheitsmitteln hinterlegen muss. Dabei sind die Sicherheitsmittel (einschließlich Rückversicherung) hinsichtlich Verfügbarkeit, zeitlicher Dauer des Einsatzes und Preis zu vergleichen.

Neben den versicherungstechnischen Risiken ist das Erstversicherungsunternehmen von einer Vielzahl weiterer Risiken betroffen (siehe nachfolgende Abbildung).

Risikobereiche im Versicherungsunternehmen

- Versicherungstechnische Risiken
- Forderungsrisiken
- Kapitalanlagerisiken
- Qualitätsrisiken
- Managementrisiken
- Imagerisiken
- Marktrisiken
- Personalrisiken
- Produktrisiken
- Liquiditätsrisiken
- Währungsrisiken
- Bilanzrisiken

Abbildung 54: Ausgewählte Risikobereiche im Versicherungsunternehmen

Kreditwirtschaftliche Funktion: Die Rückversicherung des übernommenen Risikos hat zugleich eine Kapital ersetzende als auch eine Kapazität erhöhende Wirkung. Die *Kapital ersetzende Wirkung* ergibt sich aus der Substituierbarkeit von eigenen Risikoreserven durch die Inanspruchnahme von Rückversicherungsschutz: Durch den Einsatz von Rückversicherung reduziert der Erstversicherer seinen Bedarf an Risikoreserven. Zudem versetzt die Verfügbarkeit von Rückversicherungsschutz den Erstversicherer in die Lage, auch Risiken zu übernehmen, die aufgrund ihrer Höhe oder ihres Gefahrengrades seine finanziellen Ressourcen übersteigen. Die Rückversicherung vergrößert somit die mögliche Zeichnungskapazität des Erstversicherers (*Kapazität erhöhende Wirkung*).

Instrument zur indirekten Finanz- und Aufbauhilfe: Häufig leisten Rückversicherer auch finanzielle Unterstützung beim Auf- und Ausbau des Versicherungsgeschäfts des Erstversicherers, z. B. indem der Rückversicherer in den Rückversicherungsverträgen so genannte Super- oder Aufbauprovisionen gewährt.

Neben der Produktion von Rückversicherungsschutz bieten Rückversicherer den Erstversicherern ein breites Spektrum an *Dienstleistungen* an. Diese dienen dem Rückversicherer als absatzpolitisches Instrument und dem Erstversicherer als Hilfe, um die eigene Wettbewerbsposition zu verbessern: Der Erstversicherer wird durch die Serviceleistungen des Rückversicherers in die Lage versetzt, die eigenen Produktionsprozesse zu verbessern sowie Ressourcen einzusparen.

Der Rückversicherer bietet dem Erstversicherer u. a. folgende Dienstleistungen an:
- Ausbildung von Personal des Erstversicherers
- Ausarbeitung von Tarifen und Allgemeinen Versicherungsbedingungen (AVBs)
- zur Verfügung stellen von statistischem Material und Länder übergreifenden Informationen
- Unterstützung bei der Schadenverhütung
- Unterstützung bei der Risikoeinschätzung und -besichtigung sowie
- Unterstützung bei der Schadenregulierung

Rückversicherung kann auch ein *konzernpolitisches Instrument* sein. Innerhalb eines Versicherungskonzerns können den individuellen Zielen jeder einzelnen Unternehmung (Gewinn, Umsatz, Sicherheit) konzernpolitische Ziele übergeordnet werden. Beispielsweise können durch Rückversicherungsnahme und -gewährung innerhalb eines Unternehmensverbundes finanzielle Transaktionen ausgelöst werden, die zu einer gezielten Beeinflussung des Gewinns bei den einzelnen Gesellschaften führen. Dadurch können Gewinne und Verluste innerhalb eines Konzerns verrechnet und somit die Steuerbelastung des Konzerns reduziert werden. Führt diese Politik jedoch zu einer Beeinflussung der Höhe der Gewinnbeteiligung der Versicherten (z. B. in der Kapitallebensversicherung) infolge der Rückversicherungsnahme, so handelt es sich um einen Missbrauch der Konzernbeziehungen.

4.2 Klassische Rückversicherungsformen und -arten

4.2.1 Formen der Rückversicherung

Es haben sich verschiedene Rückversicherungsvertragsarten und -formen entwickelt: Werden Rückversicherungsverträge nach vertragsrechtlichen Kriterien, d. h. nach dem Grad an Entscheidungsfreiheit beim Zustandekommen der Rückversicherungsverträge, differenziert, ergeben sich verschiedene *Rückversicherungsformen*. Eine Einteilung nach versicherungstechnischen Kriterien führt zu den *Rückversicherungsarten*.

Bei der Rückversicherung lassen sich, je nach Grad an Entscheidungsfreiheit bei der Abgabe bzw. Annahme der Risiken, die fakultative und die obligatorische Rückversicherung sowie deren Mischformen, die fakultativ-obligatorische und die obligatorisch-fakultative Rückversicherung, unterscheiden.

Eine *fakultative Rückversicherung* liegt dann vor, wenn sowohl Erst- als auch Rückversicherer fallweise darüber entscheiden können, ob sie ein einzelnes Risiko in Rückdeckung geben (EV) bzw. annehmen (RV) wollen (Rückversicherung für Einzelrisiken). Aufgrund der zeit- und arbeitsintensiven Bearbeitung sowie der Ungewissheit bis zur

Annahmeerklärung des Rückversicherers hat diese „ältere" Rückversicherungsart im Standardgeschäft nur noch einen kleinen Anteil. Bei der Abdeckung von nicht standardisierten Risiken hat sie jedoch nach wie vor eine hohe Bedeutung (z. B. bei großen Einzelrisiken).

Bei der *obligatorischen Rückversicherung* (Vertragsrückversicherung für ganze Bestände) verpflichtet sich der Erstversicherer, die im Vertrag bezeichneten Risiken – in der Regel Risiken eines bestimmten Versicherungszweigs – im vereinbarten Umfang in Rückdeckung zu geben. Der Rückversicherer verpflichtet sich im Gegenzug dazu, diese anzunehmen. Das Rückversicherungsvolumen ist bei Vertragsabschluss unbekannt, denn es hängt vom Umfang des Neugeschäfts des Erstversicherers ab: Bei dieser „laufenden" Rückversicherungsart sind auch die Erstversicherungsverträge eingeschlossen, die während der Laufzeit des Rückversicherungsvertrags abgeschlossen werden. Da dem Rückversicherer die Möglichkeit der Einzelprüfung fehlt und der Erstversicherer in der Regel die Schadenregulierung vornimmt, kommt dem Vertrauensverhältnis zwischen Erst- und Rückversicherer eine besondere Bedeutung zu.

Die *fakultativ-obligatorische* Rückversicherung (open cover) hat für den Erstversicherer fakultative und für den Rückversicherer obligatorische Wirkung. Während es dem Erstversicherer freisteht, ein genau spezifiziertes Risiko in Rückdeckung zu geben, ist der Rückversicherer verpflichtet, dieses anzunehmen. Die *obligatorisch-fakultative* Rückversicherung, die für den Erstversicherer obligatorisch und für den Rückversicherer fakultativ ist, kommt nur sehr selten vor.

Die im folgenden Abschnitt dargestellten, nach versicherungstechnischen Kriterien abgegrenzten Rückversicherungsformen finden sowohl in der fakultativen als auch in der obligatorischen Form Anwendung.

4.2.2 Arten der Rückversicherung

Bei den Arten der Rückversicherung geht es um die Art und Weise, wie die Aufteilung der Risiken und Prämien zwischen Erstversicherer und Rückversicherer erfolgt. Dabei wird zwischen proportionaler und nicht-proportionaler Rückversicherung unterschieden. Zur proportionalen Rückversicherung (Summen-Rückversicherung) zählen die Quoten-Rückversicherung und die Summenexzedenten-Rückversicherung. Bei der nicht-proportionalen Rückversicherung (Schaden-Rückversicherung) sind die Schadenexzedenten-Rückversicherung, die Jahresüberschaden-Rückversicherung und die Höchstschaden-Rückversicherung zu nennen.

```
                    Arten der Rückversicherung
                    ┌─────────────┴─────────────┐
        proportionale Rückversicherung      nicht-proportionale
                                              Rückversicherung
```

- Quoten-RV
- Summenexzedenten-RV

- Schadenexzendenten-RV
- Jahresüberschaden-RV
- Höchstschaden-RV

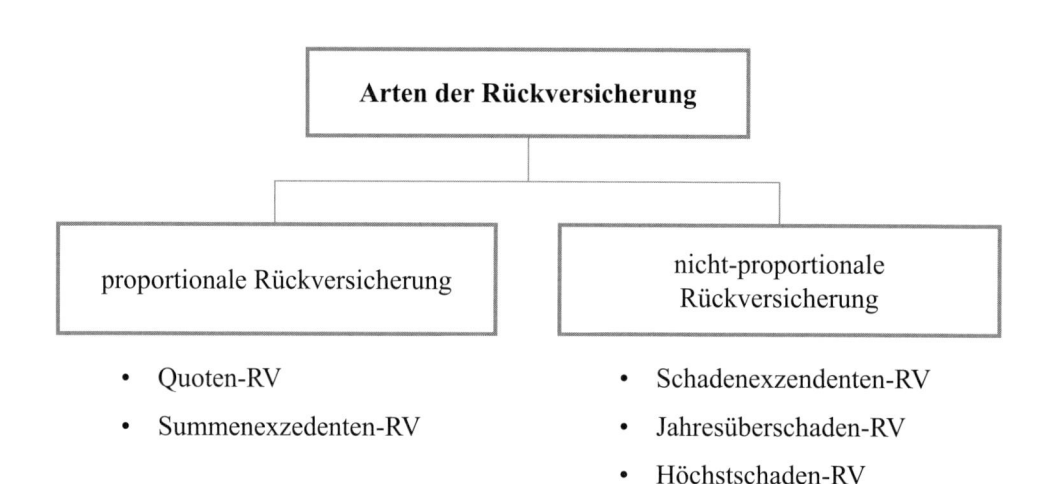

Abbildung 55: Arten der Rückversicherung

Bei der *proportionalen Rückversicherung*, auch Summen-Rückversicherung genannt, ergibt sich der Anteil des Rückversicherers an den Schäden und an den Prämien aus seinem übernommenen Anteil am in der Versicherungssumme zum Ausdruck kommenden Risiko des Erstversicherers. Risiken, Schäden und in der Regel auch die Prämien werden im gleichen Verhältnis (in der gleichen Proportion) zwischen Erstversicherer und Rückversicherer aufgeteilt. Formen proportionaler Rückversicherungen sind die Quoten-Rückversicherung und die Summenexzedenten-Rückversicherung.

Bei der *Quoten-Rückversicherung* beteiligt sich der Rückversicherer mit einem vereinbarten Prozentsatz (Quote) an den Schäden des rückversicherten Bestands des Erstversicherers. Diese Quote ist gleichzeitig Berechnungsgrundlage für die Aufteilung der Prämie zwischen Erst- und Rückversicherer, wobei der Rückversicherer dem Erstversicherer als Ausgleich für die Betriebskosten eine *Rückversicherungsprovision* zahlt. Der Selbstbehalt des Erstversicherers ist demnach ein fester Prozentsatz des Versicherungsbestands.

Die Quoten-Rückversicherung spielt vor allem bei einer großen Anzahl gleichartiger Risiken mit vergleichbaren Haftungsgrenzen eine wichtige Rolle und ist überwiegend in folgenden Sparten vertreten:

- Allgemeine Haftpflichtversicherung
- Kraftfahrtversicherung und
- Sturm-, Hagel- und Transportversicherung

Die Quoten-Rückversicherung bewirkt keine Homogenisierung des Portefeuilles (kein Schutz vor Großschäden), aber sie schützt den Erstversicherer vor der Kumulation von Klein- und Mittelschäden. Sie ist einfach und effizient zu verwalten. Vor allem junge, im Aufbau befindliche Erstversicherer (mit einem kleinen Bestand, bei dem das Gesetz der großen Zahl noch nicht voll wirkt) nutzen Quoten-Rückversicherungen, um sich vor zufällig stark schwankenden Schadenverläufen oder fehlerhaft kalkulierten Prämien (unzureichende Schadenerfahrung) zu schützen. Außerdem verringert sich der Kapitalbedarf des Erstversicherers, weil seine absolute Haftung durch die Quoten-Rückversicherung gesenkt wird.

Beispiel:

Bei einem Selbstbehalt (SB) von 75 % ergibt sich eine Rückversicherungsquote von 25 %. Wenn die Versicherungssumme (VS) 100 Mio. € beträgt, übernimmt der Erstversicherer (EV) eine Haftung in Höhe von 75 Mio. € und der Rückversicherer (RV) eine Haftung in Höhe von 25 Mio. €. Bei einer vom Versicherungsnehmer zu zahlenden Prämie in Höhe von 300.000 € (3 Promille der VS) ergibt sich ein Anteil an der Prämie von 225.000 € für den EV und 75.000 € für den RV. Der Schaden in Höhe von 80 Mio. € wird ebenfalls entsprechend der Quote aufgeteilt: 60 Mio. € für den EV und 20 Mio. € für den RV.

Bei der *Summenexzedenten-Rückversicherung* wird zwischen Erst- und Rückversicherer ein Selbstbehalt in Form einer absoluten Summe (Maximum) vereinbart. Der Rückversicherer ist nur an denjenigen Risiken beteiligt, die diesen Selbstbehalt des Erstversicherers übersteigen. Der Selbstbehalt kann für eine Risikoklasse oder für ein einzelnes Risiko individuell vereinbart werden. Bei Risiken, deren Versicherungssumme den Selbstbehalt nicht überschreiten, wird das Risiko vom Erstversicherer alleine getragen. Risiken, deren Versicherungssumme größer als der vereinbarte Selbstbehalt ist, werden proportional zwischen Erst- und Rückversicherer aufgeteilt, und zwar gemäß des Verhältnisses zwischen dem Selbstbehalt des Erstversicherers und der Versicherungssumme des versicherten Risikos. In diesem Verhältnis, welches für jedes versicherte Risiko einen individuellen Wert annimmt, werden alle Schäden und in der Regel auch die Prämien geteilt. Auch Schäden unterhalb des vereinbarten Selbstbehalts werden in diesem Verhältnis geteilt.

In der Regel übernimmt der Rückversicherer aber nicht die gesamte Versicherungssumme, die den Selbstbehalt des Erstversicherers übersteigt, sondern nur ein Vielfaches des Selbstbehalts, den so genannten Exzedenten. Der Exzedent wird durch die Anzahl übernommener Maxima bestimmt. Vom Rückversicherer nicht übernommene Maxima können über eine fakultative Rückversicherung oder müssen vom Erstversicherer abgedeckt werden.

Die Summenexzedenten-Rückversicherung findet vor allem Anwendung bei Versicherungsbeständen, die nicht homogen sind, d. h. stark voneinander abweichende Versicherungssummen enthalten, wie z. B. in der

- Feuerversicherung,
- Einbruch-Diebstahl-Versicherung,
- Unfallversicherung und
- Lebensversicherung.

Durch die Festlegung eines absoluten Selbstbehalts ermöglicht die Summenexzedenten-Rückversicherung eine Homogenisierung der Risiken. Die Spitzenrisiken werden zum großen Teil abgegeben, die kleinen und mittleren Versicherungssummen bleiben vollständig im Bestand des Erstversicherers. Der Erstversicherer erhöht seine Zeichnungskapazität. Die Summenexzedenten-Rückversicherung hat den Nachteil, dass sie mit einem hohen Verwaltungsaufwand verbunden ist, der sich insbesondere aus der risiko-individuellen Quote ergibt. Aufgrund der proportionalen Verknüpfung der Haftung weicht der Schadenverlauf bei Erstversicherer und Rückversicherer nicht sehr stark voneinander ab.

Beispiel 1 (*VS<SB*):

Bei einer Versicherungssumme von 150.000 € und einem Selbstbehalt von 200.000 € beteiligt sich der Rückversicherer nicht an diesem Risiko. Sowohl die Prämie als auch die Schäden werden vom Erstversicherer allein übernommen.

Beispiel 2 (*VS>SB, RV übernimmt den gesamten Exzedenten*):

Der vereinbarte Selbstbehalt des Erstversicherers (Maximum) sei 200.000 €. Bei einer Versicherungssumme von 2.000.000 € ergibt sich eine Quote von 10 % für den Erstversicherer und 90 % für den Rückversicherer. Von der Prämie in Höhe von 4.000 € (2 Promille der Versicherungssumme) bekommt der Erstversicherer 400 € und der Rückversicherer 3.600 €. Ein Schaden in Höhe von 1.600.000 € wird ebenfalls in diesem Verhältnis aufgeteilt: Der Erstversicherer trägt 160.000 € (10 %) und der Rückversicherer 1.440.000 € (90 %).

Beispiel 3 (*VS>SB, RV übernimmt 5 Maxima*):

Wenn die Versicherungssumme 2.500.000 € (100 %), der Selbstbehalt 200.000 € (8 %) und der Exzedent 5 Maxima, also 1.000.000 € (40 %) beträgt, ist ein Betrag von 1.300.000 € (52 %) nicht durch Rückversicherung abgedeckt und muss vom Erstversicherer selbst getragen werden. Der Erstversicherer übernimmt insgesamt also 60 % und der Rückversicherer 40 % der Prämien und der Schäden.

In der *nicht-proportionalen Rückversicherung*, auch Schaden-Rückversicherung genannt, ergibt sich der Anteil des Rückversicherers am Schaden nicht nach einem festen, im Voraus fixierten Anteil am Risiko des Erstversicherers, sondern ausschließlich durch die Höhe des Schadens. Es findet also keine proportionale Aufteilung der Risiken und Prämien statt. Der Rückversicherer hat je nach Vereinbarung entweder den Schadenteil, der den Selbstbehalt des Erstversicherers (sog. Priorität) übersteigt, oder die in ihrer Anzahl beschränkten höchsten Schäden des Erstversicherers innerhalb eines Zeitraums zu tragen. Es gibt Haftungsbegrenzungen pro Einzelschaden, pro Schadenereignis und pro Jahr. Die nicht-proportionale Rückversicherung kommt in Form

- der Schadenexzedenten-Rückversicherung,
- der Jahresüberschaden-Rückversicherung und
- der Höchstschaden-Rückversicherung

vor.

Bei der *Schadenexzedenten-Rückversicherung* (Excess of Loss, XL) vereinbart der Erstversicherer eine absolute Priorität, bis zu der er den Schaden selbst trägt, während der die Priorität übersteigende Teil des Schadens von der Rückversicherung getragen wird. Der in der Regel nach oben begrenzte Schadenexzedent wird auch als *Haftstrecke, Exposure* oder *Layer* bezeichnet.

Je nachdem, ob sich die vereinbarte Priorität auf den Erstversicherungsvertrag oder auf ein Schadenereignis bezieht, wird zwischen einer Einzel- und einer Kumulschadenexzedenten-Rückversicherung unterschieden. Im Fall der Einzelschadenexzedenten-Rückversicherung (Per Risk XL bzw. Working XL) soll ein Schutz vor dem Eintritt von Großrisiken erfolgen. Die Kumulschadenexzedenten-Rückversicherung (Catastrophe XL) deckt Schadenereignisse ab, bei denen eine Vielzahl von Risiken gleichzeitig betroffen sind (z. B. durch einen schweren Sturm).

Anwendung findet die Schadenexzedenten-Rückversicherung bei Großschäden auf einzelne Risiken und im Klein- und Mittelschadenbereich, z. B. in der

- Allgemeinen Haftpflichtversicherung (Working XL),
- Sturmversicherung (Catastrophe XL) und
- Kraftfahrzeug-Kaskoversicherung (Catastrophe XL, z. B. Hagelsturm).

Mit Hilfe der Schadenexzedentenversicherung ist eine Homogenisierung der Schäden möglich. Aufgrund ihrer Besonderheiten weichen die Schadenverläufe bei Erst- und Rückversicherer voneinander ab. Während der Erstversicherer in Jahren mit vielen Klein- und Mittelschäden stärker belastet wird, ist dies beim Rückversicherer in Jahren mit vielen Groß- oder Kumulschäden der Fall. Die Prämienberechnung erfordert ein hohes versicherungstechnisches Know-how, weil die Prämienaufteilung nicht proportional erfolgt, sondern vom erwarteten Schadenaufwand abhängt.

Beispiel:

Der Erstversicherer schließt eine Einzelschadenexzedenten-Rückversicherung mit 7.000.000 € Haftung des Rückversicherers und 2.000.000 € Priorität ab (7 Mio. € xs 2 Mio. €). Zusätzlich wird eine Kumulschadenexzedenten-Rückversicherung mit 8.000.000 € Haftung des Rückversicherers und 3.000.000 € Priorität abgeschlossen (8 Mio. € xs 3 Mio. €). Aufgrund eines Erdbebens entstehen folgende Einzelschäden:

- Schaden 1: 1.000.000 €
- Schaden 2: 2.000.000 €
- Schaden 3: 3.000.000 €
- Schaden 4: 5.000.000 €

Von der Einzelschadenexzedenten-Rückversicherung werden Schaden 3 und 4 gedeckt, Schaden 1 und 2 übersteigen nicht die Priorität. Der Rückversicherer übernimmt 1.000.000 € (Schaden 3) und 3.000.000 € (Schaden 4). Die Kumulschadenexzedenten-Rückversicherung übernimmt den Gesamtschaden abzüglich der Priorität und der Deckung aus der Einzelschadenexzedenten-Rückversicherung, d. h.

11.000.000 € − 3.000.000 € − 4.000.000 € = 4.000.000 €.

Die *Jahresüberschaden-Rückversicherung* (Stop Loss, SL) schützt den Erstversicherer vor Schwankungen des Schadenverlaufs eines Versicherungszweigs oder eines Teilbestands. Meist wird die Priorität in Prozent der Prämieneinnahmen (oder Versicherungssummen) vereinbart, kann aber auch als absoluter Betrag festgelegt werden. Jahresüberschaden-Rückversicherungen sind vor allem für Versicherungszweige von Bedeutung, in denen der Schadenverlauf starken Schwankungen unterliegt, z. B. in der Sturm- und Hagelversicherung. Die Orientierung der Priorität an den Prämieneinnahmen birgt für den Rückversicherer die Gefahr, dass der Erstversicherer die Prämien zu knapp kalkuliert hat und er dadurch unverhältnismäßig hoch in Anspruch genommen wird. Daher soll eine Stop-Loss-Deckung dem Erstversicherer keinen Gewinn ermöglichen.

Beispiel:

Es wird ein SL-Vertrag mit einem maximalen Anteil von 40 % des die Prämieneinnahmen überschreitenden Jahresgesamtschadens vereinbart (40 % xs 100 %). Betragen die Jahresprämieneinnahmen des Erstversicherers in der betrachteten Sparte 1.000.000 € (Priorität), der Jahresgesamtschaden 900.000 €, tritt keine Leistungspflicht des Rückversicherers ein. Beträgt der Jahresgesamtschaden jedoch 1.300.000 €, werden die 300.000 €, die die Priorität überschreiten, vom Rückversicherer übernommen. Bei einem Jahresgesamtschaden von 1.500.000 € wird die Priorität vom Erstversicherer getragen (1.000.000 €), 40 % des Jahresgesamtschaden vom Rückversicherer (400.000 €), die verbleibende Schadenlast wird vom Erstversicherer getragen (100.000 €).

Mit der *Höchstschaden-Rückversicherung* schützt der Erstversicherer seine Ergebnisse vor einer zu großen Belastung durch Großschäden, indem der Rückversicherer die n größten Schäden des Erstversicherers, die während eines Jahres eintreten, vollständig trägt. Durch die Limitierung der Anzahl übernommener Schäden schützt sich der Rückversicherer davor, dass Schäden, die mit einer langen Abwicklungsdauer behaftet sind, durch steigende Löhne und Preise nachträglich zu Großschäden werden und dann ausschließlich zu seinen Lasten gehen. Die Vereinbarung eines Selbstbehalts des Erstversicherers ist verbreitet, um einen Missbrauch in Form einer Annahme jeglicher Risiken durch den Erstversicherer, quasi ohne Risikoprüfung, zu verhindern. Die Höchstschaden-Rückversicherung hat in der Praxis keine größere Bedeutung erlangt.

Beispiel:

Der Rückversicherer übernimmt die zwei größten Einzelschäden eines Jahres. Die fünf größten Schäden des Jahres hatten folgende Schadenhöhen:

- Schaden 1:   1.000.000 €
- Schaden 2:   12.000.000 €
- Schaden 3:   3.000.000 €
- Schaden 4:   8.000.000 €
- Schaden 5:   7.000.000 €

Schaden 2 und 4 sind die höchsten Schäden des Erstversicherers, die in voller Höhe vom Rückversicherer übernommen werden.

4.3   Prämienkalkulation

Während in der proportionalen Rückversicherung der Rückversicherer im Allgemeinen anteilig am Prämienaufkommen der Erstversicherung beteiligt wird und dem Erstversicherer im Gegenzug als Abgeltung für seine höheren Betriebskosten eine Provision vergütet, berechnet sich in der nicht-proportionalen Rückversicherung die Prämie losgelöst vom einzelnen Originalrisiko pauschal für das gesamte geschützte Portefeuille.

Bestandteile der Rückversicherungsprämie in der nicht-proportionalen Rückversicherung sind

- die reine Risikoprämie,
- ein Sicherheitszuschlag,

- ein Zuschlag zur Abgeltung externer Kosten,
- ein Zuschlag zur Deckung interner Betriebskosten und
- ein Gewinnzuschlag.

In der Kalkulation der Rückversicherungsprämie bzw. des Rückversicherungsentgelts (Tarifierung oder Quotierung) spielt die Unsicherheit über die Verteilung der Schäden, insbesondere der Anteil an Großschäden, eine besondere Rolle. Gerade in der Schadenversicherung verursachen hochsummige Schäden starke Schwankungen im Schadenverlauf. Zur Berücksichtigung von Häufigkeit und Ausmaß der zu erwartenden Schäden in der Prämienkalkulation lassen sich folgende idealtypische Verfahren heranziehen:

- Pay-Back-Verfahren
- Burning-Cost-Verfahren und
- Exposure-Verfahren

Pay-Back-Verfahren

Das Pay-Back-Verfahren ermittelt die Höhe der Rückversicherungsprämie auf der Basis von Wiederkehrperioden bestimmter Großschadenereignisse (Berücksichtigung der Schadenfrequenz). Das Ziel ist es, die Prämie so zu bemessen, dass ein Groß-(Total-)schaden innerhalb der Pay-Back-Periode ausgeglichen wird. Dieses Verfahren ist zwar nur in einigen Sparten anwendbar (z. B. in der Sturm- und Hagel-Versicherung), es eignet sich aber insbesondere für Kontrollrechnungen.

Burning-Cost-Verfahren

Das Burning-Cost-Verfahren ermittelt die Höhe der Rückversicherungsprämie auf der Basis der individuellen Schadenerfahrung der Vergangenheit (Experience Rating, Erfahrungstarifierung). Dazu müssen die Schäden und Beiträge der Vergangenheit vergleichbar gemacht und in die Zukunft projiziert werden. Die relative Schadenlast wird aus dem Verhältnis aus dem Layer-Schaden und der Beitragseinnahmen berechnet. Sie muss unter Berücksichtigung der zukünftigen Priorität und Haftstrecke in die Zukunft extrapoliert werden (z. B. Berechnung der Burning Cost durch Trendschätzung). Dabei müssen die folgenden drei Aspekte berücksichtigt werden:

- Entwicklung der Preissteigerungsraten,
- zeitliche Verzögerungen in der Schadenregulierung und das Auftreten von Spätschäden sowie
- Änderungen der Portefeuille-Struktur.

Obwohl diese Methode die Schadenverteilung (Anteil Klein-, Mittel- und Großschäden) nicht berücksichtigt, ist sie eher für die Prämienkalkulation von Schadenexzedenten mit geringen Selbstbehalten geeignet (für die repräsentative Statistiken vorhanden sind). Für den Fall, dass keine genügenden Schadenerfahrungen vorliegen (z. B. seltene Großschäden), ist diese Methode ungeeignet, da sie die statistische Unsicherheit bestehen lässt. Folglich sind häufig hohe Sicherheitszuschläge erforderlich.

Exposure-Verfahren

Das Exposure-Verfahren ermittelt die Höhe der Rückversicherungsprämie auf der Basis der Schadenverteilung anderer (repräsentativer bzw. vergleichbarer) Markt-Portefeuilles. Dabei liegt diesem Verfahren die umfangreichste statistische Basis zugrunde, da der Erwartungswert des Portefeuilles aus der Schadenerfahrung möglichst vieler ähnlicher Risiken berechnet wird. Dieses Verfahren wird vor allem bei Schadenexzedenten mit hohen Selbstbehalten benutzt, bei denen die tatsächliche Schadenerfahrung unzureichend ist.

In der Praxis werden die Verfahren häufig in Kombination eingesetzt.

4.4 Rückversicherungspolitik

Unter Rückversicherungspolitik kann zum einen die Abgabepolitik des Erstversicherers (passive RV), zum anderen aber auch die Annahme- bzw. Akzeptpolitik des Rückversicherers (aktive RV) verstanden werden.

Der Erstversicherer legt in seiner *Abgabepolitik* die von ihm verfolgten Ziele fest. In der Regel werden dabei mehrere Ziele gleichzeitig festgelegt, z. B. die Verringerung des versicherungstechnischen Risikos, die Erhöhung der Zeichnungskapazität und/oder die Inanspruchnahme von Dienstleistungen des Rückversicherers. Die Rangfolge der Ziele ist unternehmensindividuell und hängt von einer Vielzahl von Faktoren ab (z. B. von den übergeordneten Unternehmenszielen, vom zu schützenden Portefeuille oder der Risikobereitschaft der Entscheidungsträger). Der Erstversicherer betreibt ein individuelles Risk Management. Auf der Basis der festgelegten Strategien und Ziele wird er eine auf sein Portefeuille zugeschnittene Kombination von Rückversicherungsformen wählen. Neben der Entscheidung über Höhe und Art der Rückversicherungsnahme kommt der Wahl des Rückversicherers (Sicherheit, Bonität, Geschäftsgebaren) entscheidende Bedeutung zu. Auch die organisatorische Einbindung der sich mit Rückversicherung beschäftigenden Unternehmensbereiche wird im Rahmen der Rückversicherungspolitik des Erstversicherers festgelegt. Wegen der auf Dauer ausgelegten Rückversicherungsverträge ist ein starkes Vertrauensverhältnis zwischen Erst- und Rückversicherer von besonderer Bedeutung.

Die *Annahme- bzw. Akzeptpolitik* des Rückversicherers verfolgt einen Risikoausgleich im Raum und insbesondere in der Zeit. Der Risikoausgleich im Raum führt zur Internationalisierung seiner Tätigkeit. Beim Risikoausgleich in der Zeit soll aus einer Vertragsbeziehung mit einem Erstversicherer über mehrere Jahre gesehen ein ausreichender Gewinn entstehen. Für diesen Ausgleich in der Zeit ist die Kontinuität der Geschäftsbeziehung unabdingbare Voraussetzung. Die durch den Begriff *„Schicksalsteilung"* charakterisierte Geschäftsbeziehung zwischen Erst- und Rückversicherer (Geschäftsführungsrecht des Erstversicherers und Folgepflicht des Rückversicherers) veranlassen den Rückversicherer, vorsichtig zu agieren. Neben den rückzuversichernden Risiken kommt der Wahl der Zedenten eine besondere Bedeutung zu, da der Rückversicherer von dessen Risikopolitik abhängig ist.

Ein stabiles Gesamtsystem, bestehend aus Erstversicherern und Rückversicherern, in dem langfristig Gewinne erwirtschaftet werden, liegt sowohl im Interesse der Rückversicherer als auch in dem der Erstversicherer. In vielen Sparten, vor allem im Industriegeschäft, stellt die Rückversicherung einen unverzichtbaren Produktionsfaktor dar, ohne den kein Versicherungsschutz angeboten werden kann, d. h. Erstversicherungs- und Rückversicherungsunternehmen bilden ein interdependentes System.

4.5 Alternativer Risikotransfer

Der Versicherungsmarkt unterliegt derzeit fast in allen Bereichen gravierenden Veränderungen. Die in den letzten Jahren aufgetretenen Großschäden, die Zunahme der Groß- und Elementarrisiken und das Auftreten neuer Gefahren (z. B. Terrorismusrisiko) führen bei den Versicherungsunternehmen zu einer vermehrten Nachfrage nach

- größeren Selbstbehalten,
- höheren Kapazitäten,
- ergänzenden Dienstleistungen,
- neuen Produkten, die eine integrierte Abdeckung mehrerer Risikoklassen bieten,
- einer Abdeckung neuer oder bisher als nicht versicherbar geltender Risiken und
- variablen, mehrjährigen Vertragslaufzeiten.

Die traditionellen Versicherungsprodukte gelangen immer mehr an ihre Grenzen. Insbesondere vier Bereiche werden als Ursache hierfür angesehen:

- High-Severity-Risiken (Katastrophenrisiken, Produkthaftpflichtansprüche, Rohstoffverknappung),
- High-Frequency-Risiken (für Versicherer teilweise durch zu hohe Selbstbehalte und so genannte Self-Insurance-Lösungen verloren gegangen, Ausnahme: Pflichtversicherungen),

- Finanzrisiken (zum Großteil Risiken, die traditionell als nicht versicherbar gelten),
- Bedarf für integrierte Produkte (Abdeckung mehrerer Risikoklassen und / oder mehrjährige Laufzeit) und
- Bedarf für Produkte, die den Schutz der Bilanz ermöglichen.

Die Reaktionen der Erst- und Rückversicherer auf die veränderten Bedürfnisse der Versicherungsnehmer können sehr unterschiedlich sein. Einige der Lösungen der Versicherungsunternehmen werden unter dem Schlagwort *Alternative Risk Transfer* (ART) zusammengefasst. Die Bezeichnung Alternativer Risikotransfer steht für eine Vielzahl neuartiger Techniken und Instrumente im Erst- und Rückversicherungsbereich, die unter zwei Rubriken zusammengefasst werden können:

(1) Echte ART-Produkte, bei denen aktiv der Kapital- und Optionsmarkt zur Transferierung von Risiken genutzt wird.

(2) Finanzierungsprodukte, bei denen der Rückversicherer dem Erstversicherer periodenversetzt Finanzmittel zur Verfügung stellt, die er in einer anderen Periode vom Erstversicherer vereinnahmt hat.

Echte ART-Produkte zeichnen sich somit dadurch aus, dass ein Transfer von versicherungstechnischen Risiken über kapitalmarktspezifische Instrumente auf sekundäre Risikoträger an den Kapitalmärkten erfolgt. Der Risikotransfer findet nicht mehr zwischen den Erst- und Rückversicherungsmärkten statt, sondern vom Versicherungsmarkt auf den Kapitalmarkt. Die Anleger an den Kapitalmärkten werden somit zu Trägern versicherungstechnischer Risiken. Damit ergibt sich auch eine Abgrenzung zu reinen Tauschaktionen wie *Swaps* oder zur *Catastrophe Risk Exchange* (CATEX), die eine reine Tauschbörse für Versicherungsrisiken darstellt. Im Gegensatz zu traditionellen Versicherungslösungen orientiert sich die Risikoübertragung bei ART-Produkten am Ausgleich mit einem Kunden über die Zeit und nicht am Ausgleich im Kollektiv einer großen Zahl von Verträgen innerhalb eines Jahres.

Die theoretische Grundlage für die alternativen Risikotransfers liefern das *Capital Asset Pricing Model* (CAPM) sowie die *Financial Theory*. Im Folgenden soll kurz auf das *Capital Asset Pricing Model* in seiner Anwendung in der Versicherungswirtschaft eingegangen werden.

Diversifikation kann den Versicherungsunternehmen helfen, die Auswirkungen von Schäden der übernommenen Risiken auf das Betriebsergebnis des Versicherers klein zu halten. Hierbei gilt die Annahme, dass kleine, isolierte Ereignisse nur einen geringen Einfluss auf große diversifizierte Pools haben. Allerdings kann sich diese Annahme bei Katastrophenrisiken als falsch herausstellen. Seit der starken Zunahme von katastrophalen Elementarschadenereignissen ist bekannt, dass selbst die internationalen Rückversicherungsmärkte Schwierigkeiten haben, das Problem durch weltweite Risikodiversifikation zu lösen. Die Grenzen des traditionellen *Risk Managements* werden deutlich.

Zudem ist die Preis- bzw. Prämienfindung für derartige Risiken schwierig, da die Wahrscheinlichkeit für den Eintritt dieser Katastrophenrisiken extrem niedrig ist (es sind keine statistisch signifikanten Eintrittswahrscheinlichkeiten verfügbar), die möglichen Schäden aber extrem hoch sein können, z. B. weil häufig viele Policen gleichzeitig von derartigen Ereignissen betroffen sind (Kumulrisiken).

Das *Capital Asset Pricing Model* liefert die theoretische Grundlage zur Abbildung des geschilderten Problems und zur Entwicklung neuer Risikoabsicherungsformen. Das CAPM unterscheidet zwischen zwei Bestandteilen des Risikos: dem unsystematischen Risiko und dem systematischen Risiko (siehe Kapitel I, Abschnitt 3). Das unsystematische Risiko lässt sich durch Wahrscheinlichkeitsverteilungen beschreiben und – das ist das Wichtige – durch Diversifikation eliminieren. Sein „Wert" ist der Erwartungswert bzw. der Erwartungsschaden. Mit der Übernahme des unsystematischen Risikoteils haben Versicherungsunternehmen kein Problem, es ist ihr tägliches Geschäft. Durch Risikozerlegung, Risikopoolung, Mitversicherung, Zession sowie Retrozession machen sie diese Risiken handhabbar. Das systematische Risiko kann hingegen nicht durch Diversifizierung eliminiert werden. Dies kann daran liegen, dass die Wahrscheinlichkeitsverteilung des systematischen Risikos, Zusammenhänge (Kovarianzen) mit anderen Risiken oder Richtung und / oder Geschwindigkeit des Trends nicht bekannt sind. Typische Märkte für systematische Risiken sind Terminbörsen, auf denen der Risikohalter mittels *Hedging*, *Futures* und *Optionen* Risiken dieser Art platzieren kann. Die Rückversicherungsbranche nutzte diese Erkenntnis durch neue Produkte: *Securitized Insurance Risk Transfers*, *Surplus Notes*, *Contingent Surplus Notes*, *PCS Catastrophe Insurance Options*, die z. B. am *Chicago Board of Trade* (CBOT) gehandelt werden. Beispielsweise können Anleger Bonds kaufen, deren Rückzahlung an Katastrophen-Indizes bzw. an Temperaturwerte gebunden ist. Diese Anleger übernehmen damit ein Risiko, wodurch sich bei anderen wiederum das Risiko vermindert.

Nicht nur das *Capital Asset Pricing Model*, sondern auch die moderne *Financial Theory* hat zu einer Fülle neuer, alternativer Produkte geführt, wobei noch weitere Innovationen zu erwarten sind. Dieser Prozess kann in Form eines Stufenschemas dargestellt werden, der die folgenden Entwicklungsstufen umfasst:

(1) *Traditionelle Versicherungsprodukte*

(2) *Bonding-Produkte*

Absicherung von Finanzrisiken bzw. von traditionell als nicht versicherbar geltenden Risiken.

(3) *Multiline-Produkte*

Absicherung von mehreren Risikoklassen bzw. Sparten in einem Produkt.

(4) *Multiyear- / Funding-Produkte*

Erweiterung des Abrechnungshorizonts (Risikoausgleich eines einzelnen Versicherungsnehmers in der Zeit) in Verbindung mit Spar- / Entsparvorgängen (Finanzierung der Risiken bzw. Schadenzahlungen aus den Prämien).

(5) *Financial-Reinsurance-Produkte* (*Finite Risk*)

Übertragung von Haftungsrisiken auf einen Rückversicherer, insbesondere zur Beseitigung von Risiken bezüglich des zeitlichen Eintritts eines Schadens und für die Verfolgung finanzwirtschaftlicher Ziele. Unterteilung in retrospektive (*Loss Portfolio Transfer*) und prospektive Vertragsformen (*Financial Quota Share Agreement*). Während bei retrospektiven Verträgen bereits eingetretene Schäden abgedeckt werden, sichern prospektive Verträge Schäden ab, die sich in der Zukunft ereignen können (Aufbau einer Schadenreserve).

(6) *Finanzmarktprodukte* (*Derivatives*, *Securitization*)

Abdeckung von Versicherungsrisiken über den Kapitalmarkt. Bei derivativen Instrumenten werden bspw. Optionen gehandelt, die auf Katastrophenschaden-Indizes basieren. Bei der *Insurance-Linked Securitization* handelt es sich um die Verbriefung von Versicherungsrisiken, vor allem von Katastrophenrisiken, z. B. durch so genannte *CAT-Bonds*.

Bei den Stufen (2) bis (5) handelt es sich um sog. *integrative Produkte* (z. B. für die integrierte Abdeckung von Industrierisiken). Die Stufen (4) bis (6) sind *ART-Produkte*. In einer engeren Abgrenzung werden nur die Stufen (5) und (6) als ART-Produkte verstanden.

4.6 Aktuelle Herausforderungen der Rückversicherung

Die Rückversicherungsunternehmen sind als Versicherer der Erstversicherung abhängig von deren Geschäftserfolg bzw. deren Neugeschäftszuwächsen. Ein geringes Erstversicherungsgeschäft bewirkt geringeres Rückversicherungsgeschäft, derzeit insbesondere im Segment der Lebens-Rückversicherung aufgrund der schwierigen Produktlage (sinkende Attraktivität von kapitalbildenden Lebensversicherungsprodukten aufgrund der Niedrigzinsphase).

Im Bereich der Schadenversicherung (Nicht-Leben-Versicherung) sind aufgrund der zunehmenden Naturkatastrophen die Rückversicherungskapazitäten sehr gefragt. Die nachfolgende Abbildung zeigt die Entwicklung der versicherten Katastrophenschäden der letzten 40 Jahre weltweit:

Insured catastrophe losses 1970–2012

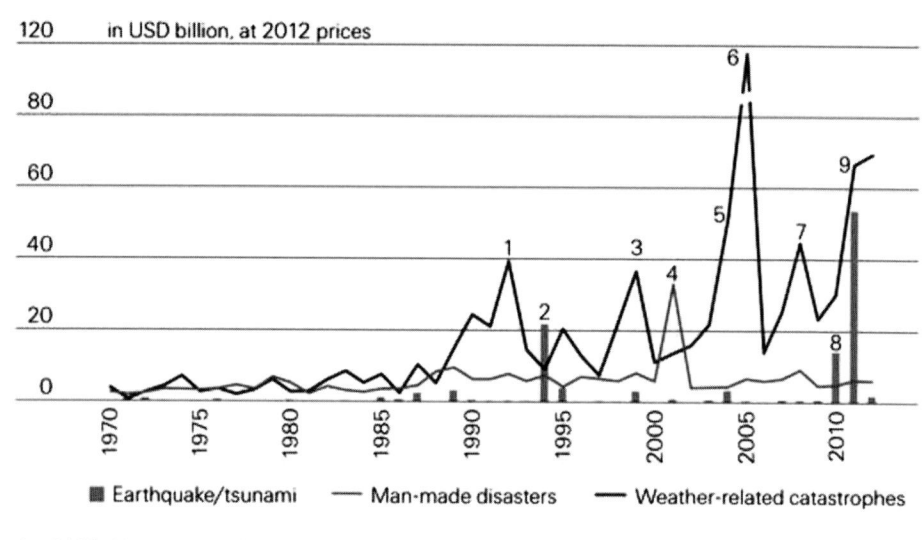

120 in USD billion, at 2012 prices

■ Earthquake/tsunami — Man-made disasters — Weather-related catastrophes

1 1992: Hurricane Andrew
2 1994: Northridge earthquake
3 1999: Winter Storm Lothar
4 2001: 9/11 attacks
5 2004: Hurricanes Ivan, Charley, Frances
6 2005: Hurricanes Katrina, Rita, Wilma
7 2008: Hurricanes Ike, Gustav
8 2010: Chile, New Zealand earthquakes
9 2011: Japan, New Zealand earthquakes, Thailand flood

Source: Swiss Re Economic Research & Consulting

Abbildung 56: Entwicklung der versicherten Katastrophenschäden

Es bleibt festzuhalten, dass die größte Schadensgefahr von wetterbedingten Ereignissen hervorgerufen wird. Für Deutschland betrachtet, ist der größte versicherte Schaden in der Zeit von 1970 – 2011 der Winterstrum Kyrill. Dieser Schaden wird mit 2,4 Milliarden Euro versicherte Schadensumme angegeben (Munich RE 2012). Weiterhin ist als Herausforderung festzuhalten, dass der Bereich Schaden- bzw. Nicht-Lebensversicherung infolge dessen von mehrjährigen Preiszyklen geprägt ist.

Nicht zuletzt stellt sich auch für die Rückversicherungsunternehmen die Frage nach der Versicherbarkeit bzw. der Verschiebung der Grenze der Versicherbarkeit. Insbesondere bei nationalen bzw. internationalen Großprojekten sind die Rückversicherer als Experten für das Risikomanagement und für Themen der Risikotragfähigkeit gefragt. Beispielhaft sind hier neue Risiken im Kontext der Energiewende (Off-shore-Windparks, Kritische Infrastrukturen) sowie IT- und Cyber-Risiken zu nennen.

Aus der Anwendung der klassischen Kriterien der Versicherbarkeit von *Walter Karten* in Form von Zufälligkeit, Schätzbarkeit, Unabhängigkeit, Eindeutigkeit und Begrenzung des größtmöglichen Schadens (probable maximum loss / PML) resultiert nicht zwangsläufig das Akzeptieren bzw. Ablehnen von Risiken auf dem Markt. Wenn ein Versicherungsunternehmen einen Vertrag zu den jeweiligen Bedingungen anbietet und ein Versicherungsnachfrager bereit ist, die vom Unternehmen geforderte Prämie zu zahlen, kommt ein Vertrag zustande - unabhängig vom Analyseergebnis der Versicherbarkeitskriterien.

Weiterhin ist bei der Übernahme von Katastrophenrisiken nicht die Rolle des Staates zu vernachlässigen. Eine Übernahme dieser Großrisiken seitens der Versicherungswirtschaft erfolgt oft nur bei gleichzeitiger Risikodeckungsübernahme durch den Staat. Beispielhaft ist hier die Terrorversicherung zu nennen. Der Spezialversicherer Extremus Versicherungs-AG versichert finanzielle Verluste bei Sach- und Betriebsunterbrechungsschäden durch Terroranschläge. Zur Deckung der Jahreshöchstentschädigung spricht der Staat Haftungsgarantien aus. Gleichzeitig wird der Staat von den Bürgern oft als „lender of last resort" im Sinne der letzten Hilfsinstanz gesehen. Wenn die Schäden z. B. nach Flutkatastrophen extrem hoch sind, übernimmt in vielen Fällen der Staat durch Hilfs- und Rettungspakete einen Teil der Kosten. Aus versicherungswissenschaftlicher Sicht besteht hierbei die Problematik von Moral Hazard und Adverser Selektion.

Kapitel III

Grundlagen der Versicherungstheorie

1 Grundmodell der ökonomischen Entscheidungslehre

1.1 Modellbegriff

In diesem Kapitel werden die theoretischen Grundlagen des Versicherungsgeschäfts und der Analyse der Verhaltensweisen von Wirtschaftssubjekten (z. B. von Versicherungsnehmern) erläutert, ohne spezifisch auf das Versicherungsgeschäft einzugehen. Die hier präsentierten Modelle und Argumentationslinien werden auch in anderen, insbesondere mikroökonomischen Grundlagenveranstaltungen im wirtschaftswissenschaftlichen Studium vermittelt.

Der Begriff „Modell" ist weder in der betriebswirtschaftlichen noch in der volkswirtschaftlichen Literatur eindeutig definiert. Zwei Merkmale werden aber immer wieder genannt:

- Ein Modell ist eine vereinfachende Abbildung realer Tatbestände (da das Realsystem zu komplex ist).
- Es besteht Strukturgleichheit bzw. Strukturähnlichkeit zwischen dem realen System und dem analytischen Abbild.

Modelle werden für unterschiedliche Zwecke konzipiert:

- Beschreibungsmodelle (z. B. Volkswirtschaftliche Gesamtrechnung, Modelle von Unternehmensstrukturen),
- Erklärungsmodelle (z. B. Wachstumsmodelle, Modelle zur Beschreibung von Marktstrategien von Unternehmen),
- Prognosemodelle (z. B. makroökonomische Modelle zur Prognose der gesamtwirtschaftlichen Wirkungen staatlicher Investitionen),
- Entscheidungsmodelle (z. B. Optimierungsmodelle für Konsumentscheidungen, Versicherungsnachfrage) und
- Spieltheoretische Modelle (z. B. Modelle zur Optimierung der eigenen Strategie bei Existenz eines rationalen Gegenspielers).

Die Kunst der Modellierung besteht darin, die richtigen Vereinfachungen auszuwählen. Ziel sollte dabei sein, zunächst das einfachste Modell heranzuziehen, das die zu untersuchende ökonomische Fragestellung trifft. Erst danach sollte das Modell durch Erweiterungen weiter an die Realität angepasst werden, was aber in der Regel die Komplexität stark erhöht.

Dieses Kapitel beschäftigt sich hauptsächlich mit der Analyse und zum Teil auch mit der Lösung von Entscheidungsproblemen, weshalb der Fokus auf so genannten Entscheidungsmodellen (Entscheidungsregeln) gelegt wird. Dabei geht es sowohl um die Frage (im Rahmen der positiven Theorie) „Warum entscheiden sich Entscheidungsträger so, wie sie es getan haben?" als auch um die Frage (im Rahmen der normativen Theorie) „Wie sollten sich Entscheidungsträger bei rationalem Verhalten entscheiden?".

Wie lässt sich eine Entscheidungssituation beschreiben und welche Merkmale müssen analysiert werden? Die Gesamtheit der zu betrachtenden Merkmale wird *Entscheidungsfeld* genannt. Im folgenden Abschnitt werden die Grundlagen des Entscheidungsfelds dargestellt.

1.2 Entscheidungsfeld

Bei einem Entscheidungsfeld handelt es sich um die Menge und Art der Personen und Sachen, die durch Aktionen des Entscheidungsträgers direkt oder indirekt beeinflusst werden können, sowie um die Zustände der Umwelt (Natur), welche die Ergebnisse der Aktionen beeinflussen, selbst aber von den Aktionen des Entscheidungsträgers unabhängig sind.

Ein Entscheidungsfeld wird durch drei Merkmale beschrieben:

(1) Aktionsraum $\quad A = \{a_1, a_2, ..., a_m\}$

(2) Zustandsraum $\quad Z = \{z_1, z_2, ..., z_n\}$

(3) Ergebnisfunktion $\quad g(a,z)$

(1) Aktionsraum $A = \{a_1, a_2, ..., a_m\}$

Dem Entscheidungsträger stehen in einem bestimmten Zeitraum bestimmte Aktionen (Handlungsalternativen, Strategien) zur Verfügung. Die Menge der möglichen Aktionen heißt *Aktionsraum*. Dabei ist es wichtig, dass der Aktionsraum nach dem Prinzip der vollkommenen Alternativenstellung formuliert ist, d. h.:

- Der Entscheidungsträger ist gezwungen, eine der betrachteten Alternativen zu ergreifen (d. h. alle Möglichkeiten sind aufgeführt), und
- er kann nur eine einzige Möglichkeit realisieren (Exklusionsprinzip).

Auf Versicherung bezogen bieten sich dem Wirtschaftssubjekt zum Beispiel zwei Alternativen: Es kann Versicherungsschutz erwerben oder es kann auf Versicherungsschutz verzichten.

(2) Zustandsraum $Z = \{z_1, z_2, ..., z_n\}$

Der Entscheidungsträger kann den Aktionen in der Regel nicht unmittelbar Ergebnisse zurechnen, vielmehr benötigt er zunächst Informationen über seine Umwelt, d. h. über diejenigen Umweltfaktoren, die das Ergebnis der Aktionen beeinflussen, ohne selbst von den Handlungen des Entscheidungsträgers abhängig zu sein. Auf Versicherung übertragen sind alternative Zustände der Schadensfall und der Nichtschadensfall. Jede denkbare Konstellation der in einer bestimmten Situation relevanten Umweltfaktoren heißt Zustand; die Menge aller relevanten Umweltzustände wird *Zustandsraum* genannt. In Abhängigkeit von der jeweiligen Entscheidungssituation sind dabei verschiedene Umweltzustände zu erfassen. Durch ein Informationssystem lässt sich häufig der Kenntnisstand bezüglich des wahrscheinlichen Umweltzustandes verbessern.

(3) Ergebnisfunktion $g(a,z)$

Die Handlungskonsequenzen, die mit einer Aktion $a \in A$ und einem Umweltzustand $z \in Z$ verknüpft sind, können bei Kenntnis der natur-, sozialwissenschaftlichen oder sonstigen Gesetzmäßigkeiten bestimmt werden. Die Zuordnung, die für jede Kombination (a, z) die jeweilige Handlungskonsequenz x angibt, wird als Ergebnisfunktion bezeichnet. Es ist anzumerken, dass diese Zuordnung bisher noch außerordentlich allgemein ist.

Die Entscheidungssituationen lassen sich untergliedern in:

- Sicherheitssituationen
- Risikosituationen und
- Ungewissheitssituationen

Wenn *Sicherheit* bezüglich der Konsequenzen bzw. Ergebnisse vorliegt, dann ist a der Vektor des Inputs und x der Vektor des Outputs. z ist entweder der Zustand, der mit Sicherheit eintritt, d. h. es gibt nur einen realistischen Zustand, oder z ist ein beliebiger Zustand, aber x hängt nicht vom realisierten Zustand ab.

Sicherheit bezüglich der eintretenden Konsequenzen besteht dann, wenn die Konsequenzen durch die Kombination von Aktion a und Zustand z jeweils deterministisch festgelegt sind. Kennt beispielsweise ein Versicherungsunternehmen die Beziehung zwischen Marketingaufwand und der Zahl der Neuabschlüsse, so besteht Sicherheit bezüglich der Handlungskonsequenz dieser Marketingaktivität. In der Realität sind exakte Kenntnisse der Handlungskonsequenzen jedoch selten.

Risiko (Risk) besteht dann, wenn die möglichen Zustände und / oder Konsequenzen zwar bekannt sind, für den Eintritt der Zustände bzw. für die Realisation einer Konsequenz aber nur eine Wahrscheinlichkeitsverteilung vorliegt. z und / oder x sind also stochastische Variablen.

Ungewissheit (Uncertainty) besteht schließlich dann, wenn die tatsächlich eintretenden Zustände und die daraus resultierenden Konsequenzen weder deterministisch noch stochastisch festgelegt sind. Demzufolge legt $g(a, z)$ also nur eine Menge von potentiell möglichen Konsequenzen fest, ohne weitere Informationen über Wahrscheinlichkeitsverteilungen zu beinhalten.

Die verschiedenen Aktionen a_i, Zustände z_j und Konsequenzen x_{ij} lassen sich in einer so genannten Ergebnismatrix darstellen, bei der gilt:

$$x_{ij} = g(a_i, z_j)$$

Zustand z_j / Aktion a_i	z_1	z_2	...	z_n
a_1	x_{11}	x_{12}	...	x_{1n}
a_2	x_{21}	x_{22}	...	x_{2n}
...	...	...	...	...
a_m	x_{m1}	x_{m2}	...	x_{mn}

Abbildung 57: Ergebnismatrix

Dabei kann die Konsequenz x_{ij} aus einem Tupel möglicher Konsequenzen bestehen.

Eine Kombination der verschiedenen Informationsstände bezüglich der Umweltzustände und Konsequenzen einer betriebswirtschaftlichen Entscheidungssituation führt zu der folgenden Matrix:

Informationsstand bezüglich ...

	Konsequenzen		
Zustände	Sicherheit	Risiko	Ungewissheit
Sicherheit	Sicherheit	Risiko	Ungewissheit
Risiko	Risiko	Risiko	Ungewissheit
Ungewissheit	Ungewissheit	Ungewissheit	Ungewissheit

Abbildung 58: Sicherheit, Risiko und Ungewissheit

Die Matrix zeigt, dass Sicherheit, Risiko und Ungewissheit sowohl bezüglich der Zustände als auch der Konsequenzen bestehen können. Selbst wenn der Zustand der Umwelt bekannt ist (Sicherheit), kann trotzdem beim Entscheidungsträger Unsicherheit (Risiko oder Ungewissheit) über die Konsequenz vorliegen, weil er z. B. nicht alle Informationen über die Zusammenhänge besitzt. Selbst wenn dem Versicherer die Eintrittswahrscheinlichkeiten eines Schadensfalls bekannt sind (Risiko), liegen ihm häufig keine Informationen zur Höhe der im Schadensfall erforderlichen Versicherungsleistungen vor, u. a. weil die Schadenhöhe auch vom Verhalten des Versicherungsnehmers abhängt (Ungewissheit).

Wird nur ein einzelnes Ziel verfolgt (z. B. Steigerung der Prämieneinnahmen), so lässt sich x_{ij} (nach geeigneter Quantifizierung) als reelle Zahl darstellen. In der Realität wird jedoch eine einzige Zielsetzung selten vorkommen. Werden mehrere Ziele gleichzeitig verfolgt, ergeben sich daraus Probleme. Jedes Ergebnisfeld müsste bei r Zielen als r-Tupel von Ergebnissen (bzw. Messwerten) reeller Zahlen dargestellt werden: x_{ij}^k, $k=1,\ldots,r$. Das Ergebnis x_{ij}^k gibt den Zielerreichungsgrad des Ziels k bei Wahl der Aktion a_i und Eintritt des Umweltzustands z_j an.

Bei Vorliegen eines vollständigen Aktionsraumes, d. h. alle möglichen Aktionen und Zustände der Umwelt und die zugehörigen Ergebnisse sind bekannt, ist es trotzdem noch nicht möglich, eine Entscheidung zu treffen, da nicht erkennbar ist, welche Ergebnisse vom Entscheidungsträger präferiert werden. Somit sind aus diesem Grund neben den eher „technischen" Informationen zur Ergebnisfunktion auch Auskünfte über das Zielsystem des Entscheidungsträgers erforderlich.

1.3 Zielsystem

Ziele lassen sich als *generelle Imperative* (z. B. „Erstrebe Gewinn!", „Maximiere die Prämieneinnahmen!") bezeichnen. Diese stehen den *singulären Imperativen* gegenüber, die eine ganz bestimmte Handlung vorschreiben (z. B. „Erhöhe das Werbebudget um 10 %"; „Senke den Preis um 2 €"). Generelle Imperative sind Voraussetzung, singuläre Imperative Ergebnisse von Entscheidungen.

Die Zielgrößen determinieren, welche Ergebnisse bzw. Handlungskonsequenzen x_{ij} bei der Beschreibung der Handlungsalternativen a_i zu erfassen sind. Bisher galt die Annahme, dass alle bekannten Ergebnisse x_{ij}^p für die Entscheidung von Bedeutung sind. Handlungskonsequenzen, denen keine im Zielsystem verankerte Zielgröße entspricht, sind jedoch für die Bewertung irrelevant.

Für die einzelnen Ziele muss es möglich sein, *Präferenzen* zu formulieren. Eine Präferenzrelation bringt dabei die Intensität des Strebens nach den mit der Ergebnisdefinition festgelegten Zielgrößen zum Ausdruck. Es existieren folgende Arten von Präferenzrelationen:

(1) *Höhenpräferenzrelation* für das angestrebte Ausmaß der Zielgröße
- Maximierung einer Zielgröße (Maximierungsregel),
- Minimierung einer Zielgröße (Minimierungsregel),
- Erreichung eines Anspruchsniveaus („von ... bis ... = gut").

(2) *Artenpräferenzrelation* bei mehreren Zielgrößen, die (zumindest teilweise) im Widerspruch zueinander stehen
- Zielgewichtung und
- Zieloptimierung unter Nebenbedingungen

(3) *Zeitpräferenzrelation* legt die Vorziehenswürdigkeit von Ergebnissen (Zielwerten) fest, die zu verschiedenen Zeitpunkten entstehen
- Abzinsung (Diskontierung) und
- Aufzinsung

(4) *Risiko- bzw. Unsicherheitspräferenzrelation* bei Vorliegen von unvollkommenen Informationen
- Grad der Risikoaversion und
- Grad der Risikofreude

Anforderungen an ein Zielsystem:

(1) Das Zielsystem muss vollständig sein.

Die Vollständigkeit muss sowohl bezüglich der festgelegten Zielinhalte als auch bezüglich der Präferenzrelationen erfüllt sein. Bei Verletzung dieser Forderung kann es zu Fehlentscheidungen kommen.

(2) Die Ziele müssen operativ sein.

Sie müssen so präzise formuliert sein, dass ihr Zielerreichungsgrad überprüft werden kann. Ein nicht auf operativer Ebene formuliertes Ziel könnte z. B. lauten: „Erstrebe maximalen Gewinn!" Es wird nicht festgelegt, was unter Gewinn zu verstehen ist (kalkulatorischer oder buchhalterischer Gewinn). Die Zielerreichung ist nicht überprüfbar, weil kein konkreter Wert angegeben wurde. Außerdem wurden keine Angaben zur Zeitpräferenz und zur Risiko- bzw. Unsicherheitspräferenz gemacht. Ein operatives Ziel ist z. B.: „Erwirtschafte im kommenden Geschäftsjahr ein Kapitalanlageergebnis in Höhe von 10 Mio. €, wobei die Ruinwahrscheinlichkeit nicht größer als 1 ‰ sein darf."

(3) Die Ziele müssen koordinationsgerecht, d. h. miteinander vereinbar sein. Diese Forderung leitet sich aus der Notwendigkeit ab, bei komplexen Entscheidungssituationen ein Ziel in Teilziele und den Entscheidungsprozess in Teilprozesse zerlegen zu müssen.

1.4 Rationalitätspostulate und messtheoretische Ansätze für Entscheidungsträger

Aufgrund der ermittelten Ziele muss es möglich sein, die Wertrangfolge (Präferenzrelation) zwischen jeweils zwei Aktionen a_1, a_2 anzugeben. Die Aktion a_1 wird vom Entscheidungsträger bewertet. Das Ergebnis der Bewertung sei mit $\Phi(a_1)$ bezeichnet. Die Bewertung der Aktion a_2 sei analog mit $\Phi(a_2)$ bezeichnet. Eine Präferenzrelation kann dabei folgendermaßen aussehen:

$a_1 \gtrsim a_2 \Leftrightarrow \Phi(a_1) \geq \Phi(a_2)$ Präferenz mindestens so hoch wie,

$a_1 > a_2 \Leftrightarrow \Phi(a_1) > \Phi(a_2)$ strikte Präferenz (Präferenz größer als),

$a_1 \sim a_2 \Leftrightarrow \Phi(a_1) = \Phi(a_2)$ Indifferenz (werden als äquivalent bewertet).

Die formale Verknüpfung von Ziel- und Entscheidungsfeldinformationen zur Bewertung der Aktionen lässt sich als eine Abbildung $\Phi: A \to R$ darstellen. Jedes Ergebnis dieser Abbildung $\Phi(a_1)$ ist dabei eine reelle Zahl, die der individuellen Wertrangigkeit der Aktion a_1 aus Sicht des Entscheiders entspricht. Formal ist ein Entscheidungsproblem gelöst, wenn für die Aktion a^{opt} aus A gilt:

$\Phi(a^{opt}) = \max \Phi(a_i)$, mit $a_i \in A$

In der Praxis stellt sich das Entscheidungsproblem jedoch weitaus schwieriger dar, weil die Bewertungsfunktion Φ nicht bekannt ist. Meist ist die Entscheidungssituation sehr komplex und es existieren eine Vielzahl konkurrierender Ziele. Die theoretische Analyse derartiger Fragestellungen ist Teil der Entscheidungstheorie. Sie versucht dem Entscheider verschiedene Bewertungsfunktionen zur Verfügung zu stellen, die auf Rationalitätspostulaten basieren.

Die Bewertungsfunktion Φ (Entscheidungsregel, Präferenzfunktional) wird in der Nutzentheorie als **Nutzenfunktion** U (von „utility") bezeichnet. Für U gilt analog (statt a_i wird zur Vereinfachung x, y, z verwendet):

$x \gtrsim y \Leftrightarrow U(x) \geq U(y)$

$x > y \Leftrightarrow U(x) > U(y)$

$x \sim y \Leftrightarrow U(x) = U(y)$

Damit sich eine Präferenzordnung ergibt, müssen folgende Bedingungen erfüllt sein:

(1) Vollständigkeit: Je zwei Ergebnisse x, y müssen miteinander verglichen werden können, es muss gelten $x \gtrsim y \vee x \lesssim y$

(2) Transitivität: Für je drei Ergebnisse x, y, z muss $x \gtrsim y$ und $y \gtrsim z \Rightarrow x \gtrsim z$ gelten

Die Zuordnung $x \rightarrow U(x)$ wird allgemein durch jede Funktion ermöglicht, die (streng) monoton wachsend ist. Diese Funktion muss nicht festgelegt werden, es kommt bei der Entscheidung nicht darauf an, um welche Funktion es sich im konkreten Fall handelt. Dieser Fall wird als *ordinale Nutzenfunktion bezeichnet*. Bei einer ordinalen Nutzenfunktion wird nur festgelegt, ob ein Ergebnis gegenüber einem anderen präferiert wird, nicht aber in welchem Ausmaß. D. h., der Entscheider kann die verschiedenen Konsequenzen lediglich in eine Reihenfolge bringen.

Meist ist die Präferenzrelation des Entscheidungsträgers aber nicht nur ordinal, sondern kardinal. Ist dies der Fall, so lässt sich die Präferenzrelation durch eine Nutzenfunktion U repräsentieren, die bis auf die Auswahl des Nutzennullpunkts und der Nutzeneinheit, d. h. bis auf wachsende lineare Transformationen, eindeutig festgelegt ist. Es handelt sich hierbei um eine kardinale Nutzenfunktion. Die Nutzenfunktion ordnet dem Ergebnis x_{ij} den Nutzenwert $u_{ij} = U(x_{ij})$ zu. Die Beziehung $u_{ij} > u_{kj}$ gilt nur dann, wenn x_{ij} gegenüber x_{kj} präferiert wird. Ebenso trifft $u_{ij} = u_{kj}$ nur dann zu, wenn der Entscheidungsträger zwischen x_{ij} und x_{kj} indifferent ist.

Die Matrix $U \begin{bmatrix} u_{11} & \cdots & u_{1n} \\ \cdot & \cdot & \cdot \\ \cdot & \cdot & \cdot \\ \cdot & \cdot & \cdot \\ u_{m1} & \cdots & u_{mn} \end{bmatrix}$ heißt *Nutzenmatrix* oder *Entscheidungsmatrix*.

In einigen Teilbereichen der Entscheidungstheorie (wie z. B. der Versicherungstheorie) hat es sich eingebürgert, die Ergebnisse anstatt mit der Nutzenfunktion U, mit einer Schadenfunktion (oder Verlustfunktion) S zu bewerten. Da ein geringerer Schaden einem größeren Schaden vorgezogen wird, müssen die Funktionsungleichungen umgekehrt werden.

1.5 Klassifikation von Entscheidungsmodellen

Die hier behandelten Modelle lassen sich nach folgenden Gesichtspunkten unterteilen:

- Modelle mit einer oder mehreren Zielsetzung(en),
- Modelle unter Sicherheits-, Risiko- oder Ungewissheitssituationen,
- Modelle mit dem fiktiven Gegenspieler „Umwelt" oder einem bzw. mehreren rational handelnden Gegenspieler(n),
- Modelle mit Individuen oder Gremien als Entscheidungsträger und
- statische oder dynamische Modelle (einstufige / mehrstufige Entscheidungsmodelle).

2 Entscheidung bei Sicherheit

2.1 Sicherheitsdefinition

Eine Sicherheitssituation ist dadurch gekennzeichnet, dass für jede Aktion nicht nur der tatsächliche Umweltzustand, sondern auch die Konsequenzen, und somit die Realisierungsgrade aller verfolgten Ziele, eindeutig feststehen.

In der Realität dürfte allerdings der Fall dieser vollkommenen Information nur sehr selten anzutreffen sein. Da aber in der Praxis oft die Notwendigkeit vorhanden ist, Entscheidungsprobleme stark zu vereinfachen, haben die Methoden der Entscheidung bei Sicherheit eine relativ große Bedeutung.

Um Entscheidungsmodelle bei Sicherheit auch bei unsicheren Erwartungen anwenden zu können, werden diese bereits im Stadium der Informationsgewinnung durch Vornahme von Risikoabschlägen bzw. -zuschlägen auf einwertige, quasi-sichere Erwartungen reduziert. Eine weitere Möglichkeit ist es, das Modell jeweils unter einer anderen Hypothese über die Umweltentwicklung (z. B. optimistische / pessimistische Zukunftserwartung) durchzurechnen. Diese Fragestellungen werden ausführlich in der Investitions- und Finanzierungslehre diskutiert.

2.2 Entscheidung bei einer Zielsetzung

Entscheidungen, die nur bezüglich einer Zielsetzung zu optimieren sind, dürften in der Realität äußerst selten sein. Als Beispiel könnte ein Versicherungsnehmer genannt werden, der seine Kraftfahrzeughaftpflichtversicherung nur unter dem Gesichtspunkt der Prämienhöhe P bewertet. Sein Nutzen ist umso höher, je geringer die Prämie ist, d. h. $U(P) = A - P$, mit A = Anfangsvermögen und $U(P)$ = Nutzen aus P. Bei den meisten Versicherungsnehmern wird jedoch neben der Prämienhöhe auch die Qualität des Versicherungsschutzes (Service, Beratung, Schnelligkeit der Schadenabwicklung, Höhe der Verzinsung bei Lebensversicherungen usw.) eine Rolle spielen. Versicherungsunternehmen verfolgen ebenfalls mehrere Zielsetzungen, wie z. B. Sicherheit, Wachstum, erwarteter Gewinn und ggf. hohe Mitarbeiterzufriedenheit.

Dennoch hat das Entscheidungsmodell mit einer Zielsetzung seine Berechtigung. Es gilt vor allem dann, wenn die ceteris-paribus-Annahme plausibel ist oder ein gutes Abbild der Realität darstellt. Unter der Annahme, dass alle anderen Parameter gleich bleiben, kann es z. B. sinnvoll sein, die betrieblichen Entscheidungen an dem Monozielsystem Gewinnmaximierung oder Kostenminimierung zu orientieren.

Bei Vorliegen einer Extremierungszielsetzung (Maximierung oder Minimierung) ist die Bestimmung der optimalen Aktion unproblematisch, da jede Handlungsalternative eindeutig durch ein Ergebnis charakterisiert ist. Diejenige Aktion ist optimal, die in der

Bewertungsrangfolge den besten Platz einnimmt. Formal erfolgt die Nutzenmessung dabei folgendermaßen:

$U(x) = h(x),$

wobei h eine monoton steigende Funktion im Falle der Maximierung bzw. eine monoton fallende Funktion im Falle der Minimierung ist.

Bei einer begrenzten Zielsetzung, aus der sich ein Streben nach einem zufriedenstellenden Anspruchsniveau ableiten lässt, werden alle denkbaren Ergebnisse grob in zwei Klassen eingeteilt, von denen die eine als befriedigend, die andere als unbefriedigend betrachtet wird. Innerhalb der beiden Klassen werden die Ergebnisse für gleichgewichtig gehalten. Formal sieht das folgendermaßen aus:

$$U(X) = \begin{cases} c, \text{ für } x < x^* \\ d, \text{ für } x \gtrsim x^* \end{cases}$$

mit x^* = Anspruchsniveau, $d > c$

Nur wenn genau eine der möglichen Aktionen das Anspruchsniveau erfüllt, ergibt sich eine eindeutige Lösung des Entscheidungsproblems. In allen anderen Fällen gibt es entweder eine nicht eindeutige oder keine Lösung des Entscheidungsproblems. Die Anpassung des Anspruchsniveaus kann jedoch zu einer eindeutigen Lösung führen:

- Liegen dem Entscheidungsträger ausschließlich unbefriedigende Handlungsalternativen vor, so gibt es zunächst keine Lösung des Entscheidungsproblems, da keine weitere Differenzierung nach der Vorteilhaftigkeit vorgesehen ist. Soll dennoch eine Lösung gefunden werden, so ist das Anspruchsniveau schrittweise so weit zu reduzieren, bis eine vom Entscheidungsträger zunächst als unbefriedigend bewertete Alternative akzeptiert wird. Dabei dürfen die als unbefriedigend klassifizierten Aktionen nicht mehr als gleichwertig betrachtet werden, sondern müssen entsprechend der Höhe ihrer Ergebnisse in eine Rangfolge gebracht werden. Die Nutzenfunktion stellt sich dann folgendermaßen dar:

$$U(X) = \begin{cases} h(x), \text{ für } x < x^* \\ d, \text{ für } x \gtrsim x^* \end{cases}$$

- Auch bei mehreren zufriedenstellenden Lösungen führt die Anspruchsniveau bezogene Ergebnisbewertung nicht zu einer eindeutigen Lösung des Entscheidungsproblems. Hier kann nur das Anspruchsniveau sukzessive so weit erhöht werden, bis nur noch eine zufriedenstellende Lösung übrig bleibt. Es ergibt sich folgende Nutzenfunktion:

$$U(X) = \begin{cases} c, \text{ für } x < x^* \\ g(x), \text{ für } x \gtrsim x^* \end{cases}$$

Nach Zusammenfügung der beiden letztgenannten Nutzenfunktionen ergibt sich für den Gesamtbereich der Ergebnisse eine entsprechende Nutzenfunktion $U(x) = f(x)$. Existenz und Eindeutigkeit der Lösung des gestellten Entscheidungsproblems sind in der Regel nur dann gewährleistet, wenn sofortige Änderungen des Anspruchsniveaus vorgenommen werden können, wenn also praktisch die anspruchsniveaubezogene Zielsetzung durch eine Extremwertforderung ersetzt bzw. ergänzt wird. Nur ein Extremierungsziel führt zu einer sinnvollen Entscheidungsregel; die Orientierung an einem Anspruchsniveau erscheint unplausibel. Anspruchsniveaubezogene Zielsetzungen sind aber dann von Bedeutung, wenn es um die Bewältigung des Suchprozesses geht, vor allem, um die Informationsgewinnungskosten zu reduzieren. Sie dienen in diesem Fall als „Stoppregeln".

Dennoch hat die obige Modellierung praktische Bedeutung im betrieblichen Alltag. Die Leistung eines Managers wird häufig nicht daran gemessen, ob er ein Ziel möglichst maximal oder minimal erreicht hat, sondern ob er eine (z. T. von ihm selbst vorgegebene) Planung möglichst gut erreicht hat. Der Aufsichtsrat eines Versicherungsunternehmens kann z. B. beurteilen, ob eine für das Geschäftsjahr geplante Wachstumsrate erreicht wurde oder das eigene Unternehmen im Sinne eines Benchmarking über oder unter dem Markt liegt. Die Beantwortung der Frage, ob der Vorstand wirklich mit maximalem Arbeitseinsatz die Interessen der Unternehmung verfolgt hat, ist hingegen ungleich schwerer. Im Ergebnis hat die Zielfunktion des Topmanagers einen Knick an dem zufriedenstellenden Anspruchsniveau, d. h. der geplanten und öffentlich bekannt gegebenen Größe x^*.

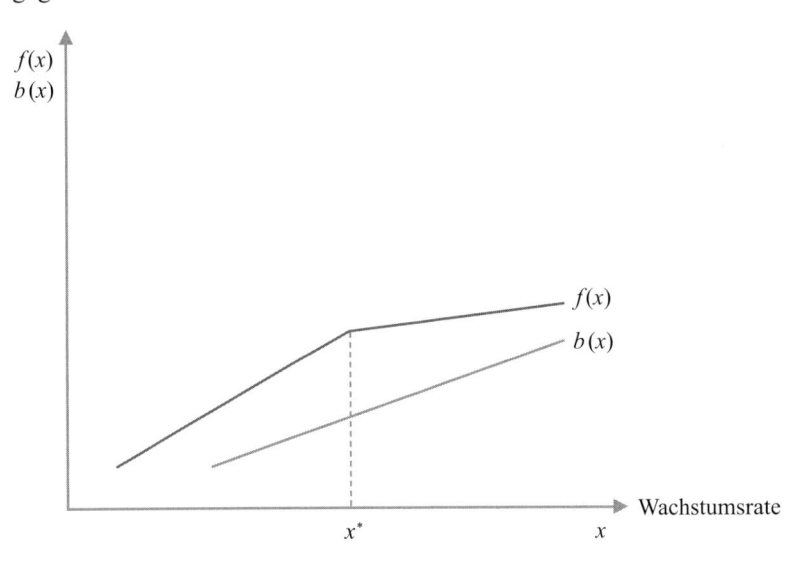

Abbildung 59: Anspruchsniveau bei Monozielsystem

Die Nutzenfunktion $f(x)$ reflektiert damit den abnehmenden Grenznutzen nach Erreichen des Anspruchsniveaus. Die Zielerreichung ist mit Anstrengungen („burden") verbunden, die z. B. mit $b(x)$ dargestellt werden können. Deshalb ist häufig, wie die Abbildung zeigt, x^* optimal, da hier der Nettonutzen $f(x) - b(x)$ am größten ist. Dies erklärt, warum in Unternehmen, die von angestellten Managern geführt werden (im Gegensatz zu Unternehmen, in denen der Eigentümer das Unternehmen führt), eine „Punktlandung" bejubelt und ein über Jahre hinweg stabiles Geschäftsergebnis angestrebt wird.

2.3 Entscheidung bei mehreren Zielsetzungen

Versicherungsunternehmen wird unterstellt, dass sie das klassische Zieldreieck von erwartetem Gewinn, Wachstum und Sicherheit anstreben.

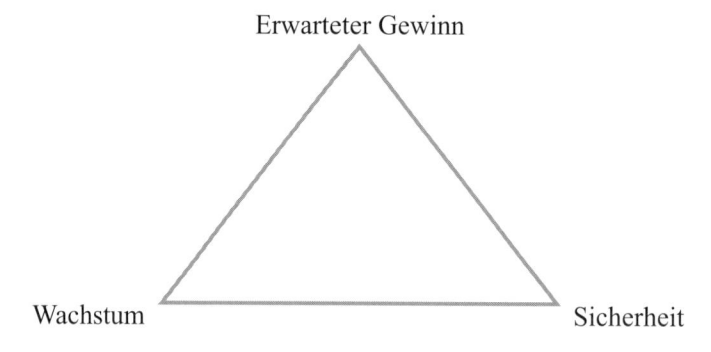

Abbildung 60: Zieldreieck

Die Zeichnung risikoreichen Geschäfts (d. h. die Annahme eines Versicherungsvertrags) erhöht den Erwartungswert des Gewinns und ist notwendige Bedingung für Wachstum. Dies geschieht jedoch zu Lasten der Sicherheit. Andererseits hat ein Versicherungsunternehmen, das nach maximaler Sicherheit strebt, die Branche verfehlt, denn Versicherung ist das Geschäft mit der Unsicherheit.

Im Rahmen der wirtschaftswissenschaftlichen Forschung sind Entscheidungsmodelle mit mehreren Zielsetzungen entwickelt worden, die z. B. zur Investitionsplanung, Produktionsplanung, Personalplanung, Preisbildung, Kapazitätsplanung, aber auch zur Bewertung von Versicherungsprodukten (Produktrating) und Versicherungsgesellschaften (Unternehmensrating) herangezogen werden. Oft ist neben quantitativen Zielkriterien auch eine größere Menge von qualitativen Kriterien zu berücksichtigen. Zur Behandlung dieser Problemstellungen eignen sich u. a. die so genannten *Scoring-Modelle* (Rangfolge-Modelle), auf deren Beschreibung hier jedoch verzichtet wird.

Wie bereits gezeigt wurde, kann bei einem Entscheidungsproblem mit einer Zielsetzung die optimale Aktion unmittelbar aus den Nutzenwerten der Ergebnisse bestimmt werden, bei einem Entscheidungsproblem mit mehreren Zielsetzungen genügt die Bewertung der einzelnen Ergebnisse hingegen oft nicht. Dass die Aufstellung von partiellen Nutzenfunktionen zu falschen Entscheidungen führen kann, soll an dem folgenden Beispiel erläutert werden:

Bei der Entscheidung über ein Abendessen seien nur die beiden Kriterien „Getränk" und „Hauptgang" relevant, wobei nur die folgenden Ergebnismengen auftreten: {Rotwein, Weißwein} sowie {Fisch, Steak}. Mehrheitlich wird die Meinung vertreten, dass Weißwein besser zu Fisch und Rotwein besser zu Steak passt, deshalb können folgende Präferenzaussagen erwartet werden:

$\{Rotwein, Steak\} > \{Weißwein, Steak\}$ und

$\{Rotwein, Fisch\} < \{Weißwein, Fisch\}$

Die isolierte Betrachtung der Ergebnisse ist nicht sinnvoll, da die Bewertungen der einzelnen Kriterien nicht unabhängig voneinander sind. Dies wird als Präferenzabhängigkeit bezeichnet.

Im Folgenden sollen Entscheidungen mit präferenzunabhängigen Ergebnissen betrachtet werden. Falls eine Aktion a in Bezug auf alle Zielgrößen den jeweils höchsten Ergebnisnutzen aufweist („gleichmäßig beste Aktion"), ergibt sich bei der Entscheidung kein Problem. Eine Präferenzvorschrift bezüglich der Wichtigkeit der angestrebten Zielsetzung wird erst dann erforderlich, wenn die Zielvorstellungen zumindest teilweise miteinander in Konflikt stehen.

Die ökonomische Entscheidungslehre unterscheidet zwischen *indifferenten, komplementären* und *konkurrierenden Zielen*. Zwei Ziele sind indifferent oder neutral, wenn die Realisierung eines Ziels ohne jeden (direkten) Einfluss auf den Realisierungsgrad des anderen Ziels ist (z. B. Gewinnsteigerung und Mitarbeiterzufriedenheit). Komplementarität oder Harmonie liegt dann vor, wenn durch die Erfüllung des einen Ziels auch der Realisierungsgrad des anderen Ziels gesteigert wird (z. B. Umsatzsteigerung und Marktanteil). Von konkurrierenden, konfliktären, antinomischen oder alternativen Zielen wird gesprochen, wenn die Erfüllung eines Ziels den Realisierungsgrad des anderen Ziels beeinträchtigt (z. B. Preis und Absatzmenge).

Diese drei Unterscheidungen müssen dabei nicht jeweils den gesamten Wertebereich der zu analysierenden Zielgrößen umfassen, vielmehr ist ohne weiteres denkbar, dass zwei Ziele sich in einem bestimmten Ergebnisbereich *neutral*, in einem anderen *komplementär* und in wieder einem anderen *konkurrierend* zueinander verhalten (z. B. das Verhältnis von Preis und Absatz: Je nach Elastizität der Nachfrage ergibt sich ein positiver, neutraler oder negativer Zusammenhang).

Indifferente Zielbeziehungen sind für die Lösung von Entscheidungsproblemen relativ unproblematisch, da sich eine Veränderung des Realisierungsgrades des einen Ziels definitionsgemäß nicht auf die anderen Ziele auswirkt.

Zielerreichungsgrad Ziel A

Zielerreichungsgrad Ziel B

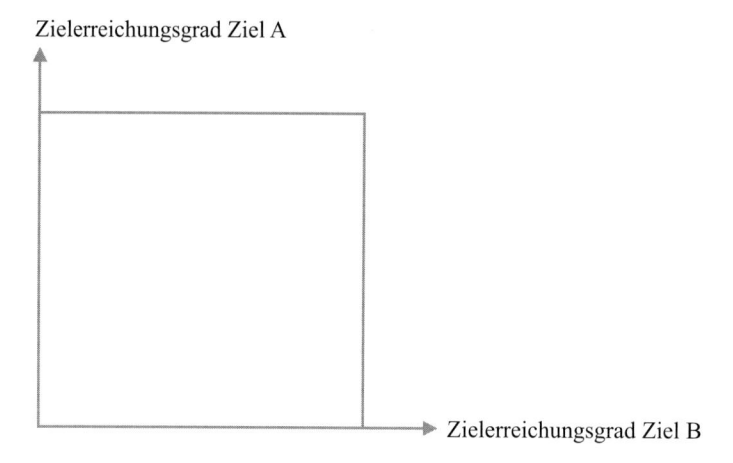

Abbildung 61: Indifferente Ziele

Bei der Zielkomplementarität sind zwei Fälle zu unterscheiden. Die symmetrische Komplementarität zwischen zwei Zielen liegt vor, wenn die Abhängigkeit zwischen dem Realisierungsgrad beider Ziele wechselseitig besteht. Im Extremfall zweier ausschließlich wechselseitig komplementärer Ziele ergibt sich eine Reduktion auf ein Entscheidungsproblem mit einfacher Zielsetzung: Es genügt, der Entscheidung nur eines der Ziele zugrunde zu legen. Die asymmetrische Komplementarität liegt vor, wenn ein erhöhter Realisierungsgrad des einen Ziels zwar auch das andere Ziel fördert, umgekehrt diese Beziehung jedoch nicht gilt.

Zielerreichungsgrad Ziel A

Zielerreichungsgrad Ziel B

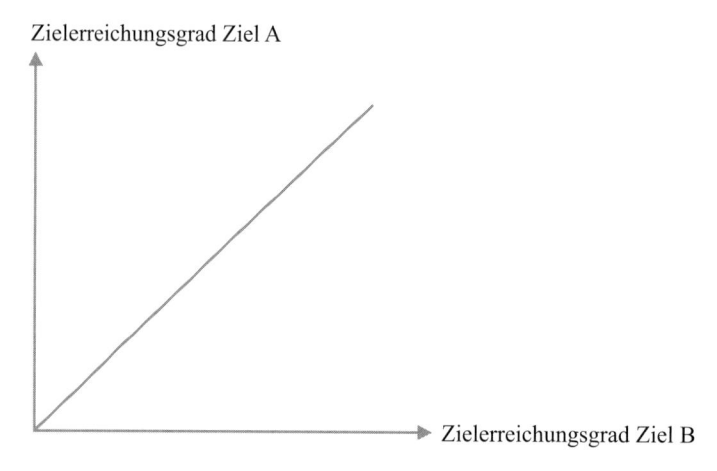

Abbildung 62: Komplementäre Ziele

Zielerreichungsgrad Ziel A

→ Zielerreichungsgrad Ziel B

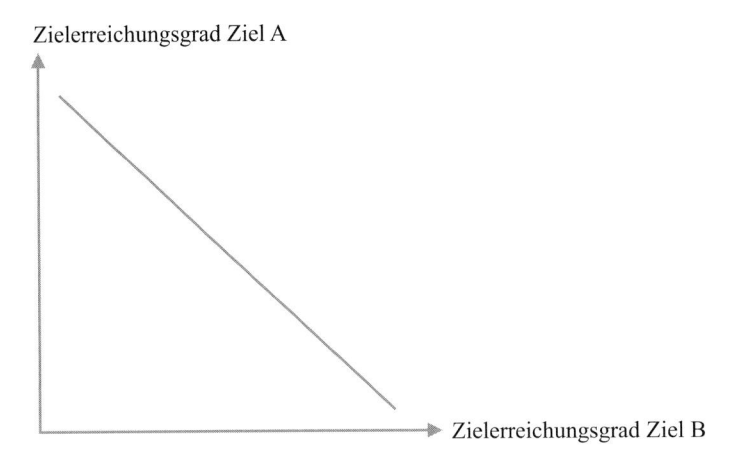

Abbildung 63: Konkurrierende Ziele

Um das Entscheidungsproblem bei einem Mehrfachzielsystem zu verdeutlichen und die im folgenden Abschnitt diskutierten Entscheidungsregeln zu erklären, folgt ein Beispiel (siehe nachfolgende Matrix). Die Entscheidungsträger (z. B. der Vorstand eines Versicherungsunternehmens) haben vier Zielsetzungen (z. B. Gewinn, Wachstum, Sicherheit und Mitarbeiterzufriedenheit). Fünf konzeptionelle Entscheidungen (Aktionen) sind möglich (z. B. Direktvertrieb, Bankenvertrieb, Außendienstvertrieb, Maklervertrieb und gemischter Allfinanzvertrieb). Die Zielerreichung der vier Ziele wird jeweils kardinal mit einem geeigneten Index gemessen, wobei höhere Werte in der Bewertung des Entscheidungsträgers besser sind als niedrigere Werte.

Zielsetzung Aktion	k_1	k_2	k_3	k_4
a_1	0	4	14	4
a_2	8	8*	16	12*
a_3	8	4	28	6
a_4	28*	2	30	8
a_5	20	4	40*	6

Abbildung 64: Entscheidungsfindung bei Mehrfachzielsetzung

Die in der Matrix mit einem Stern markierten Zielerreichungsgrade, die im Folgenden als Nutzenwerte interpretiert werden, stellen den maximalen Zielerreichungsgrad des betrachteten Ziels dar. Bei ausschließlicher Betrachtung der Zielsetzung k_1 erscheint Aktion a_4 als optimal usw.

Bei der Entscheidungsfindung wird in zwei Schritten vorgegangen, vorausgesetzt, einige der verfolgten Ziele stehen zumindest partiell miteinander in Konflikt:

Im *ersten Schritt* werden alle ineffizienten Handlungsalternativen eliminiert. Eine ineffiziente Handlungsalternative weist gegenüber mindestens einer anderen Handlungsalternative bezüglich aller Zielsetzungen ein maximal gleichwertiges und bezüglich wenigstens einer Zielsetzung sogar ein ungünstigeres Ergebnis auf. Dadurch wird der Lösungsraum auf die Menge der effizienten Aktionen beschränkt. Im Beispiel werden die Aktionen a_1 (ineffizient gegenüber a_2, a_3 und a_5) und a_3 (ineffizient gegenüber a_5) ausgesondert.

Im *zweiten Schritt* geht es um die Frage, welche der verbleibenden effizienten Aktionen zu wählen ist. Die Beantwortung dieser Frage erfordert eine Verknüpfung der Zielerreichungsgrade bzw. Nutzenwerte, mit deren Hilfe die Einzelwerte zu einem Gesamtnutzenwert einer Aktion zusammengefasst werden.

Die folgende Tabelle vermittelt einen Überblick über die Ansätze, die im nächsten Abschnitt dargestellt werden.

Entscheidungsregel	Grundgedanke
Eliminierung ineffizienter Entscheidungsregeln	Viele Handlungsalternativen sind ineffizient
Zielgewichtung	Formulierung von Präferenzen durch Gewichte
Lexikographie	Prioritäre Ziele voranstellen
MaxMin-Kriterium	Vorsichtsprinzip
Goal Programming	Anstreben einer „Punktlandung"

Abbildung 65: Gebräuchliche Entscheidungsregeln bei Mehrfachzielen

2.4 Spezielle Entscheidungsregeln

2.4.1 Zielgewichtung

Eine häufig angewendete Möglichkeit zur Lösung des Aggregationsproblems bzw. von Zielkonflikten ist die Zielgewichtung. Die den Zielen zugeordneten Maßzahlen stellen Gewichte dar, die die Bedeutung der Ziele für den Entscheider ausdrücken. Die Zielgewichtung setzt eine kardinale Nutzenmessung und eine gegenseitige Substituierbarkeit der Ziele voraus: Der Entscheidungsträger muss in der Lage sein, Austauschregeln zwischen den verschiedenen Zielkriterien zu spezifizieren.

Der Formulierung von Austauschregeln sind in der Regel bestimmte Grenzen gesetzt, die durch vorgegebene Nebenbedingungen determiniert sind (z. B. Mindestgewinn). Formal kann die Gewichtung folgendermaßen beschrieben werden:

$$\Phi(a_i) = \sum_k g_k \cdot u_{ik}$$ mit u_{ik}: Nutzenwert der Aktion i bezüglich Ziel k

und g_k: Gewichtungsfaktor des Ziels k

Die Aktion mit dem höchsten Gesamtnutzenwert $\Phi(a)$ ist optimal.

Für das Beispiel ergibt sich bei einer Zielgewichtung von $g_1 : g_2 : g_3 : g_4 = 4 : 3 : 2 : 1$ folgende Tabelle (siehe auch Tabelle 8). Es ist ersichtlich, dass Aktion a_4 optimal ist, da bei dieser Aktion der Gesamtnutzenwert $\Phi(a_4) = 18{,}6$ den höchsten Wert erreicht. (Die Gewichtungsfaktoren werden in der Regel so normiert, dass ihre Summe 1 ergibt.)

	$\Phi(a_i) = \sum g_k \cdot u_{ik}$
a_1	$\Phi(a_1) = 0 \cdot 0{,}4 + 4 \cdot 0{,}3 + 14 \cdot 0{,}2 + 4 \cdot 0{,}1 = 4{,}4$
a_2	$\Phi(a_2) = 8 \cdot 0{,}4 + 8 \cdot 0{,}3 + 16 \cdot 0{,}2 + 12 \cdot 0{,}1 = 10{,}0$
a_3	$\Phi(a_3) = 8 \cdot 0{,}4 + 4 \cdot 0{,}3 + 28 \cdot 0{,}2 + 6 \cdot 0{,}1 = 10{,}6$
a_4	$\Phi(a_4) = 28 \cdot 0{,}4 + 2 \cdot 0{,}3 + 30 \cdot 0{,}2 + 8 \cdot 0{,}1 = 18{,}6$
a_5	$\Phi(a_5) = 20 \cdot 0{,}4 + 4 \cdot 0{,}3 + 40 \cdot 0{,}2 + 6 \cdot 0{,}1 = 17{,}8$

Abbildung 66: Gesamtnutzenwert bei Mehrfachzielsetzung

2.4.2 Lexikographische Präferenzordnung

Einen Spezialfall stellt die so genannte lexikographische Präferenzordnung dar. Für die Ordnung der Alternativen existiert ein „wichtigstes Ziel" (z. B. Gesundheit ist das höchste Gut oder die Ruinwahrscheinlichkeit des Unternehmens darf 1 : 10.000 nicht überschreiten). Erst wenn mindestens zwei Alternativen bezüglich dieser Zielart den gleichen Erfüllungsgrad aufweisen, muss das zweitwichtigste Ziel zur Auswahl herangezogen werden. Stimmen zwei oder mehr Aktionen auch bezüglich dieses zweiten Kriteriums überein, wird der Erfüllungsgrad des dritten Ziels überprüft und so weiter. Wenn ein Entscheidungsträger eine lexikographische Präferenzordnung besitzt, vereinfacht sich sein Entscheidungsproblem erheblich.

Allerdings sind lexikographische Präferenzordnungen relativ selten, da in der Regel doch eine (zumindest teilweise) Substituierbarkeit der Ziele gegeben ist. Eine lexikographische Nutzenmessung dürfte deshalb hauptsächlich für den Fall plausibel erscheinen, bei dem in Bezug auf den Realisierungsgrad des jeweils wichtigeren Ziels strenge Mindestanforderungen bestehen (z. B. Erfüllung der gesetzlichen Solvabilitätsvorschriften bei Versicherungsunternehmen).

In dem oben formulierten Beispiel ergibt sich bei einer Zielpriorisierung

$$k_1 > k_2 > k_3 > k_4$$

folgende Rangfolge der Aktionen:

$$a_4 > a_5 > a_2 > a_3 > a_1$$

Das Ziel k_1 hat gemäß der lexikographischen Präferenzordnung höchste Priorität. Daraus ergibt sich unmittelbar, dass $a_4 > a_5 > a_2 > a_1 \wedge a_4 > a_5 > a_3 > a_1$ ist. Da der jeweilige Nutzenwert von a_2 und a_3 bezüglich k_1 identisch ist, muss k_2 zur Priorisierung der Aktionen hinzugezogen werden. Aus $u_{22} = 8$ und $u_{32} = 4$ folgt: $a_2 > a_3$.

2.4.3 Maximierung des minimalen Zielerreichungsgrads

Bei der Entscheidungsregel „Maximierung des minimalen Zielerreichungsgrads" wird der Erreichungsgrad eines Ziels durch den Quotienten aus dem tatsächlichen Nutzenwert u_{ik} und dem maximal erreichbaren Nutzenwert des Ziels k_i

$$U_{hk} := \max U_{ik}$$

gemessen.

Für jede Aktion bzw. Handlungsalternative a_i wird der minimale Zielerreichungsgrad aller Ziele k_i bestimmt. Es gilt:

$$\Phi(a_i) = \min_k \left(\frac{u_{ik}}{u_{hk}} \right)$$

Diejenige Aktion ist optimal, die in Bezug auf den ungünstigsten Zielerreichungsgrad aller Aktionen ein Maximum aufweist, d. h. max $\Phi(a_i)$.

Für dieses Beispiel ergibt sich folgende Lösung des Entscheidungsproblems:

	k_1	k_2	k_3	k_4	Zeilenminimum: $\Phi(a_i)$
a_1	0	1/2	7/20	1/3	0
a_2	2/7	1	2/5	1	2/7
a_3	2/7	1/2	7/10	1/2	2/7
a_4	1	1/4	3/4	2/3	1/4
a_5	5/7	1/2	1	1/2	1/2*
maximaler Nutzenwert: u_{hk}	28	8	40	12	

Abbildung 67: MaxMin-Kriterium

Durch eine Entscheidung für Alternative a_5 wird in Bezug auf alle verfolgten Zielsetzungen k_j ein Zielerreichungsgrad von mindestens 50 % sichergestellt. Es gibt keine Handlungsalternative, die einen höheren Prozentsatz minimaler Zielrealisation ermöglicht.

2.4.4 Goal-Programming

Das Goal-Programming wird verwendet, wenn der Entscheidungsträger nicht mehr von Extremierungszielen ausgeht, sondern nur von bestimmten Zielvorgaben, die möglichst exakt realisiert werden sollen. Bei diesem Entscheidungsverfahren gilt diejenige Aktion als optimal, bei der die Summe der absoluten Abweichungen (Überschreitungen und Unterschreitungen) von den Zielvorgaben minimal ist.

Für den Fall, dass als Zielvorgaben (angestrebtes Ergebnis) $\hat{u}_1 = 12$; $\hat{u}_2 = 10$; $\hat{u}_3 = 28$ und $\hat{u}_4 = 16$ bestimmt wurden, ergibt sich folgende Lösung.

Ziel k_j (Vorgabe) Aktion a_i	k_1 (12)	k_2 (10)	k_3 (28)	k_4 (16)	Zeilensumme (Summe der Abweichungen)
a_1	12	6	14	12	44
a_2	4	2	12	4	22
a_3	4	6	0	10	20*
a_4	16	8	2	8	34
a_5	8	6	12	10	36

Abbildung 68: Goal-Programming

Die optimale Handlungsalternative bei Verwendung des Goal-Programming ist diese Alternative interessanterweise bei den anderen Entscheidungsregeln als ineffizient beurteilt worden. Problematisch beim Goal-Programming ist die Vorgabe der anzustrebenden Zielwerte. Weiterhin werden Zielunter- und Zielüberschreitungen als gleich gravierend betrachtet. Als Erweiterung dieser Entscheidungsregel könnten die einzelnen Abweichungen nach den Kriterien Richtung der Abweichung (Über- oder Unterschreitung) und Bedeutung der Zielgröße gewichtet werden.

3 Entscheidung bei Risiko

3.1 Risikodefinition

Charakteristisch für eine Risikosituation ist, dass dem Entscheidungsträger objektive oder subjektive Wahrscheinlichkeiten für das Eintreten der möglichen Umweltzustände bekannt sind. Bei Ungewissheitssituationen sind die Wahrscheinlichkeiten unbekannt oder nicht kalkulierbar. Der Oberbegriff, der sowohl Risiko als auch Ungewissheit beinhaltet, ist Unsicherheit. Diese Unterscheidung wird in der Literatur kontrovers diskutiert, die Begriffe werden sehr verschieden verwendet. Beispielhaft wird Risiko auch als Unsicherheit im weiteren Sinne und Ungewissheit als Unsicherheit im engeren Sinne bezeichnet. Hier soll jedoch die oben angeführte Einteilung benutzt werden. Es wird empfohlen, vor der Verwendung der Begriffe eine Definition zu geben, wie diese zu verstehen sind, um Missverständnisse zu vermeiden.

Objektive Anhaltspunkte zur Bestimmung von Wahrscheinlichkeiten liegen beispielsweise bei folgenden Entscheidungssituationen vor:

- Teilnahme an einer staatlichen Lotterie oder einem Glücksspiel

- Die Wahrscheinlichkeiten können aufgrund kombinatorischer Überlegungen exakt berechnet werden.

- Abschluss eines Versicherungsvertrags

- Aufgrund von statistischem Material können die Eintrittswahrscheinlichkeiten für Schadensfälle relativ gut geschätzt werden. Ist dies nicht der Fall, muss geprüft werden, ob es sich um ein nichtversicherbares Risiko handelt.

- Investitionsrechnungen (z. B. Kauf einer Maschine)

- Durch längerfristige Statistiken lassen sich die Lebensdauer und / oder Reparaturkosten schätzen.

- Parken in der Innenstadt
  Bei der Nutzung eines Parkhauses entstehen Kosten, beim Parken im Halteverbot droht ein Verwarnungsgeld. Erfahrene Autofahrer kennen die Kosten und die Höhe der Verwarnungsgebühren und haben eine Vorstellung über die Häufigkeit, einen Strafzettel für Falschparken zu bekommen.

In der Vergangenheit wurden häufig Unterscheidungen zwischen *objektiven* und *subjektiven Wahrscheinlichkeiten* vorgenommen. Den Zusammenhang zwischen beiden ist am Beispiel des Roulette-Spiels möglich. Es kann gezeigt werden, dass vor dem Drehen des Rades und dem Werfen der Kugel die objektive Wahrscheinlichkeit des Eintretens von einer bestimmten Zahl gleich 1/37 ist. Nach dem Wurf der Kugel liegt das Ergebnis fest. Hätte das Individuum genügend Detailkenntnisse (z. B. Geschwindigkeit des

Rades, Drall und Aufsetzpunkt der Kugel), könnte es das Ergebnis mit Sicherheit vorhersagen. Vom objektiven Standpunkt aus liegt die Wahrscheinlichkeit für das Eintreten jeder einzelnen Zahl demzufolge entweder bei 0 oder bei 1. Da der Spieler die notwendigen Informationen zur Bestimmung des Ergebnisses nicht hat, wird er seine subjektiven Wahrscheinlichkeitsvorstellungen der Entscheidung zugrunde legen müssen.

Eine weitere Unterscheidung zwischen objektiven und subjektiven Wahrscheinlichkeiten liegt darin begründet, dass Individuen die objektiven Wahrscheinlichkeiten ihrer Risiken oft unter- oder überbewerten. Wissenschaftlich untersucht werden diese Phänomene im Rahmen der Risikowahrnehmung. Diese Untersuchungen liefern mitunter sehr interessante Ergebnisse. So haben beispielsweise viele Menschen Angst davor, mit dem Flugzeug abzustürzen. Diese Tatsache könnte auf ein sehr vorsichtiges Verhalten dieser Personen schließen lassen. Wenn dieselben Personen dann jedoch lieber die Strecke mit dem Auto fahren, so steht dies im Widerspruch zu dem vorsichtigen Verhalten beim Fliegen. Ähnlich sind viele gesundheitsschädliche Handlungen wie z. B. Rauchen zu beurteilen: Die Gefahr, an den Folgen des Rauchens zu sterben, ist um ein Vielfaches höher als die Gefahr, bei einem Flugzeugabsturz ums Leben zu kommen. Auch wenn objektive Wahrscheinlichkeiten ermittelt werden können, unterscheiden sich diese häufig erheblich von den subjektiv empfundenen. Die Beeinflussung des subjektiven Risikoempfindens ist aus diesem Grunde eine Möglichkeit, potentielle Versicherungsnehmer zum Abschluss eines Versicherungsvertrages zu bewegen. Sie sollen dazu gebracht werden, ihre objektiven Risiken zu überschätzen.

Shackle behauptete 1952, dass Wahrscheinlichkeiten nur dann für den Entscheidungsträger von Bedeutung sind, wenn er die Möglichkeit hat, mehrmals zu spielen. Dann können die Wahrscheinlichkeiten nämlich als relative Häufigkeiten interpretiert werden. Bei einmaligen Entscheidungen spielen demnach Wahrscheinlichkeiten keine Rolle. Der Entscheidungsträger sollte sich lieber am „Grad der potentiellen Überraschung" orientieren, den er dem Eintritt eines bestimmten Ereignisses beimisst. Allerdings hängen auch die potentielle Überraschung und die Wahrscheinlichkeiten zusammen, so dass sich hier kein Widerspruch ergibt.

Die Problematik der Bestimmung objektiver Wahrscheinlichkeiten bei Vorhandensein unterschiedlicher Informationsstände soll an einem Beispiel aus der Versicherungswirtschaft verdeutlicht werden. Objektive Schadenwahrscheinlichkeiten lassen sich immer nur für vorgegebene Klassifikationskriterien aus den Schadenstatistiken bestimmen. Ein betrachteter Vertrag wird dabei einer Kategorie ähnlicher, in Bezug auf die Klassifikationskriterien nicht unterscheidbarer Verträge zugeordnet. In der Kfz-Versicherung sind die Verträge bestimmten Regionalklassen, Kraftfahrzeugtypen und der beruflichen Stellung des Versicherungsnehmers (z. B. Beamter, Landwirt) zugeordnet. Für die sich aus der Kombination dieser Vertragsmerkmale ergebenden Klassen lassen sich objektive Wahrscheinlichkeiten bestimmen. Wird innerhalb dieser Klassen noch nach so genannten weichen Risikofaktoren, wie z. B. der Nationalität des Versicherungsnehmers, dem Geschlecht, den gefahrenen Kilometern pro Jahr und dem Vorhandensein einer Garage, unterschieden, sind die Klassen, die vor der Berücksichtigung der weichen Risikofaktoren als homogen betrachtet wurden, nach der neuen Informationslage als inhomogen zu betrachten. Stattdessen sind die Unterklassen homogen. Es müssen jedoch zunächst wieder Schadenerfahrungen gesammelt werden, damit die objektiven Wahrscheinlichkeiten bestimmt werden können. Das Versicherungsunternehmen kann versuchen, in den einzelnen Unterklassen geschäftspolitisch einzugreifen (z. B. selektiv die Prämien zu erhöhen), um den Ertrag positiv zu beeinflussen.

Seit jeher waren Ökonomen damit konfrontiert, dass bei Entscheidungssituationen keine sicheren Informationen vorliegen, sondern Risikosituationen. Deshalb wurde in der Vergangenheit eine Vielzahl von Methoden zur Bewertung verschiedener Entscheidungssituationen unter Risiko entwickelt. Bevor diese im Folgenden diskutiert werden, wird ein kurzer Überblick anhand nachstehender Abbildung gegeben. Da nur das Erwartungsnutzenkriterium als axiomatische Theorie den Anforderungen und Erkenntnissen einer modernen Wirtschaftstheorie genügt, werden die Kriterien I bis III als klassische Entscheidungsprinzipien bezeichnet.

	Entscheidungsprinzip	„Erfinder"	Grundgedanke
I	Erwartungswertkriterium (einparametrisches Entscheidungsprinzip)	*G. Cramer* (1728)	Maximierung des Erwartungswerts des Gewinns
II	Lexikographisches Entscheidungskriterium	*H. Cramer* (1930) *Haussmann* (1968)	Vorgabe einer maximalen Ruinwahrscheinlichkeit und anschließend Maximierung des Erwartungswerts des Gewinns
III	Zweiparametrische-substitutionale Kriterien		
III (a)	Modus-Spannweite	*Lange* (1943)	Orientierung am häufigsten Wert und dem Abstand zwischen Maximal- und Minimalwert
III (b)	Mittelwert-Standard-Abweichung (μ, σ)-Kriterium	*Markowitz* (1952)	Orientierung an Mittelwert und Standardabweichung, gute Approximation bei symmetrischer Verteilung (z. B. Normalverteilung)
III (c)	Mittelwert-Varianz (μ, σ^2)-Kriterium	*Borch* (1974)	Orientierung an Mittelwert und Varianz, gute Approximation bei tendenziell quadratischer Nutzenfunktion

III (d)	Indifferenzkurven-analyse	*Stracke* (1952) *Krelle* (1957)	Aggregation der Verluste und Gewinne zu zwei Größen (normiert auf 50 % Eintrittswahrscheinlichkeit) und Entscheidung anhand der Indifferenzlinie
IV	Erwartungsnutzen-kriterium	*Bernoulli* (1738) *von Neumann/ Morgenstern* (1944)	Zuordnung eines Nutzenwertes zu jedem Vermögenswert und Maximierung des Erwartungsnutzens der Nutzenfunktion

Abbildung 69: Entscheidungsprinzipien

Die Gründe für eine ausführliche Beschäftigung mit den Kriterien sind vielfältig. Erstens verdeutlichen die Kriterien das verschiedene Verhalten von Entscheidungsträgern bei Vorhandensein von Risiko. Zweitens stellen sie eine modellhafte Beschreibung des Entscheidungsprozesses bei Risiko dar und erlauben uns, Hypothesen zu formulieren. Drittens können sie methodische Hinweise dafür geben, wie Entscheidungsträger ihren Entscheidungsprozess bei risikobehafteten Entscheidungen strukturieren können.

Obwohl die moderne ökonomische Theorie i. d. R. mit dem Erwartungsnutzenkriterium arbeitet, wenn sie Entscheidungen unter Risiko modelliert, werden in der Praxis häufig die einfacheren Entscheidungskriterien verwendet.

3.2 Klassische Entscheidungsprinzipien

3.2.1 Erwartungswertkriterium

Das Erwartungswertkriterium wurde für die Bewertung von Glücksspielen entwickelt und beruht auf der Erkenntnis, dass bei ständiger Wiederholung des Spiels der Durchschnittsgewinn gegen den erwarteten Gewinn konvergiert. Durch diese Bewertung konnte individuell entschieden werden, ob ein bestimmter Einsatz für das Spiel gerechtfertigt ist oder nicht. Bei dieser Methode wird der Erwartungswert zur Präferenzfunktion und soll maximiert werden:

$$\max U = E(x)$$

Bei einer gegebenen Verteilung $f(x)$ bedeutet dies: Wähle die Aktion, bei der

$$E(x) = \int x \cdot f(x)\, dx$$

seinen maximalen Wert annimmt. Angenommen, ein Individuum habe ein Haus mit einem Wert von 500.000 €, das von einem Totalschaden bedroht ist, der mit einer Wahrscheinlichkeit von 0,01 eintritt. Das Individuum wird dem Erwartungswertkriterium gemäß nur dann einen Versicherungsvertrag gegen diesen Schaden abschließen, wenn die zu zahlende Bruttoprämie BP für den Vertrag kleiner ist als der Erwartungsschaden:

$BP < E(x) = 0,01 \cdot 500.000\ € = 5.000\ €$

Allerdings wird das Individuum zu dieser Prämie keinen Versicherungsschutz erhalten, es sei denn, der Versicherer geht von einer niedrigeren Schadenwahrscheinlichkeit aus. Denn ein Versicherer wird immer einen Zuschlag zum Erwartungsschaden kalkulieren, d. h. $BP > E(x)$.

Der Nachteil des Erwartungswertkriteriums ist, dass das Risiko keine Berücksichtigung findet. Als Begründung dafür wird angegeben, dass sich in manchen Situationen die Betrachtung des Risikos erübrigt. Dieses kann beispielsweise bei Großinvestitionen der öffentlichen Hand der Fall sein, wo von einem Risikoausgleich im Bestand ausgegangen wird. Beim Erwartungswertkriterium findet das Risiko keine Berücksichtigung, es kann nur indirekt in den Ansatz integriert werden (z. B. Risikozuschläge oder erhöhter Diskontierungssatz).

Versicherungsunternehmen existieren bei diesem Entscheidungsansatz nur dann, wenn die Versicherungsnehmer ihre objektiven Schadenwahrscheinlichkeiten systematisch überschätzen, d. h. die subjektiven Wahrscheinlichkeiten größer als die objektiven sind. Dann übersteigen die Prämieneinnahmen den Aufwand des Versicherungsunternehmens und der Versicherungsnehmer hat einen negativen Erwartungsgewinn. Rationales Verhalten und Erfahrungen können aber dazu führen, dass die subjektive Wahrscheinlichkeit kaum oder überhaupt nicht von der objektiven abweicht. In diesem Fall könnte die Versicherungswirtschaft nicht mehr existieren.

Da sie aber existiert, muss ein entscheidendes Kriterium bei diesem Ansatz vergessen worden sein. Hierbei handelt es sich um die Bewertung des Risikos und um die Risikoaversion.

Dass nicht nur der Erwartungswert zur Beurteilung einer Entscheidung unter Risiko relevant ist, kann auch empirisch nachgewiesen werden. Bereits vor über 200 Jahren zog *Daniel Bernoulli* (1738) aufgrund seiner Beobachtungen beim St. Petersburger Spiel das Fazit, dass der Erwartungswert durch andere Beurteilungsgrößen ersetzt bzw. ergänzt werden müsste. Er entwickelte deshalb das nach ihm benannte Bernoulli-Prinzip, das später noch ausführlich dargestellt wird. Das St. Petersburger Spiel hat folgende Regeln:

Ein Spieler, der gegen die Bank spielt, wirft eine Münze. Erscheint beim ersten Wurf „Zahl", erhält er einen bestimmten Geldbetrag, z. B. 2 €, und das Spiel ist beendet.

Erscheint beim ersten Wurf „Kopf", darf er nochmals werfen, erscheint dann beim zweiten Wurf „Zahl", erhält er 4 €. Die Regel lautet, dass weiter gespielt wird, solange „Kopf" erscheint. Sobald das erste Mal „Zahl" geworfen wird, ist das Spiel beendet und der Spieler erhält 2^n €, wobei n die Anzahl der Würfe ist.

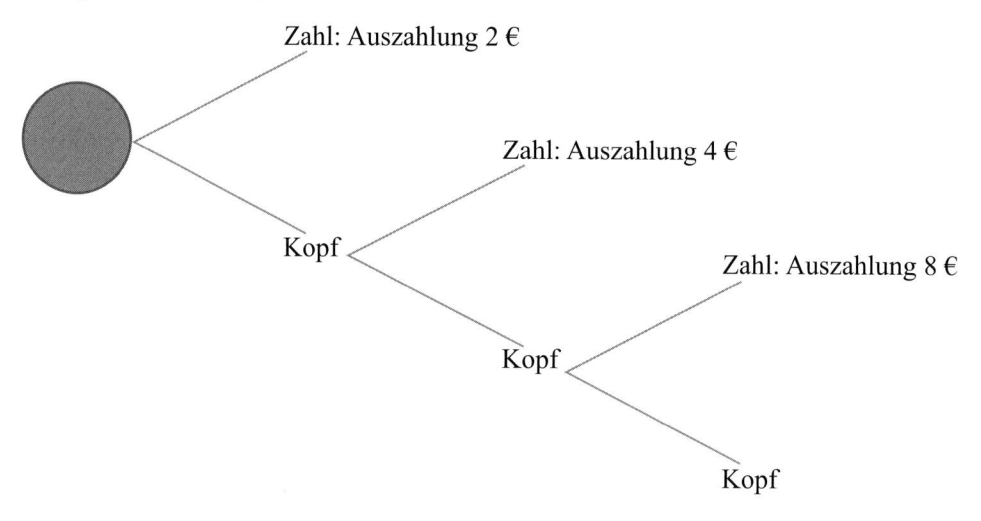

Abbildung 70: St. Petersburger Paradoxon

Wie hoch wird nun aber der Einsatz für dieses Spiel, d. h. die Berechtigung zur Teilnahme am Spiel, sein?

Der Erwartungswert ist, wie die folgende Formel zeigt, unendlich:

$$E(x) = 2 \cdot \frac{1}{2} + 4 \cdot \frac{1}{4} + 8 \cdot \frac{1}{8} + \cdots \rightarrow \infty$$

Dennoch waren (empirisch gesehen) nur wenige Personen bereit, einen Einsatz von mehr als 10 € oder gar 50 € zu riskieren, obwohl der Erwartungswert unendlich groß ist.

Offenbar – so schlussfolgerten die Wissenschaftler zur Zeit *Bernoullis* – ist das Erwartungswertkriterium kein geeignetes Verfahren bei Entscheidungen unter Risiko. Eine Lösung erfolgte später in der Entwicklung von so genannten zweiparametrischen-substitutionalen Kriterien. Dabei werden zwei Kennziffern, eine für das Risiko und eine für den erwarteten Ertrag, gebildet, die dann mittels einer substitutionalen Präferenzfunktion bewertet werden. *Bernoulli* präsentierte eine weitere Lösung, die in Abschnitt 3.3. erläutert wird.

3.2.2 Lexikographisches Entscheidungskriterium

Das unter anderem von *Cramer* entwickelte lexikographische Entscheidungskriterium kann als Maximierungsproblem unter Nebenbedingungen verstanden werden. Die Nebenbedingung ist, dass die „Ruinwahrscheinlichkeit" ρ einen vorgegebenen Wert nicht überschreiten darf. Ein Versicherungsunternehmen habe am Anfang der Periode t freie Reserven R_t, Prämieneinnahmen BP und Kosten K. Im Laufe der Periode entstehen Schäden x, die gemäß der Funktion $f(x)$ verteilt seien.

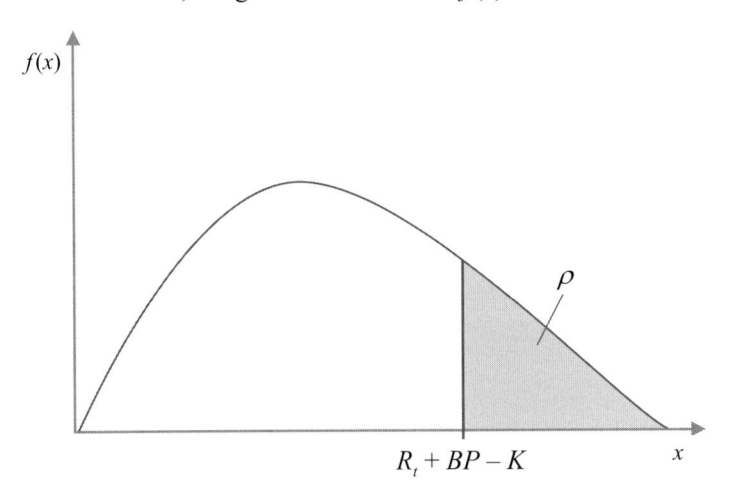

Abbildung 71: Dichtefunktion der Schadenverteilung

Der Erwartungswert der Schadensumme beträgt:

$$E(x) = \int x \cdot f(x)\, dx$$

Der Erwartungswert der freien Reserve am Ende der betrachteten Periode (bzw. am Anfang der nächsten Periode) R_{t+1} ist:

$$E(R_{t+1}) = R_t + BP - K - E(x)$$

Die tatsächliche, am Ende der Periode vorhandene freie Reserve ist jedoch:

$$R_{t+1} = R_t + BP - K - x$$

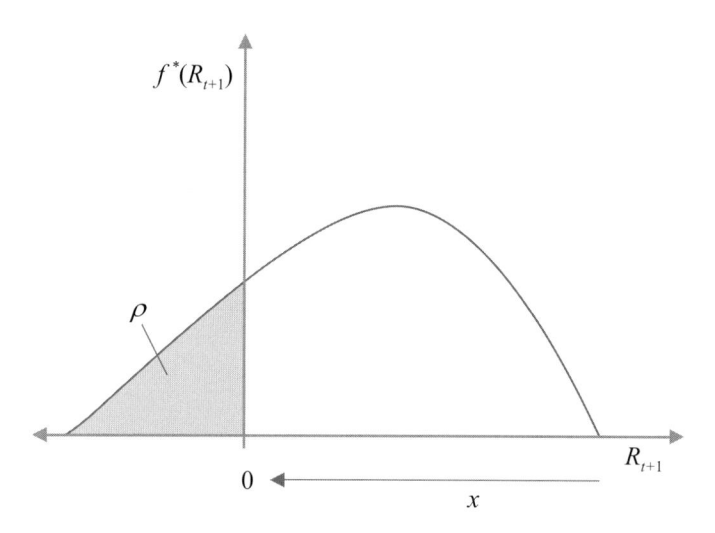

Abbildung 72: Dichtefunktion der freien Reserve am Ende der Periode

Durch Umformung aus $R_{t+1} = R_t + BP - K - x$ ergibt sich:

$x = R_t + BP - K - R_{t+1}$

bzw.

$f(x) = f(R_t + BP - K - R_{t+1}) = f^*(R_{t+1})$

Die Wahrscheinlichkeit, dass die freie Reserve am Ende der Periode negativ wird (Ruinwahrscheinlichkeit), ist:

$$\rho = \int_{R_t + BP - K}^{\infty} f(x)dx = \int_{-\infty}^{0} f(R_t + BP - K - R_{t+1})dR_{t+1} = \int_{-\infty}^{0} f^*(R_{t+1})dR_{t+1}$$

Wenn nun ein bestimmter Wert für die Ruinwahrscheinlichkeit $\bar{\rho}$ vorgegeben ist, welcher auf keinen Fall überschritten werden darf, so wird die Auswahl der optimalen Aktion zu einer lexikographischen Entscheidung:

max $E(R_{t+1})$ unter der Nebenbedingung $\rho \leq \bar{\rho}$.

3.2.3 Kriterium von Lange (Modus – Spannweite)

Lange (1943) ging davon aus, dass eine Entscheidung bei Risiko mittels des *Modus* und der Spannweite einer Wahrscheinlichkeitsverteilung getroffen wird bzw. werden sollte. Hierzu sei daran erinnert, dass in der Statistik drei Begriffe unterschieden werden:

- Der *Mittelwert*, auch arithmetisches Mittel genannt, ist die Summe aller mit den jeweiligen Wahrscheinlichkeiten gewichteten Werte einer Verteilung. Er entspricht dem Erwartungswert einer Verteilung. Das arithmetische Mittel ist vom geometrischen Mittel zu unterscheiden, bei dem die einzelnen Werte miteinander multipliziert werden und dann die n-te Wurzel gezogen wird (unter der Annahme von n-Alternativen).

- Der *Median* ist der Wert, bei dem die Verteilung so geteilt wird, dass die Summe der Wahrscheinlichkeiten zur rechten und zur linken Seite jeweils 0,5 ergeben. Die Fläche der Verteilung wird somit in zwei gleiche Hälften geteilt.
- Der *Modus* ist der Wert der Verteilung, der am häufigsten vorkommt.

Bei einer symmetrischen Verteilung fallen alle drei Werte zusammen, wie in der nächsten Abbildung am Beispiel einer Normalverteilung zu erkennen ist. Hierbei gelten die folgenden Abkürzungen:

- $E(X) :=$ Erwartungswert von X
- $Md(X) :=$ Median von X
- $Mo(X) :=$ Modus von X

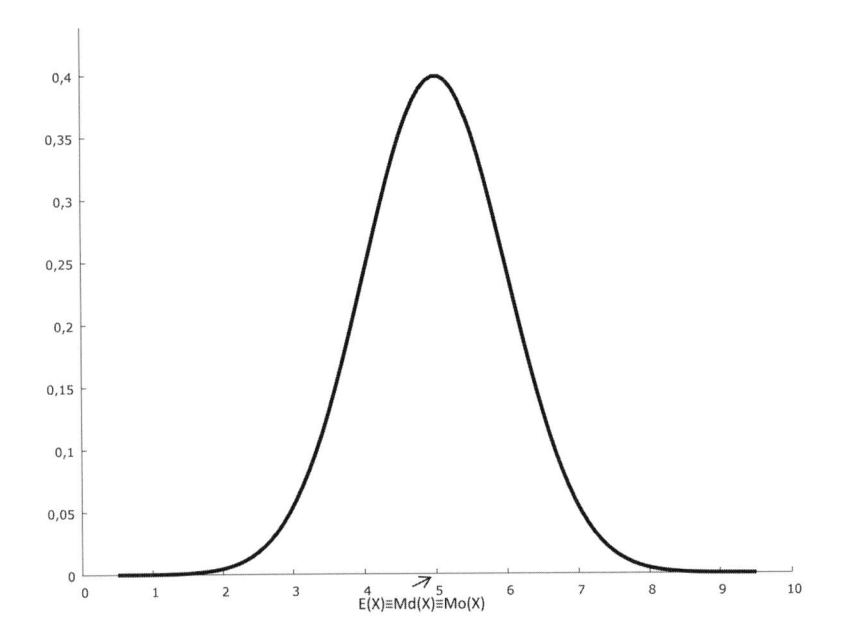

Abbildung 73: Lagestatistiken einer symmetrischen Verteilung

Beim Fall einer rechtsschiefen Verteilung befinden sich Erwartungswert und Median rechts des Modus, die genaue Lage bestimmt sich nach der Verteilung. Dabei verändert sich der Erwartungswert x^2 mit Ausreißern, während der Median als robustes Maß unsensitiv auf diese reagiert. Die nächste Abbildung zeigt den Fall einer rechtsschiefen Verteilung am Beispiel einer -verteilten Dichtefunktion:

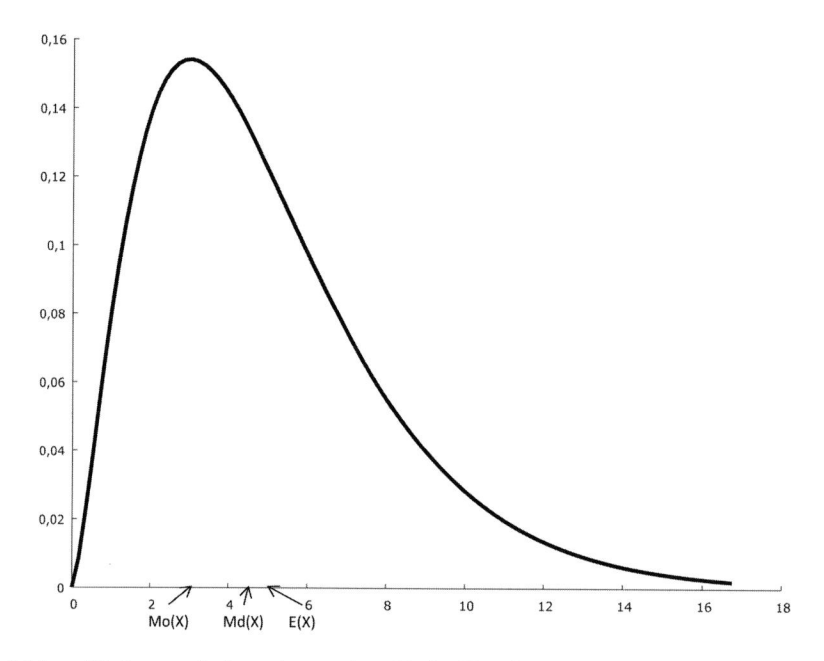

Abbildung 74: Lagestatistiken einer rechtsschiefen Verteilung

Bei Linksschiefe befinden sich Erwartungswert und Median spiegelbildlich links des Modus, die genaue Lage bestimmt sich auch hier nach Verteilung. Nachfolgende Abbildung illustriert dies am Beispiel einer Weibull-Verteilung:

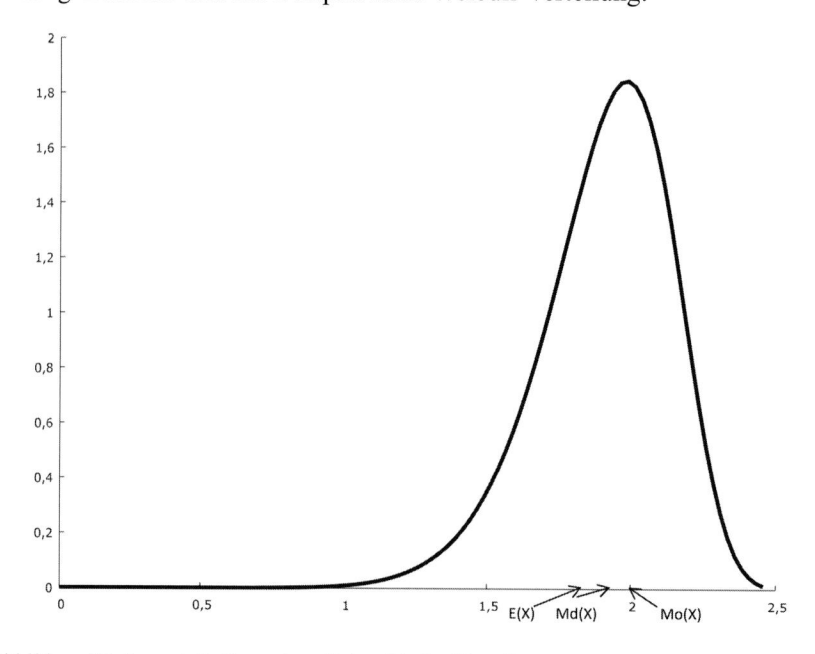

Abbildung 75: Lagestatistiken einer linksschiefen Verteilung

Als Begründung für dieses Entscheidungskriterium wird angegeben, dass bei einem größeren Modus auch das erwartete Ergebnis (z. B. der Gewinn oder die freie Reserve) höher ist. Je größer jedoch die Spannweite der Wahrscheinlichkeitsverteilung ist, desto höher ist das mit der Entscheidung verbundene Risiko. Aus diesem Grund ist in obiger Entscheidungssituation Verteilung 1 zu bevorzugen.

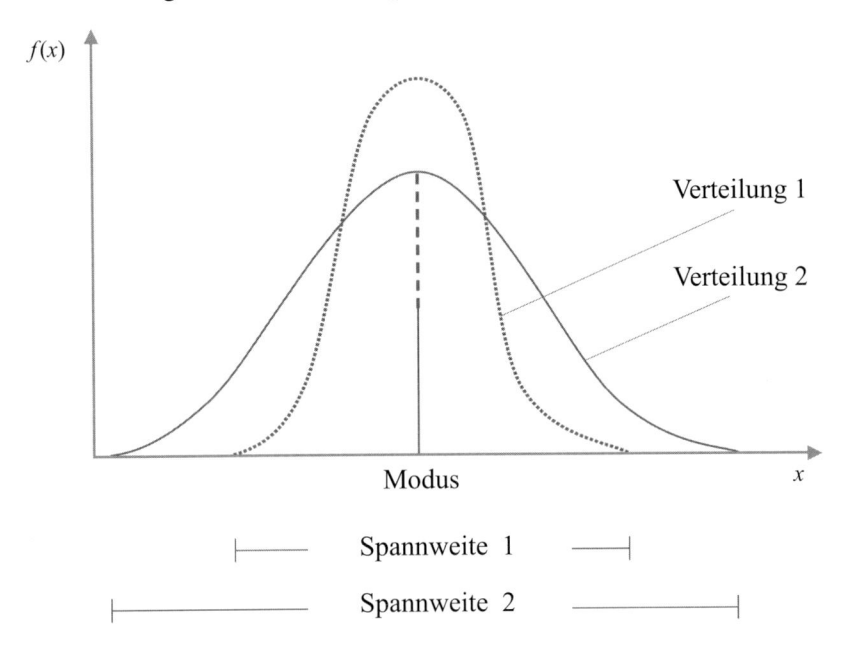

Abbildung 76: Spannweite als Risikomaß

Als Kritik gegen dieses Kriterium ist allerdings anzuführen, dass bei schiefen Verteilungen oft keine Entscheidung auf der Basis von Modus und Spannweite getroffen werden kann bzw. eine falsche Entscheidung getroffen wird. In der folgenden Abbildung sind zwei zu vergleichende Verteilungen dargestellt, die den gleichen Modus und die gleiche Spannweite haben. Nach *Lange* sind sie äquivalent präferabel, obwohl die Verteilung 1 der Verteilung 2 vorzuziehen ist, da sie höhere Chancen auf ein positives Ergebnis bietet.

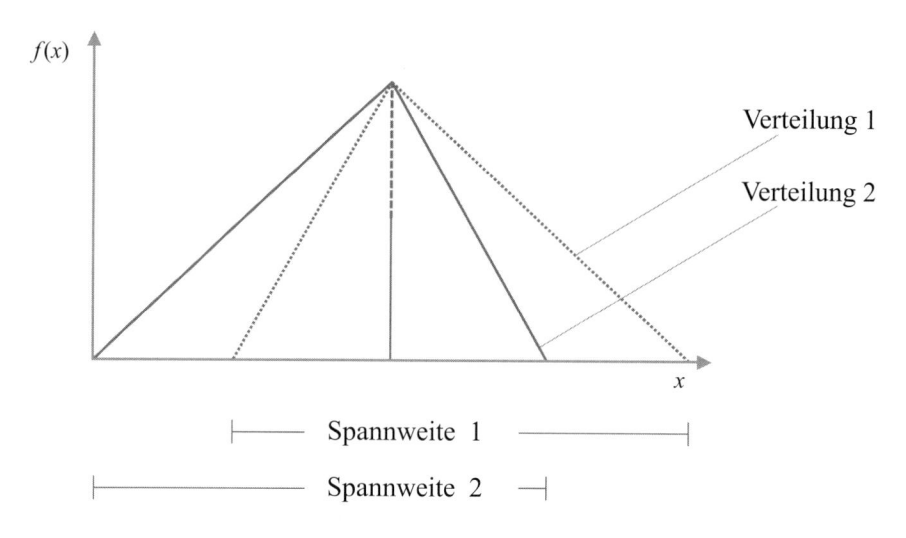

Abbildung 77: Kritik am Lange-Kriterium

3.2.4 Mittelwert-Standardabweichungs- und Mittelwert-Varianz-Ansatz

Wie bereits beim Erwartungswertkriterium wird auch beim Mittelwert-Standardabweichungs-Ansatz der Erwartungswert einer Verteilung als Beurteilungsgröße für das Ergebnis der Entscheidung (z. B. Gewinn) herangezogen. Zur Beurteilung des Risikos wird allerdings zusätzlich die Standardabweichung betrachtet. Eine derart konzipierte Beurteilung wird als (μ, σ)-Prinzip bezeichnet. Erstmals wurde dieses Konzept von *Markowitz* (1952) formuliert und von *Borch* (1974) zum Mittelwert-Varianz-Ansatz weiterentwickelt.

Bemerkenswert an diesem Ansatz ist, dass nicht nur die Wahrscheinlichkeitsverteilung der Ergebnisse einer Entscheidung für deren Beurteilung herangezogen werden kann, sondern auch die Risikotoleranz des Entscheiders. Bei der Risikotoleranz können drei Fälle unterschieden werden:

- Risikoaversion (Risikoscheu)
- Risikoneutralität und
- Risikosympathie (Risikofreude)

In einem (μ, σ)-Diagramm können die Formen folgendermaßen dargestellt werden, wobei die Achsenbezeichnungen in der Literatur teilweise auch umgekehrt gewählt werden: Der Pfeil gibt jeweils die Richtung aufsteigender Präferenz an, d. h. alle Punkte auf einer Indifferenzkurve sind dem Entscheidungsträger gleich lieb, er ist aber bestrebt, möglichst auf eine Indifferenzkurve zu gelangen, die weit rechts außen liegt.

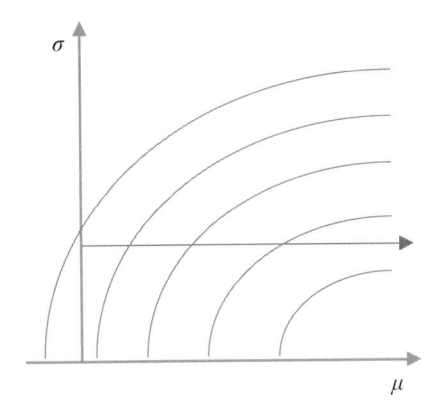

Isonutzenlinien.

Die weiter rechts liegenden Isonutzenlinien werden von den Entscheidern präferiert.

Abbildung 78: Mittelwert-Standardabweichungs-Ansatz: Risikoaversion

Bei konstantem μ und steigendem σ sinkt die Präferenz.

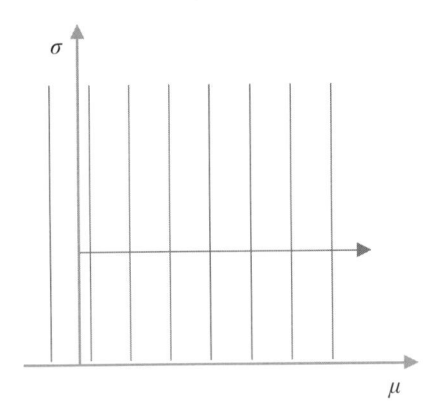

Abbildung 79: Mittelwert-Standardabweichungs-Ansatz: Risikoneutralität

Bei konstantem μ und steigendem σ bleibt die Präferenz konstant.

```
    σ ▲
    │
    │
    │
    │
    │
    │
    │───────────────▶
                    μ
```

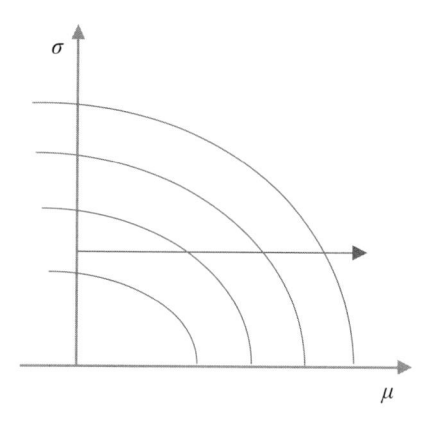

Abbildung 80: Mittelwert-Standardabweichungs-Ansatz: Risikosympathie

Bei konstantem μ und steigendem σ steigt die Präferenz.

Bei Risikoaversion wird ein bestimmter Erwartungswert μ umso geringer bewertet, je größer das Risiko (hier ausgedrückt als Standardabweichung σ) ist. Bei Risikosympathie ist es genau umgekehrt. Ist die Annahme der Risikosympathie aber überhaupt sinnvoll? Wer wird bei identischem μ ein höheres Risiko vorziehen? Dabei muss beachtet werden, dass hinter jedem μ eine Wahrscheinlichkeitsverteilung steht: Bei einem großen σ tauchen in dieser Wahrscheinlichkeitsverteilung Ergebnisse auf, die besser sind als bei identischem μ mit kleinerem σ. Auf diese (besseren) Ergebnisse hofft der Entscheidungsträger. Darum ist die Risikosympathie durchaus eine nachvollziehbare Annahme. Die (μ, σ)-Regel mit Risikosympathie wird auch gern zur Analyse des Verhaltens von Glücksspielern und Spekulanten verwendet. Risikoaversion beschreibt hingegen eher das Verhalten von Versicherungsnehmern und Investoren.

Generell kann aber festgehalten werden, dass sich die Risikotoleranz eines Entscheidungsträgers komplizierter darstellt als in den oben beschriebenen „reinen" Fällen. Viele Entscheidungsträger sind nämlich in der einen Situation risikofreudig und in einer anderen Situation risikoscheu, je nachdem, inwieweit sich die negativen Auswirkungen des Risikos auf die eigene Lebensgestaltung auswirken können.

Anwendung findet das μ, σ-Kriterium vornehmlich bei Portfolio-Selection-Entscheidungen. Für einen Entscheidungsträger soll ein optimales Portefeuille von Wertpapieren bestimmt werden. Gerade hier wird von der Risikoaversion des Entscheidungsträgers ausgegangen. Empirische Analysen haben gezeigt, dass der Mittelwert-Standardabweichungs-Ansatz recht gut für die Bewertung von Aktienanlageentscheidungen geeignet ist und zu äquivalenten Ergebnissen führt, wie der weiter unten behandelte Erwartungsnutzenansatz. Das liegt wohl daran, dass das Risiko bei Finanzanlagen häufig durch eine Normalverteilung oder Log-Normalverteilung approximiert werden kann. Es kann gezeigt werden, dass der Erwartungsnutzenansatz und der Mittelwert-

Standardabweichungs-Ansatz auch mathematisch äquivalent sind, wenn es sich bei der Verteilung um eine symmetrische Wahrscheinlichkeitsverteilung (z. B. eine Normalverteilung) oder eine quasi-symmetrische Wahrscheinlichkeitsverteilung handelt, d. h. eine Verteilung, die in eine symmetrische Verteilung transponiert werden kann (z. B. eine Log-Normalverteilung).

Für die Entscheidungen von Versicherungsunternehmen und Versicherungsnachfragern eignet sich der Ansatz hingegen nicht, da Schadenverteilungen meist rechtsschief verlaufen und deshalb Gewinnverteilungen der Unternehmen meist linksschief sind.

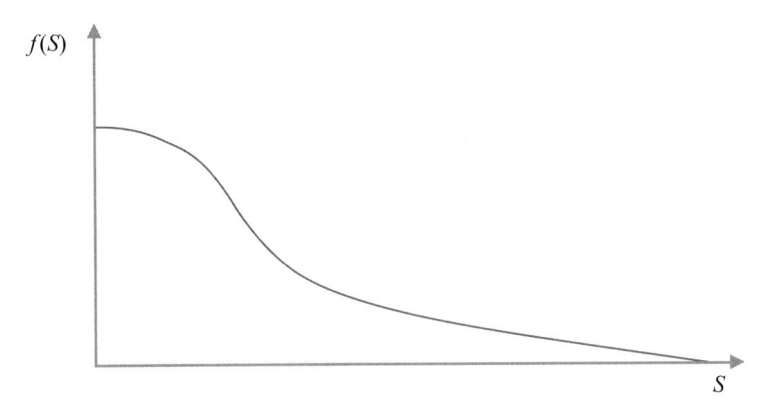

Abbildung 81: Schadenverteilung

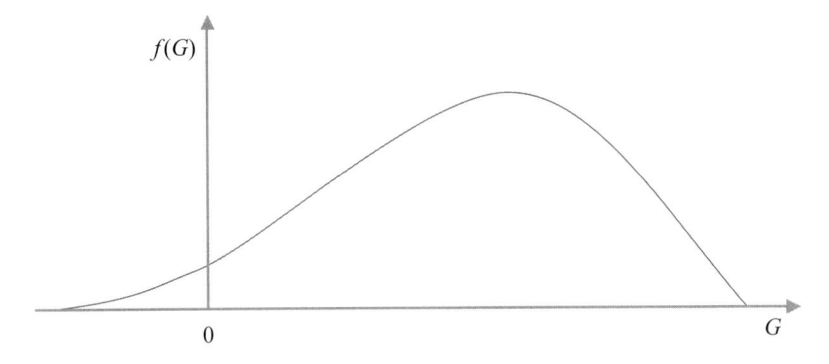

Abbildung 82: Gewinnverteilung

Der Versicherungsmathematiker *Karl Borch* (1974) hat deshalb den Mittelwert-Varianz-Ansatz propagiert (μ, σ), der unter der Bedingung einer quadratischen Nutzenfunktion eine problemadäquate Beschreibung darstellt, wie noch gezeigt wird. In den obigen Abbildungen ist dann nur σ durch σ^2 zu ersetzen. Bis auf diese Anpassung bleiben die Darstellungen unverändert.

3.2.5 Indifferenzkurvenanalyse

Bei der Indifferenzkurvenanalyse der äquivalenten Gewinne und Verluste von *Krelle* (1957) werden keine statistischen Verteilungsparameter zur Beurteilung von Risiko und Ertrag herangezogen, sondern subjektiv festgelegte Kenngrößen der zu bewertenden Verteilung. Anhand der Dichtefunktion der Gewinn- bzw. Verlustverteilung wird dabei das Chancen- bzw. Risiko-Präferenzfeld erstellt. Der Vorgang kann gedanklich in drei Schritte untergliedert werden:

1. Erstellung der Dichtefunktion
2. Erstellung des Chancen-Äquivalenzfelds und
3. Erstellung des Risiko-Präferenzfelds

1. Schritt: Erstellung der Dichtefunktion

Die Gewinnverteilung wird als diskrete Dichtefunktion dargestellt. In dem nachfolgenden Beispiel gelten insgesamt sieben mögliche Ergebnisse; G_1 bis G_5 stellen mögliche Gewinne mit den Wahrscheinlichkeiten g_1 bis g_5 dar, V_1 und V_2 sind potenzielle Verluste mit den Wahrscheinlichkeiten v_1 und v_2. Die Wahrscheinlichkeiten g_i und v_i addieren sich zu 1.

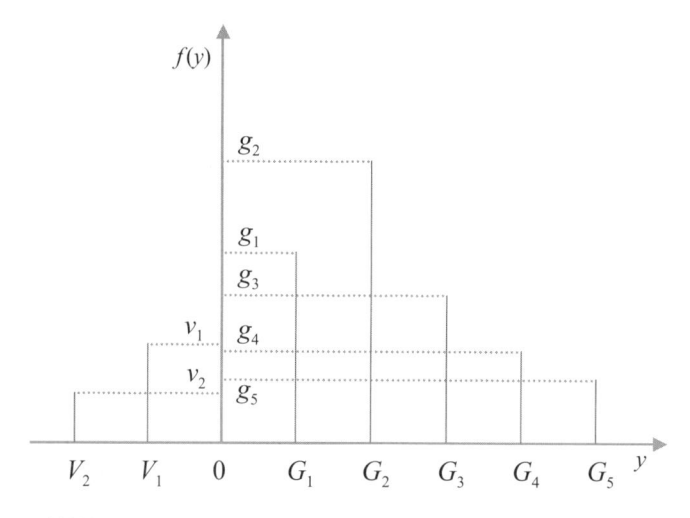

Abbildung 83: Dichtefunktion der Gewinnverteilung

y = Gewinn

$f(y)$ = Wahrscheinlichkeit

2. Schritt: Erstellung des Chancen-Äquivalenzfelds

Es wird sowohl auf der Gewinn- als auch auf der Verlustseite der Abbildung ein Indifferenzkurvensystem eingefügt (gleichwertige Gewinn- / Eintrittswahrscheinlichkeits-Kombinationen). Anschließend wird für jede mögliche Gewinnrealisation mit Hilfe der zugehörigen Indifferenzkurve diejenige Wahrscheinlichkeit bestimmt, die dem Gewinn entspricht (auf der Indifferenzkurve so lange in Richtung G_5 bewegen, bis G_5 erreicht wird). Für g_1 ist dies z. B. g'_1. Die durch diese Vorgehensweise ermittelten Wahrscheinlichkeiten, werden zu der Wahrscheinlichkeit von G_5 addiert. Dadurch werden alle möglichen Gewinne (G_1, G_2, G_3, G_4, G_5) zu einer Gewinn-/Eintrittswahrscheinlichkeits-Kombination zusammengefasst. Durch den daraus resultierenden Punkt wird eine Indifferenzkurve gezeichnet. Die ursprüngliche Gewinnverteilung G_1, G_2, G_3, G_4, G_5 wird in $G_5 (g_1 + g_2 + g_3 + g_4 + g_5)$ transformiert. Bei dem frei vorgegebenen Wert $f(y)$ = 0,5 wird G ermittelt (Ermittlung eines fiktiven Gewinns mit der Wahrscheinlichkeit 0,5), der gleich bewertet wird mit G_5. Die Überführung auf die Wahrscheinlichkeit 0,5 erfolgt, da ohne diese Normierung eine Darstellung im 3. Schritt nicht möglich wäre. Schließlich wird die gleiche Prozedur auf der Verlustseite durchgeführt (Ermittlung eines fiktiven Verlustes mit der Wahrscheinlichkeit 0,5).

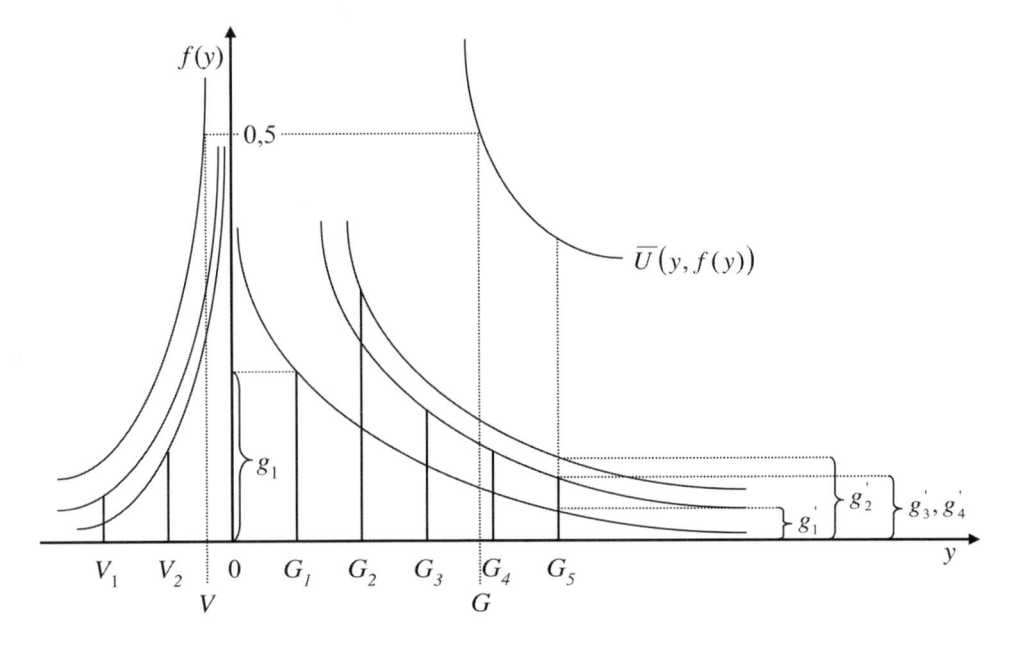

Abbildung 84: Chancen-Äquivalenzfeld

3. Schritt: Erstellung des Risiko-Präferenzfelds

Die Ausgangsverteilung wurde in Schritt 2 in die Werte G und V überführt, die fiktiv jeweils mit einer Wahrscheinlichkeit von 0,5 eintreten. Diese werden in das so genannte Risiko-Präferenzfeld als Punkt (G, V) eingezeichnet, ebenso der Punkt (G', V') einer alternativ zu bewertenden Verteilung, die aus einer zweiten Handlungsalternative resultiert. Auch in dieses Diagramm werden nun Indifferenzkurven gezeichnet, die im vorliegenden Fall ein risikoaverses Individuum charakterisieren.

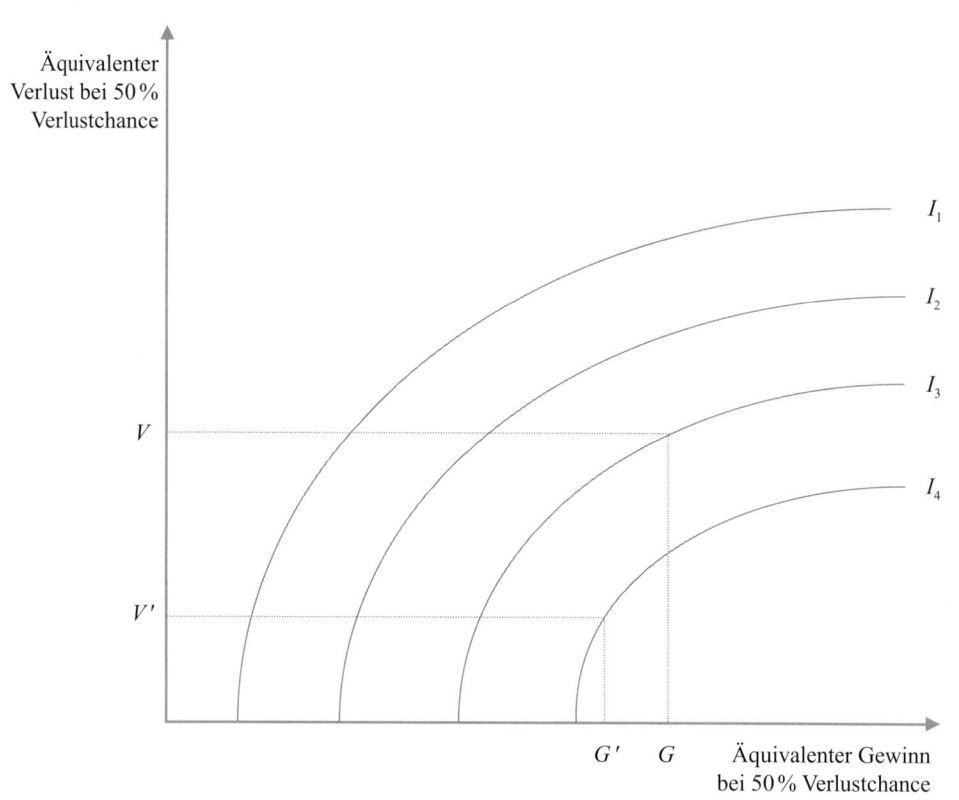

Abbildung 85: Indifferenzkurven

In diesem Fall wird die Handlungsalternative mit dem Bewertungsergebnis (G', V') vorgezogen, weil es auf einer weiter außen liegenden Indifferenzkurve (I_4) liegt.

Das Risiko wird bei diesem Ansatz durch die Neigung der Indifferenzkurven berücksichtigt. Der große Nachteil dieser Methode ist die geringe Anwendbarkeit.

Obwohl der Ansatz am ehesten der konventionellen Vorgehensweise in der mikroökonomischen Nachfragetheorie entspricht (Indifferenzkurvenanalyse zur Optimierung der Entscheidung), hat sie lediglich einen didaktischen Wert. Die zweimalige Verwendung von Indifferenzkurvensystemen ist wenig praktikabel. Zudem bleiben die Indifferenzkurvensysteme

$U(G, f(G))$

$U(V, f(V))$ und

$U(G(0,5), V(0,5))$

unerklärt. Sie sind auch nicht unabhängig voneinander, auch wenn dies die schrittweise Vorgehensweise suggeriert.

3.3 Erwartungsnutzenkriterium

3.3.1 Grundkonzept

Das Erwartungsnutzenkriterium wurde von *Daniel Bernoulli* (1738) auf der Basis seiner Beobachtungen beim oben bereits behandelten „St. Petersburger Paradoxon" entwickelt.

Um die Systematik herauszuarbeiten, werden im Folgenden einige Entscheidungssituationen unter Risiko dargestellt. Die Ergebnisse dieser Entscheidungen werden in Anlehnung an die spieltheoretische Terminologie als Auszahlungen bezeichnet und stellen monetäre Größen dar. Ein positiver Wert bedeutet eine Zahlung an den Entscheidungsträger, ein negativer Wert eine Zahlung, die der Entscheidungsträger zu leisten hat. Die Entscheidungssituation soll zur Vereinfachung nur zwei mögliche Umweltzustände mit einer Eintrittswahrscheinlichkeit von jeweils 0,5 enthalten (z. B. Münzwurf). Folgende Ergebnistabelle sei gegeben:

Wahrscheinlichkeit p_j	p_1	p_2
Zustand z_j / Aktion	z_1	z_2
a_1	100	-100
a_2	-100	100
a_3	100	100
a_4	200	200
a_5	100	300
a_6	0	500

Abbildung 86: Ergebnismatrix bei Risiko

Wie wird ein Entscheidungsträger diese sechs möglichen Aktionen beurteilen, d. h. welche Präferenzreihenfolge wird er angeben?

$a_1 \sim a_2$

a_1 und a_2 dürften als gleichwertig angesehen werden. Ist dies nicht der Fall, hält der Entscheidungsträger unbewusst andere Ergebnisse für möglich oder zieht andere Faktoren in Betracht, d. h. das Problem wurde noch nicht hinreichend präzisiert.

$a_4 > a_3$

$a_3 > a_1, a_2$

$a_5 > a_1, a_2, a_3$

$a_6 > a_1, a_2$

Problematisch bleibt damit nur die weitere Einordnung von a_6 sowie der Vergleich von a_4 und a_5. Der letzte Vergleich lässt sich durch folgendes Beispiel darstellen: Ein Lottospieler hat „4 Richtige" und bekommt einen Gewinn von 200 €. Beim Abholen schlägt der Kioskbesitzer als Wette einen Münzwurf vor: bei „Zahl" erhält er 300 € (statt 200 €) ausgezahlt, bei Kopf dagegen nur 100 €. Bei einer Befragung unter Studenten wurde ermittelt, dass etwa die Hälfte den Vorschlag annehmen würde (diese Studenten würden somit risikofreudig handeln), die andere Hälfte würde den Vorschlag ablehnen (und damit als risikoscheu anzusehen sein). Diese Ergebnisse gelten allerdings nur für den angesprochenen Bereich um 200 €. Wären die Beträge um den Faktor 1000 höher, würde sich ein anderes Ergebnis ergeben. Es kann Folgendes festgehalten werden:

Allein aus der Kenntnis der Wahrscheinlichkeiten und der dazugehörigen Auszahlungen kann im Allgemeinen das Verhalten eines Entscheidungsträgers nicht prognostiziert werden. Verschiedene Entscheidungsträger beurteilen zufallsbedingte Auszahlungen unterschiedlich.

Während der Vergleich einiger Aktionen problematisch ist, erscheint er bei anderen Aktionen als unproblematisch und dessen Ergebnis als eindeutig. Beispielsweise galt die Annahme, dass die Aktion a_6 der Aktion a_1 vorzuziehen ist (siehe oben). Dies schließt allerdings nicht aus, dass sich Aktion a_1 ex post, d. h. nach Eintreten des Umweltzustandes, als günstiger herausstellen kann. Tritt nämlich z_1 ein, so resultiert aus der Aktion a_1 eine Auszahlung von 100 €, die Aktion a_6 erzielt jedoch nur eine Auszahlung von 0 €. Der bekannte Versicherungsmathematiker *Karl Borch* bemerkte 1969 zu diesem Sachverhalt, dass sich gerade eine Unternehmensleitung mit einer rationalen Analyse des Entscheidungsproblems oft nicht zufrieden geben wird. Vielmehr will sie die Risikosituation auf eine Gewissheitssituation reduzieren, d. h. sie will wissen, welcher sichere Betrag mit der Risikosituation als gleich gut bewertet wird.

Ein Beispiel aus der Versicherungsbranche verdeutlicht das Problem. Ein Haus im Wert von 10 Millionen € soll feuerversichert werden, dabei wird von der Annahme ausgegangen, dass entweder ein Totalschaden oder kein Schaden vorkommen kann. Die relevanten Zustände der Natur seien z_1 und z_2 mit:

- z_1 = Brand (Totalschaden) im Versicherungszeitraum
- z_2 = kein Brand im Versicherungszeitraum

Die zur Debatte stehenden Aktionen a_1 und a_2 seien:

- a_1 = Abschluss eines Versicherungsvertrags (mit der Prämie P)
- a_2 = kein Abschluss eines Versicherungsvertrags

Die Entscheidungssituation wird definitionsgemäß erst durch die Angabe der Wahrscheinlichkeiten p_1 und p_2 für die Zustände z_1 und z_2 zu einer Risikosituation:

- $p_1 = 0{,}0001$
- $p_2 = 0{,}9999$

Die Schadenwahrscheinlichkeit ist somit 1 : 10.000 oder ein Zehntel Promille. Mit anderen Worten: Es wird erwartet, dass alle 10.000 Jahre ein Totalschaden eintritt.

Eine Versicherungsgesellschaft hat eine Vielzahl von Verträgen abgeschlossen und kann bei der Kalkulation der Prämie das Gesetz der großen Zahlen verwenden. Für den Versicherer wird deshalb der Erwartungswert der Zahlungen an den Versicherungsnehmer, nämlich

$$E(x) = 10.000.000\ € \cdot 0{,}0001 + 0\ € \cdot 0{,}9999 = 1.000\ €$$

die untere Grenze für die Prämie P darstellen („faire Prämie"). Da aber noch andere Kosten in die Prämienkalkulation einfließen (z. B. Verwaltungskosten), wird in diesem Beispiel eine Prämie von 1.500 € angenommen. Es ergibt sich folgende Ergebnismatrix:

$p(z_j)$ z_j	0,0001 z_1	0,9999 z_2
a_1	− 1.500	− 1.500
a_2	− 10.000.000	0

Abbildung 87: Ergebnismatrix mit und ohne Versicherung

Der Erwartungswert des Verlustes aus Sicht des Versicherungsnachfragers ist je nach Aktion:

$E(a_1) = 1.500$

$E(a_2) = 1.000$

Der Entscheidungsträger steht vor der Frage, ob es besser ist, sich zu versichern und damit einen sicheren Verlust in Höhe der Prämie zu verzeichnen oder mit einer Wahrscheinlichkeit von 0,0001 einen Verlust von 10 Millionen € bzw. mit der Wahrscheinlichkeit von 0,9999 keinen Verlust zu erleiden. Orientiert sich der Entscheider am Erwartungswert, müsste er die Aktion 2 (keine Versicherung) vorziehen. Trotzdem gibt es erfahrungsgemäß Personen, die sich für die festgelegte Prämie versichern, und andere Personen, die sich nicht versichern. Der Erwartungswert kann demzufolge keine generell verwendbare Beurteilungsgröße darstellen.

Auch beim staatlichen Zahlenlotto kann dieses Phänomen beobachtet werden. Es werden nur 55 % der Einnahmen wieder ausgeschüttet, d. h. der Erwartungswert des Gewinns von jedem eingesetzten Euro beträgt nur 0,55 €. Trotzdem gibt es Woche für Woche Millionen von Personen, die mit Begeisterung am Spiel teilnehmen.

Daniel Bernoulli zog bereits im Jahre 1738 das Fazit, dass der Erwartungswert für die Beurteilung einer Risikosituation häufig versagt. Er schlug vor, neben den Wahrscheinlichkeiten und den Auszahlungen noch ein weiteres Kriterium einzuführen, nämlich die subjektive Nutzenbewertung der möglichen Auszahlungen durch den Entscheidungsträger. Nicht die Auszahlungen selbst sollen mit den Wahrscheinlichkeiten gewichtet werden, sondern die Zahlen, die sich durch Einsetzen der Auszahlungen in eine numerische Bewertungsfunktion (Nutzenfunktion) ergeben. Hierdurch ergibt sich ein Nutzenerwartungswert, der nach *Bernoulli* eine geeignete Beurteilungsgröße für den Vergleich verschiedener Aktionen darstellt. Diese Methode, die noch heute als „Bernoulli-Prinzip" bezeichnet wird, wurde allerdings erst 1944 von *John von Neumann* und *Oskar Morgenstern* in die heutige Form gebracht.

Der Ansatz ermöglicht es, mit Hilfe einer geeignet gewählten, monoton wachsenden Nutzenfunktion (Utility-Funktion, Bernoulli-Nutzen, Risiko-Nutzen, Risikopräferenzfunktion, Geldnutzenfunktion) die Wahrscheinlichkeitsverteilung von Endvermögenswerten in eine Wahrscheinlichkeitsverteilung von Nutzenwerten umzuwandeln. Der Erwartungswert dieser Nutzenverteilung wird dann als Präferenzfunktion verwendet. Bei der Nutzenfunktion handelt es sich um eine kardinale Funktion, bei der der Nullpunkt und die Maßeinheit frei wählbar sind und die bis auf eine lineare Transformation definiert ist. D. h., sie behält bei einer linearen Transformation ihre Form bzw. Gestalt bei.

Um das Problem graphisch zu verdeutlichen, wird sich in der Regel auf eine Entscheidungssituation mit relativ einfacher Struktur beschränkt. Es stehen zwei Aktionen a_1 und a_2 zur Auswahl, wobei a_1 mit Sicherheit die Konsequenz x_1 zur Folge hat. Bei der Aktion a_2 wird mit einer Wahrscheinlichkeit von p die Konsequenz x_2 und mit einer Wahrscheinlichkeit von $1-p$ die Konsequenz x_3 eintreten. Bei einer derartigen Wahl zwischen einer sicheren und einer Risikosituation wird auch vom „Standard-gamble-Verfahren" gesprochen. In der Darstellungsform eines Baumdiagramms ergibt sich folgende Abbildung des Entscheidungsproblems.

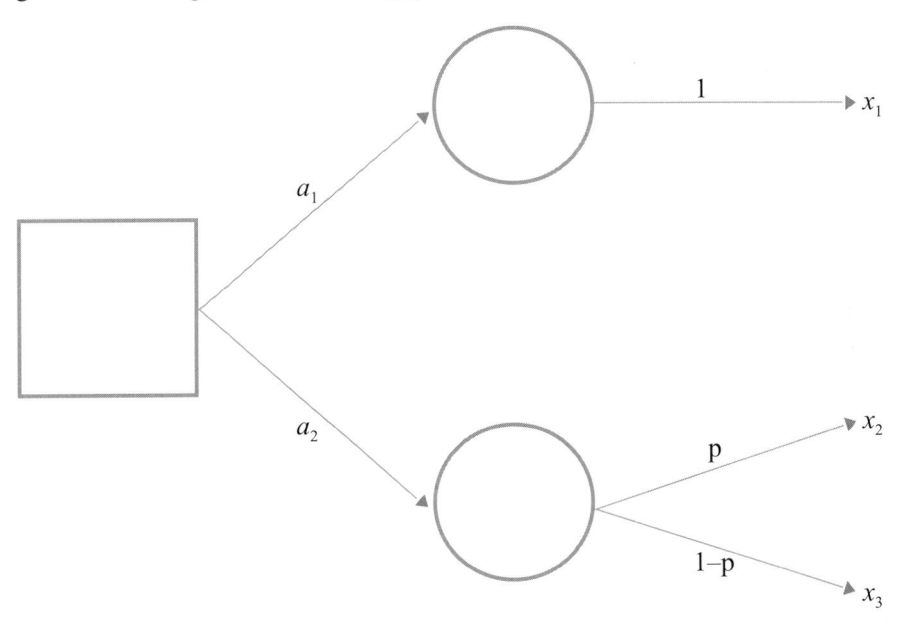

Abbildung 88: Standard-gamble-Verfahren

Die Ergebnismatrix sieht folgendermaßen aus.

Wahrscheinlichkeit $p(z_j)$ Zustand z_j	p z_1	$1-p$ z_2
Sichere Aktion a_1	x_1	x_1
Unsichere Aktion a_2	x_2	x_3

Abbildung 89: Ergebnismatrix beim Standard-gamble-Verfahren

Kapitel III Grundlagen der Versicherungstheorie

Jede Aktion, für die die Ergebnisse mit den zugehörigen Eintrittswahrscheinlichkeiten bekannt sind (Risikosituation), kann bei Kenntnis der für einen Entscheidungsträger relevanten Nutzenfunktion in eine gleich bewertete Aktion mit einem sicheren Ergebnis umgewandelt werden ($a_1 \sim a_2$). Damit ist dann auch der Vergleich mehrerer Aktionen unter Risiko möglich. Folgendes Beispiel soll den Sachverhalt verdeutlichen:

Wahrscheinlichkeit $p(z_j)$ Zustand z_j	0,5 z_1	0,5 z_2
a_1	x_1	x_1
a_2	100	1.100

Abbildung 90: Beispiel

Da es sich bei der *Bernoulli'schen* Nutzenfunktion um eine kardinale Funktion handelt, bei der der Ursprung und die Maßeinheit willkürlich festgelegt werden können, definieren wir:

- $U(x_2) = U(100) = 0$
- $U(x_3) = U(1.100) = 100$

Somit sind zwei Punkte der Nutzenfunktion festgelegt. Die dazwischen liegenden Punkte können durch das Standard-gamble-Verfahren ermittelt werden, wie im Folgenden gezeigt wird.

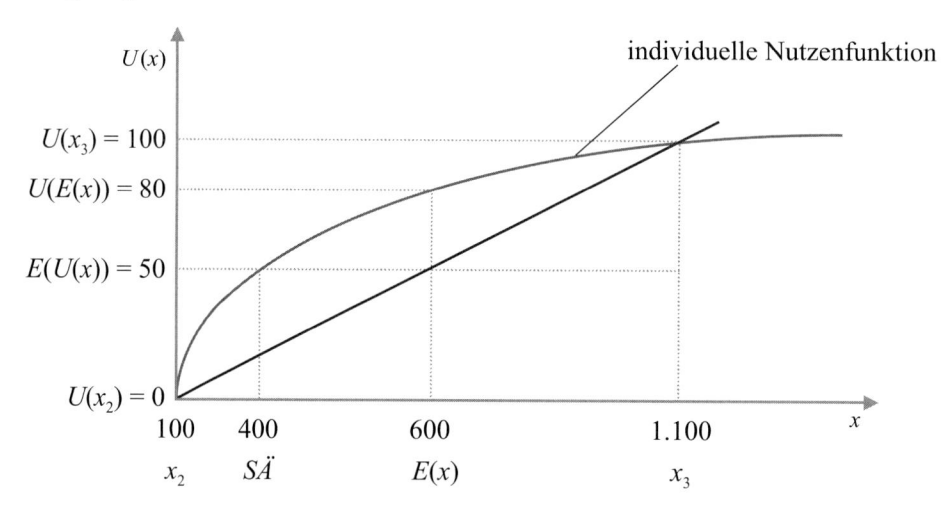

Abbildung 91: Geldnutzenfunktion

Aus der Verteilung ergibt sich ein Ergebniserwartungswert von $E(x) = 0,5 \cdot 100 + 0,5 \cdot 1.100 = 600$, der Erwartungswert des Nutzens $E(U(x))$ bei $x = 600$ ist $E(U(600)) = 0,5 \cdot 0 + 0,5 \cdot 100 = 50$. Derselbe Nutzenwert ergibt sich in diesem Beispiel bei einem sicheren Ergebnis von 400 (ergibt sich aus der individuellen Nutzenfunktion). Dieser x-Wert ist unser gesuchtes x_1 und wird in der Literatur als *Sicherheitsäquivalent (SÄ)* bezeichnet. In diesem beschriebenen Fall ist das Sicherheitsäquivalent ($x = 400$) kleiner als der Erwartungswert des Ergebnisses ($x = 600$). Dem Entscheidungsträger ist ein sicherer Betrag von 400 also genauso lieb wie der Erwartungswert der beschriebenen Verteilung $E(x) = 100 \cdot 0,5 + 1.100 \cdot 0,5 = 600$.

Bei der oben gezeichneten Risikonutzenfunktion, die im Bereich von 100 bis 1.100 konkav verläuft, gilt:

$U(E(x)) > E(U(x))$,

d. h. der tatsächliche Nutzen aus dem Erwartungswert (im Beispiel $U(600) = 80$) ist größer als der erwartete Nutzen aus dem Erwartungswert ($E(U(600)) = 50$).

Das Sicherheitsäquivalent ist derjenige (sichere) Betrag, der dem Entscheidungsträger genauso viel wert ist, wie eine Wahrscheinlichkeitsverteilung mit bestimmten vorgegebenen Ergebnissen. Das Sicherheitsäquivalent kann jedoch nicht als der Betrag angesehen werden, den ein Individuum maximal zu geben bereit wäre, um dafür die Wahrscheinlichkeitsverteilung einzutauschen, d. h. an einem Spiel teilzunehmen, obwohl dies dem Leser auf den ersten Blick so vorkommen mag.

Das folgende Beispiel soll dies verdeutlichen: Mit einer Wahrscheinlichkeit von 0,5 ergibt sich der Betrag von 25.000 €, im anderen Fall 0 €. Das Sicherheitsäquivalent sei 10.000 €. Wären die 10.000 € der Spieleinsatz, so müssten diese vor dem Spiel gezahlt werden. Als Ergebnis käme in Frage:

15.000 € mit einer Wahrscheinlichkeit von 0,5

–10.000 € mit einer Wahrscheinlichkeit von 0,5

Es ist zu bezweifeln, dass viele für diese Verteilung 10.000 € als Einsatz zahlen würden, in der Regel wird ein weit geringerer Einsatz als maximal zulässig angesehen. Durch die Interpretation des Sicherheitsäquivalents als Spieleinsatz wird eine Niveauverschiebung vorgenommen, die dann wiederum zu einem anderen Sicherheitsäquivalent führt.

Allerdings ist die Differenz zwischen dem Sicherheitsäquivalent $SÄ$ und dem Erwartungswert $E(x)$ eine aussagefähige Größe. Unterliegt das Individuum einem Risiko, wie es z. B. in dem obigen Beispiel der Fall ist, so ist es maximal bereit, den Differenzbetrag zwischen $SÄ$ und $E(x)$ zu bezahlen, um von der Risikosituation in eine sichere Situation zu wechseln, bei der dem Individuum ein x-Wert in Höhe von $SÄ$ sicher ist.

Genau davon leben Versicherer: Sie transferieren Risikosituationen in Sicherheit und nutzen dabei die Zahlungsbereitschaft der Individuen.

3.3.2 Empirische Ermittlung der Nutzenfunktion

Es bleibt das Problem, wie die Geldnutzenfunktion, für die der Nullpunkt und die Messeinheit durch Festlegung eines zweiten Punktes definiert sind, konkret ermittelt werden kann. Die Lösung liegt im „Standard-gamble-Verfahren", d. h. in dem Vergleich einer Risikosituation mit einer Sicherheitssituation. An einem Beispiel soll verdeutlicht werden, wie die individuelle Nutzenfunktion konstruiert werden kann:

Ein Kaufmann hat die Möglichkeit, einen von zwei Verträgen (A und B) abzuschließen. Er wird bestrebt sein, den für ihn günstigsten Vertrag auszuwählen. Beide Verträge sind dadurch gekennzeichnet, dass sie sowohl mit Gewinn als auch mit Verlust verbunden sein können.

Vertrag A		Vertrag B	
Betrag in €	Wahrscheinlichkeit p	Betrag in €	Wahrscheinlichkeit p
10.000	0,2	7.500	0,25
6.000	0,4	4.000	0,2
−2.000	0,3	−1.000	0,4
−10.000	0,1	−7.000	0,15
$E(A) = 2.800$		$E(B) = 1.225$	

Abbildung 92: Ermittlung der Geldnutzenfunktion

In der folgenden Abbildung werden alle möglichen Ergebnisse in eine Präferenzreihenfolge gebracht und mit den zugehörigen Wahrscheinlichkeiten dargestellt. Außerdem werden die Ergebnismengen der beiden Verträge vereinigt: In jedem Vertrag werden die fehlenden Ergebnisse hinzugefügt und mit der Wahrscheinlichkeit 0 gewichtet. An den Verträgen ändert sich dadurch nichts.

Ergebnis	Betrag in €	Wahrscheinlichkeiten p	
		Vertrag A	Vertrag B
x_1	10.000	0,20	0
x_2	7.500	0	0,25
x_3	6.000	0,40	0
x_4	4.000	0	0,20
x_5	−1.000	0	0,40
x_6	−2.000	0,30	0
x_7	−7.000	0	0,15
x_8	−10.000	0,10	0

Abbildung 93: Ergebnis bei alternativen Verträgen

Für den größten und den kleinsten Wert kann jetzt ein Nutzenfunktionswert definiert werden, wodurch der Nullpunkt und die Maßeinheit festgelegt sind:

$U(-10.000) = 0$

$U(10.000) = 1$

Im nächsten Schritt wird die so genannte Extremlotterie formuliert, die hier aus den Ergebnissen $x_1 = 10.000$ € und $x_8 = -10.000$ € besteht.

$$\begin{bmatrix} x_1 & x_8 \\ p & 1-p \end{bmatrix} = \begin{bmatrix} 10.000 & -10.000 \\ p & 1-p \end{bmatrix}$$

Diese Lotterie wird mit den übrigen möglichen Ergebnissen x_2 bis x_7 verglichen. Zu jedem dieser Ergebnisse soll eine Wahrscheinlichkeit p angegeben werden, so dass zwischen der Lotterie und dem als sicher interpretierten Ergebnis x_k die Äquivalenzrelation („~") gilt. Die Frage lautet also: Wie groß muss die Wahrscheinlichkeit p sein, damit der Entscheidungsträger dem sicheren Eintritt des Ergebnisses x_k und der Extremlotterie $(p, 1-p)$ gegenüber indifferent ist, d. h. x_k das Sicherheitsäquivalent von $(p, 1-p)$ ist.

Mit anderen Worten wird die Frage gestellt, bei welcher Wahrscheinlichkeit p gilt:

$U(x_k) = (1-p) \cdot U(-10.000) + p \cdot U(10.000) = (1-p) \cdot 0 + p \cdot 1 = p$

Antwortet das Individuum zum Beispiel für den Betrag $x_5 = -1.000$, dass die Äquivalenzgleichung bei $p = 0,8$ erfüllt ist, so gilt offenbar:

$U(-1.000) = 0,2 \cdot 0 + 0,8 \cdot 1 = 0,8$

Diese Art des Vorgehens ist jedoch äußerst unpraktikabel, weil die Angabe der Wahrscheinlichkeit, für die die Äquivalenzgleichung erfüllt ist, von den meisten Individuen nicht gemacht werden kann. Besser ist deshalb die umgekehrte Vorgehensweise. Dabei werden verschiedene Werte von p vorgegeben, zu denen der Entscheidungsträger sein individuelles Sicherheitsäquivalent angeben muss: Es wird ihm die Frage gestellt, welcher Betrag für ihn gleichwertig ist mit einer Lotterie, bei der beispielsweise das beste Ergebnis in Höhe von 10.000 € mit einer Wahrscheinlichkeit von 0,25 und das schlechteste Ergebnis in Höhe von – 10.000 € mit einer Wahrscheinlichkeit von 0,75 eintritt. Folgende Resultate wären denkbar:

Wahrscheinlichkeit für 10.000 € p	Wahrscheinlichkeit für –10.000 € $1-p$	Sicherheitsäquivalent $SÄ$
0	1	– 10.000
0,25	0,75	– 9.000
0,50	0,50	– 7.000
0,75	0,25	– 3.000
0,90	0,10	2.000
1	0	10.000

Abbildung 94: Sicherheitsäquivalent

Nach der Axiomatik von *Luce* und *Raiffa* ist der Nutzen gleich der Wahrscheinlichkeit für das Ergebnis in der zum *SÄ* gleichwertigen Extremlotterie. Damit repräsentieren die Wahrscheinlichkeiten (p) in der oben angeführten Tabelle den Nutzenwert. Dieses kann folgendermaßen graphisch dargestellt werden.

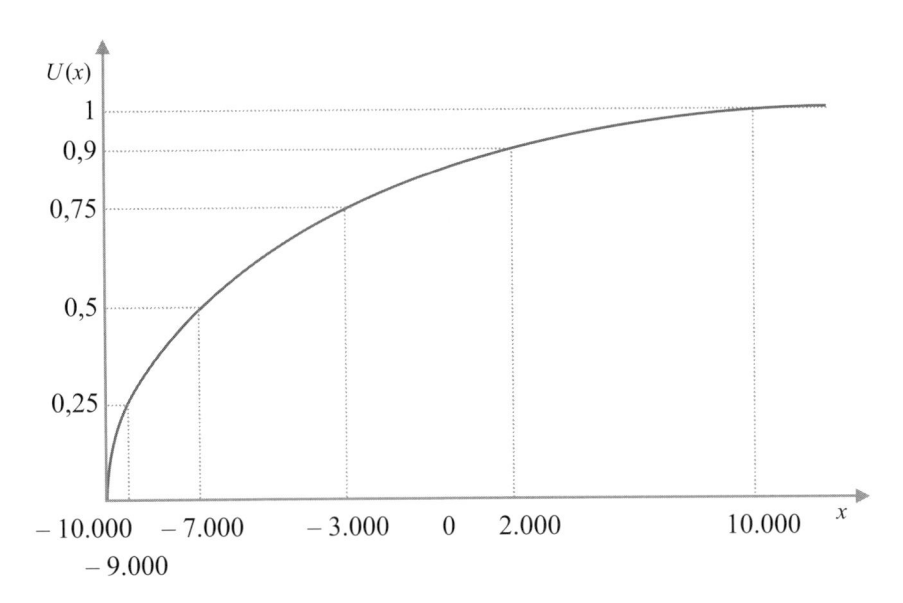

Abbildung 95: Geldnutzenfunktion und Sicherheitsäquivalent

Diese graphische Darstellung dient auch zur Kontrolle der Konsistenz der geschätzten Werte. Die empirische Ermittlung von Nutzenfunktionen wurde von einer Vielzahl von Wissenschaftlern, z. B. von *Friedman* und *Savage* (1948), durchgeführt.

Auf zwei Punkte sei hingewiesen:

Erstens, in den hier dargestellten Beispielen bezeichnen die gewählten Ergebnisse von bestimmten Aktionen immer monetäre Auszahlungen. Diese Beschränkung wird allerdings nur aus Vereinfachungsgründen gewählt und ist nicht notwendig. Vielmehr können die Handlungskonsequenzen auch in Maßeinheiten nicht-monetärer Erlöse ausgedrückt werden (z. B. Marktanteil, Firmenwachstum, Bekanntheitsgrad). Es muss jedoch möglich sein, dem Ergebnis einen bestimmten Nutzen zuzuweisen.

Zweitens gehört die so ermittelte Nutzenfunktion $U(x)$ zur Klasse der kardinalen Nutzenfunktionen. Allerdings sind der Nullpunkt und die Maßeinheit frei wählbar. Dies ist deshalb so, weil die Form der Nutzenfunktion bei jeder linearen Transformation unverändert bleibt, d. h. die Funktion $G(x)$ hat die gleiche Form wie die Funktion $U(x)$, wenn $G(x)$ durch eine lineare, monotone Transformation aus $U(x)$ gewonnen wurde:

$G(x) = a + b \cdot U(x)$, mit $b > 0$

3.3.3 Mögliche Verläufe der Nutzenfunktion

Prinzipiell lassen sich vier charakteristische Fälle von Verläufen einer Nutzenfunktion unterscheiden:

(1) *U* ist linear,

(2) *U* ist konvex,

(3) *U* ist konkav und

(4) *U* besteht aus konvexen, linearen und / oder konkaven Abschnitten.

Zu (1): Ist die Nutzenfunktion linear, so gilt: $U(x) = T \cdot x$. Der Entscheidungsträger beurteilt seine Aktionen, wie schon beim Erwartungswertkriterium, allein aufgrund des Erwartungswerts der Auszahlungen. Eine 50 : 50-Chance auf 0 € bzw. 500 € ist demzufolge genau so viel wert wie eine sichere Auszahlung von 250 € und mehr wert als eine sichere Auszahlung von beispielsweise 240 €. Dieser Fall wird als Risikoneutralität bezeichnet. Ein risikoneutraler Entscheidungsträger wird Versicherungsabschlüssen gegenüber indifferent sein, wenn die Prämie mit dem Schadenerwartungswert übereinstimmt. Ist die Prämie höher als der Schadenerwartungswert, so wird er keinen Versicherungskontrakt abschließen, es sei denn, der Versicherer unterschätzt die Schadeneintrittswahrscheinlichkeit.

Für die Nutzenfunktion gilt:

U`(x) > 0 und

U``(x) = 0

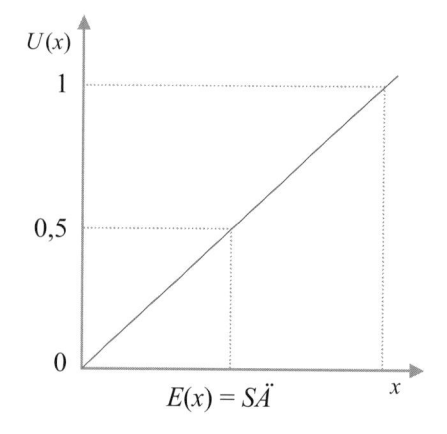

Abbildung 96: Risikoneutralität

Zu (2): Bei einer konvexen Nutzenfunktion des Entscheidungsträgers liegt Risikofreude vor. Hierbei ist das Sicherheitsäquivalent größer als der Erwartungswert der Verteilung. Es ist der übliche Verlauf der Nutzenfunktionen von Glücksspielern. Versicherungsabschlüsse würden nur dann getätigt, wenn die Prämie unter dem Schadenerwartungswert liegt. Risikosympathie kann beispielsweise bei Prämiensparern beobachtet werden, denen die Chance auf eine Prämie auch dann noch sympathischer als die Zahlung eines festen Zinses ist, wenn der Prämienerwartungswert unter dem Zins liegt. Weiterhin kann Risikosympathie beim Entschluss von Angestellten, lieber auf Provisionsbasis zu arbeiten bzw. sich selbstständig zu machen (z. B. Versicherungsaußendienst), beobachtet werden.

Für die Nutzenfunktion gilt: $U'(x) > 0$ und $U''(x) > 0$.

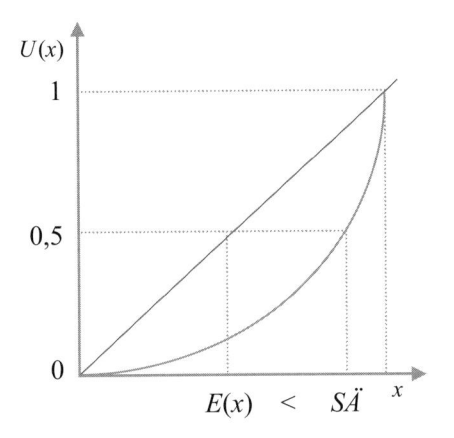

Abbildung 97: Risikofreude

Zu (3): Bei einer konkaven Nutzenfunktion werden Verluste überproportional, Gewinne dagegen unterproportional hoch bewertet. Deshalb ist der Entscheidungsträger auch dann an Versicherungsabschlüssen interessiert, wenn die Prämie höher als der Schadenerwartungswert ist, was auch als Normalfall bezeichnet werden kann. Hier ist das Sicherheitsäquivalent kleiner als der Erwartungswert der Auszahlung. Das Verhalten wird als Risikoaversion bezeichnet und wird beispielsweise bei konservativer Investitionspolitik und Absicherungsgeschäften am Terminmarkt beobachtet.

Bei diesem Fall sollen auch einmal die 1. und 2. Ableitung der Funktion betrachtet werden. Da die 1. Ableitung bei allen drei beschriebenen Fällen größer als Null ist, ist das Charakteristikum der Risikoaversion, dass die 2. Ableitung kleiner als Null ist.

$U'(x) > 0$ und $U''(x) < 0$

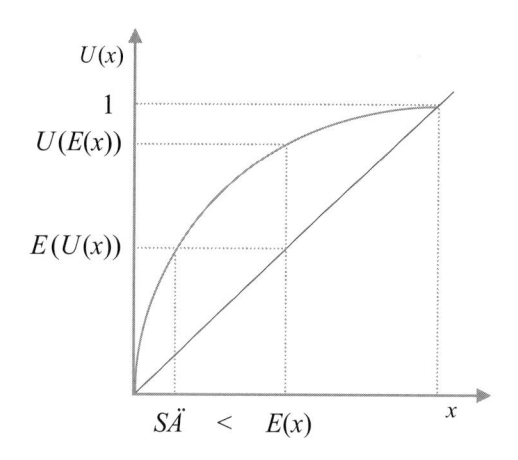

Kapitel III Grundlagen der Versicherungstheorie

$U(x)$

1
$U(E(x))$

$E(U(x))$

$SÄ \quad < \quad E(x)$ x

Abbildung 98: Risikoscheu

Die folgende Tabelle fasst die Ergebnisse zusammen:

Risikoavers	Risikoneutral	Risikofreudig
Konkav	linear	konvex
$SÄ < E(x)$	$SÄ = E(x)$	$SÄ > E(x)$
$U'(x) > 0$ $U''(x) < 0$	$U'(x) > 0$ $U''(x) = 0$	$U'(x) > 0$ $U''(x) > 0$

Abbildung 99: Vergleich risikoavers, risikoneutral und risikofreudig

Der Zusammenhang zwischen Nutzen- und Grenznutzenfunktion wird in der folgenden Graphik veranschaulicht.

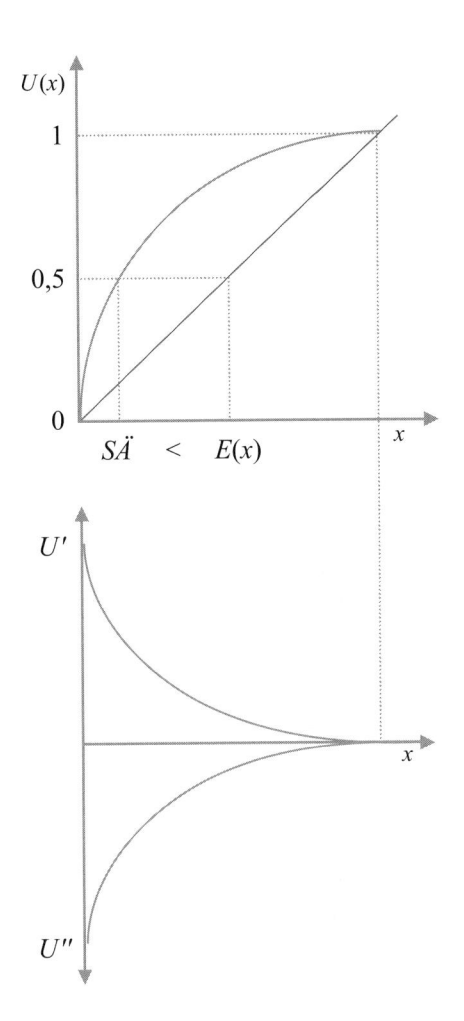

Abbildung 100: Nutzen- und Grenznutzenfunktion

Zu (4): Viele Entscheidungsträger weisen gleichzeitig ein Glücksspielerverhalten und ein Versicherungsnehmerverhalten auf, d. h. sie sind in gewissen Situationen risikofreudig und in anderen Situationen risikoscheu. In einem solchen Fall ist eine Nutzenfunktion adäquat, die sowohl konkave als auch konvexe Abschnitte beinhaltet. Eine derartige Geldnutzenfunktion haben *Friedman* und *Savage* empirisch ermittelt.

Der erste Abschnitt dieser Nutzenfunktion erklärt die Abschlüsse von Versicherungsverträgen (Risikoaversion bei kleinem x). Darauf folgt ein Abschnitt, der typisch für die Teilnahme an Lotterien und ähnlichen Glücksspielen ist (Risikofreude bei mittlerem x). Das Abflachen der Geldnutzenfunktion für sehr große x-Werte (Risikoaversion, dritter Abschnitt der Nutzenfunktion) erklärt beispielsweise, warum eine Lotterie nicht durch die Einführung eines riesigen, aber entsprechend unwahrscheinlichen Gewinns beliebig attraktiv gemacht werden kann.

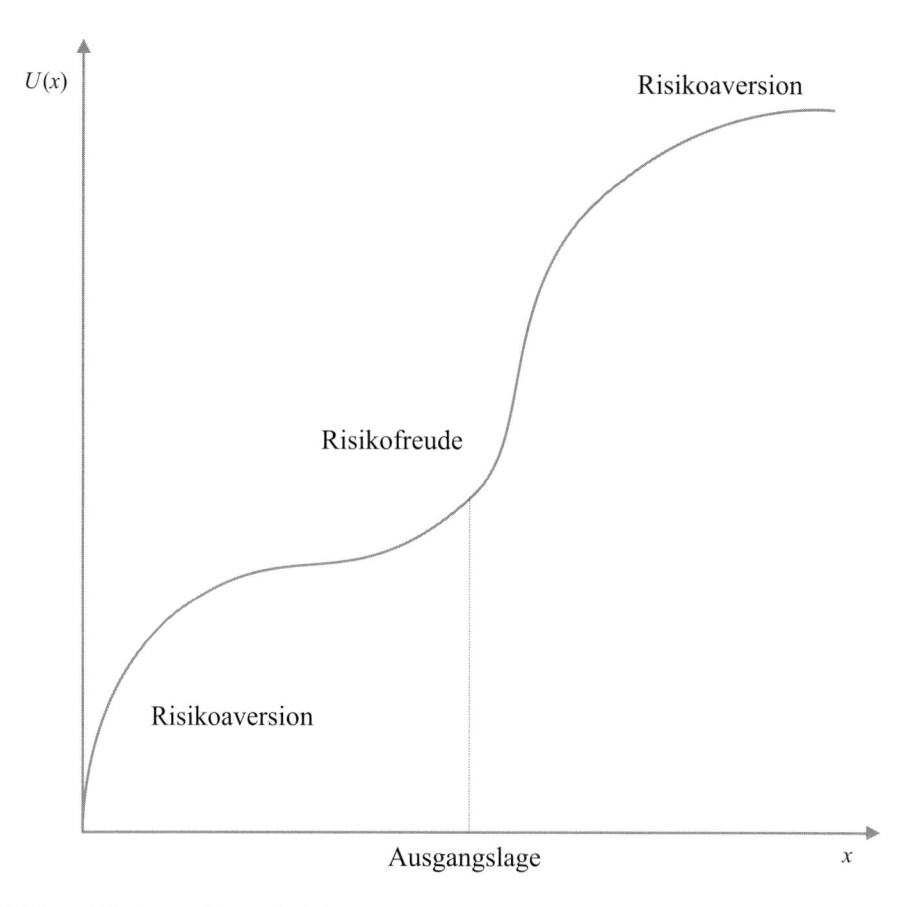

Kapitel III Grundlagen der Versicherungstheorie

Abbildung 101: Savage-Nutzenfunktion

Dieser Kurvenverlauf kann noch modifiziert werden, wenn davon ausgegangen werden kann, dass durch staatliche Instanzen immer ein Existenzminimum gewährleistet wird oder eine Haftungsbegrenzung besteht („Mehr als ich habe, kann man mir nicht nehmen."). In diesem Fall könnte wieder ein risikofreudiger Abschnitt für sehr kleine x-Werte angefügt werden.

Die Stärke des Bernoulli-Prinzips liegt darin, dass es seine logische Begründung durch eine axiomatische Theorie findet. Die Axiome sind:

(1) Die Präferenzordnung ist transitiv und vollständig.

(2) Die Präferenzfunktion ist stetig.

(3) Der Entscheidungsträger kann jeder Risikosituation ein Sicherheitsäquivalent zuordnen.

Die Kritikpunkte können wie folgt zusammengefasst werden:

- Die Nutzenmessung dauert zu lange, um bei raschen Entscheidungen vorgenommen werden zu können. Ist der Bernoulli-Nutzen einmal gemessen, so muss dieser wegen seiner eventuellen Zeit- und Situationsabhängigkeit zu einem späteren Zeitpunkt nicht mehr gültig sein.
- Der Entscheidungsträger muss alle möglichen Aktionen, alle möglichen Umweltzustände und die Konsequenzen der möglichen Aktionen kennen. Dies ist in praktischen Entscheidungssituationen selten der Fall. Die Wahrscheinlichkeiten für das Eintreten der möglichen Umweltzustände bzw. der möglichen Handlungskonsequenzen sind meist überhaupt nicht oder nur schwierig feststellbar. Oft weichen die Wahrscheinlichkeiten, die der Entscheidungsträger seiner Kalkulation zugrunde legt, von den objektiven Wahrscheinlichkeiten ab.

3.3.4 Beschreibung des Ausmaßes der Risikoaversion

Bei Entscheidungen unter Risiko interessiert aber nicht nur, ob der Entscheidungsträger risikoneutral, risikofreudig oder risikoavers ist. Es wird sowieso als Normalfall risikoaverses Verhalten unterstellt. Nur bei geringfügigen Verlustmöglichkeiten, wie z. B. beim Lotto spielen, kann auch risikofreudiges Verhalten beobachtet werden. Vielmehr interessiert hier das Ausmaß der Risikoaversion.

Um die folgenden Überlegungen mit Beispielen zu erläutern, werden einige Nutzenfunktionen herangezogen, die besonders häufig in der Literatur zu finden sind, bzw. die bestimmte interessante Eigenschaften haben:

(a) $U(x) = x^{0,5}$ (*Standard*)

(b) $U(x) = \ln x$ (*Bernoulli*)

(c) $U(x) = ax - bx^2 + c \mid a,b,c > 0$ (*Borch*)

(d) $U(x) = -e^{-\beta x} \mid \beta > 0$ (*Arrow* und *Pratt*)

Die ersten und zweiten Ableitungen dieser Funktionen sind:

$U(x)$	$U'(x)$	$U''(x)$	ARA	RRA
$x^{0,5}$	$0,5\, x^{-0,5}$	$-0,25\, x^{-1,5}$	$0,5\, x^{-1}$	$0,5$
$\ln x$	x^{-1}	$-x^{-2}$	x^{-1}	1
$ax - bx^2 + c$	$a - 2bx$	$-2b$	$2b(a-2bx)^{-1}$	$2bx(a-2bx)^{-1}$
$-e^{-\beta x}$	$\beta e^{-\beta x}$	$-\beta^2 e^{-\beta x}$	β	βx

Abbildung 102: Absolute und Relative Risikoaversion bei verschiedenen Nutzenfunktionen

In der Matrix sind neben der ersten und zweiten Ableitung noch zwei Spalten angefügt in denen zwei Risikomaße aufgeführt sind, die sich bei der Interpretation des Ausmaßes der Risikoaversion bewährt haben, die Absolute Risikoaversion (ARA), welche auf Arrow und Pratt zurückzuführen ist, und die Relative Risikoaversion (RRA):

$$ARA = -\frac{U''(x)}{U'(x)}$$

$$RRA = -x\frac{U''(x)}{U'(x)} = x\,ARA$$

Die Begründung für diese Maße liegt darin, dass die bei einer linearen Transformation der Nutzenfunktion von z. B.

$U(x) = x^{0,5}$ in

$G(x) = a + bU(x) = a + b\,x^{0,5}$,

die wie oben beschrieben erlaubt ist und nichts an der Risikoaversion des Entscheiders ändert, die erste beiden Ableitungen $U'(x)$ bzw. $U''(x)$ und $G'(x)$ bzw. $G''(x)$ sich unterscheiden, die ARA und die RRA aber nicht. Die zweite Ableitung ist also als Maß für die Risikoaversion, d. h. die Krümmung der Kurve, nicht geeignet.

Eine Interpretation dieser Maße wird weiter unten geliefert. Wie die Nutzenfunktion für den einzelnen risikoaversen Entscheidungsträger verläuft, ist letztlich eine empirische Frage. Aber an dieser Stelle seien die noch zu begründenden Erkenntnisse festgehalten, dass eine gewisse Plausibilität besteht, dass die ARA mit x abnimmt ($ARA'(x) < 0$) und die RRA eher konstant ist ($RRA(x)' = 0$). Dies bedeutet, dass mit zunehmendem Vermögen x, die absolute Risikoaversion und damit die Bereitschaft, sich für bestimmte Risiken zu versichern abnimmt, und die relative Aufteilung des Portfeuilles eines Entscheiders in risikoreiche Anlagen (z. B. Aktien) und risikolose Anlagen (z. B. Staatsanleihen) konstant bleibt.

Damit wird deutlich, dass nicht nur die ersten beiden Ableitungen für die Beschreibung des Risikoverhaltens eine Rolle spielen, sondern auch die dritte und ggf. sogar vierte Ableitung. Sie werden bezeichnet als

U' = first-order risk aversion

U'' = second-order risk aversion

U''' = third-order or downside risk aversion

U'''' = fourth-order or outer risk aversion

Denn die dritte Ableitung wird auch in der Fachliteratur mit "prudence" und die vierte mit „temperance" bezeichnet.

ARA(x)	ARA'(x) < 0	Absoluter Betrag des riskanten Kapitals steigt bei steigendem Vermögen	Bei Versicherung steigt der Selbstbehalt bei versicherten Risiken, wenn das Vermögen steigt
	ARA'(x) = 0	Absoluter Betrag des riskanten Kapitals bleibt bei steigendem Vermögen gleich	Bei Versicherung steigt der Selbstbehalt bei versicherten Risiken, wenn das Vermögen steigt
	ARA'(x) > 0	Absoluter Betrag des riskanten Kapitals sinkt bei steigendem Vermögen	Bei Versicherung sinkt der Selbstbehalt bei versicherten Risiken, wenn das Vermögen steigt
RRA(x)	RRA'(x) < 0	Riskantes Kapital nimmt mit steigendem Vermögen proportional zu	Ausgaben für Versicherungen nehmen proportional zu, wenn das Vermögen steigt
	RRA'(x) = 0	Prozentuale Aufteilung zwischen riskanten und weiniger riskanten Anlagen bleibt gleich	Ausgaben für Versicherung bleiben relativ zum Vermögen gleich, wenn dieses steigt
	RRA'(x) > 0	Riskantes Kapital nimmt proportional ab	Ausgaben für Versicherungen nehmen proportional ab, wenn das Vermögen steigt

Abbildung 103: Auswirkung der absoluten und relativen Riskoaversion auf Versicherungsnachfrage

In der Tabelle ist die daraus resultierende Bedeutung der absoluten und relativen Risikoaversion bzw. der „prudence" für die Aufteilung eines bestimmten Vermögens auf riskantes und weniger riskantes Kapital dargestellt. Die Hinweise auf die Effekte für die Versicherungsnachfrage gelten nur unter ganz bestimmten Bedingungen, da sich ggf. mit steigendem Vermögen die gesamte optimale Portefeuille-Struktur verändert. Beispielsweise hat eine Person ein Vermögen von 3 Mio. Euro. Weiterhin gilt die Annahme, dass sie davon 1 Mio. Euro in riskante Aktien, 1 Mio. Euro in festverzinsliche sichere Staatsanleihen und 1 Mio. in ein gut versichertes Haus investiert hat. Verdoppelt sich nun das Vermögen der Person, dann bedeutet abnehmende ARA und konstante RRA Folgendes: Die Person wird absolut mehr in Aktien investieren, so dass die proportionale Aufteilung zwischen Staatsanleihen und Immobilien sowie Aktien gleich bleibt. Die relativen Ausgaben für Versicherung am Vermögen bleiben konstant, aber die Selbstbehalte nehmen ggf. bei allen versicherten Risiken zu.

Es ist plausibel, dass wohlhabendere Menschen Risiken eher selbst tragen, also bei bestimmten Risiken und gegebenen Preisen für Versicherungsschutz eher einen höheren Selbstbehalt wählen, aber ihre Ausgaben für Versicherungsschutz mit dem Vermögen proportional wächst, da auch die Zahl der eingegangenen Risiken wächst. Wie aus der nachfolgenden Tabelle hervorgeht, erfüllen nur einige der in der Literatur verwendeten Funktionen die skizzierten Plausibilitätsannahmen nicht.

$U(x)$	ARA	RRA
$x^{0,5}$	abnehmend	konstant
$\ln x$	abnehmend	konstant
$ax - bx^2 + c$	zunehmend	zunehmend
$-e^{-\beta x}$	konstant	zunehmend

Abbildung 104: Veränderung der absoluten und relativen Risikoaversion mit steigendem Vermögen

Um das Ausmaß der Risikoaversion zu beschreiben, hat sich das oben schon eingeführte Konstrukt des Sicherheitsäquivalent $SÄ$ bewährt. Das Sicherheitsargument ist der sichere Betrag, dem der Entscheider den gleichen Nutzen zuordnet, wie einer risikobehafteten Alternative.

Hat der Entscheider folgendes Risiko: Mit einer Wahrscheinlichkeit von $p = p_1$ sei sein Vermögen am Ende des Jahres x_1, mit einer Wahrscheinlichkeit $p_2 = 1 - p$ liege es bei x_2. Für das $SÄ$ gilt dann

$U(SÄ) = p\, U(x_1) + (1 - p)\, U(x_2) = E(U(x))$ oder

$SÄ = U^{-1}(p\, U(x_1) + (1 - p)\, U(x_2)) = U^{-1}(E(U(x)))$

$U^{-1}(x)$ ist die Umkehrfunktion von $U(x)$.

Die Differenz zwischen dem $SÄ$ und dem Erwartungswert $E(x)$ ist der Betrag, den der Entscheider maximal bereit ist auszugeben, um von der unsicheren Situation in eine sichere Situation zu gelangen. Diese Differenz wird auch als Risikoprämie RP bezeichnet:

$RP = E(x) - SÄ(x)$.

Ist beispielsweise die Nutzenfunktion $U(x) = \ln x$ und ist das Vermögen entweder 0,1 Euro mit einer Wahrscheinlichkeit von 0,5, und 20 Euro mit einer Wahrscheinlichkeit von 0,5 (beide Auszahlungen sind gleich wahrscheinlich), so ist der Erwartungswert

$E(x) = 0,5 \cdot 0,1 + 0,5 \cdot 20 = 10,05$

Der Erwartungsnutzen ist

$E(U(x)) \approx 0,5 \cdot (-2,30259) + 0,5 \cdot 2,99573 = 0,34657$

Das Sicherheitsäquivalent $SÄ$ ist

$SÄ = E(U(x))$

oder

$0,34657 \approx 0,5 \cdot (-2,30259) + 0,5 \cdot 2,99573$

oder

$ln 1,41421 \approx 0,5 ln 0,1 + 0,5 ln 20$

oder

$SÄ = e^{0,5 \cdot (-2,30259) + 0,5 \cdot 2,99573} \approx 1,41421$

Somit ergibt sich für die RP:

$RP = E(x) - SÄ \approx 10,05 - 1,41421 \approx 8,6358$

Der Entscheider wäre also bereit, maximal *8,63 Euro* vom Erwartungswert zu opfern, um aus der unsicheren Situation mit einem Erwartungswert von *10,05* in eine sichere Situation mit einem Erwartungswert von *1,4142* zu gelangen. Das entspricht einem Versicherungsvertrag, bei dem er eine Prämie von

$20 - 1,4142 \approx 18,59$

bezahlt und im Schadenfall den Schaden von

$20 - 0,1 = 19,9$

ersetzt bekommt. Gedanklich kann somit die Versicherungsprämie unterteilt werden in die Nettoprämie, die gleich ist der erwarteten Schadenzahlung

$NP = 0,5 \cdot 19,9 = 9,95$

und dem Zuschlag Z, den die Versicherung zusätzlich zur Abdeckung ihrer Kosten und Gewinne erhebt und der maximal $Z = 8,63$ betragen darf. Bei höheren Beträgen wird der Entscheider die Vollversicherung nicht kaufen.

Um die Zusammenhänge noch zu verdeutlichen, sei ein Beispiel durchgerechnet: Ein Individuum habe die Nutzenfunktion $U(x) = x^{0,5}$. Das Vermögen sei entweder $x_1 = 1$ oder $x_2 = 16$, wobei beide Beträge gleich wahrscheinlich sind ($p_1 = p_2 = 0,5$). Der Erwartungswert ist

$E(x) = 0,5 \cdot 1 + 0,5 \cdot 16 = 8,5$

Der Erwartungsnutzen ist

$E(U(x)) = 0{,}5 \cdot 1 + 0{,}5 \cdot 4 = 2{,}5$

Das Sicherheitsäquivalent ist

$SÄ = 2{,}5^2 = 6{,}25$ und somit die Risikoprämie

$RP = E(x) - SÄ = 2{,}25$.

Angenommen, das Individuum habe das gleiche Risiko, aber ein sicheres Grundvermögen von 99. Dann wäre das Endvermögen entweder 100 oder 115. Die Werte würden sich wie folgt ändern: $E(x) \approx 107{,}5$; $E(U(x)) \approx 10{,}36$; $SÄ \approx 107{,}33$; $RP \approx 0{,}17$. Es wird deutlich, dass bei dieser Nutzenfunktion die Bereitschaft stark sinkt, eine Risikoprämie zu bezahlen, um das Risiko zu eliminieren. Die Nachfrage nach Versicherungsschutz wird bei steigendem Vermögen somit sinken.

Abschließend werden die gebräuchlichen Nutzenfunktionstypen bezüglich ihrer Implikationen jenseits der ARA und RRA näher betrachtet. Der Grund dafür, dass spezifische Geldnutzenfunktionen $U(x)$ verwendet werden liegt darin, dass in Modellanalysen konkrete Berechnungen durchgeführt werden sollen, da die allgemeinen Formulierungen nicht zu konkreten Handlungsanweisungen und schwer interpretierbaren Ergebnissen führen. Vier bekannte Funktionstypen sind aufgelistet:

(a) Die Wurzelfunktion ist ein spezieller Fall der Funktion $U(x) = x^a$, der für Werte $0 < a < 1$ die gewünschten und plausiblen Eigenschaften aufweist, nämlich einen konkaven Verlauf, was Risikoaversion impliziert, abnehmende ARA und konstante RRA. In der Modellierung wird der Funktionstyp dennoch nicht so häufig verwendet, da vielfach Aussagen bezüglich der Frage getroffen werden sollen, wie sich Menschen mit unterschiedlicher ARA verhalten. Bei diesem Funktionstyp ändert sich aber die ARA über den Verlauf.

(b) Die logarithmische Funktion wurde bereits von *Bernoulli* vorgeschlagen. Die Funktion ist einfach, hat aber den Nachteil, dass diese für negative Werte von x nicht definiert ist.

(c) Die quadratische Nutzenfunktion geht auf den bekannten Mathematiker *Karl Borch* zurück und hat den Vorteil, dass die Funktion mit dem Mittelwert-Varianz-Ansatz kompatibel ist. Allerdings hat sie bei $x = a / 2b$ ihr Maximum und macht für größere Werte keinen Sinn.

(d) Die e-Funktion impliziert eine konstante absolute Risikoaversion im Sinne von *Arrow* und *Pratt*, was speziell bei Untersuchungen über den Einfluss der Risikoaversion einen Vorteil darstellt.

Um die Aussage (c) zu beweisen, können folgende Rechenschritte vorgenommen werden:

Die Varianz ist wie folgt definiert:

$$\begin{aligned} V(x) &= \int (E(x)-x)^2 \cdot f(x)\,dx \\ &= \int ((E(x))^2 - 2 \cdot E(x) \cdot x + x^2) \cdot f(x)\,dx \\ &= (E(x))^2 - 2 \cdot (E(x))^2 + \int x^2 \cdot f(x)\,dx \\ &= (E(x))^2 + \int x^2 \cdot f(x)\,dx \end{aligned}$$

Daraus folgt:

$$V(x) + (E(x))^2 = \int x^2 \cdot f(x)\,dx$$

Die Nutzenfunktion

$$U(x) = ax - bx^2 + c$$

führt zu folgender Erwartungsnutzenfunktion:

$$\begin{aligned} E(U(x)) &= \int (ax - bx^2 + c) \cdot f(x)\,dx \\ &= \int ax \cdot f(x)\,dx - \int bx^2 \cdot f(x)\,dx + c \\ &= a \cdot \int x \cdot f(x)\,dx - b \cdot \int x^2 \cdot f(x)\,dx + c \end{aligned}$$

Aus der obigen Ableitung wissen wir, dass gilt:

$$V(x) + (E(x))^2 = \int x^2 \cdot f(x)\,dx$$

Nach Einsetzung dieser Erwartungsnutzenfunktion ergibt sich:

$$E(U(x)) = a \cdot \int x \cdot f(x)\,dx - b \cdot (V(x) + (E(x))^2) + c$$

Dafür kann auch geschrieben werden:

$$E(U(x)) = a \cdot E(x) - b \cdot (E(x))^2 - b \cdot V(x) + c$$

Der Erwartungsnutzen steigt, wenn $E(x)$ (Bedingung: $E(x) < a/2b$) zunimmt und $V(x)$ abnimmt. Genau dies ist die Annahme von *Markowitz*. Sein Entscheidungskriterium und das Erwartungsnutzenkriterium sind bei einer quadratischen Nutzenfunktion somit äquivalent.

Damit wäre die Aussage (b) bewiesen.

Die Aussage (d) ist leicht wie folgt bestätigt:

Bei der Funktion

$$U(x) = -e^{-\beta x}$$

gilt:

$$U'(x) = +\beta \cdot e^{-\beta x}$$
$$U''(x) = -\beta^2 \cdot e^{-\beta x}$$

Demnach ist:

$$\frac{U''}{U'} = -\beta$$

β ist somit die absolute Risikoaversion in der Definition von *Arrow* und *Pratt*.

Zusammenfassend ist Folgendes festzuhalten: Die Nutzenfunktion eines risikoaversen Entscheidungsträgers weist einen konkaven Verlauf auf. Die Krümmung der Funktion wird unter anderem mit der absoluten und relativen Risikoaversion gemessen. Je stärker die Kurve gekrümmt ist, umso höher ist die (Zahlungs-)Bereitschaft für risikomindernde Maßnahmen, wie Versicherung. In neuester Zeit konzentrieren sich Risikotheoretiker immer mehr auf die Diskussion der dritten Ableitung $U'''(x)$ und vierten Ableitung $U''''(x)$ der Nutzenfunktion. Dabei wird dann der Quotient $-U'''(x)/U''(x)$ als der Grad der „absolute prudence" bezeichnet. Diese Forschung ist bezüglich der Versicherungsnachfrage vor allem von *Louis Eeckhoudt* und *Harris Schlesinger* vorangetrieben worden.

4 Entscheidung bei Ungewissheit

4.1 Ungewissheitsdefinition

Bei einer Ungewissheitssituation sind die Wahrscheinlichkeiten für das Eintreten der betrachteten Umweltzustände unbekannt und können auch nicht aufgrund bestimmter Erfahrungen deduziert werden. Ein Beispiel aus der Versicherungswirtschaft könnte die Versicherung eines neu entwickelten Flugzeugs darstellen, über dessen Schadenhäufigkeit noch keinerlei Erfahrungswerte vorliegen. Oft ist es möglich, den Informationsstand des Entscheiders zu verbessern, so dass die Ungewissheitssituation in eine Risikosituation umgewandelt werden kann. Dabei muss allerdings beachtet werden, dass die Beschaffung von Informationen mit (monetär bewertbarem) Aufwand verbunden ist.

In der betriebswirtschaftlichen Praxis stellen sich laufend Entscheidungsprobleme unter Ungewissheiten, bei denen trotz der Ungewissheitssituation Entscheidungen getroffen werden müssen. Deshalb kann die Entscheidungstheorie derartige Entscheidungsprobleme nicht ausklammern. Dabei werden in der Regel nur endlich viele Handlungsalternativen, im Folgenden als Aktionen bezeichnet, und endlich viele Umweltzustände (bzw. Aktionen der Umwelt) berücksichtigt. Wie auch bei den Entscheidungssituationen unter Risiko oder Sicherheit stellt sich die Frage, wie die einzelnen Aktionen miteinander verglichen werden können, um die für die jeweilige Entscheidungssituation beste Aktion auswählen zu können. Eine direkte Vergleichbarkeit ist, wie das nachfolgende Beispiel zeigt, oft nicht gegeben:

Zustand z_j Aktion a_i	z_1	z_2	z_3
a_1	14	6	10
a_2	4	16	18
a_3	8	20	4

Abbildung 105: Entscheidungsmatrix (Nutzenmatrix) bei Ungewissheit

Je nachdem, welcher Umweltzustand z_j wirklich realisiert wird, stellt sich eine andere Aktion a_i als optimal heraus. Ausgewählt werden soll diejenige Aktion, die den höchsten Nutzenwert u_{ij} hat. Wenn Zustand z_1 eintritt, ist Aktion a_1 optimal (a_1 bietet mit 14 den höchsten Nutzenwert, a_3 nur 8 und a_2 sogar nur 4). Wenn der Zustand z_2 eintritt, wäre a_3 die optimale Aktion, bei z_3 entsprechend a_2. Da über den wahren bzw. zukünftigen Zustand der Umwelt keine Informationen bekannt sind, lassen sich die drei Aktionen a_1, a_2, a_3 ohne eine geeignete Entscheidungsregel zunächst nicht vergleichen, d. h. es kann keine Entscheidung getroffen werden, welches die optimale Aktion ist.

Im Allgemeinen ist Folgendes festzuhalten:

Die Aktionen a_m und a_n werden als *unmittelbar vergleichbar* bezeichnet, wenn die eine Aktion bei jedem Umweltzustand ($j = 1,...,n$) *mindestens so gut* ist wie die andere Aktion ($u_{mj} \geq u_{nj}$ bzw. $u_{nj} \geq u_{mj}$). Ist a_m mindestens so gut wie a_n, bei mindestens einem Umweltzustand aber *besser als* a_n, dann *dominiert* a_m die Aktion a_n. Eine Aktion, die nicht von einer anderen Aktion dominiert wird, wird als *effizient* (bzw. undominiert) bezeichnet. Als *gleichmäßig beste Aktion* gilt eine Aktion, die mindestens so gut ist wie jede andere Aktion. Die drei Aktionen a_1, a_2, a_3 aus obiger Entscheidungsmatrix können als effizient bezeichnet werden. Es existiert jedoch keine gleichmäßig beste Aktion.

Eine gleichmäßig beste Aktion erzielt bei jedem Umweltzustand den höchsten Nutzen und stellt deshalb die optimale Entscheidung dar. In der Realität existiert jedoch selten eine gleichmäßig beste Aktion, daher führt die Suche einer gleichmäßig besten Aktion häufig nicht zum Ziel. Damit die Mehrzahl von Ungewissheitsentscheidungen nicht als unlösbar deklariert werden müssen, wurden weitergehende Lösungskonzepte, d. h. Entscheidungsregeln, entwickelt. Formal wird dadurch das Entscheidungsproblem unter Ungewissheit auf ein Optimierungsproblem unter Sicherheit zurückgeführt. Die Wahl der Entscheidungsregel ist jedoch durch eine gewisse Willkür gekennzeichnet. Im Folgenden werden einige Entscheidungsregeln für Ungewissheitssituationen dargestellt.

4.2 Entscheidungsregeln für Ungewissheitssituationen

4.2.1 MaxiMin-Regel (Wald-Regel)

Ausgangsbasis für die folgenden Ausführungen ist die Nutzenmatrix aus Abschnitt 4.1. Der Nutzen u_{ij} ergibt sich aus der Aktion a_i und dem Umweltzustand z_j. Das Gütemaß $\Phi(a_i)$ ordnet der Aktion a_i eine reelle Zahl zu, die als Entscheidungskriterium anzusehen ist.

Das Gütemaß $\Phi(a_i)$ lautet bei der MaxiMin-Regel:

$\Phi(a_i) = \min u_{ij}$

Zunächst werden also für jede Aktion a_i die Nutzenwerte der j Umweltzustände verglichen und das Minimum ausgewählt. Für unser Beispiel ergibt sich: $\Phi(a_1) = 6$, $\Phi(a_2) = 4$, $\Phi(a_3) = 4$. Von diesen minimalen Nutzenwerten der drei Aktionen wird der größte Nutzenwert, d. h. das Maximum, ausgewählt:

$\Phi(a_k) = \max \min u_{ij}$

Nach der MaxiMin-Regel wird die Aktion a_1 ausgewählt, da $\Phi(a_1) = 6$ den größten Φ-Wert der drei Aktionen darstellt.

Die MaxiMin-Entscheidungsregel orientiert sich an der ungünstigsten Ergebnisausprägung einer Aktion. Stehen mehrere Aktionen zur Auswahl, so wird diejenige Aktion gewählt, bei der das ungünstigste Ergebnis vergleichsweise am besten ausfällt. Bei Aktionen, die durch Schäden oder Verlust (statt Vorteil oder Nutzen) bewertet werden, dreht sich die Argumentationskette entsprechend um, dann als MiniMax-Regel bezeichnet.

Die MaxiMin-Regel wird in der Literatur stark kritisiert, da sie einen extremen Pessimismus voraussetzt. Folgendes Beispiel soll die Kritik verdeutlichen:

Zustand z_j / Aktion a_i	z_1	z_2	z_3
a_1	0,9999	1000	1000
a_2	1	1	1

Abbildung 106: MaxiMin-Regel

Mit $\Phi(a_1) = 0{,}9999$ und $\Phi(a_2) = 1$ wäre nach der MaxiMin-Regel die Aktion a_2 die optimale Aktion. Und dies, obwohl die Werte 0,9999 und 1 nahezu identisch sind, die Aktion a_1 jedoch bei Realisation der Umweltzustände z_2 und z_3 einen 1000-fachen Nutzenwert erzielt.

Diese Entscheidungsregel wird vorwiegend in der Spieltheorie angewendet, wo sie auch ihre Berechtigung hat, denn die Umweltzustände ergeben sich dabei aus den Handlungsalternativen eines rational handelnden Gegenspielers. Dort lässt sich eine derartig pessimistische Entscheidungsregel rechtfertigen.

4.2.2 MaxiMax-Regel

Das Gütemaß $\Phi(a_i)$ lautet bei der MaxiMax-Regel:

$$\Phi(a_i) = \max u_{ij}$$

Beim Vergleich der Aktionen a_i der j Umweltzustände wird bei der MaxiMax-Regel das Maximum der Nutzenwerte gewählt. Für unser Beispiel (siehe Abschnitt 4.1.) ergibt sich: $\Phi(a_1) = 14$, $\Phi(a_2) = 18$, $\Phi(a_3) = 20$. Von diesen maximalen Nutzenwerten der drei Aktionen wird der größte Nutzenwert, d. h. das Maximum (also a_3, mit $\Phi(a_3) = 20$) ausgewählt:

$$\Phi(a_k) = \max \max u_{ij}$$

Die MaxiMax-Regel geht statt von einem *pathologischen Pessimismus* von einem *unverbesserlichen Optimismus* aus. Es ergibt sich eine Orientierung an der jeweils günstigsten Konsequenz (bei Verwendung einer Schadenmatrix: MiniMin-Regel, vgl. Abschnitt 3.2.1.).

4.2.3 Hurwicz-Regel

Die Hurwicz-Regel stellt einen Kompromiss zwischen den beiden vorherigen Regeln dar. Das Gütemaß $\Phi(a_i)$ berechnet sich sowohl aus dem maximalen Nutzenwert als auch aus dem minimalen Nutzenwert der Aktion a_i. Die Hurwicz-Regel ist definiert als:

$$\Phi(a_i) = \tau \cdot \max_j u_{ij} + (1 - \tau) \cdot \min_j u_{ij}$$

Der Parameter τ wird vom Entscheidungsträger festgelegt und muss zwischen 0 und 1 liegen. Je größer τ ist, desto stärker ist der Einfluss der günstigsten Handlungskonsequenz, d. h. des maximalen Nutzenwertes einer Aktion, auf den Wert des Gütemaßes $\Phi(a_i)$ und damit auf die Entscheidung für die Aktion a_k:

$$\Phi(a_k) = \max_i \left(\tau \cdot \max_j u_{ij} + (1 - \tau) \cdot \min_j u_{ij} \right)$$

Der Parameter τ wird deshalb auch als „Optimismusparameter" bezeichnet. Für $\tau = 1$ entspricht die Hurwicz-Regel der MaxiMax-Regel (optimistische Einstellung), für $\tau = 0$ der MaxiMin-Regel (pessimistische Einstellung). Für jeden Wert von τ zwischen 0 und 1 wird eine neue Entscheidungsregel erzeugt.

Sei $\tau = 0{,}8$. Daraus ergibt sich $\Phi(a_1) = 0{,}8 \cdot 14 + (1 - 0{,}8) \cdot 6 = 12{,}4$ (siehe Abschnitt 4.1.). Für a_2 ergibt sich $\Phi(a_2) = 15{,}2$ und für a_3 entsprechend $\Phi(a_3) = 16{,}8$. Die optimale Aktion a_k wird aus dem Maximum der $\Phi(a_i)$-Werte bestimmt. Bei Verwendung der Hurwicz-Regel wird (bei $\tau = 0{,}8$) die Aktion a_3 ausgewählt.

Die Hurwicz-Regel basiert trotz des frei wählbaren Gewichts nur auf den beiden extremen Ergebnisausprägungen (minimaler und maximaler Nutzen einer Aktion). Bei folgender Ungewissheitssituation sind a_1 und a_2 nach dieser Entscheidungsregel (bei jedem τ) gleichwertig:

Zustand z_j / Aktion a_i	z_1	z_2	z_3	z_4	z_5	...	z_{1000}
a_1	1	0	0	0	0	...	0
a_2	0	1	1	1	1	...	1

Abbildung 107: Hurwicz-Regel

Intuitiv würde hier ein Widerspruch erfolgen. Das Ergebnis einer Befragung mehrerer Entscheidungsträger wäre, dass die Meisten die Aktion a_2 vorziehen würden. Das liegt daran, dass der Entscheider versucht, die Ungewissheitssituation in eine Risikosituation umzuwandeln, indem z. B. für jeden möglichen Umweltzustand z_j die gleiche Eintrittswahrscheinlichkeit angenommen wird. Dieser Ansatz wird in der Laplace-Regel verfolgt.

4.2.4 Laplace-Regel

Die Laplace-Regel, die auch *Prinzip vom unzureichenden Grund* genannt wird, besagt, dass bei unbekannten Eintrittswahrscheinlichkeiten angenommen wird, dass alle Umweltzustände gleich wahrscheinlich sind. Deshalb wird einfach die Summe der einzelnen Nutzenwerte der j Umweltzustände gebildet:

$$\Phi(a_i) = \sum_{j=1}^{n} u_{ij}$$

Bei Division dieser Summe durch n (mit n = Anzahl der j Umweltzustände), würde sich ein fiktiver Erwartungswert ergeben.

Für jede Aktion a_i werden die Nutzenwerte der j Umweltzustände aufsummiert. Für unser Beispiel ergibt sich: $\Phi(a_1) = 30$, $\Phi(a_2) = 38$, $\Phi(a_3) = 32$ (siehe Abschnitt 4.1.). Die optimale Aktion ergibt sich wieder aus der größten Nutzensumme:

$$\Phi(a_k) = \max_i \sum_{j=1}^{n} u_{ij}$$

Die optimale Aktion ist a_2, da $\Phi(a_2) = 38$ die maximale Nutzensumme darstellt.

Ein Nachteil der Laplace-Regel ist, dass durch das Einfügen einer identischen Spalte in die Entscheidungsmatrix, z. B. die doppelte Erfassung eines Umweltzustands, möglicherweise eine andere Aktion als optimal bestimmt wird:

Entscheidungsmatrix 1:

Zustand z_j / Aktion a_i	z_1	z_2
a_1	3	1
a_2	-1	4

aber

Entscheidungsmatrix 2:

Zustand z_j / Aktion a_i	z_1	z_2	z_3
a_1	3	1	1
a_2	-1	4	4

Abbildung 108: Laplace-Regel

Bei der Entscheidungsmatrix 1 wird a_1 gewählt: $\Phi(a_1) = 4 > \Phi(a_2) = 3$. Der neue Zustand z_3 in der Entscheidungsmatrix 2 wird mit der gleichen Eintrittswahrscheinlichkeit wie z_1 und z_2 gewichtet. Die optimale Aktion ist jetzt a_2 : $\Phi(a_1) = 5 < \Phi(a_2) = 7$.

4.2.5 Savage-Niehans-Regel

Bei der Savage-Niehans-Regel, auch *Prinzip des kleinsten Bedauerns* oder MiniMax-Regret-Prinzip genannt, wird aus der Entscheidungsmatrix U mit den Elementen die Opportunitätskostenmatrix S mit den Elementen berechnet:

$$s_{ij} = \max_k u_{kj} - u_{ij}$$

Für jeden Umweltzustand z_j wird zunächst der maximale Nutzenwert ($\max_k u_{kj}$) bestimmt. Der höchste Nutzenwert des Zustands z_1 beträgt z. B. 14 (siehe Abschnitt 4.1.). Von diesem maximalen Nutzenwert des Zustands z_j wird der Nutzenwert der jeweiligen Aktion a_i subtrahiert. s_{ij} ist demzufolge ein Maß für den Nutzenentgang, von dem der Entscheidungsträger betroffen ist, wenn der Umweltzustand z_j eintritt und statt der optimalen Aktion a_k die Aktion a_i gewählt hat. Je größer s_{ij} ist, desto größer ist der Verlust an Nutzen, und damit auch das Bedauern (regret):

$U=$

z_j / a_i	z_1	z_2	z_3
a_1	14	6	10
a_2	4	16	18
a_3	8	20	4

$\rightarrow S=$

z_j / a_i	z_1	z_2	z_3	$\Phi(a_i)$
a_1	0	14	8	14
a_2	10	4	0	10
a_3	6	0	14	14

Abbildung 109: Savage-Niehans-Regel

Auf die Opportunitätskostenmatrix wird anschließend die MiniMax-Regel angewendet. Für jede Aktion a_i kann wie folgt ein Gütemaß berechnet werden:

$$\Phi(a_i) = \max_j s_{ij}$$

Die Gütemaße für die drei Aktionen lauten: $\Phi(a_1) = 14$, $\Phi(a_2) = 10$ und $\Phi(a_1) = 14$. Der Nutzenentgang (das maximale Bedauern) sollte möglichst klein sein. Deshalb werden Aktionen mit kleinem $\Phi(a_i)$-Wert bevorzugt. Die optimale Aktion a_k ergibt sich deshalb aus:

$$\Phi(a_k) = \min_i \max_j s_{ij}$$

In diesem Beispiel wird deshalb Aktion a_2 gewählt.

Zu kritisieren ist an dieser Entscheidungsregel, dass ein Entscheidungsproblem, wie es im Beispiel zur Hurwicz-Regel angegeben wurde, auch durch die Savage-Niehans-Regel nicht gelöst werden kann.

4.2.6 Krelle-Regel

Alle bisherigen Regeln orientierten sich entweder nur an speziell ausgewählten Handlungskonsequenzen (günstigste, ungünstigste) oder bewerteten zwar alle Konsequenzen, gewichteten diese aber nach einem unflexiblen Schema (Laplace-Regel). Von Krelle wurde eine völlig andere Entscheidungsregel vorgeschlagen. Die Nutzenwerte u_{ij} der möglichen Umweltzustände z_j und Aktionen a_i werden mit der (vom Entscheider abhängigen) Ungewissheitspräferenzfunktion ω transformiert und anschließend addiert:

$$\Phi(a_i) = \sum_{j=1}^{n} \omega(u_{ij})$$ (Evtl. noch Division durch n, vgl. Abschnitt 4.2.4.)

Auf die empirische Ermittlung der Ungewissheitspräferenzkurve soll hier nicht eingegangen werden. Ihr Verlauf wird in der folgenden Abbildung dargestellt (die Analogie mit dem später noch zu erläuternden Bernoulli-Prinzip ist deutlich erkennbar):

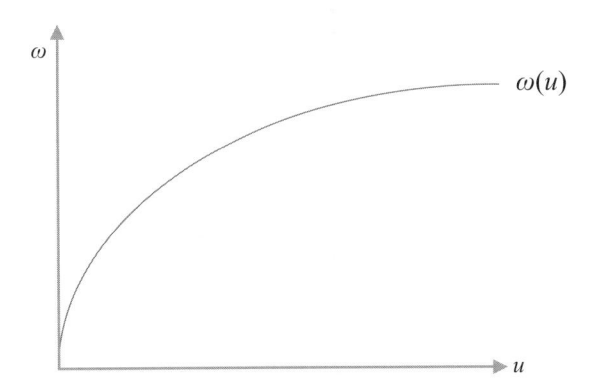

Abbildung 110: Ungewissheitspräferenzkurve

Zustand z_j / Aktion a_i	z_1	z_2	z_3	z_4	z_5	z_6
a_1	5	3	5	3	3	3
a_2	7	1	2	7	7	1

Abbildung 111: Krelle-Regel

Für beliebige Ungewissheitspräferenzfunktion errechnet sich:

$\Phi(a_1) = 4 \cdot \omega(3) + 2 \cdot \omega(5)$ und $\Phi(a_2) = 2 \cdot \omega(1) + \omega(2) + 3 \cdot \omega(7)$

bzw. als Erwartungswert formuliert:

$\Phi(a_1) = \dfrac{1}{6} \cdot [4 \cdot \omega(3) + 2 \cdot \omega(5)]$ und $\Phi(a_1) = \dfrac{1}{6} \cdot [2 \cdot \omega(1) + \omega(2) + 3 \cdot \omega(7)]$

Sei die Ungewissheitspräferenzfunktion eines Individuums:

$$\Phi(u) = \dfrac{1}{100} \cdot u^2 + 3 \cdot u$$

Für das Beispiel (siehe Abschnitt 4.1.) ergibt sich:

$\Phi(a_1) = \omega(14) + \omega(6) + \omega(10) = 40{,}04 + 17{,}64 + 29{,}00 = 86{,}68$

$\Phi(a_2) = \omega(4) + \omega(16) + \omega(18) = 11{,}84 + 45{,}44 + 50{,}76 = 108{,}04$

$\Phi(a_3) = \omega(8) + \omega(20) + \omega(4) = 23{,}36 + 56{,}00 + 11{,}84 = 91{,}20$

Die optimale Aktion ist a_2 und ergibt sich aus:

$\Phi(a_k) = \max\limits_{i} \ \Phi(a_i) = 108{,}04$

Aus theoretischer Sicht betrachtet ist die Krelle-Regel die beste Entscheidungsregel. Sie berücksichtigt nicht nur jeden Nutzenwert. Über die Ungewissheitspräferenzfunktion wird auch dem individuellen Verhalten des Entscheidungsträgers Rechnung getragen. Dadurch weist die Krelle-Regel eine sehr hohe Flexibilität auf. Ein Nachteil ist jedoch, dass sowohl der Nutzen kardinal gemessen (dies ist bei den meisten Entscheidungsregeln allerdings ebenfalls der Fall) als auch eine kardinal messbare Ungewissheitspräferenzfunktion bestimmt werden muss.

4.3 Forderungen an Entscheidungsregeln bei Ungewissheit

Aufgrund der Kritik an den einzelnen Ansätzen kann ein Forderungskatalog für Entscheidungsregeln bei Ungewissheit aufgestellt werden.

Forderung 1: Die Aktionen können in eine vollständige und transitive Rangordnung gebracht werden.

Forderung 2: Die Nummerierung der Aktionen bzw. Zustände hat keinen Einfluss auf die Rangordnung der Aktionen.

Forderung 3: Wird die Aktion a_n von der Aktion a_m strikt, d. h. für alle Zustände, dominiert, ist die Aktion a_m zu wählen.

Forderung 4: Das Hinzufügen einer neuen Aktion darf die Rangordnung zwischen den bisher betrachteten Aktionen nicht verändern.

Forderung 5: Wird in einer beliebigen Spalte der Entscheidungsmatrix dieselbe Konstante (z. B. eine von der Aktion unabhängige Kostenkomponente) addiert, darf sich die Rangordnung zwischen den Aktionen nicht verändern.

Forderung 6: Durch die Verdoppelung einer Spalte (d. h. es existieren zwei identische Spalten) darf sich die Rangordnung zwischen den Aktionen nicht verändern.

Forderung 4 ist mit der Savage-Niehans-Regel unvereinbar, da für die Ermittlung der Opportunitätskosten (des hypothetischen Nutzenentgangs) alle Aktionen berücksichtigt werden müssen. Folgendes Beispiel macht dies deutlich.

$U =$

a_i \ z_j	z_1	z_2	z_3	z_4
a_1	8	2	3	5
a_2	5	7	3	10

$\rightarrow S =$

a_i \ z_j	z_1	z_2	z_3	z_4	
a_1	0	14	8	8	5
a_2	10	4	0	0	3*

$U =$

a_i \ z_j	z_1	z_2	z_3	z_4
a_1	8	2	3	5
a_2	5	7	3	10
a_3	11	2	1	2

$\rightarrow S =$

a_i \ z_j	z_1	z_2	z_3	z_4	
a_1	3	5	0	5	5*
a_2	6	0	0	0	6
a_3	0	5	2	8	8

Abbildung 112: Beispiel zur Forderung 4

Durch das Hinzufügen der Aktion a_3 wird nun die Aktion a_1 gewählt, wohingegen vorher die Aktion a_2 gewählt wurde.

Die MaxiMin-Regel, die Hurwicz-Regel und die Laplace-Regel sind mit den Forderungen 5 und 6 nicht vereinbar.

Es gibt keine Entscheidungsregel, die gleichzeitig die Forderungen 1 bis 6 erfüllt. Aber die Laplace-Regel erfüllt als einzige Entscheidungsregel immerhin die Forderungen 1 bis 5.

4.4 Omelettenproblem

Im Folgenden soll ein Beispiel eines Ungewissheitsproblems behandelt werden, das weite Verbreitung in der Literatur gefunden hat. Es handelt sich um das so genannte „Omelettenproblem" von *Savage* (1954):

Fünf Eier wurden geöffnet und in eine Schüssel gegeben. Neben der Schüssel liegt ein weiteres, ungeöffnetes Ei. Es ist nicht bekannt, ob das Ei frisch oder faul ist. Ist das Ei frisch, gibt es kein Problem, ist es jedoch faul, so würde es den Inhalt der Schüssel verderben. In der folgenden Tabelle sind die möglichen Aktionen (Handlungsstrategien), die unbekannten Umweltzustände (Ei ist gut / schlecht) sowie die Entscheidungsergebnisse dargestellt.

Zustand z_j Aktion a_i	z_1 Ei ist gut	z_2 Ei ist schlecht
a_1: 6. Ei in die Schüssel schlagen	x_{11} Omelette aus 6 Eiern	x_{12} Kein Omelette, 5 gute Eier zerstört
a_2: 6. Ei zuerst in Tasse schlagen	x_{21} Omelette aus 6 Eiern, Tasse abzuwaschen	x_{22} Omelette aus 5 Eiern, Tasse abzuwaschen
a_3: 6. Ei wegwerfen	x_{31} Omelette aus 5 Eiern, 1 gutes Ei zerstört	x_{32} Omelette aus 5 Eiern

Abbildung 113: Omelettenproblem I

Aus den Umweltzuständen und den möglichen Aktionen ergeben sich sechs Ergebnisse, die in der Ergebnismatrix dargestellt sind. Die Ergebnisse müssen vom Entscheider in eine Präferenzordnung gebracht werden. Zieht der Entscheider ein bestimmtes Ergebnis einem anderen vor, wird dies durch „>" kenntlich gemacht. Diese Präferenzordnung könnte folgendermaßen aussehen:

$x_{11} > x_{21} > x_{32} > x_{22} > x_{31} > x_{12}$

Über eine Nutzenfunktion $U(x)$ muss jedem Ergebnis x_{ij} ein Nutzenwert $U(x_{ij}) = u_{ij}$ zugeordnet werden, der das Ausmaß der Präferenz ausdrückt. Dabei hat es sich aus Praktikabilitätsgründen eingebürgert, die Nutzenwerte aus einem Bereich von 0 bis 100 zu wählen. Für die Schätzung der Nutzenwerte gibt es eine Reihe von Schätzverfahren, auf die im Folgenden nicht eingegangen wird. Die Entscheidungsmatrix könnte folgendermaßen aussehen:

Zustand z_j Aktion a_i	z_1: Ei gut p	z_2: Ei schlecht $1-p$
a_1: 6. Ei in die Schüssel brechen	$u_{11} = 100$	$u_{12} = 0$
a_2: 6. Ei zuerst in Tasse brechen	$u_{21} = 98$	$u_{22} = 79$
a_3: 6. Ei wegwerfen	$u_{31} = 65$	$u_{32} = 81$

Abbildung 114: Omelettenproblem II

Nach dem Bernoulli-Prinzip wäre nun diejenige Strategie optimal, bei welcher der Erwartungswert des Nutzens am größten ist. Um diesen zu berechnen, ist allerdings die Kenntnis der Wahrscheinlichkeiten p (Ei gut) und $1 - p$ (Ei schlecht) erforderlich, die aber bei einem Entscheidungsproblem unter Ungewissheit unbekannt sind. Es ist aber möglich, eine *Sensitivitätsanalyse* (Vergleich der Outputgrößen, d. h. der Nutzen aus den Aktionen a_i, die bei Variation einer Inputgröße – hier: Variation der Wahrscheinlichkeit p – entstehen) durchzuführen, durch die das Problem transparent gemacht werden kann. Es ergeben sich folgende Geradengleichungen:

$g_1 : y = 100 \cdot p + 0 \cdot (1 - p) = 100 \cdot p$

$g_2 : y = 98 \cdot p + 79 \cdot (1 - p) = 19 \cdot p + 79$

$g_3 : y = 65 \cdot p + 81 \cdot (1 - p) = -16 \cdot p + 81$

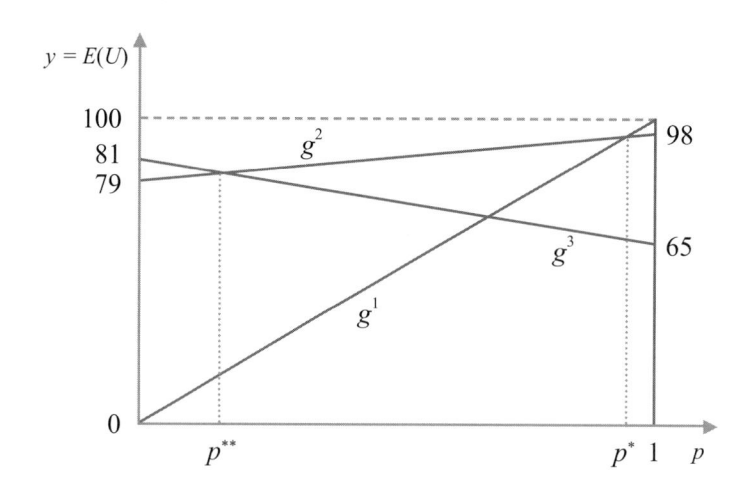

Abbildung 115: Graphische Darstellung des Omelettenproblems

Bei $p > p^*$ ist die Aktion a_1 optimal, bei $p^{**} < p < p^*$ die Aktion a_2 und bei $p < p^{**}$ die Aktion a_3.

Der Wert von p^* ergibt sich beispielsweise aus dem Schnittpunkt der Geraden g^1 und g^2 und lässt sich aus der Gleichsetzung der Geradengleichungen berechnen:

$100 \cdot p = 19 \cdot p + 79 \Rightarrow p \approx 0{,}97531$

Wird die Wahrscheinlichkeit, dass das sechste Ei gut ist, größer als 98 % eingeschätzt, so sollte Aktion a_1 gewählt werden. Allerdings muss nochmals betont werden, dass das Individuum bei Ungewissheitssituationen definitionsgemäß nicht in der Lage ist, irgendwelche Vermutungen über die Eintrittswahrscheinlichkeiten anzugeben, auch wenn das Problem durch die Sensitivitätsanalyse transparent gemacht wird.

Kapitel IV

Analyse der Versicherungsnachfrage und des Versicherungsangebots

1 Besonderheiten von Versicherungsmärkten

Ein Markt ist gekennzeichnet durch das Zusammenspiel von Nachfrage und Angebot. In diesem Kapitel erfolgt mit Hilfe der Entscheidungstheorie unter Unsicherheit eine theoretische Analyse des Schadenversicherungsmarktes.

Das Verhalten der Nachfrager und Anbieter wird durch gesetzliche Bestimmungen im Allgemeinen und spezifische Marktregulierung im Besonderen beeinflusst. Es gelten auch auf Versicherungsmärkten die allgemeinen Bedingungen für den Abschluss von Verträgen, wie sie im

- Bürgerlichen Gesetzbuch (BGB) und im
- Handelsgesetzbuch (HGB)

festgelegt sind. Darüber hinaus gibt es spezifische Marktregulierungen, wie sie in folgenden Gesetzen festgelegt sind:

- Versicherungsvertragsgesetz (VVG)
- Versicherungsaufsichtsgesetz (VAG)
- Pflichtversicherungsgesetz (PflVG) und
- Sozialgesetzbuch (SGB)

Als Argument für die staatliche Regulierung werden die Besonderheiten des Guts *Versicherungsschutz* angeführt. Diese Besonderheiten lassen vermuten, dass der Nachfrager auf dem Versicherungsmarkt eines besonderen Verbraucherschutzes bedarf. In der Praxis sind daher Märkte, auf denen Risiken gehandelt werden, im Allgemeinen (Banken, Kredit- und Wertpapiermärkte) und Versicherungsmärkte im Besonderen, stark reguliert. Regulierung bedeutet Handlungsbeschränkungen für Marktteilnehmer. In allen Industrieländern besteht eine spezielle Staatsaufsicht über das Versicherungswesen („Versicherungsaufsicht"). In Deutschland wird diese durch die Bundesanstalt für Finanzdienstleistungsaufsicht (BaFin), in Österreich durch die Finanzmarktaufsichtsbehörde (FMA), in der Schweiz durch die Eidgenössische Finanzmarktaufsicht (FNMA) und in Liechtenstein durch die FMA Finanzaufsicht Liechtenstein wahrgenommen. Auf der Ebene der Europäischen Union werden die Aufsichtsaktivitäten durch das Committee of European Insurance and Pension Supervisors (CEIOPS) koordiniert.

In der folgenden Tabelle sind die Besonderheiten des Guts Versicherung in einer Übersicht zusammengestellt.

	Besonderheit	Erklärung
1	Größenvorteile	Das Gesetz der großen Zahl bewirkt, dass mit Zunahme der Anzahl der Risiken die Kosten je Einzelrisiko sinken. „Economies of Scale" (Skaleneffekte) sind eine Bedingung für ein „natürliches Monopol" und für die Tendenz zur „ruinösen Konkurrenz". Konzentrationstendenzen sind die Folge.
2	Agentenproblematik	Die „Principal-Agent"-Problematik spielt immer dann eine besondere Rolle, wenn eine asymmetrische Informationsverteilung vorliegt. Dem Versicherungsunternehmen (Principal) fehlen detaillierte Informationen über das Verhalten der Mitarbeiter im Vertrieb bzw. ihrer Kunden (Agents). Deshalb können Qualitätsprobleme und unerwartet hohe Schäden auftreten.
3	Unsichere Input-Output-Beziehung	Die Produktionsfunktion in der Versicherungswirtschaft ist (im Vergleich zur Industrieproduktion) von besonderer Unsicherheit gekennzeichnet.
4	Verbundeffekte	„Economies of Scope" können bei Allfinanzangeboten entstehen, wenn z. B. die Vertriebskanäle von Banken genutzt werden, um Versicherungen zu verkaufen et vice versa. Kostendegression kann zu Konzentration führen.
6	Erklärungsbedürftigkeit	Versicherungsverträge sind oftmals erklärungsbedürftig, insbesondere die gedeckten Risiken und Ausschlussklauseln.
7	Abstraktes, bedingtes Leistungsversprechen	Bei Abschluss eines Versicherungsvertrags ist die Höhe der Prämienzahlung des Nachfragers an sein Versicherungsunternehmen sicher. Wann, wie und in welcher Höhe eine Gegenleistung erfolgt, ist demgegenüber ungewiss.
8	Vertriebsdominanz	Güter können produziert werden, bevor ein Verkauf erfolgt ist (es kann auch auf Lager produziert werden). Bei Dienstleistungen gilt das Uno-actu-Prinzip: Die Produktion erfolgt zeitgleich mit dem Verkauf.
9	Erfahrungsgut	Der Nachfrager kann die Qualität des Versicherungsschutzes erst im Nachhinein beurteilen. In Märkten mit „Experience Goods" orientieren sich Nachfrager vielfach an den Namen der Anbieter, die sie mit Qualität assoziieren (Goodwill). Dies verschafft etablierten Anbietern einen Wettbewerbsvorteil.

Abbildung 116: Charakteristika des Guts Versicherung

Die Konsequenzen der genannten Besonderheiten für den Markt sollen hier kurz abgeleitet werden:

Größenvorteile bedeuten sinkende Stückkosten, die so genannten *Economies of Scale* (Skaleneffekte). Sinkende Stückkosten, d. h. sinkende Grenz- und Durchschnittskosten bedingen eine sinkende Angebotskurve. Diese wiederum ist typisch für Märkte, auf denen es zu einer ruinösen Konkurrenz kommt. Dies wird auch als *natürliches Monopol bezeichnet.* Ruinöse Konkurrenz führt zu Konzentrationstendenzen, die letztlich Monopole oder Teilmonopole entstehen lassen. Monopolisten verknappen häufig die Angebotsmenge, um einen überhöhten Preis, einen Monopolpreis, durchzusetzen.

Die Agentenproblematik („Principal-Agent-Problem") gibt es in vielen Bereichen: Ein Arzt ist Agent für den Patienten, denn er wird vom Patienten mit dem Auftrag konsultiert, das bestmögliche medizinische Therapiekonzept für ihn zu entwickeln. Der Versicherer ist der Agent des Versicherungskunden, er verwaltet dessen Gelder, und der Versicherungskunde ist der Agent des Versicherers, denn ihm obliegt, Schäden möglichst zu vermeiden und dafür Sorge zu tragen, dass die Schadenwahrscheinlichkeiten und Schadenhöhen möglichst gering sind. Ein Problem tritt immer dann auf, wenn eine asymmetrische Informationsverteilung vorhanden ist. Wenn z. B. der Patient nicht beurteilen kann, wie stark sich der Arzt wirklich bemüht oder der Versicherer nicht weiß, in welchem Maße der Versicherungsnehmer Schadenvorsorge und Schadenverhütung betreibt. In der Versicherungstheorie wird diese asymmetrische Informationssituation und die daraus resultierende Gefahr mit *Moral Hazard* bezeichnet. Der Staat kann durch Regulierungen – wie z. B. einem entsprechenden Versicherungsvertragsgesetz, Informationspflichten oder Schadenverhütungsvorschriften – versuchen, Moral Hazard zu beschränken.

Übrigens ist die Folge von asymmetrischen Informationsverteilungen in der ökonomischen Theorie in vielfältiger Weise analysiert worden. *Harvey Leibenstein* wies darauf hin, dass in Unternehmen der Vorgesetzte (Principal) häufig keine genauen Informationen über die Arbeitsanstrengungen seiner Untergebenen (Agents) hat. Natürlich kann der Vorgesetzte an Indikatoren und Kennziffern ablesen, wie groß die Leistung seiner Abteilung und seines Unternehmens ist. Er kann jedoch nicht feststellen, ob jeder Mitarbeiter wirklich die Arbeitsleistung bringt, zu der er fähig ist. Die aus einer ungenügenden Arbeitsleistung resultierende Ineffizienz nannte *Leibenstein* „X-Inefficiency". Er stellte sogar die Behauptung auf, dass die X-Inefficiency häufig ein viel größeres Effizienzproblem sei, als die gewöhnliche Ineffizienz, die daraus resultiert, dass die Produktionsfaktoren nicht optimal miteinander kombiniert werden.

Gründe für fehlendes Engagement der Mitarbeiter sind in mangelnder Motivation und besonders in den vorherrschenden Entlohnungssystemen zu suchen. Erhält ein Mitarbeiter einen Zeitlohn (Stundenlohn, Monatsentgelt) anstatt einer vom Unternehmenserfolg und seiner eigenen Leistung abhängigen Entlohnung, so ist der Leistungsanreiz geringer. Aber auch nicht-monetäre Motivations- und Anreizfaktoren sollten nicht außer Acht gelassen werden, wie z. B. das Image des Unternehmens oder das Arbeitsklima.

Ein anderes Beispiel für asymmetrische Informationen ist das in jüngster Zeit viel diskutierte „Insider-Trading": Personen, die exklusive Informationen über eine Aktiengesellschaft haben, weil sie z. B. in deren Aufsichtsrat sitzen oder dieses Unternehmen beraten, haben einen Informationsvorsprung gegenüber anderen. Das Ausnutzen derartiger exklusiver Informationen, insbesondere durch Aktienkauf und -verkauf, wird Insider-Trading genannt und ist verboten.

Neben dem Moral-Hazard-Phänomen ist *Adverse Selection* als Folge asymmetrischer Informationen zu nennen. Gibt es gute und schlechte Risiken, d. h. Versicherungsnehmer mit einer niedrigen und einer hohen Schadenwahrscheinlichkeit oder Schadenhöhe, und ist der Versicherer nicht in der Lage, zwischen diesen Risiken zu unterscheiden, so kann durch Ansammlung schlechter Risiken eine Fehlallokation der Ressourcen und eine Unternehmensschieflage resultieren.

Zusammenfassend sei festgehalten, dass asymmetrische Informationsverteilungen häufig zu Marktverzerrungen führen, deren Folge eine suboptimale Allokation der Ressourcen ist. Der Staat kann versuchen, durch gesetzliche Regulierungen in diese Märkte korrigierend einzugreifen.

Unsichere Input-Output-Beziehungen und Verbundeffekte (Economies of Scope) sind besondere Charakteristika von Finanzdienstleistungsunternehmen. Das Jahresendergebnis eines Versicherungsunternehmens korreliert stark negativ mit seiner Schadenquote. Fallen in einem Jahr viele Schäden an, ist das Ergebnis des Versicherers schlechter, als wenn wenige Schäden anfallen. Versicherungsunternehmen könnten dazu verleitet werden, mit Dumpingpreisen an den Markt zu gehen, indem sie auf das Ausbleiben großer Schäden spekulieren. Der Versicherungsschutz des Kunden würde auf diese Weise gefährdet. Der Versicherungsnehmer muss entweder die Solvabilität der Versicherungsgesellschaften, mit denen er Verträge abschließt, genau prüfen oder auf staatliche Solvabilitätsvorschriften vertrauen.

Versicherungsverträge sind durch eine hohe Erklärungsbedürftigkeit gekennzeichnet. Diese ergibt sich zum einen aus der Problematik, dass eine Versicherungspolice nicht sämtliche Risiken deckt (im Sinne einer All-Risk-Police). Meist beschränkt sich der Vertrag auf ein einzelnes Risiko, welches durch Ausschlussklauseln noch weiter eingegrenzt wird (bei der Hausratversicherung werden z. B. häufig Glasbruch und Diebstahl von Fahrrädern von der Deckung ausgeschlossen). Zum anderen entsteht Erklärungsbedürftigkeit aus dem Umfang und der Komplexität der Vertragsbedingungen, die i. d. R. in einer juristischen Sprache formuliert sind.

Versicherungsschutz ist eine Dienstleistung, bei der die Höhe und die Zeitpunkte der Prämienzahlung im Voraus vereinbart werden, d. h. sie sind als sicher zu bezeichnen. Die Leistung des Versicherungsunternehmens ist jedoch abstrakt (Ersatz des entstandenen Schadens) und bedingt (geleistet wird nur, wenn bestimmte, im Vertrag formulierte Bedingungen erfüllt sind). Wann, in welcher Form (Reparatur, Geldleistung) und in welcher Höhe eine Versicherungsleistung erfolgen wird, ist zum Zeitpunkt des Vertragsabschlusses jedoch ungewiss.

Eng mit dem vorgenannten Punkt und der asymmetrischen Informationsverteilung hängt der Aspekt der Vertriebsdominanz zusammen. Auf vertriebsdominierten Märkten tummeln sich auch Verkaufsagenten und Vertriebsorganisationen, deren Beratungsqualität als niedrig einzustufen ist. Es mag im Sinne des Nachfragers sein, dass der Staat durch geeignete Maßnahmen (z. B. Vorschriften über Ausbildungserfordernisse) dafür sorgt, dass die Kundenberater bestimmten Mindestqualitätsanforderungen genügen. Beispielhaft sei hier die Europäische Vermittlerrichtlinie angeführt, die 2007 in Deutschland in Kraft trat und für alle Versicherungsvermittler gilt. Als Verbraucherschutzmaßnahmen sind die Eintragung der Vermittler in ein öffentlich zugängliches Register, Informationspflichten und Beratungs- und Dokumentationspflichten für den Vermittler anzuführen.

Es besteht bei Nachfragern häufig eine erhebliche Unsicherheit über die Qualität von Produkten, insbesondere Versicherungsprodukten. Aus analytischen Gründen bietet es sich an, bei Unsicherheit bezüglich der Qualität von Produkten zwischen Such- und Erfahrungsgütern („Search Goods", „Experience Goods") zu unterscheiden. Diese Unterscheidung wurde von *Nelson* eingeführt. *Suchgüter* sind solche Güter, deren Qualität vor dem Kauf durch reine Inspektion festgestellt werden kann. *Erfahrungsgüter* hingegen sind Güter, deren Qualität erst nach dem Kauf durch deren Gebrauch erkennbar ist. Versicherungsprodukte sind sowohl Such- als auch Erfahrungsgüter. Über die Qualität des Versicherungsschutzes und über das anbietende Versicherungsunternehmen kann sich der Versicherungsnehmer vor Abschluss eines Vertrags Informationen beschaffen. Hilfreich sind hierbei Vergleiche in Form von *Produkt-Rankings* und *Unternehmens-Ratings*. Derartige Informationen geben allerdings immer nur Auskunft über die derzeitige Performance bzw. über Erfahrungen der Vergangenheit. Ob der Versicherer auch in der Zukunft seinem Leistungsversprechen nachkommt, wie es der Versicherungsnachfrager bei Abschluss des Vertrags erwartet, kann der Nachfrager erst im Laufe der Vertragsbeziehung erfahren.

Ziel der staatlichen Regulierung ist die Garantie der Erfüllbarkeit der Versicherungsverträge und die Verhinderung der Entstehung bzw. des Missbrauchs von Marktmacht. Die Diskussion über die Notwendigkeit einer speziellen Marktordnung wird im fünften Kapitel nochmals aufgegriffen, da sie für den Bereich der Pflicht- und Sozialversicherungen eine besondere Rolle spielt.

In diesem Kapitel, in dem es um die theoretische Analyse der Versicherungsnachfrage und des Versicherungsangebots geht, wird zunächst unterstellt, dass die Teilnehmer des Markts keinen Handlungsbeschränkungen durch staatliche Regulierung unterliegen. Dies kann damit gerechtfertigt werden, dass zunächst nur der Fall der kurzfristigen Schadenversicherung untersucht wird, der auch im Mittelpunkt der Versicherungstheorie steht. Bei der langfristigen Summenversicherung (Lebens-, Renten-, Krankentagegeld- und Pflegeversicherung) kommen weitere analytische Probleme hinzu, die eine Modellerweiterung notwendig machen.

2 Modelltheoretische Analyse der Versicherungsnachfrage

2.1 Annahmen

Im Rahmen der Modellanalyse wird im Folgenden mit Hilfe der Entscheidungstheorie unter Unsicherheit die Nachfrage nach Versicherungsschutz untersucht und daraus die Haupttheoreme der Versicherungsnachfragetheorie abgeleitet. Es handelt sich um ein Modell, das zur Klasse der State-Preference-Theorie bzw. Zustandspräferenztheorie gehört. In dieser Theorie, die auf die Nobelpreisträger Kenneth Arrow und Gérard Debreu zurückgeht, nimmt eine stochastische (wahrscheinlichkeitsverteilte) Variable je nach Umweltzustand (*state of nature*) einen bestimmten Wert an. Es wird also mit diskreten Ausprägungen der Zufallsvariablen gearbeitet, wobei – um eine grafische Darstellung zu ermöglichen – unterstellt wird, dass es nur zwei Umweltzustände gibt (Schaden oder Nicht-Schaden). Mit "Zustandspräferenz" wird zum Ausdruck gebracht, dass die Marktteilnehmer Güter oder Zahlungen in den einzelnen Zuständen unterschiedlich bewerten: Es gibt somit "gute" und "schlechte" Zustände. So ist ein Schaden „schlecht" und kein Schaden „gut".

Es wird – wie in mikroanalytischen Betrachtungen üblich – ein repräsentativer Nachfrager betrachtet (d. h. ein Nachfrager, aus dessen einzelwirtschaftlicher Nachfragefunktion die Marktnachfragefunktion abgeleitet werden kann). Dieser Nachfrager ist risikoavers und versucht seinen Erwartungsnutzen zu maximieren.

Über das Geschehen auf dem Versicherungsmarkt werden folgende, vereinfachende Annahmen gemacht:

- Die Versicherungsnehmer wählen aus den angebotenen Versicherungskontrakten denjenigen aus, der ihren Erwartungsnutzen maximiert.
- Es werden nur solche Versicherungskontrakte angeboten, die keinen Verlust verursachen.
- Ein Gleichgewicht auf einem kompetitiven Versicherungsmarkt herrscht dann, wenn es für kein Versicherungsunternehmen mehr möglich ist, weitere Versicherungskontrakte abzusetzen und damit einen positiven Gewinn zu erwirtschaften.
- Es wird nur die Entscheidungssituation eines einzelnen, repräsentativen Individuums betrachtet, dessen Verhalten auf alle anderen Individuen übertragbar ist.
- Das Risiko (Schadenwahrscheinlichkeit und -höhe) aller Individuen ist voneinander unabhängig; es liegen somit weder Ansteckungs- noch Kumulrisiken vor.
- Alle Individuen werden als identisch betrachtet, d. h. sie haben die gleiche Ressourcenausstattung, die gleichen Präferenzen sowie die gleiche Wahrscheinlichkeitsverteilung.

Die Situation der Unsicherheit, aus der sich unter Umständen die Entscheidung des Individuums zur Versicherung ergibt, lässt sich folgendermaßen charakterisieren:

(1) Das Individuum ist an einem möglichst hohen Vermögen w am Ende der Periode interessiert. Im Gegensatz zur Situation bei Sicherheit existieren mehrere Zustände der Natur, die eine Wahrscheinlichkeitsverteilung des Periodenendvermögens w hervorrufen. Das Ergebnis einer Aktion ist also nicht ein festes, sondern ein stochastisches Vermögen, wobei die Zufallsvariable gemäß der Wahrscheinlichkeitsfunktion $p(w)$ verteilt ist. Für alle $p = p(w)$ gilt: $0 \leq p < 1$. Bei $p = 1$ war eine Sicherheitssituation konstatiert, was hier ausgeschlossen werden soll. Implizit gilt die Annahme, dass das Individuum in der Lage ist, Vorstellungen darüber zu bilden, welche Zustände der Umwelt überhaupt möglich sind und mit welcher Wahrscheinlichkeit sie eintreten können.

Ein Beispiel hierfür ist die Möglichkeit, dass das Kraftfahrzeug eines Kfz-Halters mit dem Wert w^a Gefahr läuft, mit einer Wahrscheinlichkeit $p(L)$ durch einen selbstverschuldeten Unfall oder Diebstahl einen Wertverlust von L (L: *Loss*) zu erfahren (bei $L = w^a$ handelt es sich um einen Totalschaden). Das Individuum kann somit – so wird hier unterstellt – dem Schaden L eine subjektive Wahrscheinlichkeit $p(L)$ zuordnen. Veranlasst das Individuum nichts, so ist sein Vermögen am Ende der Periode $w = w^a - L$ mit der Wahrscheinlichkeit $p(w) = p(w^a - L)$.

(2) Vereinfachend wird angenommen, dass nur zwei mögliche Zustände der Natur existieren. Die Zufallsvariable w hat ohne Versicherungsschutz nur zwei Ausprägungen, nämlich w_1 im Nichtschadens- und w_2 im Schadensfall. Diese treten mit einer Wahrscheinlichkeit von p_1 bzw. p_2 auf, wobei gilt: $p_2 = 1 - p_1$. Im Folgenden wird deshalb für die Schadenwahrscheinlichkeit einfach p geschrieben, so dass sich für die Wahrscheinlichkeit, dass kein Schaden eintritt, $(1 - p)$ ergibt.

Zu welchen Ausprägungen der Zufallsvariablen w der Eintritt eines der beiden Zustände der Umwelt führt, hängt davon ab, ob und inwieweit das Individuum Versicherungsschutz nachgefragt hat. Im Allgemeinen sinkt mit zunehmendem Versicherungsumfang das Periodenendvermögen w_1 infolge der steigenden Prämienzahlungen. Andererseits steigt mit zunehmendem Versicherungsumfang das Periodenendvermögen im Schadensfall auf w_2, da hier die ebenfalls ansteigenden Prämienzahlungen durch die höhere Erstattung (Versicherungsleistung) mehr als kompensiert werden.

(3) Gegen Zahlung einer Prämie $P(I)$ gewährt der Versicherer bei einem Schaden L eine Versicherungsleistung $I(L)$ (I: *Indemnity*). Zwischen Schaden L und der Versicherungsleistung I besteht folgende Beziehung: $I = \alpha \cdot L$ (proportionale Selbstbeteiligung).

Die Höhe der Prämie hängt von der Höhe der vereinbarten Erstattung im Schadensfall ab. I kompensiert ganz oder nur teilweise den Schaden L, wobei eine proportionale

Relation unterstellt wird. Es handelt sich somit bei $\alpha = 1$ um einen Vollversicherungsvertrag und bei $\alpha < 1$ um einen proportionalen Selbstbeteiligungsvertrag. Ist hingegen $\alpha > 1$, so liegt Überversicherung vor: Der Versicherte erhält im Schadensfall mehr, als ihm an Schaden entstanden ist, d. h. er erzielt einen Nettogewinn. Dieser Fall ist äquivalent zu einer Wett- oder Glücksspielsituation. Mit einem festen Einsatz (hier die Prämie) erkauft sich das Individuum die Möglichkeit, bei bestimmten Zuständen der Natur (wenn z. B. die Roulette-Kugel auf eine bestimmte Zahl fällt) das Anfangsvermögen zu vermehren.

Der Deckungsgrad α ist somit der Anteil, mit dem das Versicherungsunternehmen den Schaden ersetzt. Ist $\alpha < 1$, so ist dies in der Industrieversicherung eine Bruchteilversicherung. Es ist klar, dass $\alpha \geq 0$ gelten muss. Wäre α negativ, so würde dies bedeuten, dass der Versicherungsnehmer im Schadensfall einen Betrag an den Versicherer zu bezahlen hätte. Hierzu wäre er aber nur bei negativer Prämie $P(\alpha \cdot L)$ bereit. Der Versicherungsvertrag hätte sich in sein Gegenteil verkehrt, nämlich in den Abschluss eines Wettgeschäfts. In diesem Fall wäre die Versicherung der Spieler und der Versicherungsnehmer die Spielbank.

Die Entscheidungssituation, wie viel Versicherung das Individuum kaufen soll, lässt sich in der folgenden Ergebnismatrix darstellen.

	Kein Schaden $(1-p)$	**Schaden (p)**
Keine Versicherung	$w_1^a = w^a$	$w_2^a = w^a - L$
Versicherung	$w_1 = w^a - P(I)$	$w_2 = w^a - L - P(I) + I$

Abbildung 117: Vermögen im Schadens- und Nichtschadensfall mit und ohne Versicherung

Über die Prämienkalkulation des Versicherungsunternehmens werden folgende Annahmen getroffen:

(4) Das Versicherungsunternehmen kalkuliert die Prämie aufgrund der mit dem Versicherungsnehmer vereinbarten Schadenzahlung I bei Eintreten des Schadens L. Der Prämiensatz π ist proportional. Er bestimmt, wie viel Prämie für eine Geldeinheit Versicherungsleistung zu zahlen ist: $P(I) = \pi \cdot I$.

Der Prämiensatz π ist der Faktor, mit dem der Versicherer aufgrund seiner Erfahrungen die Prämie kalkuliert. Bei dieser Kalkulation muss er folgende Komponenten berücksichtigen:

- Die erwartete Schadenzahlung $(E(I) = p \cdot I)$,
- die Abschlusskosten (Provision für den Versicherungsvermittler, meist als Promillesatz der Versicherungssumme festgelegt, z. B. $k = 0{,}004 \cdot I$),

- die Vertragskosten (z. B. Einrichtung des Versichertenkontos),
- die Verwaltungskosten,
- die erwarteten Schadenabwicklungskosten,
- die geplanten Rückstellungen für Beitragsrückerstattung,
- die geplanten Gewinne und Zuführungen zu den freien Rückstellungen.

Weiterhin wird eine symmetrische Informationsverteilung unterstellt:

(5) Das Versicherungsunternehmen geht von der gleichen Schadenwahrscheinlichkeit p aus wie der Versicherungsnehmer. Das Versicherungsunternehmen berücksichtigt bei seiner Kalkulation diese Schadenwahrscheinlichkeit p. Dabei wird zunächst unterstellt, dass der Prämiensatz π proportional zur Schadenwahrscheinlichkeit p festlegt ist: $\pi = (1 + \beta) \cdot p$. Eine alternative Annahme wäre ein fixer Zuschlag.

Hier ist β der so genannte Zuschlag (*Loading*), dessen Höhe von den genannten Kosten und Zuschlägen abhängt. Diese variieren je nach Art des gewählten Außendienstkanals, den Verwaltungskosten, den nach Unternehmensform (Aktiengesellschaft, öffentlich-rechtliche Gesellschaft, Versicherungsverein auf Gegenseitigkeit) unterschiedlichen Sicherheits- und Gewinnzuschlägen, der Art des übernommenen Risikos, den gesetzlichen Solvabilitätsvorschriften und hängen zu einem erheblichen Anteil auch von der Wettbewerbssituation des Versicherungsunternehmens ab.

2.2 Analytische Lösung

Die Kalkulation der Prämie kann wie folgt zusammengefasst werden:

$$P(I) = \pi \cdot I = \pi \cdot \alpha \cdot L = (1+\beta) \cdot p \cdot \alpha \cdot L,$$

mit

I = vereinbarte Schadenzahlung (*I: Indemnity*)

$P(I)$ = Versicherungsprämie

π = Prämiensatz

α = Deckungsgrad: Anteil, mit dem das Versicherungsunternehmen den Schaden ersetzt

L = Schadenhöhe (*L: Loss*)

β = (Kosten- und Gewinn-) Zuschlag

p = Schadenwahrscheinlichkeit

Die Schadenhöhe L und die Schadenwahrscheinlichkeit p sind in diesem Modell exogen gegeben. Der Zuschlag β wird durch das Versicherungsunternehmen und α durch den Versicherungsnachfrager festgelegt. Mit den gemachten Angaben kann nun das Optimierungsproblem des Versicherungsnehmers formuliert und mathematisch gelöst werden.

Der Versicherungsnehmer ist frei in der Wahl des Versicherungsumfangs α bzw. seiner Selbstbeteiligungsquote $(1 - \alpha)$, wobei sich die anderen Größen, wie die Versicherungsleistung im Schadensfall und die zu zahlende Prämie, daraus ergeben. Der optimale Versicherungsumfang α ist gegeben durch:

$$\max E(U(w)) = p \cdot U(w_2) + (1-p)\, U(w_1)$$

unter den Nebenbedingungen

$$w_1 = w_a - P(I)$$
$$w_2 = w_a - L - P(I) + I$$
$$I = \alpha \cdot L$$
$$P(I) = \pi \cdot I = (1+\beta) \cdot p \cdot I$$

Nach Einsetzung der Nebenbedingungen in die Zielfunktion (Optimalbedingung) ergibt sich:

$$\max E(U(w)) = p \cdot U(w^a - L - (1+\beta) \cdot p \cdot \alpha \cdot L + \alpha \cdot L) + (1-p) \cdot U(w^a - (1+\beta) \cdot p \cdot \alpha \cdot L)$$

Die Bedingung erster Ordnung für ein Optimum ergibt sich durch Differenzierung der Zielfunktion nach der einzigen Entscheidungsvariablen α (1. Ableitung) und durch Setzung des Ergebnisses gleich 0:

$$0 = p \cdot U'(w_2) \cdot (L - (1+\beta) \cdot p \cdot L) + (1-p) \cdot U'(w_1) \cdot (-(1+\beta) \cdot p \cdot L)$$

Einige Umformungen erleichtern es, diese Bedingung zu interpretieren. Nach Teilung der gesamten Gleichung durch L und p ergibt sich:

$$0 = U'(w_2) \cdot (1 - (1+\beta) \cdot p) - (1-p) \cdot U'(w_1) \cdot (1+\beta)$$

bzw.

$$\frac{U'(w_2)}{U'(w_1)} = \frac{(1 - p + \beta - p \cdot \beta)}{(1 - p - p \cdot \beta)}$$

Hieraus wird folgender Schlussfolgerung gezogen:

Ist der Zuschlag $\beta = 0$, dann gilt:

$$\frac{(1-p+\beta-p\cdot\beta)}{(1-p-p\cdot\beta)} = 1$$

Daraus folgt:

$$U'(w_2) = U'(w_1)$$

bzw.

$w_2 = w_1$

Die Bedingung, dass das Vermögen am Ende einer Periode im Schadens- und im Nichtschadensfall gleich ist, wird nur erreicht, wenn ein Vollversicherungsschutz gewählt wird:

$I = L$ bzw. $\alpha = 1$

Schlussfolgerung: Ist der Zuschlag gleich 0, d. h. verlangt der Versicherer eine Prämie, die genau dem Erwartungswert der Schadenzahlung entspricht, so ist es optimal für den Versicherten, sich voll zu versichern. In diesem Fall, in dem die Prämie gleich der zu erwartenden Schadenzahlung, bzw. die Bruttoprämie gleich der Nettoprämie ist, wird von einer *fairen Prämie gesprochen*.

Ist hingegen der Zuschlag β größer als 0, so gilt für die rechte Seite der Optimalbedingung:

$$\frac{(1-p+\beta-p\cdot\beta)}{(1-p-p\cdot\beta)} > 1$$

Daraus folgt:

$$U'(w_2) > U'(w_1)$$

bzw.

$w_2 < w_1$

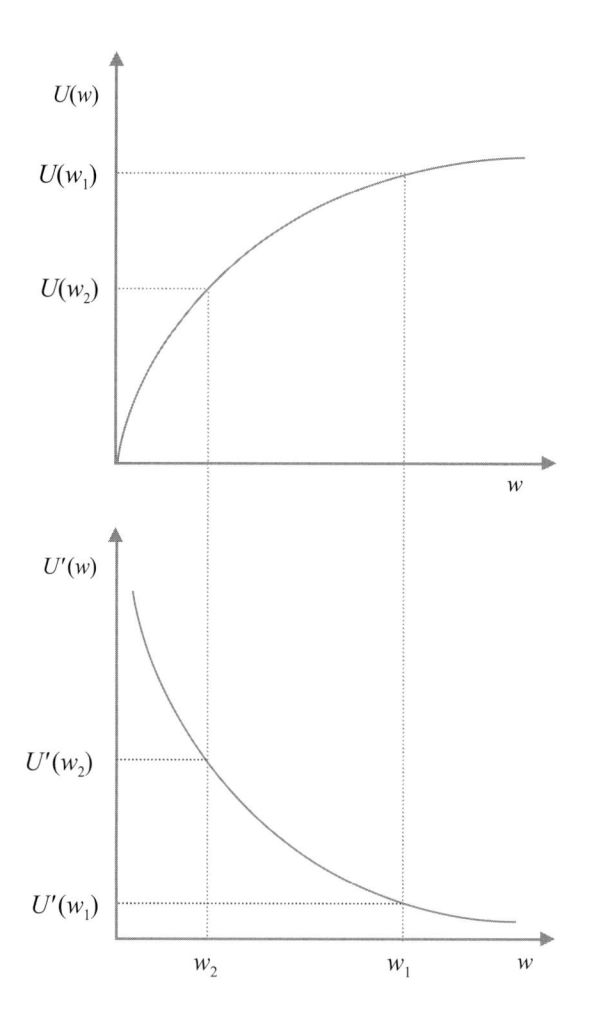

Abbildung 118: Geldnutzen und Grenznutzen des Geldes bei risikoaversem Verhalten

Letzteres folgt aus der negativen Steigung der ersten Ableitung der Geldnutzenfunktion, wenn Risikoaversion vorliegt. Die Abbildung verdeutlicht dies. Es gilt nämlich: je größer w ist, desto kleiner ist U' et vice versa.

Wenn aber das Vermögen im Schadensfall kleiner ist als im Nichtschadensfall, dann hat das Individuum offenbar keinen Vollversicherungsschutz gekauft. Es gilt dann:

$I < L$ bzw. $\alpha < 1$.

Schlussfolgerung: Ist der Zuschlag größer 0, d. h. verlangt der Versicherer mehr als den Erwartungswert der Versicherungsleistung, so ist es für den Versicherungsnehmer optimal, eine Bruchteilversicherung zu kaufen, d. h. sich nicht voll zu versichern.

Ist hingegen der Zuschlag β kleiner als 0, so gilt der umgekehrte Fall. Ein Zuschlag kleiner 0 bedeutet, dass der Versicherer im Erwartungswert einen Verlust macht. Dies dürfte bei richtiger Einschätzung der Wahrscheinlichkeiten und der möglichen Schadenhöhen nicht vorkommen. Rational ist dies nur für einen Versicherer, wenn er sich von einem solchen „Lock-" oder „Dumpingpreis" zusätzliches Geschäft erwartet. Die Industriefeuerversicherung galt lange Zeit als „Einstiegsversicherung" in das Industriegeschäft, womit die hohen Verluste in dieser Sparte erklärt wurden. Unabhängig von den rechtlichen Vorbehalten gegenüber Dumpingpreisen ist eine derartige Tarifierung auch ökonomisch bedenklich.

Zusammenfassung: Ist der Zuschlag kleiner als 0, so ist es für den Versicherungsnehmer optimal, einen Versicherungsvertrag mit Überversicherung abzuschließen. Er ist dadurch gekennzeichnet, dass die Versicherungsleistung I im Schadensfall größer ist als der Schaden L. Eine derartige Versicherung verletzt jedoch den Grundsatz des Bereicherungsverbots.

Nachdem die optimale Versicherungsnachfrage algebraisch abgeleitet wurde, folgt im nächsten Abschnitt eine graphische Lösung.

2.3 Herleitung der Versicherungsgeraden

Im Folgenden sollen die durch Versicherung erreichbaren Verteilungen des Periodenendvermögens graphisch dargestellt werden. Da nur zwei Fälle in unserem Modell zugelassen werden (Schaden und Nichtschaden), lässt sich jeder Versicherungsvertrag in einem $w_1 - w_2$-Diagramm durch einen Punkt repräsentieren.

Der Zustand der Nichtversicherung ($\alpha = 0$) wird durch den Punkt A bezeichnet. Dabei wird das Anfangsvermögen w^a im Schadensfall um den finanziellen Verlust L vermindert. Alternativ dazu wird bei Vollversicherung $\alpha = 1$ der Punkt B erreicht. Gegen Zahlung einer Prämie $P(I)$ erhält der Versicherte im Schadensfall eine Erstattung in Höhe von I. Für den Fall der Vollversicherung ist $I = L$, folglich ist das Periodenendvermögen unabhängig vom eintretenden Zustand gleich hoch. Diese Vermögensverteilung muss also auf der 45°-Linie, der so genannten *Sicherheitslinie*, liegen. Die exakte Lage auf der Sicherheitslinie hängt dabei von der Prämienhöhe $P(I)$ ab. Neben Voll- und Nichtversicherung sind jedoch auch andere Deckungsgrade wählbar. Für den Fall der Proportionalität von Prämie und Deckungsgrad ergibt sich als geometrischer Ort aller bei veränderbaren Deckungsgraden erreichbaren Vermögensverteilungen die Versicherungsgerade AB. Da der Punkt A bedeutet, dass keine Versicherung vorhanden ist, der Punkt B jedoch für Vollversicherung steht, stellen alle Punkte auf der Versicherungsgeraden zwischen A und B unterschiedliche Deckungsgrade dar (Unterversicherung). Punkte auf der Versicherungsgeraden, die sich links von der Sicherheitslinie (links von Punkt B) befinden, bedeuten Überversicherung.

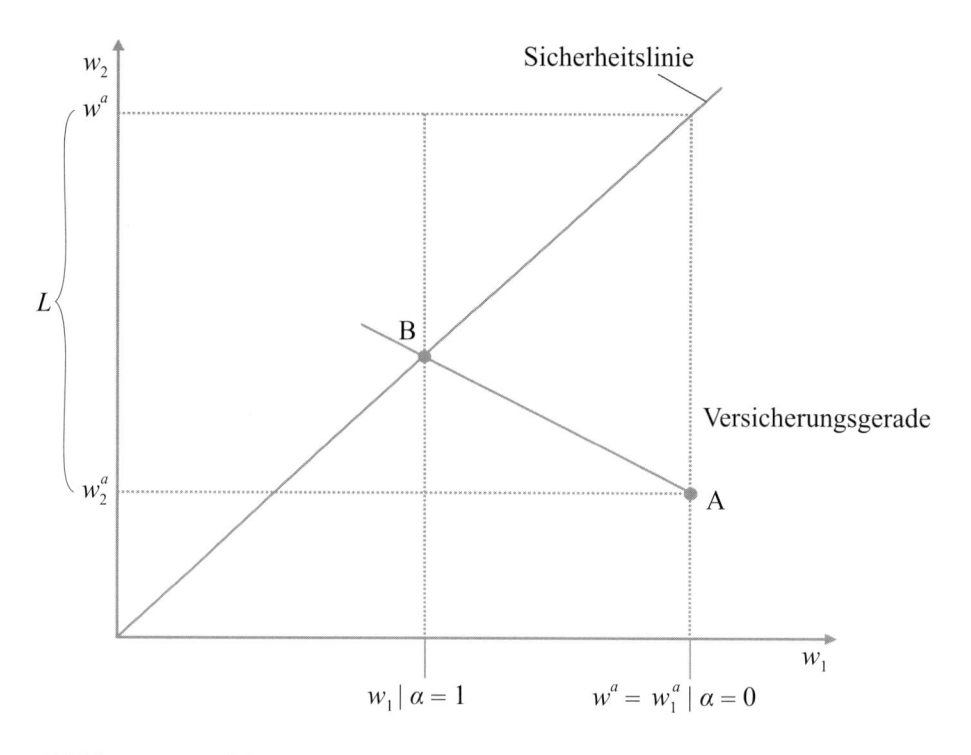

Kapitel IV Analyse der Versicherungsnachfrage und des Versicherungsangebots

Abbildung 119: Versicherungsgerade

Die Gleichung für den geometrischen Ort aller durch Versicherung erreichbaren Vermögensverteilungen lässt sich wie folgt ermitteln:

Veränderung der Ordinaten: $w_2 - w_2^a = w^a - L + I - P(I) - (w^a - L) = I - P(I)$

Veränderung der Abszissen: $w_1 - w_1^a = w^a - P(I) - w^a = -P(I)$

Gerade AB:
$$\frac{w_2 - w_2^a}{w_1 - w_1^a} = -\frac{I - P(I)}{P(I)}$$

$\Leftrightarrow \quad w_2 - w_2^a = -\frac{I - P(I)}{P(I)} \cdot (w_1 - w_1^a)$

$\Leftrightarrow \quad w_2 = -\frac{I - P(I)}{P(I)} \cdot (w_1 - w_1^a) + w_2^a$

Unter der Voraussetzung einer linearen Prämienfunktion $P(I) = \pi \cdot I$ und für unterschiedliche Deckungsgrade α folgt:

$$w_2 - w_2^a = -\frac{1-\pi}{\pi} \cdot \left(w_1 - w_1^a\right)$$

und

$$\frac{dw_2}{dw_1} = -\frac{1-\pi}{\pi} \quad \text{(1. Ableitung nach } w_1\text{)}$$

Die Steigung der Versicherungsgeraden, auch Grenzrate der Transformation genannt, gibt an, in welchem Verhältnis das Vermögen im Schadensfall (w_2) durch Abschluss eines Versicherungsvertrags erhöht werden kann bei gleichzeitiger Verminderung des Vermögens im Nichtschadensfall (w_1). Entspricht der Zuschlagsfaktor genau der Schadenwahrscheinlichkeit, d. h. es gilt der Fall einer so genannten „fairen Prämie" ($\pi = p$), dann ist die Steigung der Versicherungsgerade genau

$$-\frac{1-p}{p}$$

Diese Erkenntnis wird später noch eine besondere Rolle bei der Herleitung der Ergebnisse spielen.

2.4 Erwartungsnutzenfunktion

Ob und in welchem Umfang Versicherung nachgefragt wird, hängt insbesondere von den Präferenzen des Individuums ab. Nach dem Erwartungsnutzentheorem wird sich ein Individuum unter Unsicherheit so entscheiden, dass sein Erwartungsnutzen maximiert wird. Dabei stellt der Erwartungsnutzen nichts anderes dar, als die subjektive Bewertung der aus einer Aktion resultierenden Wahrscheinlichkeitsverteilung der Ergebnisse. Ein Wert des Periodenendvermögens w_1 wird einem anderen Wert w_2 dann und nur dann vorgezogen oder als gleichwertig angesehen, wenn der Nutzen aus dem Vermögenswert $U(w_1)$ größer oder gleich dem Nutzen $U(w_2)$ ist. Wenn das Individuum in der Lage ist, mögliche Werte des Periodenendvermögens subjektiv zu bewerten, so erlaubt der Erwartungsnutzen die Bewertung einer vollständigen Wahrscheinlichkeitsverteilung von Vermögensendwerten:

$$\max E(U(w)) = p \cdot U(w_2) + (1-p) \cdot U(w_1)$$

Rationales Handeln unter Unsicherheit impliziert Erwartungsnutzenmaximierung. Die Risikopräferenzen des Individuums kommen in der Nutzenfunktion U zum Ausdruck. Dabei zeigt sich, dass Risikoaversion konstitutiv für die Existenz von Versicherungen ist, d. h. der sichere Erwartungswert einer Vermögensverteilung wird der Wahrscheinlichkeitsverteilung der Vermögenswerte vorgezogen.

Die Nutzenfunktion eines Individuums lässt sich als *Indifferenzkurve* darstellen. Diese lässt sich aus dem *totalen Differential* der Erwartungsnutzenfunktion herleiten:

$$dE(U(w)) = p \cdot \frac{\partial U}{\partial w_2} dw_2 + (1-p) \cdot \frac{\partial U}{\partial w_1} dw_1 = p \cdot U'(w_2)dw_2 + (1-p) \cdot U'(w_1)dw_1$$

Da sich entlang einer Indifferenzkurve der Nutzen nicht verändert, gilt auf ihr:

$$p \cdot U'(w_2)dw_2 + (1-p) \cdot U'(w_1)dw_1 = 0$$

Durch Umformung folgt:

$$\frac{dw_2}{dw_1} = -\frac{1-p}{p} \cdot \frac{U'(w_1)}{U'(w_2)}$$

Dies wird auch als *Grenzrate der Substitution* bezeichnet.

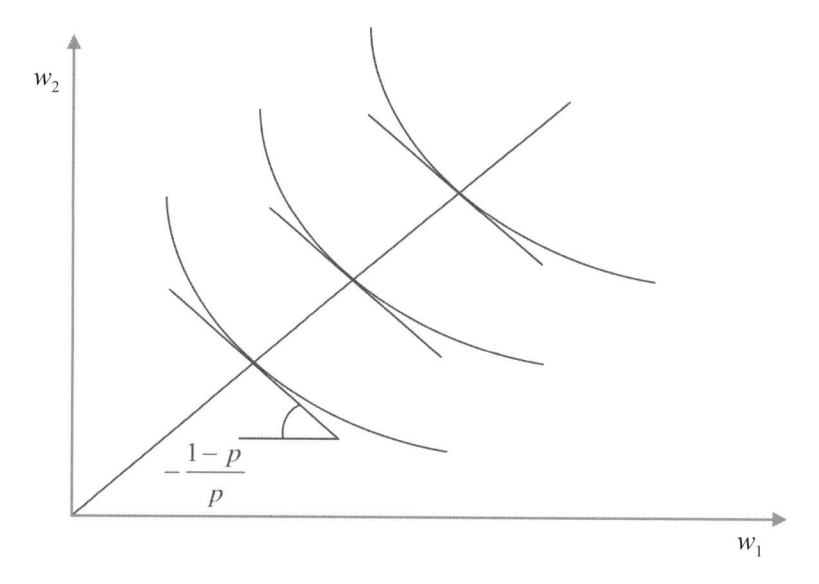

Abbildung 120: Erwartungsnutzen-Indifferenzkurvensystem

Die Steigung der Indifferenzkurve ist durch die Grenzrate der Substitution definiert, d. h. durch die Bereitschaft im Nichtschadensfall auf eine Vermögenseinheit zu verzichten, um im Schadensfall Versicherungsschutz zu erlangen. Wie hoch der Vermögensbetrag für ein Individuum sein muss, den es im Schadensfall als Kompensation für den Verzicht einer Vermögenseinheit für die Zahlung der Prämie bekommt, hängt entscheidend von seinen Vorstellungen über die Schadenwahrscheinlichkeit ab. Schätzt das Individuum diese Wahrscheinlichkeit gering ein, so wird es einen höheren Nettoerstattungsbetrag pro Einheit Prämienzahlung fordern. Der Absolutwert der Steigung der Indifferenzkurven ist deshalb umso größer, je geringer die Schadenwahrscheinlichkeit p ist.

Interessant an der Steigung der Indifferenzkurven ist, dass diese offenbar

$$-\frac{1-p}{p}$$

beträgt, wenn $U'(w_1) = U'(w_2)$, was jedoch nur möglich ist, wenn sich das Vermögen in beiden Zuständen der Natur (Schadensfall und Nichtschadensfall) nicht unterscheidet. Dies ist genau entlang der Sicherheitslinie der Fall. Sie ist der geometrische Ort aller w-Kombinationen, in denen das Vermögen in beiden Zuständen der Natur gleich ist. Die Indifferenzkurven haben also entlang der Sicherheitslinie alle die gleiche Steigung. Solche Nutzenfunktionen, deren Indifferenzlinien entlang eines Fahrstrahls aus dem Ursprung immer die gleiche Steigung aufweisen, werden *homothetische Nutzenfunktionen genannt*. Eine Nutzenfunktion nach dem Erwartungswertkriterium gehört immer zu der Klasse homothetischer Nutzenfunktionen. Das Gegenstück der homothetischen Nutzenfunktionen bildet die aus der Produktionstheorie bekannte homogene Produktionsfunktion. Bei homogenen Produktionsfunktionen ist die Steigung der Isoquanten entlang eines Fahrstrahls aus dem Ursprung ebenfalls stets gleich.

2.5 Versicherungsoptimum

Aus den durch die Erwartungsnutzenfunktion und deren Indifferenzkurven gegebenen Präferenzen des Individuums und den durch die Versicherungsgerade gegebenen Versicherungsmöglichkeiten lässt sich das *Versicherungsoptimum* ableiten. Es liegt im Tangentialpunkt M von der am höchsten zu erreichenden Indifferenzkurve und der Versicherungsgeraden.

Das Erwartungsnutzenmaximum liegt also dort, wo die Grenzrate der Substitution zwischen und gleich der Steigung der Versicherungsgeraden (Grenzrate der Transformation) ist:

$$-\frac{1-p}{p} \cdot \frac{U'(w_1)}{U'(w_2)} = -\frac{1-\pi}{\pi}$$

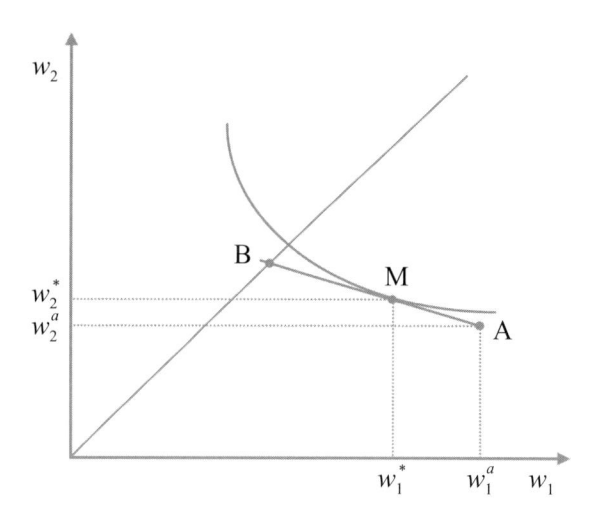

Abbildung 121: Versicherungsoptimum aus Nachfragersicht

Der Quotient *AM / AB* kennzeichnet den optimalen Deckungsgrad und hängt bei gegebenen Präferenzen von der Steigung der Versicherungsgeraden, also von der Höhe des Prämiensatzes ab. Aufgrund der konvexen Indifferenzkurven wird das Individuum einen umso höheren Deckungsgrad wählen, je niedriger der Prämiensatz π ist.

Bemerkenswert erscheint die Tatsache, dass *Vollversicherung* nur dann gewählt wird, wenn gilt: $p = \pi$, denn nur auf der Sicherheitsgeraden bei $w_1 = w_2$ ist – wie bereits oben dargestellt – die Grenzrate der Substitution (Steigung der Indifferenzkurve) gleich der Grenzrate der Transformation (Steigung der Versicherungsgerade). Ist dagegen der Prämiensatz π größer als p und damit die Steigung der Versicherungsgeraden (absolut) kleiner als die Steigung der Indifferenzkurve, so ist der optimale Deckungsgrad kleiner als 1. Das heißt, der Versicherte wünscht einen Selbstbeteiligungsvertrag. Eine volle Absicherung seines Risikos wird nicht als optimal betrachtet. Dieser Fall ist in dem obigen Diagramm graphisch dargestellt.

Das soeben hergeleitete Ergebnis soll nach dem Ökonomen *Vernon Smith* als der *Satz von Smith* bezeichnet werden:

Übersteigt die Prämie den Erwartungsschaden, so ist es nicht optimal, vollen Versicherungsschutz nachzufragen.

Es werden diesem Satz noch vier weitere Lehrsätze hinzugefügt, die ebenfalls aus dem hier präsentierten Modell abgeleitet werden können unter Vornahme einiger einfacher Modifikationen und zusätzlichen Überlegungen: der Satz von *Jan Mossin*, von *Kenneth Arrow*, von *Neil Doherty* und von *Mark Pauly*.

Der *Satz von Mossin* besagt:

> *Bei freier Wahlmöglichkeit der Selbstbeteiligungsform (proportionale Selbstbeteiligung, wie in unserem Modell unterstellt, absoluter Selbstbehalt etc.) bestimmt die Form des Zuschlags, welche Selbstbeteiligungsform optimal ist. Bei proportionalem Zuschlag wird vom Versicherten ein absoluter Selbstbehalt einer proportionalen Selbstbeteiligung vorgezogen.*

Der *Satz von Mossin* ist leicht zu erklären. Beim Vergleich von zwei Versicherungsverträgen mit der gleichen Nettoprämie, d. h. dem gleichen Erwartungsschaden, wird die Annahme unterstellt, dass der Versicherer einen proportionalen Zuschlag kalkuliert, d. h. auch die Bruttoprämien gleich sind. Ein risikoaverses Individuum wird dann den Vertrag wählen, bei dem sein Risiko geringer ist. Eine Reduzierung des Risikos kann der Versicherte insbesondere dadurch erzielen, dass er sich gegen hohe Verluste versichert und kleine Schäden selber trägt. Bei gleichem Erwartungsschaden ist das beim Versicherten verbleibende Risiko bei einem Selbstbehaltsvertrag (absoluter Selbstbehalt) geringer als bei einer proportionalen Selbstbeteiligung. Bei einer proportionalen Selbstbeteiligung ist der Versicherte mit einem bestimmten Prozentsatz – der im Vertrag festgelegten Selbstbeteiligungsquote – an allen und somit auch an großen Schäden beteiligt. Wem diese verbale Erklärung nicht plausibel erscheint, muss die Frage analytisch beantworten, indem er z. B. die Varianz für verschiedene Kontrakte mit gleichem Erwartungswert des Vermögens ausrechnet.

Der *Satz von Arrow* besagt:

> *Bei der Existenz von Moral Hazard kann es für den Versicherten rational sein, trotz Zuschlagskalkulation Vollversicherungsschutz nachzufragen, und es kann für den Versicherer optimal sein, gar keinen Versicherungsschutz anzubieten. Mit Moral Hazard wird bezeichnet die vom Versicherer nicht beobachtbare Veränderung des Verhaltens eines Versicherungsnehmers nach Abschluss des Versicherungsvertrags, insofern als dieser nachlässiger wird und Schadenvermeidungsmaßnahmen sowie Schadenbegrenzungsaktivitäten reduziert oder sogar einstellt.*

Dieser Satz ist ebenfalls unmittelbar – d. h. ohne die Formulierung eines Modells – plausibel. Moral Hazard bedeutet, dass der Erwartungsschaden vom Umfang des Versicherungsschutzes abhängt. Der Versicherungsnehmer weiß dies, zudem der Versicherer ihn nicht beobachten kann. Kalkuliert der Versicherer mit einem Erwartungsschaden, der eigentlich viel zu niedrig ist, so ist es für den Versicherungsnehmer rational, sich möglichst umfassend zu versichern. Denn Versicherung erspart ihm nicht nur das Tragen des Schadens, sondern auch seine ansonsten aufzuwendenden Kosten der Schadenvermeidung und Schadenbegrenzung.

Natürlich erkennen auch Versicherer, dass es Risiken gibt, die besonders anfällig für Moral-Hazard-Verhalten sind. Entweder gelingt es dem Versicherer, diesem Verhalten durch geeignete Maßnahmen (wie z. B. Selbstbeteiligungen, Risikoprüfungen) entgegenzuwirken, oder aber es kann ratsam sein, die Zeichnung des Risikos ganz abzulehnen.

Der *Satz von Doherty* beschäftigt sich mit zusätzlichen Risiken, den so genannten „Background Risks" bzw. „Grundrisiken". Es galt in dem Modell die Annahme, dass das Anfangsvermögen w_a und die Versicherungsleistung I feste Größen sind. Aber auch diese können risikobehaftet sein. So ist es möglich, dass noch weitere Risiken bestehen, die w_a zu einer stochastischen Größe machen (z. B. das Risiko, arbeitslos zu werden oder durch eine Ehescheidung Vermögen zu verlieren), oder dass im Versicherungsfall der Versicherer nicht die vom Versicherungsnehmer erwartete Versicherungsleistung bezahlt. Letzteres kann der Fall sein, wenn der Versicherer zwischenzeitlich zahlungsunfähig geworden ist, die Auszahlung der Versicherungsleistung verzögert oder aus anderen Gründen die Versicherungsleistung nicht oder nur zum Teil auszahlt.

Der *Satz von Doherty* lautet:

Bestehen Grundrisiken, so kann es für den Versicherungsnehmer auch bei fairer Prämie optimal sein, sich überzuversichern oder sich unterzuversichern, wobei das Optimum von der Korrelation des versicherten Risikos mit dem Grundrisiko, der Prämienberechnung und den Möglichkeiten abhängt, das Grundrisiko – z. B. durch Versicherung, Gegengeschäfte (Hedging) und sonstige Risikomanagement-Maßnahmen – abzusichern.

Ein risikoaverses Individuum wird von einem Grundrisiko, gegen dass es sich nicht versichern kann, belastet. Wenn es ein weiteres Risiko gibt, das mit dem Grundrisiko korreliert und für das ein Versicherungsmarkt existiert, wird der Versicherungsnehmer versuchen, diesen Markt zur Risikoabsicherung des Grundrisikos zu nutzen. Ein Beispiel soll dies verdeutlichen: Es gelte die Annahme, dass das Risiko, arbeitslos zu werden, das Grundrisiko sei, gegen welches es keinen Versicherungsschutz gäbe. Mit diesem Risiko positiv korreliert ist das Risiko, krank zu werden. D. h., wenn der Mitarbeiter krank wird, steigt die Wahrscheinlichkeit, den Job zu verlieren, bzw. die Wahrscheinlichkeit, arbeitslos zu werden, ist geringer, wenn der Mitarbeiter gesund ist. Es erscheint rational, die Krankenversicherung auch dazu zu verwenden, um sich gegen das Arbeitslosenrisiko zu versichern, indem z. B. ein Voll- oder sogar Überversicherungsvertrag (wenn möglich) abgeschlossen wird.

Schließlich sei der *Satz von Pauly* erwähnt. *Mark Pauly* hat gezeigt, dass bei fixen Zuschlägen (vom Versicherer werden z. B. 100 € auf die Nettoprämie aufgeschlagen, egal wie hoch der Versicherungsvertrag ist) Folgendes gilt:

Bei fixen Zuschlägen ist es für den Versicherungsnehmer entweder optimal, sich voll zu versichern oder sich gar nicht zu versichern.

Warum ist das so? Entweder ist der Zuschlag so hoch, dass lieber kein Versicherungsschutz gekauft wird; der Zuschlag wird vom Kunden als Einstiegsbarriere empfunden. Oder aber der fixe Zuschlag ist so gering, dass sich das Individuum entscheidet, Versicherungsschutz zu kaufen. In diesem Fall muss der Zuschlag in voller Höhe bezahlt werden, egal wie viel Versicherungsschutz gekauft wird. Der Zuschlag stellt aus der Sicht des Nachfragers so genannte „Sunk Costs" dar, die für die Optimierung keine Rolle spielen. Dies wird auch deutlich, wenn der fixe Zuschlag in die Optimalbedingungen integriert und dann die erste Bedingung für ein Optimum bestimmt wird. Der fixe Zuschlag verschwindet bei der Optimierung:

$$\max E(U(w)) = p \cdot U(w_2) + (1-p) \cdot U(w_1)$$

unter den Nebenbedingungen

$$w_1 = w^a - P(I)$$

$$w_2 = w^a - L - P(I) + I$$

$$I = \alpha \cdot L$$

$$P(I) = p \cdot I + Z$$

Z stellt dabei den fixen Zuschlag (z. B. 100 € bei Vertragsabschluss) dar.

Nach Einsetzen der Nebenbedingungen in die Optimalbedingung folgt:

$$\max E(U(w)) = p \cdot U(w^a - L - p \cdot \alpha \cdot L - Z + \alpha \cdot L) + (1-p) \cdot U(w^a - p \cdot \alpha \cdot L - Z)$$

Nach Differenzierung der Optimalbedingungen nach der einzigen Entscheidungsvariablen α und Setzung des Ergebnisses gleich 0, so folgt die Bedingung erster Ordnung für ein Optimum:

$$0 = p \cdot U^{'}(w_2) \cdot (L - p \cdot L) + (1-p) \cdot U^{'}(w_1) \cdot (-p \cdot L)$$

Nach Teilung der gesamten Gleichung durch L, so folgt:

$$0 = p \cdot U^{'}(w_2) \cdot (1-p) - (1-p) \cdot U^{'}(w_1) \cdot p$$

Diese Bedingung kann aber nur erfüllt sein, wenn gilt: $U^{'}(w_2) = U^{'}(w_1)$. Dies ist der Fall, wenn das Endvermögen in beiden möglichen Zuständen gleich ist bzw. ein Vollversicherungsvertrag abgeschlossen wurde.

2.6 Versicherungsangebot und Gleichgewicht auf dem Versicherungsmarkt

Die Darstellung der Angebotsseite des Versicherungsmarkts könnte im Prinzip analog zu der der Nachfrageseite erfolgen. Versicherungsunternehmen haben eine finanzielle Eigenausstattung – auch Eigenmittel genannt – und sind je nach ihrer Risikoneigung (mehr oder weniger) bereit, Risiken zu übernehmen.

Grundsätzlich kann das Versicherungsunternehmen als Akteur auf dem Versicherungsmarkt verstanden werden, dessen Verhalten dem der anderen Teilnehmer entspricht. Seine Bedeutung als Versicherer, d. h. als Anbieter von Versicherungsschutz, ergibt sich vor allem aus dem Risikopoolungseffekt, der beim Zusammenschluss mehrerer Einzelrisiken zu einer Verringerung des Gesamtrisikos führt. Der Versicherer übernimmt vom Nachfrager also ein geringeres Risiko, als dieser abgibt. Ein Teil des Risikos wird durch den Risikotransfer vom Versicherungsnehmer zum Versicherer gleichsam „vernichtet". Da auch Versicherungsunternehmen risikoavers sind, ist davon auszugehen, dass sie nur dann bereit sind, Risiken zu übernehmen, wenn ihnen eine Risikoprämie vom Markt angeboten wird, d. h. wenn die Übernahme des Risikos die Realisation eines Gewinns erwarten lässt.

Dies lässt sich anhand der folgenden Graphiken erläutern. Angenommen, die Ausgangssituation und die Präferenzen eines repräsentativen Versicherungsnachfragers sind durch den Ausgangspunkt A und das abgebildete Indifferenzkurvensystem beschrieben.

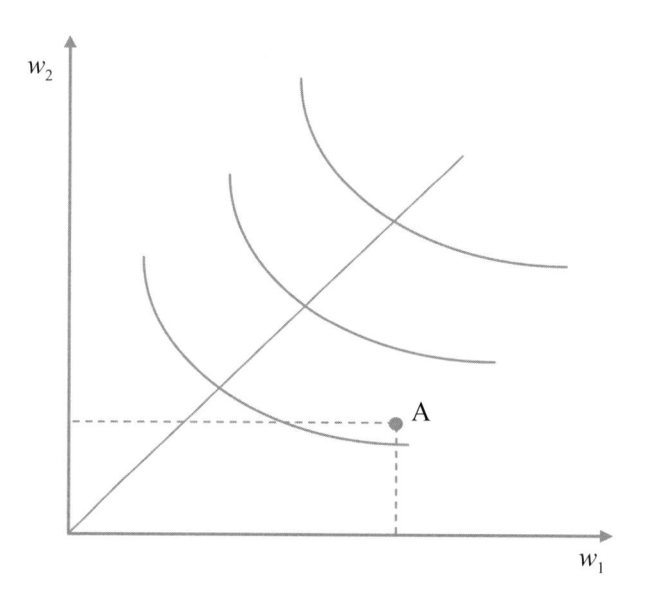

Abbildung 122: Wahl des optimalen Versicherungsumfangs durch den Versicherungsnehmer

Für das Versicherungsunternehmen kann ein ähnliches Diagramm gezeichnet werden. Es hat in der Ausgangssituation kein Risiko. Seine Ausgangssituation ist ebenfalls mit dem Punkt A gekennzeichnet. Wie sieht das Indifferenzkurvensystem des Versicherers aus? Wenn das Versicherungsunternehmen risikoneutral ist (was häufig unterstellt wird, da durch Risikopooling das Einzelrisiko des Versicherungsnehmers weitgehend eliminiert wird), so sind dies Geraden. Bei Risikoaversion sind es ebenfalls konvexe Kurven.

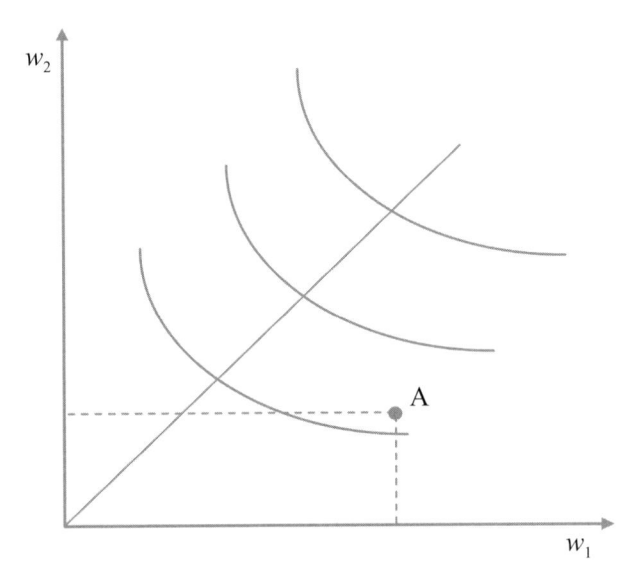

Abbildung 123: Wahl des optimalen Versicherungsangebots durch den Versicherer

Bei einer Drehung der Graphik des Versicherungsunternehmens nach der Methode von *Edgeworth* um 180^0 und setzt es auf das des Versicherungsnachfragers auf, so entsteht eine so genannte *Edgeworth-Box*, deren Seitenlänge die Summe der Vermögen beider Marktparteien in der Ausgangslage ist. Optimal ist zwischen den Parteien ein Versicherungsvertrag, bei dem ein Tausch stattfindet, an dessen Ende ein Pareto-Optimum existiert, d. h. keine Partei sich verbessern kann, ohne dass die andere Seite eine Nutzenminderung hinnehmen muss. Eine derartige Situation ist in C gegeben, da sich hier die Indifferenzkurven des Versicherungsnehmers und des Versicherungsunternehmens tangieren. In diesem Gleichgewicht ist dann auch der „Preis" für Versicherungsschutz bestimmt, nämlich durch die Steigung der Indifferenzlinie im Tangentialpunkt. Der Preis, d. h. das Tauschverhältnis zwischen beiden Zuständen der Natur, beträgt:

$$-\frac{1-\pi}{\pi}$$

Kapitel IV Analyse der Versicherungsnachfrage und des Versicherungsangebots

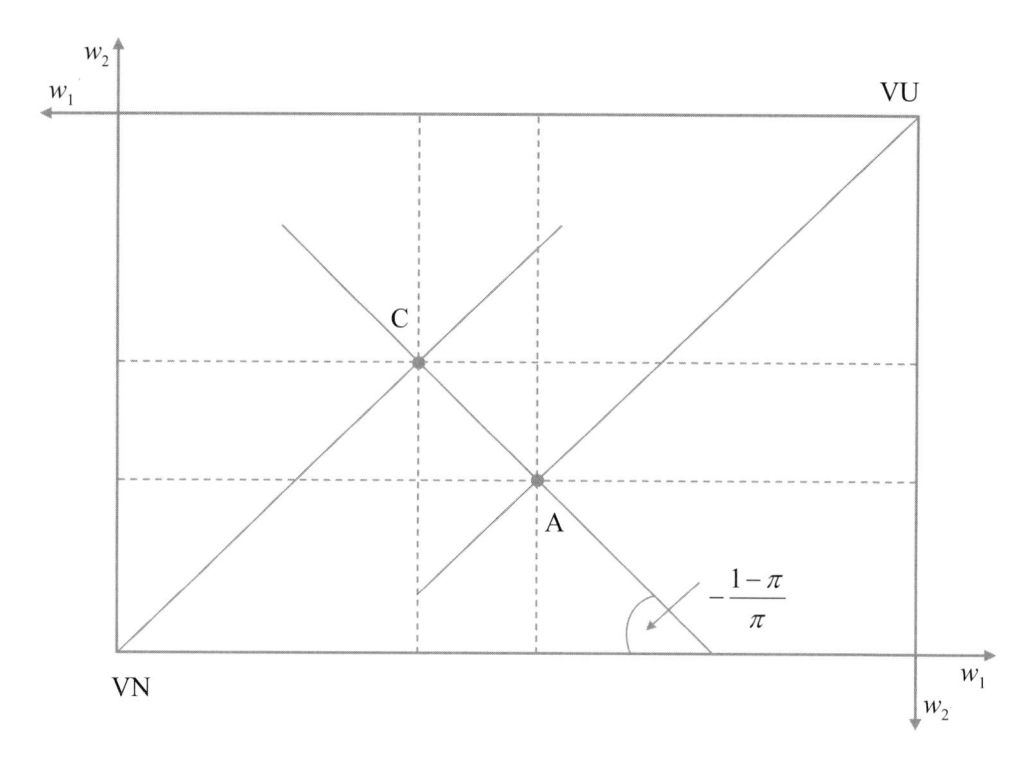

Abbildung 124: Marktgleichgewicht (Edgeworth-Box)

In der Edgeworth-Box werden die Diagramme „Wahl des optimalen Versicherungsumfangs durch den Versicherungsnehmer" und „Wahl des optimalen Versicherungsangebots durch den Versicherer" zusammengeführt.

Diese Form der Darstellung zeigt, dass die Abgabe und die Übernahme von Risiken zwei Seiten der gleichen Medaille darstellen: Bei gegebenen Ausgangslagen und bei gegebenen Marktpreisen für Risiken ist es für den einen Marktteilnehmer rational, (zusätzliche) Risiken zu übernehmen und für den anderen Marktteilnehmer, (zusätzliche) Risiken abzugeben. Dies ist das Geheimnis von Options- und Finanzmärkten im Allgemeinen und Versicherungsmärkten im Besonderen.

Auch für einen risikoaversen Entscheidungsträger kann es durchaus rational sein, zusätzliche Risiken freiwillig zu übernehmen. Die Begründung liegt darin, dass der Markt die Übernahme des Risikos über die Prämie belohnt. Der Versicherer erhält für die Risikoübernahme eine Prämie, die höher ist als der Erwartungsschaden. Angenommen, die Prämie habe folgende Form:

$$P(I) = \pi \cdot I = (1+\beta) \cdot p \cdot I \;,$$

wobei p die Schadenwahrscheinlichkeit ist und die Schadenzahlung des Versicherers proportional zum Schaden und entsprechend der gewählten Selbstbeteiligung ausfällt:

$$I = \alpha \cdot L$$

Der Versicherer erzielt dann folgenden erwarteten Gewinn, wobei K die Kosten des Unternehmens (z. B. für Verwaltung oder Rückversicherung) bezeichnen:

$$E(G) = (1-p) \cdot P(I) + p \cdot (P(I) - I) - K = \beta \cdot p \cdot \alpha \cdot L - K$$

Der Erwartungswert des Gewinns ist positiv, wenn die Kosten mindestens durch den Zuschlag gedeckt werden: $\beta \cdot p \cdot \alpha \cdot L > K$. Natürlich muss es überhaupt zu einem Vertrag kommen, d. h. $\alpha > 0$. Ob es sich für den Versicherer lohnt, Risiken zu übernehmen, hängt vom Grad seiner Risikoneigung ab, die durch die Krümmung der Indifferenzkurven ausgedrückt wird; ausschlaggebend ist weiterhin die Höhe des Zuschlags β und die Höhe der Schadenwahrscheinlichkeit.

Das Marktgleichgewicht ist dadurch gekennzeichnet, dass zwischen Versicherer und Versicherungsnehmer eine Situation erreicht wird, in der beide Parteien sich nicht mehr in ihrer jeweiligen Nutzenposition durch weiteren Tausch von Geld und Risiken verbessern können. Eine solche Situation wird als Pareto-Optimum bezeichnet. Aus der allgemeinen ökonomischen Theorie ist bekannt, dass bei perfekten Bedingungen zu jedem Preissystem ein Pareto-Optimum existiert und das für jedes Pareto-Optimum ein Preissystem gefunden werden kann. In diesem Modellansatz ist das Preissystem durch die Form der Prämienberechnungsmethode, hier eine proportionale Zuschlagsprämie, und den Zuschlagsfaktor β, der die Steigung der Versicherungsgeraden bestimmt, gegeben.

In der Modellanalyse wird angenommen, dass ein Tausch ohne Transaktionskosten erfolgen kann. Dies gilt insbesondere für die Nachfrager nach Versicherungen, bei den Anbietern werden die Transaktionskosten zum Teil durch den Zuschlagsfaktor β im Modell berücksichtigt. Außerdem unterstellen wir, dass die Schadenwahrscheinlichkeiten und Schadenhöhen gegeben sind und durch keine der Parteien beeinflussbar sind. Beide Parteien haben die gleichen Informationen und die gleichen Vorstellungen über die Schadenwahrscheinlichkeiten.

Die Konkurrenz zwischen Versicherern wird dazu führen, dass der Zuschlagsfaktor β tendenziell so weit absinkt, dass von den Versicherungsunternehmen nur noch auf dem Markt übliche Gewinne erzielt werden können. Das Versicherungsangebot jedes einzelnen Versicherers sinkt hierdurch, denn die Versicherungsgerade wird flacher. Das Angebot insgesamt muss deshalb aber nicht fallen, da die Zahl der Anbieter steigen kann, je nachdem, wie attraktiv der Einstieg in das Marktsegment aufgrund der eigenen Portfoliostruktur erscheint. Auch steigt bei einem sinkenden β die Bereitschaft und der

Wunsch der Versicherungsnehmer, Verträge mit geringen Selbstbeteiligungen abzuschließen. In der Folge wird also bei einer Zunahme an Versicherungsunternehmen und einer Intensivierung des Wettbewerbs der Umfang an Versicherungsschutz zunehmen. Die Qualität des Versicherungsschutzes mag hingegen sinken, da die erwarteten Gewinne der Anbieter schrumpfen und die Wahrscheinlichkeit einer Insolvenz einzelner Anbieter steigt.

Bei Transaktionskosten von 0 und einem Wettbewerbsgleichgewicht, in dem keine Gewinne mehr realisiert werden, gilt $\beta = 0$ und $\pi = p$. Die Versicherungsnachfrage steigt dann auf Vollversicherungsniveau ($\alpha = 1$). Nach den bisherigen Herleitungen wird klar, dass es diesen Zustand in einer Welt ohne Transaktionskosten nur für eine extrem kurze Zeitspanne geben kann. Die Anbieter sind in diesem Zeitpunkt indifferent, ob sie Versicherungen überhaupt anbieten, da die Gewinne durch die Konkurrenz auf 0 reduziert wurden. Sobald ein Anbieter sich vom Markt zurückzieht, kommt es zu einem erneuten Marktmechanismus, in dem zunächst $\beta \neq 0$ und $\pi \neq p$ gilt.

3 Moral Hazard

3.1 Definition

In Bezug auf Versicherungsmärkte wird von *Moral Hazard* gesprochen,

> „… wenn das Individuum, weil es versichert ist, eigene Maßnahmen zur Reduzierung seines Risikos vernachlässigt" (*Wolfgang Strassl*, Externe Effekte auf Versicherungsmärkten, Tübingen 1988, S. 4).

Der Begriff Moral Hazard wurde in der Literatur von *Kenneth J. Arrow* im Jahre 1965 geprägt:

> „… the factor known as ‚moral hazard' is perhaps the most important. The insurance policy might itself change incentives and therefore the probabilities upon which the insurance company has relied. … the insurance policy may … lead to a motive for increased loss, and then the insurer … is bearing socially unnecessary costs. Either he will refrain from insuring or he will resort to direct inspection and control, to make as certain as he can that the insured is minimizing all losses under the latter's control" (*Kenneth J. Arrow*, Essays in the Theory of Risk-Bearing, Amsterdam, New York 1970, S. 142).

Bei Vorhandensein einer *asymmetrischen Informationsverteilung* ist demnach der Beziehung zwischen Versicherer und Versicherungsnehmer eine besondere Bedeutung beizumessen:

> „The principal-agent relation is very pervasive in all economies and especially in modern ones; by definition the agent has been selected for his specialized knowledge and therefore the principal can never hope completely to check the agent's performance. You cannot therefore easily take out insurance against the failure of the agent to perform well" (*Kenneth J. Arrow*, The Economics of Moral Hazard, in: American Economic Review, Jg. 58, 1968, S. 538).

Moral Hazard kann mit „Verhaltensveränderungsgefahr" übersetzt werden und liegt vor, wenn jemand sein Verhalten ändert, weil er Versicherungsschutz genießt und hierdurch entweder seine Schadenwahrscheinlichkeiten (*risikoerhöhendes Moral Hazard*) oder die potentiellen Schäden (*mengenerhöhendes Moral Hazard*) steigen, diese Verhaltensänderung aber vom Versicherer nicht beobachtet werden kann. Beispiele sind der Verzicht auf Feuerlöscher und Brandschutzmauern, wenn eine Feuerversicherung vorliegt, oder der Verzicht auf eine Grippeschutzimpfung bei Krankenversicherungsschutz. Die beschriebene Verhaltensänderung fällt erst dann unter den Begriff Moral Hazard, wenn sie vom Versicherer nicht genau beobachtbar ist. Denn wäre die Verhaltensänderung beobachtbar, so würde sie kein Problem darstellen: Der Versicherer könnte dem Versicherungsnehmer mitteilen, dass er eine höhere Prämie erheben muss, wenn der Versicherungsnehmer sein Verhalten nicht ändert. Moral Hazard ist also ein Phänomen, das den Folgen asymmetrischer Informationsverteilung zuzuordnen ist.

Wegen der Nichtbeobachtbarkeit der Schadenverhütungs- und -begrenzungsmaßnahmen kann das Problem des Moral Hazard – wie bereits im *Satz von Arrow* weiter oben ausgeführt – im Extremfall dazu führen, dass Risiken unversicherbar sind.

Neben dem bisher diskutierten *ex ante Moral Hazard* kann jedoch auch bei bereits eingetretenen Schäden das so genannte *ex post Moral Hazard* auftreten. Beispiele für diese Form des Moral Hazard sind leicht zu finden: Nach einem Verkehrsunfall versucht der Kfz-Eigentümer nicht, den Schaden an seinem Kraftfahrzeug kostengünstig zu reparieren, sondern sucht eine besonders teure Werkstatt auf, weil er kaskoversichert ist. Obwohl eine Grippe mit Arzt zwei Wochen und ohne Arzt 14 Tage dauert, sucht jemand, der krankenversichert ist, eher einen Arzt auf, als jemand, der nicht krankenversichert ist.

3.2 Einfluss der Schadenverhütung

Der Tatsache, dass die Schadenwahrscheinlichkeit p bzw. die Schadenhöhe L nicht mehr exogen gegeben, sondern durch das Individuum beeinflussbar sind, wird im analytischen Rahmen durch die Einführung von so genannten *Schadenverhütungsmaßnahmen e* und *Schadenverhütungsgütern g* Rechnung getragen. Der Begriff Schadenverhütungsmaßnahmen soll weit gefasst werden und sämtliche Aktivitäten umfassen, welche die Schadenwahrscheinlichkeit oder die potenzielle Schadenhöhe reduzieren. Hierzu können Grippeschutzimpfungen ebenso wie Blitzableiter gezählt werden. Schadenverhütungsgüter sind Güter, die eigens dafür bereitgestellt werden, die Schadenwahrscheinlichkeit oder die Schadenhöhe zu senken. Beispiele hierfür sind Brandschutzmauern, Sprinkler-Anlagen und Kfz-Sicherheitsgurte. Charakteristisch ist für beide, dass sie im Gegensatz zu anderen Gütern und Aktivitäten keinen unmittelbaren Nutzen für das Individuum haben, sondern nur den Erwartungsnutzen des Individuums durch eine Senkung der Schadenwahrscheinlichkeit bzw. der Schadenhöhe erhöhen.

Das Besondere an der Situation asymmetrischer Informationsverteilung ist, dass weder der Versicherer noch der Staat das Niveau der Schadenverhütungsmaßnahmen oder den Kauf von Schadenverhütungsgütern des einzelnen Individuums beobachten kann. Somit ist auch kein direkter Einfluss darauf möglich. Jedoch eröffnet die Tatsache, dass Schadenverhütungsgüter auf Märkten gehandelt werden, die Möglichkeit, diese zu besteuern oder zu subventionieren. Während der Staat somit wenigstens indirekt dessen Konsum beeinflussen kann, hat das einzelne Versicherungsunternehmen diese Möglichkeit nicht. Schadenverhütungsmaßnahmen lassen sich dagegen weder besteuern noch subventionieren, da sie in der Regel nicht über einen Markt erworben werden.

Im Folgenden wird die Struktur des Moral-Hazard-Problems unter Berücksichtigung von Schadenverhütungsmaßnahmen e diskutiert. Es wird davon ausgegangen, dass die Schadenwahrscheinlichkeit p nicht mehr exogen gegeben, sondern von den Schadenverhütungsmaßnahmen e abhängig ist:

$p = p(e)$, mit $p' < 0, p'' > 0$ und $\lim_{e \to 0} p'(e) \to -\infty$

Da eine völlige Beseitigung des Risikos jedoch nicht möglich ist, bleibt die Schadenwahrscheinlichkeit immer positiv, d. h. $p > 0$.

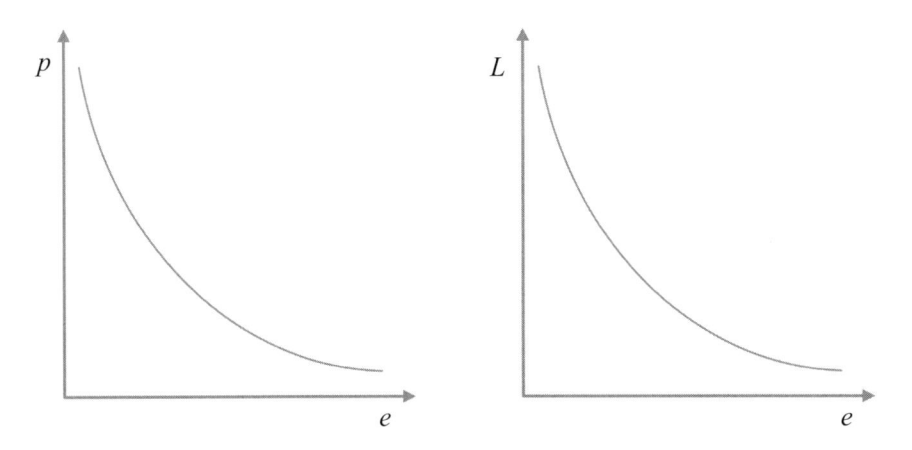

Abbildung 125: Risikoerhöhendes und mengenerhöhendes Moral Hazard

Schadenverhütungsmaßnahmen können auch die Höhe des möglichen Schadens reduzieren:

$L = L(e)$, mit $L' < 0, L'' > 0$ und $\lim_{e \to 0} L'(e) \to -\infty$

Eine Verhaltensänderung des Versicherungsnehmers, die die Schadenwahrscheinlichkeit $p(e)$ beeinflusst, wird als risikoerhöhendes Moral Hazard und eine Verhaltensänderung, die die Schadenhöhe $L(e)$ beeinflusst, wird als mengenerhöhendes Moral Hazard bezeichnet.

Wie oben bereits erwähnt, wird von Moral Hazard auch gesprochen, wenn der Versicherungsnehmer erst nach Eintritt des Schadensfalls, also ex post, Einfluss auf die Schadenhöhe nimmt. Als Beispiel sei noch einmal die Nachfrage nach Gesundheitsleistungen im Krankheitsfall genannt. Infolge der Verbilligung der Krankenbehandlungskosten durch die Versicherung aus der Sicht des Nachfragers wird das Individuum mehr Gesundheitsleistungen nachfragen, als wenn es nicht versichert wäre. Da mit dieser Nachfrageerhöhung oft eine Preiserhöhung verbunden ist, wird hier auch vom *preiser-*

höhenden Moral Hazard gesprochen. Beispiele für diesen Preiserhöhungseffekt sind die hohen Zuschläge für Einbettzimmer im Krankenhaus, die sicherlich ohne Krankenversicherung am Markt nicht durchsetzbar wären. Im Folgenden beschränkt sich die Analyse ausschließlich auf ex ante Moral Hazard.

Die Schadenverhütungsmaßnahmen e lassen sich durch eine Erweiterung der Nutzenfunktion zu $U(w, e)$ berücksichtigen. Aus der Annahme, dass Schadenverhütungsmaßnahmen zu Kosten führen, die sich in monetären Äquivalenten ausdrücken lassen und zu einer Verringerung des Anfangsvermögens führen, folgt:

$$U(w, e) = U(w^a - e)$$

Aus darstellungstechnischen Gründen kann eine spezielle Form der Nutzenfunktion betrachtet werden, bei der eine monetäre Äquivalenz deshalb nicht erforderlich ist, weil e in Nutzeneinheiten gemessen wird:

$$U(w, e) = U(w^a) - e$$

Aus rein mathematischen Gründen wird nicht nur Separabilität von Vermögen und Schadenverhütung unterstellt, sondern auch ein konstanter negativer Grenznutzen der Schadenverhütung.

Die erste Form der Gleichung wird für die analytische Darstellung und die zweite Form für die graphische Darstellung benutzt.

3.3 Struktur des Moral-Hazard-Problems bei Schadenverhütungsmaßnahmen

3.3.1 Risikoerhöhendes Moral Hazard

Da Moral Hazard ein Phänomen ist, das bei asymmetrischen Informationsverteilungen auftritt, ist es zweckmäßig, zwischen Beobachtbarkeit und Nichtbeobachtbarkeit der Schadenverhütungsmaßnahmen e zu unterscheiden. Unter der Annahme von Beobachtbarkeit, ist folgende Bedingung eines repräsentativen Individuums zu maximieren:

$$E(U(w)) = (1 - p(e)) \cdot U_1(w^a - P - e) + p(e) \cdot U_2(w^a - L - P + I - e)$$

Ist der Versicherer risikoneutral und hat keine Verwaltungskosten, d. h. $P = p \cdot I$, so ist Vollversicherung pareto-optimal. Dies kann leicht gezeigt werden, wenn obige Gleichung differenziert und die erste Ableitung gleich 0 gesetzt wird.

Eine Erhöhung der Schadenverhütungsmaßnahmen durch den Versicherungsnehmer hat nicht nur Einfluss auf seine eigene Vermögensverteilung; die damit verbundene Reduzierung der Schadenwahrscheinlichkeit beeinflusst auch die Vermögensverteilung und damit den Erwartungsnutzen des Versicherers. Solange dafür jedoch kein Markt besteht, ergibt sich ein positiver Effekt für den Versicherer.

Bei Beobachtbarkeit der Schadenverhütungsmaßnahmen kann der Versicherer seinen Prämiensatz nach der Schadeneintrittswahrscheinlichkeit richten, die abhängig von den Schadenverhütungsmaßnahmen ist, d. h. unter der Annahme der Null-Gewinn-Bedingung (vollständige Konkurrenz) gilt:

$\pi = p(e)$

In diesem Fall ist Vollversicherung pareto-optimal. Auch wenn der Versicherungsnehmer einen Einfluss auf die Schadenwahrscheinlichkeit hat und damit ein externer Effekt auf den Versicherer entsteht, kommt es dann zu keiner suboptimalen Allokation der Risiken im Marktgleichgewicht, wenn der Versicherer diesen Einfluss beobachten kann. Auch dies lässt sich einfach nachweisen.

Probleme entstehen erst, wenn externe Effekte, wie Moral-Hazard-Verhalten, nicht durch die Prämienkalkulation internalisiert werden, weil der Versicherer die Schadenverhütungsmaßnahmen nicht beobachten kann. Der Prämiensatz π wird nicht mehr in Abhängigkeit von e festgelegt, obwohl er ex post von e abhängt. Auf längere Sicht wird der Versicherer feststellen, dass die von ihm angenommenen Schadenwahrscheinlichkeiten zu niedrig sind und dass er mit höheren Schadenwahrscheinlichkeiten kalkulieren muss. Unter der Annahme, dass sich der Versicherer risikoneutral verhält, ist Vollversicherung optimal. Der Versicherungsnehmer orientiert sich bei der Wahl von e jedoch nur an seiner eigenen Zahlungsbereitschaft, der Nutzen für den Versicherer bleibt dabei unberücksichtigt. Damit wird ein niedrigeres Niveau gewählt, als gesamtwirtschaftlich optimal wäre. Das Marktgleichgewicht bei Nichtbeobachtbarkeit von e ist nicht pareto-optimal. Vollversicherung zerstört, bedingt durch den Informationsmangel auf Seiten des Versicherers, jeden Anreiz zur eigenen Schadenverhütung.

Zu klären ist, ob angesichts des Umstands, dass kein *First-Best-Optimum* zustande kommt, nicht wenigstens ein *Second-Best-Optimum* möglich ist. Es ist zu beachten, dass der Versicherer e nicht beobachten kann. Aus der Tatsache, dass der Versicherungsnehmer umso weniger Anreiz zur Schadenverhütung hat, je höher er versichert ist, kann der Versicherer jedoch unter Umständen von der Höhe des gewählten Deckungsgrads auf das damit verbundene Niveau an Schadenverhütung schließen. Es gilt:

$e = e(I)$, mit $e' < 0$

Je mehr Versicherung nachgefragt wird, d. h. je größer I ist, umso kleiner sind die Schadenverhütungsanstrengungen e. Vollversicherung ist in diesem Fall nicht mehr optimal, der optimale Deckungsgrad ist demnach kleiner als 1. Selbst im Marktgleichgewicht wird jedoch das Second-Best-Optimum nicht erreicht, denn der Versicherungsnehmer wird Vollversicherung und $e = 0$ wählen. Dies ist eine Fehlallokation der Ressourcen als Folge des beschriebenen externen Effekts, der bei asymmetrischer Information wirksam wird. Versicherung wird als Mittel des Risikomanagements in zu hohem Ausmaß, Schadenverhütungsaktivitäten in zu geringem Ausmaß eingesetzt. Die in diesem Abschnitt präsentierten Ergebnisse kann der Leser leicht selber analytisch ableiten, weshalb auf eine ausführliche Darstellung verzichtet wird.

3.3.2 Mengenerhöhendes Moral Hazard

Beim mengenerhöhenden Moral Hazard gilt die Annahme, dass die Höhe des Schadens L von den Schadenvermeidungsaktivitäten abhängt. Da die Schadenerstattung I von der Schadenhöhe L abhängig ist ($I = \alpha \cdot L$), wirkt sich eine Erhöhung des Schadens infolge reduzierter Schadenverhütung auch auf die Höhe der Erstattung aus. Damit ergibt sich ein externer Effekt, da der Versicherungsnehmer mit seiner Wahl von e nicht nur die Schadenhöhe $L(e)$ und damit seinen eigenen Erwartungsnutzen, sondern über die damit verbundene Erstattung $I = \alpha \cdot L(e)$ auch den Erwartungsnutzen des Versicherers beeinflusst.

Die Beobachtbarkeit der Schadenverhütung führt zu:

$$P = \pi \cdot \alpha \cdot L(e)$$

Als Optimierungsproblem gilt es, die folgende Zielfunktion zu maximieren, wobei α und e die Entscheidungsvariablen sind:

$$E(U(w)) = (1-p) \cdot U_1\left(w^a - P - e\right) + p \cdot U_2\left(w^a - L(e) - P + I - e\right)$$

$$= (1-p) \cdot U_1\left(w^a - \pi \cdot \alpha \cdot L(e) - e\right) + p \cdot U_2\left(w^a - L(e) - \pi \cdot \alpha \cdot L(e) + \alpha \cdot L(e) - e\right)$$

$$= (1-p) \cdot U_1\left(w^a - \pi \cdot \alpha \cdot L(e) - e\right) + p \cdot U_2\left(w^a - (1 + \pi \cdot \alpha - \alpha) \cdot L(e) - e\right)$$

Als First-Best-Optimum ergibt sich:

$\alpha = 1$, $e > 0$, wenn sich der Versicherer risikoneutral verhält und keine Kosten berücksichtigt werden, d. h. $\pi = p$,

$\alpha < 1$, $e > 0$, wenn sich der Versicherer risikoavers verhält, d. h. $\pi > p$.

Ist dagegen e für den Versicherer nicht beobachtbar, so sind die Prämien, zumindest ex ante, unabhängig von der individuellen Schadenverhütung und damit unabhängig von der Schadenhöhe. Dies gilt auch, wenn ex post aufgrund der Null-Gewinn-Bedingung die Prämie dem Erwartungswert des Schadens entsprechen muss, also $P = \pi \cdot \alpha \cdot L(e)$. Aus der Sicht des einzelnen Versicherungsnehmers ist die Prämie $P = \pi \cdot \alpha \cdot L$ aber unabhängig von e, so dass sich das Marktgleichgewicht bei Nichtbeobachtbarkeit von e durch folgendes Maximierungsproblem ergibt:

$$E(U(w)) = (1-p) \cdot U_1(w^a - P - e) + p \cdot U_2(w^a - L(e) - P + I - e)$$
$$= (1-p) \cdot U_1(w^a - \pi \cdot \alpha \cdot L - e) + p \cdot U_2(w^a - (1-\alpha) \cdot L(e) - \pi \cdot \alpha \cdot L - e)$$

Da aus der Null-Gewinn-Annahme (vollständige Konkurrenz, keine Transaktionskosten) folgt, dass $\pi = p$ ist, vereinfacht sich die Gleichung zu:

$$E(U(w)) = (1-p) \cdot U_1(w^a - p \cdot \alpha \cdot L - e) + p \cdot U_2(w^a - (1-\alpha) \cdot L(e) - p \cdot \alpha \cdot L - e)$$

Als Lösung ergeben sich daraus zwei Optimalbedingungen:

1. Die Bedingung erster Ordnung für α ergibt:

$$0 = (1-p) \cdot U_1' \cdot (-p \cdot L) + p \cdot U_2' \cdot (L(e) - p \cdot L)$$

Durch Umformung ergibt sich:

$$(1-p) \cdot U_1' \cdot p \cdot L = p \cdot U_2' \cdot (L(e) - p \cdot L)$$

$$\frac{1-p}{p} \cdot \frac{U_1'}{U_2'} = \frac{L(e) - p \cdot L}{p \cdot L}$$

Die vom Versicherer angenommene Schadenhöhe L entspricht im Gleichgewicht und unter Berücksichtigung der Null-Gewinn-Annahme der tatsächlichen Schadenhöhe $L(e)$ nach Abschluss des Versicherungsvertrags. Dies klingt paradox, da e ja dem Versicherer nicht bekannt ist, folgt aber aus der Annahme, dass ein Wettbewerbsgleichgewicht realisiert wird. Daraus folgt:

$$\frac{1-p}{p} \cdot \frac{U_1'}{U_2'} = \frac{1-p}{p}$$

bzw.

$$U'(w_1) = U'(w_2)$$

Dies impliziert Vollversicherung ($\alpha = 1$), denn nur bei Vollversicherung ist der Grenznutzen in beiden Umweltzuständen gleich hoch.

2. Die Bedingung erster Ordnung für e ist charakterisiert durch die Vernachlässigung des externen Effekts auf den Versicherer, weil der Versicherer den Umfang der Schadenverhütungsaktivitäten ex ante nicht kennt. Im Gleichgewicht ist die Grenzrate der Transformation zwischen e und L, d. h. $-de/dL = -1/L'(e)$, gleich der individuellen Grenzrate der Substitution, also:

$$\frac{-1}{L'(e)} = \frac{p \cdot U'(w_2) \cdot (1-\alpha)}{(1-p) \cdot U_1' + p \cdot U_2'} = \frac{p \cdot U'(w_2) \cdot (1-\alpha)}{E(U' \mid p)}$$

Da aus der ersten Optimalbedingung Vollversicherung ($\alpha = 1$) resultiert, ergibt sich:

$$\frac{-1}{L'(e)} = 0$$

Dies ist dann der Fall, wenn $e = 0$. Das Gleichgewicht ist also dadurch gekennzeichnet, dass keine Schadenverhütung vorgenommen wird. Dies ist auch unmittelbar plausibel.

Wenn der Versicherungsnehmer vollversichert ist, den Schaden, gleich in welcher Höhe, ohnehin nicht selbst trägt und außerdem davon ausgeht, dass auch seine Prämie unabhängig von seinen Aufwendungen für Schadenverhütung ist, so macht es für ihn keinen Sinn, Schadenverhütung zu betreiben. Denn bei Vollversicherung steht der Versicherungsnehmer bezüglich e vor dem folgenden Maximierungsproblem:

$$\max_e U(w^a - \pi \cdot L - e)$$

Da der Versicherungsnehmer die Prämie $\pi \cdot L$ als unabhängig von seinen individuellen Schadenverhütungsmaßnahmen e betrachtet, auch wenn dies ex post betrachtet nicht stimmt, ist offensichtlich der Nutzen maximal für $e = 0$.

Volkswirtschaftlich sieht das anders aus. Hier stellen die unterlassenen Schadenverhütungsmaßnahmen eine Verschwendung von Ressourcen durch vermeidbare Schäden dar. Diese Lasten müssen alle Versicherungsnehmer durch höhere Prämien tragen. Die unterbliebenen Schadenverhütungsaufwendungen wirken also wie ein externer Effekt.

Zusammenfassung: Asymmetrische Informationsverteilungen können das Erreichen eines Pareto-Optimums verhindern.

Graphisch lässt sich das Marktgleichgewicht wie folgt darstellen.

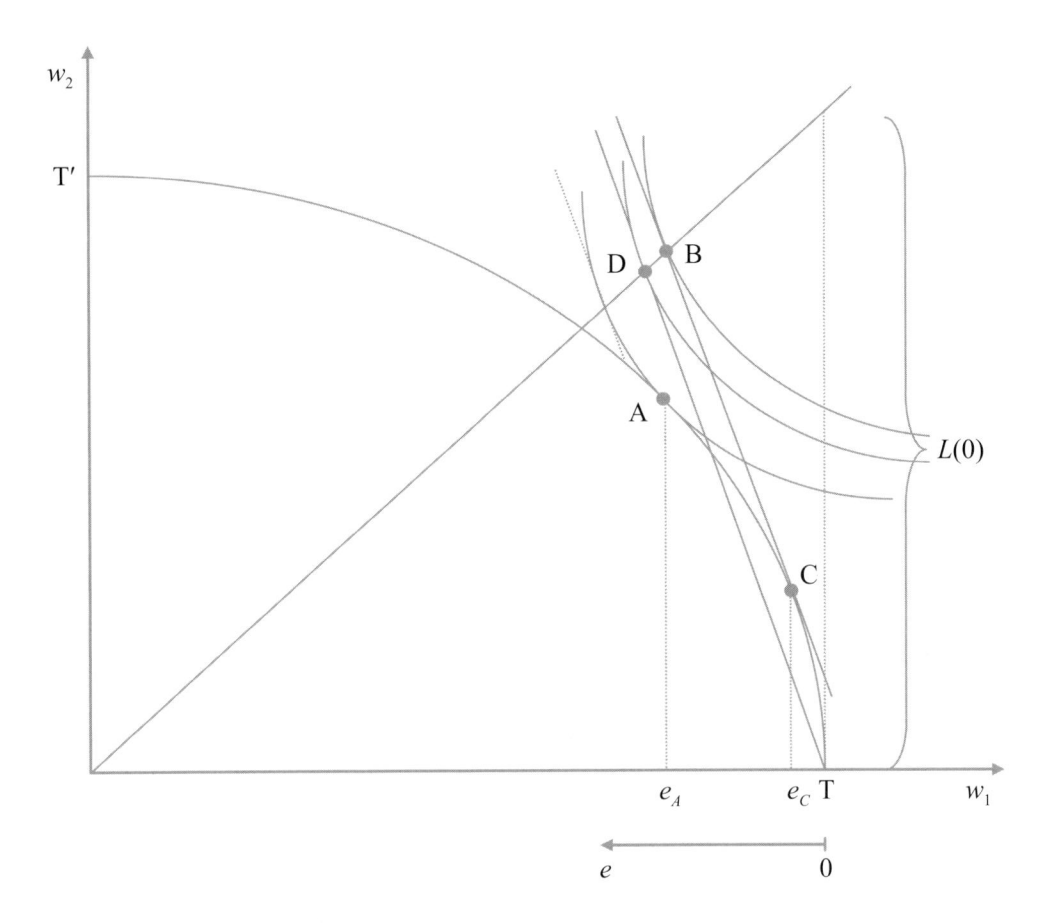

Abbildung 126: Mengenerhöhendes Moral Hazard

Die durch Variation von e alternativ erreichbaren Ausgangsverteilungen lassen sich durch die Transformationskurve TT' darstellen. Falls der Versicherungsnehmer nicht in Schadenverhütungsmaßnahmen investiert, ist seine Ausgangsverteilung durch den Punkt T gegeben, der Schaden ist maximal, d. h. der Schaden ist $L(0)$. Es ist zu beachten, dass bei der graphischen Darstellung von einem Totalverlust des Vermögens ausgegangen wird, wenn keine Schadenverhütung vorgenommen wird, d. h. $L(0) = w^a$. Je höher das Niveau der Schadenverhütung ist, desto weiter wandert die Ausgangsverteilung auf der Transformationskurve in Richtung T'. Der potentielle Schaden nimmt ab. Aber es nimmt auch das Endvermögen im Nicht-Schadenfall ab, da die Schadenverhütungsaktivitäten Ausgaben in Höhe von e verursachen.

Bestehen keine Versicherungsmöglichkeiten, so ergibt sich die optimale Schadenverhütung e_A entsprechend zu Punkt A dort, wo die Grenzrate der Transformation gleich der Grenzrate der Substitution ist, oder anders ausgedrückt, wo die Indifferenzkurve des Versicherungsnehmers die Transformationskurve TT' tangiert. Ohne die Möglichkeit der Versicherung beschreibt dies die Situation mit dem am höchsten erreichbaren Nutzen. A ist somit das First-Best Optimum, wenn es Versicherung nicht gibt.

Existiert demgegenüber ein Versicherungsmarkt, d. h. ist ein Versicherer bereit, einen Teil des Risikos gegen Austausch einer Prämie zu übernehmen, so ist die neue optimale Ausgangsverteilung C. Das optimale Niveau an Schadenverhütung hat sich auf e_C verringert, denn wie sich aus der Steigung der Versicherungsgeraden ergibt, ist die Effektivität der Versicherung als Instrument des Risikomanagements für Werte größer e_C höher als die Effektivität der Schadenverhütung. Die Steigung der Versicherungsgerade ist, wie weiter oben abgeleitet, das Verhältnis aus Nichtschadenwahrscheinlichkeit und Schadenwahrscheinlichkeit.

Es findet also eine Substitution von Schadenverhütung durch Versicherung statt, die jedoch eine Pareto-Verbesserung impliziert. Denn im Vergleich zur Situation A wird der Versicherungsnehmer durch den Risikotausch besser gestellt, ohne dass sich die Situation für den Versicherer verschlechtert (er realisiert weiterhin einen Null-Gewinn und verhält sich risikoneutral). Der Punkt B, dort wo die Steigung der Versicherungsgeraden (die der Grenzrate der Transformation des Versicherers entspricht) gleich der Grenzrate der Substitution des Versicherungsnehmers (Steigung der Indifferenzkurve) ist, charakterisiert die optimale Verteilung des Periodenendvermögens. Die Grenzrate der Substitution in B ist gleich der Grenzrate der Transformation in C. Punkt B wird bei Beobachtbarkeit der Schadenverhütungsmaßnahmen erreicht und stellt sowohl ein Marktgleichgewicht als auch ein Pareto-Optimum dar. B bezeichnet das First-Best-Optimum mit Versicherung. Ein höherer Nutzen, als auf der Indifferenzkurve, die durch B läuft, kann nicht erreicht werden. Allerdings kommt es nur zu B, wenn keine asymmetrischen Informationen vorliegen. Der Versicherer weiß, dass der Versicherungsnehmer in C investiert hat und sein Schaden im Schadenfall nicht $L(0)$, sondern $L(e_C)$ ist.

Das Auftreten von mengenerhöhendem Moral Hazard bei Nichtbeobachtbarkeit von Schadenverhütungsmaßnahmen führt schließlich dazu, dass der Versicherungsnehmer bei Abschluss eines Versicherungsvertrags seine Schadenverhütungsmaßnahmen auf 0 reduziert. Es gibt nämlich für den Versicherungsnehmer keinen Anreiz, überhaupt in Schadenverhütung zu investieren, da der Versicherer diese Aktivitäten wegen der asymmetrischen Informationsverteilung nicht beobachten kann. Der Schaden wird also im Schadenfall $L(0)$ sein. Die optimalen Aufwendungen für Schadenverhütungsaktivitäten sind $e = 0$. Der Versicher, der annahmegemäß keinen Verlust macht, bietet einen Kontrakt an, bei dem er dies berücksichtigt. Die Versicherungsgerade ist wieder bestimmt durch das Verhältnis von Nichtschadenwahrscheinlichkeit und Schadenwahrscheinlichkeit, hat aber ihren Anfangspunkt in T. Der Versicherungsnehmer kann sich durch Kauf von Versicherung entlang der Versicherungsgeraden TD bewegen. Er erreicht sein Nutzenmaximum bei D, indem er einen Vollversicherungsvertrag erwirbt. Das Marktgleichgewicht, d. h. Nutzenmaximum für den Versicherungsnehmer und Nullgewinn für den Versicherer, liegt dann in Punkt D. Das Niveau der dazugehörigen Schadenverhütung ist jedoch aus volkswirtschaftlicher Sicht suboptimal, was daran deutlich wird, dass D eine Pareto-Verschlechterung im Vergleich zum First-Best-Optimum B darstellt. Allerdings ist D immer noch dominant gegenüber dem Verzicht auf Versicherung in Punkt A, da die Indifferenzkurve, die durch D läuft, einen höheren Nutzen repräsentiert als jene durch A. Aufgrund der Überlegung, ob nicht doch durch einen anderen Kontrakt, den der Versicherer anbietet, ein höheres Nutzenniveau des Versicherungsnehmers bei asymmetrischen Informationen erreicht werden kann, wird D als Third Best Optimum bezeichnet.

Es stellt sich somit im Folgenden die Frage, ob und wie bei dem Informationsdefizit des Versicherers eine Pareto-Verbesserung gegenüber D möglich ist. Dabei gilt weiterhin die Annahme, dass der Versicherer die Schadenverhütungsmaßnahmen e nicht unmittelbar beobachten kann. Bei diesen Überlegungen hilft ein Tatbestand: Der Versicherer kann zwar e nicht beobachten. Aber er weiß aufgrund seiner Erfahrung, dass ein Versicherungsnehmer mit zunehmendem Versicherungsschutz weniger e investiert. Kauft er gar keine Versicherung, investiert er e_A. Ist er voll versichert, investiert er $e = 0$. Der Versicher kann also von der Höhe des gewählten Deckungsgrads auf das Schadenverhütungsniveau schließen.

Solche Schlussfolgerungen von beobachtbaren Größen auf nicht beobachtbare Größen werden als Orientieren an „Signalen" bezeichnet. Signale (wie bei der Eisenbahn) sind sichtbare Zeichen, die für etwas Unsichtbares stehen („das Signal zeigt grün, also ist die Strecke frei"). Die Rolle von Signalen wird in der so genannten *Signaling Theory* analysiert. Eine Frage ist dabei z. B., ob und unter welchen Bedingungen von einem hohen Preis auf eine hohe Qualität geschlossen werden kann. Auch einige Witze beruhen auf dem Signaling-Phänomen: Der Preis für Papageien hängt u. a. davon ab, wie schön sie sind und was sie alles können bzw. wie intelligent sie sind. Ein sehr hässlicher Papagei, von dem nicht bekannt war, was er konnte, wurde dennoch zu einem sehr hohen Preis angeboten, weil alle anderen Papageien in der Tierhandlung ihn mit „Chef" anredeten.

Die Bedingung für das optimale Niveau von e aus der Sicht des Versicherungsnehmers lautet:

$$\frac{-1}{L'(e)} = \frac{p \cdot U'(w_2) \cdot (1-\alpha)}{E(U' \mid p)}$$

Daraus folgt:

$$E(U' \mid p) = -p \cdot U'(w_2) \cdot L'(e) \cdot (1-\alpha)$$

Es ist ersichtlich, dass der Grenznutzen zusätzlicher Schadenverhütungsmaßnahmen mit zunehmendem Deckungsgrad α sinkt. Der Anreiz zur Schadenverhütung ist also umso geringer, je höher das Individuum versichert ist. Bei Vollversicherung ($\alpha = 1$) ist der Anreiz zur Schadenverhütung gleich 0. Im Allgemeinen kann der Versicherer von einem höheren Deckungsgrad auf ein geringeres Niveau an Schadenverhütung und damit auf einen höheren Erwartungsschaden schließen. Also gilt für das Signal Deckungsgrad:

$e = e(\alpha)$,

wobei i. d. R. gilt: $e'(\alpha) < 0$.

Hat der Versicherer Vorstellungen von den Präferenzen der Versicherungsnehmer und ihren Schadenverhütungstechnologien, so sollte er die Prämie in folgender Weise festlegen:

$P = \pi(\alpha) \cdot I(\alpha)$ mit $\pi'(\alpha) > 0$,

d. h. die Prämie sollte progressiv vom Deckungsgrad abhängen. Diesem Prämienverlauf liegt die Vorstellung des Versicherers zugrunde, dass der Versicherungsnehmer mit steigendem Deckungsgrad in ganz bestimmter Weise seine Schadenverhütung reduzieren wird und dass aufgrund des höheren Schadens eine höhere Prämie kostendeckend sein wird. Doch kann eine solche Prämienstruktur nur dann zum Gleichgewicht führen, wenn die ihr zugrunde liegenden Erwartungen über das Verhalten der Versicherungsnehmer durch deren tatsächliches Verhalten bestätigt werden. Daher wird im Folgenden von sich erfüllenden Erwartungen des Versicherers über die Schadenverhütung der Versicherungsnehmer ausgegangen. Es liegt damit die Struktur eines rationalen Erwartungsgleichgewichts vor.

Graphisch findet dieser Prämienverlauf darin seinen Ausdruck, dass der Versicherer dem Versicherungsnehmer, je nach dessen Wahl des Deckungsgrads, einen Punkt auf einer anderen Versicherungsgeraden anbietet, denn je nach Niveau der Schadenverhütung haben die Versicherungsgeraden einen anderen Ausgangspunkt auf der Transformationskurve TT'. Wählt der Versicherungsnehmer z. B. Vollversicherung, so wird der Versicherer richtigerweise davon ausgehen, dass der Versicherungsnehmer keine Schadenverhütung betreiben wird. Der Versicherer wird deshalb eine relativ hohe Prämie, charakterisiert durch die Gerade DT, verlangen. Bei einem niedrigen Deckungsgrad wird der Versicherer bereit sein, dem Versicherungsnachfrager eine günstigere Prämie anzubieten, da er selbst Schadenverhütung betreibt und dadurch seinen potentiellen Schaden reduziert. Eine solche Möglichkeit ist durch den Punkt F beschrieben, der auf der Geraden liegt, die parallel oberhalb der Geraden DT liegt. Die Menge aller durch Versicherung bei einem Prämienverlauf $P = \pi(\alpha) \cdot I(\alpha)$ erreichbaren Vermögensverteilungen ist dann durch die Kurve DFJ charakterisiert. Der pareto-optimale Punkt auf DFJ ergibt sich dort, wo der Erwartungsnutzen maximal ist, denn der Versicherer ist zwischen allen Punkten auf DFJ indifferent, da sein erwarteter Gewinn überall gleich

0 ist. Das Pareto-Optimum liegt im Punkt F, wo sich die Kurve der Versicherungsmöglichkeiten und die Indifferenzkurve tangieren. Aus der analytischen Lösung zeigt sich, dass im Optimum α kleiner als 1 sein muss und damit e größer als 0. Außerdem zeigt sich, dass das Second-Best-Optimum immer eine Pareto-Verbesserung relativ zum Marktgleichgewicht D darstellt. Andererseits stellt – wie zu erwarten war – auch das Second-Best-Optimum eine Pareto-Verschlechterung relativ zum First-Best-Optimum im Punkt B dar.

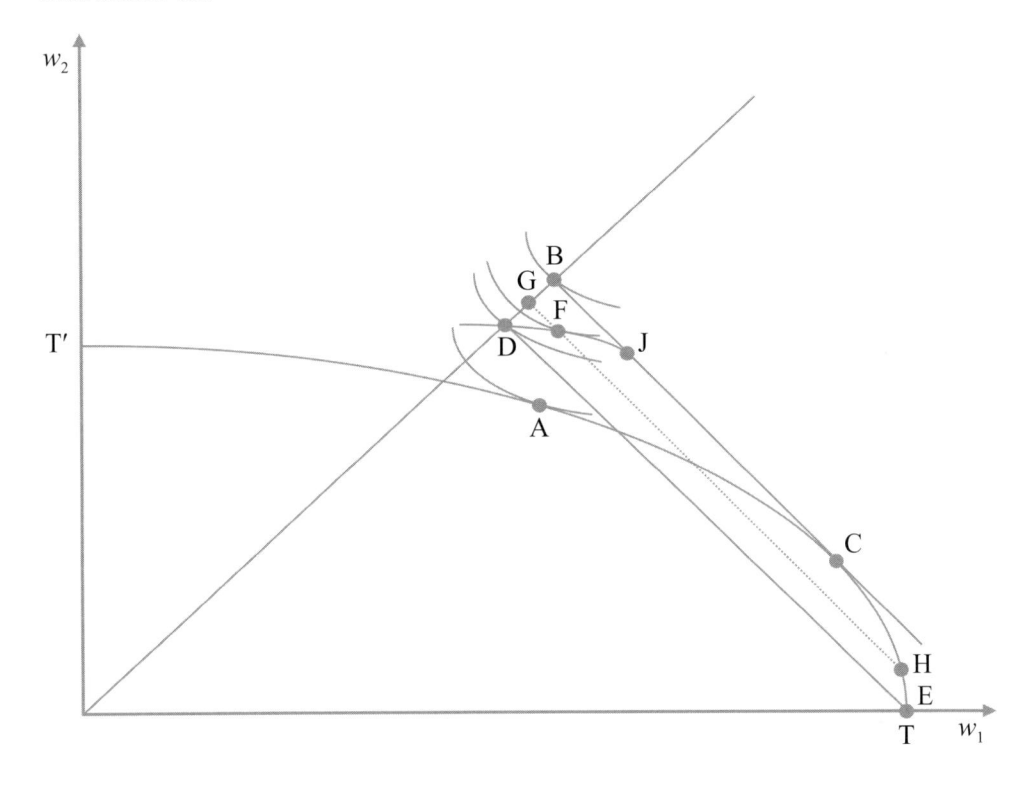

Abbildung 127: Second-best-optimaler Risikotausch bei mengenerhöhendem Moral Hazard

Es hat sich gezeigt, dass das mengenerhöhende Moral Hazard dann zu einer Fehllokation der Ressourcen führt, wenn die Schadenverhütungsmaßnahmen durch den Versicherer nicht beobachtbar sind. Der Versicherer kann jedoch durch einen mit der Schadenleistung progressiv verlaufenden Prämientarif den Versicherten veranlassen, Schadenverhütung zu betreiben, wodurch eine Pareto-Verbesserung, nämlich ein Second-Best-Optimum herbeigeführt wird. Das First-Best-Optimum ist jedoch nur zu erreichen, wenn der Versicherte gezwungen ist, seine Schadenverhütungsaktivitäten offenzulegen. Die Probleme, die sich durch das mengenerhöhende Moral Hazard ergeben, treten analog auch beim risikoerhöhenden Moral Hazard auf.

3.4 Staatliche Regulierung bei Moral Hazard

Fehlallokation aufgrund von Marktversagen wirft immer die Frage auf, ob der Staat eingreifen sollte. Bei der Existenz von asymmetrischen Informationen kann es zu Moral Hazard und damit zu externen Effekten kommen. Was kann mit Hilfe von staatlichen Instrumenten erreicht werden, um die Allokation zu verbessern? Führt der staatliche Eingriff unter Abwägung aller Aspekte wirklich zu einer verbesserten Allokation? Dabei ist zu berücksichtigen, dass der Staatseingriff selbst häufig nicht kostenlos ist (Administrationskosten, Kontrollkosten) und „Nebenwirkungen" haben kann, die sich erst im Laufe der Zeit herausstellen. Dem Phänomen des Marktversagens ist somit das Phänomen des Staatsversagens gegenüberzustellen.

In den weiteren Ausführungen wird die erste Frage beantwortet: Was kann der Staat grundsätzlich tun? Bei der zweiten Frage handelt es sich eher um eine empirische Frage.

Die allokative Rolle des Staats lässt sich aus den obigen Überlegungen wie folgt ableiten:

(1) **Staat als Versicherer** (*Verbotslösung*)

Eine staatliche Aufgabe ergibt sich offensichtlich dann, wenn ein Versicherungsmarkt für ein Risiko nicht zustande kommt. Hierauf hat erstmals *Gottfried Wilhelm Leibniz* in seiner Denkschrift an Kaiser *Leopold I.* hingewiesen: Er forderte die Einrichtung von „öffentlichen Assekuranzen", welche die Bevölkerung vor allem gegen Elementarschäden (Feuer und Hochwasser) schützen und als Kapitalsammelstellen dienen sollten. *Leibniz* hielt diese Kassen für notwendig, da sie sich auf dem Markt nicht von selbst bildeten, und – nach Meinung von *Leibniz* – nur sie dazu in der Lage wären, effektive Schadenvorsorge und Schadenbegrenzung zu leisten (z. B. durch Dämme, Brandschutz). 1968 hat *Kenneth J. Arrow* diesen Gedanken in einem berühmten Aufsatz zum Thema Moral Hazard in der American Economic Review erneut formuliert. Dieser Aufsatz führte zu einer Kontroverse mit *Mark Pauly*, der seine Position ebenfalls in der American Economic Review wiedergab. Der Unterschied zwischen beiden bestand vor allem darin, dass *Arrow* das Moral Hazard-Verhalten für moralisch verwerflich ansah, während es *Pauly* für rationales Verhalten hielt.

Nach der Auffassung von *Leibniz* und *Arrow* sollte der Staat bei Moral-Hazard-Verhalten eingreifen, um eine Versorgung mit dem Gut Versicherung zu gewährleisten. Der Staat als monopolistischer Anbieter ist in der Lage, die Gesamtnachfrage eines Individuums nach Versicherungsschutz zu beobachten und dadurch gegebenenfalls dessen Nachfrage zu rationieren. Hierdurch könnte er dazu beitragen, dass das Moral Hazard-Verhalten des Individuums begrenzt wird. Dies setzt jedoch eine Unterbindung von ex post Moral Hazard sowie von Zusatzversicherungen voraus. Diese Form der Korrektur externer Effekte erfordert erhebliche staatliche Eingriffe in den privatwirtschaftlichen Versicherungsmarkt, denn der Wettbewerb zwischen privaten Versicherern wird durch ein staatliches Monopol ersetzt. Auf obiger Argumentation beruht im Übrigen die Gründung Landschaftlicher und Provinzialer Brandkassen, aus denen die öffentlich-rechtlichen Versicherer der heutigen Zeit entstanden sind.

(2) **Besteuerung der Prämien** (*Steuerlösung*)

Die so genannte „Pigou-Lösung" zur fiskalischen Korrektur externer Effekte belässt den Wettbewerb zwischen den privaten Anbietern und versucht die Versicherungsnachfrage durch Besteuerung zu beschränken. Dazu wird dem Verursacher negativer externer Effekte eine Steuer auferlegt, um das Niveau der Aktivität, die mit dem externen Effekt verbunden ist, auf das gesamtwirtschaftlich optimale Niveau zu senken. Die Pigou-Steuer soll dabei steueraufkommensneutral sein, d. h. die Steuereinnahmen werden wieder ausgeschüttet.

Wird die Prämie gemäß der Formel

$$P_i = \pi \cdot I_i$$

berechnet, mit $i = 1,...,n$, wobei n der Anzahl Verträge entspricht, und der proportionale Steuersatz mit t und die fixe Subvention pro Versicherungsnehmer mit S bezeichnet werden, so folgt

$$P_i = t \cdot (\pi \cdot I_i - S)$$

S wird dabei vom Staat so festgelegt, dass es in der Summe den Steuereinnahmen entspricht:

$$\sum_{i=1}^{n} t \cdot (\pi \cdot I_i - S) = \sum_{i=1}^{n} S$$

Auf der linken Seite dieser Gleichung stehen die gesamten Steuereinnahmen. Auf der rechten Seite sind die gesamten Subventionsbeträge, wobei gilt:

$$\sum_{i=1}^{n} S = n \cdot S$$

Durch Ausmultiplizieren von $\sum_{i=1}^{n} t \cdot (\pi \cdot I_i - S) = n \cdot S$ folgt:

$$t \cdot \pi \cdot \sum_{i=1}^{n} I_i - t \cdot n \cdot S = n \cdot S,$$

da t und π gegeben sind. Wird die Gleichung nach S aufgelöst, ergibt sich:

$$S = \frac{t \cdot \pi \cdot \sum_{i=1}^{n} I_i}{(1+t) \cdot n}$$

Wird die Prämienfunktion mit Pigou-Steuer in das Modell der optimalen Versicherungsnachfrage eingesetzt, folgt das plausible Ergebnis, dass die proportionale Besteuerung der Versicherungsprämie dazu führt, dass ein Anreiz zu einer geringeren Versicherungsnachfrage und damit zu vermehrter Schadenverhütung besteht als bei Nichtbesteuerung. Der Anreiz zur Schadenverhütung wird auch durch den folgenden Punkt unterstützt.

(3) **Fiskalische Begünstigung von Schadenverhütungsmaßnahmen und Schadenverhütungsgütern**

Durch die fiskalische Begünstigung von Schadenverhütungsmaßnahmen und Schadenverhütungsgütern (z. B. durch Subventionen oder reduzierte indirekte Steuern) wird deren Einsatz gefördert. Der relative Preis der Maßnahmen und Güter wird im Verhältnis zum Preis von Versicherungsschutz gesenkt. Die Folge ist ein Anreiz für vermehrte Schadenverhütungs- und -begrenzungsaktivitäten. Der externe Effekt aufgrund von Moral Hazard wird reduziert.

4 Adverse Selection und staatliche Regulierung

4.1 Vorbemerkungen

Adverse Selektion kann mit „negativer Risikoselektion" übersetzt werden und kennzeichnet die Situation, dass bei einer asymmetrischen Informationsverteilung zwar der Versicherungsnehmer über seine eigene Schadenwahrscheinlichkeit informiert ist, der Versicherer die Schadenwahrscheinlichkeit des Versicherungsnehmers jedoch nicht kennt. Dies wird zusätzlich dadurch verstärkt, dass Versicherungsnachfrager mit einer hohen Schadenwahrscheinlichkeit versuchen, eine niedrigere Schadenwahrscheinlichkeit vorzutäuschen. Die Unkenntnis der wahren Risikoklasse der Versicherungsnehmer führt dazu, dass der Versicherer gezwungen ist, eine *Mischkalkulation* vorzunehmen, die wiederum dazu führen kann, dass gute Risiken abwandern.

Das Problem der negativen Risikoselektion ergibt sich, wenn der Versicherer Individuen mit unterschiedlichen Risiken versichert, ohne zu wissen, ob ein bestimmtes Individuum ein hohes oder niedriges Risiko besitzt. Die Durchschnittstarifierung des Versicherers führt dazu, dass guten Risiken zu hohe und schlechten Risiken zu niedrige Prämien in Rechnung gestellt werden. Dies hat zur Folge, dass gute Risiken zu wenig und schlechte Risiken zu viel Versicherungsschutz nachfragen.

Sowohl Moral Hazard als auch Adverse Selection treten bei asymmetrischer Informationsverteilung auf, bei der die klassischen Entscheidungsregeln versagen. Folgende Begriffe haben einen Bezug zur Theorie der asymmetrischen Informationsverteilung:

- Principal-Agent-Theorie
- externe Effekte
- Goodwill
- Insider Trading
- Schattenwirtschaft
- Signaling-Theorie sowie
- Versicherungsmärkte

(a) **Principal-Agent-Theorie**

Bei der Principal-Agent-Theorie werden vertragliche Vereinbarungen untersucht, die zwischen einem Principal (hier: das Versicherungsunternehmen) und einem Agent (hier: der Versicherungsnehmer) geschlossen werden. Dabei besteht zwischen den Vertragsparteien eine Leistungs- und Gegenleistungspflicht (hier: Versicherungsvertrag) sowie eine Nichtbeobachtbarkeit des Verhaltens des Agents durch den Principal. Die Wahl der optimalen Vertragsform hängt dabei wesentlich von der Risikoneigung der Vertragspartner und Sanktionsmöglichkeiten der Verhaltensweisen ab.

(b) **Externe Effekte**

Unter bestimmten Voraussetzungen sind vom Konsum des Guts Versicherungsschutz auch andere als der Versicherungsnehmer selbst betroffen, beispielsweise, weil sich durch Versicherung die Risikoneigung der Versicherungsnehmer verändert, z. B. indem diese zusätzliche Risiken eingehen. Sind derartige externe Effekte auf Versicherungsmärkten vorhanden, so impliziert dies, dass ein freier Wettbewerb nicht mehr zwangsläufig zu einer optimalen Ressourcenallokation führt und dass es zu Marktversagen kommt. Die Notwendigkeit der Internalisierung dieser externen Effekte führt zur Forderung einer staatlichen Regulierung. Allerdings kann bei Staatseingriffen das Phänomen des Staatsversagens auftreten. Hervorzuheben ist in diesem Zusammenhang das Coase-Theorem, nach dem bei vollständiger Information jeder externe Effekt internalisiert werden kann.

(c) **Goodwill**

Goodwill ist der Wert eines Firmennamens. Im Rahmen der ökonomischen Theorie bezeichnet Goodwill das Phänomen, dass eine Vertragsseite die asymmetrische Informationsverteilung zu ihren Gunsten ausnutzen könnte, dies aber aus längerfristigem Kalkül nicht tut. Beispielsweise könnte ein Versicherungsunternehmen Produkte anbieten, die für den Versicherungsnehmer einen geringen Wert haben. Jedoch muss das Unternehmen bedenken, dass es hierdurch auf Dauer dem Firmennamen schadet und in der Folge Geschäft verliert.

(d) **Insider Trading**

Auf Finanzmärkten sind bestimmte Personen (z. B. Aufsichtsräte, Wirtschaftsprüfer) im Besitz von umfangreicheren oder besseren Informationen als andere Personen. Die Nutzung dieses Informationsvorsprungs wird jedoch auf allen relevanten Finanzmärkten gesetzlich sanktioniert.

(e) **Schattenwirtschaft**

Die Schattenwirtschaft – auch Schwarzarbeit, Tauschwirtschaft oder inoffizielle Arbeit genannt – hat mittlerweile aufgrund der starken Belastung der regulären Arbeit mit Steuern und Sozialabgaben einen erheblichen Umfang erreicht und ist im Laufe der Zeit von rund 2 % des Bruttosozialprodukts vor 1960 auf derzeit rund 15 % gestiegen. Von Schattenwirtschaft wird gesprochen, wenn die Vertragspartner Informationen an einer dritten Partei, die an den Informationen ein wesentliches Interesse hat (i. d. R. der Staat als Steuer- oder Sozialversicherungsabgabenempfänger), mehr oder weniger bewusst vorbeiführen, so dass diese dritte Partei aufgrund des Informationsverlusts Schaden erleidet.

(f) **Signaling-Theorie**

Signale werden als Repräsentanten für bestimmte Informationen eingesetzt, die nicht direkt beobachtbar sind und deshalb auch nicht zutreffend sein müssen (z. B. Preis als Qualitätsindikator).

(g) **Versicherungsmärkte**

Während Versicherer und Versicherungsnehmer bestimmte Vorstellungen über Schadenwahrscheinlichkeiten, Schadenhöhen und Umweltzustände haben, ist es dem Versicherer in aller Regel nicht möglich, diese dem einzelnen Risiko zuzuordnen, da die Tatbestände, die das Einzelrisiko beeinflussen, für den Versicherer nicht beobachtbar sind. Hinzu kommt, dass das Vorhandensein eines Versicherungsvertrags das Verhalten des Versicherungsnehmers beeinflusst.

Folgende Phänomene können unterschieden werden:

Kriterium / Phänomen	Moral Hazard	Adverse Selection
Schadenwahrscheinlichkeit	Risikoerhöhendes Moral Hazard	Differenz in der Schadenwahrscheinlichkeit
Schadenhöhe	Schadenerhöhendes Moral Hazard	Differenz in der Schadenhöhe

Abbildung 128: Phänomene aufgrund asymmetrischer Informationen

Spieltheoretisch kann gezeigt werden, dass sich diese Phänomene auf Versicherungsmärkten einstellen werden, wenn asymmetrische Informationsverteilung vorliegt. Dies gilt auch dann, wenn es zu Wohlfahrtsverlusten für alle Beteiligten kommt. Einerseits kommt es aufgrund des Versicherungsabschlusses zu mehr Schäden als bei Nichtvorhandensein von Versicherung, andererseits fallen Kontrollkosten und Vertragsstrafen an.

Im Folgenden soll untersucht werden, auf welche Weise Adverse Selection zu suboptimalen Allokationen führt.

Die Analyse basiert auf dem in diesem Kapitel entwickelten Modellrahmen. Dazu wird jedoch eine bisher zentrale Annahme aufgegeben. In der bisherigen Analyse wurde davon ausgegangen, dass alle Individuen identisch sind, daher konnte die Gesamtheit der Versicherungsnachfrager durch nur einen repräsentativen Versicherungsnachfrager beschrieben werden. Im Folgenden wird unterstellt, dass die Individuen nicht identisch sind, sondern sich in einer bestimmten Eigenschaft unterscheiden: Die Individuen weisen Risiken mit unterschiedlichen Schadenwahrscheinlichkeiten auf. Die Schadenwahrscheinlichkeiten sollen jedoch nicht durch die Individuen beeinflussbar sein, sondern seien exogen gegeben. Beibehalten wird die Annahme der asymmetrischen Informationsverteilung. Vereinfachend wird unterstellt, dass es nur zwei mögliche Schadenwahrscheinlichkeiten gibt: Individuen mit einer hohen Schadenwahrscheinlichkeit p^h (h = „high") werden als „schlechte Risiken" bezeichnet, diejenigen mit einer geringen Schadenwahrscheinlichkeit p^l (l = „low") als „gute Risiken" ($p^h > p^l$). Bis auf diesen Unterschied in der Schadenwahrscheinlichkeit seien alle Individuen identisch.

Aus

$$\frac{dw_2}{dw_1} = -\frac{(1-p^i)}{p^i} \cdot \frac{U'(w_1)}{U'(w_2)}, \text{ mit } i = l, h,$$

folgt, dass die Steigung der Indifferenzkurven der guten Risiken in jedem Punkt steiler ist als die der schlechten Risiken.

Die Annahmen über die Versicherungsanbieter bleiben unverändert.

4.2 Versicherung bei Kenntnis der Risikotypen (First-Best-Situation)

Da der Versicherer bei Kenntnis der Risikotypen beobachten kann, welche Schadenwahrscheinlichkeit jedes Individuum hat, ist er in der Lage, von jedem Versicherungsnehmer eine risikoadäquate Prämie zu verlangen. Die optimale Vermögensverteilung ist also gegeben durch folgendes Maximierungsproblem:

Maximiere

$$U^l(k^l) = (1-p^l) \cdot U(w_1^l) + p^l \cdot U(w_2^l)$$

und

$$U^h(k^h) = (1-p^h) \cdot U(w_1^h) + p^h \cdot U(w_2^h),$$

unter der Nebenbedingung

$$E(G) = E(G^l) + E(G^h)$$
$$= \eta \cdot \left[(1-p^l) \cdot P^l - p^l \cdot (I^l - P^l)\right] + (1-\eta) \cdot \left[(1-p^h) \cdot P^h - p^h \cdot (I^h - P^h)\right] \geq 0,$$

mit k^l = Vertrag (Kontrakt) für schlechte Risiken und k^h = Vertrag für gute Risiken. (w_1^l, w_2^l) ist die Verteilung des Periodenendvermögens, das die guten Risiken durch den Kontrakt k^l erreichen, mit $w_1^l = w^a - P^l$ und $w_2^l = w^a - L - P^l + I^l$. Dies gilt für

(w_1^h, w_2^h) analog. η bezeichnet den Anteil der guten Risiken an der Gesamtheit der Versicherten, $(1-\eta)$ dementsprechend den Anteil der schlechten Risiken.

Das First-Best-Optimum ergibt sich durch Maximierung des Erwartungsnutzens der guten und schlechten Risiken unter der Nebenbedingung eines gegebenen Erwartungsnutzens des Versicherers. Da wiederum davon ausgegangen wird, dass der Versicherer risikoneutral ist und keine Transaktions- und Verwaltungskosten anfallen, kann der Erwartungsnutzen des Versicherers durch seinen erwarteten Gewinn $E(G)$ abgebildet werden.

Exkurs:

Bei Risikoneutralität des Versicherers gilt für seine Nutzenfunktion $U(G)$: $U' = konst.$ Bei Normierung auf $U' = 1$, die erlaubt ist, da U nur bis auf eine positive lineare Transformation definiert ist, ergibt sich für die Erwartungsnutzenfunktion des Versicherers der erwartete Gewinn als *Zielfunktion*.

Aus der mit Hilfe des Lagrange-Ansatzes gefundenen Optimalbedingung folgt:

$U'(w_1^l) = U'(w_2^l)$ und damit $w_1^l = w_2^l$ sowie

$U'(w_1^h) = U'(w_2^h)$ und damit $w_1^h = w_2^h$

Die Erreichung eines First-Best-Optimums erfordert also, dass alle Individuen, ob gute oder schlechte Risiken, *vollversichert* sind und der Versicherer dabei insgesamt betrachtet keinen Verlust macht.

Für die graphische Darstellung ist damit klar, dass die Kontrakte im First-Best-Optimum sowohl für die guten als auch für die schlechten Risiken auf der Sicherheitsgeraden liegen werden. In der Abbildung ist der Ausgangspunkt für das repräsentative Individuum in beiden Risikogruppen mit A und die optimalen Kontrakte mit (k_0^l, k_0^h) angegeben. Dieses separate Gleichgewicht ist ein First-Best-Optimum.

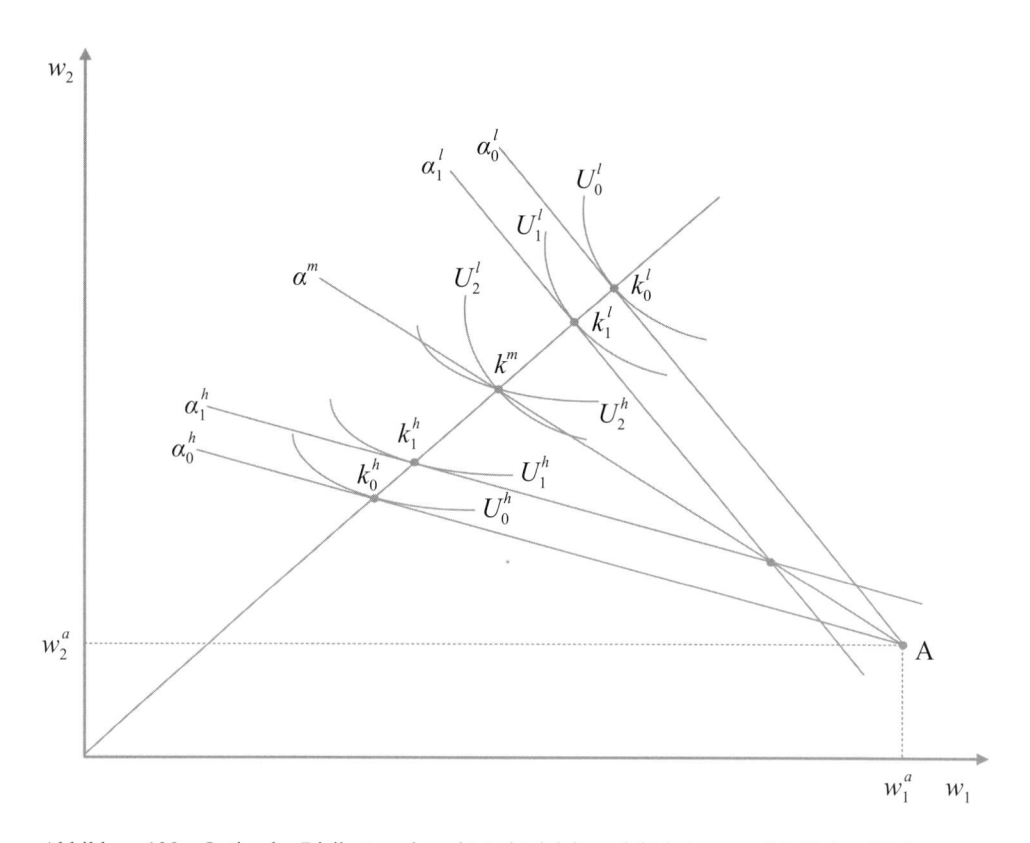

Kapitel IV Analyse der Versicherungsnachfrage und des Versicherungsangebots

Abbildung 129: Optimaler Risikotausch und Marktgleichgewicht bei unterschiedlichen Risikotypen in einer First-Best-Situation

Außerdem muss der Gesamtgewinn aus den Versicherungskontrakten der guten und schlechten Risiken 0 sein. Dies ist für den bislang behandelten Fall eindeutig. Denn sowohl für die schlechten als auch für die guten Risiken ist der erwartete Gewinn des Versicherers Null. Sowohl die guten als auch die schlechten Risiken erhalten Kontrakte zu fairen Prämien.

Das entstandene Marktgleichgewicht ist first-best-optimal: Bei Kenntnis der Risiken ergibt sich kein externer Effekt. Es werden daher keine staatlichen Eingriffe erforderlich, um die Allokation zu verbessern.

Dennoch kann es wünschenswert sein, ein First-Best-Optimum mit einer anderen Vermögensverteilung zu realisieren. Beispielsweise kann es sozialpolitisch beabsichtigt sein, die schlechten Risiken besser zu stellen, als es ihrer Situation bei Versicherung zu fairen Prämien entspricht. Im einfachsten Fall belastet der Staat die guten Risiken mit einer vom Versicherungsumfang unabhängigen Steuer und subventioniert aus dem

Steueraufkommen die schlechten Risiken. Graphisch kann dies durch die Versicherungsgeraden α_1^l und α_1^h dargestellt werden.

Auch ein Marktversicherer könnte überlegen, ob er durch eine Mischkalkulation weiterhin ein Angebot unterbreiten kann, dass die Bedingung eines Nullgewinns ermöglicht. Es folgt eine Untersuchung von weiteren Fälle, in denen die Summe des erwarteten Gewinns aus der Versicherung der guten Risiken $E(G^l)$ und der schlechten Risiken $E(G^h)$ gleich 0 ist. Dies ist dann der Fall, wenn die Gewinne aus der Versicherung der guten Risiken die Verluste aus der Versicherung der schlechten Risiken gerade ausgleichen. Über die Versicherung findet dabei also eine Umverteilung zwischen guten und schlechten Risiken statt.

Ein solches Angebot wäre durch das Kontraktpaar (k_1^l, k_1^h) gegeben.

Offenbar ist die Gerade α^m der geometrische Ort aller Kontrakte, die zu einem Gewinn von 0 führen, wenn die zugehörigen Kontrakte $(k_0^l, k_0^h; k_1^l, k_1^h; ...; k^m)$ sowohl von den guten als auch von den schlechten Risiken gekauft werden. Ihre Steigung ist durch die gewichtete Summe der Schadenwahrscheinlichkeiten der beiden Versichertentypen gegeben.

$$-\frac{1-p^m}{p^m},$$

mit $p^m = \eta \cdot p^l + (1-\eta) \cdot p^h$

Das Vereinende Gleichgewicht k^m ist auch ein First-Best-Optimum, wenn die Versicherungsnehmer einen Versicherungsschutz entsprechend dieses Punktes wählen würden oder hierzu durch eine entsprechende Regulierung gezwungen würden. Bietet aber auf einem freien Markt ein Versicherer einen Tarif entsprechend der Geraden α^m an, so werden die Marktteilnehmer sich nicht für k^m entscheiden. Die schlechten Risiken würden eine Überversicherung wollen, d. h. einen Punkt oberhalb der Sicherheitslinie und die guten Risiken würden sich unterversichern. Im Ergebnis käme es zu einem Verlust des Versicherers aufgrund der Erhöhung der Versicherungsnachfrage der schlechten Risiken und einer Reduzierung der Versicherung der guten Risiken. Der Versicherer müsste dann zur Erreichung eines Nullgewinns den Tarif erhöhen, was eine Drehung der Versicherungsgeraden α^m um den Punkt A in Richtung α_0^h bedeutet. Zum Schluss bleiben nur noch die schlechten Risiken im Bestand des Versicherers, während die guten Risiken ihre Versicherungsnachfrage reduzieren oder total einschränken. Hierin besteht genau das Wesen des Adverse Selection Phänomens. Bei einem Einheitstarif werden die guten Risiken sich nach anderen und günstigeren Risikomanagementinstrumenten als Versicherung umschauen. Versicherung ist für sie zu teuer. Die Risiken werden dann nicht mehr optimal alloziert. Nur wenn den schlechten Risiken verboten wird, sich über- und den guten Risiken verboten wird, sich unterzuversichern, kann der Misch- bzw. Subventionstarif gelingen. Dies ist die Begründung für Pflichtversicherungsregeln, Überversicherungsverbot und Versicherungspflicht.

Sind in einem freien Markt die Risikotypen bekannt und können durch Versicherer identifiziert werden, werden neue Versicherer in den Markt strömen, die dann einen Tarif für gute Risiken anbieten und nur diese (z. B. nach einer genauen Risikoprüfung) versichern.

Zusammenfassung:

Bei verschiedenen Risikotypen gibt es mehrere First-Best-Optima entlang der Sicherheitslinie. Aber nur ein separierendes Optimum ist als Gleichgewicht stabil. Denn im Marktgleichgewicht und bei Kenntnis der Risikotypen werden Wirtschaftssubjekte mit hohen bzw. geringen Risiken ihren Erwartungsnutzen getrennt voneinander maximieren, d. h. es kommt zu keiner Subventionierung (k_0^l, k_0^h). Versicherer mit einer Mischkalkulation versichern am Ende nur noch schlechte Risiken.

4.3 Versicherung bei Unkenntnis der Risikotypen (Second-Best-Situation)

Nun wird unterstellt, dass eine asymmetrische Informationsverteilung zwischen Versicherer und Versicherungsnehmer herrscht: Der Versicherungsnehmer kennt seine Schadenwahrscheinlichkeit, der Versicherer kennt sie nicht. Die Erreichung eines First-Best-Optimums setzt voraus, dass die guten Risiken auch tatsächlich den ihnen zugedachten Vertrag k^l und die schlechten Risiken den Vertrag k^h kaufen. Bei vollständiger Information wird das dadurch sichergestellt, dass die Versicherer die Versicherungsnehmer identifizieren können und den guten Risiken eben nur k^l, den schlechten Risiken nur k^h anbieten. Ist dem Versicherer jedoch nicht bekannt, welches Individuum welche Schadenwahrscheinlichkeit hat, so kann er nicht ausschließen, dass ein Kontrakt, der nur für gute Risiken bestimmt ist, auch von schlechten gekauft wird.

Würde der Versicherer beispielsweise die im Marktgleichgewicht bei vollständiger Information gegebenen Kontrakte (k_0^l, k_0^h) anbieten, so würden alle Individuen den Kontrakt k_0^l nachfragen, da sowohl die guten als auch die schlechten Risiken k_0^l gegenüber k_0^h vorziehen. Das first-best-optimale Kontraktpaar (k_0^l, k_0^h) ist also unter der Informationsbeschränkung des Versicherers gar nicht mehr erreichbar. In dieser Situation ist nur noch ein Suboptimum (nur schlechte Risiken werden versichert) oder ein Second-Best-Optimum möglich. Für ein Second-Best-Optimum müssen die Kontraktangebote so gestaltet sein, dass sichergestellt ist, dass sie ausschließlich von den Risiken nachgefragt werden, für die sie bestimmt sind.

Aufgrund der Nichtbeobachtbarkeit der Schadenwahrscheinlichkeit kann die Versicherung nur einen einheitlichen Prämiensatz verlangen. Bei diesem Prämiensatz werden sich die schlechten Risiken überversichern, weil der Prämiensatz unter ihrer Schadenwahrscheinlichkeit liegt, und die guten Risiken unterversichern, weil ihnen der Versicherungsschutz zu teuer ist. Im Extremfall versichern sich die guten Risiken gar nicht, wie bereits oben ausgeführt wurde.

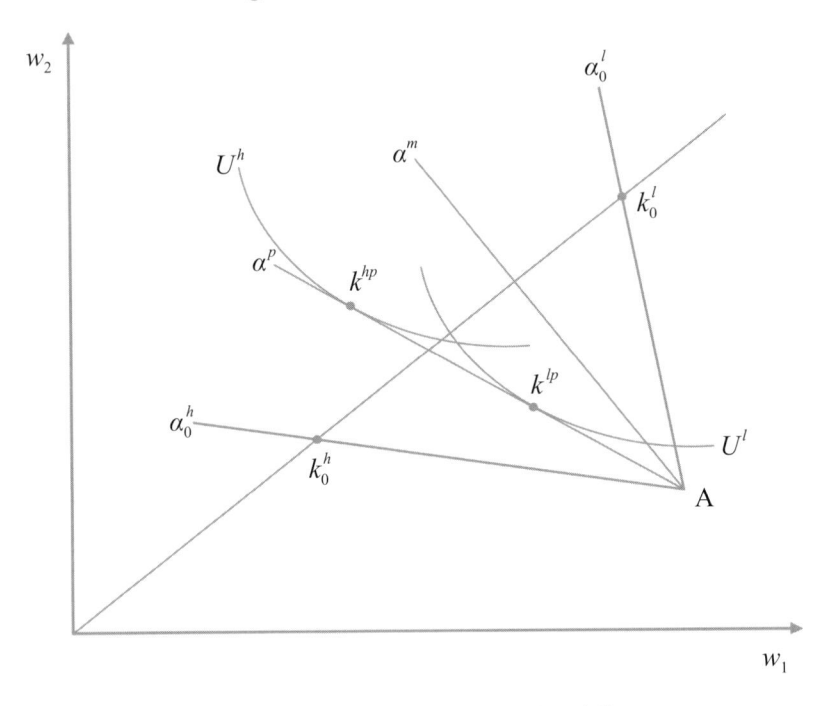

Abbildung 130: Preis-Gleichgewicht bei Unkenntnis der Risikotypen

Im Marktgleichgewicht verläuft die Versicherungsgerade α^p flacher als α^m, denn die schlechten Risiken fragen zu diesem Austauschverhältnis mehr Versicherungsschutz nach als die guten, so dass sich insgesamt die Risikostruktur verschlechtert. Auch als adverse Selektion der Risiken bezeichnet.

Ein Kontraktpaar (k^l, k^h) muss also derart gestaltet sein, dass jeder Risikotyp l und h den Vertrag wählt, der ihm zugedacht ist. D. h., dass der ausschließlich für die guten Risiken bestimmte Kontrakt k^l nicht auch von den schlechten Risiken gewählt wird, sondern diese den ihnen zugedachten Vertrag k^h vorziehen. Es muss also gelten:

$$U^h(k^h) \geq U^h(k^l),$$

wobei

$$U^h(k^h) = (1-p^h) \cdot U^h(w^a - P^h) + p^h \cdot U^h(w^a - L - P^h + I^h)$$

$$U^h(k^l) = (1-p^h) \cdot U^h(w^a - P^l) + p^h \cdot U^h(w^a - L - P^l + I^l)$$

Erfüllt ein Kontraktpaar (k^l, k^h) diese Bedingung, so identifizieren sich die Individuen durch ihre Versicherungsnachfrage von selbst als gute oder schlechte Risiken. Dieses Kontraktpaar fungiert somit als „Self-Selection-Device".

Die Self-Selection-Bedingung (auch Rothshild-Stiglitz Separating Optimum genannt) ist auch deshalb von besonderem Interesse, weil sie das Wirken eines externen Effekts beschreibt: Ist den schlechten Risiken ein Vertrag k_0^h zugedacht (Vollversicherung), so ist für die guten Risiken nur noch Vertrag k_1^l möglich (Unterversicherung), der von den schlechten Risiken als äquivalent angesehen wird, da er auf der gleichen Indifferenzkurve liegt wie k_0^h. Dies bedeutet – um es noch einmal anders zu formulieren – dass ein Second-Best-Optimum erreicht wird, wenn der Versicherer den Tarif α_0^l anbietet für eine Versicherungsnachfrage bis zum Schnittpunkt der Indifferenzkurve U_0^h mit der Versicherungsgeraden α_0^l. Wer mehr Versicherungsschutz nachfragt, erhält hingegen einen teureren Tarif α_0^h. Dieser Sprung bzw. diese Unstetigkeitsstelle in der Versicherungsgeraden führt dazu, dass die schlechten Risiken k_0^h, d. h. Vollversicherungsschutz kaufen, während die guten Risiken k_1^l, also einen Teilversicherungsvertrag erwerben. Mehr Versicherungsschutz erhalten sie zu dem günstigen Tarif nicht. Deshalb als Second-Best-Optimum bezeichnet, da die guten Risiken besser gestellt sind als im Suboptimum, in dem nur die schlechten Risiken versichert sind, ohne dass die schlechten Risiken schlechter gestellt werden. Es handelt sich um eine Pareto-Verbesserung. Das First-Best-Optimum (k_0^l, k_0^h) kann bei asymmetrischen Informationen ohne Regulierung nicht mehr erreicht werden, weil z. B. der Vertrag k_0^l auch von den schlechten Risiken dem Vertrag k_0^h vorgezogen wird.

Dieses Theorem ist eine wichtige Erkenntnis der wirtschaftswissenschaftlichen Forschung. Es zeigt, dass bei Unterschiedlichkeit der Agenten (= Versicherungsnehmer, Nachfrager, Arbeitnehmer) und asymmetrischen Informationen die Kunst des Prinzipal (= Versicherer, Anbieter, Arbeitgeber) darin liegt, ein Preissystem zu entwickeln, dass zu einer Selbstselektion der Agenten führt, d. h. diese ihre private Information über ihre Eigenschaften preisgeben.

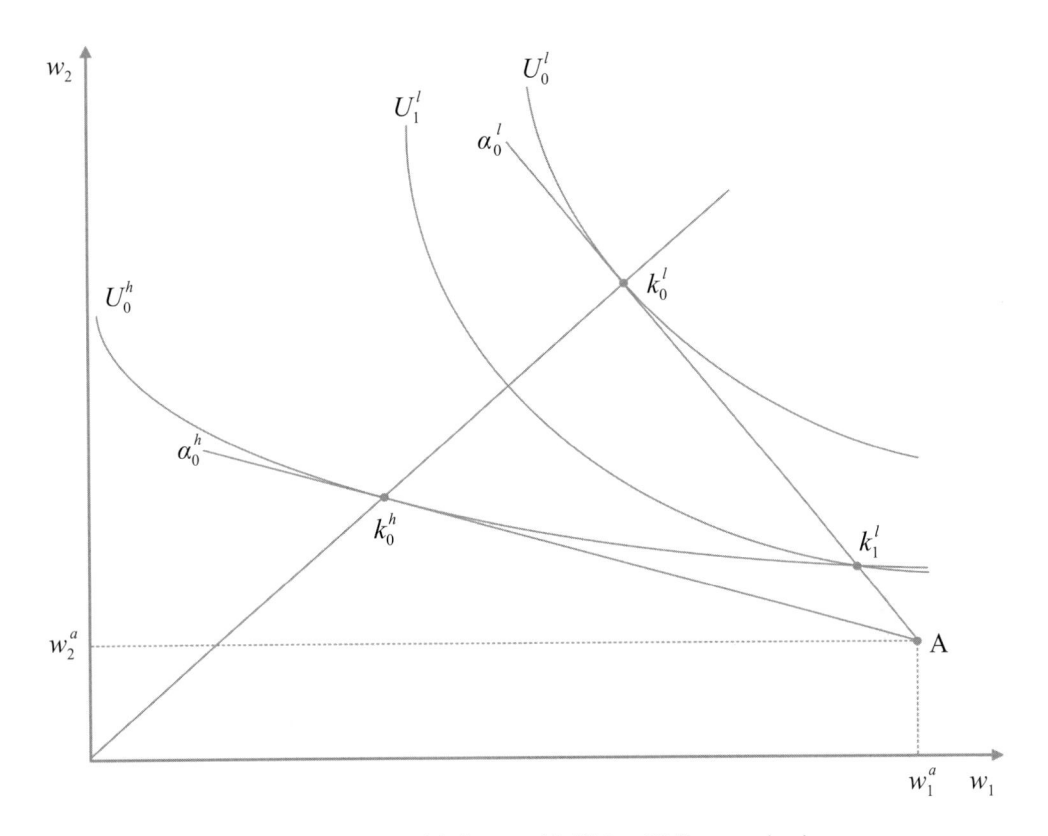

Abbildung 131: Optimaler Risikotausch bei unterschiedlichen Risikotypen in einer Second-Best-Situation

Formal ergibt sich ein Second-Best-Optimum durch die Lösung des gleichen Optimierungsproblems wie beim First-Best-Optimum. Jedoch ist die Menge der Optimalpunkte für die guten Risiken durch die Self-Selection-Bedingung eingeschränkt:

max $U^l(k^l)$

und

max $U^h(k^h)$

unter den Nebenbedingungen

$E(G) = E(G^l) + E(G^h) \geq 0$

und

$U^h(k^h) \geq U^h(k^l)$

Da die Erwartungsnutzenmaximierung der schlechten Risiken auch bei asymmetrischer Informationsverteilung außer durch die Null-Gewinn-Bedingung nicht beschränkt ist, stellt für die schlechten Risiken ein Vollversicherungskontrakt auch weiterhin die optimale Risikoallokation dar. Für die guten Risiken dagegen ist ein Vollversicherungskontrakt aufgrund der Self-Selection-Restriktion nicht mehr erreichbar, es sei denn, es ist der gleiche, wie ihn die schlechten Risiken erhalten. Die Kontrakte für die guten Risiken müssen deshalb Teilversicherungsverträge sein.

4.4 Staatliche Regulierung bei Adverse Selection

Offenbar führt auch Adverse Selection (bei asymmetrischen Informationen) zu einer suboptimalen Allokation. Für den Staat stellt sich die Frage, ob die Allokation durch Staatseingriffe in den Markt verbessert werden kann. Es gibt staatliche Instrumente, mit denen eine Allokationsverbesserung durchaus erreicht werden kann. Ob in der Realität wirklich eine Verbesserung erzielt wird, hängt vom Verwaltungs- und Kontrollaufwand der staatlichen Regulierung und deren Nebenwirkungen ab.

Nachfolgend werden die potentiellen Instrumente aufgeführt:

(1) **Staat als Monopolversicherer**

Der Staat kann als Monopolversicherer die Versicherungsnachfrage rationieren und damit den schlechten Risiken die Möglichkeit nehmen, zu viel Versicherungsschutz nachzufragen.

(2) **Zusatzversicherungen ausschließen**

Adverse Selection tritt vor allem dann auf, wenn der Versicherer aus dem Verhalten des Versicherungsnehmers nicht auf dessen Risiko schließen kann. Je schlechter das Risiko ist, umso größer ist die Versicherungsnachfrage. Werden Zusatz- und Zweitversicherungen ausgeschlossen, so kann der Versicherer immer feststellen, wie viel Versicherungsschutz der Versicherungsnehmer gekauft hat.

(3) **Besteuerung der Versicherungsprämie** (Pigou-Lösung)

Auch eine Steuerlösung, wie sie bei der Diskussion des Moral-Hazard-Phänomens dargestellt wurde, ist denkbar.

(4) **Offenlegung aller Informationen**

Die Versicherungsnehmer müssen den Versicherer über den Umfang ihres gesamten Versicherungsschutzes und über Besonderheiten ihrer Risikosituation umfassend informieren, ansonsten verlieren sie den Anspruch auf Schadenleistungen.

(5) **Subventionierung von Schadenverhütung**

Durch steuerliche Anreize können Schadenverhütungsmaßnahmen gefördert werden, wodurch sich gute und schlechte Risiken in ihrer Risikolage annähern. Das stärkste Instrument sind strikte Vorschriften, wie z. B. die Unfallverhütungsvorschriften der Berufsgenossenschaften im Rahmen der Unfallversicherung.

(6) **Bonus-Malus-Tarifierung**

Die vor allem in der Kfz-Versicherung, aber auch in der Rückversicherung zum Einsatz kommende Tarifierung aufgrund von Vergangenheitserfahrungen (*Experience Rating*) bürdet einem Versicherungsnehmer mit vielen Schäden eine indirekte Selbstbeteiligung auf, indem sich seine zukünftige Prämienzahlung erhöht.

Kapitel V

Staatsversicherungstheorie und Sozialversicherung

1 Eingriffe des Staats in die individuelle Risikovorsorge

Solange es Geschichtsschreibung gibt, wird berichtet, dass sich Regierungen um die Risikovorsorge der Bevölkerung im besonderen Maße gewidmet haben:

- Seit Hammurabi um 2000 v.Chr., der die ersten ärztlichen Gebührenordnungen erlassen hat, kümmern sich Regierungen um die Gesundheitsversorgung der Bevölkerung. In späteren Zeiten haben die Kirchen in Europa diese Aufgabe übernommen.
- Seit dem 18. Jahrhundert hat der Staat die Gründung von Versicherungsgesellschaften (öffentlich-rechtliche Versicherungsgesellschaften) betrieben und später auch Hochrisiko- (z. B. Risikoabsicherung gegen Haftpflichtschäden von Kernkraftwerken und Luftfahrzeugen, Terrorrisiken) und Rückversicherungen initiiert.
- Seit Anfang des 20. Jahrhunderts unterliegen Privatversicherungsanbieter einer staatlichen Versicherungsaufsicht, die sowohl die Zulassung zum Geschäftsbetrieb als auch die laufende Kontrolle der Geschäftstätigkeit umfasst.
- Regelungen zur Versicherungspflicht, wie in der Haftpflichtversicherung, und zur Pflichtversicherung, wie bis 1994 in der Gebäudefeuerversicherung und in Zweigen der Sozialversicherung (Renten-, Arbeitslosen- und gesetzliche Unfallversicherung) sind staatlich verfügt.
- Individuelle Risikovorsorge wird z. T. durch die Steuergesetzgebung gefördert, wie z. B. die Möglichkeit der Geltendmachung von Versicherungsbeiträgen als Sonderausgaben bei der Ermittlung der Einkommensteuer.
- Schließlich umfassen die Maßnahmen des Staats zur Lenkung der individuellen Risikovorsorge die Instrumente der sozialen Sicherung im Allgemeinen und der Sozialversicherung im Besonderen.

In diesem Kapitel geht es um die Frage, was den Staat aus ökonomischer Sicht legitimiert, derartige Maßnahmen zu ergreifen. Einen inhaltlichen Schwerpunkt stellt die Sozialversicherung als Teil des Systems der sozialen Sicherung dar. Die Finanzierungsverfahren der Sozialversicherung und deren Wirkung sind Gegenstand ökonomischer Theorien, die ebenfalls in diesem Kapitel behandelt werden.

Als Einstieg soll mit Hilfe eines einfachen Modells gezeigt werden, warum es aus nutzentheoretischer Sicht sinnvoll sein kann, Individuen zu Risikogemeinschaften zusammenzufassen, auch wenn keine aktuarische Tarifierung (Berechnung der Prämie nach dem Erwartungsschaden) vorgenommen wird (oder werden kann, weil die Wahrscheinlichkeiten nicht bekannt sind), sondern eine Umlagefinanzierung erfolgt.

Es geht um den Beleg für die Hypothese: Der Nutzen der Mitglieder einer homogenen Gruppe steigt, wenn sie zu einer Risikogemeinschaft zusammengeschlossen werden und die eintretenden Schäden durch ein Umlageverfahren finanziert werden.

Angenommen sei ein Individuum, das ein Vermögen von $\overline{w}$ hat, welches von einem Schaden L bedroht ist. Die Eintrittswahrscheinlichkeit für den Eintritt des Schadens ist p, die Nichtschadenwahrscheinlichkeit $(1-p)$. Das Individuum hat eine konkave Geldnutzenfunktion $U(w)$, d. h. es ist risikoavers. Der Erwartungsnutzen des Individuums ist dann gemäß dem Erwartungsnutzenprinzip:

$E(U(w \mid \text{ein Individuum})) = (1-p) \cdot U(\overline{w}) + p \cdot U(\overline{w} - L)$

Folgende Annahme wird festgelegt: Es gäbe ein zweites Individuum mit identischen Eigenschaften, wobei die Risiken der beiden Individuen unabhängig voneinander sind. Wenn beide Risiken zu einer Risikogemeinschaft zusammengeschlossen werden und im Falle eines Schadens dieser nach dem Umlageverfahren aufgeteilt wird, verändert sich die Situation für jedes der beiden Individuen. Aus der Kombination der Schadenwahrscheinlichkeiten der beiden Individuen ergeben sich folgende vier Fälle *(states of the nature)*:

- Die Wahrscheinlichkeit, dass keiner der Individuen einen Schaden hat: $(1-p)^2$.
- Die Wahrscheinlichkeit, dass beide Individuen einen Schaden haben: p^2.
- Das erste Individuum hat einen Schaden und das zweite hat keinen Schaden: Wahrscheinlichkeit $p \cdot (1-p)$.
- Der umgekehrte Fall: Wahrscheinlichkeit $(1-p) \cdot p$.

Die Umlagezahlung ist für jedes Individuum entweder 0, $\dfrac{L}{2}$ oder L. Der Erwartungsnutzen ist somit:

$$E(U(w \mid \text{zwei Individuen})) = (1-p)^2 \cdot U(\overline{w}) + (1-p) \cdot p \cdot U\left(\overline{w} - \frac{L}{2}\right) + p \cdot (1-p) \cdot U\left(\overline{w} - \frac{L}{2}\right) + p^2 \cdot U(\overline{w} - L)$$

Der Erwartungsnutzen ist unverändert, wenn gilt: $p = 0$, $p = 1$ und / oder $L = 0$. Ist jedoch die Schadenwahrscheinlichkeit zwischen Null und Eins und der Verlust größer Null (und kleiner dem Anfangsvermögen $\overline{w}$), so trifft obige Hypothese zu, wenn Folgendes gilt:

$E(U(w \mid \text{ein Individuum})) < E(U(w \mid \text{zwei Individuen}))$

bzw.

$$(1-p) \cdot U(\overline{w}) + p \cdot U(\overline{w} - L) < (1-p)^2 \cdot U(\overline{w}) + 2 \cdot (1-p) \cdot p \cdot U\left(\overline{w} - \frac{L}{2}\right) + p^2 \cdot U(\overline{w} - L)$$

Durch Umformung ergibt sich

$$\left((1-p) - (1-p)^2\right) \cdot U(\overline{w}) + (p - p^2) \cdot U(\overline{w} - L) - 2 \cdot (1-p) \cdot p \cdot U\left(\overline{w} - \frac{L}{2}\right) < 0$$

oder

$$(p - p^2) \cdot U(\overline{w}) + (p - p^2) \cdot U(\overline{w} - L) - 2 \cdot (p - p^2) \cdot U\left(\overline{w} - \frac{L}{2}\right) < 0$$

oder

$$U(\overline{w}) + U(\overline{w} - L) - 2 \cdot U\left(\overline{w} - \frac{L}{2}\right) < 0$$

Bei einer konkaven Geldnutzenfunktion $U(\overline{w})$, d. h. wenn die Individuen risikoavers sind, ist $2 \cdot U\left(\overline{w} - \frac{L}{2}\right)$ größer als $U(\overline{w}) + U(\overline{w} - L)$, wie nachstehende Abbildung zeigt. Damit ist der Ausdruck negativ. Damit wurde die aufgestellte Hypothese bewiesen.

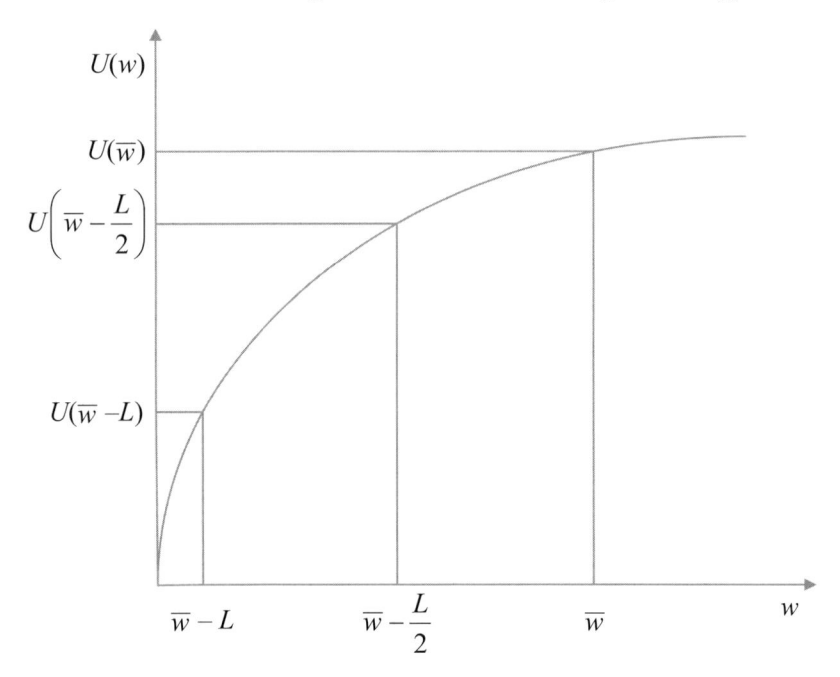

Abbildung 132: Risikogemeinschaften lohnen sich

Risikogemeinschaften können somit pareto-superior sein. Auch eine Umlagefinanzierung ist nicht a priori suboptimal. Interessant ist, dass die Mitglieder der Risikogemeinschaft bei einer Umlagefinanzierung nicht einmal die Wahrscheinlichkeiten kennen müssen. Es reicht, wenn sie wissen, dass es sich um gleichartige Risiken handelt.

Wenn also Risikogemeinschaften aus irgendwelchen Gründen – z. B. weil die Schadenwahrscheinlichkeiten nicht bekannt sind – nicht zustande kommen, kann der Staat durch zwanghaften Zusammenschluss eine Verbesserung der Wohlfahrt erreichen. Das hier präsentierte Modell und seine Ergebnisse sind anzupassen, wenn Moral Hazard und Adverse Selection auftreten. Dann sind p und / oder L nicht mehr konstant bzw. bergen „Überraschungen".

Nach dieser ersten theoretischen Begründung für Versicherungspflicht wird im Folgenden eine ausführliche Diskussion der Staatsversicherungstheorie vorgenommen. Welche konkrete Ausgestaltung die staatliche Einflussnahme auf die Risikovorsorge und die Sozialversicherung im Einzelnen hat, ist von Land zu Land und auch im Zeitablauf verschieden. In Kapitel VI wird deshalb das deutsche System der Sozialversicherung dargestellt.

2 Bedeutung der Privat- und Sozialversicherung für die Wirtschaft

2.1 Wesen der Privat- und Sozialversicherung

Neben der Privatversicherung, bei der kommerzielle Versicherer auf Versicherungsmärkten Versicherungsschutz anbieten, existiert die so genannte Sozialversicherung. Die Sozialversicherung ist durch folgende Eigenschaften gekennzeichnet:

- Die Leistungen und die Finanzierung der Sozialversicherung sind durch Sozialgesetze, in Deutschland insbesondere durch die zwölf Teile des Sozialgesetzbuchs, bestimmt.
- Die Gestaltung der Sozialversicherung kann dem individuellen Äquivalenzprinzip folgen. Dieses wird jedoch i. d. R. durch Regelungen ergänzt, die dem Solidarprinzip entspringen.

Die folgenden Kriterien stellen *keine* Unterscheidungsmerkmale zwischen der Privatversicherung, auch Marktversicherung oder Individualversicherung genannt, und der Sozialversicherung dar:

- Marktwettbewerb oder Monopol,
- die Anwendung des Umlageverfahrens statt des individuellen Äquivalenzprinzips oder
- die Frage, ob Leistungen öffentlich oder privat organisiert werden.

Auch die Sozialversicherung kann wettbewerblich organisiert sein, z. B. kann der Versicherte im deutschen System der gesetzlichen Krankenversicherung von einer gesetzlichen Krankenkasse zu einer anderen Kasse (derzeit gilt nach § 175 (4) SGB V eine Bindungsfrist von 18 Monaten) wechseln. Demgegenüber gibt es auch in der Privatversicherung Versicherungssparten, die wie eine Monopolversicherung auftreten, wie z. B. die Pools (Atom-, Luftfahrtpool), die für besonders große Risiken gebildet worden sind. Nach herrschender Auffassung bedürfen die wettbewerblich organisierte Sozialversicherung und die monopolistische Privatversicherung bestimmter Marktregulierungen. Zudem müssen Sozialversicherungen gemäß Artikel 87 Abs. 2 des deutschen Grundgesetzes als Körperschaften öffentlichen Rechts betrieben werden, was das staatliche Interesse unterstreicht. In der gesetzlichen Krankenversicherung in Deutschland stellt der 1994 realisierte Risikostrukturausgleich (RSA), der seit 2009 als morbiditätsorientierter Risikostrukturausgleich (Morbi-RSA) ausgestaltet ist, eine solche Regulierung dar. Die gesetzlichen Krankenkassen stehen im Wettbewerb zueinander, da die Versicherten die Krankenversicherung wechseln können; bestimmte Unterschiede in der Belastungssituation der Krankenkassen werden durch alters- und krankheitsabhängige

Zuweisungen aus dem Gesundheitsfonds, in dem alle Beitragseinnahmen konsolidiert werden, ausgeglichen. Die Regulierungen in der Sozialversicherung sind festgelegt im Sozialgesetzbuch (SGB) und in einer Vielzahl von Einzelgesetzen.

In der Privatversicherung hat die staatliche Aufsicht mit Hilfe der Instrumente, die u. a. das Versicherungsaufsichtsgesetz (VAG), das Versicherungsvertragsgesetz (VVG) und das Pflichtversicherungsgesetz (PflVersG) bieten, dafür zu sorgen, dass Quasi-Monopolstellungen nicht zu übermäßigen Gewinnen führen und die Versicherer ihren Leistungsverpflichtungen auf Dauer nachkommen.

In der Theorie werden bei der Kalkulation von Versicherungsbeiträgen und -prämien zum einen unterschieden zwischen dem „individuellen Äquivalenzprinzip" und dem „kollektiven Äquivalenzprinzip" und zum anderen zwischen dem „Umlageverfahren", dem „Kapitaldeckungsverfahren" und dem „Anwartschaftsdeckungsverfahren". Zudem wird bezüglich der Periodifizierung zwischen einer Kalkulation auf „Unterjahresbasis", „Jahresbasis" und „Mehrjahresbasis" (Abschnittsdeckungsverfahren) differenziert.

Das *individuelle Äquivalenzprinzip* besagt, dass die Versicherungsprämie so zu kalkulieren ist, dass sie bei jedem Vertrag dem Erwartungswert der Versicherungsleistungen zuzüglich bestimmter Zuschläge für Abschluss, Verwaltung und Gewinn entspricht. Dieses Prinzip findet vorherrschend Anwendung in der Privatversicherung. In reiner Form kann es jedoch nicht verwendet werden, da es zu unvertretbar hohen Tarifierungskosten führt, wenn für jeden einzelnen Vertrag eine Kalkulation durchgeführt werden würde. Verträge werden zu Risikoklassen, d. h. zu Kollektiven von Risiken zusammengefasst (größtes Kollektiv: alle Risiken eines Versicherers). Das *kollektive Äquivalenzprinzip* fordert, dass die Summe aller Prämien der Summe aller erwarteten Schadenzahlungen entsprechen soll, wobei natürlich auch beim kollektiven Äquivalenzprinzip obige Zuschläge berücksichtigt werden müssen. Das Kapitaldeckungsverfahren und das Anwartschaftsdeckungsverfahren basieren auf dem individuellen Äquivalenzprinzip. Beim Umlageverfahren wird hingegen nicht nach dem individuellen Äquivalenzprinzip verfahren, sondern die Prämien der einzelnen Versicherten werden so festgelegt, dass die Summe der Prämien für einen bestimmten Zeitraum der Summe der Ausgaben des Versicherers entspricht.

Sowohl die Privatversicherung als auch die Sozialversicherung kann nach allen genannten Verfahren kalkulieren. Die Berufsgenossenschaften als Träger der deutschen gesetzlichen Unfallversicherung berechnen ihre Beiträge z. B. nicht nach dem Umlageverfahren, sondern nach dem Kapitaldeckungsverfahren. Die deutsche gesetzliche Rentenversicherung sah ursprünglich das Anwartschaftsdeckungsverfahren vor, allerdings bedient sie sich heute – wie die gesetzliche Kranken-, Pflege- und Arbeitslosenversicherung – des Umlageverfahrens. Prominente Ökonomen fordern jedoch die Rückkehr zum Anwartschaftsdeckungsverfahren. Dieser Einstieg ist mit den so genannten „Riester-Renten" geschehen. Dabei handelt es sich um ein staatlich gefördertes Rentensparprogramm, das nach dem damaligen Arbeitsminister *Riester* benannt wurde.

Andererseits wird von deutschen privaten Krankenversicherern bei der Kalkulation der privaten Pflegeversicherung, wie auch von amerikanischen Health Maintenance Organisations (HMO), nicht das Äquivalenzverfahren sondern das Umlageverfahren verwendet.

2.2 Verschiedene Ebenen der Sozialpolitik

Die Sozialversicherungspolitik ist ein Teil der Sozialpolitik, wie die folgende Abbildung verdeutlicht. Die Hauptbereiche der nationalen Sozialpolitik sind die staatliche und betriebliche Sozialpolitik und ggf. die Zusammenarbeit staatlicher und betrieblicher Instanzen in so genannten „Public Private Partnerships". Hinzu treten sozialpolitische Maßnahmen von gemeinnützigen Organisationen (Non Governmental Organisations, NGOs), wie Kirchen, Gewerkschaften, Innungen und gemeinnützigen Stiftungen und Verbänden, welche insbesondere in Entwicklungsländern eine große Rolle in der Sozialpolitik spielen. Ziel der sozialen Sicherung ist die Beeinflussung der Einkommens- und weniger der Vermögensverteilung (Distributionsfunktion), insbesondere eine Umverteilung von Gesunden an Kranke, Erwerbstätigen an Arbeitslose, Beziehern hoher Einkommen an Bezieher niedriger Einkommen, Jungen an Alte sowie Kinderlosen an Kinderreiche („Familienlastenausgleich"). Traditionell wird die Sozialversicherung Bismarck'scher Prägung dem arbeitsorientierten Bereich der staatlichen Sozialpolitik zugerechnet, da Pflichtversicherte der Sozialversicherung in der Regel abhängig Beschäftigte sind. In den letzten Jahrzehnten ist aber immer wieder diskutiert worden, ob diese Beschränkung auf abhängig Beschäftigte auf Dauer nicht aufgehoben werden sollte. So sind immer mehr Selbstständige und Freiberufler in die Sozialversicherung integriert worden. Seit 2011 gibt es in Deutschland eine Krankenversicherungspflicht für alle Bürger, die jedoch auch durch einen privaten Krankenversicherungsvertrag wahrgenommen werden kann.

Generell kann zwischen *Bismarck-Sozialpolitik* (genannt nach Otto Fürst von Bismarck, der 1883 die erste Sozialversicherung in Deutschland einführte) und *Beveridge- Sozialpolitik* (genannt nach William Henry Beveridge, der 1942 einen umfangreichen Report zur sozialen Sicherung im britischen Unterhaus vorlegte) unterschieden werden. Im Zentrum der Bismarckschen Sozialpolitik stehen die vorwiegend durch Beiträge finanzierten Sozialversicherungen. Hier bildet das Konzept des Risiko- aber auch Sozialausgleichs im Kollektiv zwischen den Mitgliedern der jeweiligen Sozialversicherung die Grundlage. Die Beveridge Sozialpolitik sieht hingegen eine soziale Absicherung der ganzen Bevölkerung vor, die vorwiegend durch den Staatshaushalt finanziert wird. Dies folgt einem paternalistischen Weltbild, in dem der Staat für die Absicherung der sozialen Risiken der Bevölkerung Sorge trägt. Interessant ist, dass ein paternalistisches

Weltbild sowohl konservativen, früher royalistischen als auch sozialistischen Grundauffassungen eigen ist.

Die weitgehend selbsterklärende Darstellung der Felder der Sozialpolitik unterscheidet auf oberster Ebene zwischen nationaler und internationaler oder supranationaler Sozialpolitik.

Insbesondere die EU hat einen steigenden Einfluss auf die Sozialpolitik in den Mitgliedsländern erwirkt, ein Prozess, der jedoch immer wieder von einzelnen Mitgliedsländern verzögert wurde. Schon die Urfassung des EG-Vertrags von 1957 enthielt auf französischen Wunsch ein Kapitel zur Sozialpolitik. Deutschland erreichte aber, dass die Handlungsmöglichkeiten der Gemeinschaft begrenzt blieben. Somit stand ein steiniger und derzeit noch nicht abgeschlossener Weg der Harmonisierung im Sozialbereich bevor. 1961 wurde die Sozialcharta von Turin verabschiedet, die den Arbeitnehmern umfangreiche soziale Schutzrechte zugestand. In den Folgejahren wurden zahlreiche Richtlinien zu Arbeitssicherheit und Sozialschutz erlassen. Seit Anfang der 1980er Jahre bis 1997 blockierte Großbritannien ein weiteres Zusammenwachsen der EU-Länder. Die 1989 vereinbarte EU-Sozialcharta, welche Grundrechte für Arbeitnehmer definiert, das 1991 geschlossene EU-Abkommen zur gemeinsamen Sozialpolitik und der Vertrag von Maastrich 1992 mit einem Protokoll zur Sozialpolitik fanden ohne britische Beteiligung statt. Mit dem Vertrag von Amsterdam 1997 wurde die Sozialpolitik in den EG-Vertrag integriert. 2000 hat der Europäische Rat in Nizza und Lissabon sozialpolitische Leitlinien in Form der Europäischen Sozialagenda aufgestellt. Seitdem ist die Weiterentwicklung der Sozialpolitik auch Aufgabe der EU und der EU-Kommission.

Insbesondere haben die Mitgliedsstaaten einen diskriminierungsfreien Zugang von EU-Ausländern zu den nationalen Sozialversicherungssystemen sicher zu stellen. Bestimmte versicherungsrechtlich relevante Ereignisse – wie Warte- und Anrechnungszeiten – werden auch dann anerkannt, wenn sie im EU-Ausland eingetreten sind. Das TESS-System (Telematik für soziale Sicherheit) gewährleistet den Datenaustausch über Sozialleistungen und das MISSOC-System (Mutual Information System on Social Protection) einen allgemeinen Informationsaustausch über sozialen Schutz.

Seit 2006 gilt die Europäische Krankenversicherungskarte (European Health Insurance Card – EHIC), mit der während eines vorübergehenden Aufenthalts in einem der EU-Länder sowie in Island, Liechtenstein, Norwegen und der Schweiz gesetzlich Krankenversicherte Anspruch auf medizinisch notwendige Leistungen des öffentlichen Gesundheitswesens (zu denselben Bedingungen und Kosten wie die Versicherten des jeweiligen Landes) haben (Verordnungen 883/2004 und 987/2009). Weiterhin schreibt die Pensionsfonds-Richtlinie Mindestanforderungen für die Einrichtung und Ausgestaltung von Systemen der betrieblichen Altersversorgung vor. Es bleibt allerdings fraglich, ob am Ende dieses Prozesses ein einheitliches soziales Sicherungssystem in der EU existiert und ob dieses mehr durch Elemente Bismarckscher Prägung oder eher à la Beveridge sein wird.

```
                          Sozialpolitik
                         /             \
        Internationale und supra-      Nationale Sozialpolitik
        nationale Sozialpolitik       /        |         \
                              Staatliche   Sozialpolitik von  Betriebliche
                              Sozialpolitik  Non Governmental  Sozialpolitik
                                             Organizations
```

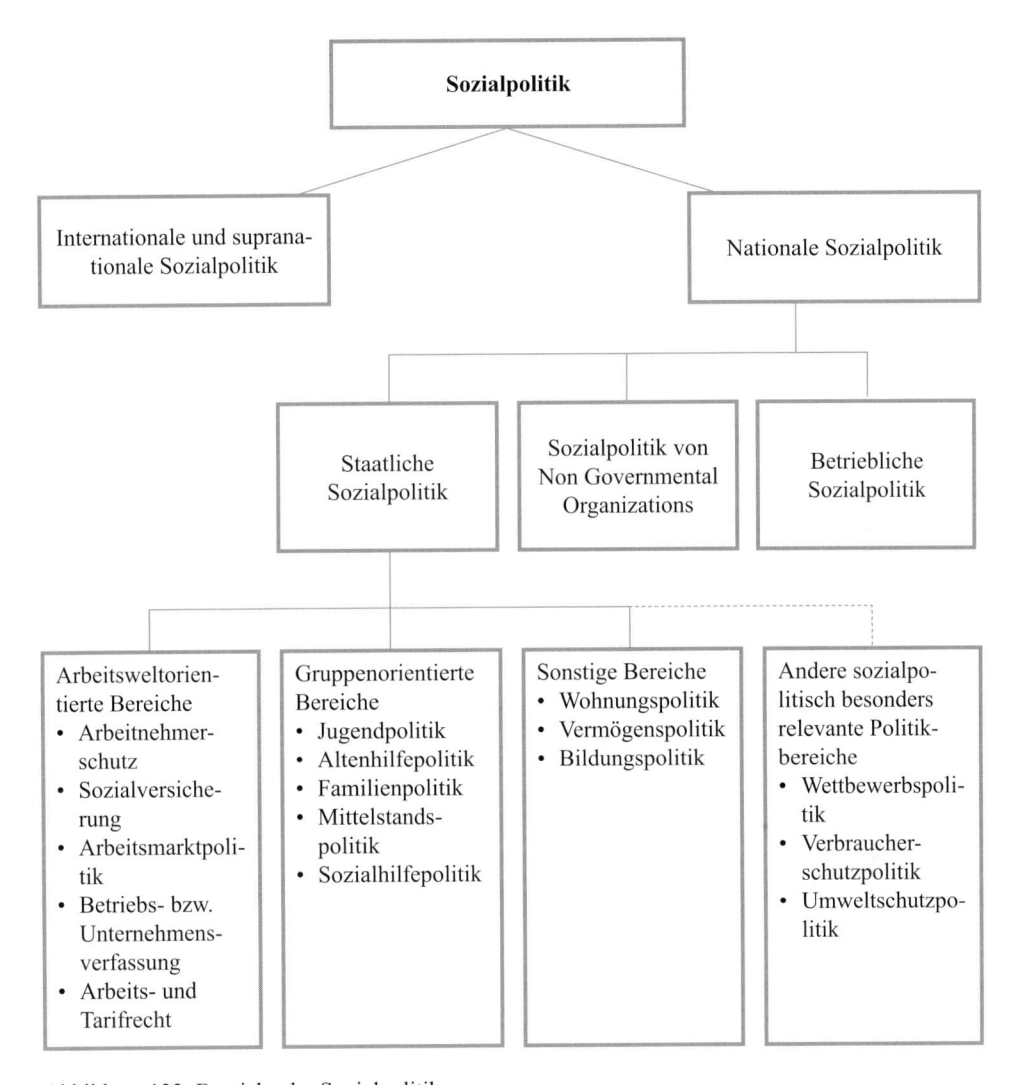

Arbeitsweltorientierte Bereiche	Gruppenorientierte Bereiche	Sonstige Bereiche	Andere sozialpolitisch besonders relevante Politikbereiche
• Arbeitnehmerschutz • Sozialversicherung • Arbeitsmarktpolitik • Betriebs- bzw. Unternehmensverfassung • Arbeits- und Tarifrecht	• Jugendpolitik • Altenhilfepolitik • Familienpolitik • Mittelstandspolitik • Sozialhilfepolitik	• Wohnungspolitik • Vermögenspolitik • Bildungspolitik	• Wettbewerbspolitik • Verbraucherschutzpolitik • Umweltschutzpolitik

Abbildung 133: Bereiche der Sozialpolitik

2.3 Rolle der Wirtschaftsordnung für die Funktionen der Versicherung

Die Ausgestaltung der Aufteilung zwischen Privat- und Sozialversicherung hängt stark von der Wirtschaftsordnung ab. Obwohl die Wirtschaftsordnung das gesamte Wirtschaftsleben und somit auch das Versicherungswesen maßgeblich beeinflusst, ist auch die umgekehrte Wirkungsrichtung feststellbar. So hat auch das Versicherungswesen erhebliche Impulse für die Weiterentwicklung der Wirtschaftsordnung gegeben:

- Förderung des technischen Fortschritts (z. B. durch Haftpflichtversicherung),
- Förderung des Außenhandels (z. B. durch Hermes-Bürgschaften),
- Verbesserung der Anpassungsfähigkeit der Wirtschaft (z. B. durch Betriebsunterbrechungsversicherung),
- Reduzierung sozialer Konflikte und Stabilisierung des Wirtschaftsprozesses durch Einführung der Sozialversicherung,
- Platzierung inländischer Risiken auf weltweiten Rückversicherungsmärkten und damit Stabilisierung der inländischen Wirtschaft sowie
- Reduktion der individuell zu haltenden Sicherheitsmittel und damit Freisetzung von Ressourcen für andere ökonomische Aktivitäten.

Es besteht somit eine wechselseitige Beziehung zwischen der Wirtschaftsordnung, der gesamtwirtschaftlichen Entwicklung und der Existenz und konkreten Ausgestaltung von Versicherung. Um hierzu ein Beispiel zu nennen, sei auf die Kraftfahrzeughaftpflichtversicherung verwiesen. Ohne sie hätte sich der Kraftfahrzeugverkehr, der für die Entwicklung der Wirtschaft und für die Mobilität der Menschen eine entscheidende Bedeutung hat, nicht in der bestehenden Form entwickelt. Es wäre angesichts einer individuellen unbegrenzten Haftung jedes Verkehrsteilnehmers viel zu risikoreich, am Verkehr teilzunehmen. Autofahrer wären gezwungen, ein großes Sicherheitskapital zu halten, um im Falle einer Haftung zahlungsfähig zu sein.

Die *Wirtschaftsordnung* kann als Menge aller Dispositionsrechte der am Wirtschaftsleben Beteiligten aufgefasst werden, wobei diese Rechte durch Verhaltens- und Rechtsnormen sowie durch institutionelle Regelungen determiniert sind. Dabei ist der Analyse der Wirtschaftsordnung und der aufgezeigten Wechselbeziehungen ein dynamisches Untersuchungskonzept zugrunde zu legen, da diese Normen und Institutionen selbst durch das Wirtschaftsleben beeinflusst werden. Beispielsweise können die Auswirkungen der Deregulierung des EU-Versicherungsmarkts, die in der ersten Hälfte der 90er Jahre abgeschlossen wurde, nur in einem dynamischen Analyserahmen adäquat erfasst werden, wie ihn etwa die Spieltheorie liefert.

Wird die Betrachtung nur auf diejenigen Elemente der Wirtschaftsordnung eines Staatsgebiets beschränkt, die langfristig Bestand haben, wird dies *Wirtschaftsverfassung* genannt. Dabei werden häufig idealtypische Ordnungsmodelle (reine Markt- und reine Staats- bzw. Zentralverwaltungswirtschaft) betrachtet, die auch als *Wirtschaftssysteme* bezeichnet werden.

In der nachfolgenden Tabelle sind die Wesenszüge der beiden extremen Wirtschaftsverfassungen an den Enden eines Kontinuums von real existierenden Wirtschaftsverfassungen schematisch dargestellt.

Wirtschaftsverfassung Kriterium	Reine Marktwirtschaft	Reine Staatsverwaltungswirtschaft
Grundprinzip	Individualprinzip	Kollektivprinzip
Planträger	Einzelne Wirtschaftssubjekte	Planbehörde
Planerstellung (Entscheidungsmechanismen)	Dezentral	Zentral
Tauschbeziehungen der Wirtschaftssubjekte	Horizontal	Vertikal
Informationssignale (Sanktionsmechanismen)	Preise, Goodwill	Plankennziffern, Verrechnungspreise
Risikotragung	Individuell	Kollektiv

Abbildung 134: Marktwirtschaft versus Staatsverwaltungswirtschaft

Aus den konstitutiven Elementen dieser idealtypischen Ordnungsmodelle ergeben sich schließlich die konkreten Wirtschaftsordnungen. In einer reinen Zentralverwaltungswirtschaft ist keine Versicherung notwendig; dies gilt bei Nichtvorhandensein von Transaktions- und Informationskosten auch in einer Marktwirtschaft. In einer solchen Arrow-Debreu-Welt übernehmen vollständige Risikomärkte die Allokation der Risiken. Eines Versicherungsunternehmens als Intermediär bedarf es dabei nicht.

Wie beeinflusst nun die Wirtschaftsordnung das Versicherungswesen?

- Sie beeinflusst die Unternehmensziele und die Organisation der Versicherungsunternehmen. In der Marktwirtschaft ist das Unternehmensziel die Maximierung des Unternehmenswerts, was durch die dauerhafte Erfüllung des Zieldreiecks „hohe Gewinne, hohes Wachstum und hohe Sicherheit" erreicht wird.
- Die Wirtschaftsordnung bestimmt die Struktur des Versicherungsangebots und somit, welche Arten von Versicherungsschutz angeboten werden (z. B. Lebens- und Arbeitslosenversicherung).

- Sie hat einen Einfluss auf die Struktur der Versicherungsnachfrage, d. h. auf deren Erscheinungsform und Umfang (z. B. entfällt bei einer Arbeitsplatzgarantie die Nachfrage nach einer Arbeitslosenversicherung).

- Sie determiniert die Funktionen der Versicherung. Während die Versicherung in der Marktwirtschaft vor allem die Funktion der Risikoabsicherung erfüllt, dient sie in einer sozialistischen Wirtschaft der Umverteilung und der Unterstützung der zentralen Planaufstellung und -durchführung.

Es gibt ein Spannungsverhältnis zwischen der Allokations- und der Distributionspolitik. In einer eher marktwirtschaftlich geprägten Volkswirtschaft wird die Versicherungswirtschaft vor allem die Aufgabe haben, die Risiken in der Volkswirtschaft entsprechend der Präferenzen der individuellen Entscheidungsträger und deren finanziellen Gegebenheiten zu übernehmen und auf nationalen bzw. internationalen Risikomärkten zu verteilen. Je stärker eine Wirtschaft die Eigenschaften einer Staatsverwaltungswirtschaft annimmt, umso mehr ist es die Aufgabe der Versicherungswirtschaft, Einkommen umzuverteilen und staatliche Aufgaben direkt oder indirekt (in dem Versicherungen gezwungen werden, ihre Anlagen in Staatanleihen zu halten) zu finanzieren. Interessanterweise war in den ehemaligen kommunistischen Zentralverwaltungswirtschaften die landwirtschaftliche Versicherung eine der größten Sparten, während die Haftpflichtversicherung einen untergeordneten Platz einnahm. In Marktwirtschaften ist dies umgekehrt. Die landwirtschaftliche Versicherung diente in den Zentralverwaltungswirtschaften der Einkommensumverteilung von bevorteilten Gebieten mit ständiger Planübererfüllung zu benachteiligten Gebieten mit schlechten Böden und / oder schwierigen klimatischen Verhältnissen. Der Bedarf für Haftpflichtversicherung ist hingegen im Sozialismus angesichts des vorherrschenden Kollektiveigentums geringer.

3 Wirtschaftliche Gründe für Staatseingriffe bei der Risikovorsorge

3.1 Problemstellung

Es gibt vielfältige Gründe, die den Staat veranlassen können, in den Markt einzugreifen. Ob er dies schließlich auch tut, hängt von seinem grundsätzlichen Verständnis der Rolle des Staats in der Wirtschaft und den Annahmen über die Funktionsweise und die Anpassungsfähigkeit von Märkten ab. Unter Ökonomen gibt es zwei Lager, die als *Chicago School* und *Harvard School* bekannt sind, wobei diese dichotome Typisierung aus didaktischen Gründen gewählt wird, da es vielfältige Abstufungen gibt. Die folgende Tabelle stellt beide Schulen gegenüber.

	Chicago School	**Harvard School**
Ziele	Konsumentenwohlfahrt i. S. von für den Verbraucher günstigen Preis-Mengen-Beziehungen	Ökonomische Ziele, z. B. • Wettbewerbsgerechtigkeit • Konsumentensouveränität • Optimale Faktorallokation
Forschungsmethode	Neoklassische Analyse	Empirische Untersuchungen
Betrachtungshorizont	Langfristig	Kurz- und mittelfristig
Wettbewerbsansatz	Verhaltensanalyse	Marktstruktur-, Marktverhalten-, Marktergebnis-Analyse
Messkonzept	Allokative und Produktive Effizienz	Marktstruktur, -verhalten und -ergebnis, die dem normativen Zielkatalog entsprechen
Wettbewerbspolitik	Marktmechanismus / Survival of the Fittest, Selbstregulierung des Markts	Staatliche Wettbewerbspolitik gegenüber Konzentration

Abbildung 135: Chicago School und Harvard School

Die *Chicago School* stellt die Konsumentenwohlfahrt in den Mittelpunkt. Der Konsumentenwohlfahrt wird vor allem durch ein gutes Preis-Leistungs-Verhältnis Rechnung getragen. Die Chicago School stellt deshalb erhebliche Anforderungen an die Zulässigkeit von Staatseingriffen. Kurzfristigen Marktungleichgewichten sollte der Staat nicht mit Markteingriffen begegnen, da diese häufig nur schwer reversibel sind. Beispielsweise sollte der Staat auf den Konkurs eines Versicherungsunternehmens nicht mit einer preiserhöhenden Regulierung (wie z. B. strengen Solvabilitätsanforderungen) reagieren. Der Betrachtungshorizont ist also eher langfristig. Die These lautet dabei: Langfristig wird sich der Markt selbst ins Gleichgewicht bringen.

Der These des „Marktversagens" wird von der Chicago School die These des „Staatsversagens" gegenübergestellt. Nicht immer, wenn behauptet wird, dass der Markt versagt, würde ein Staatseingriff zu einem besseren Ergebnis führen. Denn auch der Staat verfügt unter Umständen nicht über alle erforderlichen Informationen. Daher kann die Aussage, dass Versicherungsmärkte aufgrund des unzureichenden Informationsstands der Konsumenten nur suboptimal funktionieren, nicht ohne weiteres als Grund für Staatseingriffe in Versicherungsmärkte angeführt werden. Ein Staatseingriff wäre nur dann zu rechtfertigen, wenn die volkswirtschaftlichen Kosten des Staatseingriffs geringer sind als der volkswirtschaftliche Nutzen desselben. Die Beweislast liegt dabei beim Staat.

Als Kriterien für die Beurteilung der Wirtschaft (Messkonzepte) werden von der Chicago School die allokative Effizienz der Gesamtwirtschaft, d. h. eine möglichst optimale Allokation der Ressourcen auf die verschiedenen Bereiche der Wirtschaft, und die produktive Effizienz in den einzelnen Unternehmen verwendet. Der Nachweis wird in der Regel mit Hilfe eines theoretischen Modells erbracht, das aus der neoklassischen Theorie stammt. Die Neoklassik geht davon aus, dass jeder Entscheidungsträger seine Nutzenfunktion (Präferenzfunktion, Gewinnfunktion) unter Beachtung seiner Handlungsbeschränkungen maximiert. Unter den Bedingungen der vollständigen Konkurrenz – so haben *Kenneth Arrow* und *Gérard Debreu* gezeigt – führt der Wettbewerb zu einem Preissystem, das einer effizienten Allokation im Sinne des Pareto-Kriteriums genügt. Dieses Modell (auch als Arrow-Debreu-Welt bezeichnet) wird sich immer von der realen Welt durch das Bestehen von Informationskosten unterscheiden, die verhindern, dass bestimmte Verträge geschlossen werden und alle entscheidungsrelevanten Informationen jedem zur Verfügung stehen.

Gemäß der *Harvard School* nimmt der Staat eine eher aktive Rolle ein. Er ist Beteiligter am Gesamtgeschehen. Die Ökonomen dieser Schule versuchen mit Hilfe empirischer Untersuchungen aufzuzeigen, unter welchen Bedingungen der Markt versagt. Eine wesentliche Schlussfolgerung aus den Analysen ist, dass Staatseingriffe notwendig sind. Was häufig jedoch nicht analysiert wird, sind die Folgen des Staatseingriffs. Außerdem wird die Erfahrung, dass die Implementierung von Eingriffen viel leichter ist als die spätere Eliminierung, nicht berücksichtigt.

Für die Analyse von Privat- und Sozialversicherungsmärkten und den daraus zu ziehenden Konsequenzen ist die ökonomische Grundeinstellung von großer Bedeutung. Die Chicago School lehnt eine Sozialversicherung über Monopolanbieter ab. Die Umverteilungsfunktion der Sozialversicherung kann durch das allgemeine Steuersystem übernommen werden. Bestenfalls könnte aus allokativen Gründen eine staatliche Regulierung der individuellen Risikovorsorge begründet werden, was jedoch durch eine Modellanalyse zu untermauern wäre. Die Harvard School wird hingegen die Entscheidung von der empirischen Untersuchung der Kosten und Nutzen abhängig machen.

Eine systematische Aufstellung der wesentlichen Argumente für einen Staatseingriff auf Märkten der Risikovorsorge wurde von *Richard Musgrave* erstellt. Er unterscheidet:

- Finanzierungsargumente,
- Allokationsargumente sowie
- Distributionsargumente.

Eine wichtige Untergruppe der Allokationsargumente, die risikotheoretischen Argumente, spielt in der Versicherungswirtschaft eine besondere Rolle. Darüber hinaus soll im Folgenden auch kurz auf Stabilitätsargumente eingegangen werden.

3.2 Finanzierungsargumente

Der Staat hat eine Reihe von öffentlichen Aufgaben. Die dafür benötigten Finanzmittel können durch Steuern, Gebühren oder Beiträge von Körperschaften öffentlichen Rechts – wie z. B. Krankenkassen und Rentenversicherungsanstalten – aufgebracht werden. Da die Bevölkerung nicht freiwillig Steuern, Gebühren und Beiträge entrichtet, übt der Staat in Ausübung seines Machtmonopols Zwang aus. Welche Aufgaben aus Sicht des Staats zu den „öffentlichen Aufgaben" zählen, wird bei der Diskussion der Finanzierungsargumente nicht weiter untersucht. Gemäß der Finanzwissenschaft erfüllen öffentliche Güter das Kriterium der

- Nichttrivialität und / oder
- Nichtausschließbarkeit und / oder
- Erzeugung externer Effekte, die nicht von selbst internalisiert werden.

Auch für die Begründung der Notwendigkeit einer Sozialversicherung können diese Argumente herangezogen werden. Zum Beispiel hält das Gesundheitswesen große Kapazitäten vor, wie Krankenhausbetten, Notfallstationen und Notdienste. In Notfällen und bei Katastrophen wird niemand von den Leistungen ausgeschlossen, auch wenn der oder die Betreffende vorher nicht dazu beigetragen hat, diese Kapazitäten zu unterhalten (z. B. durch Zahlung von Steuern). Der Unterhalt solcher Potenzialleistungen und die Sicherstellung einer Grundversorgung mit medizinischen Leistungen kann somit als eine öffentliche Aufgabe angesehen werden. Ein weiteres Beispiel ist die Vermeidung externer Effekte, die bei Armut entstehen können. Wenn Armut weit verbreitet ist, können dadurch soziale Unruhen und Kriminalität in der Bevölkerung hervorgerufen werden. Die Einführung einer Sozialversicherung (z. B. einer gesetzlichen Renten- und Arbeitslosenversicherung) führte zur Sicherung eines Basiseinkommens und damit auch zu einer stabileren Gesellschaft. Positive externe Effekte werden z. B. durch Impfungen erzeugt. Auch für nicht geimpfte Menschen hat die Impfung positive Auswirkungen, da insgesamt die Ansteckungsgefahr gesenkt wird. Es zeigt sich, dass die Finanzierung und Bereitstellung gewisser Leistungen durch den Staat durchaus sinnvoll ist.

Viele der vom Staat übernommenen Aufgaben sind jedoch mit der Theorie öffentlicher Güter nicht zu begründen, da Märkte häufig in der Lage sind, die Probleme Nichtrivalität, Nicht-Ausschließbarkeit und externe Effekte selbstständig zu lösen („Selbstregulierung"). Beispielsweise kann in Ländern mit schwächer ausgeprägten sozialen Sicherungssystemen beobachtet werden, dass diese Leistungen durch private oder karitative Einrichtungen übernommen werden, oder dass sich Menschen zu freiwilligen Gemeinschaften zusammenschließen, die für ihre Mitglieder Sorge tragen. Das Argument der öffentlichen Güter darf nicht unreflektiert dafür herangezogen werden, die Allokation über Märkte vollständig durch eine staatliche Regulierung zu ersetzen. Außerdem darf die Frage der Notwendigkeit, ob der Staat für die Absicherung bestimmter Risiken – z. B. durch Pflichtversicherung – sorgen muss, nicht mit der Frage verwechselt werden, ob der Staat diese Leistungen auch selbst erbringen muss. Bei der Kfz-Haftpflichtversicherung hat der Staat beispielsweise lediglich einen Rahmen gesetzt, die Ausgestaltung der Versicherungsleistung wird aber auf den Märkten geregelt.

Staatlich wahrgenommene Aufgaben, die nicht durch das Modell der öffentlichen Güter begründet werden, sind meist Ausdruck der politischen Wertvorstellungen der Regierung. Es handelt sich vielfach um „Wunschgüter", die auch als „meritorische Güter" bezeichnet werden. Bei meritorischen Gütern wäre eine privatwirtschaftliche Lösung möglich, allerdings wird die Nützlichkeit der Güter von den Nachfragern nicht hoch genug bewertet, weshalb meritorische Güter in zu geringem Maße nachgefragt würden. Aus sozialpolitischen Gründen werden diese Güter i. d. R. zu nicht kostendeckenden Preisen oder sogar kostenlos vom Staat angeboten (z. B. Kindergärten, Theater, Schulen).

Die „Meritorisierung" durch den Staat hat weite Teile des modernen Lebens erfasst. Sie hat vor allem auch eine Bedeutung für die individuelle Risikovorsorge. Die vom Staat gewünschten Güter und Leistungen müssen finanziert werden. Die folgenden *Finanzierungsarten* stehen dem Staat zur Verfügung:

- allgemeine Steuern
- Sozialversicherungsbeiträge
- Staatsanleihen
- Gebühren und
- sonstige Entgelte

Neben der Festlegung der Finanzierungsart muss der Staat das Finanzierungsverfahren (Umlageverfahren, Kapitaldeckungsverfahren und Anwartschaftsdeckungsverfahren) und die Finanzierungsform festlegen. Die *Finanzierungsform* betrifft Fragen der Bemessung und Verteilung der jeweiligen Finanzmittel (z. B. Beitragsbemessungsgrundlage und Beitragsbemessungsgrenze in der Krankenversicherung).

Warum sich der Staat dem Wesen nach marktfähigen Aufgaben widmet, ist Gegenstand der *ökonomischen Theorie der Politik* (Public Choice Theory). Eines der von der ökonomischen Theorie der Politik diskutierten Modelle ist das „Medianwählermodell". Bei diesem wird das Abstimmungsverhalten eines durchschnittlichen Wählers betrachtet. Ist es für diesen Wähler rational, sich für eine bestimmte Partei (und dessen Programm) auszusprechen, weil sie ihm persönlich mehr Vorteile als Nachteile verspricht, so wird sich auch die Mehrheit der Wähler für diese Partei aussprechen. Beispielsweise ist es für einen Rentner rational, sich für eine Rentenerhöhung auszusprechen, die durch Beiträge der Aktiven finanziert wird. Eine Erhöhung der Rentnerquote (durch einen Anstieg der Lebenserwartung und / oder eine Senkung des Rentenzugangsalters) führt demnach zu einem Anstieg der Wahrscheinlichkeit, dass der Vorschlag einer Rentenerhöhung eine Mehrheit erhält.

3.3   Allokationsargumente

3.3.1   Externe Effekte

Neben den Finanzierungsargumenten für staatliche Eingriffe in die individuelle Risikovorsorge können allokative Argumente angeführt werden. Es gibt generelle allokative Argumente, die bei jedem Markt zu prüfen sind. Daneben existieren spezielle allokative Argumente, die vor allem im Versicherungsbereich eine besondere Rolle spielen, die risikotheoretischen Argumente. Bei den generellen allokativen Argumenten sollen im Folgenden insbesondere vier Argumente behandelt werden, die auch zur Begründung einer staatlichen Beaufsichtigung herangezogen und als Argument für die Einrichtung einer Sozialversicherung genannt werden:

- externe Effekte
- sinkende Durchschnittskosten
- Minderschätzung zukünftiger Bedürfnisse
- Informationsdefizite

Externe Effekte liegen dann vor, wenn das Handeln eines Individuums nutzenerhöhend oder -vermindernd auf ein anderes Individuum wirkt. Sie können zu einer Preisverzerrung führen, der den Markt bei der Preisbildung für Güter mit externen Effekten die Präferenzen der Nachfrager und die Kosten der Anbieter berücksichtigt, nicht jedoch die Kosten und Nutzen Dritter. Eine suboptimale Allokation der Ressourcen ist die Folge.

Hierzu einige Beispiele aus dem Versicherungsbereich (siehe auch Abschnitt 3.2.). Wenn ein Individuum keine finanzielle Vorsorge betreibt und im Bedarfsfall (z. B. Alter, Armut oder Krankheit) staatliche Unterstützung in Anspruch nehmen muss, so stellt dies einen externen Effekt dar. Es mag deshalb gerechtfertigt sein, dass der Staat in die Alters- und Krankenvorsorge eingreift, indem er beispielsweise Anreize gibt, Vorsorge zu treffen (z. B. durch steuerliche Absetzbarkeit der entsprechenden Aufwendungen als Sonderausgaben), oder eine Versicherungspflicht vorschreibt. Ein externer Effekt liegt auch vor, wenn jemand ein für Andere gefährliches Gerät betreibt, wie z. B. ein Kraftfahrzeug, ein Atomkraftwerk, eine Seilbahn oder ein Flugzeug. Der Staat kann sich dazu veranlasst sehen, einzugreifen, indem er z. B. eine Versicherungspflicht für die aus dem Betrieb entstehenden Haftpflichtrisiken (in Form einer Gefährdungshaftung) vorschreibt.

3.3.2 Sinkende Durchschnittskosten

Es kommt zu mit der Menge abnehmenden Durchschnittskosten, wenn Grenzkosten sinken. Aber auch bei konstanten und steigenden Grenzkosten kann es zu sinkenden Durchschnittskosten kommen. Im ersten Fall dann, wenn ein Fixkostenblock besteht und auf die Produktionsmenge verteilt werden muss. Der zweite Fall besteht so lange, wie bei normalem Kostenverlauf die Durchschnittskosten noch über den Grenzkosten liegen. Bekanntlich schneidet die Grenzkostenkurve die Durchschnittskostenkurve in ihrem Minimum. Sinkende Durchschnittskosten bedeutet, dass die Produktion großer Mengen (Befriedigung der Marktnachfrage) günstiger ist als die Produktion von Teilmengen. Der Gewinn steigt mit zunehmender Produktionsmenge und ist am höchsten, wenn ein Unternehmen die gesamte Nachfrage nach dem entsprechenden Gut bedient. Die kleineren Unternehmen werden aufgrund der Kostenvorteile nach und nach von größeren Unternehmen vom Markt verdrängt, bis nur noch ein Monopolanbieter übrig bleibt. Bei sinkenden, d. h. streng monoton fallenden Durchschnittskosten wird in der Literatur auch von einem „natürlichen Monopol" gesprochen (ein Monopol, das sich von selbst einstellt und stabil bleibt).

Die Gefahr der Monopolbildung kann an folgender Abbildung verdeutlicht werden, in der k die Stückkosten und x die Produktionsmenge bezeichnet.

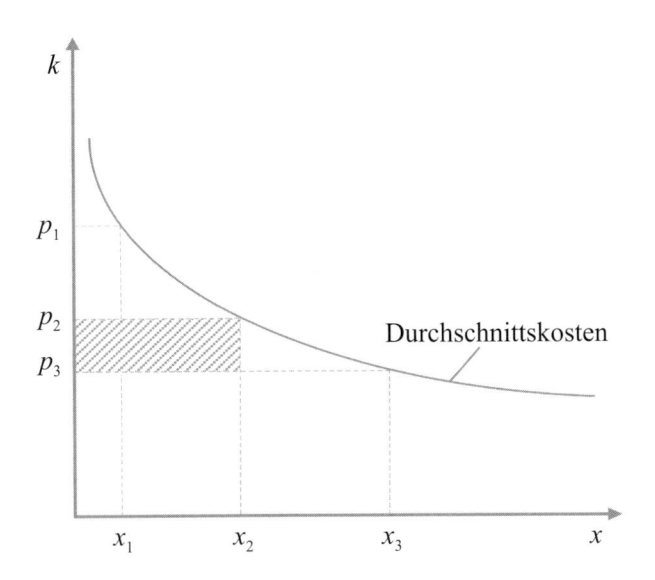

Abbildung 136: Sinkende Durchschnittskosten und die Theorie des „natürlichen Monopols"

Es gilt die Annahme, dass sich auf einem Markt n Unternehmen befinden, die wegen Economies of Scale jeweils eine sinkende Stückkostenkurve haben, wie sie in der Abbildung dargestellt ist. Des Weiteren gilt die Annahme, dass der Marktpreis in einer Ausgangssituation p_1 und die von einem Unternehmen abgesetzte Menge x_1 sei. Die Gesamtnachfrage sei konstant, z. B.

$$\sum_{i=1}^{n} x_i = x_n$$

Dies ist z. B. eine realistische Annahme für die Kfz-Haftpflichtversicherung (jeder Kfz-Halter benötigt eine solche Versicherung) oder ggf. auch für die Gebäude- und die Industriefeuerversicherung. Ein Unternehmen könnte nun auf die Idee kommen, seinen Preis auf p_3 zu senken, da es hofft, auf diese Weise die Konkurrenten aus dem Markt zu drängen und die Nachfragemenge x_3 auf sich zu vereinen. Auch in dieser Situation macht das Unternehmen noch keinen Gewinn, da $p = k$. Somit lohnt sich der „Kampf" um die Monopolstellung nur, wenn das Unternehmen zu einem späteren Zeitpunkt den Preis erhöhen kann ($p > p_3$). Gelingt ihm das, so erzielt es nicht nur kostendeckende Preise, sondern auch Gewinn. Ist das Unternehmen hingegen nicht erfolgreich und kann seine Produktion nur auf x_2 ausdehnen, so macht es Verluste in Höhe der schraffierten Fläche. Auch die anderen Unternehmen werden Verluste realisieren, da sie nicht länger die Menge x_1, sondern nur noch eine geringere Menge absetzen können. Bei einer geringeren Menge steigen die Stückkosten, der Preis p_1 ist dann nicht mehr kostendeckend. Das Unternehmen mit dem „längeren Atem" gewinnt das Spiel, die anderen verlassen den Markt. Das verbleibende Unternehmen kann seine Monopolstellung ausnutzen und den Preis auf p_m erhöhen, der von den Nachfragern zu bezahlen ist. Sein Gewinn ergibt sich aus $G = (p_m - p_n) \cdot x_m$. Dabei wird dann die so genannte Monopolrente erwirtschaftet. Beispiele für Größenvorteile liegen z. B. bei Netzprodukten vor, genannt seien Eisenbahnnetze, soziale Netze und Energie-Versorgungsnetze. Beim Angebot von Versicherungen könnten auch sinkende Stückkosten vorliegen, da mit steigendem Versichertenbestand, die notwendigen Risikozuschläge aufgrund des Risikoausgleichs sinken. Der im Anschluss an die Deregulierung im Jahre 1994 ausgebrochene Preiskampf auf dem Kfz-Versicherungsmarkt kann deshalb mit Hilfe der präsentierten graphischen Darstellung gut beschrieben werden.

Ob der Staat bei der Existenz von Größenvorteilen eingreifen sollte, um das drohende „Marktversagen" zu vermeiden, ist fraglich. Zum einen stehen auch Monopole nicht konkurrenzlos da, wie die *Contestable Market Theory* proklamiert. Es stehen nämlich immer potentielle Konkurrenten bereit, die dann in den Markt eintreten, wenn aufgrund eines zu hohen Preisniveaus überhöhte Gewinne realisiert werden. Zum anderen kann ein großer Anbieter in Folge von Skaleneffekten möglicherweise ein niedrigeres Preisniveau anbieten, als dies vielen kleinen Anbietern möglich ist. Massenproduktion hat demnach auch ihren Vorteil. Ob letztlich ein Staatseingriff gerechtfertigt ist, wird somit zu einer empirischen Frage.

Für die Versicherungswirtschaft wird die Gefahr, dass sich ein natürliches Monopol bilden könnte, als Begründung für staatliche Eingriffe in die Marktordnung angeführt, denn Monopole sind aus allokativen und ordnungspolitischen Erwägungen unerwünscht (Wohlfahrtsverluste, Machtkonzentration). Die Rolle der sinkenden Durchschnittskosten bei der Entstehung eines natürlichen Monopols soll im Folgenden erläutert werden:

Für jeweils bestimmte Risikotypen ist der erwartete Schaden und somit die kalkulatorische Nettoprämie für alle Verträge, die diesen Risikotyp betreffen, gleich. Auf die Nettoprämie werden Zuschläge für Verwaltung sowie ein Risikozuschlag zur Abdeckung von positiven Abweichungen vom Erwartungsschaden erhoben. Je größer der Bestand eines Versicherers ist, umso geringer sind zum einen seine Verwaltungskosten pro Stück (z. B. weil sich fixe Kosten auf eine größere Anzahl an Verträgen verteilen) und zum anderen die notwendigen Risikozuschläge bei Einhaltung einer bestimmten Ruinwahrscheinlichkeit.

Sinkende Durchschnittskosten können vor allem durch die folgenden drei Phänomene herbeigeführt werden, die alle eine Bedeutung für die Versicherungswirtschaft haben:

- Economies of Scale
- Economies of Scope sowie
- Sunk Costs

Sinkende Durchschnittskosten aufgrund eines Mengeneffekts werden in der ökonomischen Theorie *Economies of Scale* (auch „Skalenerträge" oder „Mengendegressionseffekte") genannt. Auch die durch zunehmende Erfahrungen sinkenden Durchschnittskosten (Lernkurveneffekte) und die mit zunehmender Betriebsgröße leichter durchzuführende Kalkulation zufallsbedingter Ereignisse (stochastische Größenersparnisse) können zu den Economies of Scale gezählt werden. *Economies of Scope* bezeichnet den Fall, dass die Kosten eines Produkts A sinken, wenn der gleiche Anbieter mehr von Produkt B herstellt (z. B. aufgrund von so genannten „Verbundeffekten" bei Kuppelproduktion, die sich vor allem aus der Subadditivität der Kosten ergeben). Beispielsweise lassen sich Gebäudefeuerversicherungen einfacher an Personen verkaufen, die sich gerade um eine Hypothek für den Erwerb eines Eigenheims bemühen (geringere Durchschnittskosten im Vertrieb von Gebäudefeuerversicherungen). Von *Sunk Costs*, in der betriebswirtschaftlichen Literatur auch manchmal das „Prinzip der zentralen Reserven" genannt, wird gesprochen, wenn Investitionen getätigt werden, die nicht wieder liquidiert werden können (irreversible Investitionskosten). Beispielsweise ist eine einmal angeschaffte EDV-Anlage fast nicht oder nur mit größeren Verlusten weiterverkäuflich. Auch Werbemaßnahmen können zu den Sunk Costs gezählt werden. Ein Unternehmen kann nur versuchen, diese Investition so gut wie möglich auszunutzen, um die Sunk Costs auf viele Produkte zu verteilen.

3.3.3 Minderschätzung zukünftiger Bedürfnisse

„Der Spatz in der Hand ist besser als die Taube auf dem Dach." Es gilt das von *Böhm-Barwerk* formulierte „Prinzip der Minderschätzung zukünftiger Bedürfnisse": Menschen schätzen einen Geldbetrag, den sie heute bekommen, mehr als einen Geldbetrag in gleicher Höhe, den sie zu einem späteren Zeitpunkt bekommen. Dies gilt nicht nur deshalb, weil der Geldbetrag verzinslich angelegt werden kann, sondern auch aufgrund der mit der Zukunft verbundenen Ungewissheit.

Aus diesem Grund kommt es vor, dass für Alter, Krankheit und andere Risiken nicht in ausreichendem Maße vorgesorgt wird, so dass die Gesellschaft einspringen muss. Daraus ergeben sich Ansprüche an die Gesellschaft, die, wenn es sich um ein häufiges Problem handelt, auch durchgesetzt werden müssen.

Eine Möglichkeit des Staats, auf dieses Phänomen zu reagieren, ist die Einführung einer Versicherungspflicht und die Gründung von Pflichtversicherungen. *Versicherungspflicht* bedeutet, dass ein Bürger eine bestimmte Versicherung nachweisen muss, aber frei ist, sie dort abzuschließen, wo er will (z. B. gesetzliche Krankenversicherung, soziale Pflegeversicherung). Eine *Pflichtversicherung* wird von einer Monopolanstalt angeboten, wobei sich der Bürger bei dieser Monopolanstalt versichern muss (z. B. gesetzliche Rentenversicherungsanstalt, Berufsgenossenschaften in der gesetzlichen Unfallversicherung, Bundesanstalt für Arbeit in der gesetzlichen Arbeitslosenversicherung).

3.3.4 Informationsdefizite

In der vollkommenen Arrow-Debreu-Welt haben alle Marktteilnehmer alle Informationen, die sie benötigen, um ihre wirtschaftlichen Entscheidungen treffen zu können. Die Realität sieht jedoch anders aus. Die Menschen leiden unter Informationsdefiziten bezüglich einer Vielzahl an Fakten, die für ihre Entscheidungen relevant sind. Diese Fakten sind schematisch in der folgenden Abbildung dargestellt und werden weiter unten erläutert.

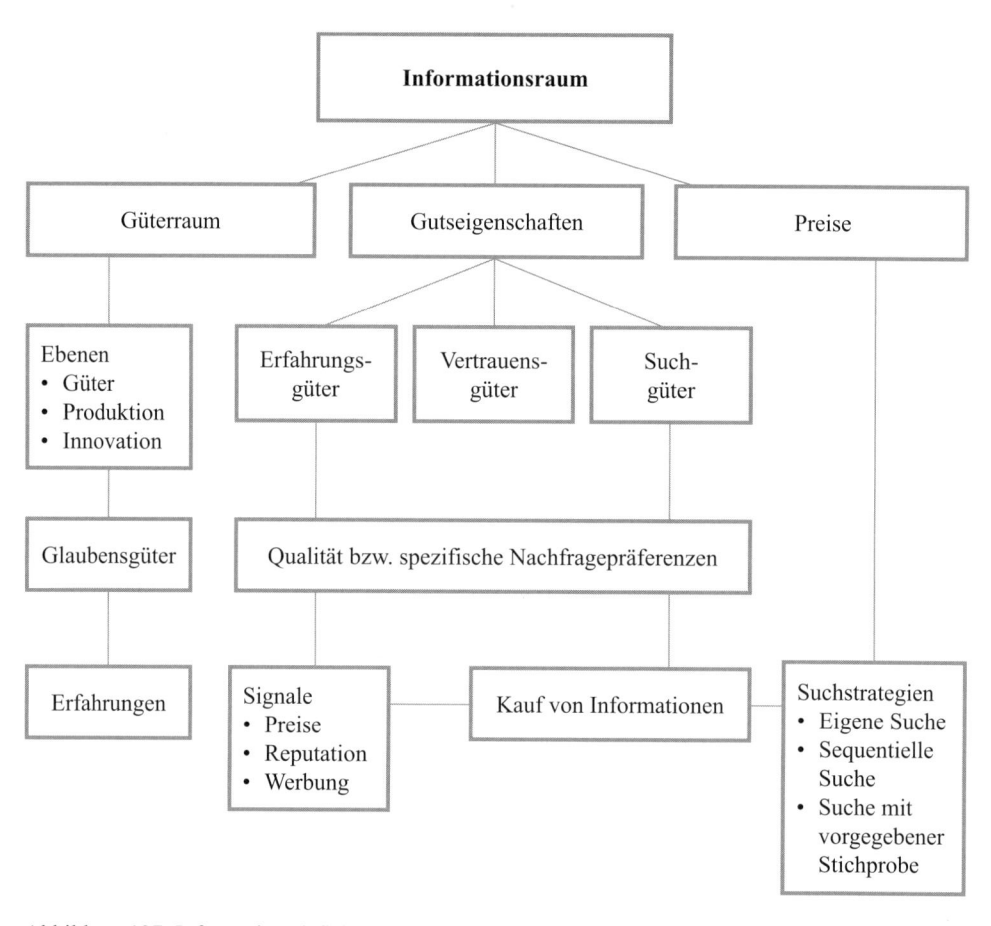

Abbildung 137: Informationsdefizite

Die Abbildung liefert ein Ordnungsmuster für die in der ökonomischen Theorie behandelten Formen an Informationsdefiziten. Sie spielen in der Risikovorsorge eine besondere Rolle, da die Unsicherheit über die Zukunft hinzukommt. In der Informationstheorie wird vom Informationsraum gesprochen. Er enthält alle möglichen Informationen über die Gegenwart und Vergangenheit sowie alle derzeit möglichen Aussagen über die

Zukunft. Von diesem Informationsraum ist den Marktteilnehmern nur eine Teilmenge bekannt.

Die traditionelle Markttheorie, bei der vollständige Markttransparenz unterstellt wird, ist deshalb unbefriedigend. Sie ist weder in der Lage, existierende Qualitäts- und Preisunterschiede zu erklären, noch ist sie in der Lage, die Frage zu beantworten, ob aus allokativen Gründen bestimmte staatliche Marktregulierungen sinnvoll bzw. notwendig sind. *John Hirschleifer* wies darauf hin, dass Marktpreise den Informationsstand der Käufer widerspiegeln. Bei vollständigen Informationen ist der Marktpreis ein perfekter Indikator für die Eigenschaften des Guts. Somit könnte von der Höhe des Marktpreises auf die Gutseigenschaften geschlossen werden. Wenn dies so wäre, hätte jedoch kein Nachfrager mehr einen Anreiz, Informationskosten aufzuwenden und sich Informationen zu beschaffen. Er kann direkt vom Preis auf die Qualität und den Wert des Guts schließen. Bei Existenz positiver Informationskosten ist ein vollständiger Informationsstand nicht denkbar. Vielmehr besteht nur dann ein Anreiz, Informationen zu sammeln, wenn der besser Informierte einen zusätzlichen Gewinn erzielen kann. Mit anderen Worten: Es ist völlig natürlich, dass Informationsdefizite bestehen, wenn Informationen nur unter Aufwendung von Kosten zu erlangen sind und dass der besser informierte Nachfrager Vorteile hat.

Informationsdefizite führen dazu, dass Anbieter einen gewissen „monopolistischen" Spielraum haben: Hat sich ein Nachfrager für einen bestimmten Anbieter entschieden, wird er bei diesem verbleiben, auch wenn es Anbieter mit günstigeren Konditionen gibt. Mit der Existenz von Informationskosten kann die seit *Erich Gutenberg* (1897–1984) in der Betriebswirtschaftslehre bekannte doppelt geknickte Nachfragekurve begründet werden. Sie verdeutlicht, dass die Anbieter in einem bestimmten Rahmen ihre Preise variieren können, ohne dass sich der Absatz stark verändert. In der folgenden Abbildung ist eine doppelt geknickte Nachfragekurve aus der Sicht des Anbieters dargestellt. Dabei ist p der Preis des Anbieters und x die Absatzmenge. Innerhalb der Preisspanne p_1 bis p_2 liegt der monopolistische Spielraum. Oberhalb und unterhalb dieser Preisspanne reagiert der Absatz viel intensiver auf Preisvariationen als im monopolistischen Spielraum. Eine modell-theoretische Begründung der doppelt geknickten Nachfragekurve wird weiter unten geliefert (siehe nachfolgende Abbildung).

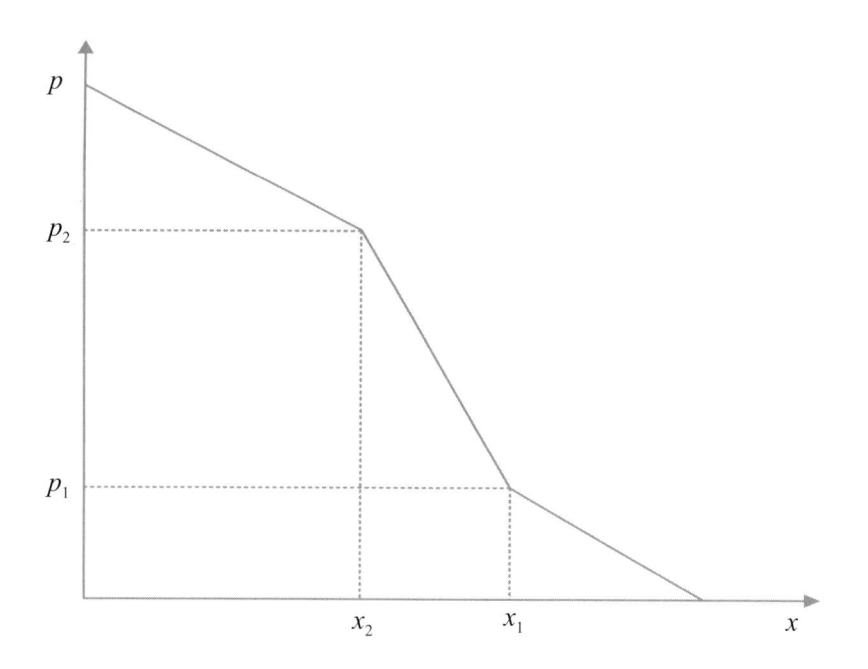

Abbildung 138: Doppelt geknickte Nachfragekurve aufgrund von Informationsdefiziten und Wechselkosten

In der Versicherungswirtschaft kann ein hohes Beharrungsvermögen der Versicherungsnehmer beobachtet werden. Versicherungsnehmer bleiben bei „ihren" Anbietern versichert, auch wenn es objektiv ein besseres Angebot am Markt für sie gibt. Die so genannten Wechselungs- bzw. Wechselkosten unterstützen diese Tendenz noch. Sie stellen den Nutzenverlust dar, der einem Marktteilnehmer dadurch entsteht, dass er von einem (evtl. langjährigen) Marktpartner zu einem anderen wechselt. Beispielsweise ist es für einen Versicherungsnehmer bequem, wenn ihn ein Versicherungsvertreter kennt und betreut, über seine finanziellen, familiären und beruflichen Angelegenheiten gut informiert ist und alle relevanten Grundinformationen hat. Mit einem Versicherungsvertreter eines anderen Unternehmens ein entsprechendes Verhältnis aufzubauen kostet Zeit und erfordert den Aufbau von Vertrauen. Daher wird häufig nur bei relativ großen Prämien- oder Qualitätsunterschieden gewechselt.

Extrem hoch können die Anbieterwechselkosten in der privaten Krankenversicherung und in der Lebensversicherung sein. In der privaten Krankenversicherung baut der Versicherte mit seinen Prämien eine „Alterungsreserve" auf, die bei einem Wechsel des Versicherungsunternehmens nur zum Teil mitgenommen werden kann. In der Lebensversicherung sind die Erstattungen bei vorzeitiger Kündigung (der so genannte „Rückkaufswert") immer wieder Anlass zur Kritik, so dass sich auch hiermit schon höchste Gerichte beschäftigt haben. In der Versicherungswirtschaft sind Wechselkosten bislang von *Harris Schlesinger* und *J. Matthias Graf von der Schulenburg* (1987) theoretisch und empirisch untersucht worden, obwohl sie für das Marktgeschehen eine große Rolle spielen. *Wolfgang Kilger* (1927–1986) begründet 1962 Wechslungskosten erstmals mit Hilfe des „Hotelling'schen" Straßenmodells mit der Heterogenität der Märkte. *Horst Albach* (*1931) und *Norbert Kloten* 1926–2006 beschreiben 1973 Wechselkosten auf dem Markt für Farbstoffe zum Lackieren von Metallen. Sie stellen auf diesem Markt Lieferantenwechselkosten fest, da sich die Lacke unterschiedlicher Hersteller in ihrer Viskosität unterscheiden und daher jeweils verschiedene Düsen zum Auftragen der Lacke erforderlich sind. Das Wechseln des Anbieters ist somit mit Investitionen verbunden.

Sind die Informationskosten und Anbieterwechselkosten in einem Markt zu hoch (geringe Markttransparenz für die Verbraucher), so mag dies ein Anlass für staatliche Markteingriffe sein, da eine „Monopolisierung" zu einer ineffizienten Allokation der Ressourcen führen kann. Beispielsweise haben Neuanbieter Schwierigkeiten, in den Markt einzutreten; Altanbieter nehmen zu hohe Preise oder bieten nicht die bestmögliche Qualität. Als regulative Markteingriffe kommen Informationspflichten, Produktstandardisierungsvorschriften (Allgemeine Versicherungsbedingungen, Versicherungsvertragsgesetze) sowie Preisregulierungen und Überschussverwendungsrichtlinien in Frage.

Nachfrager können durch den begrenzten Informationsstand vielfach die Qualität der angebotenen Produkte nicht bewerten. Die Beurteilung der Qualität ist insbesondere bei abstrakten Produkten wie Versicherungsprodukten vielfach nicht einfach. Qualitätsanbieter haben Schwierigkeiten, sich am Markt durchzusetzen und einen angemessenen Preis zu bekommen. Demgegenüber setzen sich Anbieter mit schlechter Qualität am Markt durch (schlechte Qualität verdrängt gute Qualität). Hierbei stellt sich die Frage, worin eigentlich die Qualität des „abstrakten Schutzversprechens" eines Versicherungsanbieters besteht. Ein wesentlicher Qualitätsaspekt ist die dauerhafte Erfüllbarkeit der Verträge. Dazu gehören Sicherheit und Liquidität der Unternehmen.

Darüber hinaus erwartet der Versicherungsnehmer eine prompte und vollständige Zahlung der Versicherungsleistung, eine gute und zutreffende Beratung in allen Vertragsangelegenheiten und eine unbürokratische, aber ordnungsgemäße Abwicklung der Schadenbearbeitung. Qualitätsmängel können zum Ruf nach staatlicher Regulierung und einem aktiven Verbraucherschutz führen. Die Aufsichtsbehörden im Versicherungswesen haben u. a. letztgenannte Aufgabe.

Informationsdefizite können somit staatliche Regulierung begründen. Um zu analysieren, inwieweit Regulierung tatsächlich notwendig ist und welche staatliche Regulierung angemessen erscheint, ist eine genaue Analyse der Art der Informationsdefizite erforderlich. Ganz allgemein fordert die Annahme der Markttransparenz, dass der

Nachfrager alle am Markt erhältlichen Güter, ihre Eigenschaften und ihre Preise kennt. Somit kann sich die unvollständige Information auf

- den Güterraum,
- die Eigenschaften des Guts und / oder
- die Preise

beziehen.

Unwissenheit über den Güterraum

Entsprechend einer Einteilung von *Carl Christian von Weizsäcker* (*1936) kann beim Güterraum zwischen drei Ebenen unterschieden werden:

- Die Ebene der Güter selbst: Welche Güter sind überhaupt am Markt erhältlich, die dem Nachfrager Nutzen stiften könnten?
- Die Ebene der Produktion: Wie sehen mögliche Produktionsprozesse aus und wie können sie organisiert werden? Wie kann ein Haushalt Marktgüter sinnvoll miteinander kombinieren, damit sie Nutzen stiften?
- Die Ebene der Innovation: Welche Güter wird es morgen geben?

Eine Übertragung der drei Ebenen auf den Versicherungsmarkt fällt leicht: Viele Nachfrager kennen nicht die Produkte, die für ihre Risikoabsicherungsprobleme in Frage kommen (Ebene der Güter); beispielhaft seien hier die vielfältigen Produkte der Lebens- und der Krankenversicherung aufgeführt. Die Nachfrager (Einzelpersonen oder Haushalte) haben vielfältige Informationsdefizite, die die Produktion von Versicherungsschutz betreffen (Produktionsprozesse des Versicherers). Auch die Kombination verschiedener Finanzdienstleistungen stellt aus der Sicht des Haushalts Produktion dar (Haushaltsproduktion). Dabei hat der Haushalt häufig Schwierigkeiten, die Ziele Sicherheit, Rendite und Liquidität gleichzeitig zu optimieren. Schließlich sind Vorstellungen über die zu erwartenden Innovationen für die Nachfrage nach Finanzdienstleistungen von Bedeutung. Zu den Innovationen gehören z. B. auch Erwartungen über Veränderungen der Steuergesetzgebung, die einen erheblichen Einfluss auf die Entscheidungen des Versicherungsnehmers haben können.

Bei der Reduzierung von Informationsdefiziten über den Güterraum spielen Erfahrungen, d. h. das Auswerten von Informationen aus der Vergangenheit und der Gegenwart, eine große Rolle. Diese Auswertung von Informationen kann systematisch oder unsystematisch erfolgen. Zu den systematischen Instrumenten können z. B. das Risk Management und die Tätigkeit der Finanzanalysten auf Aktienmärkten gezählt werden.

Unwissenheit über die Eigenschaften des Guts

Die ökonomische Analyse der Folgen der Unwissenheit über die Eigenschaften eines Guts ist ein besonders spannendes Gebiet der modernen wirtschaftswissenschaftlichen Marktforschung. Mit dieser Thematik beschäftigt sich auch der berühmte und häufig zitierte Aufsatz von *George Akerlof* „The Market of Lemons: Quality Uncertainty and the Market Mechanism" (1970). Er untersucht insbesondere, wie sich Anbieter und Nachfrager bei Unwissenheit über die Qualität verhalten. Auf dem Gebrauchtwagenmarkt kennen nur die Verkäufer die wirkliche Qualität der verkauften Kraftfahrzeuge. Es handelt sich um so genannte *Erfahrungsgüter*. Bei Erfahrungsgütern kann die Qualität vom Käufer erst nach dem Kauf durch Gebrauch oder Konsum festgestellt werden. Typische Beispiele für Erfahrungsgüter sind ärztliche Leistungen, Dienstleistungen eines Friseurs, Essen im Restaurant oder Bücher.

Auch bei Gebrauchtwagen können die Käufer die Qualität erst nach Gebrauch herausfinden. Um die Analyse zu vereinfachen, wird angenommen, es gäbe nur zwei Qualitäten: Gebrauchtwagen mit guter Qualität und Gebrauchtwagen mit schlechter Qualität („Zitronen"), wobei die Nachfrager bereit wären, für die gute Qualität den Preis p_h und für die geringe Qualität den Preis p_n zu bezahlen, mit $p_h > p_n$. Beim Kauf haben sie allerdings keine Kenntnis über die Qualität des gekauften Wagens. Die Verkäufer sind nur bereit, einen Wagen mit hoher Qualität zum Preis von p_h zu verkaufen. Wie sehen nun der Preis und die Qualität der auf diesem Markt gehandelten Fahrzeuge aus? Es stellt sich heraus, dass nur „Zitronen", d. h. Autos mit schlechter Qualität, angeboten werden.

Bestünde keine asymmetrische Informationsverteilung, d. h. wäre allen Marktteilnehmern die Qualität der Wagen beim Kauf bekannt, so würden zwei Märkte entstehen. Auf dem einen Markt würden Qualitätsautos zum Preis von p_h gehandelt. Auf dem anderen Markt würden Wagen einer geringen Qualität zu einem Preis p_n gehandelt. Bei der beschriebenen asymmetrischen Informationsstruktur haben die Käufer jedoch nur eine der schlechten Qualität entsprechende Zahlungsbereitschaft, da sie die Qualität vor dem Kauf nicht beurteilen können. Sie möchten also einen niedrigen Preis bezahlen. Der Verkäufer, der einen Gebrauchtwagen mit hoher Qualität hat, wird nicht bereit sein, seinen Wagen bei dem vorherrschenden niedrigen Preisniveau zu verkaufen. Er könnte ihn an Bekannte und Freunde verkaufen, mit denen er eine Vertrauensbeziehung hat. Eine Folge daraus ist, dass gute Qualität durch schlechte Qualität verdrängt wird, da bei anonymen Nachfrager-Anbieter-Beziehungen kein Anreiz für die Anbieter besteht, qualitativ hochwertige Produkte zur Verfügung zu stellen: Zu dem geforderten Preis finden sie keinen Nachfrager. Das von *Akerlof* aufgezeigte Ergebnis ist auf allen Märkten zu befürchten, auf denen der Anbieter keine angemessene Prämie („Qualitätsprämie") erzielen kann, weil die Nachfrager die Gütereigenschaften nicht – oder erst lange nach dem Kauf – beurteilen können.

Auch auf Finanzdienstleistungsmärkten werden von asymmetrischer Informationsverteilung betroffene Erfahrungsgüter gehandelt. Eine spezifische Form der Erfahrungsgüter sind *Vertrauens-* oder *Glaubensgüter*. Die Qualität dieser Güter lässt sich aufgrund hoher Informationsasymmetrien nur sehr schwer, sehr spät oder gar nicht bestimmen, z. B. Fallschirme oder Brückenbauten. Typische Beispiele für Vertrauensgüter auf Finanzdienstleistungsmärkten sind Lebensversicherungen, Immobilienfonds oder Venture-Capital-Beteiligungen. Trotz aller *Ratings* (Unternehmens- oder Produktbewertung mit Hilfe einer multidimensionalen Bepunktung nach bestimmten Kriterien) und *Rankings* (Unternehmen- oder Produktrangliste) bleibt häufig eine große Unsicherheit beim Nachfrager vorhanden.

Informationen können durch „Signale" transportiert werden. Ein auf Märkten etabliertes Instrument sind dabei Firmennamen, die die Anonymität der Nachfrager-Anbieter-Beziehung aufheben und als Signale für eine bestimmte Qualität stehen (auch als „Goodwill" bezeichnet). Je häufiger Produkte desselben Anbieters bezogen werden, umso größer wird die Erfahrung, wie die Qualität dieses Anbieters einzuschätzen ist. Der wiederholte Verkauf gibt dem Anbieter gleichzeitig einen Anreiz, hohe Qualität anzubieten. Denn ist der Nachfrager von der Qualität enttäuscht, wird er zu einem anderen Anbieter wechseln. Der (diskontierte) Wert der dann verloren gegangenen Kundenbeziehung ist der Anreiz für einen Anbieter, den Kunden zufrieden zu stellen. Ist dieser Wert höher als die Differenz der Kosten der Produktion zwischen hoher und niedriger Qualität, lohnt es sich für den Anbieter – trotz der asymmetrischen Informationsverteilung – hohe Qualität bereitzustellen.

Welche anderen Signale geben neben der Reputation eines Anbieters Hinweise auf die Qualität eines Guts? Einige Ökonomen haben im Rahmen von Modellen gezeigt, dass auch aus dem Preis Rückschlüsse auf die Qualität des angebotenen Produkts gezogen werden können. Andere beschäftigen sich mit der Frage, ob auch Werbeaufwendungen und Marketinganstrengungen eines Anbieters Rückschlüsse auf die Qualität eines Guts zulassen. Dabei wird argumentiert, dass es sich nur für Qualitätsproduzenten lohnt, hohen Werbeaufwand zu betreiben, da nur diese mit einer erhöhten Nachfrage in der Zukunft durch Wiederholungskäufe rechnen können. Auf Versicherungsmärkten spielen die Signale Markennamen (Goodwill), Preise und Werbung eine dominante Rolle, unabhängig davon, ob es sich um Qualitätsanbieter handelt oder nicht.

Beat Blankart (*1942) und *Werner Pommerehne* (1943–1994) fügten zu den Erfahrungs- und Vertrauensgütern noch eine dritte Güterart hinzu, die so genannten „Suchgüter". Bei Suchgütern kann durch Inspektion vor dem Kauf festgestellt werden, welche Qualität sie haben. Die Suche kann auch durch Kauf von Informationen erfolgen, wie z. B. die Einschaltung eines Maklers oder der Kauf von Test- und Verbraucherzeitschriften oder – wenn es sich um einen größeren Versicherungsnachfrager handelt (wie Unternehmen) – durch Beschäftigung von Versicherungsexperten.

Bei der Analyse von Märkten ist es sinnvoll, zwischen einer subjektiven und einer objektiven Bewertung von Guteigenschaften zu unterscheiden. Von *Qualität* wird bei der Beschreibung von Guteigenschaften gesprochen, wenn jeder Nachfrager höhere und niedrige Qualität in gleicher Weise unterscheidet (objektive Bewertung). Handelt es sich hingegen um Eigenschaften eines Guts, die jeder Nachfrager unterschiedlich bewertet (während der eine rote Autos weißen vorzieht, ist es beim anderen genau umgekehrt), so wird nicht von Qualität, sondern von *spezifischen Nachfragerpräferenzen* gesprochen. Unterschiedliche Präferenzen sind vor allem bei heterogenen Gütern und Dienstleistungen oder bei Gütern, die erklärungsbedürftig und von abstrakter Natur sind, vorzufinden. Zwar sind Versicherungsprodukte häufig eher homogen (erfolgreiche Produkte können auf Versicherungsmärkten wegen des fehlenden Patentschutzes bei Dienstleistungen schnell kopiert werden), sie sind aber meist erklärungsbedürftig und abstrakt. Unterschiedliche Nachfragerpräferenzen gibt es auch bezüglich des Vertriebswegs: Einige Nachfrager präferieren den Vertrieb über Außendienst, andere den Direktvertrieb und wieder andere den Maklervertrieb. Wird auf dem Markt der „Akerlof-Effekt" festgestellt, mit dem Ergebnis, dass sich aufgrund der Anreizstruktur nur schlechte Qualität durchsetzen kann, können staatliche Eingriffe sinnvoll sein. Handelt es sich hingegen um spezifische Nachfragerpräferenzen, sind diese in der Regel zu akzeptieren.

Unwissenheit über die Preise

Ist dem Nachfrager nicht bekannt, welche Preise für ein Gut auf dem Markt existieren, muss er nach dem günstigsten Preis suchen. Dabei kann er entweder selbst suchen oder die erforderlichen Informationen kaufen. Die folgenden zwei generellen Suchstrategien werden in der ökonomischen Literatur ausführlich dargestellt:

- die ‚sequentielle Suche' oder
- die ‚Suche mit vorgegebener Stichprobe'

Einem Neueigentümer eines Kfz ist bekannt, dass die Versicherungsunternehmen Kfz-Versicherungen zu unterschiedlichen Preisen anbieten. Er weiß aber nicht, welcher Anbieter welchen Preis hat. Eine Suchstrategie wäre z. B., 15 Versicherer anzurufen und dann den Günstigsten zu wählen (*Suche mit vorgegebener Stichprobengröße*). Eine andere Strategie wäre, sich einen bestimmten Preis als Ziel zu setzen und dann solange zu suchen, bis das Versicherungsunternehmen gefunden wird, welches den angestrebten Preis anbietet (*sequentielle Suche*). Bei letztgenannter Strategie ist es notwendig, dass der Nachfrager Informationen über die Preisverteilung hat.

Als Zusammenfassung der bisherigen Argumente für eine spezielle Marktordnung für Versicherungsmärkte und staatliche Eingriffe in die individuelle Risikovorsorge folgt:

Kapitel V Staatsversicherungstheorie und Sozialversicherung

In Abschnitt 1 dieses Kapitels wurde gezeigt, dass für risikoaverse Wirtschaftssubjekte in gleichartiger Lage und mit gleichartigen Risiken die Wohlfahrt gesteigert wird, wenn sie sich zu einer homogenen Risikogemeinschaft zusammenschließen und bei der Risikofinanzierung das Umlageverfahren anwenden. Dies gilt auch dann, wenn die Schadenwahrscheinlichkeit und die möglichen Schadenhöhen nicht bekannt sind. Bilden sich die Risikogemeinschaften nicht von selbst, so kann der Staat sich aufgerufen fühlen, diese zu organisieren, was er ja auch mit der Schaffung sozialer Sicherungssysteme und der Einrichtung von öffentlichen Brandkassen (Pflichtversicherungen mit Versicherungspflicht) getan hat.

In Abschnitt 2 wurde gezeigt, dass es zum Wesen der sozialen Marktwirtschaft gehört, dass der Staat eine aktive Sozialpolitik betreibt. Die soziale Marktwirtschaft beinhaltet die Absicherung sozialer Risiken (Alter, Krankheit, Pflege, Unfall und Arbeitslosigkeit) durch staatlich organisierte Risikogemeinschaften. Da diese Absicherungssysteme auch eine starke Umverteilung mit sich bringen (es handelt sich um inhomogene Risikogemeinschaften), weil z. B. die Beiträge und die Leistungen nach sozialen Kriterien (z. B. dem Leistungsfähigkeitsprinzip und Bedürftigkeitsprinzip) gestaltet sind, kommen diese staatlich organisierten Versicherungssysteme nicht ohne Zwang aus.

In Abschnitt 3.1. wurde gezeigt, dass nicht nur eine aktive Sozialpolitik, sondern auch eine aktive Wirtschaftspolitik dazu führt, dass der Staat in die Märkte eingreift. Insbesondere versucht er, soziale und wirtschaftliche Risiken zu verringern und die Marktmacht von einzelnen Anbietern zu begrenzen.

Diese staatliche Zielsetzung kann einerseits – wie die Abschnitte 3.3.1. bis 3.3.4. zeigen – rein meritorisch sein und entzieht sich damit einer weiteren ökonomischen Begründung, d. h. folgt der Werthaltung und der ideologischen Einstellung der politischen Entscheidungsträger. Andererseits gibt es eine Reihe von ökonomischen Gründen (wie Monopolisierungstendenzen), die zu einer Verzerrung der Allokation führen und deshalb staatliche Eingriffe begründen:

- Externe Effekte und asymmetrische Informationsstrukturen
- Economies of Scale durch Risikopoolung
- Economies of Scope durch gemeinsame Nutzung von Vertriebswegen sowie
- Sunk Costs durch Informationssysteme

Die Folgen monopolistischer Strukturen sind überhöhte Preise. Preisregulierungen – wie sie bis 1994 noch in der Kraftfahrzeughaftpflichtversicherung, der privaten Krankenversicherung und der Lebensversicherung bestanden – finden hier ihre Begründung. Zudem können bei einer zu hohen Minderschätzung zukünftiger Bedürfnisse durch die Bürger und Bestehen von Informationsdefiziten ein staatlicher Eingriff in Form der Vorschrift zur Versicherungspflicht bei der Altersvorsorge und gesetzliche Regelungen für den Informationsaustausch gerechtfertigt sein.

Im folgenden Abschnitt wird ein weiteres Argument hinzugefügt. Die grundlegende These – die in der Modellanalyse bestätigt wird – lautet, dass spezifische Nachfragerpräferenzen, Anbieterwechselkosten und Suchkosten zu einem – im Vergleich zu den Kosten – erhöhten Preisniveau und zu Preisdisparitäten für an sich homogene Güter führen. Da sowohl überhöhte Preise als auch Preisdisparitäten aus allokativen Gründen unerwünscht sind, kann der Staat Maßnahmen mit dem Ziel ergreifen, die Preise den Kosten anzunähern und die Preisdisparitäten zu beseitigen, z. B. durch Regelungen, die den Wechsel zwischen Anbietern erleichtern und Informationen leichter zugänglich machen. Obwohl die modelltheoretischen Überlegungen generelle Gültigkeit haben, sind Dienstleistungsmärkte im Allgemeinen und Versicherungsmärkte im Besonderen durch spezifische Nachfragerpräferenzen, Anbieterwechselkosten und Suchkosten charakterisiert.

3.3.5 Informations- und Anbieterwechselkosten

Auf Versicherungsmärkten gibt es – wie Preisvergleiche in Verbraucherzeitschriften immer wieder zeigen – erhebliche Preisdifferenzen. Dies gilt auch für relativ homogene Produkte, wie z. B. die Kraftfahrzeughaftpflichtversicherung oder einfache Lebensversicherungsprodukte. Worauf sind diese Preisdifferenzen zurückzuführen? Beruhen sie eher auf Informationsdefiziten, auf Anbieterwechselkosten oder auch auf ganz anderen Faktoren? So könnte z. B. eine unterschiedliche Zahlungsbereitschaft für Versicherungsschutz bei verschiedenen Bevölkerungsgruppen zu Preisdifferenzen führen. In empirischen Untersuchungen sind die Gründe untersucht worden, wobei insbesondere Informationsdefizite und Transaktionskosten eine bedeutende Rolle spielen. Daneben werden nationale als auch branchenmäßige Unterschiede deutlich.

Im Folgenden wird in einem möglichst einfach gehaltenen Modellrahmen der Einfluss von Informations- und Transaktionskosten durch Modellierung eines dynamischen Marktprozesses untersucht. Die Anbieter treten dabei sukzessive in den Markt ein. Im Laufe der Analyse wird die übliche Annahme, dass den Nachfragern die Preisverteilung a priori bekannt ist und sie die Such- und Kaufentscheidungen simultan treffen, aufgehoben.

Modell oligopolistischen Wettbewerbs von *Hotelling*

Der Wettbewerb zwischen den Anbietern wird über das bekannte Straßenmodell, wie es erstmals 1929 von *Harold Hotelling* (1985–1973) entwickelt wurde, abgebildet. Dieses Modell fand häufig Verwendung zur Modellierung oligopolistischer Märkte. Die (gerade) Straße ist dabei auf die Länge von Eins normiert. Am rechten Ende der Straße befindet sich der Anbieter A (alt) und am linken Ende der Anbieter N (neu).

Die „Entfernung" zwischen beiden Anbietern wird hier nicht als räumliche Entfernung interpretiert, sondern deutet auf Produktdifferenzen hin, so dass die Platzierung des einzelnen Nachfragers auf der Straße die relative Präferenz des Nachfragers für die Produkte der beiden Anbieter ausdrückt. Die Analyse ist auf einen Zwei-Anbieter-Fall beschränkt, kann jedoch leicht auf mehr als zwei Anbieter erweitert werden, indem die Anbieter statt auf einer „geraden" Straße auf einer Ringstraße angesiedelt werden. In diesem Fall würde bei voller Information und freiem Marktzutritt ein symmetrisches Nash-Gleichgewicht existieren, bei dem alle Anbieter äquidistant um die Ringstraße verteilt sind.

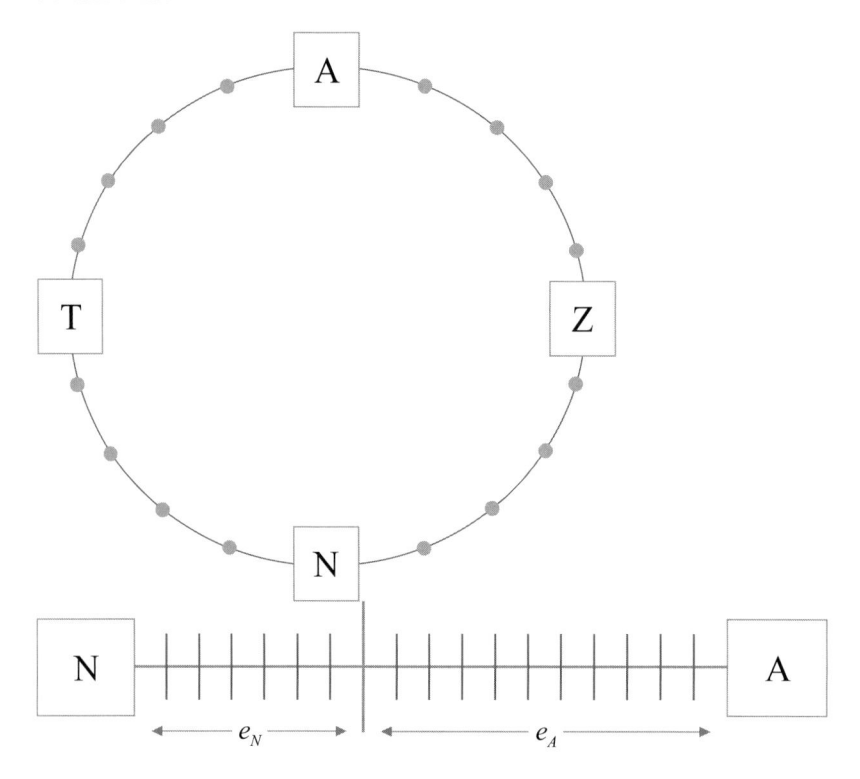

Abbildung 139: Hotelling'sches Straßenmodell

Auf der Straße zwischen A und N sind n Nachfrager gleichmäßig verteilt, von denen jeder pro Periode eine Mengeneinheit entweder von A oder von N kauft (unelastische Gesamtnachfrage). Jeder *Nachfrager* habe folgende Nutzenfunktion:

$$U = \overline{U} - q \cdot e - p, \tag{1}$$

mit p = Preis, e = „Entfernung" zum jeweiligen Anbieter, von dem der Nachfrager kauft, und q = Intensität der Präferenz. $\overline{U}$ ist eine Konstante, die dafür sorgt, dass der

Nutzen positiv ist. Je größer q ist, umso stärker sind die Präferenzen des Nachfragers für das Angebot eines Anbieters. Die Stärke der Präferenz bezüglich eines Anbieters kann verschiedene Ursachen haben, wie z. B. Vertriebsweg, Qualitätsaspekte oder persönliche Bindungen zu einem Außendienstmitarbeiter des Anbieters.

Offenbar wird ein bestimmter Nachfrager dann von dem Anbieter N kaufen, wenn gilt:

$$\overline{U} - q \cdot e_A - p_A < \overline{U} - q \cdot e_N - p_N \tag{2a}$$

Da die „Länge" der Straße auf Eins normiert ist, also $e_A + e_N = 1$ gilt, kann wie folgt umgeformt werden:

$$p_N < p_A + (1 - 2 \cdot e_N) \cdot q \tag{2b}$$

Aus (2b) ist erkennbar, dass es trotz vollkommener Preisinformationen sein kann, dass sich der Nachfrager für das teurere Angebot entscheidet. Je stärker die persönlichen Präferenzen der Nachfrager sind, umso eher werden Preisdifferenzen von den Nachfragern akzeptiert.

Jeder Anbieter i maximiere seinen Gewinn π:

$$\max \pi_i = p_i \cdot x_i - c \cdot x_i \qquad \text{für } i = A, N, \tag{3}$$

mit $x_i = e_i \cdot n =$ Verkaufsmenge des Anbieters i und $c =$ (aus Vereinfachungsgründen) konstante und für beide Anbieter gleiche Durchschnittskosten.

Unter Berücksichtigung des Preises des anderen Anbieters ($j = N, A$) folgt aus (2b) die *Preis-Absatz-Funktion*:

$$p_i = p_j + (1 - 2 \cdot e_i) \cdot q = p_j + q - 2 \cdot q \cdot e_i = p_j + q - \frac{2 \cdot q \cdot x_i}{n} \qquad \text{für } i \neq j \tag{4}$$

Bei Differenziation von (3) unter Berücksichtigung von (4) ergibt sich die optimale Verkaufsmenge und das optimale Preisniveau:

$$\pi_i = p_i \cdot x_i - c \cdot x_i = \left(p_j + q - \frac{2 \cdot q \cdot x_i}{n}\right) \cdot x_i - c \cdot x_i = p_j \cdot x_i + q \cdot x_i - \frac{2 \cdot q \cdot x_i^2}{n} - c \cdot x_i \tag{5}$$

$$\frac{\partial \pi_i}{\partial x_i} = p_j + q - \frac{4 \cdot q}{n} \cdot x_i^* - c \stackrel{!}{=} 0 \tag{6}$$

Daraus folgt:

$$x_i^* = (p_j + q - c) \cdot \frac{n}{4 \cdot q} \tag{7}$$

und durch Einsetzen von (7) in Gleichung (4)

$$p_i^* = \frac{1}{2} \cdot (p_j + c + q) \tag{8}$$

Im *symmetrischen Nash-Gleichgewicht* ist $x_i \equiv x_j \equiv x^*$ und $p_i \equiv p_j \equiv p^*$ (im symmetrischen Nash-Gleichgewicht ist das Verhalten der Spielteilnehmer gegeben, d. h. es findet keine Anpassung statt, und ist bei beiden Spielteilnehmern identisch), d. h. für die Verkaufsmenge und das Preisniveau gilt:

$$x_i^* = \frac{1}{2} \cdot n \qquad \text{für } i = A, N \tag{9}$$

und

$$p_i^* = c + q \tag{10}$$

Offenbar ist im Gleichgewicht das Preisniveau umso höher, je stärker die spezifischen Präferenzen q und je höher die Produktionskosten c sind. Es sei bemerkt, dass in dem hier abgeleiteten Gleichgewicht beide (Oligopol-)Anbieter – im Gegensatz zu einem Markt mit vollständiger Konkurrenz – positive Gewinne in der Höhe $x_i^* q$ realisieren. Offenbar profitieren beide Anbieter von starken spezifischen Nachfragerpräferenzen. Hier liegt die Erklärung dafür, dass gerade auf oligopolistischen Märkten, auf denen fast homogene Güter gehandelt werden, die Werbungsausgaben der Anbieter besonders hoch sind. Bei positiven Gewinnen werden nur dann keine neuen Anbieter in den Markt eintreten, wenn Marktzugangsbarrieren existieren. Eine Form derartiger Barrieren sind irreversible Fixkosten („Sunk Costs"). Im Gleichgewicht ist dann der Wert der abdiskontierten zukünftigen Gewinne gleich den irreversiblen Fixkosten, die ein Anbieter aufzuwenden hat, um in den Markt einzutreten.

Bedeutung von Such- und Anbieterwechselkosten

Es soll die Annahme gelten, dass zwischen Anbietern und Konsumenten Langfristbeziehungen bestehen, die zur Folge haben, dass dem Konsumenten bei einem Anbieterwechsel Wechselkosten k entstehen. Diese Kosten umfassen beispielsweise Kündigungskosten, Anpassungskosten an das Produkt des neu gewählten Anbieters oder „psychische" Kosten, nicht mehr bei dem gewohnten Anbieter zu kaufen. Um die Konditionen alternativer Anbieter in Erfahrung zu bringen, muss der Nachfrager zusätzliche Suchkosten s aufwenden. Suchkosten entstehen beispielsweise dadurch, dass das Individuum die Anschriften der anderen Anbieter herausfinden muss, sich eine Verbraucherzeitschrift kauft oder sich weiterer nicht kostenloser Informationsmedien bedient. Es gilt zunächst die Annahme, dass die Preisverteilung (d. h. die Preise von A und N) bekannt ist.

Der Nachfrager wird dann die Suchkosten aufwenden und beispielsweise von A zu N wechseln, wenn gilt (siehe (2a) und (2b)):

$$a^{-1} \cdot (\overline{U} - q \cdot e_A - p_A) < a^{-1} \cdot (\overline{U} - q \cdot e_N - p_N) - k - s, \text{ mit } a^{-1} \equiv \sum_{t=0}^{T}(1+r)^{-t} \quad (11)$$

beziehungsweise

$$p_N < p_A + (1 - 2 \cdot e_N) \cdot q - a \cdot (k + s)$$

Dabei bezeichnet T den Zeithorizont des Nachfragers und r die Diskontrate. Da die Anbieterwechsel- und Suchkosten einmalig anfallen, sind nur die Nutzenwerte aus den Vertragsbeziehungen über alle zukünftigen Perioden zu diskontieren. Geht der Zeithorizont gegen unendlich, dann gilt:

$$a^{-1} \to \frac{1}{r} \quad (12)$$

Mit anderen Worten, der Barwert einer mit r diskontierten Zahlung Z ist $Z/r = Z/a$, wenn diese ewig erfolgt (unendliche Reihe).

Bei Nash-Anbieterverhalten ergibt sich ebenfalls das durch (9) und (10) beschriebene Gleichgewicht. Jedoch hat jeder Anbieter bei konstantem Preis des jeweiligen Konkurrenten einen monopolistischen Bereich von $\pm \hat{a}(k + s)$, in dem er seinen Preis variieren kann, ohne dass ein Abwandern von Nachfragern zum Konkurrenten zu befürchten ist. Bei spezifischen Nachfragerpräferenzen stellen also sowohl die Kosten eines Anbieterwechsels als auch aus unvollständigen Nachfragerinformationen resultierende Suchkosten eine Begründung für das Phänomen der doppelt geknickten Preis-Absatz-Funktion bei oligopolistischem Wettbewerb dar. Der autonome Bereich ist demnach umso größer, je höher die Diskontrate, die Anbieterwechselkosten und die Suchkosten sind.

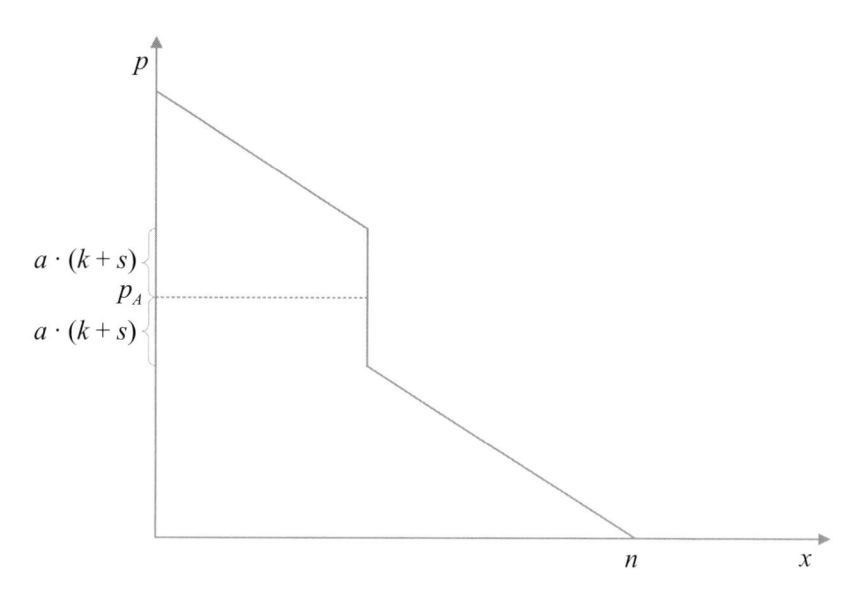

Abbildung 140: Doppelt geknickte Nachfragekurve

Such- und Anbieterwechselkosten im dynamischen Marktprozess

Im Folgenden soll eine erste dynamische Komponente durch die Annahme in das Modell eingebracht werden, dass zunächst nur der Anbieter A im Markt ist, der alle Konsumenten versorgt hat, und N erst später in den Markt eintritt. Zwar wäre in diesem Fall vor dem Markteintritt von N der Preis des Anbieters A nicht determiniert, da er die Gesamtnachfrage befriedigt, die annahmegemäß starr ist. Jedoch kann dieses Problem leicht durch eine Erweiterung der Anbieterzahl (beispielsweise auf zwei alte und einen neuen Anbieter) oder die Annahme einer preisabhängigen Nachfrage gelöst werden. Interessant ist das Marktgleichgewicht nach dem Marktzutritt von N deshalb, weil real existierende Märkte ebenfalls durch sukzessiven Eintritt von neuen Anbietern gekennzeichnet sind, zumal wenn etablierte Anbieter Gewinne realisieren.

Das Kalkül des Nachfragers, ob er Suchkosten zur Beschaffung von Informationen über den neuen Anbieter aufwenden und zu diesem wechseln soll, ist durch (11) und (12) gekennzeichnet. Der Nachfrager kauft also von Anbieter N, d. h. er wechselt von Anbieter A, wenn für ihn gilt:

$$p_N + q \cdot e_N + a \cdot (k+s) < p_A + q \cdot e_A \qquad (13)$$

Unter Berücksichtigung der Annahme, dass $e_A + e_N = 1$ ist, und des Umstands, dass für den „Grenznachfrager" – also denjenigen Nachfrager, der indifferent zwischen den

Anbietern N und A ist – statt der Ungleichung ein Gleichheitszeichen zu setzen ist, lässt sich die Länge des Straßenteils bestimmen, der von Anbieter N versorgt wird:

$$p_N + q \cdot e_N + a \cdot (k+s) = p_A + q - q \cdot e_N \qquad (14)$$

Es ergibt sich:

$$e_N = \frac{p_A - p_N + q - a \cdot (k+s)}{2 \cdot q} \qquad (15)$$

Der Gewinn ist gegeben durch Gleichung (3). Mit $x_i = e_i \cdot n$ ergibt sich für Anbieter N:

$$\pi_N = p_N \cdot x_N - c \cdot x_N = p_N \cdot e_N \cdot n - c \cdot e_N \cdot n = (p_N - c) \cdot n \cdot \frac{p_A - p_N + q - a \cdot (k+s)}{2 \cdot q} \qquad (16)$$

Der Gewinn maximierende Preis wird durch Differenzierung von Gleichung (16) und Nullsetzung ermittelt. Gemäß der Annahme eines Nash-Gleichgewichts nimmt dabei der Anbieter N den Preis des Anbieters A als gegeben hin:

$$\frac{\partial \pi_N}{\partial p_N} = n \cdot \frac{p_A - p_N + q - a \cdot (k+s)}{2 \cdot q} - (p_N - c) \cdot \frac{n}{2 \cdot q} = 0 \qquad (17)$$

Durch Multiplikation von Gleichung (17) mit $\frac{2 \cdot q}{n}$ resultiert die Optimalbedingung für Anbieter N:

$$p_A - 2 \cdot p_N + q + c - a \cdot (k+s) = 0 \qquad (18)$$

Obige Berechnungen können analog für Anbieter A durchgeführt werden. Ein Nachfrager bleibt bei Anbieter A, wenn gilt:

$$p_A + q \cdot e_A < p_N + q \cdot e_N + a \cdot (k+s) \qquad (13a)$$

Unter Berücksichtigung von $e_A + e_N = 1$ ergibt sich für den „Grenznachfrager":

$$p_A + q \cdot e_A = p_N + q - q \cdot e_A + a \cdot (k+s) \qquad (14a)$$

Es ergibt sich:

$$e_A = \frac{p_N - p_A + q + a \cdot (k+s)}{2 \cdot q} \qquad (15a)$$

Der Gewinn für Anbieter A berechnet sich wie folgt:

$$\pi_A = p_A \cdot x_A - c \cdot x_A = p_A \cdot e_A \cdot n - c \cdot e_A \cdot n = (p_A - c) \cdot n \cdot \frac{p_N - p_A + q + a \cdot (k+s)}{2 \cdot q} \quad (16a)$$

Unter der Bedingung eines Nach-Gleichgewichts ergibt sich das Gewinnmaximum gemäß:

$$\frac{\partial \pi_A}{\partial p_A} = n \cdot \frac{p_N - p_A + q + a \cdot (k+s)}{2 \cdot q} - (p_A - c) \cdot \frac{n}{2 \cdot q} = 0 \quad (17a)$$

bzw.

$$p_N - 2 \cdot p_A + q + c + a \cdot (k+s) = 0 \quad (18a)$$

Es ergibt sich:

$$p_A = \frac{1}{2} \cdot (p_N + q + c + a \cdot (k+s)) \quad (19)$$

Gleichung (19) wird jetzt in die Optimalbedingung des Anbieters N eingesetzt:

$$\frac{1}{2} \cdot (p_N + q + c + a \cdot (k+s)) - 2 \cdot p_N + q + c - a \cdot (k+s) = 0 \quad (20)$$

Durch Umformung und Auflösung von Gleichung (20) nach p_N ergibt sich schließlich:

$$p_N^* = q + c - \frac{1}{3} \cdot a \cdot (k+s) \quad (21)$$

Der Gewinn maximierende Preis für Anbieter A ergibt sich, indem Gleichung (21) in die Optimalbedingung des Anbieters A eingesetzt wird:

$$p_A^* = \frac{1}{2} \cdot \left(\left(q + c - \frac{1}{3} \cdot a \cdot (k+s) \right) + q + c + a \cdot (k+s) \right) = q + c + \frac{1}{3} \cdot a \cdot (k+s) \quad (22)$$

In diesem asymmetrischen Nash-Gleichgewicht hat der Anbieter N einen Wettbewerbsnachteil durch sein späteres Eintreten in den Markt, denn sein Preis liegt

$$\frac{2}{3} \cdot a \cdot (k+s)$$

unter dem Preis des Anbieters A. Offenbar sind der Preis des etablierten Anbieters und die Preisdisparität umso höher, je höher die Anbieterwechselkosten, die Suchkosten und die Zeitpräferenzrate der Nachfrager sind.

Anbieterwechsel- und Suchkosten stellen somit eine Erklärung für Preisdifferenzen auf dynamischen Märkten mit spezifischen Nachfragerpräferenzen dar. Die Gleichungen (21) und (22) liefern eine Erklärung dafür, dass auf Märkten, in denen aufgrund von Eigenheiten der Kontraktbeziehung Anbieterwechsel- und Suchkosten von Bedeutung sind, trotz freien Zutritts weiterer Marktteilnehmer Gewinne realisiert werden. Gilt nämlich

$$q = \frac{1}{3} \cdot a \cdot (k+s) ,$$

so hat nur A positive Gewinne zu verzeichnen.

Bedeutung von Preiserwartungen

Unbefriedigend bleibt die Annahme, dass die Preisverteilung a priori bekannt sei, das heißt, dass in unserem Zwei-Anbieter-Fall jeder Nachfrager genau den Preis von N kennt und die Such- und Anbieterwechselentscheidung uno actu getroffen werden. Die getroffenen Annahmen über die Informationsstruktur sind wie folgt: Die Nachfrager erwarten, dass N den Preis $\hat{p}_N$ verlangt. Aufgrund dieser Erwartung treffen die Nachfrager ihre Entscheidung, ob sie „suchen", das heißt, genaue Informationen beschaffen oder nicht. Aufgrund der erhaltenen Informationen können sie dann beurteilen, ob es sich zu wechseln lohnt oder nicht. Die Anbieter kennen sowohl $\hat{p}_N$ (d. h. die Preiserwartung der Nachfrager, die mit einem „Dach" gekennzeichnet wird) als auch den tatsächlichen Preis ihres Konkurrenten.

Der Nachfrager wird Suchkosten aufwenden, wenn gilt:

$$\hat{p}_N < p_A + (1 - 2 \cdot e_N) \cdot q - a \cdot (k+s) \qquad (23)$$

Demgegenüber wird der informierte Nachfrager zum Anbieter N wechseln, wenn gilt:

$$p_N < p_A + (1 - 2 \cdot e_N) \cdot q - a \cdot k \qquad (24)$$

Suchen und Wechseln ist hier ein zweistufiger Entscheidungsprozess. Allerdings wird nur wechseln, wer vorher gesucht hat. Gleichzeitig ist zu beachten, dass für die Wechselentscheidung die Suchkosten keine Rolle spielen, da diese bereits vom Nachfrager getätigt wurden. Auch ist deutlich zwischen der Preiserwartung und dem tatsächlichen Preis zu unterscheiden.

Ist $\hat{p}_N$ sehr niedrig, so werden sehr viele Nachfrager Informationen sammeln, aber nicht jeder Nachfrager, der dies tut, wird auch wechseln, da die Erwartungen auch unter dem tatsächlichen Preis von N liegen können. Für diesen Wettbewerb der Anbieter untereinander, d. h. für das Marktgeschehen, ist nur das Marktsegment der Nachfrager relevant, die zu N wechseln. Unter Berücksichtigung von (24) resultiert im Nash-Gleichgewicht das folgende Preissystem:

$$p_A^* = c + q + \frac{1}{3} \cdot a \cdot k \tag{25}$$

$$p_N^* = c + q - \frac{1}{3} \cdot a \cdot k \tag{26}$$

Bei inkorrekten Erwartungen, die stark unter dem tatsächlichen Preisniveau liegen, ist das Gleichgewichtspreissystem unabhängig von der Höhe der Suchkosten. Dies ändert sich dann, wenn $\hat{p}_N$ höher liegt, so dass die Zahl derer, die wechseln würden, wenn sie die erforderlichen Informationen hätten, größer ist als die Zahl derer, die sich diese Informationen wirklich beschaffen. Für den Nachfrager, der sowohl indifferent bezüglich der Informationsbeschaffung als auch bezüglich der Wahl des Anbieters ist, folgt aus (23) und (24):

$$\hat{p}_N = p_N - a \cdot s \tag{27}$$

bzw. unter Berücksichtigung von (26):

$$\hat{p}_N = c + q - \frac{1}{3} \cdot a \cdot k - a \cdot s \tag{28}$$

Ist $\hat{p}_N$ kleiner als die rechte Seite von (28), so ist das Gleichgewichtspreissystem durch (25) und (26) gekennzeichnet. Ist hingegen $\hat{p}_N$ größer als die rechte Seite von (28), so werden die Anbieter auf dem betrachteten Markt ihre Preispolitik ändern. Der Grund hierfür ist, dass die Erwartungen der Nachfrager bezüglich der Preise neuer Anbieter so hoch liegen, dass der etablierte Anbieter seine Preispolitik an diese Erwartungen anpasst. Die Nachfrager, die trotz der hohen Preiserwartungen in Informationsbeschaffungsaktivitäten investieren, gibt der etablierte Anbieter verloren.

Der Gewinn maximierende Preis für A lässt sich wie folgt bestimmen: Es ist bekannt, dass nur diejenigen Nachfrager suchen werden, für die die Ungleichung (23) gilt. Wenn in (23) das Ungleichheitszeichen durch ein Gleichheitszeichen ersetzt wird und nach e_N aufgelöst wird, ergibt sich der Teil der Straße, auf dem sich Nachfrager befinden, die Suchkosten aufwenden:

$$\hat{p}_N = p_A + (1 - 2 \cdot e_N) \cdot q - a \cdot (k + s) \tag{23a}$$

$$e_N = \frac{p_A - \hat{p}_N + q - a \cdot (k + s)}{2 \cdot q} \tag{29}$$

Liegen die Preiserwartungen $\hat{p}_N$ höher als die rechte Seite von (28), wird nicht jeder Nachfrager Suchkosten aufwenden. Die informierten Nachfrager, d. h. diejenigen Nachfrager, die trotz der hohen Preiserwartung gesucht haben, verlassen den alten Anbieter und wechseln zum neuen. Auf den alten Anbieter entfällt als „Versorgungsgebiet":

$$e_A = 1 - e_N = \frac{-p_A + \hat{p}_N + q + a \cdot (k+s)}{2 \cdot q} \tag{30}$$

Die Gleichung (30) wird in die Gewinnfunktion (3) eingesetzt.

$$\pi_A = p_A \cdot x_A - c \cdot x_A = p_A \cdot e_A \cdot n - c \cdot e_A \cdot n = (p_A - c) \cdot n \cdot \frac{-p_A + \hat{p}_N + q + a \cdot (k+s)}{2 \cdot q} \tag{31}$$

Der Gewinn maximierende Preis ergibt sich durch Differenzieren von (31) nach p_A:

$$\frac{d\pi_A}{dp_A} = \frac{n}{2 \cdot q} \cdot \left(-p_A + \hat{p}_N + q + a \cdot (k+s) - (p_A - c)\right) = 0 \tag{32}$$

Daraus folgt:

$$p_A^* = \frac{1}{2} \cdot (c + q + a \cdot (k+s)) + \frac{1}{2} \cdot \hat{p}_N \tag{33}$$

Der Anbieter A wird zum Preisführer. Die optimale Preispolitik des Anbieters N folgt direkt aus (27):

$$p_N^* = \hat{p}_N + a \cdot s \tag{34}$$

Dies ist der maximale Preis, den N verlangen kann, damit auch jeder informierte Nachfrager zu ihm wechselt. Jeder geringere Preis würde N keine höhere Verkaufsmenge bringen, und jeder höhere Preis würde angesichts der Preispolitik von A zu einer geringeren Absatzmenge und zu einem geringeren Gewinn führen.

Die folgende Abbildung gibt die Kombinationen der Gleichgewichtspreise für alternative Preiserwartungen wieder. Die Abbildung macht zwei Zusammenhänge sichtbar: Erstens sind die Anbieterpreise im Gleichgewicht umso höher, je höher die Preiserwartungen der Nachfrager sind. Allerdings steigt der Preis des etablierten Anbieters langsamer als der Preis des Neuanbieters. Zweitens fällt auf, dass keine Situation existiert, in der die Nachfrager, welche in Informationsbeschaffung investieren, nicht enttäuscht werden, d. h. der Gewinn maximierende Preis von N liegt immer oberhalb der 45°-Linie. Dies liegt zum einen daran, dass die Kaufentscheidung in diesem Modell zeitlich hinter der Entscheidung erfolgt, ob Informationen beschafft werden sollen oder nicht.

Zum anderen besteht eine asymmetrische Informationsstruktur: Während die Anbieter volle Preisinformationen haben und die Preiserwartungen der Nachfrager kennen, können sich die Nachfrager volle Preisinformationen nur durch Aufwendung von Suchkosten beschaffen.

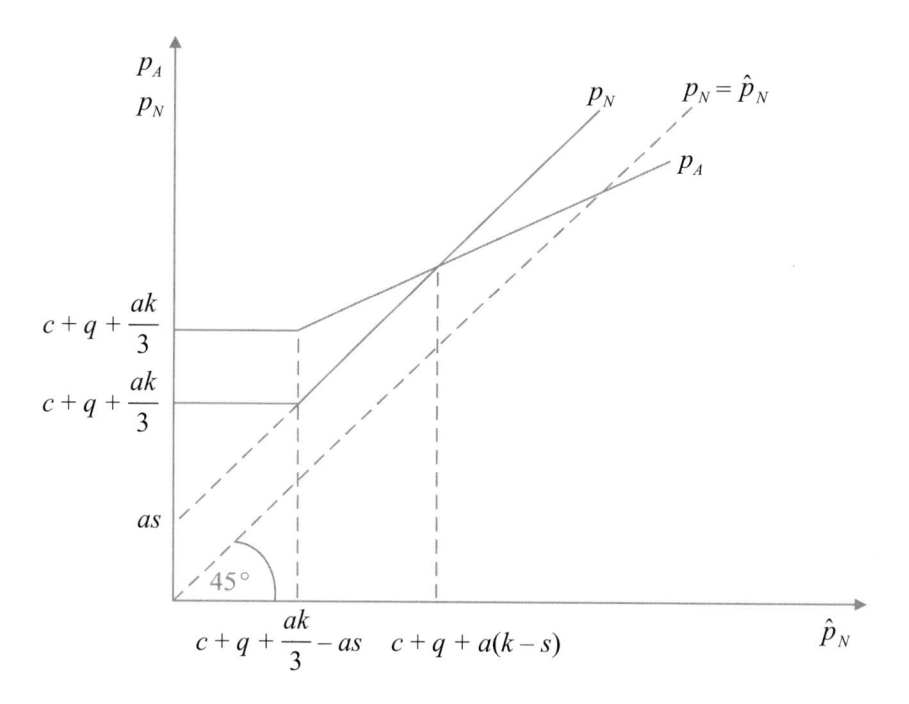

Abbildung 141: Marktgeschehen bei spezifischen Nachfragerpräferenzen, Anbieterwechselkosten und Suchkosten - Preisverläufe

In der nächsten Abbildung sind die Verkaufsmengen der Anbieter graphisch dargestellt. Im gesamten Bereich liegen die Verkaufsmengen von A über denen von N.

Unter Berücksichtigung von (24) bis (26) und $x_N = e_N \cdot n$ sowie $e_A = 1 - e_N$ gilt für:

$\hat{p}_N < c + q - \frac{1}{3} \cdot a \cdot k - a \cdot s$:

$$x_A^* = n \cdot \frac{3 \cdot q + a \cdot k}{6 \cdot q} \tag{35}$$

und

$$x_N^* = n \cdot \frac{3 \cdot q - a \cdot k}{6 \cdot q} \tag{36}$$

Aus (23), (33) und (34) folgt für $\hat{p}_N > c + q - \frac{1}{3} \cdot a \cdot k - a \cdot s$:

$$x_A^* = n \cdot \left(\frac{1}{4} - \frac{c - a \cdot (k+s) - \hat{p}_N}{4 \cdot q} \right) \tag{37}$$

$$x_N^* = n \cdot \left(\frac{3}{4} + \frac{c - a \cdot (k+s) - \hat{p}_N}{4 \cdot q} \right) \tag{38}$$

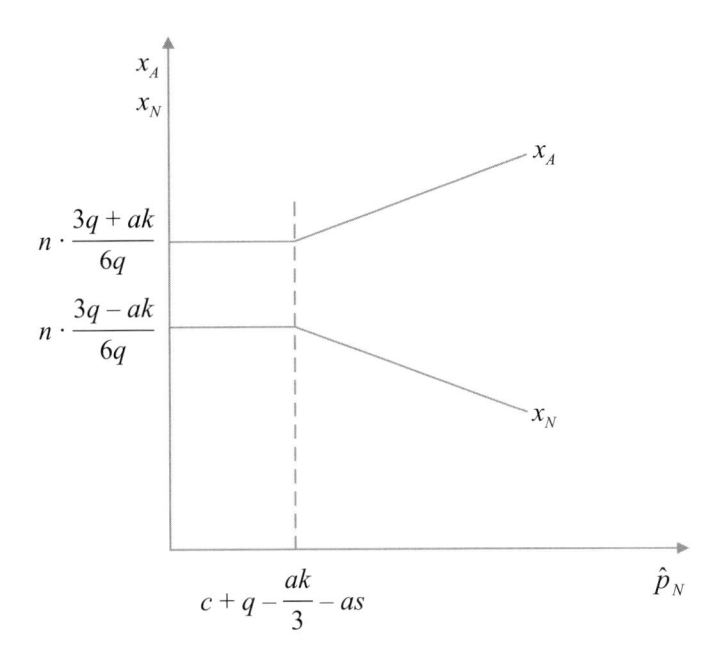

Abbildung 142: Marktgeschehen bei spezifischen Nachfragerpräferenzen Anbieterwechselkosten und Suchkosten – Verkaufsmengen

Je geringer q ist, d. h. je geringer die Intensität der Nachfragerpräferenzen ist, umso stärker verliert der Anbieter N an Nachfrage bei hohen Preiserwartungen. Da für A mit steigendem $\hat{p}_N$ sowohl die Absatzmenge als auch der Preis zunehmen, nimmt auch sein Gewinn zu. Erwartungsgemäß belegt dies das plausible Interesse etablierter Anbieter daran, dass von den Nachfragern relativ hohe Preise bei den Neuanbietern erwartet werden.

Für N kann der Gewinn aus (34) und (38) ermittelt werden.

$$\pi_N = p_N \cdot x_N - c \cdot x_N = (\hat{p}_N + a \cdot s - c) \cdot n \cdot \left(\frac{3}{4} + \frac{c - a \cdot (k+s) - \hat{p}_N}{4 \cdot q} \right) \tag{39}$$

$$\frac{\partial \pi_N^*}{\partial \hat{p}_N} = n \cdot \left(\frac{3}{4} + \frac{c - a \cdot (k+s) - \hat{p}_N}{4 \cdot q} \right) - \frac{1}{4 \cdot q} \cdot n \cdot (\hat{p}_N + a \cdot s - c) = 0 \qquad (40)$$

Es gilt:

$$\frac{\partial \pi_N^*}{\partial \hat{p}_N} \begin{cases} > 0, \text{ wenn } \hat{p}_N < \\ < 0, \text{ wenn } \hat{p}_N > \end{cases} c + \frac{3}{2} \cdot q - \frac{1}{2} a \cdot k - a \cdot s \qquad (41)$$

Dies zeigt, dass Situationen möglich sind, in denen höhere Preiserwartungen der Nachfrager zu höheren Gewinnen auch für den Neuanbieter führen. Dies ist umso wahrscheinlicher, je stärker die Nachfragerpräferenzen sind, d. h. je höher q ist. Das Modell liefert damit eine theoretische Erklärung für die Beobachtung, dass auf manchen Märkten Neuanbieter keine forcierte Preiswerbung betreiben, um die Nachfragererwartungen nach unten zu korrigieren, sondern in der Werbung eher die Besonderheiten ihres Produkts herausstellen, um Nachfragerpräferenzen zu wecken.

Der hier präsentierte Modellrahmen wurde so einfach wie möglich gehalten, um Grundzüge der Beziehungen zwischen Erwartungen unvollkommen informierter Nachfrager, Suchprozessen, Kosten des Anbieterwechsels und der Marktstruktur herauszuarbeiten. Natürlich sind Erweiterungen dieses einfachen Modells in vielerlei Hinsicht möglich und in mancher Hinsicht auch wünschenswert. Die Informationsstruktur, die Preiserwartungen und die „Platzierung" der Anbieter auf der Straße, d. h. im Charakteristikaraum der Güter, sind exogen gegeben. In einem erweiterten Ansatz könnte auch von mehr als zwei Anbietern (auf einer Ringstraße), einer preiselastischen Nachfrage der Käufer und von qualitäts- und mengenabhängigen Grenzkosten ausgegangen werden. Als generelle Frage bleibt zudem, ob für die Abbildung eines dynamischen Marktgeschehens die Gleichgewichtsanalyse das geeignete Instrumentarium ist.

Dennoch konnten anhand des gewählten Modellrahmens die folgenden, auf vielen oligopolistisch strukturierten Märkten, empirisch beobachteten Phänomene theoretisch erklärt werden:

- Qualitätsunterschiede und spezifische Nachfragerpräferenzen sind eine Begründung für die Existenz oligopolistischen Marktverhaltens.

- Auf oligopolistischen Märkten können die Anbieter verschiedene Strategien wählen, wie z. B. Anpassung an die Preispolitik der Mitanbieter, Versuch der Marktführerschaft oder Optimierung der Absatzpolitik unter der Annahme unverändertem Verhaltens der Mitanbieter.

- Spezifische Nachfragerpräferenzen führen zu positiven Gewinnen. Ohne spezifische Nachfragerpräferenzen besteht die Gefahr, dass der Wettbewerb die Preise auf das Produktionskostenniveau drückt. Es besteht daher ein starker Anreiz für die

Anbieter, spezifische Nachfragerpräferenzen (z. B. durch Marketingaktivitäten) zu fördern.
- Such- und Anbieterwechselkosten können bei Preis- und Qualitätsunsicherheit Preisdisparitäten erklären.
- Etablierte Anbieter haben – im Gegensatz zu neuen Anbietern – ein Interesse an hohen Anbieterwechsel- und Suchkosten.
- Der etablierte Anbieter hat generell ein Interesse an hohen Preiserwartungen bezüglich der Angebote der anderen Anbieter. Auch ein Neuanbieter kann ein Interesse an hohen Preiserwartungen haben. Sind jedoch die Preiserwartungen bezüglich seiner Produkte zu hoch, so sinkt der Gewinn nach Erreichen eines Gewinnmaximums wieder.

3.4 Risikotheoretische Argumente

3.4.1 Asymmetrische Informationsverteilung

In diesem Abschnitt werden die folgenden risikotheoretischen Argumente diskutiert:

- Asymmetrische Informationsverteilung
  - Moral Hazard
  - Adverse Selection
- Risikofreude wegen Haftungsbegrenzung

Wesentlich für das Verhalten von Wirtschaftssubjekten sind der Informationsstand und die Informationsverteilung. Wie bereits ausgeführt, können Informationsdefizite bestehen bezüglich

- des Güterraums (Welche Risikosicherungsprodukte sind am Markt erhältlich?),
- der Preise (Welche Preise werden von den einzelnen Versicherungsunternehmen verlangt?),
- der Qualitäten der Güter (Wie ist die Qualität bezüglich Sicherheit, Beratung, Service und Rendite bei einzelnen Versicherungsangeboten?) sowie
- der Produktions- und Nutzungstechniken.

Bei der Betrachtung der Informationsverteilung geht es hingegen um die Frage, ob alle Marktteilnehmer den gleichen oder einen unterschiedlichen Informationsstand haben.

```
                    ┌─────────────────────────┐
                    │  Informationsstruktur   │
                    └─────────────────────────┘
                          /             \
            ┌──────────────────┐    ┌──────────────────┐
            │   Symmetrische   │    │   Asymmetrische  │
            │   Informationen  │    │   Informationen  │
            └──────────────────┘    └──────────────────┘
              /        \                /        \
    ┌──────────────┐ ┌──────────────┐ ┌──────────┐ ┌──────────┐
    │Technologische│ │    Markt-    │ │  Moral   │ │ Adverse  │
    │ Unsicherheit │ │ unsicherheit │ │  Hazard  │ │Selection │
    └──────────────┘ └──────────────┘ └──────────┘ └──────────┘
           │               │              │             │
    ┌──────────────┐ ┌──────────────┐ ┌────────────────┐ ┌──────────────┐
    │    z. B.     │ │    z. B.     │ │z. B. wirtschaft-│ │    z. B.     │
    │Risk Management│ │ Spieltheorie │ │liche Anreize   │ │Signale, Goodwill│
    └──────────────┘ └──────────────┘ └────────────────┘ └──────────────┘
```

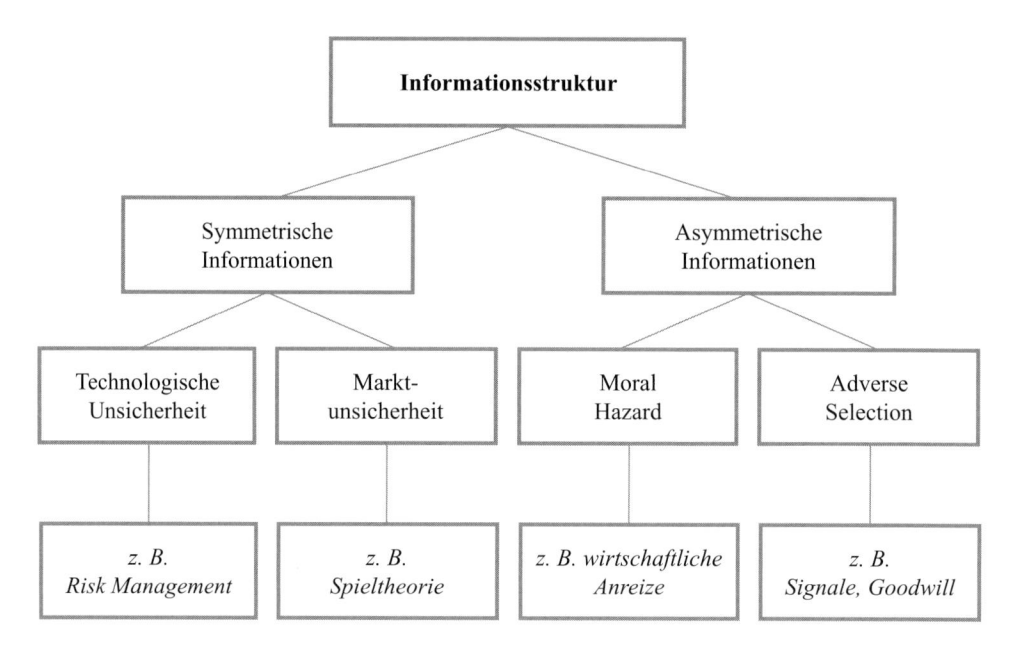

Abbildung 143: Informationsverteilung

Die Abbildung beschreibt die vier zu unterscheidenden Fälle der Informationsstruktur auf Märkten und gibt kursiv gedruckt Beispiele für Theorien an, die sich mit der Modellierung der durch die Informationsstruktur aufgelösten allokativen Ineffizienzen beschäftigen. Vollständige Information liegt vor, wenn alle Marktteilnehmer alle relevanten Informationen besitzen. Obwohl dies i. d. R. in ökonomischen Modellen angenommen wird, ist das Vorhandensein vollständiger Information in der Realität eher die Ausnahme. Die Entscheidungsträger leiden unter Unsicherheit (d. h. haben Informationsdefizite über Tatbestände der Gegenwart und Zukunft). Informationsdefizite können bei symmetrischer und bei asymmetrischer Informationsverteilung vorhanden sein.

Eine *symmetrische Informationsverteilung* liegt vor, wenn alle Marktteilnehmer den gleichen Informationsstand – auch bezüglich der Informationsdefizite – haben. Informationsdefizite bei symmetrischer Informationsverteilung können sich auf die Unsicherheit über das Verhalten anderer Marktteilnehmer (Marktunsicherheit) oder über sonstige Bedingungen, wie z. B. über die Zuverlässigkeit eines Aggregats (technologische Unsicherheit) beziehen.

Bezüglich der Bewältigung der *technologischen Unsicherheit* sind Instrumente entwickelt worden, die unter dem Begriff *Risk Management* zusammengefasst werden. Beim Risk Management gilt es

- die Risiken nach Bedrohungscharakter und Eigenarten zu erkennen und zu erfassen,
- die Risiken nach Verlusthöhe und Eintrittswahrscheinlichkeit zu bewerten,

- die Ursachen der Risiken zu analysieren,
- die alternativen Maßnahmen bzw. Instrumente zum Bewältigen der Risiken zu spezifizieren und bezüglich der Nutzen und Kosten zu bewerten,
- die Maßnahmen gezielt zur Bewältigung der Risiken einzusetzen und zu steuern und
- den Erfolg der eingeleiteten Maßnahmen permanent zu kontrollieren.

Als Instrumente kommen vor allem Selbstversicherung, Marktversicherung, Schadenverhütung, Schadenverminderung, die Abwälzung von Risiken auf Dritte und Hedging in Frage.

Versicherungsunternehmen sind Experten für Risikoanalyse; sie sollten deshalb prüfen, inwieweit sie für ihre Kunden auch Angebote zum Risk Management entwickeln können. Dies kann entweder durch die Versicherungsunternehmen selber oder durch Servicegesellschaften geschehen, die von den Versicherungsunternehmen gegründet werden. Für industrielle Risiken bieten viele Versicherungsunternehmen bereits solche Spezialangebote an.

Bei *Marktunsicherheit* besteht Unsicherheit über die Aktionen oder Reaktionen anderer Marktteilnehmer. Es kann versucht werden, diese Unsicherheit durch eine Prognose des Verhaltens der Marktteilnehmer zu reduzieren, indem ihre Rahmenbedingungen und Handlungsalternativen analysiert werden und ihnen ein bestimmtes Verhaltensmuster unterstellt wird. In ökonomischen Modellen wird in der Regel von rationalem Verhalten ausgegangen, d. h. jedem Akteur wird eine Zielfunktion (auch Nutzenfunktion genannt) zugeordnet, die dieser angesichts seiner Handlungsmöglichkeiten und Beschränkungen zu maximieren versucht. Diese Vorgehensweise zur Erklärung von interaktiven Maximierungsprozessen verschiedener Akteure ist Gegenstand der spieltheoretischen Forschung. Die *Spieltheorie* liefert sowohl wertvolle Erkenntnisse bezüglich strategischen Handelns bei Existenz von Mitspielern als auch Erklärungsansätze für das Verständnis von Marktprozessen. Die Spieltheorie unterscheidet zwischen kooperativen und nicht-kooperativen Spielen, abhängig davon, ob zwischen den Spielern bzw. Marktteilnehmern ein kooperatives oder konfliktäres Verhalten vorherrscht. Zusätzlich wird nach der Anzahl der Akteure in 2-Personen- und n-Personen-Spiele differenziert.

Asymmetrische Informationsverteilungen, bei dem ein Marktteilnehmer mehr oder andere Informationen als andere Marktteilnehmer hat, sind der Grund für die Existenz der bereits im Kapitel IV behandelten Phänomene Moral Hazard und Adverse Selection. Es wurde dort mit Hilfe von modelltheoretischen Instrumenten gezeigt, dass diese Phänomene zu einer Minderung der allokativen Effizienz führen können. Für den Staat stellt sich die Frage, ob er durch den Einsatz geeigneter Maßnahmen zu einer Verbesserung der Allokation beitragen kann. Mögliche Maßnahmen sind:

- Verbot bestimmter Versicherungsarten,
- Besteuerung der Inanspruchnahme von Versicherungsschutz,
- Subventionierung von Maßnahmen zur Schadenminderung oder Schadenverhütung,
- gesetzliche Informationspflichten,
- Versicherungsangebot durch Monopolanstalten und
- Tarifierungsvorschriften (z. B. Bonus-Malus-Tarifierung).

In der Krankenversicherung kann z. B. festgestellt werden, dass jüngere Versicherte tendenziell geringere Krankheitskosten haben als ältere Personen. Das Alter kann somit als Signale für das Krankheitskostenrisiko herangezogen werden. In der Kraftfahrtversicherung haben sich bestimmte harte und weiche Risikomerkmale herausgebildet. Bei „weichen Risikomerkmalen" gibt es einen statistischen Zusammenhang (z. B. Korrelation) zwischen einem Merkmal (z. B. Zahl der Fahrer, Garagenwagen, km-Leistung pro Jahr) und den Schadenkosten. „Harte Risikomerkmale" hingegen stehen in einem direkten Zusammenhang mit dem versicherten Risiko. Beispielsweise ist die Schadenhöhe stark von dem Wert des versicherten Kraftfahrzeugs abhängig. Eine weitere Unterscheidung bietet die Einteilung in subjektive und objektive Risikomerkmale. „Subjektive Risikomerkmale" liegen in der Person des Versicherungsnehmers (z. B. Beamter oder Nicht-Beamter). „Objektive Merkmale" sind an das versicherte Objekt gebunden (z. B. die Region, in der das Kraftfahrzeug vorwiegend betrieben wird). Risikomerkmale sind in der Regel Signale für die Höhe des übernommenen Risikos und nicht eine Beschreibung des Risikos selbst (so wie Signale bei der Eisenbahn dafür stehen, ob die Strecke frei ist oder nicht). Signale bedürfen deshalb einer Interpretation.

Eine andere Möglichkeit, das Problem der asymmetrischen Information zu lösen, ist die Bildung von Langfristbeziehungen (im Modell der Spieltheorie: wiederholte Spiele mit den gleichen Spielern, auch Super-Spiele genannt). In Langfristbeziehungen kann jeder Akteur beweisen, dass er bestimmte – für den anderen Marktteilnehmer – wünschenswerte Eigenschaften besitzt. Ein Markenname kann z. B. für Qualität stehen, so dass Kunden bereit sind, einen höheren Preis zu zahlen, auch wenn sie beim Kauf die Qualität dieses Produkts aufgrund von asymmetrischen Informationen nicht mit der anderer Anbieter vergleichen können. Der daraus resultierende Firmenwert wird auch als *Goodwill bezeichnet*. Die entsprechende Marktlösung für das asymmetrische Informationsproblem dementsprechend „Goodwill-Mechanismus" bzw. „Wiederverkaufsmechanismus". Denn einen ökonomischen Anreiz, den Nachfrager nicht durch schlechte Qualität zu enttäuschen, haben die Anbieter in einer Langfristbeziehung nur deshalb, weil sie befürchten müssen, den Kunden zu verlieren. Die Kosten einer qualitativ hochwertigen Produktion sind niedriger als der Barwert der Verluste durch ausbleibende Wiederkäufe enttäuschter Nachfrager.

Zusammenfassend kann festgehalten werden, dass Informationsdefizite zu einem Marktversagen führen können. Staatliche Regulierung kann in diesem Fall geboten sein, wenn sie die negativen Effekte des Marktversagens mindert. Allerdings hilft sich der Markt auch häufig selbst. Inwieweit das gelingen kann, ist im Einzelfall zu prüfen. Im Übrigen ist auch immer zu prüfen, ob die Staatseingriffe wirklich die Allokation der Ressourcen verbessern. Der These des Marktversagens ist die These des Staatsversagens gegenüberzustellen. Auch ist zu bedenken, dass Informationsdefizite die Möglichkeiten für einen Informationsmarkt eröffnen. So lässt sich in den letzten Jahren beispielsweise eine Zunahme an Informationsangeboten und Preis-Leistungs-Vergleichen sowie eine erhöhte Nachfrage nach Maklern und Finanzberatern beobachten.

3.4.2 Risikofreude wegen Haftungsbegrenzung

Jeder haftet unbegrenzt mit seinem ganzen Vermögen für Schäden, die er durch sein Handeln Dritten zugefügt hat. In modernen Gesellschaften gibt es jedoch eine Vielzahl von Haftungsbeschränkungen. Beschränkungen für den Umfang der Haftung von Wirtschaftssubjekten für ihre Verbindlichkeiten existieren sowohl bei juristischen Personen, z. B. durch die Wahl der Rechtsform, als auch bei natürlichen Personen, z. B. in Form des Existenzminimums oder im Erbschaftsrecht. Da die Wirtschaftssubjekte über das Vorhandensein dieser Haftungsbegrenzung informiert sind, verhalten sie sich risikofreudiger, als sie es bei unbegrenzter persönlicher Haftung würden. Schließlich gilt: „Mehr als er hat, kann man ihm nicht nehmen". Diesem Gedanken soll im Rahmen eines Modells, das von *Hans-Werner Sinn* (*1948) entwickelt wurde, nachgegangen werden.

Betrachtet wird ein Individuum mit einem Vermögen $\overline{w}$. Dieses Vermögen ist durch einen Haftungsschaden L bedroht, der das Vermögen bei weitem übersteigt. Es wird aber angenommen, dass im Schadensfall aus rein rechtlichen Gründen zwar L als Entschädigung fällig ist, dem Entscheidungsträger aber faktisch nur sein Vermögen $\overline{w}$ genommen werden kann. Dies ist z. B. bei einer GmbH der Fall, da die Haftung auf das Geschäftsvermögen der GmbH beschränkt ist. Bei Privatpersonen geht die Haftung nur bis zum gesetzlich garantierten Existenzminimum.

Formal wird die für die Entscheidungen relevante Vermögensverteilung mit w^f bezeichnet. Das tatsächliche Vermögen, d. h. das juristische Vermögen sei w und dessen Wahrscheinlichkeitsverteilung sei w^j.

$$w^f = \begin{cases} w, & \text{für } w > 0 \\ 0, & \text{für } w \leq 0 \end{cases}$$

$$U(w^f) = \begin{cases} U(w), & \text{für } w \geq 0 \\ U(0), & \text{für } w = 0 \end{cases}$$

Weiter wird angenommen, dass der Haftungsschaden mit einer Wahrscheinlichkeit von p eintritt. $1 - p$ ist die Nichtschadenwahrscheinlichkeit.

Dem Akteur wird ein risikoaverses Verhalten unterstellt, d. h., er hat eine konkave Nutzenfunktion (siehe Abbildung). Das Besondere an dem hier beschriebenen Fall ist jedoch das Auseinanderklaffen der juristischen und faktischen Vermögensverteilung links vom Nullpunkt. Für den Entscheidungsträger ist der Nutzen dort immer gleich, egal wie negativ sein juristisches Vermögen auch wird. Er braucht für die Schäden, welche sein Vermögen übersteigen, nicht aufkommen, da dem Individuum nicht mehr genommen werden kann, als er hat (das Existenzminimum ist immer gesichert).

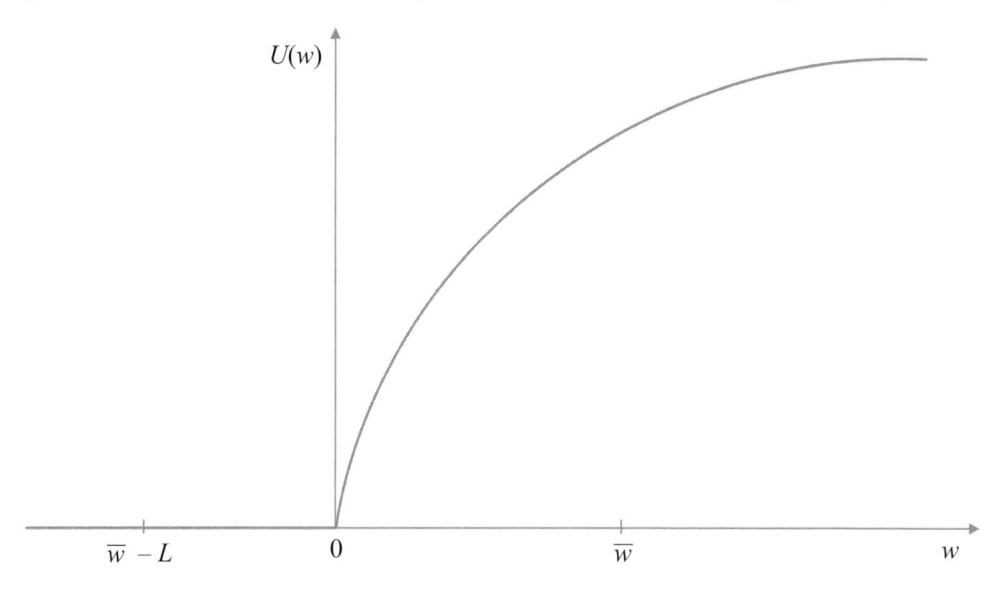

Abbildung 144: Nutzenfunktion bei Haftungsbegrenzung

Demnach ergibt sich folgende Matrix bezüglich des Vermögens des Entscheidungsträgers.

Wahrscheinlichkeit	Haftpflichtschaden	Juristische Vermögensverteilung (w^j)	Faktische Vermögensverteilung (w^f)
p	L	$\overline{w} - L$	0
$1-p$	0	$\overline{w}$	$\overline{w}$

Lohnt es sich nun für den Akteur, eine Versicherung gegen den hohen Haftungsschaden abzuschließen? Ist der Schaden L hoch genug oder das Haftungsvermögen $\overline{w}$ relativ klein, so lohnt sich der Abschluss einer Versicherung selbst dann nicht, wenn die Versicherungsprämie fair ist, d. h. die Prämie dem Erwartungsschaden $(p \cdot L)$ entspricht. In der Abbildung ist angenommen, dass der Entscheidungsträger ein Vermögen von $\overline{w}$ hat. Der mögliche Schaden L vermindert sein Vermögen auf $(\overline{w} - L)$. Hierbei gilt, dass $(\overline{w} - L) < 0$ ist. Die Schadenwahrscheinlichkeit sei p, die Nichtschadenwahrscheinlichkeit $(1 - p)$. Durch Zahlung einer fairen Prämie in Höhe des Erwartungsschadens $(p \cdot L)$ könnte das Individuum die sichere Vermögensposition $(\overline{w} - (p \cdot L)) = E(w^j)$ erreichen, die einem Nutzenwert von $U(\overline{w} - (p \cdot L)) = U(E(w^j))$ entspricht.

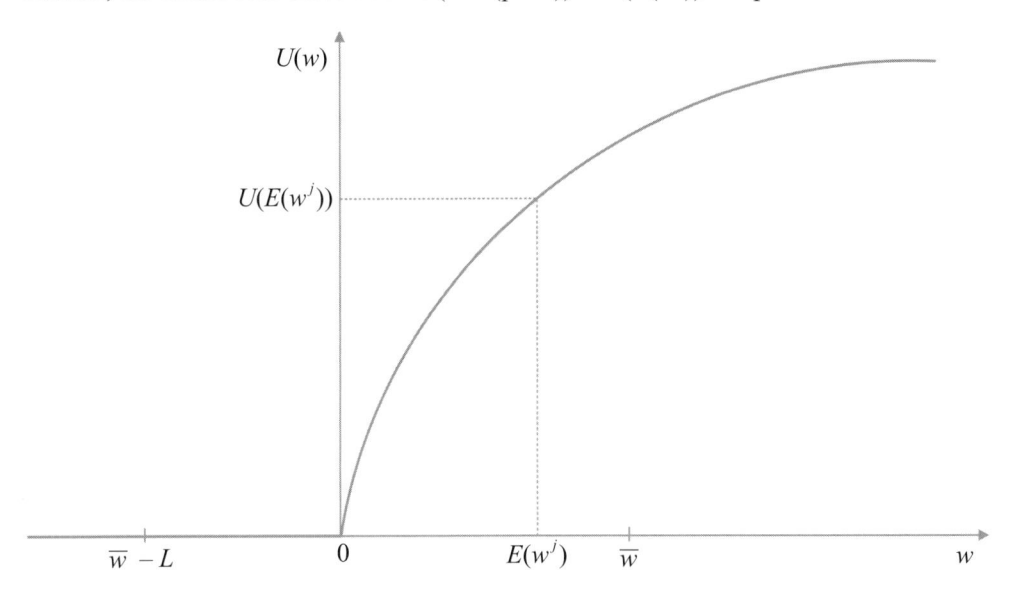

Abbildung 145: Erwartungsnutzen bei Haftungsbegrenzung

Das ist für das Individuum aber nicht vorteilhaft, denn sein Sicherheitsäquivalent (also der Preis, bei dem das Individuum indifferent zwischen der Risikosituation und dem sicheren Geldbetrag wäre) ist größer als $E(w^j)$. Es wäre nur bereit, seine unsichere Position bei einer Prämie zu verlassen, die geringer als $(p \cdot L)$ ist.

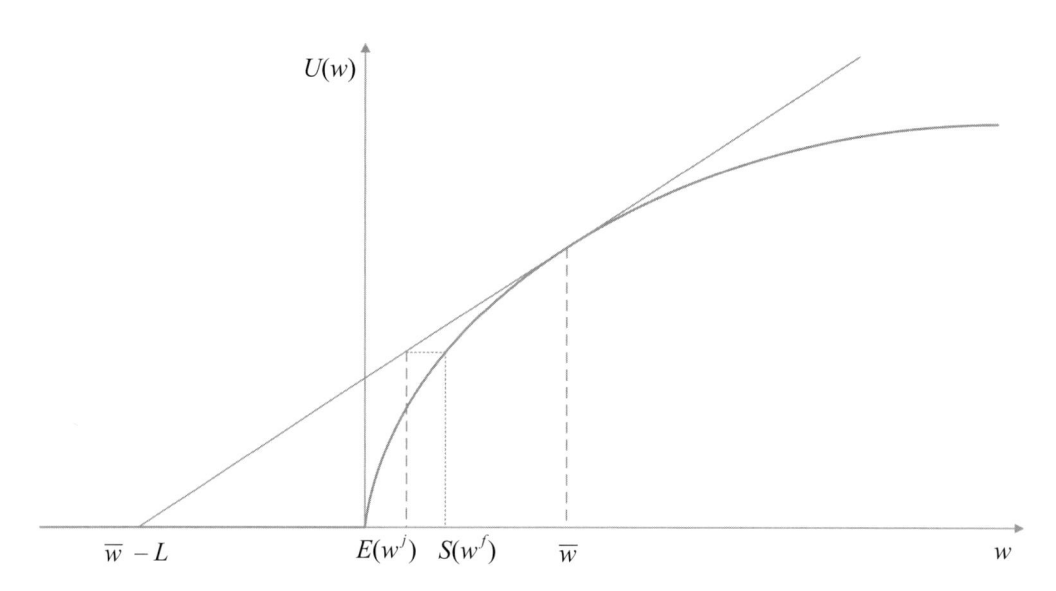

Abbildung 146: Versicherung und Haftungsbegrenzung

Das Wirtschaftssubjekt verhält sich trotz einer konkaven Nutzenfunktion aufgrund des durch die Haftungsbegrenzung entstehenden Knicks der Nutzenfunktion risikofreudig. Bei großem L ist das Sicherheitsäquivalent (also der letzte Preis, zu dem das Individuum Versicherung kaufen würde) größer als der Erwartungswert, was ein Indiz für Risikofreude ist. Die Haftungsbegrenzung führt also dazu, dass an sich risikoscheue Wirtschaftssubjekte bereit sind, hohe Risiken einzugehen. Sie sind aufgrund der Haftungsbegrenzung bei großen Risiken auch nicht bereit, freiwillig eine ausreichende Risikovorsorge zu betreiben. Da die Versicherer ihre Prämie auf der Grundlage von Erwartungswerten kalkulieren, ist es für Wirtschaftssubjekte häufig günstiger, unversichert zu bleiben. Die Haftungsbegrenzung kann demzufolge zu negativen externen Effekten führen, weil die Opfer bei unzureichender Versicherung den Schaden selber tragen müssen. Haftungsbegrenzungen werden deshalb als Begründung für Pflichtversicherung angeführt.

3.5 Distributionsargumente

Eine Ungleichheit der Verteilung stellt in Gesellschaften eine Gefahr für den sozialen Frieden dar. Die staatliche Sozial- oder Umverteilungspolitik begründet sich aus dem Streben nach „Gerechtigkeit". Auf welchen Feldern sich die Sozialpolitik mit welchen Mitteln und in welchem Umfang betätigen soll, ist jedoch umstritten. Der Staat muss bei Anerkennung bestimmter Gerechtigkeitskriterien geeignete Umverteilungsmaßnahmen ergreifen. Doch welche Gerechtigkeitskriterien sind zu Grunde zu legen? Die Frage danach, was gerecht ist, steht deshalb im Mittelpunkt der Diskussion staatlicher

Sozialpolitik. Im Folgenden sollen anhand eines einfachen Modells die in der Literatur gebräuchlichen Gerechtigkeitskriterien dargestellt werden. Die Betrachtung beschränkt sich dabei auf die beiden Größen durchschnittlicher Wohlstand (Ø W, z. B. Pro-Kopf-Einkommen) und Ungleichverteilung des Wohlstands (V, z. B. Varianz).

Die folgende Abbildung stellt den Zusammenhang zwischen gesamtwirtschaftlichem Wohlstand und Verteilungsungleichheit dar. Dabei gelten folgende Annahmen: Bei einer Gleichverteilung des Wohlstands ist der gesamtwirtschaftliche Wohlstand in seinem Minimum, da für jeden Einzelnen ein Leistungsanreiz fehlt. Ist eine gewisse Ungleichheit vorhanden, hat der Einzelne einen Anreiz, mehr Leistung zu erbringen, da dies für jeden individuell und somit auch gesamtwirtschaftlich zu mehr Wohlstand führen kann. Nur in Kleingruppen und in totalitären Systemen kann bei Gleichverteilung des Wohlstands über Gruppendruck bzw. staatliche Reglementierung erreicht werden, dass sich die Einzelnen in ausreichendem Ausmaß anstrengen. Eine zunehmende Ungleichheit gibt individuelle Leistungsanreize und erhöht deshalb das Wohlstandsniveau. Eine zu starke Ungleichheit kann jedoch zu einer Minderung des maximal möglichen Wohlstands führen, da über die ungleiche Verteilung der soziale Frieden gefährdet ist. In der Gesellschaft kann sich Unmut bilden, was zu einer Beeinträchtigung der Leistungsfähigkeit und einer Destabilisierung des Systems führen kann.

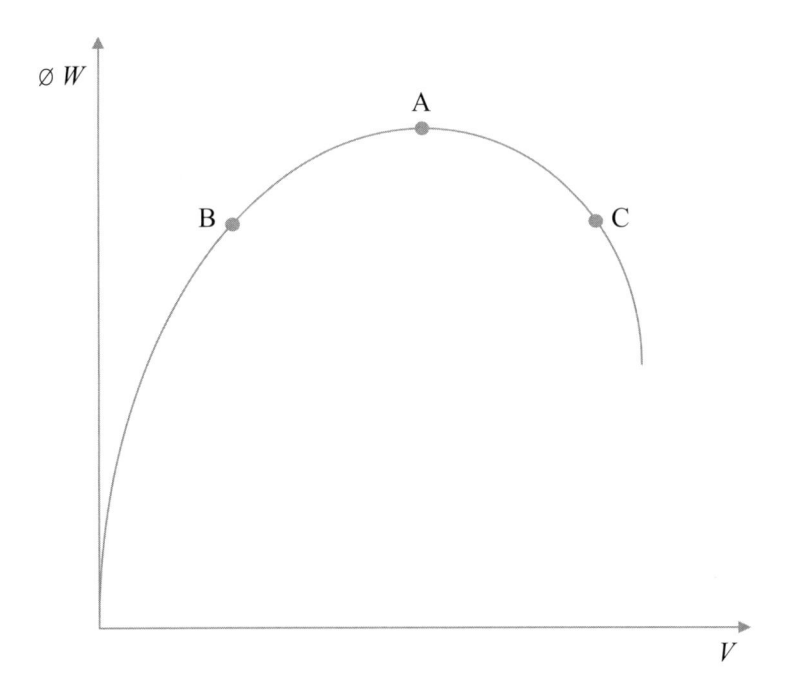

Abbildung 147: Alternative Gerechtigkeitssituationen

Der Wechsel von Punkt C zu Punkt A geht neben einer geringeren Ungleichverteilung auch mit einer Wohlfahrtssteigerung einher. Ob jedoch auch B angestrebt werden soll und somit auf Wohlstand zugunsten einer verringerten Ungleichverteilung verzichtet werden soll, lässt sich nicht mit einem allgemeinen Verteilungskriterium begründen. Die Gerechtigkeitskriterien helfen hier nicht weiter, da sich diese auf eine Entwicklung aus einer Ausgangssituation heraus beziehen. In der nachfolgenden Abbildung wird deshalb eine wachsende Wirtschaft analysiert.

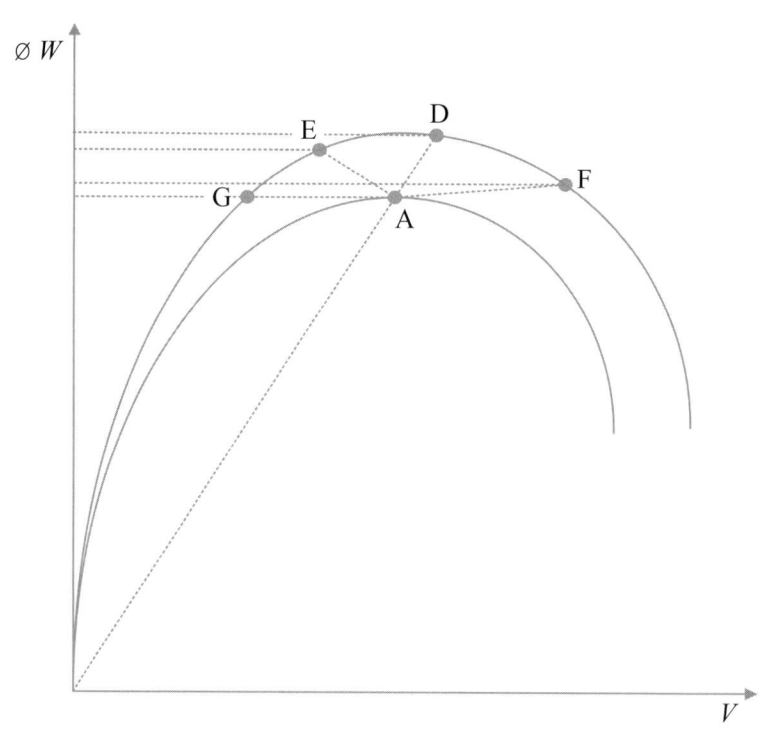

Abbildung 148: Gerechtigkeit in einer wachsenden Wirtschaft

Punkt D charakterisiert den Zustand, bei dem das Verhältnis aus durchschnittlichem Wohlstand und Ungleichverteilung konstant bleibt. Demgegenüber wird in Punkt G der durchschnittliche Wohlstand konstant gehalten, dafür aber die Gleichheit erhöht. Das Wachstum wird also dazu verwendet, die Ungleichheit zu beseitigen. In Punkt E werden beide Ziele gleichzeitig verfolgt (mehr durchschnittlicher Wohlstand, weniger Ungleichheit), während Punkt F inakzeptabel erscheint. Um die Frage zu beantworten, welche neue Situation anzustreben ist, können die vier in der Literatur am häufigsten diskutierten Verteilungskriterien herangezogen werden:

- Das **Pareto-Kriterium** (P) verlangt, dass keiner schlechter gestellt wird als in der Ausgangssituation. Eine Situation ist nur dann vorzuziehen, wenn mindestens ein

Gesellschaftsmitglied seine Position verbessern konnte, ohne dass sich ein anderes verschlechtert hat.

- Das **Rawls-Kriterium** (R) verlangt, dass eine Wohlstandssteigerung alle Beteiligten begünstigt, insbesondere jedoch die schwächsten.
- Das **Streuungsminimierungskriterium** (S) zielt auf eine Minimierung der Streuung der Einkommens- und Vermögensverteilung ab.
- Das **Nozick-Kriterium** (N) bezeichnet eine Verteilung als gerecht, wenn sie bei gegebenen Präferenzen aus einer gerechten Verteilung durch gerechte Aneignung oder Übertragung gewonnen werden kann; d. h. es verlangt konstante Verteilungsrelationen (unter der Voraussetzung einer gerechten Ausgangssituation).

Anhand der folgenden Tabelle erfolgt ein Vergleich der Gerechtigkeitskriterien. Dafür wird angenommen, dass es drei in sich homogene und in der Kopfzahl gleich starke Bevölkerungsgruppen gibt, die ein Vermögen in der angegebenen Höhe haben. Das durchschnittliche Vermögen der drei Gruppen lässt sich dann als Mittelwert der drei Vermögenswerte berechnen. Als Ungleichheitsmaß können verschiedene statistische Messzahlen benutzt werden, wie z. B. die Standardabweichung, die Varianz oder der Streuungskoeffizient. Hier wird der Einfachheit halber die Spannweite, d. h. die Differenz zwischen dem Vermögen der untersten und der obersten Schicht, herangezogen.

	Bevölkerungsschicht Vermögen					Gerechtigkeitskriterium			
	arm	mittel	reich	Ø W	V	P	R	S	N
A	25	50	75	50	50				
D	30	60	90	60	60	X			X
E	37	57	77	57	40	X	X		
F	15	52	89	52	74				
G	37	50	63	50	26			X	

Nach dem Pareto-Kriterium genügt die Bewegung von A nach D, da jede Bevölkerungsschicht gewinnt und keine verliert; aber auch der Punkt E stellt eine Pareto-Verbesserung dar. Das Rawls-Kriterium wird durch eine Bewegung nach E erfüllt, da hierdurch alle Schichten gewinnen und die Umverteilungspolitik vor allem der ärmsten Bevölkerungsgruppe zugute kommt. Das Streuungsminimierungskriterium hingegen fordert die Bewegung nach G, also eine starke Umverteilungspolitik, die alle zusätzlichen wirtschaftlichen Möglichkeiten des Landes absorbiert. Bei Anwendung des Nozick-Kriteriums, ist es erfüllt, wenn das Individuum sich von A nach D bewegt – vorausgesetzt, A war auch schon eine gerechte Verteilung. Eine Entwicklung von A nach F wird durch keines der genannten Kriterien befürwortet.

Die Diskussion der Gerechtigkeitskriterien soll vier Dinge verdeutlichen:

- Erstens ist eine Diskussion über Gerechtigkeit häufig nur in einer dynamischen Welt sinnvoll, wenn zusätzliche Wertschöpfung zu verteilen ist (wachsende Wirtschaft) oder wenn Verluste aus verminderter Wertschöpfung (schrumpfende Wirtschaft) auf die beteiligten Akteure aufgeteilt werden müssen. In einer völlig statischen Situation, in der jeder auf seinem Besitzstand beharrt, führt Umverteilung immer zu einer Verletzung des Pareto-Kriteriums.

- Zweitens existieren mehrere in sich schlüssige und plausible Gerechtigkeitskonzepte, die zu unterschiedlichen Ergebnissen führen.

- Werden drittens staatliche Eingriffe mit der Forderung nach einer gerechten Verteilung begründet, so ist diese Forderung nur operationalisierbar, wenn auch festgelegt wird, nach welchem Gerechtigkeitskriterium bei der Beurteilung, ob eine Verteilung gerechter ist als eine andere, vorgegangen wird. Allgemeine Aussagen zur Gerechtigkeit sind hingegen wenig hilfreich und vielmehr Interessenbekundungen.

- Viertens hat das oben dargestellte Beispiel verdeutlicht, dass über eine Verfassung, die Verteilungsnormen festlegen soll, nur sinnvoll diskutiert und abgestimmt werden kann, wenn die Akteure unter dem „Schleier der Unwissenheit" handeln. Mit anderen Worten: Ein Individuum ist nur dann in der Lage, unvoreingenommen über Gerechtigkeitskriterien zu entscheiden, wenn es nicht weiß, ob es durch ihre Anwendung begünstigt oder benachteiligt wird. Auf diesen Punkt hat besonders *John Rawls* hingewiesen. Ist dies nicht der Fall, d. h., wissen die Beteiligten, welcher Interessengruppe sie angehören bzw. in welcher Weise sie von Umverteilungsprozessen betroffen sind, so werden sie i. d. R. nur zustimmen, wenn sie einen Vorteil haben. Bei demokratischer Abstimmung kommt es zu einer Ausbeutung der Minderheit durch die Mehrheit. In dem dargestellten Beispiel ist die Option D mehrheitsfähig. Unter dem „Schleier der Unwissenheit" und bei risikoaversem Verhalten ist hingegen E mehrheitsfähig.

3.6 Stabilitätsargumente

Soziale Sicherung stabilisiert den Wirtschaftsprozess. Für diese These können zwei Argumente angeführt werden:

- Soziale Sicherung sorgt für sozialen Frieden und
- soziale Sicherung wirkt als Konjunkturstabilisator

Das erste Argument bedarf keiner weiteren Begründung. Systeme der sozialen Sicherung sind in vielen Ländern eingeführt worden, um sozialen Unfrieden zu verhindern und staatsfeindlichen Kräften in der Bevölkerung den Nährboden zu entziehen. In dem

Modell einer paternalistischen Weltordnung ist der Staat für das Wohlergehen der Bürger zuständig. Er ist deshalb auch die Zielscheibe sozialer Unzufriedenheit. Eine Umverteilungspolitik mittels Sozialversicherung (mit dem Hinweis, mehr Gerechtigkeit zu schaffen) kann die politischen Machtpositionen festigen helfen. Dies mögen auch die Überlegungen von Reichskanzler *Fürst Otto von Bismarck* gewesen sein, als er auf die Arbeiterbewegung mit zwei Maßnahmen antwortete: die Sozialistengesetzgebung mit dem Verbot der Sozialdemokratischen Partei und die Sozialgesetzgebung, welche mit der Kaiserlichen Botschaft von 1881 und dem Krankenversicherungsgesetz von 1883 ihren Anfang nahm.

Ob die soziale Sicherung ein Konjunkturstabilisator ist oder nicht, ist umstritten. Die Argumentation ist wie folgt: In der Hochkonjunktur ist die Arbeitslosigkeit geringer, es wird weniger Sozialhilfe in Anspruch genommen, d. h., es erhalten weniger Bürger Leistungen aus dem sozialen Sicherungssystem. Auf der anderen Seite sind die Einkommen und damit die Beitragszahlungen, die in der Sozialversicherung einkommensabhängig sind, in der Hochkonjunktur höher als in der Rezession. Durch das soziale Sicherungssystem werden der Wirtschaft in der Hochkonjunktur (netto) Mittel entzogen; die Sozialversicherung sammelt Überschüsse an. Die Kaufkraft wird hierdurch gemindert, vorausgesetzt, das soziale Sicherungssystem verwendet nicht sogleich die Überschüsse für zusätzliche konsumtive (z. B. zusätzliche Leistungen) oder investive Aufwendungen (z. B. Bau von Bürogebäuden). In der Rezession gilt der umgekehrte Fall. Es gibt in dieser gesamtwirtschaftlichen Situation mehr Arbeitslose und Frührentner, die Leistungen des sozialen Sicherungssystems in Anspruch nehmen. Die Sozialversicherungen realisieren Defizite und stellen der Wirtschaft Kaufkraft zur Verfügung. Dieser Argumentation folgend, hat das Sozialversicherungssystem eine konjunkturstabilisierende Wirkung.

Staatliche Eingriffe in die individuelle Risikovorsorge können somit auch mit Stabilisierungsargumenten begründet werden.

4 Staatliche Einflussnahme auf die Risikovorsorge

4.1 Versicherungspflicht und Pflichtversicherung

Der Staat bedient sich verschiedener Instrumente, um auf die individuelle Risikovorsorge Einfluss zu nehmen. Von besonderer Bedeutung sind hierbei:

- Versicherungspflicht und Pflichtversicherung
- staatliche Versicherungsaufsicht
- Sozialversicherung und
- Steuer- und Transferpolitik

Durch die Verwirklichung des EU-Binnenmarkts hat sich in den letzten Jahren jedoch einerseits ein partieller Abbau und andererseits eine Harmonisierung der Regulierungen ergeben. Wie in Kapitel I, Abschnitt 4.3 bereits kurz behandelt wurde, besteht für viele Risiken eine Versicherungspflicht oder sogar eine Pflichtversicherung. *Versicherungspflicht* bedeutet dabei, dass sich ein Wirtschaftssubjekt, wenn es bestimmte Merkmale erfüllt (also z. B. Jäger ist oder ein Kraftfahrzeug betreibt), versichern muss, wobei der Mindestdeckungsumfang vorgegeben ist. *Pflichtversicherung* besagt, dass bestimmte Versicherungsverträge nur bei einem dafür vorgesehenen Versicherungsunternehmen abgeschlossen werden dürfen. Das Versicherungsunternehmen ist für diese Versicherung Monopolist. Entsprechend müsste das Pflichtversicherungsgesetz (PflVersG) vom 7. November 1939 Versicherungspflichtgesetz heißen. Als Oberbegriff für beide Begriffe wird hier die Bezeichnung *Versicherungszwang* festgelegt, d. h. entweder wird der Nachfrager gezwungen, sich zu versichern und / oder die Nachfrager werden gezwungen, sich bei einem bestimmten Anbieter (Monopolanstalt) zu versichern.

Versicherungspflicht gibt es, seitdem es menschliche Gemeinschaften gibt. Der Stamm, die Großfamilie und das Volk sind Gefahrengemeinschaften, die schon immer einen Beitrag vom Einzelnen erwartet haben, um ihm gleichzeitig Schutz zu gewähren. Ausgangspunkt der Versicherungspflicht in Deutschland ist die Gebäudefeuerversicherung, deren Anfänge bis in das 16. Jahrhundert, d. h. auf die so genannten Brandgilden zurückreichen. Seit der zweiten Hälfte des 17. Jahrhunderts entwickelte sich ein ausgesprochenes Versicherungsbedürfnis. Dieses wurde sowohl durch die schrecklichen Erfahrungen des Dreißigjährigen Krieges und die Pest von 1635 als auch durch die großen Brandkatastrophen in der zweiten Hälfte des 17. Jahrhunderts geprägt.

Einer der frühen Verfechter für Pflichtversicherung und Monopolanstalten ist *Gottfried Wilhelm Leibniz*. In Denkschriften von 1678 für Herzog *Johann Friedrich von Hannover* und von 1680 für Kaiser *Leopold I.* hat *Leibniz* seine Vorschläge für ein Versicherungssystem niedergelegt. Ihm schwebten genossenschaftliche Zusammenschlüsse, die eine Frühform von Versicherungsvereinen auf Gegenseitigkeit darstellten, oder staatliche Versicherungsanstalten vor, d. h. die Vorläufer der öffentlich-rechtlichen Versicherungen, welchen als Monopolanstalten die Absicherung des Feuer- und Hochwasserrisikos übertragen werden sollte. Die öffentlich-rechtlichen Versicherungsunternehmen sehen ihren Ursprung in der *Leibniz'schen* Forderung nach Einrichtung von öffentlichen Versicherungsanstalten. Bis zum Jahre 1994 hatten sie auch Privilegien in der Gebäudefeuerversicherung.

Für die Gebäudeversicherung bestand in einer ganzen Reihe von Bundesländern bis zum 1. Juli 1994 Versicherungspflicht. Daneben existierten Monopolanstalten, d. h. es bestanden Pflichtversicherungen, in den Bundesländern Hamburg, Baden-Württemberg, Bayern, Teilen von Rheinland-Pfalz, Berlin, Hessen, Nordrhein Westfalen und Niedersachsen. Mit der Liberalisierung des Versicherungsmarkts und der Schaffung des EU-Binnenmarkts verloren die öffentlich-rechtlichen Versicherer ihre Stellung als Gebäudemonopolversicherer.

In unserem Staat ist Versicherungszwang ein konstitutives Merkmal. Folgende Sozialversicherer sind als Pflichtversicherer zu nennen:

- die Rentenversicherungsträger
- die Träger der Unfallversicherung (Berufsgenossenschaften) und
- die Bundesagentur für Arbeit

Vor 1997, d. h. vor der Einführung der Wahlfreiheit der Krankenkasse für den großen Teil der gesetzlich Krankenversicherten, wäre in dieser Liste auch noch die gesetzliche Krankenversicherung aufgeführt worden. Seit dieser und weiteren Gesetzesänderungen existiert die Pflichtversicherung in der Krankenversicherung nur noch für einen sehr begrenzten Personenkreis, wie z. B. für die Landwirte (Landwirtschaftliche Krankenkassen).

Versicherungspflicht besteht in einer Vielzahl von Bereichen, die wie nachfolgend gruppiert werden können. Dabei ist jedoch zu beachten, dass die Haftpflicht z. T. auf Landesrecht beruht und deshalb von Bundesland zu Bundesland differiert oder nur in einzelnen Ländern gilt.

Soziale Risiken:

- Krankheit (gesetzliche Krankenversicherung)
- Alter und Tod des Ernährers (gesetzliche Rentenversicherung)
- arbeitsbedingter Unfall (gesetzliche Unfallversicherung)
- Arbeitslosigkeit (Arbeitslosenversicherung) und
- Pflege (soziale Pflegeversicherung)

Persönliche Haftpflicht, z. B. für Jäger

Betriebshaftpflicht für:

- Kraftfahrzeughalter und LKW-Frachtführer
- Luftverkehrs-, Eisenbahn-, Bergbahn-, Güterverkehrs- und bayerische Binnenschifffahrtsunternehmen und
- Kernkraftwerke, Atomanlagen und umweltgefährdende sowie gentechnische Anlagen

Produkthaftpflicht, z. B. für Arzneimittelhersteller

Berufshaftpflicht für:

- Notare, Rechtsanwälte, Wirtschaftsprüfer, Steuerberater, Lohnsteuerhilfevereine
- Kraftfahrzeugsachverständige, Sicherheitsprüfunternehmen
- Makler, Bauträger, Architekten und Statiker und
- Sachverständige und Zertifizierungsanbieter

Sonstige Haftpflicht für:

- Rechtsanwälte und Ärzte
- Schausteller und Bewachungsunternehmen und
- Schulträger, Entwicklungshilfeunternehmen, Hundeeigentümer

Unfallversicherung:

- Passagier-Unfall-Versicherung und
- Probanden-Versicherung in der Arzneimittelforschung

Sachversicherung:

- Pfandleiherverwahrungsversicherung und
- Versicherung von Sachen, die einem Nießbrauch unterliegen.

Für einen liberalen Ökonomen sind Versicherungspflicht und Pflichtversicherung ordnungspolitische Sündenfälle, die zu erheblichen volkswirtschaftlichen Kosten führen. Trotzdem wird derzeit stark diskutiert, für weitere Risiken eine Versicherungspflicht einzuführen:

- Elementarrisiken (Hochwasser-, Sturm- und Erdbebenschäden)
- Terrorrisiken
- Gesundheitsausgaberisiken, für die noch nicht Pflichtversicherten in der gesetzlichen Krankenversicherung

- Altersrentenrisiken für den Teil der Bevölkerung, der nicht durch die gesetzliche Rentenversicherung abgedeckt wird
- Pflegerisiken, die noch nicht durch die soziale Pflegeversicherung abgedeckt sind
- Arbeitslosenrisiken für diejenigen, die derzeit nicht Mitglieder der Arbeitslosenversicherung sind sowie
- Unfallrisiken zur Stützung der Berufsgenossenschaften

Meist findet sich eine Koalition von Befürwortern für den Vorschlag, eine neue Versicherungspflicht einzuführen: der Staat, der vor Forderungen von Geschädigten geschützt werden will; Versicherer, die neue Einnahmequellen vermuten, und Betroffene, die hoffen, dass sie durch den Umverteilungseffekt der Versicherung zu den Begünstigten zählen. Dies kann am Hochwasserrisiko verdeutlicht werden: Wer sein Haus in einer Flussniederung baut, kennt i. d. R. die damit verbundene Gefahr. Versicherer werden kaum bereit sein, Versicherung zu nicht risikoäquivalenten Preisen anzubieten. Der Staat fürchtet die Forderung der Opfer nach Unterstützung (nach „unbürokratischer" und „schneller", d. h. eigentlich rechtlich nicht zustehender und nicht „ordentlich" kalkulierter Hilfe), wenn der Deich gebrochen ist. Manche Versicherer erhoffen einen neuen Markt ähnlich dem Kfz-Versicherungsmarkt und die Talbewohner versprechen sich von einer Versicherungspflicht die versteckte Subventionierung durch die Bergbewohner, die ebenfalls gezwungen sind, eine Hochwasserversicherung abzuschließen.

Die letzte in Deutschland eingeführte Versicherungspflicht ist die soziale Pflegeversicherung. Sie ist auch Pflicht für alle in einer privaten Krankenversicherung versicherten Personen und wird dort – eigentlich systemwidrig für die Privatwirtschaft – ebenfalls nach dem Umlageverfahren finanziert. Sie sollte auch die letzte sein. Eher sollten schrittweise die Versicherungsmonopole in der Sozialversicherung abgebaut und die Versicherungspflicht in vielen Bereichen eingedämmt werden. Dies würde Leistungsanreize schaffen, die Allokation verbessern und wirtschaftliches Wachstum fördern.

4.2 Staatliche Versicherungsaufsicht

Seit 1902 gibt es in Deutschland eine staatliche Versicherungsaufsicht, deren Hauptanliegen vor allem der Schutz des Verbrauchers ist. Die gesetzlichen Grundlagen für die Aufsicht der Versicherungswirtschaft werden hauptsächlich durch die folgenden drei Gesetze gelegt:

- Gesetz über die Beaufsichtigung der Versicherungsunternehmen (Versicherungsaufsichtsgesetz – VAG)
- Gesetz über den Versicherungsvertrag (Versicherungsvertragsgesetz – VVG) und
- Gesetz über die Bundesanstalt für Finanzdienstleistungsaufsicht (Finanzdienstleistungsaufsichtsgesetz – FinDAG)

Das Ziel der Versicherungsaufsicht ist die Sicherstellung der Funktionsfähigkeit der Versicherungswirtschaft bzw. der dauerhaften Erfüllbarkeit der Versicherungsverträge durch die Unternehmen. Dabei werden Instrumente zur Kontrolle der Aufnahme (Erlaubnis zum Geschäftsbetrieb) und der Ausübung der Versicherungstätigkeit (laufende Aufsicht) unterschieden.

Erlaubnis zum Geschäftsbetrieb

Versicherungsunternehmen dürfen Versicherungsgeschäfte grundsätzlich erst betreiben, wenn sie eine aufsichtsbehördliche Erlaubnis erhalten haben. Um eine Zulassung zu erhalten, müssen u. a. die folgenden Voraussetzungen erfüllt sein:

- Als Rechtsform sind nur die Aktiengesellschaft, der Versicherungsverein auf Gegenseitigkeit und die öffentlich-rechtlich Versicherungsanstalt zugelassen.
- Versicherungsfremde Geschäfte dürfen nicht betrieben werden. Es gilt das Prinzip der Spartentrennung; vor allem das Lebensversicherungs- und das Nicht-Lebensversicherungsgeschäft müssen in rechtlich unabhängigen Gesellschaften betrieben werden.
- Es muss nachgewiesen werden, dass das Unternehmen über ausreichend Eigenmittel zum Betrieb der Versicherungssparten und der Unternehmensorganisation verfügt (Mindestgarantiefonds, Organisationsfonds).
- Zur Erlaubnis des Geschäftsbetriebs sind die Zuverlässigkeit und fachliche Eignung der Unternehmensleitung nachzuweisen.
- Es sind Unterlagen zur Rückversicherungspolitik, Kapitalausstattung sowie ein Geschäftsplan einzureichen.

Versicherungsunternehmen aus der EU erbringen den Nachweis einer ausreichenden Eigenkapitalausstattung durch eine Solvabilitätsbescheinigung der Aufsichtsbehörde des Sitzlands. Drittland-Versicherer haben eine Kaution zugunsten der inländischen Versicherten zu stellen.

Der Widerruf der Zulassung kann durch die Aufsichtsbehörde erfolgen, wenn die Voraussetzungen für die Erteilung nicht mehr erfüllt sind bzw. das Versicherungsunternehmen außerstande ist, die notwendigen Sanierungsmaßnahmen durchzuführen.

Geschäftsplan

Der Geschäftsplan umfasst alle rechtlichen, versicherungstechnischen und finanziellen Grundlagen des Versicherungsunternehmens. Bestandteile sind u. a.:

- die Satzung,
- Angaben über die zu betreibenden Sparten und die innerhalb der Sparten zu deckenden Risiken,

- Nachweise über Finanzmittel, wie z. B. Garantiefonds,
- Muster für Allgemeine Versicherungsbedingungen,
- sonstige fachliche Geschäftsunterlagen (vor allem versicherungsmathematische Grundlagen wie die Grundsätze zur Berechnung der Tarife und der Überschussanteile),
- Unternehmensverträge, d. h. Verträge zwischen Versicherern und Nicht-Versicherern,
- Konzernstruktur und Beteiligungen,
- Verträge über die Ausgliederung von Funktionen, z. B. Vertrieb oder Bestandsverwaltung und
- Angaben zur fachlichen Eignung der Geschäftsführung, des Aktuars usw.

Laufende Aufsicht

Die laufende Aufsicht ist das Kernstück der unmittelbaren materiellen Staatsaufsicht. Die BaFin hat die Möglichkeit, in den laufenden Versicherungsbetrieb einzugreifen (über Anordnungen, die Einsetzung eines Sonderbevollmächtigten mit Weisungsbefugnis für den Vorstand oder den Aufsichtsrat sowie die Änderung des Geschäftsplans) bzw. (im Extremfall) die Erlaubnis zum Geschäftsbetrieb zu widerrufen. Der Aufsicht sind auch die Allgemeinen Versicherungsbedingungen vorzulegen. Einen erheblichen Einfluss hat die Aufsicht auf die Anlagepolitik der Versicherungsunternehmen. Die meisten Informationen gewinnt die Aufsichtsbehörde aus der Rechnungslegung der Versicherungsunternehmen. Die Unternehmen müssen jedoch auch Berichte und Informationen zur Feststellung der finanziellen und wirtschaftlichen Lage liefern. Zudem nimmt die Aufsicht in gewissen Abständen sowie bei bestimmten Anlässen örtliche Prüfungen bei den Unternehmen vor Ort vor.

Phänomen der Selbstregulierung

Bei der Regulierung von Märkten kann zwischen staatlicher Regulierung und Selbstregulierung unterschieden werden. Eine *staatliche Regulierung* findet durch Gesetze und / oder Verordnungen statt und schränkt damit die Handlungsmöglichkeiten der wirtschaftenden Akteure ein. Damit übt staatliche Regulierung Zwang aus, da sich die Akteure zum Teil anders verhalten würden, gäbe es die staatlich auferlegten Handlungsbegrenzungen nicht. *Selbstregulierung* hat ebenfalls Zwangscharakter, wird den Unternehmen jedoch über ihre Verbände, deren Führung sie selbst bestimmen, auferlegt. Das Instrument der Selbstregulierung

- schützt vor internen Auseinandersetzungen zwischen Anbietern oder ruinösem Wettbewerb unter den Mitgliedern,

- schafft politische Macht zur Durchsetzung gemeinsamer Interessen und
- führt zu einem Informationsaustausch zwischen den Mitgliedern, wodurch Informationskosten gespart und ein gleichgerichtetes Verhalten hervorgerufen werden.

Gerade der zweite Punkt macht deutlich, dass es eine Wechselbeziehung zwischen staatlicher Regulierung und Selbstregulierung gibt. Starke Verbände zeichnen sich durch eine hohe Macht gegenüber ihren eigenen Mitgliedern aus. Sie benutzen ihre Stärke dazu, Gesetzgebungen im Sinne der Interessen des Verbands bzw. ihrer Mitglieder zu beeinflussen. Eine Erhöhung der staatlichen Regulierung ist die Folge. Sie bildet wieder den Rahmen für eine erfolgreiche Selbstregulierung.

Beispiele für Organe der Selbstregulierung sind:

- Kassenärztliche und Kassenzahnärztliche Vereinigungen (KV und KZV) sowie Ärzte- und Zahnärztekammern,
- Handwerkskammern, Industrie- und Handelskammern und sonstige Wirtschaftsverbände,
- Gesamtverband der Versicherungswirtschaft (GDV) und
- Krankenkassenverbände (z. B. AOK-, BKK-, Ersatzkassenbundesverband).

Die Kammern, die KV und die KZV haben die Rechtsform einer Körperschaft öffentlichen Rechts mit Zwangsmitgliedschaft sowie ein Mandat zur Wahrnehmung öffentlicher Aufgaben.

4.3 Sozialversicherung

In der Versicherungswirtschaft kann zwischen Individual- und Sozialversicherung (als dritter Zweig wäre die Rückversicherung zu nennen) unterschieden werden. Als Sozialversicherung wird das öffentlich-rechtliche Versorgungssystem gegen die Risiken Alter, Berufsunfähigkeit, Unfall, Krankheit und Arbeitslosigkeit bezeichnet, wobei die Regeln der Mittelaufbringung und des Leistungsumfangs durch Sozialgesetze (z. B. SGB, RVO) festgelegt sind. Individualversicherung ist die Deckung von Risiken durch den Kauf von Versicherungsschutz bei Versicherungsunternehmen, die der materiellen Staatsaufsicht über Versicherungsunternehmen nach dem Versicherungsaufsichtsgesetz unterliegen.

Für die Risiken der Sozialversicherung besteht häufig eine Versicherungspflicht, für die Risiken der Individualversicherung jedoch meist nicht (freiwillige Marktversicherung); aber es gibt auch freiwillige Mitglieder in der Sozialversicherung (z. B. Mitglieder in der gesetzlichen Krankenversicherung, deren Einkommen oberhalb der Pflichtversicherungsgrenze liegt, oder Selbstständige, die freiwillig in die gesetzliche Rentenversicherung einzahlen) und Versicherungspflicht für marktwirtschaftlich organisierte Versicherungssparten (z. B. Kfz-Haftpflichtversicherung).

In der Regel existiert in der Sozialversicherung kein Wettbewerb und kein Gewinnstreben, während dies typische Merkmale der den Gesetzen der Marktwirtschaft verpflichteten Individualversicherung sein sollte. Dennoch herrscht z. B. in der gesetzlichen Krankenversicherung seit 1994 Kassenwahlfreiheit und damit Wettbewerb. Und die zur Individualversicherung gehörenden Versicherungsvereine auf Gegenseitigkeit und die öffentlich-rechtlichen Versicherer betonen, dass sie nicht nach Gewinn streben, sondern einen Versorgungsauftrag für ihre Mitglieder oder in einer bestimmten Region haben.

Die Ausgaben der Sozialversicherung gelten als Teil des so genannten *Sozialbudgets*. Dieses setzt sich in erster Linie aus folgenden Bestandteilen zusammen:

- Sozialversicherungsbeiträge der Arbeitnehmer
- Leistungen der Arbeitgeber (einschließlich der Leistungen des beamtenrechtlichen Systems)
- Beiträge zur Sozialversicherung von freiwillig Versicherten
- Transferleistungen des Staats

In die Sozialversicherung als Teil der Risikovorsorge greift der Staat auch mit finanziellen Anreizen und Transfers ein. Hierzu gehören auch die steuerlichen Vergünstigungen, wie z. B. die Möglichkeit, Beiträge zur Sozial- und Haftpflichtversicherung als „Sonderausgaben" geltend zu machen. Aber auch die private Personenversicherung wird gefördert. Beispielhaft sei hier die Riester-Rente als private Altersvorsorge (Altersvermögensgesetz – AVmG) mit ihren Grund- und Kinderzulagen angeführt. Der Staat unterstützt die Sozialversicherungen zudem mit Zuschüssen, die steuerfinanziert sind.

4.4 Harmonisierung, Liberalisierung und Deregulierung

Die Entwicklung auf den Individualversicherungsmärkten ist seit Jahren geprägt durch Harmonisierung, Liberalisierung und Deregulierung. Unter *Harmonisierung* wird die Vereinheitlichung und Anpassung nationaler Vorschriften verstanden (einschließlich der Vorgehensweise der Aufsichtsbehörden bei der Erteilung der Erlaubnis zum Geschäftsbetrieb bzw. bei der laufenden Überwachung der Geschäftstätigkeit, z. B. Basel II und III bei Banken, Solvency II bei Versicherungen). *Liberalisierung* ist die Öffnung nationaler Grenzen (grenzüberschreitender Geschäftsverkehr) sowie die Lockerung des Verbots versicherungsfremder Tätigkeiten, d. h. die Lockerung der Grenzen zwischen Banken und Versicherungen (im Sinne der Allfinanz). Der Abbau staatlicher Pflichtversicherungs- und Versicherungspflichtvorgaben wird schließlich *Deregulierung* genannt.

Diese Entwicklung ist im Wesentlichen ein Verdienst der EU, die mit drei Richtliniengenerationen einen gemeinsamen EU-Versicherungsmarkt geschaffen hat, der 1994 endgültig verwirklicht wurde. Dabei besteht durchaus ein Spannungsfeld zwischen den drei Konzepten.

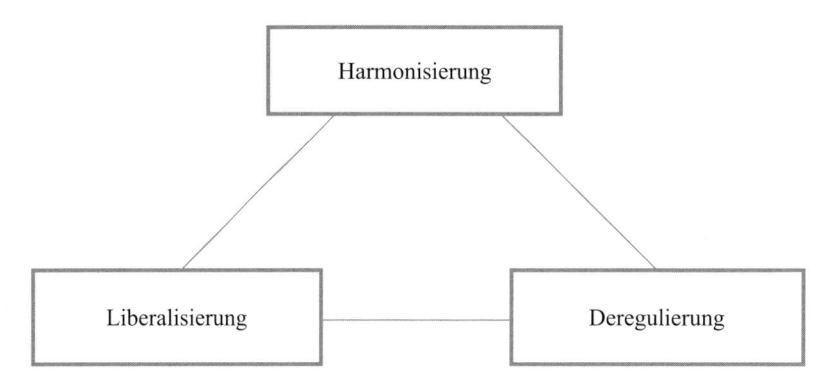

Abbildung 150: Spannungsfeld zwischen Harmonisierung, Liberalisierung und Deregulierung

Wesentliche Merkmale des gemeinsamen Markts sind:

- Niederlassungsfreiheit: Jedes Versicherungsunternehmen kann in jedem EU-Mitgliedsstaat eigenständige Versicherungsunternehmen gründen.
- Dienstleistungsfreiheit: Jedes Versicherungsunternehmen kann im gesamten EU-Raum Versicherungen verkaufen, wobei das Aufsichtsrecht des Sitzlands des Versicherungsunternehmens anzuwenden ist (Sitzlandprinzip).
- Harmonisierung des Aufsichtsrechts und des Bilanzierungsrechts.
- Freier Kapitalverkehr: Kapitalanlagen können ohne Restriktionen transferiert werden.

Die Öffnung des Markts bezieht sich nur auf den Bereich der Individualversicherung, die Sozialpolitik liegt weiterhin im Verantwortungsbereich der einzelnen Mitgliedsstaaten der EU. Es wird sich zeigen, ob auch die Sozialversicherung einen ähnlichen Prozess durchmachen wird wie die Individualversicherung. Einige vor dem Europäischen Gerichtshof entschiedenen Fälle zur Übernahme von im Ausland entstandenen Krankheitskosten (z. B. Erwerb einer Brille im Ausland und die entsprechende Zuzahlung der heimischen Krankenversicherung) lassen erkennen, dass ein einheitlicher Wirtschaftsraum auch eine harmonisierte, evtl. sogar liberalisierte und deregulierte Sozialpolitik benötigt.

Die Harmonisierung der europäischen Aufsicht des Banken-, Versicherungs- sowie Kreditwesens ist noch nicht abgeschlossen. Anfang 2011 wurde das Europäische System der Finanzaufsicht (ESFS) gegründet, das aus der Europäischen Aufsichtsbehörde für das Versicherungswesen und die betriebliche Altersversorgung (EIOPA), der Europäischen Bankenaufsichtsbehörde (EBA), der Europäischen Wertpapier- und Marktaufsichtsbehörde (ESMA), dem Europäischen Ausschuss für Systemrisiken (ESRB), dem Gemeinsamen Ausschuss der Europäischen Aufsichtsbehörden und den zuständigen Behörden oder Aufsichtsbehörden in den Mitgliedsstaaten besteht. Ziel ist eine einheitliche Anwendung der für den Finanzsektor geltenden Vorschriften in der EU sowie die Erhaltung der Stabilität des Finanzmarktes und des Vertrauens in das Finanzsystem. Somit wurden das Committee of European Insurance and Occupational Pensions Supervisors (CEIOPS) in Frankfurt am Main zur Europäischen Aufsichtsbehörde für das Versicherungswesen und die betriebliche Altersvorsorge, das Committee of European Banking Supervisors (CEBS) in London zur Europäischen Bankaufsichtsbehörde und das Committee of European Securities Regulators (CESR) in Paris zur Europäischen Wertpapier- und Marktaufsichtsbehörde. Derzeit erfolgt eine Überprüfung des Europäischen Systems der Finanzaufsicht durch Durchführung von Konsultationen und Konferenzen.

5 Versicherungstheoretische Aspekte der Alterssicherung

5.1 Systeme der Alterssicherung im Überblick

Sowohl die Individual- als auch die Sozialversicherung bieten Leistungen zur Absicherung des Altersrisikos, d. h. für das Risiko, lange zu leben und nicht ausreichend für den Lebensabend vorbereitet zu sein, an. Zu den Systemen, die einen Beitrag zur Alterssicherung leisten, gehören:

- gesetzliche Rentenversicherung
- gesetzliche Krankenversicherung
- soziale Pflegeversicherung
- Pensionsverpflichtungen des Staats
- betriebliche Altersversorgung
    - Direktzusage des Arbeitgebers
    - Direktversicherung
    - Unterstützungskasse
    - Pensionskasse
    - Pensionsfonds
- private Lebens- oder Rentenversicherung
- private Krankenversicherung
- private Kapitalbildung inklusive „Riester-Produkte" und
- intergenerativer und interfamiliärer Transfer

Die gesetzliche Krankenversicherung, die soziale Pflegeversicherung sowie ihre privatwirtschaftlichen Pendants können mit zur Alterssicherung gezählt werden, da diese Systeme keine altersgemäßen, risikoäquivalenten Beiträge erheben. Die gesetzliche Krankenversicherung finanziert die Ausgaben der Rentner nur zu etwa 40 % durch Beiträge dieser Gruppe. Der Fehlbetrag wird über Beiträge der Nicht-Rentner abgedeckt. In der privaten Krankenversicherung werden mit den Beiträgen der jüngeren Versicherten Alterungsreserven angesammelt, die seit dem Jahre 2000 per Gesetz durch einen Prämienzuschlag von 10 % zusätzlich gespeist werden, um im Alter die Beiträge stabil zu halten.

5.2 Finanzierungsverfahren

Die Altersvorsorge ist nach dem 3-Schichten-Modell (vgl. auch Abbildung 30) aufgebaut. Die drei zentralen Stützen der finanziellen Absicherung des Lebensunterhalts im Alter sind:

- Leistungen aus der gesetzlichen Rentenversicherung
- Leistungen der betrieblichen Altersvorsorge sowie
- Leistungen der privaten Lebens- und Rentenversicherung.

In der Individualversicherung werden die Versicherungsleistungen durch Prämien oder Beiträge finanziert. Versicherungsunternehmen kalkulieren diese Prämien auf Basis der folgenden Rechnungsgrundlagen:

- Höhe der möglichen Schadenzahlungen bzw. Versicherungsleistungen
- Eintrittswahrscheinlichkeiten
- Laufzeiten der Verträge
- Zinssatz
- Abschluss- und Verwaltungskosten sowie
- sonstige Kosten der Risikoübernahme

Diese Form wird als *individuelles Äquivalenzprinzip* bezeichnet. Bei diesem Verfahren ist der Barwert der eingezahlten Prämien gleich dem Barwert aller ausgezahlten Leistungen plus Verwaltungskosten. Die Individualversicherung finanziert die Rentenversicherungsleistungen ausschließlich anhand dieses Verfahrens, während in der auf Pflichtmitgliedschaft basierenden Sozialversicherung drei weitere Finanzierungsverfahren zur Verfügung stehen:

- Anwartschaftsdeckungsverfahren
- Kapitaldeckungsverfahren und
- Umlageverfahren

Bei dem *Anwartschaftsdeckungsverfahren* wird für jeden Altersjahrgang mit Hilfe der Beiträge ein Deckungskapital aufgebaut, das nach versicherungsmathematischen Grundsätzen, d. h. unter Berücksichtigung der Sterbewahrscheinlichkeiten und der Zinssätze, berechnet wird und ausreicht, um daraus die Leistungen der Alterssicherung dieses Altersjahrgangs zu finanzieren. Nach dem Äquivalenzprinzip entspricht der Barwert der Beiträge dem Barwert der zukünftigen Leistungen.

Das Anwartschaftsdeckungsverfahren war das ursprüngliche Verfahren in der Rentenversicherung. Allerdings haben die Hyperinflation zwischen den beiden Weltkriegen und die Währungsreform 1949 dazu geführt, dass das Deckungskapital vernichtet wurde und zum Umlageverfahren übergegangen werden musste.

Beim *Kapitaldeckungsverfahren* wird in einem bestimmten Jahr der Erstrentnerjahrgang mit einem Deckungskapital ausgestattet, das nach versicherungsmathematischen Grundsätzen ausreicht, die derzeitigen und zukünftigen Alterssicherungsansprüche dieses Erstrentnerjahrgangs abzudecken. Das Deckungskapital der Erstrentner wird durch eine Umlage bei den Beitragszahlern finanziert. Es ist beim Kapitaldeckungsverfahren geringer als beim Anwartschaftsdeckungsverfahren, da ein Kapitalstock nur für die bereits eingetretenen Rentenversicherungsfälle gebildet wird und damit – im Gegensatz zum Anwartschaftsdeckungsverfahren – die noch nicht eingetretenen Versicherungsfälle unberücksichtigt bleiben.

Das Kapitaldeckungsverfahren ist das Prinzip, nach dem die gesetzliche Unfallversicherung arbeitet. Wenn Versicherungsfälle eintreten, so wird der Barwert der zu erwartenden zukünftigen Leistungen berechnet. Dieser Barwert wird als Deckungskapital bereitgestellt, wobei die Finanzierung über jährlich festzusetzende Mitgliedsbeiträge der beteiligten Unternehmen erfolgt.

Das *Umlageverfahren* arbeitet ganz ohne Deckungskapital. Bei diesem Verfahren werden die laufenden Ausgaben für Versicherungsleistungen durch eine Umlage der Beitragszahler finanziert. Das Umlageverfahren kann als „Generationenvertrag" ausgelegt werden, bei dem die Erwerbstätigengeneration die aktuelle Rentnergeneration versorgt und dadurch einen Anspruch darauf erwirbt, im Alter selbst versorgt zu werden. Zukünftige Generationen werden als Partner in dieses „Abkommen" einbezogen, obgleich es – juristisch gesehen – einen Vertrag mit noch nicht geborenen Personen nicht geben kann. Daher ist das Umlageverfahren nur durch staatlichen Zwang zu organisieren. Es ist in der Bundesrepublik Deutschland das dominante Finanzierungsprinzip der Sozialversicherung.

Volkswirtschaftlich optimal ist ein Finanzierungsverfahren oder eine Kombination von Finanzierungsverfahren dann, wenn der Gesamtnutzen eines Einkommensstroms über die Zeit maximiert wird. Zur Vereinfachung wird angenommen, dass das Nutzenmaximum dann verwirklicht ist, wenn der Konsumgüterstrom über die Zeit maximiert wird.

Gleichgültig, welches Finanzierungsverfahren sich aus einzelwirtschaftlicher oder aus gesamtwirtschaftlicher Sicht als optimal erweist, unterscheiden sich die Finanzierungsverfahren in der Art des erworbenen Anspruchs. Das Anwartschaftsdeckungsverfahren genügt dem strengen Äquivalenzprinzip, d. h. die Barwerte der Beiträge und Leistungen sind gleich. Der Beitragszahler erwirbt damit durch die Bildung eines individuellen Kapitalstocks ein Eigentumsrecht an seiner Rente. Im Umlageverfahren hingegen zahlen die Versicherten nur eine „Abgabe", die im gleichen Jahr zur Finanzierung der laufenden Renten verwendet wird. Der damit erworbene Anspruch ist in seiner Höhe unbestimmt. Mit dieser „Teilhabeäquivalenz" erwirbt der Beitragszahler lediglich ein

Teilhaberecht an der Rentenumlage in seiner Ruhestandsphase; eine Übereinstimmung der Barwerte der Beiträge und Leistungen kann nicht garantiert werden.

5.3 Einzelwirtschaftlicher Vergleich der Finanzierungsverfahren

Die Rendite eines Alterssicherungssystems für den Versicherten ergibt sich aus der Beziehung von Beitragszahlungen zu Rentenleistungen. In einer umlagefinanzierten Rentenversicherung mit Beitragsäquivalenz entspricht sie der Wachstumsrate der Lohnsumme, die sich aus der Veränderung der Durchschnittsentgelte und der Beschäftigtenzahl berechnet. Im Anwartschaftsdeckungsverfahren ergibt sich die Rendite aus der an den Finanzmärkten erzielten Verzinsung der Beiträge. Unabhängig von der Finanzierungsform fällt die Rente aus einzelwirtschaftlicher Sicht umso höher aus, je höher die individuelle Lebenserwartung ist. Die einzelwirtschaftliche Renditebetrachtung lässt sich in einer Modellbetrachtung derart umformulieren, dass das Rentenniveau konstant gehalten wird. Die zentrale Fragestellung lautet, welches Finanzierungsverfahren bzw. welche Kombination von Finanzierungsverfahren aus einzelwirtschaftlicher Sicht den günstigsten Beitragssatz gewährleistet – insbesondere unter sich ändernden gesamtwirtschaftlichen und gesellschaftlichen Rahmenbedingungen.

In der nachfolgenden Modellanalyse, die auf *Leonard Männer* zurückgeht, wird von folgenden Annahmen ausgegangen:

- Der Versichertenbestand sei ausgereift, d. h. die Lebenserwartung und die Zahl der Erwerbstätigenjahre sind fest gegeben. Ebenfalls sei die durchschnittliche Zahl der Rentenbezugsjahre konstant.
- Außerdem wird vereinfachend angenommen, dass jede Person drei gleich lange, diskrete Abschnitte durchlebt: Kindheit, Erwerbstätigkeit, Ruhestand (beispielsweise jeweils 25 Jahre). Vereinfachend wird von zwei sich überlappenden Generationen ausgegangen, und zwar von der Generation der Erwerbstätigen und der Generation der Rentner.
- Die Erwerbstätigen zahlen einen Beitrag zur gesetzlichen Rentenversicherung, der sich als Prozentsatz des Einkommens errechnet.
- Die Rentner erhalten eine Rente, die sich als Prozentsatz des Einkommens der Erwerbstätigen bemisst (Konzept der dynamischen Rente). Während der Prozentsatz zur Rentenberechnung fest gegeben ist, ergibt sich der Beitragssatz aufgrund des jeweiligen Finanzierungssystems.

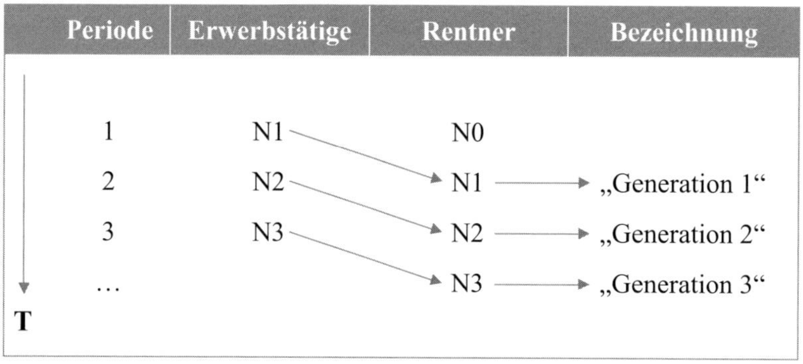

Periode	Erwerbstätige	Rentner	Bezeichnung
1	N1	N0	
2	N2	N1	„Generation 1"
3	N3	N2	„Generation 2"
...		N3	„Generation 3"
T			

Abbildung 151: Modell zweier überlappender Generationen

Ein ausgeglichener Versicherungsbestand impliziert – gemäß Annahme –, dass in einer stationären oder gleichmäßig wachsenden Bevölkerung das Verhältnis zwischen beitragszahlenden Erwerbstätigen und Rentnern konstant bleibt. Je höher die Wachstumsrate g ist, desto größer ist die Generation der Erwerbstätigen im Verhältnis zur Generation der Rentner. Die zweite zentrale Einflussgröße des Modells ist der Zinssatz z, mit dem sich das von der Rentenversicherung akkumulierte und am Kapitalmarkt angelegte Kapital verzinst. Die dritte betrachtete Einflussgröße ist die Lohnsteigerungsrate l. Da die Rente gemäß der Modellannahmen in einem festen Verhältnis zum Bruttoarbeitseinkommen der Erwerbstätigen steht, steigt die Rente mit der gleichen Rate wie der Lohn.

Beim *Umlageverfahren* ergibt sich dann folgende Kalkulation:

$$B = n \cdot b \cdot Y$$

$$R = m \cdot r \cdot Y$$

Dabei bezeichnet B die gesamten Beitragseinnahmen, R die gesamten Rentenauszahlungen, n die Zahl der Erwerbstätigen, m und die Zahl der Rentner, b den Beitragssatz in Prozent, r den Rentensatz (Prozentsatz zur Rentenberechnung) und Y das durchschnittliche Einkommen.

Da beim Umlageverfahren zu jedem Zeitpunkt die Einnahmen gleich den Ausgaben sind, gilt die Budgetbeschränkung $B = R$. Bei Einsetzung obiger Gleichungen und Auflösen nach b, errechnet sich als Beitragssatz:

$$b = \frac{r \cdot m}{n}$$

Somit ist der Beitragssatz b umso höher, je höher der Rentensatz r und die Rentnerquote m/n ist. Der Beitragssatz b hängt somit weder vom Einkommen Y noch von Einkommenssteigerungen ab.

Wenn die Bevölkerung von Generation zu Generation mit der exogen vorgegebenen Rate g wächst, so ist die Zahl der Erwerbstätigen zum Zeitpunkt t um die Rate g höher als die der Rentner, d. h. $n_t = n_{t-1} \cdot (1+g)$, mit $n_{t-1} = m$. Daraus ergibt sich der Beitragssatz:

$$b = \frac{r \cdot m}{(1+g) \cdot m}$$

Der Beitragssatz b ist somit umso niedriger, je höher die Bevölkerungswachstumsrate g ist. Bei Bevölkerungswachstum ist jede „neugeborene" Erwerbstätigengeneration größer als die vorhergegangene und damit existieren verhältnismäßig mehr Beitragszahler als Rentner.

Beim Umlageverfahren wirken sich Lohnsteigerungen nicht auf den Beitragssatz aus, da Lohn und Rente in einem festen Verhältnis zueinander stehen und beide mit der gleichen Rate wachsen. Die Höhe des Zinssatzes hat ebenfalls keinen Einfluss auf die Finanzierung nach dem Umlageverfahren, da dieses Finanzierungsverfahren ohne Deckungskapital arbeitet.

Im *Anwartschaftsdeckungsverfahren* ist der Beitragssatz umso niedriger, je höher der Zins ist. Dies hat zwei Gründe: Zum einen ist in der Ansparphase bei einem höheren Zinssatz der Anteil der Zinseinkünfte am Kapitalbestand höher, so dass ein geringerer Teil des Deckungskapitals durch Beiträge zu finanzieren ist. Zum anderen ist aber auch in der Entsparphase das zu akkumulierende Kapital geringer, da auch die Rentenzahlungen zu einem Teil aus Zinsen finanziert werden können.

Lohnsteigerungen hingegen haben einen verteuernden Einfluss auf den Beitragssatz. Eine hohe Lohnsteigerung erhöht die Rentenzahlungen und damit das notwendige Deckungskapital. Dieses ist aber durch Beiträge zu finanzieren, die in Vorperioden entrichtet wurden, als das Einkommen noch geringer war. Entsprechend höher müssen die Beitragszahlungen ausfallen.

Das *Kapitaldeckungsverfahren* nimmt hinsichtlich der Einflussgrößen g, l und z eine Zwischenstellung ein. Die Bevölkerungswachstumsrate g hat einen analog zum Umlageverfahren verbilligenden Effekt. Der günstige Einfluss des Zinssatzes z ist geringer als beim Anwartschaftsdeckungsverfahren, da der Zinseszinseffekt der Ansparphase entfällt. Aus dem gleichen Grund fällt auch die verteuernde Wirkung der Lohnsteigerungsrate l geringer aus.

Die Überlegungen sind in nachfolgender Tabelle zusammengefasst, wobei „+" für einen verteuernden, „o" für einen neutralen und „–" für einen verbilligenden Effekt bezüglich des Beitragssatzes stehen.

	Umlageverfahren	Kapitaldeckungsverfahren	Anwartschaftsdeckungsverfahren
Bevölkerungswachstum g	– –	–	o
Lohnwachstum l	o	+	+ +
Zinssatz z	o	–	– –

Abbildung 152: Wirkungen der Einflussgrößen auf die Höhe des Beitragssatzes

Als zentrales Ergebnis ist festzuhalten, dass unter den Bedingungen $z > 0$ und $g = l = 0$ das Anwartschaftsdeckungsverfahren das günstigste Finanzierungsverfahren ist, unter den Bedingungen $z = 0$ und $g > 0$ und / oder $l > 0$ dagegen das Umlageverfahren.

Werden den drei Einflussgrößen g, l und z gewisse „symmetrische" Eigenschaften unterstellt, dann hat der Zins beim Anwartschaftsdeckungsverfahren eine gleich große, verbilligende Wirkung wie die Bevölkerungswachstumsrate beim Umlageverfahren. Dies wird dadurch erklärt, dass das Anwartschaftsdeckungsverfahren einen Anspruch gegenüber dem Kapitalbestand einer Volkswirtschaft begründet, das Umlageverfahren einen Anspruch gegenüber dem Arbeitspotenzial. Für die Lohnwachstumsrate l wird die gleiche kompensierende Eigenschaft gegenüber z unterstellt. Daraus folgt, dass die Beitragssätze beider Finanzierungsverfahren gleich sein müssen, wenn die Gleichung $z = g + l$ erfüllt ist, d. h. wenn der Zinssatz der Summe aus Bevölkerungs- und Lohnwachstumsrate entspricht. Diese Gleichung wurde 1966 von *Henry Aaron* mathematisch hergeleitet und wird seither als „Aaron-Bedingung" bezeichnet. Ist die Aaron-Bedingung erfüllt, so sind alle drei Verfahren gleich teuer bzw. bedingen den gleichen Beitragssatz.

In einer Situation, in der der Zins die Summe der Wachstumsraten von Lohn und Bevölkerung übersteigt ($z > g + l$) stellt das Anwartschaftsdeckungsverfahren ceteris paribus das für die Alterssicherung optimale Verfahren dar. Ist hingegen die Summe größer als der Zins ($z < g + l$) ist das Umlageverfahren die bessere Alternative. *Aaron* interpretiert diese Situation in der Weise, dass auf Beiträge zum Umlageverfahren ein höherer „Zins" gezahlt wird. Der Gegenwartswert der Beiträge ist niedriger als der Gegenwartswert der zu erwartenden Rentenleistungen. Daraus leitet sich das so genannte „Social Insurance Paradox" ab: Soziale Sicherung nach dem Umlageverfahren kann die Wohlfahrt jeder Person bezüglich eines Alterssicherungssystems, das auf Kapitaldeckung basiert, erhöhen, wenn die Summe der Wachstumsraten von Bevölkerung und Löhnen den Zinssatz übersteigt. Die Erreichung dieser Wohlfahrtssteigerung ist jedoch individuell nicht möglich, sondern nur im Kollektiv. Dieses Resultat ergibt sich auch bei einem Modell mit konstanten Beitragssätzen und einem variablen Rentenniveau.

5.4 Gesamtwirtschaftlicher Vergleich im Rahmen eines Wachstumsmodells

Wie in Abschnitt 5.3. gezeigt wurde, beeinflussen gesamtwirtschaftliche Rahmenbedingungen (z, l und g) die einzelwirtschaftliche Wahl des optimalen Finanzierungsverfahrens für die Alterssicherung. Eine Wirkungsrichtung ist jedoch auch in die andere Richtung erkennbar. Ob Deckungskapital gebildet wird oder nicht, hat einen Einfluss auf den Bestand an Produktionsmitteln und damit auch auf den Zinssatz z Von den drei für die einzelwirtschaftliche Wahl des beitragsniedrigsten Finanzierungsverfahrens relevanten Größen wird die Bevölkerungswachstumsrate g nicht, die Lohnsteigerungsrate l etwas, der Zinssatz z hingegen stark vom Aufbau eines Deckungskapitalbestands beeinflusst.

Zunächst soll dargestellt werden, ob Umlageverfahren und Anwartschaftsdeckungsverfahren zu unterschiedlichen Kapitalbeständen in einer Volkswirtschaft führen können. Das Sparen hat, vor allem in der neoklassischen Theorie, die Funktion der Übertragung von Konsum in eine spätere Periode. Ein wichtiges Motiv dafür ist die Vorsorge für das Alter. Wenn Zwangsbeiträge zur Alterssicherung erhoben werden, kann davon ausgegangen werden, dass dieses staatlich verordnete Zwangssparen substitutiv zum privatwirtschaftlichen Sparen erfolgt. Im Anwartschaftsdeckungsverfahren fließt dieses Geld in Fonds, so dass sich die Höhe der gesamtwirtschaftlichen Ersparnis nicht verändert. Sind die Beiträge höher als die privatwirtschaftlichen Altersrücklagen, so erhöht sich sogar die gesamtwirtschaftliche Ersparnis. Im Umlageverfahren werden die Beiträge hingegen nicht gespart, sondern von der Rentnergeneration in der gleichen Periode dem Konsum zugeführt. Die gesamtwirtschaftliche Ersparnis ist im Umlageverfahren daher geringer als im Anwartschaftsdeckungsverfahren. Eine Erhöhung des Beitragssatzes im Umlageverfahren führt zu einer Minderung des Kapitalstocks und geht ceteris paribus mit einem höheren Zinssatz z einher. In der wissenschaftlichen Literatur ist diese Hypothese umstritten; die Mehrzahl der hierzu vorliegenden empirischen Untersuchungen stützt sie jedoch.

Die gesamtwirtschaftliche Beziehung zwischen den Größen g, l und z wird mit Hilfe eines neoklassischen Modells einer stetig wachsenden Wirtschaft mit gegebener *Kapitalintensität* (Verhältnis von eingesetztem Kapital zur eingesetzten Arbeitsmenge) und *arbeitsvermehrendem technischen Fortschritt* (eine Arbeitskraft leistet bei gegebener Arbeitszeit mehr, wobei die Leistung mit der Rate γ steigt) erläutert. Dabei wird abgeleitet, wie hoch das optimale Wachstum des volkswirtschaftlichen Kapitalstocks angesichts der Höhe von g, l und z ist. Es zeigt sich, dass wenn der Kapitalstock aus gesamtwirtschaftlicher Sicht suboptimal klein (groß) ist, das Anwartschaftsdeckungsverfahren (Umlageverfahren) nicht nur zu dem geringsten Beitrag führt, sondern auch einen Beitrag zum Aufbau (Abbau) des Kapitalstocks leistet.

Neben den bereits eingeführten Einflussfaktoren wird von einer bestimmten Form des technischen Fortschritts ausgegangen:

γ Rate der Effizienzerhöhung einer Arbeitsstunde aufgrund arbeitsvermehrendem technischen Fortschritts

Es gilt die Annahme, dass der Kapitalbestand über die Zeit an Wert verliert, weil sich z. B. Maschinen abnutzen und Produktionsanlagen erneuert werden müssen:

δ proportionale Abnutzungsrate des Kapitalbestands

Es wird von einer linear-homogenen, substitutionalen (Arbeit und Kapital sind gegeneinander substituierbar) makroökonomischen *Produktionsfunktion* ausgegangen, deren Output (Bruttoproduktion bzw. Sozialprodukt) nur vom Kapitalbestand und den vorhandenen Arbeitskräften einer Volkswirtschaft abhängt:

(1) $Y = f(K, A)$,

wobei Y die Bruttoproduktion, K den Kapitaleinsatz und A den Arbeitseinsatz bezeichnen.

Zur Darstellung des Wachstums ist beispielsweise die *Cobb-Douglas-Funktion* geeignet:

(2) $Y = \gamma \cdot K^\alpha \cdot A^\beta$,

mit γ = technischer Fortschritt, α = Elastizität des Outputs in Bezug auf den Arbeitseinsatz (partielle Produktionselastizität der Arbeit) und β = Elastizität des Outputs in Bezug auf den Kapitaleinsatz (partielle Produktionselastizität des Kapitals).

Für den Fall konstanter Skalenerträge ($\alpha + \beta = 1$) gilt:

$\beta = 1 - \alpha$

(2a) $Y = \gamma \cdot K^\alpha \cdot A^{1-\alpha}$

In dieser Form ist die Cobb-Douglas-Funktion linear-homogen, d. h. eine Erhöhung des Einsatzes von Arbeit und Kapital um γ führt zu einer Erhöhung des Outputs um ebenfalls γ. Aufgrund der linearen Homogenität lässt sich die Funktion (1) durch A teilen:

(3) $y = \dfrac{Y}{A} = \gamma \cdot K^\alpha \cdot A^{1-\alpha} \cdot A^{-1} = \gamma \cdot K^\alpha \cdot A^{-\alpha} = \gamma \cdot \left(\dfrac{K}{A}\right)^\alpha = f(k)$

$y = \dfrac{Y}{A}$ bezeichnet die Bruttoproduktion pro Arbeitseinheit.

$k = \dfrac{K}{A}$ bezeichnet die Kapitalintensität.

Die Grenzproduktivität der Faktoren ist positiv, d. h. $f'(k) > 0$, und nimmt mit partiell zunehmendem Einsatz eines Faktors ab, d. h. $f''(k) < 0$.

Der Kapitalkoeffizient (das Verhältnis von eingesetztem Kapital zur Bruttoproduktion, d. h. zum Sozialprodukt) bleibt im stetigen Wachstum konstant, die Realverzinsung z ebenfalls, der Lohn pro Arbeitsplatz steigt mit der Rate γ. Da die Arbeit mit ihrem Grenzprodukt entlohnt wird, können die Arbeitslöhne nur mit der Rate γ steigen. Es gilt daher: die Wachstumsrate des Lohns l stimmt mit der Rate des arbeitsvermehrenden technischen Fortschritts überein ($l = \gamma$). Auch wenn der Kapitalkoeffizient im stetigen Wachstum konstant ist, lassen sich im Rahmen einer komparativ-statischen Analyse verschiedene Volkswirtschaften vergleichen, die mit unterschiedlichen Kapitalintensitäten arbeiten.

Der technische Fortschritt vermehrt den Effizienzgehalt einer Arbeitsstunde mit der Rate γ. Unter arbeitsvermehrendem technischen Fortschritt wird somit verstanden, dass jede Arbeitskraft bei gegebener Arbeitszeit mehr leistet, wobei die Leistung mit der Rate γ steigt. Das Arbeitsvolumen A, gemessen in Effizienzeinheiten, vermehrt sich also bei einer Bevölkerungswachstumsrate g mit der Rate $g + \gamma$.

Zur Aufrechterhaltung einer bestimmten Kapitalintensität k muss von der Bruttoproduktion

(4) $\quad I = (g + \gamma + \delta) \cdot K$

investiert werden. Die Investition $I_g = g \cdot K$ ist notwendig, um die neuen, zusätzlichen Mitglieder der Gesellschaft mit Kapital zu versorgen, denn das Arbeitsangebot wächst mit der exogenen Bevölkerungsrate g. Die Investition $I_\gamma = \gamma \cdot K$ ist notwendig, um mit einem erhöhten Kapitalbestand der gestiegenen Arbeitsproduktivität Rechnung zu tragen, da die Effizienzeinheiten der Arbeit mit der Rate γ steigen. Die Investition $I_\delta = \delta \cdot K$ ist notwendig, um die proportionale Abnutzung des Kapitalbestands (abzuschreibendes Sachkapital) zu ersetzen. Würde das abgenutzte Sachkapital nicht ersetzt, würde der Kapitalstock mit der Abschreibungsquote schrumpfen und die Kapitalintensität sinken.

Wird die Investitionsfunktion I durch A geteilt, folgt:

(5) $\quad i = \dfrac{I}{A} = (g + \gamma + \delta) \cdot k$

Die Steigung der Produktionsfunktion $f(k)$ zeigt die Grenzproduktivität des Kapitals an. Wie aus der allgemeinen Produktions- und Wachstumstheorie bekannt, werden im Gleichgewicht die Produktionsfaktoren mit ihrer Grenzproduktivität entlohnt, d. h. Arbeit mit dem Lohnsatz l und Kapital mit dem Zinssatz z einschließlich der Abschreibungsrate δ, also $z + \delta$. Je höher der Kapitalverschleiß ist, umso stärker mindert die Abschreibungsrate die reale Entlohnung des Faktors Kapital.

Es zeigt sich, dass sich in diesem Modell immer ein gleichgewichtiges Wachstum der Wirtschaft einstellt, in dem das Sozialprodukt und der Kapitalstock mit der gleichen konstanten Rate wachsen wie die Bevölkerung. Dieser Gleichgewichtszustand wird „Steady State" genannt. Der Kapitalkoeffizient (Verhältnis von eingesetztem Kapital zum Sozialprodukt) und die Kapitalintensität (Verhältnis von eingesetztem Kapital zur eingesetzten Arbeitsmenge) bleiben auf diesem Wachstumspfad konstant. Wenn dieses Gleichgewicht zu einem Zeitpunkt nicht realisiert ist und bei gegebener Sparquote und Bevölkerungswachstumsrate die tatsächliche Kapitalintensität von der gleichgewichtigen abweicht, wird die Ersparnis und damit die Investition so lange angeglichen, bis das Gleichgewicht wieder erreicht ist. Die gleichgewichtige Wachstumsrate von Produktion und Kapital wird nur durch das Bevölkerungswachstum determiniert. Die Sparquote hingegen bestimmt das Niveau, auf dem der Wachstumsprozess abläuft. Wird die Sparquote erhöht, steigt die Kapitalausstattung der Volkswirtschaft und damit die Kapitalintensität sowie das Einkommen pro Kopf. Aufgrund der Verschiebung des Einsatzverhältnisses von Kapital und Arbeit sinkt der Zins und steigt der Lohnsatz.

Der maximal mögliche Konsum pro Arbeitseinheit c^* ist bei Aufrechterhaltung einer Kapitalintensität k^* erreicht, wenn gilt:

(6) $c(k) = f(k) - i(k) \to \max$

bzw.

(7) $i'(k) = f'(k)$

Werden die 1. Ableitungen nach k gebildet, ergibt sich:

(8) $g + \gamma + \delta = z + \delta$

Nachdem δ auf beiden Seiten rausgekürzt wurde, folgt:

(9) $g + \gamma = z$

Da im stetigen Wachstum $l = \gamma$ ist, d. h. die Lohnsteigerungsrate l der Rate des arbeitsvermehrenden technischen Fortschritts γ entspricht, lassen sich drei Situationen differenzieren:

(10) $z = g + l$

Links von k^* gilt, wie in der Abbildung deutlich wird:

(11) $z > g + l$

Und rechts von k^* gilt:

(12) $z < g + l$

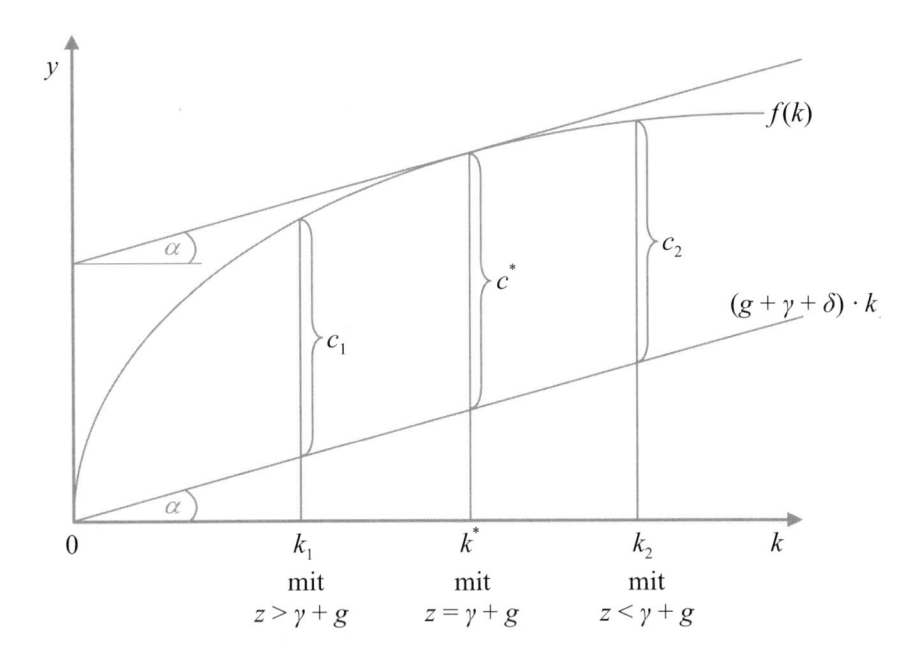

Abbildung 153: Neoklassisches Wachstumsmodell mit arbeitsvermehrendem technischen Fortschritt

Zunächst fällt auf, dass (10) die Aaron-Bedingung ist. Demnach ergibt sich, dass bei stetigem Wachstum einer Volkswirtschaft und bei Konsumstrom maximierender Wahl der Kapitalintensität die Aaron-Bedingung erfüllt ist. Alle drei Finanzierungsverfahren sind gleich teuer. Ist hingegen (11) erfüllt, so ist der Kapitalbestand der betreffenden Volkswirtschaft suboptimal niedrig. Ein Finanzierungsverfahren, das mit einem höheren Deckungskapital arbeitet, führt zu geringeren Beitragssätzen. Somit ist es nicht nur aus einzelwirtschaftlicher, sondern auch aus gesamtwirtschaftlicher Sicht günstig, bei einer relativ kapitalarmen Wirtschaft, die durch $z > g + l$ gekennzeichnet ist, den Anteil des Anwartschaftdeckungsverfahrens an der Finanzierung der Alterssicherung auszuweiten. Im umgekehrten Fall ($z < g + l$) ist hingegen eine Ausweitung des Umlageverfahrens günstig.

Im Endergebnis kommt die gesamtwirtschaftliche Analyse zum gleichen Resultat: Das aus einzelwirtschaftlicher Sicht optimale Finanzierungsverfahren bzw. die optimale Kombination ist auch aus gesamtwirtschaftlicher Sicht optimal. Jede der beiden Extremformen der Finanzierung einer Alterssicherung, das Umlageverfahren und das Anwartschaftsdeckungsverfahren, besitzt spezifische Vor- und Nachteile. Keines der Verfahren ist dem anderen a priori überlegen, die Optimalität hängt vom „Zustand" der Volkswirtschaft ab. Aus risikotechnischen Gründen sollte ein „gutes Alterssicherungssystem" immer ein hybrides System sein.

5.5 Kritische Anmerkungen zur modelltheoretischen Betrachtung

Es sei darauf hingewiesen, dass die Analyse im Rahmen einer *komparativ statischen Analyse* verschiedener stetig wachsender Volkswirtschaften mit unterschiedlichen Kapitalintensitäten und damit mit unterschiedlichen Wachstumspfaden durchgeführt wurde. Die Analyse des Übergangs von einem bestehenden zu einem neuen Finanzierungsverfahren und der Übergang von einem Wachstumspfad zu einem anderen sind schwierig, wie weiter unten noch erläutert wird. Die Interpretation, dass in einer relativ kapitalarmen Wirtschaft, in der das Umlageverfahren verwendet wurde, durch Übergang zum Anwartschaftsdeckungsverfahren ein Kapitalstock aufgebaut wird, der dann eine Optimierung des Wachstumspfads ermöglicht, ist plausibel, bedarf aber eines erheblichen zusätzlichen modelltheoretischen Aufwands.

Viele Bedenken werden hinsichtlich der Höhe des Kapitalstocks geäußert. Denn ob das Umlageverfahren mit einem Deckungskapital von Null oder das Anwartschaftsdeckungsverfahren mit einem erforderlichen Kapitalbestand von geschätzten 5 Billionen Euro für die Bundesrepublik Deutschland arbeitet, muss einen Einfluss auf die Gesamtwirtschaft ausüben. Vom Gesamtvermögen (Bruttovermögen) von über 11 Billionen Euro, welches die Deutschen 2012 besaßen, entfallen etwa 50 % auf Immobilien, 40 % auf Geld- und Finanzanlagen und die restlichen 10 % sind Sachwerte, wie Möbel und Schmuck. Angesichts dieser Zahlen droht durchaus die Gefahr einer schrittweisen Übernahme des vorhandenen Vermögens durch die Rentenversicherung. Zumindest müsste sichergestellt werden, dass die Verfügungsrechte über derart große Rentenvermögen vor politischen Begehrlichkeiten geschützt werden.

Sowohl die modell-theoretische einzelwirtschaftliche als auch die gesamtwirtschaftliche Betrachtung abstrahieren vom Problem des Übergangs von einem Finanzierungsverfahren zum anderen, indem ein Kontinuum zugelassen wird. Die angenommene Flexibilität und Substituierbarkeit der Verfahren ist in der Realität in dieser Form jedoch nicht gegeben. Mit der Einführung des Umlageverfahrens (oder mit einer Erhöhung des Anteils am Finanzierungskontinuum) tritt eine Umverteilung zwischen den Generationen auf. Diejenige Generation, die zum Zeitpunkt der Einführung eines Umlageverfahrens gerade in das Rentenalter eintritt, erhält eine Rentenleistung ohne Gegenleistung. Dieser jederzeit realisierbare Anfangsgewinn gehört zu den Vorzügen des Umlageverfahrens. Die Einführung oder eine vollständige Umstellung auf ein Anwartschaftsdeckungsverfahren benötigt hingegen eine lange Anlaufphase, da zunächst ein Kapitalstock aufgebaut werden muss. Jüngstes Beispiel für die Ausnutzung des Anfangsgewinns des Umlageverfahrens ist die Einführung der sozialen Pflegeversicherung. Dieser Anfangsgewinn ist zunächst unproblematisch, solange das Umlageverfahren fortgeführt wird. Gibt es jedoch eine „letzte Generation", die Beiträge zahlt, ohne später Leistungen zu erhalten, steht der Besserstellung der ersten Generation (erhält als erstes Leistungen) der Nachteil einer letzten Generation (erhält keine Leistung mehr) gegenüber und es kommt zu einer intergenerativen Umverteilung. Ein Übergang vom Anwartschaftsdeckungsverfahren zum Umlageverfahren hingegen ist leichter möglich, da bereits erworbene Ansprüche durch Kapital gedeckt sind.

Ein weiteres Problem der Übertragung der Ergebnisse aus der modelltheoretischen Betrachtung auf die Realität ergibt sich aus den Modellparametern. Der verstärkte Einsatz des Kapitaldeckungsverfahrens bei einer schrumpfenden Bevölkerung ($g < 0$) lässt die Frage aufkommen, ob eine kapitalgedeckte Altersvorsorge auch dann noch ausreichende Renditen bietet. Die Gegenthese lautet, dass Erwerbstätige, sofern sie in großem Umfang zusätzliche Ersparnisse bilden, einen massiven Renditeverlust hinnehmen müssen, wenn sie diese Ersparnisse im Rentenalter auflösen. Das einzelwirtschaftlich richtige Anwartschaftsdeckungsverfahren führt zu den gleichen negativen Folgen einer schrumpfenden Bevölkerung, die sich auch beim Festhalten am Umlageverfahren ergäben.

Diese Fragestellung führt direkt zur „Mackenroth-These", genannt nach dem deutschen Finanzwissenschaftler *Gerhard Mackenroth* (1903–1955), wonach Kapitaldeckung und Umlage weitestgehend äquivalent sind. Im Original von 1952 liest sich die These folgendermaßen: „Nun gilt der einfache und klare Satz, dass aller Sozialaufwand immer aus dem Volkseinkommen der laufenden Periode gedeckt werden muss. Es gibt gar keine andere Quelle und hat nie eine andere Quelle gegeben, aus der Sozialaufwand fließen könnte, es gibt keine Ansammlung von Fonds, keine Übertragung von Einkommensteilen von Periode zu Periode, kein ‚Sparen' im privatwirtschaftlichen Sinne … Kapitalansammlungsverfahren und Umlageverfahren sind also der Sache nach gar nicht wesentlich verschieden. Volkswirtschaftlich gibt es immer nur ein Umlageverfahren." (*Mackenroth* 1952)

Diese Passage hat die deutsche Sozialpolitik nachhaltig geprägt. Kern der Aussage ist, dass es gesamtwirtschaftlich kein „Sparen" gibt, nur im einzelwirtschaftlichen Sinne. Diese These ist zwar plausibel, hält aber einer ökonomischen Analyse nicht stand. Einkommensteile können durch Realinvestition von einer Periode in die nächste übertragen werden. Auch trifft der Einwand nicht zu, dass Realkapital – sobald es in Gebäude oder Ausrüstungen gebunden ist – nicht mehr konsumiert werden kann. Gebundenes Realkapital kann durch unterlassene Ersatzinvestitionen schrittweise wieder freigesetzt werden.

In die „Fußstapfen" der Mackenroth-These tritt die These, dass die Rendite des Anwartschaftsdeckungsverfahrens stark auf Bevölkerungsänderungen reagiert. Geringere Renditen entstehen, indem zahlenmäßig starke Generationen die Kurswerte in der Ansparphase durch hohe Nachfrage nach oben treiben und in der Entsparphase durch starkes Angebot nach unten drücken. Die Rendite des Umlageverfahrens entspricht bei konstantem Beitragssatz und konstanter Lohnquote dem Wachstum des Sozialprodukts, d. h. der Grenzproduktivität der Arbeit. Demgegenüber entspricht die Rendite des Anwartschaftsdeckungsverfahrens dem Zins langfristig sicherer Kapitalanlagen inklusive Aktien, d. h. der Grenzproduktivität des Kapitals. Zum Vergleich der Renditen beider Finanzierungsverfahren wird der Realzins (Zinssatz abzüglich Inflationsrate) zugrunde gelegt. Die empirische und theoretische Fragestellung ist nun, ob der Realzins bei schrumpfender Bevölkerung sinkt oder evtl. negativ werden kann.

Angaben über Zinssätze für sichere Kapitalanlagen lassen sich bis ins Zeitalter Babylons zurückverfolgen. Über Jahrtausende hinweg lag der Realzins im Bereich von 2-4 %. Negative (Real-)Zinsen kamen lediglich vorübergehend vor, wie beispielsweise Ende der 1970er Jahre. Die empirische Beobachtung verlangt nach einer theoretischen Begründung. Bereits im 18. Jahrhundert wies der französische Baron *Jacques Turgot* (1727–1781) nach, dass Zinsen langfristig gesehen nicht negativ sein können. Die Formel der „ewigen Rente" (Anlage ohne Kapitalverzehr) r/i mit r = Rente und i = Zinssatz, berechnet den Wert eines Grundstücks. Damit das Grundstück einen endlichen Wert hat, muss der Zinssatz positiv sein und darf nicht gegen Null gehen. Eine Verallgemeinerung dieser Aussage besagt, dass der Zinssatz in einer wachsenden Wirtschaft auf Dauer über der Wachstumsrate des Sozialprodukts liegen muss. Da die Rendite des Umlageverfahrens lediglich der Wachstumsrate des Sozialprodukts entspricht, ist das Anwartschaftsdeckungsverfahren vorzuziehen. Der dargestellte Sachverhalt bezieht sich auf eine geschlossene Volkswirtschaft. Ein Anwartschaftsdeckungsverfahren kann in einer offenen Volkswirtschaft zusätzlich noch internationale Renditedifferenzen ausnutzen. Hier wird nun ein weiterer zentraler Unterschied zwischen Umlage- und Anwartschaftsdeckungsverfahren sichtbar: Das Umlageverfahren ist rein national, Änderungen der nationalen Rahmenbedingungen wirken sich unmittelbar aus. Das Anwartschaftsdeckungsverfahren hingegen kann international ausgestaltet sein; auf ungünstige nationale Rahmenbedingungen kann besser reagiert werden.

6 Aufsichtsrechtliches Solvabilitätssystem für Versicherungsunternehmen

6.1 Institutionen der Versicherungsaufsicht

In Kapitel V wurden Gründe und Instrumente staatlicher Einflussnahme auf die Risikovorsorge dargestellt. Ein wichtiges Instrument ist dabei die staatliche Aufsicht von Versicherungsunternehmen, die in Deutschland bereits seit 1902 besteht (Reichsgesetz über die privaten Versicherungsunternehmungen vom 12. Mai 1901). Grundlagen der staatlichen Aufsicht sind das Gesetz über die Errichtung eines *Bundesaufsichtsamtes für das Versicherungswesen (BAV)* sowie das Gesetz über die Beaufsichtigung der Versicherungsunternehmen (Versicherungsaufsichtsgesetz, VAG). Zum 1. Mai 2002 ist das BAV mit dem Bundesaufsichtsamt für das Kreditwesen (BAKred) und dem Bundesaufsichtsamt für den Wertpapierhandel (BAWe) zur *Bundesanstalt für Finanzdienstleistungsaufsicht (BaFin)* vereinigt worden. In Deutschland wird somit die Versicherungsaufsicht durch eine Allfinanzaufsichtsbehörde wahrgenommen.

Dies entspricht dem Standard in Europa und in den deutschsprachigen Nachbarländern. In Liechtenstein ist die FMA Finanzmarktaufsicht Liechtenstein die zuständige Behörde für die Versicherungsaufsicht. In Österreich heißt die entsprechende Institution *Finanzmarktaufsichtsbehörde (FMA)*, die auf eine längere Tradition als in Deutschland zurückschauen kann, da die erste österreichische Versicherungsaufsichtsbehörde bereits 1880 unter Kaiser Franz Joseph gegründet wurde. Dies liegt darin begründet, dass bereits zu der Zeit eine erhebliche Skepsis bestand, ob Versicherer zu allen Zeiten ihren Verpflichtungen nachkommen könnten. Ein immer wieder zitiertes Beispiel für die Gefahren einer mangelhaften Versicherungsaufsicht ist der Zusammenbruch der Phönix-Versicherung von 1936, der einen Schaden von ca. 5 % des damaligen BIP betrug.

Ähnlich wie in Deutschland gab es in der Schweiz bis 2008 eine Spezialaufsicht, das *Bundesamt für Privatversicherungen (BPV)*. Seit 2009 ist die *Eidgenössische Finanzmarktaufsicht (FINMA)* für die Aufsicht der privaten Versicherungsunternehmen zuständig.

Immer stärker engagiert sich die EU im Bereich der Versicherungsaufsicht bis hin zum *Solvency*-Prozess *(Sovency I und II)*. In der EU nimmt sich das *Committee of European Insurance and Occupational Pensions Supervisors (CEIOPS)* dieser Aufgabe an, die den *Versicherungsausschuss (Insurance Committee)* ersetzt hat. Auch ist die Zusammenarbeit zwischen den EU-Aufsichtsbehörden intensiviert worden. So schreitet die BaFin in Absprache mit der jeweiligen ausländischen Aufsichtsbehörde ein, wenn Verstöße gegen allgemeine deutsche Rechtsgrundsätze festgestellt werden.

Es sei noch erwähnt, dass in Deutschland die BaFin nicht alle privaten Versicherungsunternehmen beaufsichtigt. Die Bundesländer sind für die Aufsicht der öffentlich-rechtlichen Versicherer und Versicherer mit einer wirtschaftlich geringeren Bedeutung zuständig.

6.2 Aufgaben und Ziele der Versicherungsaufsicht

Der Aufsicht der BaFin unterliegen – mit den oben genannten Ausnahmen – inländische Erstversicherungsunternehmen, Pensions- und Sterbekassen (seit 2002), Rückversicherungsunternehmen (seit Dezember 2005), Holdinggesellschaften, sowie Sicherungs- und Pensionsfonds. Die Aufsicht umfasst insbesondere die Genehmigung des Geschäftsbetriebes, die Einhaltung aller für den Versicherungsbetrieb zutreffenden Gesetze sowie die Überwachung der Bedeckung des Sicherungsvermögens und der Solvabilität, um die dauerhafte Erfüllbarkeit der abgeschlossenen Verträge zu gewährleisten. Damit sorgt die Aufsicht über Versicherungsunternehmen für Verbraucherschutz und trägt zur langfristigen Stabilität des gesamten Finanzsektors bei.

In § 81 VAG sind die Hauptziele genannt:

- Die Belange der Versicherten ausreichend zu wahren und
- sicherzustellen, dass die Verpflichtungen aus den Versicherungsverträgen jederzeit erfüllbar sind.

Zentrales Element der Aufsicht ist deshalb seither die Solvenzaufsicht, d. h. die Überprüfung, ob der Versicherer ausreichende versicherungstechnische Rückstellungen gebildet und diese Vermögenswerte sicher, rentabel und nach kaufmännischen Grundsätzen angelegt hat. *Solvabilität* bezeichnet allgemein die im Hinblick auf eine ausreichende Sicherheit der Versicherungsnehmeransprüche zu fordernde Mindestkapitalausstattung des Unternehmens. Ziel der *Solvabilitätsvorschriften* ist die Vorgabe der notwendigen Höhe von Eigenmitteln bzw. (bei einem gegebenen Eigenmittelbestand) die Festlegung der maximalen Höhe der Risiken, die von einem Versicherungsunternehmen übernommen werden können. Das Solvabilitätssystem dient der Gewährleistung der Verfügbarkeit von Eigenmitteln, die potenzielle Verluste finanzieren können. Dadurch soll die Wahrscheinlichkeit von Unternehmenskonkursen gemindert werden. Den Solvabilitätskennzahlen kommt eine Warnfunktion für den Fall zu, dass die versicherungstechnischen Rückstellungen nicht ausreichen, um die Vertragsverbindlichkeiten zu erfüllen.

Wer Versicherungsgeschäft betreiben will, bedarf einer Erlaubnis der BaFin zur Aufnahme des Geschäftsbetriebes. Diese wird nur unter bestimmten Voraussetzungen erteilt, z. B.

- Das Unternehmen muss die Rechtsform einer Aktiengesellschaft, eines Versicherungsvereins auf Gegenseitigkeit oder einer öffentlich-rechtlichen Anstalt haben.
- Der Versicherer darf kein versicherungsfremdes Geschäft betreiben und muss das Prinzip der Spartentrennung zwischen Lebensversicherung, Kranken- und Nichtlebensversicherung einhalten.

- Das Unternehmen muss einen Geschäftsplan vorlegen.

- Das Unternehmen muss nachweisen, dass es über genügend Eigenmittel verfügt. Dabei gibt es eine Mindesthöhe der Eigenmittel (Mindestgarantiefonds), die von der Versicherungssparte abhängt. Außerdem sind Mittel für den Aufbau des Betriebs und der Verkaufsorganisation bereitzustellen (Orga-Fonds).

- Das Unternehmen muss mindestens zwei Geschäftsleiter (Vieraugenprinzip) haben, die zuverlässig und fachlich geeignet sind.

- Das Unternehmen muss alle natürlichen oder juristischen Personen nennen, die am Unternehmen eine Beteiligung von 10 % oder mehr des Nennkapitals oder des Gründungsfonds halten.

Die Versicherungsaufsicht überwacht laufend die Unternehmen, denen sie die Erlaubnis erteilt hat. Dabei achtet die BaFin vor allem auf folgende Punkte:

- Das Unternehmen muss seinen Geschäftsbetrieb ordnungsgemäß führen und alle gesetzlichen und aufsichtsbehördlichen Vorschriften einhalten.

- Das Unternehmen muss für die erwarteten Leistungen angemessene Prämien erheben und ausreichende versicherungstechnische Rückstellungen bilden.

- Die Kapitalanlage muss risikogerecht sein und das Unternehmen muss über genügend freie Finanzmittel verfügen, um unerwartete Verluste verkraften zu können.

- Die Eigenmittelausstattung (Solvabilität) des Versicherungsunternehmens muss ausreichend sein.

- Das Unternehmen muss sich angemessen rückversichern.

Um diese Aufgabe zu erfüllen, sammelt die Aufsicht Informationen, wertet die Prüfungsberichte zum Jahresabschluss, die Geschäftsberichte und spezielle so genannte Nachweisungen der Versicherungsunternehmen aus, ordnet Stress-Tests und Szenarienanalysen an (um zum Beispiel die Auswirkungen von Zinsschwankungen auf das Sicherungsvermögen zu beurteilen), führt örtliche Prüfungen am Sitz des Unternehmens durch und nimmt auch bei Bedarf an Sitzungen des Unternehmens teil. Das VAG gibt der BaFin eine Reihe von weitreichenden Sonderbefugnissen: Die Anstalt kann einen Sonderbeauftragten für den Vorstand, den Aufsichtsrat oder andere Organe der Gesellschaft einsetzen. Sie kann sogar die Erlaubnis zum Geschäftsbetrieb widerrufen.

Die Überprüfung der Solvabilität beinhaltet folgende Aspekte:

- Messung der Risikolage des Versicherungsunternehmens,

- Postulat einer Mindestausstattung mit Eigenmitteln (so genannten Solvabilitätsmitteln) sowohl in Relation zur geschätzten Risikolage sowie

- Festlegung stufenweiser aufsichtsbehördlicher Sanktionen im Falle des Unterschreitens der postulierten Mindestanforderungen.

Die Solvabilitätsvorschriften beziehen sich zum einen auf einzelne Versicherungsunternehmen („Solo-Solvabilität") als auch auf die Berechnung einer bereinigten Solvabilität für Versicherungsgruppen („Solo-Plus-Konzept"). Zur Abbildung der Risikolage eines Versicherungsunternehmens wird dabei die „Soll-Solvabilität" und zur Abbildung der Finanzsituation die „Ist-Solvabilität" bestimmt.

Bei der *Soll-Solvabilität* werden die folgenden drei Größen unterschieden:

- „Solvabilitätsspanne": wird aus quantitativen Größen wie etwa Prämien, Schäden und versicherungstechnischen Passiva des Gesamtversicherungsbestands abgeleitet.
- „Garantiefonds": entspricht einem Drittel der Solvabilitätsspanne.
- „Mindestgarantiefonds": ist als absoluter Betrag definiert, dessen Höhe von den betriebenen Versicherungszweigen abhängt.

Die *Ist-Solvabilität* wird durch die am Stichtag vorhandenen freien, unbelasteten Eigenmittel des Versicherers beschrieben, wozu im Wesentlichen Eigenkapital und weitere haftende Kapitalpositionen gezählt werden, bei Lebensversicherern auch Teile der Rückstellung für Beitragsrückerstattung (Fremdkapitalposten) und so genannte „Zukunftsgewinne".

Anhand einer jährlich mit dem Jahresabschluss vorzulegenden Solvabilitätsberechnung prüft die Aufsichtsbehörde, die BaFin, ob die Solvabilitätsanforderungen, die als

$$Solvabilität = \frac{Ist - Solvabilität}{Soll - Solvabilität} \geq 1$$

definiert werden, erfüllt sind.

Unterschreitet das Verhältnis von Ist-Solvabilität zu Solvabilitätsspanne den Faktor Eins, ist ein *Solvabilitätsplan* einzureichen, der Maßnahmen zur Beeinflussung von Ist- bzw. Soll-Solvabilität aufzeigen soll. Das können einerseits z. B. Eigenkapitalerhöhungen oder andererseits die Erhöhung der passiven Rückversicherungskapazitäten sein.

Unterschreitet das Verhältnis von Ist-Solvabilität zu Garantiefonds oder das Verhältnis von Ist-Solvabilität zu Mindestgarantiefonds den Faktor Eins, ist ein *Finanzierungsplan* vorzulegen, der eine notwendig werdende Aufstockung der Ist-Solvabilität beschreibt, also eine Beschaffung von Eigenmitteln. In diesen Fällen kann die Aufsichtsbehörde auch die freie Verwendung der Vermögenswerte einschränken oder untersagen.

6.3 Grundstrukturen von quantitativen Aufsichtsmodellen

Es lassen sich vier Grundformen (Grundstrukturen) von Modellen zur quantitativen Bewertung der Solvabilität unterscheiden:

- *Fixed-Ratio-Models*
- *Risk-Based-Capital-Models*
- *Risk- or Ruin-theoretic-Approaches* sowie
- *Scenario-Survivorship-Models* und *Dynamic Solvency Analysis*

Fixed-Ratio-Models

Im Rahmen von Fixed-Ratio-Modellen wird das Risiko i. d. R. als grobe Näherung anhand von Bilanz- bzw. GuV-Größen geschätzt. Es wird die Soll-Solvabilität aus einem festen Verhältnis zwischen Prämien bzw. Schäden und Risiko ermittelt. Zur Vereinfachung wird eine rasche Schadenregulierung unterstellt. Verwaltungs- und Abschlusskosten werden vernachlässigt.

Fixed-Ratio-Modelle wurden vor der Umsetzung des *Solvency*-Prozesses in den Ländern der Europäischen Union außer Großbritannien angewendet.

Als Vorteile gelten:

- einfach zu handhaben und
- leicht nachvollziehbar

Als Nachteile gelten:

- sehr pauschal
- keine Berücksichtigung individueller Risikoprofile
- Quoten sind empirisch und theoretisch nicht basiert
- reiner Vergangenheitsbezug sowie
- Unmöglichkeit der Berücksichtigung von Veränderungen im Umfeld

Risk-Based-Capital-Models

Die Risk-Based-Capital-Modelle stellen eine Verfeinerung der Fixed-Ratio-Models dar. Hier können eine Vielzahl von Risikofaktoren wie versicherungstechnische Risiken, Kapitalanlagerisiken und operationale Risiken berücksichtigt werden, die unter vereinfachender Annahme fester Korrelationen zu einer Gesamtrisikoposition aggregiert werden. Mit vorgegebenen Adjustierungsfaktoren können Wertigkeiten einzelner Risiken festgelegt und das Modell praktischen Erfordernissen angepasst werden.

Risk-Based-Capital-Modelle werden in den USA, Kanada und Japan eingesetzt.

Als Vorteile gelten:

- je nach Ausgestaltung (Komplexität) noch relativ operational
- Möglichkeit der Berücksichtigung verschiedener Risikoarten sowie
- immerhin rudimentäre Erfassung von Zusammenhängen (Korrelationen) zwischen einzelnen Risikofaktoren

Als Nachteile gelten:

- keine Berücksichtigung individueller Risikoprofile
- empirisch und theoretisch kaum fundiert
- reiner Vergangenheitsbezug sowie
- Unmöglichkeit der Berücksichtigung von Veränderungen im Umfeld

Risk- or Ruin-theoretic-Approaches

Die Gruppe der risikotheoretischen, an der Ruinwahrscheinlichkeit ausgerichteten Ansätze geht von der Annahme einer hinreichend geringen Ausfallwahrscheinlichkeit des Unternehmens innerhalb eines (zukünftigen) Prognosezeitraums (von einigen Jahren bis hin zu 30 Jahren) aus. Operationalisierbar sind solche Ansätze u. a. auf der Basis von Value-at-Risk-Betrachtungen.

Rsik or Ruin-theoretic-Approaches wurden in Finnland und Großbritannien bis zur Umsetzung des Solvency-Prozesses angewendet.

Als Vorteile gelten:

- Zukunftsorientierung durch Einbeziehung von Prognoserechnungen

Als Nachteile gelten:

- Willkürlichkeit der vorgegebenen Ruin-Wahrscheinlichkeiten und Prognosezeiträume
- zu wählende Größen lassen sich nicht explizit theoretisch herleiten
- das Gleiche gilt für die Unterstellung zukünftiger Entwicklungen sowie
- keine Berücksichtigung seltener Ereignisse oder grundlegender Veränderungen des Umfelds in der Zukunft

Scenario-Survivorship-Modelle und Dynamic Solvency Analysis

Die Gruppe der (dynamischen) Szenario-Modelle stellt wiederum eine Weiterentwicklung der Risk- or Ruin-theoretic Approaches dar. Kernelement dieser Gruppe von Ansätzen ist die Verwendung unterschiedlicher Szenarien bzw. Simulationsrechnungen bezüglich verschiedener zukünftiger Entwicklungen. Anwendung findet dieser Ansatz bei der Bewertung von Marktpreisrisiken im Bankenbereich und diese Modelle bilden die Grundlage für das von der EU etablierte Solvency-System.

Als Vorteile gelten:

- Zukunftsorientierung
- Flexibilität (Anpassung an individuelle Gegebenheiten)
- hohe Leistungsfähigkeit sowie
- Möglichkeit des Einbaus eines theoretischen Hintergrunds wie auch empirischer (Vergangenheits-)Daten

Als Nachteile gelten:

- aufwendige Handhabung
- Erfordernis großer Rechnerkapazitäten, insbesondere bei Szenarioanalysen
- gewisse Willkürlichkeit bei der Wahl der Szenarien (Ungewissheit wird ersetzt durch Willkürlichkeit der Szenarien) sowie
- für Simulationen werden Volatilitäten und Korrelationen eingesetzt, die stets subjektiv gewählt werden

Das Bestreben der *International Association of Insurance Supervisors* (*IAIS*) ist es, langfristig international möglichst einheitliche Solvabilitätsrichtlinien für Versicherungsunternehmen zu entwickeln und durchzusetzen.

6.4 Solvency-Prozess

Im Jahre 1994 wurde der europäische Binnenmarkt auf den Bereich der Versicherungen ausgedehnt. Die EU ist bestrebt, auch die Aufsicht für Versicherungsunternehmen durch einheitliche aufsichtsrechtliche Mindeststandards zu vereinheitlichen und zu modernisieren.

Ein erster Schritt war dabei der Maßnahmenkatalog, welcher unter dem Begriff „*Solvency I*" bekannt geworden ist, der ab 2004 in der EU anzuwenden war. Basis dieser Regelungen war der Bericht der „Müller-Kommission" von 1997, der z. B. die Anhebung des Mindestgarantiefonds forderte.

Im Anschluss wurde der *„Solvency II"*-Prozess von der EU-Kommission eingeleitet, der eine grundlegende Reform des Versicherungsaufsichtsrechts in Europa – insbesondere der Solvabilitätsvorschriften für die Eigenmittelausstattung – darstellt. Nachdem 2007 die Europäische Kommission einen Vorschlag für eine Solvency-II-Rahmenrichtlinie dem Europäischen Parlament und Rat vorgelegt hatte, wurde 2009 von den 27 Mitgliedstaaten und dem EU-Parlament Solvency II verabschiedet. Solvency II wird voraussichtlich am 1. Januar 2016 in Kraft treten.

Wie bei Basel II für Banken besteht Solvency II aus einem 3-Säulen-Ansatz. Allerdings stehen anders als bei Basel nicht die Einzelrisiken im Mittelpunkt, sondern es geht um eine ganzheitliche Bewertung der Solvabilität des Unternehmens. Neben quantitativen Bewertungen des Solvenzkapitals werden auch qualitative Aspekte, wie z. B. die Bewertung des Risikomanagementsystems des Unternehmens betrachtet.

In Vorbereitung des Systems wurden vom CEIOPS von 2005 bis 2010 fünf *Quantitative Impact Studies (QIS1– QIS5)* durchgeführt, an denen sich viele Versicherungsunternehmen beteiligt haben. Die Berechnungsvorgaben für die versicherungstechnischen Rückstellungen und die Anforderungen an das Risikomanagement wurden dabei sukzessive weiterentwickelt. Es fand ein Test der Anwendbarkeit der Berechnungsformeln und der zu erstellenden Berichte an die Aufsichtsbehörden und an die Öffentlichkeit statt und es wurden die Formeln zur Berechnung des Solvenzkapitals immer wieder angepasst.

Wie bereits erwähnt, besteht das Aufsichtssystem Solvency II aus drei Säulen:

- Säule I (Quantitäten): Anforderungen an die Kapitalausstattung
- Säule II (Qualitäten): Grundsätze der internen Kontrolle und des „ordnungsgemäßen Risikomanagements" und
- Säule III (Transparenz): Vorschriften zur Förderung der Markttransparenz und -disziplin

Säule I befasst sich mit den quantitativen Anforderungen an ein Versicherungsunternehmen. Es soll sichergestellt werden, dass ein Versicherungsunternehmen im Zweifelsfall auch bei sehr hohen Schadenfällen in der Lage sein kann, diese zu regulieren. Focus der Betrachtung liegt dabei auf den Kapitalanforderungen. Es wird dabei zwischen Solvency Capital Requirement (SCR) und Minimum Capital Requirement (MCR) unterschieden. Das SCR ist statistisch betrachtet der 99,5%-VaR der erwarteten Schadenfälle für das laufende Geschäftsjahr. Mit anderen Worten ausgedrückt, muss der Versicherer über so viel Solvenzkapital verfügen, dass er, unter Annahme des Gesetzes der Großen Zahlen, „nur" einmal in 200 Jahren seine Verbindlichkeiten aus Schadenfällen nicht ausgleichen kann. Das MCR ist der 85%-VaR der erwarteten Schadenfälle. Ein Absinken des Solvenzkapitalstocks eines Versicherers unter das SCR kann zu einer Prüfung durch die zuständige Aufsichtsbehörde führen, fällt der Versicherer gar unter die MCR-Marke, so interveniert die Aufsichtsbehörde mit Sicherheit. Dabei verstärken sich die Einflussmöglichkeiten der Aufsichtsbehörde umso mehr, je weiter der Versicherer und das SCR fällt. Die Berechnung des SCR im Unternehmen kann auf unterschiedliche Arten erfolgen. Alternativen hierzu sind vom Unternehmen partiell oder auch vollständig selbstentwickelte mathematische Modelle, die jedoch zunächst von der Aufsichtsbehörde für die Verwendung zertifiziert werden müssen. Unter partiellen Modellen ist hierbei zu verstehen, dass das SCR nicht vollständig über das interne Modell berechnet wird, sondern lediglich das Kapitalerfordernis in Bezug auf einzelne Risikobereiche. Eine weitere Möglichkeit stellt das Standardmodell dar, das die Risikofaktoren nach Vorgabe der europäischen Union einschließt. Dieses beinhaltet gemäß Art. 104 I der Solvency II-Richtlinie mindestens das

- Nichtlebensversicherungstechnische Risiko („Nichtleben"),
- Lebensversicherungstechnische Risiko („Leben"),
- Krankenversicherungstechnische Risiko („Kranken"),
- Marktrisiko („Markt") sowie
- Gegenparteiausfallrisiko („Ausfall").

Jedes dieser Risikomodule muss laut Art. 104 IV für den Zeitraum eines Jahres mindestens einen VaR in Höhe von 99,5 % aufweisen.

Die Standardformel ist in Anhang IV der Solvency II-Richtlinie definiert:

$$\text{Basis SCR} := \sqrt{\sum_{i,j} \rho_{i,j} \times \text{SCR}_i \times \text{SCR}_j}$$

Dabei stellen i,j | i≠j immer ein unterschiedliches Paar aus den fünf Modulen Nichtleben, Leben, Kranken, Markt und Ausfall dar. ρ ist der Korrelationskoeffizient des entsprechenden Paares. Dieser ist der nachfolgenden Korrelationsmatrix zu entnehmen:

j i	Nichtleben	Leben	Kranken	Markt	Ausfall
Nichtleben	1,00	0,00	0,00	0,25	0,50
Leben	0,00	1,00	0,25	0,25	0,25
Kranken	0,00	0,25	1,00	0,25	0,25
Markt	0,25	0,25	0,25	1,00	0,25
Ausfall	0,50	0,25	0,25	0,25	1,00

Abbildung 154: Korrelationsmatrix der Risikomodule

Die SCR für die Module Nichtleben, Leben und Markt sind noch wie folgt weiter in Unter-SCR aufzuteilen, die auf ähnliche Art und Weise für sich zu berechnen sind. Auf die Berechnung soll jedoch an dieser Stelle nicht weiter eingegangen werden, die Aufteilung der Untermodule selbst wird kurz vorgestellt.

Das Modul Nichtleben setzt sich zusammen aus

- Nichtlebensversicherungprämien- und Rückstellungsrisiko sowie
- Nichtlebenskatastrophenrisiko.

Leben unterteilt sich weiter in

- Sterblichkeitsrisiko
- Langlebigkeitsrisiko
- Invaliditäts- / Morbiditätsrisiko
- Lebensversicherungskostenrisiko
- Revisionsrisiko
- Stornorisiko
- Lebensversicherungskatastrophenrisiko

Die Untermodule für das Modul Markt sind schließlich:

- Zinsänderungsrisiko
- Aktienrisiko
- Immobilienrisiko
- Spreadrisiko
- Marktrisiko-Konzentrationen
- Wechselkursrisiko

Säule II betrifft die qualitativen Anforderungen an das Governance-System des Versicherers. Diese werden in den Art. 41–49 der Rahmenrichtlinie beschrieben. Dieses muss nach Art. 41 ein solides und vorsichtiges Management des Geschäfts gewährleisten. Die Organisationsstruktur soll eine angemessene Transparenz aufweisen und sicherstellen, dass relevante Informationen übermittelt werden. Das Governance-System muss regelmäßig internen Prüfungen unterzogen werden. Weiterhin müssen Versicherer schriftlich festgelegte und von der Aufsicht bewilligte Leitlinien, die mindestens das Risikomanagement, die interne Kontrolle und die interne Revision umfassen, festlegen, die befolgt und jährlich aktualisiert werden müssen.

Art. 42 befasst sich mit den Anforderungen an das Personal im Versicherungsunternehmen. Demnach hat eine Person, die im Unternehmen eine Schlüsselaufgabe einnimmt, der fachlichen (z. B. Berufsqualifikation, Erfahrungsschatz) und persönlichen (Zuverlässigkeit, Integrität) Anforderungen für die jeweilige Position zu genügen, was nicht allein durch das Unternehmen, sondern auch durch die Aufsichtsbehörde zu beurteilen ist. Diese ist über die persönlichen Daten und Qualifikationen der Kandidaten in Kenntnis zu setzen und über jede Änderung bei der Besetzung von Schlüsselpositionen oder Veränderungen der Eignung bisherigen Stelleninhaber zu informieren.

Art. 44 reguliert das Risikomanagementsystem im Unternehmen. Dieses muss demnach so gestaltet sein, dass es Risiken individuell kumuliert sowie hinsichtlich ihrer Korrelationen erkennen, messen, steuern, überwachen und berichten kann. Die Organisationsstruktur des Versicherers ist demnach so ausgerichtet, dass sie das Risikomanagementsystem korrekt integriert. Das Risikomanagement muss die identifizierten Risiken mithilfe geeigneter Mittel steuern (u. a. Risikotransfer, Management operationeller Risiken, ALM). Bei Versicherern, die ein internes Modell verwenden, nimmt das Risikomanagement noch die Zusatzfunktion ein, dieses bzgl. Konzeption und Umsetzung zu prüfen, auszutesten und zu dokumentieren. Weiterhin hat das Risikomanagement das interne Modell hinsichtlich seiner Leistung und Schwächen zu analysieren und beides inklusive eventueller Maßnahmen zur Verbesserung an das Management und die Aufsicht zu berichten.

Die Governance umfasst gemäß Art. 45 die unternehmensinterne Risiko- und Solvabilitätsbeurteilung. Dazu gehört die Bewertung des Gesamtsolvabilitätsbedarfs anhand des Risikoprofils, der Risikotoleranz und der Unternehmensstrategie. Die Bewertung muss regelmäßig erfolgen und alle Risiken inkludieren, die kurz- bis langfristig auftreten können. Jede durchgeführte Untersuchung muss mit seinen Ergebnissen der Aufsichtsbehörde gemeldet werden.

Art. 46, 47 beschäftigen sich mit der Internen Kontrolle und der Internen Revision. Die Interne Kontrolle verfügt über die Rechnungslegungsverfahren, die im internen Kontrollrahmen festgelegt sind und identifiziert, beurteilt und meldet Compliance-Risiken, d. h. solche, die sich für das Versicherungsunternehmen in Folge der Änderung von rechtlichen Rahmenregelungen oder sonstigen Umwelteinflüssen ergeben können. Die Interne Revision ist ein System im Unternehmen, das jedoch eine unabhängige und neutrale Position einnimmt. Die Interne Revision bewertet das Interne Kontrollsystem und das Governance-System im Allgemeinen und gibt seine Empfehlungen bezüglich der Änderung von Vorgehensweisen oder Strukturen an das Management oder die Aufsicht weiter.

Art. 48 beschreibt die Versicherungsmathematische Funktion. Die Aufgabenfelder dieses Bereichs liegen vor allem in der Berechnung des Bedarfs an versicherungstechnischen Rückstellungen anhand geeigneter Modelle. Diese sollen dem Risikomanagement zur Wahrnehmung seiner Aufgaben zur Verfügung gestellt werden. Weiterhin soll die Versicherungsmathematik die Qualität der der Bewertung zugrunde liegenden Daten sicherstellen. Es wird festgehalten, dass die Versicherung über qualifiziertes Personal verfügen muss, dass sowohl von seiner versicherungs- und finanzmathematischen Ausbildung her, als auch von seinem Erfahrungsschatz die nötige Qualifikation mitbringt, um seine Aufgaben sachgerecht erfüllen zu können.

Unter Säule III werden die Offenlegungspflichten gegenüber der Aufsichtsbehörde (supervisory reporting) verstanden. Demnach hat das Versicherungsunternehmen dieser regelmäßig drei verschiedene Arten von Berichten vorzulegen (public disclosure). Dabei handelt es sich erstens um den „Regular Supervisory Report", der regelmäßig im jährlichen Rhythmus, spätestens vier Monate nach Beendigung des Geschäftsjahres, zu erstellen ist. Dieser umfasst Informationen über die Geschäftstätigkeit, das Governance-System, die für die Solvabilitätsbewertung verwandten Verfahren und Annahmen, die Risiken, das Risikomanagement sowie Kapitalstruktur, -bedarf, und -management (Art. 35). Zweitens handelt es sich um den „ORSA Supervisory Report" (Own Risk and Solvency Assessment). Dieser ist nach jeder regulären unternehmensinternen Risiko- und Solvabilitätsbeurteilung vorzulegen und beinhaltet die zuvor beschriebenen Informationen bzgl. Risiken und Kapitalanforderungen. Der „Solvency and Financial Condition Report" schließlich muss jährlich herausgegeben werden und beschreibt die Solvabilitäts- und Finanzlage des Unternehmens. Dabei erfolgt eine enge Anlehnung an die IFRS-Standards (*International Financial Reporting Standards*).

Die neue Fassung der „Mindestanforderungen an das Risikomanagement – MaRisk VA" von der BaFin trat zum 1.1.2013 in Kraft (Rundschreiben 10/2012). Hervorzuheben sind an dieser Stelle die neuen Themenbereiche Compliance-Funktion und Verrechnungssysteme für Liquiditätskosten, -nutzen und -risiken, deren Umsetzung weiteren Diskussionsbedarf zwischen Aufsicht und Praxis erfordert.

Kapitel VI

Sozialversicherung

1 Grundlagen des Sozialversicherungssystems

1.1 Soziale Sicherung

Dieses Kapitel ist dem Sozialversicherungssystem der Bundesrepublik Deutschland gewidmet. In jedem Staat ist die soziale Sicherung unterschiedlich ausgestaltet. Dies betrifft sowohl die Finanzierungsseite (Beiträge der Versicherten und der Arbeitgeber, Steuern) als auch die Leistungsseite (Sachleistungsprinzip, Kostenerstattungsprinzip; Bürgerrente, lohnbezogene Rente) sowie deren institutionelle Ausgestaltung (Pflichtversicherung, Versicherungspflicht; Wettbewerb, staatliche Institutionen).

Die soziale Sicherung hat dabei die Funktion, den Einzelnen in sozialen Notlagen zu unterstützen bzw. diese erst gar nicht entstehen zu lassen. Im Rahmen des sozialen Sicherungssystems in Deutschland werden folgende Risiken abgesichert:

- Krankheit
- Alter
- Invalidität
- Tod des Ernährers
- Arbeitslosigkeit sowie
- Arbeitsunfälle

Die Absicherung gegen diese Risiken erfolgt durch öffentliche und private Versicherungsinstitutionen beziehungsweise durch aus Steuereinnahmen finanzierte staatliche Organisationen.

Vor rund 130 Jahren legte Kaiser Wilhelm I auf Initiative des damaligen Reichskanzlers Otto von Bismarck den Grundstein für die gesetzliche Sozialversicherung (1881). Die soziale Sicherheit in der Bundesrepublik Deutschland basiert auf verschiedenen Sozialversicherungen, die zusammen das Sozialversicherungssystem ergeben. Im Sozialgesetzbuch sind die verschiedenen Einzelgesetze zusammengeführt und umfassen sowohl Regelungen über die verschiedenen Sozialversicherungszweige (früher Reichsverordnungsordnung) als auch die Teile des Sozialrechts, die als Leistung staatlicher Fürsorge aus Steuermitteln finanziert werden (keine Versicherungsleistung). Das SGB umfasst folgende zwölf Teile:

- SGB I: Allgemeiner Teil
- SGB II: Grundsicherung für Arbeitsuchende
- SGB III: Arbeitsförderung
- SGB IV: Gemeinsame Vorschriften für die Sozialversicherung

- SGB V: Gesetzliche Krankenversicherung
- SGB VI: Gesetzliche Rentenversicherung
- SGB VII: Gesetzliche Unfallversicherung
- SGB VIII: Kinder- und Jugendhilfe
- SGB IX: Rehabilitation und Teilhabe behinderter Menschen
- SGB X: Verwaltungsverfahren und Sozialdatenschutz
- SGB XI: Soziale Pflegeversicherung sowie
- SGB XII: Sozialhilfe

Somit werden die Leistungen der fünf Sozialversicherungszweige in der Bundesrepublik Deutschland, der

- *gesetzlichen Rentenversicherung* (GRV) als Berufs-, Erwerbsunfähigkeits-, Alters- und Hinterbliebenenversicherung,
- *gesetzlichen Unfallversicherung* (GUV),
- *gesetzlichen Krankenversicherung* (GKV),
- *gesetzlichen Arbeitslosenversicherung* (ALV) und
- *sozialen Pflegeversicherung* (SPV)

ergänzt durch die Grundsicherung für Arbeitssuchende (Arbeitslosengeld II – Hartz IV), die Sozialhilfe, das soziale Entschädigungsrecht (Kriegsopfer, Opfer von Gewalttaten etc.) und andere Sozialtransfers (z. B. im Rahmen der Wohnungspolitik, der Politik der Ausbildungsförderung und der Familienpolitik). Weitere Ausführungen zu den verschiedenen Hartz-Reformen sind im Abschnitt 4: Die Arbeitslosenversicherung, in diesem Kapitel aufgenommen.

In der Regel weist der Antragsteller für Sozialhilfe, auch Grundsicherung genannt, seine Bedürftigkeit nach, indem er belegt, dass seine Einkünfte gering sind und zusammen mit seinem Vermögen nicht ausreichen, um den Lebensunterhalt zu finanzieren. Der Anspruch besteht unabhängig davon, ob die Notlage selbst verschuldet ist oder nicht.

Die verschiedenen Leistungen in bestimmten Lebenslagen sind im SGB XII in sieben Bereiche (Hilfe zum Lebensunterhalt, Grundsicherung im Alter und bei Erwerbsminderung, Hilfe zur Gesundheit und Pflege etc.) unterteilt. Weiterhin werden diese Leistungen durch die Regelungen zum Einsatz des eigenen Einkommens und Vermögens (z. B. Einnahmen aus Vermietung und Verpachtung) und zur Verpflichtung und Heranziehung anderer Personen (z. B. von unterhaltsverpflichteten Eltern oder Kindern) ergänzt und spezifiziert. Die Vorschriften zur Sozialhilfe sind umfangreich und komplex, so dass sie hier nicht näher erläutert werden sollen.

Aus sozialpolitischen Gründen soll die Sozialhilfe / Grundsicherung Armut verhindern und die Führung eines würdigen Lebens ermöglichen. Aus arbeitsmarktpolitischer Sicht stellen diese Leistungen einen Minimallohn dar. Für das Individuum ist es rational, für einen Arbeitslohn, der sich in der Höhe nicht wesentlich von der Sozialhilfe unterscheidet, nicht zu arbeiten, sondern lieber Sozialhilfe in Anspruch zu nehmen. Dadurch wird die Lohnspreizung nach unten hin unflexibel, d. h. Arbeit von gering qualifizierten Erwerbstätigen ist in Relation zu ihrer Wertschöpfung teuer. Arbeitslosigkeit kann die Folge sein. Zudem kann Sozialhilfe zur Schwarzarbeit verleiten.

Reformvorschläge laufen darauf hinaus, die Sozialhilfe abzusenken. Nimmt der Sozialhilfeempfänger dann jedoch eine gering bezahlte Tätigkeit an, sollen die Leistungen der Sozialhilfe nur partiell wegfallen. Ein analoger Vorschlag ist die negative Einkommensteuer. Sie sei am folgenden Beispiel einer linearen Einkommensteuer erklärt: Der Einkommensteuerbetrag errechnet sich wie folgt:

$T = t \cdot (Y - x)$,

mit T = Einkommensteuer, t = Steuersatz, x = Mindesteinkommen und Y = laufendes Einkommen.

Ist $Y < x$, so ist T negativ, d. h. der Steuerpflichtige erhält Geld vom Finanzamt. Ist dagegen $Y > x$, so ist T positiv und er hat Einkommenssteuer zu zahlen.

Eine soziale Sicherung von Krankheit, Unfall, Alter und Arbeitslosigkeit ist aus folgenden Gründen wichtig:

- Die überwiegende Zahl der Mitglieder industrialisierter Volkswirtschaften ist zur Existenzsicherung auf die Verwertung ihrer Arbeitskraft angewiesen. Daher bedeutet ein vorübergehender oder dauerhafter Verlust der Arbeitsfähigkeit in einer arbeitsteilig organisierten, hoch spezialisierten, nicht-agrarischen Gesellschaft eine unmittelbare Bedrohung der individuellen Existenz.

- Der Familienverband in industriellen Gesellschaften ist zu klein, um seine Mitglieder allein gegen die genannten Risiken absichern zu können (hohe Anzahl an Ein- und Zweipersonen-Haushalte).

- Kirchliche, verbandliche und kommunale Wohlfahrtseinrichtungen sind nicht in der Lage, ausreichenden Schutz zu bieten (Finanzierungslücken).

- Eine Risikovorsorge durch Abschluss von Privatversicherungen scheitert häufig an der Unterschätzung zukünftiger Bedürfnisse und / oder an einem zu geringen Einkommen in jungen Jahren der Versicherten.

- Da viele Ehen kinderlos sind, scheidet der intrafamiliäre Transfer für diesen Personenkreis als Alters- und Krankheitskostenabsicherung aus.

Als Lösung bietet sich die Bildung von Zwangskollektiven an, wie beispielsweise durch die Versichertengemeinschaften der Sozialversicherung. Diese Zwangskollektive bieten zudem die Option, außer dem Anwartschaftsdeckungsverfahren auch das Umlageverfahren anzuwenden, das kalkulatorisch einfacher ist und ohne Risikokapital arbeitet.

Die nächste Abbildung zeigt die verschiedenen Gestaltungsprinzipien der Risikovorsorge im Überblick. Diese einzelnen Elemente werden im Folgenden näher beschrieben:

```
                            Risikovorsorge
                    ┌───────────────┴───────────────┐
        Freiwillig und individuell        Gesetzlich verfügt und staatlich
         (Individualitätsprinzip)                (Sozialprinzip)
         ┌──────┬──────┬──────┐           ┌──────────┬──────────┬──────────┐
      Sparen  Privat- Beitritt zur    Solidaritäts-  Versor-   Fürsorge-
              versich. Sozial-        orientiertes   gungs-    prinzip
                       versicherung   Versicherungs- prinzip
                                      prinzip
```

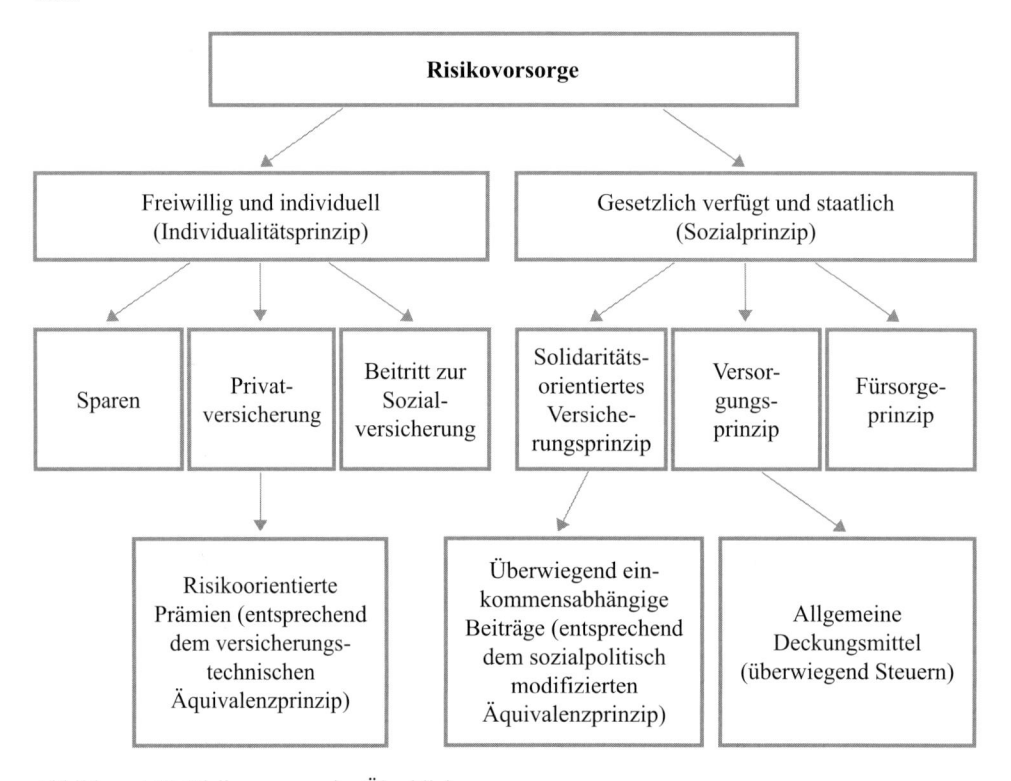

- Risikoorientierte Prämien (entsprechend dem versicherungstechnischen Äquivalenzprinzip)
- Überwiegend einkommensabhängige Beiträge (entsprechend dem sozialpolitisch modifizierten Äquivalenzprinzip)
- Allgemeine Deckungsmittel (überwiegend Steuern)

Abbildung 155: Risikovorsorge im Überblick

1.2 Soziale Grundwerte

Die sozialpolitischen Ziele in der Bundesrepublik Deutschland sollen im Rahmen des freiheitlichen Rechtsstaats unter Berücksichtigung verschiedener Ordnungsprinzipien und Grundsätze erreicht werden. Hierzu zählen vor allem das Prinzip der Selbstverantwortung und Eigenvorsorge, das Subsidiaritätsprinzip und das Solidaritätsprinzip. Gleichzeitig gilt es, auf Ordnungskonformität zu achten.

Prinzip der Selbstverantwortung und Eigenvorsorge

In einem freiheitlichen Rechtsstaat basiert die Sozialordnung auf dem Recht und der Pflicht zur Eigenvorsorge und Selbsthilfe. Demgegenüber ist für autoritäre Systeme charakteristisch, dass sie ihren Bürgern eine Arbeitspflicht auferlegen und sie entmündigen, indem der Staat die Bedürfnisse durch Zuteilung deckt. In einem liberalen Rechts- und Sozialstaat wie der Bundesrepublik Deutschland gibt es keine direkte Arbeitsverpflichtung (§ 12 Abs. 2, 3 GG). Dennoch ergeben sich auch für diese Staatsform Wirkungen auf die soziale Sicherung. Es existieren unterschiedliche Ansätze zur Lösung dieser Probleme:

- Können die Mitglieder der Gesellschaft ihren Unterhalt aus Erträgen ihres Eigentums und Vermögens bestreiten, bedarf es keiner besonderen Verpflichtung zur Eigenvorsorge. Jedoch ist der Anteil derjenigen gering, die von diesen Einkommensquellen leben können.

- Von der überwiegenden Mehrheit der Gesellschaftsmitglieder verlangt der liberale Rechts- und Sozialstaat Eigenvorsorge durch Einsatz ihrer Arbeitskraft. Gewährt der Sozialstaat einerseits soziale Grundrechte, legt er andererseits die soziale Grundpflicht der Eigenvorsorge fest. Von denjenigen Gesellschaftsmitgliedern, die aus objektiven Gründen zur Eigenvorsorge nicht, noch nicht oder nicht mehr imstande sind, wird dieser Leistungsanspruch nicht erhoben.

- In bestimmten Grenzen wird die Verwendung des Einkommens zur Abdeckung typischer Risiken vorgeschrieben. Bei den Pflichtbeiträgen handelt es sich im Grundsatz um private, individuelle Vorsorge, wenngleich nicht auf der Ebene des privatwirtschaftlichen Versicherungsprinzips. Daran ändert auch der Umstand nichts, dass in der Regel die Hälfte der Beiträge zur Sozialversicherung von den Arbeitgebern getragen wird. Der so genannte Arbeitergeberanteil kann als Lohnbestandteil angesehen werden.

Subsidiaritätsprinzip

Im Rahmen des Subsidiaritätsprinzips gilt, dass zunächst der Einzelne gefordert ist, für die Sicherung gegen die allgemeinen Risiken des Lebens zu sorgen. Das Subsidiaritätsprinzip verlangt, dass gesellschaftliche beziehungsweise staatliche Aufgaben soweit möglich von der kleineren (unteren) Einheit wahrgenommen werden. Eigeninitiative und Selbsthilfe sowie freie Träger und private Organisationen haben Vorrang vor staatlichen Organisationen. Gleichzeitig sind die größeren Einheiten gefordert, den kleineren Einheiten Hilfestellung zu bieten, wann immer dies erforderlich ist. Selbsthilfe hat somit Vorrang vor Fremdhilfe.

Die Sorge der Eltern für ihre Kinder bzw. in späteren Jahren der Kinder für Ihre Eltern muss der Hilfe der Gesellschaft vorausgehen. Das Subsidiaritätsprinzip fördert somit

Selbstbestimmung und Selbstverwaltung in den Sozialgebilden. Gleichzeitig ist das Subsidiaritätsprinzip das Gliederungsprinzip organisierter Solidarität in der Bundesrepublik Deutschland.

Solidaritätsprinzip

Das Solidaritätsprinzip zielt auf die wechselseitige Hilfe innerhalb einer sozialen Gruppe und das unbedingte Einstehen der Gruppenmitglieder füreinander (zum Beispiel: Familie, Gemeinde, Versichertengemeinschaft, Staat) bzw. auf die wechselseitige Hilfe zwischen sozialen Gruppen. Es funktioniert nach dem Grundsatz: „einer für alle und alle für einen". Im Rahmen der Institutionalisierung des Solidaritätsprinzips sind Solidargemeinschaften, die sich in Versichertengemeinschaften manifestieren, entstanden. Bedingt durch den Wandel der Gesellschafts- und Beschäftigungsstruktur haben sich immer größere Organisationseinheiten herausgebildet.

Im Rahmen dieser immer größer werdenden Strukturen innerhalb des Systems der sozialen Sicherung reduziert sich das Solidarprinzip zu einem anonymen Akt der Umverteilung sowohl der Belastungen, die die Finanzierung darstellen, als auch der Leistungen. Es gestaltet sich für den Einzelnen mit zunehmender Gruppengröße dabei schwieriger, solidarisches, d. h. gemeinschaftliches Verhalten zu praktizieren. Im Zuge der Individualisierung der Gesellschaft wird dieser Solidargedanke immer häufiger in Frage gestellt.

Ordnungskonformität

Die verschiedenen Teilordnungen einer Gesellschaft – die Staats-, die Wirtschafts- und die Sozialordnung – sind nicht unabhängig voneinander. Gleiches gilt für die Politikbereiche, die diese Ordnungen ausgestalten. Es gilt für alle diese Bereiche, dass sie aufeinander abgestimmt werden müssen, um Widersprüche innerhalb der Gesamtordnung zu vermeiden. Beispielsweise müssen die Sozialordnung und die Sozialpolitik abgestimmt sein auf die Wirtschaftsordnung. Gleiches gilt für die Wirtschaftsordnung und die Wirtschaftspolitik in Bezug auf die Sozialordnung.

1.3 Gestaltungsprinzipien der sozialen Sicherung

Soziale Sicherungssysteme können nach dem *Versicherungs-*, dem *Vorsorge-* und dem *Fürsorgeprinzip* oder als Mischung dieser Prinzipien aufgebaut sein.

Das *Versicherungsprinzip* beruht auf dem Äquivalenzprinzip (siehe die Ausführungen zur Versicherungstechnik in Kapitel II). Das Äquivalenzprinzip verlangt dabei, dass der Barwert der diskontierten erwarteten Beiträge gleich dem Barwert der diskontierten erwarteten Leistungen ist. Von der Erfüllung des *individuellen Äquivalenzprinzips* wird gesprochen, wenn Äquivalenz für den Einzelnen angestrebt wird, wobei Versicherte aus Kostengründen zu Risikogruppen zusammengefasst werden. Das *kollektive Äquivalenzprinzip* wendet das Äquivalenzprinzip auf das gesamte Kollektiv der in einer Versicherung zusammengeschlossenen Individuen an.

Die Kalkulation in der Individualversicherung basiert auf der Erfüllung des individuellen Äquivalenzprinzips. Ist das individuelle Äquivalenzprinzip erfüllt, so ist damit auch das kollektive Äquivalenzprinzip erfüllt. In der Sozialversicherung wird hingegen tendenziell nur das kollektive Äquivalenzprinzip angestrebt. Die Durchsetzung des individuellen Äquivalenzprinzips birgt die Gefahr hoher *Tarifierungskosten*, da die Ermittlung individueller Risikofaktoren und die Schätzung des Einflusses dieser Faktoren die Voraussetzung dafür bilden. Außerdem fallen *Informationskosten* an, weil die Versicherungsnehmer einzelnen Risikoklassen zugeordnet werden müssen. Wird das individuelle Äquivalenzprinzip nicht angewendet, besteht die Gefahr der *Antiselektion* (Adverse Selection), d. h. der Abwanderung guter Risiken und der Häufung schlechter Risiken (siehe hierzu Kapitel V, Abschnitt 3.). Die Sozialversicherung kann dies durch *Pflichtversicherungsregelungen* verhindern.

Beispiele für das *Versorgungsprinzip* sind die Beamten- und Soldatenversorgung. Die Leistungsansprüche entstehen hierbei nicht durch Beitragszahlungen im Rahmen einer Versicherung, d. h. durch finanzielle Vorleistungen, sondern durch Verpflichtungserklärung des Staats. Auf diese Versorgungsleistungen besteht ein Rechtsanspruch. Finanzierungsquelle der Versorgungsleistungen sind in der Regel allgemeine Steuereinnahmen.

Leistungen im Rahmen des *Fürsorgeprinzips* sind dadurch charakterisiert, dass sie durch Steuermittel finanziert und in Abhängigkeit von der individuellen Bedürftigkeit des Leistungsempfängers gewährt werden. Im Falle eines Schadensfalls oder einer Notlage werden nach Prüfung der Bedürftigkeit öffentliche Sach- oder Geldleistungen gewährt. In der Bundesrepublik Deutschland ist die Sozialhilfe ein Beispiel für Leistungen, die am Fürsorgeprinzip orientiert sind. Das Fürsorgeprinzip kann dabei jedoch nur als Ergänzung, nicht jedoch als alleiniges Prinzip der sozialen Sicherung angesehen werden.

1.4 Organisationsmöglichkeiten sozialer Sicherung

Versicherungspflicht und Pflichtversicherung

Die *Versicherungspflicht* zwingt bestimmte Individuen, einen Versicherungsvertrag mit einem bestimmten Deckungsumfang abzuschließen. Allerdings ist der Versicherungsnehmer in der Wahl des Versicherungsanbieters frei. Komplementär zur Versicherungspflicht ist die Festlegung eines *Kontrahierungszwangs*. Dieser fordert vom Versicherer die Annahme aller Risiken. Versicherungspflicht kann ohne Kontrahierungszwang nicht funktionieren, da es sonst Wirtschaftssubjekte geben könnte, die per Gesetz Versicherungsschutz benötigen, aber am Markt trotzdem keinen bekommen. Beispiele für Versicherungspflicht sind in der Bundesrepublik Deutschland die Kraftfahrzeughaftpflichtversicherung und die gesetzliche Krankenversicherung für abhängig Beschäftigte, deren Einkommen unterhalb der Versicherungspflichtgrenze liegt.

Die *Pflichtversicherung* legt fest, dass ein Versicherungsnehmer sich nur bei einem bestimmten Anbieter versichern darf. Die stärkste Regulierung ist die Verbindung von Versicherungspflicht und Pflichtversicherung. Sie ist typisch für die gesetzliche Unfall-, Arbeitslosen- und Rentenversicherung.

Eine Versicherungspflicht wird in der Regel aus zwei Gründen festgelegt: Zum einen aus Gründen des Gläubiger- oder Opferschutzes (z. B. Pflichthaftpflichtversicherung) und zum anderen aus Gründen einer möglichen Unterversorgung bei Krankheit und Alter, die aus einer Minderschätzung zukünftiger Bedürfnisse erwächst. Dabei wird davon ausgegangen, dass die Bürger wegen einer „zu hohen" Zeitpräferenzrate (was „zu hoch" ist, wird vom Staat bestimmt) nicht in ausreichendem Maße vorsorgen und dann der Allgemeinheit im Falle von hohem Alter oder Krankheit „zur Last fallen". Gegen diese Gefahr soll die Allgemeinheit durch die Versicherungspflicht geschützt werden. Diese Annahme ist für Bürger in den wohlhabenden Industriestaaten empirisch nicht belegt, sie entspringt eher dem paternalistischen Weltbild des 19. Jahrhunderts. Wesensmerkmal der Sozialversicherung ist auch, dass die Finanzierung der Pflichtversicherungen gegen die Risiken Unfall, Krankheit, Arbeitslosigkeit, Alter und Tod von Dritten mitgetragen wird. Dies geschieht in Form von Beiträgen von Arbeitgebern, indirekten Staatszuschüssen durch Steuervergünstigungen oder sogar direkten Staatszuschüssen.

Mehrgliedriges Sicherungssystem oder Einheitsversicherung

In *mehrgliedrigen Sicherungssystemen*, wie dem der Bundesrepublik Deutschland, ist das Versicherungsangebot institutionell nach Versicherungsarten und / oder nach sozialen Gruppen (berufsständisch) differenziert. In anderen Ländern bestehen *Einheitsversicherungssysteme*, zu denen auch die Nationalen Gesundheitsdienste (z. B. in Großbritannien und Italien) gehören.

Mehrgliedrige Systeme haben aus ökonomischer Sicht eine Reihe von Nachteilen, insbesondere führen sie zu zusätzlichen volkswirtschaftlichen Kosten. Für die Versicherten können durch Überschneidung der Zuständigkeiten und durch die Unübersichtlichkeit des Systems Informationskosten entstehen. Außerdem erwachsen zusätzliche Organisationskosten, da Versicherer Größenvorteile nicht nutzen können. Zusätzliche Transaktionskosten entstehen, wenn beispielsweise verschiedene gesetzliche Krankenkassen mit der gleichen Kassenärztlichen Vereinigung über Honorare, Budgets und Richtgrößen verhandeln.

Als Vorteil der mehrgliedrigen Systeme wird die erhöhte Partizipation der Versicherten in der Selbstverwaltung sowie die bessere Abstimmung der Versicherungsangebote auf die besonderen Bedürfnisse der jeweiligen sozialen Gruppe angeführt. Die Realität liefert jedoch kaum Evidenz für diese Argumente.

Wettbewerbsintensität

Gestaltungsalternativen sind auch in Bezug auf die Zahl der Versicherungsträger eines Systems sozialer Sicherung und ihre Beziehung zueinander gegeben. Traditionell haben die Sozialversicherer eine Monopolstellung. Erste Versuche mit Krankenkassenwettbewerb in den Niederlanden, der Schweiz und Deutschland haben gezeigt, dass Wettbewerb nur mit Hilfe zusätzlicher Regulierungen möglich ist, da die Sozialversicherer auch Umverteilungsaufgaben übertragen bekommen haben, die sie im Wettbewerb nur eingeschränkt wahrnehmen können. Beispielsweise ist der Beitrag zur gesetzlichen Krankenversicherung als Prozentsatz des Einkommens aus unselbstständiger Tätigkeit definiert. Will man Wettbewerbsverzerrungen und Adverse Selection verhindern, so muss der Kassenwettbewerb durch einen die Einkommensunterschiede ausgleichenden Risikostrukturausgleich (RSA) flankiert werden. Dies ist übrigens auch ein Beispiel für die so genannte „Ölflecktheorie" staatlicher Regulierung: Eine Regulierung zieht weitere Regulierungen nach sich.

Privatrechtliche, öffentlich-rechtliche oder staatliche Organisation

Soziale Versicherungsleistungen können von privatrechtlich-gewinnorientierten, privatrechtlich-gemeinnützigen, öffentlich-rechtlichen und staatlichen Organisationen angeboten werden. Obwohl die beiden letzten Formen dominieren, gibt es keine hinreichenden Begründungen dafür, dass sich nicht auch die beiden erstgenannten institutionellen Formen auf dem sozialen „Versicherungsmarkt" einsetzen lassen. So wäre es z. B. denkbar, dass Krankenversicherungen für alle Bürger sowohl von miteinander konkurrierenden öffentlich-rechtlichen als auch privatwirtschaftlich-gewinnorientierten Organisationen angeboten werden.

Es ist bisher nicht belegt, dass sich die öffentlich-rechtliche Rechtsform besonders eignet, die Erfüllung der diesen Organisationen gesetzlich übertragenen hoheitlichen Aufgaben zu erfüllen.

Prinzip sozialer Selbstverwaltung und Parafiskalität

Das Prinzip sozialer Selbstverwaltung hat für unsere Sozialordnung einen hohen Stellenwert. Es folgt aus den Grundwerten Solidarität, Subsidiarität und Selbstverantwortung. Wenn soziale Sicherung durch den Staat selbst durchgeführt wird, unterliegt sie eher politischen Zweckmäßigkeiten und weniger Sachgesichtspunkten. Im Rahmen der sozialen Selbstverwaltung werden hingegen so viele Aufgaben wie möglich auf Institutionen übertragen, die nicht dem unmittelbaren Zugriff des Staats unterliegen. Diese Institutionen erfüllen im Rahmen gesetzlicher Vorgaben die an sie gestellten Anforderungen selbstverantwortlich und dezentral im Sinne des Subsidiaritätsprinzips. Die Arbeitgeber und Versicherten, die die Hauptlast der Finanzierung der sozialen Sicherungssysteme tragen, sind durch die Selbstverwaltung zu Recht in die Gestaltung und Durchführung der sozialen Sicherung eingebunden. Zur Aufgabenerfüllung erheben die Sozialversicherer Beiträge und ziehen diese selbst ein (Parafiskalität).

Ein Effekt sozialer Selbstverwaltung ist die Entlastung des Staats. Da viele politische Entscheidungen und Reformen Weitblick und Nachhaltigkeit vermissen lassen, ist es ratsam, die Kompetenzen der Selbstverwaltung eher zu erweitern, statt – wie in der Vergangenheit geschehen – einzuengen. Durch die Vergrößerung der Selbstverwaltungsbereiche kann der Staat auf der einen Seite entlastet und auf der anderen Seite die Qualität staatlicher Arbeit verbessert werden. Jedoch sind nicht nur die Kompetenzen der Selbstverwaltung der Sozialversicherer durch Eingriffe des Gesetzgebers immer mehr eingeschränkt worden, sondern insgesamt haben die Sozialversicherungen durch eine Vielzahl diskretionärer Staatseingriffe an Selbstständigkeit verloren.

Organe der Selbstverwaltung sind im Allgemeinen die Vertreterversammlung und der Vorstand. Die Vertreterversammlung kann auch als das „Parlament" des Versicherungsträgers und der Vorstand als seine „Regierung" bezeichnet werden. Sie setzen sich paritätisch aus Vertretern der Versicherten und der Arbeitgeber zusammen; bei der Bundesagentur für Arbeit drittelparitätisch aus Vertretern der Arbeitnehmer, der Arbeitgeber und der öffentlichen Hand. Bei den Orts-, Betriebs- und Innungskrankenkassen sowie den Ersatzkassen stellt der Verwaltungsrat als Selbstverwaltungsorgan das „Parlament" dar.

Die Sozialversicherungswahlen bilden das Kernstück der Demokratie in der Sozialversicherung. Laut § 31 Abs. 1 des SGB IV sind bei jedem Versicherungsträger Selbstverwaltungsorgane zu bilden. Die Mitglieder dieser Organe werden in freien und geheimen Wahlen (in der Regel Briefwahl) alle sechs Jahre von den Versicherten und Arbeitsgebern getrennt bestimmt. Versicherte, die Beiträge zahlen, haben mit Vollendung des 16. Lebensjahres das aktive und mit Vollendung des 18. Lebensjahres das passive Wahlrecht. Gewählt werden die Verwaltungsräte der gesetzlichen Krankenkassen und die Vertreterversammlungen der gesetzlichen Unfallversicherung sowie der gesetzlichen Rentenversicherung. Bei der Bundesagentur für Arbeit existiert als staatsnaher Versicherungsträger neben den Versicherten und Arbeitgebern eine sogenannte „dritte

Bank", nämlich die Vertreter des Staates. Daher werden alle Mitglieder der Selbstverwaltung ernannt und nicht im Rahmen der Sozialwahlen gewählt.

Bei den übrigen Versicherungsträgern besteht die Selbstverwaltung im Grundsatz aus Versicherten und Arbeitgebern. Ausnahmen sind bei einigen Ersatzkassen zu finden, die nur Versichertenvertreter in der Selbstverwaltung haben. Auch bei Trägern der gesetzlichen Unfallversicherung werden in der landwirtschaftlichen Sozialversicherung zum Teil „Selbstständige ohne fremde Arbeitskräfte" (Hofbewirtschaftung nur durch Bauern und Familienangehörige) als dritte Bank entsandt.

Die Sozialwahlen können auch als sogenannte „Friedenswahl" (im Gegensatz zur Urwahl) stattfinden, d. h. Versicherte und Arbeitgeber reichen nur eine Vorschlagsliste ein bzw. auf mehreren Listen sind nicht mehr Kandidaten benannt, als gewählt werden können. Diese Kandidaten gelten dann mit Ablauf des Wahltermines als gewählt. Diese Wahlen ohne Wahlhandlung sind z. B. bei den Vertretern der Arbeitgeberseite vorzufinden.

In den letzten Jahren werden immer wieder Änderungen bei den Sozialwahlen (Abschaffung der Friedenswahl, Erhöhung des Frauenanteils in den Gremien etc.) und eine generelle Modernisierung des sozialen Selbstverwaltungssystems diskutiert.

1.5 Leistungen im System der sozialen Sicherung

Arten der Leistungen

Da das vorrangige Ziel des sozialen Sicherungssystems der Ausgleich des Einkommensausfalls ist, dominierten in den Jahren des Aufbaus der Sozialversicherung die Geldleistungen. Die Höhe der *Geldleistungen* ist in den meisten Sicherungssystemen von den Beitragsleistungen abhängig. Weil die Beiträge wiederum an der Einkommenshöhe orientiert sind, kann von einer Einkommens- und Beitragsbezogenheit der Geldleistungen gesprochen werden.

Im Laufe der Zeit sind die *Sachleistungen* bedeutend gestiegen. Zu den Sachleistungen zählen alle Leistungen im Rahmen sozialer Sicherungssysteme, die nicht Geldleistungen sind, wie beispielsweise Maßnahmen zur Unfallverhütung, der gesundheitlichen Aufklärung, Früherkennungsuntersuchungen, unentgeltliche ärztliche und zahnärztliche Untersuchungen und Behandlungen, unentgeltliche Versorgung mit Arzneimitteln, Hilfsmitteln (Brillen, Prothesen) und Zahnersatz, Krankenhausaufenthalte und Krankenpflege sowie Maßnahmen zur Wiederherstellung der Berufs- und Erwerbsfähigkeit (Kuraufenthalte und Umschulungsmaßnahmen). Zu den Sachleistungen gehören auch Leistungen im Bereich der Erziehungs- und Sozialberatung, der Sozialpädagogik und der persönlichen Betreuung hilfsbedürftiger Jugendlicher, Kranker und älterer Menschen, so dass man streng genommen von Sach- und Dienstleistungen sprechen müsste.

Es kann zwischen dem *Sachleistungs-* und dem *Kostenerstattungsprinzip* unterschieden werden: Beim Sachleistungsprinzip hat der Versicherte Anspruch auf die Leistungen selbst, beim Kostenerstattungsprinzip auf die Erstattung der Kosten der notwendigen Leistungen. Vielfach wird eine ökonomische Überlegenheit des Kostenerstattungsprinzips gegenüber dem Sachleistungsprinzip behauptet (z. B. im Rahmen der Diskussion der Krankenversicherungsreform). Diese These ist aber weder theoretisch noch empirisch belegt.

Die Verbindlichkeit der Leistungspflicht des Sozialversicherers ist zu differenzieren in *Regel-Leistungen*, auf die nach Art und Höhe ein Rechtsanspruch besteht, *Vertragsleistungen*, die der Versicherer seinen Versicherungsnehmern zusätzlich über das gesetzliche Maß hinaus gewährt, und *Kann-Leistungen*, die auf Einzelfallentscheidungen beruhen. Häufig werden die beiden letzten Kategorien zusammengefasst, da die Leistungsgewährung bei beiden auf Entscheidungen der zuständigen Organe basieren.

Verteilungsprinzipien

In der öffentlichen, politischen als auch der wissenschaftlichen Diskussion werden immer wieder Überlegungen angestellt, wie eine gerechte Verteilung auszusehen hat. Im Fokus stehen dabei das Egalitäts-, das Leistungs-, das Bedarfs- und das Differenzprinzip. Das *Egalitätsprinzip* findet seine Entsprechung im „Jedem-das-Gleiche", während beim *Differenzprinzip* nach der Maxime „Den Ärmsten soviel wie möglich" gehandelt wird. Das *Bedarfsprinzip* fordert, dass Leistungen beitragsunabhängig und am Bedarf ausgerichtet sind, wie beispielsweise ärztliche Leistungen oder eine existenzsichernde Mindestrente. Beim *Leistungsprinzip* werden Geldleistungen an den entrichteten Beiträgen, also am beitragspflichtigen Arbeitseinkommen (anders ausgedrückt: am Äquivalenzprinzip), ausgerichtet. Geldleistungen lassen sich zudem nach konstanten oder diskretionär angepassten und dynamisierten Leistungen unterscheiden. Im Gegensatz zu konstanten oder diskretionär, d. h. unregelmäßig angepassten Leistungen werden dynamisierte Leistungen durch feste Anpassungsregeln an die Entwicklung des Preisniveaus und/oder der Arbeitseinkommen bzw. des Lebensstandards angeglichen.

Während das Bedarfsprinzip für bestimmte lebenswichtige Güter als Korrekturprinzip weithin anerkannt ist, stehen sich Egalitäts- und Leistungsprinzip in scharfer Konkurrenz gegenüber. Für Verfechter des Leistungsprinzips wirkt eine egalitäre Verteilung produktivitätshemmend, ist in einer Marktwirtschaft nicht realisierbar und führt in der Konsequenz zu einer schlechten Versorgung. Die Verfechter des Egalitätsprinzips halten dagegen, dass die Verwirklichung des reinen Leistungsprinzips die weniger Leistungsfähigen sozial ausgrenzt. Das Differenzprinzip sucht diesen Konflikt durch einen Kompromiss zu entschärfen. Wird davon ausgegangen, dass eine gewisse Differenzierung von Einkommen und Lebenslagen als Leistungsanreiz notwendig ist, rechtfertigt sich aus sozialen Gründen dann nur eine Differenzierung, die den ärmeren Schichten eine verbesserte Versorgung bringt.

1.6 Finanzierungsarten und Finanzierungsverfahren

Finanzierungsarten

Zur Finanzierung von Systemen sozialer Sicherung kommt in Frage die Finanzierung durch

- Beiträge der Versicherten,
- Beiträge der Arbeitgeber,
- Zinseinkünfte der Institutionen der sozialen Sicherung,
- Zuwendungen (Spenden von Privatpersonen, Körperschaften, z. B. Unternehmen und Stiftungen),
- Gebühren für Leistungen und / oder
- allgemeine staatliche Haushalts-, d. h. Steuermittel der Gebietskörperschaften.

Die Unterscheidung zwischen Versicherten- und Arbeitgeberbeiträgen ist in einem die gesamte Arbeitnehmerschaft und damit auch alle Unternehmen einbeziehenden Sicherungssystem nur von formaler Bedeutung, sieht man von den steuerlichen Konsequenzen ab (Arbeitgeber können Sozialbeiträge als Kosten, Arbeitnehmer als Sonderausgaben steuermindernd geltend machen). Die Belastung aller Wirtschaftszweige und aller Unternehmen lässt die Arbeitgeberbeiträge zu Kostenbestandteilen werden, die über die Güterpreise auf die Produktabnehmer abgewälzt werden. Von Ökonomen wird deshalb gefordert, die Arbeitgeberbeiträge abzuschaffen, diese als Lohnerhöhung dem Arbeitslohn zuzuschlagen und den Arbeitnehmer die gesamte Beitragslast tragen zu lassen. Das würde viele derzeit unbefriedigt gelöste Probleme lösen helfen, wie z. B. den Zuschuss der Arbeitgeber zur privaten Krankenversicherung, die Sozialversicherung von nicht-abhängig Beschäftigten wie z. B. Selbstständigen und die Integration der Beamten in das allgemeine Sozialversicherungssystem.

Zinseinkünfte, Spenden und Gebühren spielen in unserem sozialen Sicherungssystem eine untergeordnete bis gar keine Rolle. Allerdings gibt es in der Krankenversicherung eine Reihe von Transferinstrumenten, die eine Umverteilung zwischen Krankenkassen bewirken. Zu nennen sind hier Zuweisungen aus dem Gesundheitsfonds (Risikostrukturausgleich) nach § 266 SGB V, der Finanzausgleich für aufwändige Leistungen nach § 265 SGB V und die finanziellen Hilfen zur Vermeidung der Schließung oder Insolvenz einer Krankenkasse nach 265 a SGB V.

Öffentliche Zuschüsse spielen noch immer eine große Rolle, z. B. weil die Sozialversicherungsträger allgemeine Staatsaufgaben wahrnehmen und durch Folgelasten besondere Aufwendungen haben. Darüber hinaus fungiert der Staat in finanziellen Notlagen der Sozialversicherungsträger als Garant der Sozialleistungen. Zudem werden öffentliche Zuschüsse gewährt, um die Beiträge unter ein politisch vorgegebenes Beitragssatzniveau zu drücken.

Finanzierungsverfahren

Es können – wie bereits im vorigen Kapitel ausführlich diskutiert – vier „reine" Finanzierungsverfahren unterschieden werden, von denen drei, nämlich

- das Umlageverfahren,
- das Kapitaldeckungsverfahren und
- das Anwartschaftsdeckungsverfahren

in der Literatur diskutiert werden. Diese drei Finanzierungsverfahren lassen sich auch jeweils kombinieren (gemischte Finanzierungsverfahren).

Beim *Umlageverfahren* werden die Beiträge pro Jahr so angesetzt, dass die Leistungen unmittelbar durch die Beiträge finanziert werden. Es wird also kein Deckungskapital angesammelt. Beim *Kapitaldeckungsverfahren* werden die Beiträge pro Jahr derart angesetzt, dass dem Altersjahrgang, bei dem der Versicherungsfall eintritt, aus dem Beitragsaufkommen ein Deckungskapital gutgeschrieben wird, das nach versicherungsmathematischen Grundsätzen gerade ausreicht, um die gesamten voraussichtlichen Leistungen dieser Generation zu finanzieren. Beim *Anwartschaftsdeckungsverfahren* werden die Beiträge pro Jahr so bemessen, dass auf dem Konto jedes einzelnen Versicherten ein individuelles Deckungskapital angesammelt wird, das nach versicherungsmathematischen Grundsätzen ausreicht, die Ansprüche des Versicherten im Versicherungsfall zu befriedigen. Der Kapitalbestand, der bei diesem Verfahren angesammelt wird, ist sehr viel höher als beim Kapitaldeckungsverfahren. Hier gibt es sowohl individuelle Kapitalkonten der Leistungsempfänger als auch individuelle Kapitalkonten der Beitragszahler. Eine Variante des Anwartschaftsdeckungsverfahrens ist das *Abschnittsdeckungsverfahren*. Hier ist die Anwartschaftsdeckung für einen begrenzten Zeitraum vorgesehen.

2 Gesetzliche Krankenversicherung (GKV)

2.1 Einführung

Die gesetzliche Krankenversicherung hat zum Ziel, eine medizinische Versorgung mit hohem Qualitätsstandard – unabhängig vom Einkommen oder Vermögen der Versicherten, sicherzustellen. Die 1883 eingeführte GKV hat über 51 Millionen Mitglieder und umfasst einschließlich der beitragsfrei mitversicherten Familienangehörigen mehr als 70 Millionen Versicherte.

Das Krankenversicherungssystem befindet sich seit Jahren im ständigen Wandel durch vielfältige Gesundheitsreformen. Wesentlicher Gedanke ist und bleibt aber das Solidarprinzip, d. h. Umverteilung von Gesunden auf Kranke (Leistungsanspruch unabhängig vom Beitrag), von Einkommensstarken auf Einkommensschwache (Beitrag abhängig vom unselbständigen Einkommen), von Jung zu Alt (Beitrag unabhängig vom Alter) und von Ledigen auf Familien (Beitragsfreiheit). Die Beiträge in der Solidargemeinschaft der GKV richten sich nicht nach dem individuellen Krankheitsrisiko (wie in der PKV / risikoadäquate Prämien / Äquivalenzprinzip), somit nach der wirtschaftlichen Leistungsfähigkeit.

Weiteres Strukturprinzip in der GKV ist das Sachleistungsprinzip, d. h. die Versicherten haben bei den vertraglich an die GKV gebundenen Leistungserbringern (Arzt, Krankenhaus etc.) einen Anspruch auf Versorgung in Form von medizinischen Sach- und Dienstleistungen.

Die gesetzlichen Regelungen sind im SGB V in dreizehn Kapiteln aufgeführt.

2.2 Kreis der Versicherten

In Deutschland besteht für alle Personen eine allgemeine Krankenversicherungspflicht. Nachdem diese Pflicht zur Krankenversicherung seit 2007 für den Personenkreis der gesetzlich Krankenversicherten gilt, sind seit 2009 auch alle anderen Berufsgruppen (Beamte, Selbständige, Freiberufler etc.) zum Abschluss einer Krankenversicherung verpflichtet.

In der GKV ist folgender Personenkreis versicherungspflichtig:

- Arbeitnehmer, die gegen Arbeitsentgelt beschäftigt sind (mit einem Einkommen bis zur Versicherungspflichtgrenze),
- zu ihrer Berufsausbildung gegen Entgelt Beschäftigte,
- Rentner, wenn sie bestimmte Versicherungszeiten in der GRV als Arbeitnehmer zurückgelegt haben (KVdR),

- Studenten bis zum Abschluss des 14. Fachsemesters, längstens jedoch bis zum vollendeten 30. Lebensjahr,
- land- und forstwirtschaftliche Unternehmer und ihre mitarbeitenden Familienangehörigen (KVLG),
- Künstler und Publizisten (KSVG),
- Arbeitslose und
- in Jugendhilfe-, Behinderten- und Rehabilitationseinrichtungen zur Vermittlung beruflicher Fähigkeiten tätige Personen.

Die Versicherungspflichtgrenze (auch Jahresarbeitsentgeltgrenze / JAEG) ist die Einkommensgrenze, deren Überschreitung den Wechsel in eine private Krankenversicherung (PKV) mit Ablauf des Kalenderjahres ermöglicht: Im Jahr 2014 liegt dieser Wert bei 53.550 Euro jährlich bzw. 4.462,50 monatlich, bezogen auf das jährliche Bruttoeinkommen. Dieser Betrag richtet sich nach dem Lohnniveau des Vorjahres und wird jährlich angepasst (§ 6 Abs. 6 SGB V). Wenn das jährliche Bruttoeinkommen als Arbeitnehmer unter diese Beträgen liegt, ist eine Pflichtversicherung in der GKV angezeigt. Für die Versicherten, die bereits vor 2003 einer privaten Krankenversicherung angehörten, entspricht die Versicherungspflichtgrenze der jeweiligen Beitragsbemessungsgrenze (4.050 € / Monat).

Unter der Beitragsbemessungsgrenze ist die Obergrenze für die Berechnung der Beitragsleistung eines Arbeitnehmers zu verstehen, d. h. der Wert, bis zu dem Beiträge für die jeweilige gesetzliche Krankenkasse fällig werden. Im Jahr 2014 lag die Grenze bei 48.6000 Euro jährlich bzw. 4.050 Euro monatlich.

Eine Anhebung der Beitragsbemessungsgrenze bewirkt für Gutverdiener eine Beitragserhöhung zu Gunsten der Krankenkasse, da sich der GKV-Höchstbeitrag in Abhängigkeit zur Grenze berechnet. Eine geringere Bemessungsgrenze bewirkt dagegen eine Absenkung des Maximalbeitrags. Das Einkommen über der Beitragsbemessungsgrenze bleibt unberücksichtigt bei der Bemessung der Krankenkassenbeiträge.

Wer die oben angegebenen Kriterien für eine gesetzliche Krankenversicherung nicht erfüllt, weil er z. B. selbstständig ist oder ein Arbeitseinkommen oberhalb der Beitragsbemessungsgrenze erzielt, kann dennoch in der gesetzlichen Krankenversicherung freiwillig versichert sein. Rund 90 % der ca. 80 Millionen Menschen in Deutschland sind in der gesetzlichen Krankenversicherung, wobei rund ein Siebtel der Erwerbstätigen in der gesetzlichen Krankenversicherung zu den freiwillig Versicherten zu rechnen sind (ca. 8 Millionen einschließlich der Familienangehörigen).

Immer wieder wird die Frage diskutiert, ob als Beitragsbemessungsgrundlage alle sieben einkommensteuerlich relevante Einkunftsarten (§ 2 II EStG – somit z. B. Einkünfte aus Kapitalanlagen oder Vermietung und Verpachtung) berücksichtigt werden sollten.

Eine Berücksichtigung aller sieben Einkunftsarten wäre aus ökonomischer Sicht plausibel. Wenn man sich dazu entschieden hat, die gesetzliche Krankenversicherung solidarisch nach dem Leistungsfähigkeitsprinzip zu finanzieren (politische Entscheidung), so ist nur die Höhe des Einkommens – nicht jedoch seine Herkunft – für die Leistungsfähigkeit und damit für den zu leistenden Beitrag entscheidend.

Seit dem 1. Januar 2011 ist der einheitliche Beitragssatz für alle gesetzlichen Krankenkassen gesetzlich auf 15,5 % festgelegt worden. Die Arbeitnehmer zahlen davon 8,2 %; der Anteil der Arbeitgeber wurde auf 7,3 % festgeschrieben. Weitere Ausgabensteigerungen im Gesundheitswesen müssen die Versicherten selbst über einen sogenannten Zusatzbeitrag, der von den Kassen individuell als festen Betrag von seinen Mitgliedern erhoben wird, tragen. Hierfür gibt es einen Sozialausgleich, der sich auf den durchschnittlichen Zusatzbeitrag aller gesetzlichen Krankenkassen bezieht. Dieser Sozialausgleich ist derzeit noch nicht notwendig, da der Zusatzbeitrag bisher bei Null Euro lag. Die Empfehlung für die Festlegung des durchschnittlichen Zusatzbeitrages für das nächste Jahr wird vom sogenannten GKV-Schätzerkreis gegeben, der sich aus Experten vom Bundesversicherungsamt, Bundesgesundheitsministerium und dem GKV-Spitzenverband zusammensetzt. Die Festlegung erfolgt dann durch die Bundesregierung. Eine Absenkung des allgemeinen Beitragssatzes zur GKV auf 14,6 % wurde im Rahmen des GKV-Finanzstruktur- und Qualitäts-Weiterentwicklungsgesetzes (GKV-FQWG) zum 1. Januar 2015 vorgesehen (siehe weitere Ausführungen zum FQWG).

2.3 Aufgaben und Leistungen

Aufgabe der gesetzlichen Krankenversicherung ist es, die Gesundheit der Versicherten zu erhalten, wiederherzustellen oder ihren Gesundheitszustand zu bessern. Auch eine Mitverantwortung der Versicherten für ihre Gesundheit im Sinne einer gesundheitsbewussten Lebensführung, frühzeitiger Beteiligung an gesundheitlichen Vorsorgemaßnahmen und eine aktive Mitwirkung an Krankenbehandlung und Rehabilitation wird im Gesetz eingefordert (§ 1 SGB V).

Der Leistungskatalog ist im SGB V nur als Rahmenrecht vorgegeben: Im Gesetz ist festgelegt, dass der Versicherte einen Anspruch auf eine ausreichende, bedarfsgerechte, dem allgemein anerkannten Stand der medizinischen Wissenschaft entsprechende medizinische Krankenbehandlung hat. Hierzu zählen insbesondere die

- ärztliche, zahnärztliche und psychotherapeutische Behandlung,
- Versorgung mit Arznei-, Verbands-, Heil- und Hilfsmitteln,
- häusliche Krankenpflege,
- Krankenhausbehandlung sowie
- Leistungen zur medizinischen Rehabilitation und sonstige Leistungen.

§ 12 SGB V manifestiert das Wirtschaftlichkeitsgebot, d. h. die Leistungen müssen ausreichend, zweckmäßig und wirtschaftlich sein und dürfen das Maß des Notwendigen nicht überschreiten. Die Vertragsärzte sind im Rahmen ihres Sicherstellungsauftrages zur Erbringung dieser Leistungen verpflichtet.

Der Gemeinsame Bundesausschuss (G-BA) bestimmt als oberstes Beschlussgremium der gemeinsamen Selbstverwaltung der Ärzte, Zahnärzte, Psychotherapeuten, Krankenhäuser und Krankenkassen in Deutschland in Form von Richtlinien den Leistungskatalog und legt damit fest, welche Leistungen der medizinischen Versorgung von der GKV erstattet werden. Darüber hinaus beschließt der G-BA Maßnahmen der Qualitätssicherung für den ambulanten und stationären Bereich des Gesundheitswesens.

Hinsichtlich des Leistungskataloges der GKV werden folgende Fragestellungen in gesundheitspolitischen Diskussionen erörtert:

- Kann ein Grundleistungskatalog definiert werden, den alle Krankenkassen erfüllen müssen, während alle darüber hinausgehenden Leistungen freiwillige Zusatzleistungen sind?
- Inwieweit sind Selbstbeteiligungsregelungen zur Begrenzung der explodierenden Kosten im Gesundheitswesen sinnvoll und umsetzbar?
- Ist es möglich und sinnvoll, präventive Leistungen zu fördern, um kurative Leistungen einzusparen?
- Inwieweit ist es möglich, Leistungspakete zu definieren und krankheitsspezifische Leistungsprogramme im Sinne des sogenannten Disease-Managements anzubieten, um Kosten bei der Versorgung kranker Menschen zu sparen und gleichzeitig die Behandlungsqualität zu erhöhen?

2.4 Organisation und Finanzierung

Trägerorganisationen der GKV

Der Gemeinsame Bundesausschuss (G-BA) ist als oberstes Beschlussgremium eine juristische Person des öffentlichen Rechts und wird von den vier großen Spitzenorganisationen der Selbstverwaltung im deutschen Gesundheitswesen gebildet: der Kassenärztlichen und Kassenzahnärztlichen Bundesvereinigung (KV/KZV), der Deutschen Krankenhausgesellschaft (DKG) und dem GKV-Spitzenverband. Neben diesen vier Trägerorganisationen sind Patientenvertreter an allen Beratungen beteiligt (antrags-, nicht stimmberechtigt). Diese Organisation wurde im Rahmen des Gesundheitsmodernisierungsgesetzes (GMG/2004) geschaffen und steht unter der Rechtsaufsicht des Bundesministeriums für Gesundheit. Entsprechend den Vorgaben des SGB V werden die Beschlüsse und Richtlinien des G-BA zunächst vom BMG geprüft und nach einer Nichtbeanstandung im Bundesanzeiger veröffentlicht.

Krankenkassen

Die organisatorische Grundlage des gesetzlichen Krankenversicherungssystems bilden Orts-, Betriebs-, Ersatz- und Innungskrankenkassen. Zudem existieren landwirtschaftliche Krankenkassen, die Seekrankenkasse sowie die Bundesknappschaft. Die Kassen sind finanziell und organisatorisch selbstständig. Für den Ausgleich von Einnahmen und Ausgaben sind sie selbst verantwortlich. Seit Jahrzehnten ist ein wettbewerbsinduzierter Konzentrationsprozess durch Fusionen bei den Krankenkassen festzustellen. Ende des 19. Jahrhunderts existierten rund 35.000 Krankenkassen. Anfang der 1990er Jahre nur noch 1200 und derzeit gibt es 132 gesetzliche Krankenkassen (Stand: 1.1.2014).

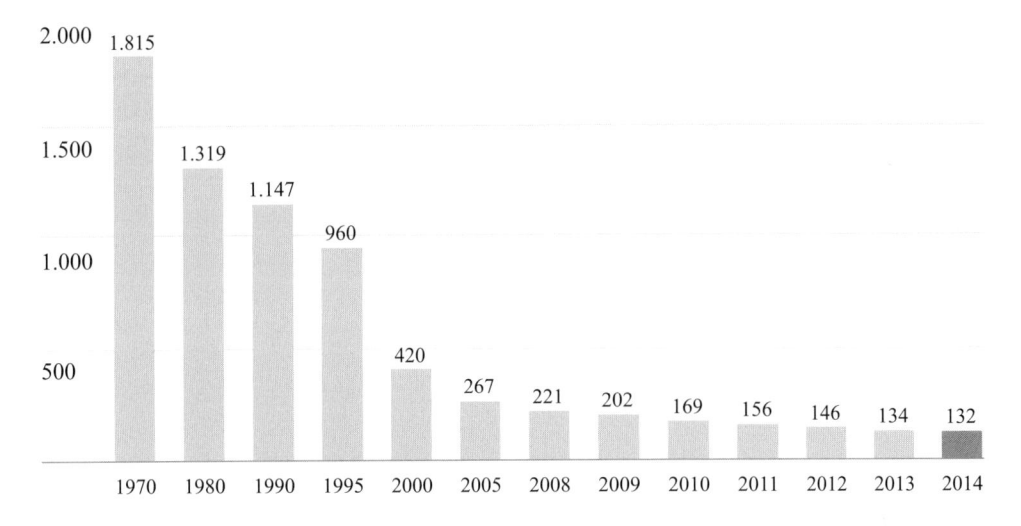

Abbildung 156: Anzahl der Gesetzlichen Krankenkassen im Zeitablauf
Quelle: GKV-Spitzenverband (2014)

Generell existieren in Deutschland sechs unterschiedliche Kassenarten mit der folgenden Zahl von Einzelkassen:

- 11 Allgemeine Ortskrankenkassen
- 107 Betriebskrankenkassen
- 6 Innungskrankenkassen
- 6 Ersatzkassen
- 1 Sozialversicherung für Landwirtschaft, Forsten und Gartenbau sowie
- 1 Deutsche Rentenversicherung Knappschaft-Bahn-See

Von den derzeit 132 Krankenkassen sind die Betriebskrankenkassen (BKK) die zahlenmäßig am stärksten vertretene Art. Die meisten Personen sind jedoch in einer der Ersatzkassen (EK) – rund 37 % – oder bei Ortskrankenkassen (AOK) – rund 35 % – versichert. Den Betriebskrankenkassen gehören rund 17 % und den Innungskassen rund 8 % der Versicherten an. Seit 1996 können die Mitglieder ihre Krankenkasse grundsätzlich frei wählen und auch ein Wechsel zwischen den Kassen ist mit einer Kündigungsfrist von zwei Monaten zum Monatsende möglich. Allerdings besteht eine Bindung an die Krankenkasse für mindestens 18 Monate. Erst danach ist ggf. ein Wechsel möglich. Ein Sonderkündigungsrecht innerhalb eines Monats besteht, wenn die Krankenkasse einen Zusatzbeitrag einführt oder erhöht (unabhängig von der 18-Monate-Bindungsfrist).

Risikostrukturausgleich und Gesundheitsfonds

Krankenkassen haben eine ungleiche Versichertenstruktur bedingt durch unterschiedliche Entwicklungen (z. B. berufliche oder unternehmensspezifische Zuordnung). Einige Krankenkassen haben daher überdurchschnittlich viele gesunde und gut verdienende Menschen in ihrem Versichertenkollektiv. Demgegenüber versichern andere Krankenkassen überdurchschnittlich viele kranke Personen und Versicherte mit niedrigem Einkommen. Diese Risikoungleichverteilung in Form von unterschiedlichen Morbiditätsrisiken, Familienlasten sowie Beitragssatzdifferenzen werden bereits seit 1994 durch den sogenannten Risikostrukturausgleich (RSA) in der gesetzlichen Krankenversicherung ausgeglichen.

In einem wettbewerblich organisierten Krankenkassensystem mit freiem Kassenwahlrecht der Versicherten kann dies als Notwendigkeit für faire Wettbewerbsbedingungen zwischen den einzelnen Krankenkassen konstatiert werden. Die Erfahrungen zeigten, dass die einzelnen Risikounterschiede nur unzureichend in dem damaligen System berücksichtigt wurden. Beispielhaft sei die nur indirekte Erfassung der Morbidität der Versicherten durch die Merkmale Alter, Geschlecht und Erwerbsminderungsrentenbezug genannt. Auch durch die zusätzliche Berücksichtigung in den Jahren 2002 bis 2008 von chronisch-kranken Menschen, wenn diese mit einem zugelassenen, strukturierten Behandlungsprogramm (Disease-Management-Programm, DMP) versorgt wurden, wurde der Risikounterschied im Versichertenkollektiv nicht behoben.

Mit Umsetzung des GKV-Wettbewerbsstärkungsgesetzes erfolgte ab dem 1. Januar 2009 eine Neugestaltung des RSA bei gleichzeitiger Einführung des Gesundheitsfonds: Der Ausgleich der Unterschiede in den beitragspflichtigen Einnahmen zwischen den Versicherten erfolgt vollständig durch den Gesundheitsfonds. In dem morbiditätsorientierten RSA werden neben den oben bereits genannten drei Merkmalen auch der unterschiedlich hohe Versorgungsbedarf von Versicherten mit einer kostenintensiven chronischen oder schwerwiegenden Krankheit berücksichtigt. Bis zu 80 ausgewählte Krankheiten werden in diesem Verfahren durch eine zusätzliche Zuweisung zu der Grundpauschale in Höhe der durchschnittlichen Pro-Kopf-Ausgaben an die jeweilige

Krankenkasse des erkrankten Versicherten berücksichtigt. Ziel ist somit die Deckung von unterschiedlich hohen Leistungsausgaben der Krankenkassen aufgrund ihrer Versichertenstruktur.

Weiterhin erhalten die Krankenkassen zur Förderung von Disease-Management-Programmen Zuweisungen aus dem Gesundheitsfonds für jeden eingeschriebenen DMP-Versicherten. Diese sogenannte Programmkostenpauschale soll zur Deckung der Programmkosten für medizinisch notwendige Aufwendungen wie Dokumentations- oder Koordinationsleistungen dienen.

Durch das Bundesversicherungsamtes erfolgt eine jährliche Festlegung des Krankheitskataloges sowie des Berechnungsverfahrens für das folgende Ausgleichsjahr. Der Wissenschaftliche Beirat zur Weiterentwicklung des Risikostrukturausgleichs unterstützt und evaluiert dieses Verfahren.

Ambulante Versorgung

Das deutsche System der ambulanten medizinischen Versorgung basiert auf freiberuflich niedergelassenen Ärzten, Zahnärzten und Apothekern (als Inhaber öffentlicher Apotheken). Die Freiberuflichkeit, die zur Eigenverantwortlichkeit der Ärzte und Zahnärzte führt, hat sich als eine gute Grundlage der medizinischen Versorgung der Bevölkerung bewährt. Die durch Notverordnung im Jahre 1931 gegründeten Kassenärztlichen und Kassenzahnärztlichen Vereinigungen (KV bzw. KZV) stellen ein sehr wichtiges organisatorisches Element des bundesdeutschen Krankenversicherungssystems dar. Wie die Ärzte- und Zahnärztekammern, die die ärztliche Berufsordnung festlegen und über deren Einhaltung wachen, und die Landesverbände der Krankenkassen sind die KV- und KZV-Körperschaften öffentlichen Rechts. In ihnen sind die zur ambulanten Versorgung von GKV-Patienten zugelassenen Ärzte bzw. Zahnärzte zusammengeschlossen. Somit vertreten Sie über 150.000 freiberufliche Ärzte und Psychotherapeuten sowie mehr als 50.000 Vertragszahnärzte in Deutschland. Die Krankenkassenverbände schließen mit den Kassenärztlichen Vereinigungen Verträge ab, in denen sich die Kassenärztlichen Vereinigungen verpflichten, eine gleichmäßige, ausreichende und zweckmäßige Versorgung der Kassenmitglieder sicherzustellen. Als Gegenleistung zahlen die Krankenkassen den Kassenärztlichen Vereinigungen so genannte Gesamtvergütungen, die die Kassenärztlichen Vereinigungen unter den Kassenärzten nach einem Schlüssel aufteilen.

Kommt es zu keiner Einigung zwischen den Kassen und den Leistungserbringern, was aufgrund des Nullsummenspielcharakters der Verhandlungen häufig der Fall ist, so entscheidet ein Schiedsamt über den Vertragsinhalt.

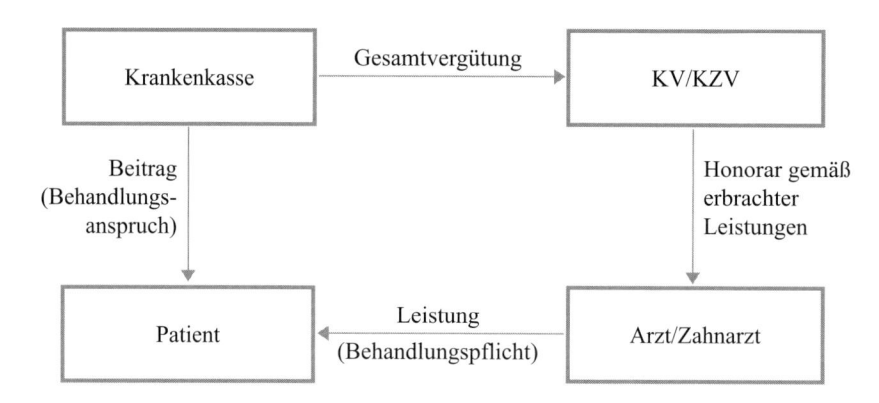

```
Krankenkasse  ──Gesamtvergütung──▶  KV/KZV
     │                                    │
  Beitrag                          Honorar gemäß
(Behandlungs-                       erbrachter
  anspruch)                          Leistungen
     ▼                                    ▼
  Patient  ◀──Leistung              Arzt/Zahnarzt
           (Behandlungspflicht)
```

Abbildung 157: System der ambulanten Versorgung in der GKV

Stationäre Versorgung

Die stationäre Versorgung gliedert sich in zwei Bereiche: Krankenhausversorgung und stationäre medizinische Rehabilitation. Bei dem Verdacht auf oder dem Vorliegen einer schwerwiegenden akuten Erkrankung, die eine dauerhafte Unterbringung und medizinische Überwachung des Patienten erforderlich macht, haben Versicherte der GKV einen unmittelbaren gesetzlichen Anspruch auf die vollstationäre Behandlung in einem zugelassenen Krankenhaus. Allerdings muss zuvor durch das Krankenhaus geprüft werden, ob das Behandlungsziel nicht durch vor-, nach- oder teilstationäre Behandlung oder durch ambulante Behandlung erreicht werden kann (§ 39 Abs. I S. 2 SGB V).

Die stationäre Krankenhausbehandlung ist somit immer nachrangig gegenüber anderen, in der Regel weniger kostenintensiven Behandlungsformen. Der Aufnahme zur stationären Behandlung in ein Krankenhaus geht grundsätzlich eine Überweisung durch einen niedergelassenen Arzt voraus. Ohne Überweisung haben normalerweise nur Notfälle und Privatpatienten Zugang zum Krankenhaus. Dem Patienten steht dabei die Wahl des Krankenhauses grundsätzlich frei; eine freie Arztwahl innerhalb des Krankenhauses besteht jedoch nicht.

Häufig sind, oft im Anschluss an eine Krankenhausbehandlung, primär nicht ärztliche Maßnahmen notwendig, um etwa die Leistungsfähigkeit eines Patienten wiederherzustellen oder um eine Pflegebedürftigkeit zu vermeiden. Dann kommen vorrangig Heilmittel wie Krankengymnastik, Bewegungs- und Ergotherapie sowie andere geeignete Mittel zum Einsatz (§ 107 II 2 SGB V). Solche Leistungen zur medizinischen Rehabilitation dürfen nur in Rehabilitationseinrichtungen erbracht werden (§ 111 SGB V). Diese müssen jedoch auch unter ärztlicher Verantwortung stehen und mit den Kassen einen Versorgungsvertrag abgeschlossen haben.

Bis 1972 lag die Finanzierungsverantwortung für die Krankenhäuser allein in der Hand der Krankenkassen. Dies wurde als monistische Finanzierung bezeichnet. Um die herrschende Unterfinanzierung der Krankenhäuser zu beseitigen und Versorgungsengpässe zu beheben, wurde durch das Krankenhausfinanzierungsgesetz (KHG) in Deutschland eine dualistische Krankenhausfinanzierung eingeführt (vgl. § 4 KHG). Die Frage, wofür und wie Krankenhäuser überhaupt bezahlt werden sollen, prägt seit Jahrzehnten die gesundheitspolitische und wissenschaftliche Diskussion. Durch das GKV-Gesundheitsreformgesetz 2000 wurde deshalb vorgesehen, ab 2003 ein durchgängiges, leistungsorientiertes und pauschalierendes Vergütungssystem einzuführen (§ 17 Abs. 1 KHG). Ziel dieses Reformprozesses war es, alle Krankenhausleistungen, mit Ausnahme der Psychiatrie, auf der Grundlage diagnosebezogener Fallpauschalen (Diagnosis Related Groups – DRGs) zu vergüten.

Die Ausgaben der gesetzlichen Krankenversicherung für alle Leistungen beliefen sich im Jahr 2013 auf über 182 Milliarden Euro, davon u. a. knapp 65 Mrd. Euro für Krankenhausbehandlung, knapp 32 Mrd. Euro für Ärztliche Behandlung, 30 Mrd. Euro für Arzneimittel und fast 10 Mrd. Euro Krankengeldzahlungen.

Ausgaben für einzelne Leistungsbereiche der GKV 2013 in Prozent

- Ärztliche Behandlung* 17,48 %
- Sonstiges 1,65 %
- Behandlungspflege und Häusliche Krankenpflege 2,37 %
- Vorsorge- und Rehabilitationsleistungen 1,67 %
- Schwangerschaft/Mutterschaft** 0,63 %
- Fahrkosten 2,38 %
- Krankengeld 5,34 %
- Krankenhausbehandlung 35,48 %
- Arzneimittel 16,58 %
- Hilfsmittel 3,74 %
- Heilmittel 2,90 %
- Zahnärztliche Behandlung (ohne Zahnersatz) 5,21 %
- Zahnersatz 1,70 %
- Früherkennungsmaßnahmen 1,10 %
- Dialyse 1,14 %
- Schutzimpfungen 0,63 %

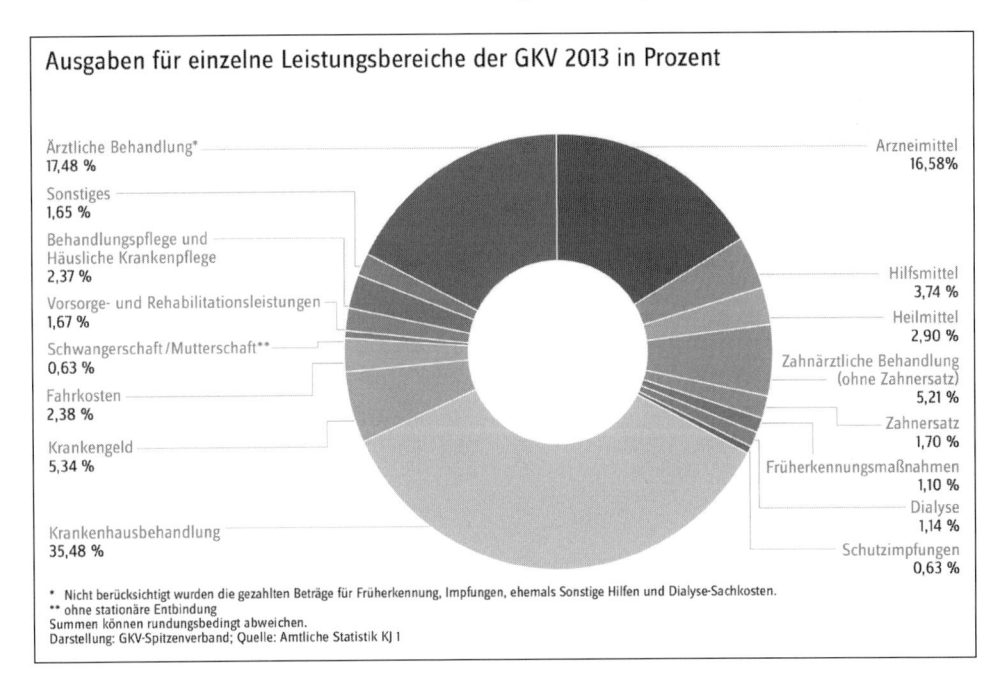

* Nicht berücksichtigt wurden die gezahlten Beträge für Früherkennung, Impfungen, ehemals Sonstige Hilfen und Dialyse-Sachkosten.
** ohne stationäre Entbindung
Summen können rundungsbedingt abweichen.
Darstellung: GKV-Spitzenverband; Quelle: Amtliche Statistik KJ 1

Abbildung 158: Ausgaben der GKV für einzelne Leistungsbereiche

Die Kostenentwicklungen in der Gesetzlichen Krankenversicherung sind auf verschiedene Entwicklungen mit jeweiligen Interdependenzen zurückzuführen. Einige ausgewählte und aus versicherungsökonomischer Sicht besonders relevante Herausforderungen werden im nächsten Abschnitt diskutiert.

2.5 Herausforderungen für die gesetzliche Krankenversicherung

Als reformbedürftig gilt das System der gesetzlichen Krankenversicherung seit mehr als 40 Jahren. Der hauptsächliche Grund ist die Zunahme der Leistungen und Ausgaben. Diese Entwicklung wird mit den Schlagworten Bettenberg, Ärzteschwemme, Pillensee, Maximalversorgung, Anspruchsdenken, Selbstbedienungsladen, Vollkaskomentalität und insbesondere Kostenexplosion charakterisiert und führt zu Finanzierungslücken.

Ursachen für die Ausgabenentwicklung im Gesundheitswesen, die in zahlreichen entwickelten Volkswirtschaften zu beobachten ist, waren bzw. sind aus ökonomischer Sicht:

- das Fehlen wirksamer Steuerungsmechanismen für Nachfrage und Angebot,
- die neokorporatistischen Strukturen im Gesundheitswesen (starke Interessengruppen, politisches Lobbying),
- zu viele Eingriffe seitens der gesetzgebenden und verordnungserlassenden Instanzen,
- asymmetrische Informationen und
- hohe Informations-, Transaktions- und Kontrollkosten.

Aus wirtschaftswissenschaftlicher Seite wird deshalb auch nicht so sehr das Kostenproblem in den Vordergrund gestellt, sondern die Defizite in der Steuerung und Organisation des Gesundheitssystems sowie die mangelhafte oder nicht überprüfte Qualität der Versorgung.

Die praktizierte Budgetierung im Bereich der ambulant-ärztlichen Leistungen ist nicht aus gesundheitspolitischen Zielen und aus Bedarfsanalysen abgeleitet. Zudem verfestigt die Budgetierung die Angebots-, die Leistungs- und die Verteilungsstrukturen und ist damit selbst Ursache dafür, dass die Versorgung der Bevölkerung mit Gesundheitsleistungen nicht effizient erfolgt.

Wesentliche Steuerungsmängel ergeben sich aus der Organisation des Krankenversicherungssystems. In diesem System erwerben die Versicherten durch ihre Beitragsleistung an die Krankenkasse einen Anspruch auf weitgehend unentgeltliche ärztliche und medikamentöse Versorgung, Krankenhausbehandlung, Leistungen für ihre Familienmitglieder und Geldleistungen. Gegenüber dem Arzt wird dieser Anspruch durch den Krankenschein oder die Versichertenkarte, gegenüber dem Krankenhaus durch den Einweisungsschein und gegenüber der Apotheke durch das Rezept nachgewiesen.

Die Nachfrage der Versicherten nach Gesundheitsleistungen ist somit nicht nur unabhängig von den Preisen der Leistungen, sie ist vielfach auch institutionell geteilt: Der

Patient fragt Behandlungen nach, der Arzt bestimmt den Umfang der Gesundheitsleistungen und die Kasse bezahlt. Der Patient erfährt nicht einmal, was seine Behandlung gekostet hat. Die Zahlungsbereitschaft und -fähigkeit spielen im Gesundheitswesen wegen des umfassenden Versicherungsschutzes kaum eine Rolle.

Zudem bestimmen Ärzte aufgrund der Informationsdefizite bei den Patienten die Nachfrage erheblich mit. Bei diesem Phänomen wird von der *angebotsinduzierten Nachfrage* gesprochen. Dieser Einfluss auf die Nachfrage fällt den Ärzten auch deshalb leicht, weil die Kosten der zusätzlichen Leistungen von der Versichertengemeinschaft und nur in sehr begrenztem Ausmaß vom einzelnen Individuum getragen werden.

Fehlender Wettbewerb und zu viel Regulierung

Gegenwärtig verfügen die Krankenkassen weder über ausreichende Möglichkeiten, um als Interessenverwalter der Versichertengemeinschaft den einzelnen Versicherten Verhaltensanreize, z. B. im Rahmen der Gestaltung von Versicherungsverträgen, zu geben, noch über substanzielle Spielräume, im Interesse der Versicherten die Effizienz der Leistungserbringer auf dem Gesundheitsmarkt zu beeinflussen. Sind Art und Umfang der Versicherungs- und Gesundheitsleistungen weitgehend per Leistungskatalog gesetzlich vorgegeben und sind die Krankenkassen zudem in ihrer Prämiengestaltung an die Löhne und Gehälter gebunden, bleibt die Risikoselektion nahezu das einzige Instrument, Vorteile im Versicherungswettbewerb zu erzielen. Wie im vorigen Kapitel dargestellt, ist den Krankenkassen eine Risikoselektion nur mittelbar möglich. Wettbewerbsvorteile lassen sich vielmehr als Resultat von Selbstselektionsprozessen erzielen, die die Kassen durch Beitragssenkungen zu fördern versuchen. Hierbei profitieren die Zielkassen der Wechsler wiederum von positiven Risikostruktureffekten (Wechsler sind tendenziell jünger und gesünder), die die Position der Zielkassen im Beitragswettbewerb weiter verbessern. Die Wirkung des Wettbewerbs als Stimulator für innovative und konsumentengerechte Lösungen bleibt aus, da die Krankenkassen sich im Wettbewerb nur über den Preis differenzieren können.

Gestaltungsspielräume im Leistungsbereich und Vertragsfreiheit auf der Leistungserbringerseite würden die Krankenkassen von Risikoselektionsprozessen unabhängiger machen, da ihnen zusätzliche Instrumente zur Beeinflussung von Versicherungsaufwendungen zur Verfügung stünden. Neben dem Beitragswettbewerb könnte sich als Folge einer Deregulierung der absatz- und beschaffungsseitigen Vertragsgestaltung nicht nur ein stärkerer Qualitätswettbewerb entfalten, sondern auch ein Innovationswettbewerb, der kostensenkende Prozessinnovationen ebenso wie qualitätserhöhende Produktinnovationen umfasst. Aus einem gegenwärtig als dysfunktional betrachteten Wettbewerb, in dem sich Wettbewerbsaktivitäten hauptsächlich auf die Randbereiche Verwaltung, Service und Marketing beschränken, könnte sich auf diese Weise ein funktionaler Wettbewerb entwickeln, d. h. ein Wettbewerb, der die Allokationseffizienz im Gesundheitswesen im Sinne sowohl optimaler Kostenstrukturen als auch optimaler

Präferenzgerechtigkeit erhöht. Ein dynamischer Versicherungswettbewerb, aus dem neue, präferenzgerechtere Versicherungsformen resultieren, könnte beispielsweise zu so genannten All-Risk-Policen führen, die die bisherige Separation von Kranken-, Unfall- und Invaliditätsversicherung aufheben.

Eine Bedingung für einen funktionierenden Versicherungswettbewerb ist, dass Versicherungsnehmer informierte Nachfrageentscheidungen treffen können. Zum einen sind Produktdifferenzierungen nicht kostenlos und zum anderen besteht die Gefahr, dass ein Zugewinn an Präferenzgerechtigkeit des Angebots durch eine Verringerung der Markttransparenz beeinträchtigt wird, die es den Versicherungsnachfragern erschwert, das für sie optimale Angebot zu identifizieren. Es kann daher sinnvoll sein, zumindest für eine Übergangszeit die Deregulierung der Vertragsgestaltung auf der Absatzseite durch eine Verpflichtung der Krankenkassen zu flankieren, ihr Angebot transparent zu gestalten (z. B. in Form von standardisierten Musterverträgen). Der Gesetzgeber könnte zudem die Durchführung von Angebotsvergleichen durch unabhängige Organisationen fördern. Darüber hinaus ist es erforderlich, Transparenz über die tatsächliche Höhe der Versicherungskosten in der GKV herzustellen, um den Versicherten eine rationale Nachfrageentscheidung zu ermöglichen. Zu diesem Zweck sollte der Arbeitgeberanteil an den Beiträgen zur Sozialversicherung an die Versicherten ausgezahlt werden, anstatt ihn direkt an die Sozialversicherer abzuführen.

Differenzierung des Versicherungsangebots

Eine Differenzierung des Versicherungsangebots kann sich einerseits auf den Umfang der gedeckten medizinischen Leistungen und andererseits auf Art und Umfang der Erstattung beziehen. Eine Differenzierung des Leistungsumfangs führt zu einer entsprechenden Differenzierung der Beitragshöhe. Es handelt sich daher um eine kontraktbezogene Prämiendifferenzierung.

Diese Form ist zu unterscheiden von einer Prämiendifferenzierung, die primär anhand personengebundener (gesundheitlicher) Risikomerkmale im Hinblick auf Alter, Geschlecht, Wohnort oder Vorerkrankungen erfolgt. Versicherer können beide Differenzierungsformen unabhängig voneinander, aber auch in Kombination miteinander anwenden.

Selbstbeteiligung in der gesetzlichen Krankenversicherung

Dass die Nachfrage nach medizinischen Leistungen preisunelastisch und angebotsinduziert ist, trifft nur auf einen Teil der Nachfrage zu. Beispielsweise ist die Nachfrage nach einer Behandlung schwerer Unfallfolgen eher preisunelastisch. Auch die asymmetrische Verteilung des medizinischen Wissens eröffnet den Leistungserbringern

Spielräume für eine Angebotsinduzierung der Nachfrage. Ein Großteil der Nachfrage dürfte aber auch im Gesundheitswesen preiselastisch sein.

Die derzeit zu beobachtende Angebotsinduzierung und geringe Preiselastizität ist eher die Folge fehlender Selbstbeteiligungen. Nachfragereaktionen benötigen zwar Zeit und eine Steigerung der Preiselastizität setzt Lernprozesse auf der Nachfrageseite voraus, doch auch bei geringer Preiselastizität ist bereits ein Steuerungseffekt durch Preisvergleiche möglich. Je stärker die Preiselastizität der Nachfrage infolge von Selbstbeteiligungen steigt, desto eher sind auch Ressourcenumlenkungen zugunsten kostensenkender Prozessinnovationen zu erwarten.

Selbstbeteiligungen eröffnen ein weites Feld für Vertragsdifferenzierungen im Versicherungsangebot. Sie können sowohl durch die Kombination aus Prämienvorauszahlung und im Nachhinein gewährte Prämienrückerstattung oder durch Zuzahlung unmittelbar bei Leistungsbezug erfolgen. Es gibt sie in der gesetzlichen Krankenversicherung gegenwärtig vor allem in Form von Zuzahlungen zu Medikamenten, Heil- und Hilfsmittel sowie Zahnersatz und in Form von Zuzahlungen im Krankenhaus. Diese Zuzahlungen haben für die Krankenkasse zwar vorwiegend eine Finanzierungsfunktion, für die Allokationseffizienz ist jedoch die Steuerungsfunktion von Selbstbeteiligungen von besonderer Bedeutung. Dabei sind die folgenden zwei Effekte wichtig: Jeder Patient wird durch eine Zuzahlung unmittelbar bei Leistungsbezug zu einer Kosten-Nutzen-Abwägung veranlasst. Auf Leistungen, deren Notwendigkeit ihm nicht plausibel erscheint, wird er aufgrund seines Eigenbeitrags entweder verzichten oder sich deren Notwendigkeit vom Arzt erläutern lassen. Dadurch sinken die Versicherungsaufwendungen. Außerdem erhöht sich die so genannte *Compliance* der Versicherten (Befolgung der Anweisungen des Arztes). Gleichzeitig erhöht eine Selbstbeteiligung die Bereitschaft von Versicherten zu Preisvergleichen, so dass sich unter homogenen oder relativ ähnlichen Leistungen zunehmend die preiswerteren durchsetzen.

Formen der Selbstbeteiligung

Folgende grundlegende Formen einer unmittelbaren Zuzahlung beim Bezug von Leistungen können unterschieden werden:

- Beim *Indemnitätstarif* erstattet der Versicherer einen fixen Betrag pro Leistung. Alle Kosten, die darüber hinausgehen, hat der Versicherte zu 100 % selbst zu tragen. Sind die Kosten hingegen geringer, kann er den Differenzbetrag behalten. Die Steuerungswirksamkeit dieser Zuzahlungsform ist in der Regel sehr hoch; ihr Nachteil besteht in einem hohen bürokratischen Aufwand (für jeden Versicherungsfall ist ein Festbetrag zu bestimmen). Daher eignen sich Indemnitätstarife vor allem für Leistungen, die sich im Zeitablauf durch medizinischen Fortschritt nur wenig verändern (z. B. Zahnersatz, Sehhilfen).

- Eine *prozentuale Zuzahlung* mit einem einheitlichen Beteiligungssatz ist besonders steuerungswirksam, da sie die Nachfrage im Ausmaß ihrer Preiselastizität beschränkt und zudem die Preisstruktur sichtbar und spürbar werden lässt. Nachteilig wirkt sich aus, dass selbst moderate Zuzahlungsprozentsätze in Einzelfällen die ökonomische Leistungsfähigkeit eines Versicherten überfordern kann.

- Mit *absoluten Selbstbeteiligungen* (Selbstbehalt, Abzugsfranchise) kann eine finanzielle Überforderung von Versicherten zwar vermieden werden, denn selbst im ungünstigsten Fall wird eine bestimmte maximale Ausgabensumme pro Jahr nicht überschritten. Ein Nachteil dieser Form besteht jedoch darin, dass sie nur im unteren Ausgabenbereich voll wirksam ist. Ist der Selbstbehalt einmal ausgeschöpft, versagt die Steuerungswirkung. Es besteht stattdessen ein Anreiz zur zeitlichen Verlagerung der Nachfrage in Perioden, in denen die Selbstbehaltgrenze mit hoher Wahrscheinlichkeit ohnehin überschritten wird.

Eine Kombination der verschiedenen Selbstbeteiligungsformen ermöglicht es, Steuerungswirksamkeit und Schutz vor finanzieller Überforderung zu verbinden. Indemnitätstarife sollten in den Leistungsbereichen Vorrang haben, in denen ihr Einsatz mit vertretbarem Aufwand administrativ handhabbar ist. Parallel dazu sollte eine einheitliche, über alle Leistungsarten gleich hohe prozentuale Zuzahlung auf alle übrigen Leistungen vorgesehen werden. Um finanzielle Überforderung zu vermeiden, sollte zudem für jeden Versicherten eine Zuzahlungsobergrenze festgelegt werden, die sich an der individuellen finanziellen Leistungsfähigkeit orientiert (z. B. ein bestimmter Prozentsatz vom Jahreseinkommen).

Differenzierung des Angebots nach Grund- und Wahlleistungen

Zum Zwecke der Leistungsdifferenzierung hätte der Gesetzgeber zunächst einen Grund- bzw. Regelleistungskatalog festzulegen. Die Gesamtheit dieser Grundleistungen würde den Vollversicherungsumfang in der gesetzlichen Krankenversicherung bestimmen. Für die Absicherung der Regelleistungen wäre eine grundsätzliche Versicherungspflicht sinnvoll, um den angestrebten umfassenden Risikopool zu realisieren und zudem das staatliche Fürsorgesystem gegen moralische Risiken abzusichern. Aus der Versicherungspflicht folgten wiederum Kontrahierungszwang und Diskriminierungsverbot. Alle über den Regelleistungskatalog hinaus gehenden Leistungen könnten Versicherte nach eigenem Ermessen zu- und auch wieder abwählen. Anhaltspunkt für die Bestimmung eines Grundleistungskatalogs wäre die Konkretisierung dessen, was im Sozialgesetzbuch mit „ausreichenden, bedarfsgerechten, zweckmäßigen, wirksamen und humanen" Leistungen bezeichnet wird (siehe § 2 Abs. 4, § 12, § 70 SBG V).

Es wird unterstellt, dass ein solcher Grundleistungskatalog einen geringeren Umfang haben kann als der gegenwärtige Leistungskatalog der gesetzlichen Krankenversicherung. Der Leistungskatalog ist folglich in Grund- und Wahlleistungen aufzuteilen. Die

Unterscheidung sollte sich nicht allein an medizinischen, sondern auch an versicherungstechnischen und ökonomischen Kriterien orientieren.

Ein „Aussortieren" von Wahlleistungen könnte z. B. anhand folgender Kriterien erfolgen:

- Vereinbarkeit mit dem Versicherungsprinzip (Ausgliederung nicht krankheitsbezogener Leistungen),
- Nachweis der Wirksamkeit (anhand der Kriterien der Evidence Based Medicine),
- Dringlichkeit bzw. medizinische Notwendigkeit (unter anderem Ausgliederung von Leistungen, bei denen der Konsumcharakter überwiegt, z. B. Kuren),
- Geringfügigkeit im Sinne der finanziellen Belastung,
- Vorhersehbarkeit und individuelle Planbarkeit (z. B. zahnärztliche Leistungen oder Sehhilfen) oder
- fehlende Kosten-Effektivität der Leistungen (belegt durch gesundheitsökonomische Evaluationsstudien oder HTA-Analysen).

Nach diesen Kriterien könnten nach Expertenmeinung ca. 20–30 % der gegenwärtigen Pflichtleistungen als zukünftige Wahlleistungen klassifiziert werden. Ein solcher „abgespeckter" Grundleistungskatalog wäre konsequent an aktuelle Entwicklungen im Gesundheitsbereich, z. B. an medizinisch-technische Neuerungen, anzupassen.

Erweiterung der Handlungsspielräume auf der Beschaffungsseite

Die Kassen haben im Preis-, Produkt- und Qualitätswettbewerb nur sehr begrenzte Gestaltungsmöglichkeiten. Ein differenziertes Angebot für die unterschiedlichen Kundenpräferenzen ist in der Praxis nicht umsetzbar. Durch den gesetzlich vorgegebenen Leistungskatalog und die mehrheitlich kollektiven Vertragsabschlüsse (z. B. mit einer monopolisierten Ärzteschaft) ist der verbleibende Spielraum im Vertrags- und Leistungsbereich aus Sicht der Kassen bisher äußerst gering. Ansätze zu einer Veränderung in diesem Bereich sind die vom Gesetzgeber vorgesehenen Modellversuche (§ 63 SGB V), Strukturverträge (§ 73 SBG V) und integrierten Versorgungsformen (§ 140 SGB V). Diese Möglichkeiten werden aber wegen fehlender Anreize nur unzureichend genutzt.

Vergleichbar stellt sich die Situation im Produkt- bzw. Qualitätsbereich dar: Der starre, vom Gesetzgeber verbindlich vordefinierte Leistungskatalog, im Sinne eines standardisierten Versicherungsprodukts, lässt innovativen produkt- und qualitätsbezogenen Vorstößen und Differenzierungen einzelner Kassen bzw. Kassenarten zu wenig Raum. Seit der Einführung der Kassenwahlfreiheit hat vor allem der Service- und Marketingwettbewerb merklich an Gewicht gewonnen. Dabei handelt es sich jedoch fast durchweg um wettbewerbliche Randbereiche. Von einem solchen Wettbewerb sind, wenn überhaupt, nur mäßige Produkt- bzw. Qualitätsverbesserungen und damit Nutzensteigerungen zu erwarten.

Eröffnet der Gesetzgeber den Krankenkassen weitergehende Gestaltungsspielräume auf ihrer „Beschaffungsseite", ist damit zu rechnen, dass in Zukunft weitere effizientere Versorgungsformen zunehmend Verbreitung finden.

2.6 Aktuelle Diskussionspunkte und Reformen

Der demographische Wandel in Deutschland verstärkt die Einnahmeprobleme im Hinblick auf die Umlagefinanzierung. Eine Verteilungsgerechtigkeit zwischen den Generationen und eine sozialverträgliche Stärkung der Eigenverantwortung sind viel diskutierte Themen.

Eine der wichtigsten Leistungen des Gesundheitssystems ist die wohnortnahe, bedarfsgerechte und flächendeckende medizinische Versorgung. Doch schon heute fehlen in einigen Regionen Ärzte. Das 2012 in Kraft getretene *Gesetz zur Verbesserung der Versorgungsstrukturen in der GKV* (GKV-VSTG) legte diverse Maßnahmen fest in Bezug auf:

- bessere Versorgung für die Patienten,
- flexiblere Versorgungsstrukturen auf dem Land,
- Anreize für Ärzte in strukturschwachen Gebieten,
- gute Rahmenbedingungen für den Arztberuf sowie
- zielgenaue Bedarfsplanung.

Im § 142 SGB V ist die Rechtsgrundlage für die Tätigkeit des Sachverständigenrates zur Begutachtung der Entwicklung im Gesundheitswesen. Dieses Gutachten erfolgt alle zwei Jahre. Am 23. Juni 2014 hat der Sachverständigenrat sein Gutachten „Bedarfsgerechte Versorgung – Perspektiven für ländliche Regionen und ausgewählte Leistungsbereich" dem Bundesministerium für Gesundheit (BMG) übergeben. In diesem Gutachten werden Lösungsansätze für eine integrierte, multiprofessionelle Gesundheitsversorgung in ländlichen Gebieten aufgezeigt und ein Konzept für lokale Gesundheitszentren zur Primär- und Langzeitversorgung im ländlichen Raum entwickelt.

Mit dem *GKV-Finanzstruktur- und Qualitäts-Weiterentwicklungsgesetz* (GKV-FQWG), das am 5. Juni 2014 vom Deutschen Bundestag beschlossen wurde und in wesentlichen Teilen zum 1. Januar 2015 in Kraft treten soll, wird eine langfristige Verbesserung der Finanzgrundlagen der GKV angestrebt. Einige Regelungen, zum Qualitätsinstitut oder zum Schätzerkreis, sind bereits in Kraft. Das Gesetz sieht im Einzelnen folgende zehn Regelungen vor:

- Beitragssatz

  Zum 1. Januar 2015 erfolgt eine Absenkung des allgemeinen Beitragssatzes zur GKV von 15,5 % auf 14,6 %. Der Beitrag wird pari vom Arbeitnehmer und Arbeitgeber übernommen (jeweils 7,3 %). Durch die Festschreibung des Arbeitgeberbeitrags auf 7,3 % wird verhindert, dass die Lohnzusatzkosten im Bereich der GKV weiter steigen. Denn nur wenn Arbeitsplätze langfristig gesichert sind, kann eine solide Grundlage für das solidarische Gesundheitssystem sichergestellt werden. Der bisherige Sonderbeitrag von 0,9 %, den Arbeitnehmer bislang allein zahlen, wird gestrichen.

- Mehr Wettbewerb durch kassenindividuellen Zusatzbeitrag

  Die Krankenkassen erhalten eigene Möglichkeiten zur Beitragssatzgestaltung. Bisher mussten alle Kassen einen einheitlich vorgeschriebenen Sonderbeitrag von 0,9 % erheben, der allein von den Versicherten bezahlt wurde. Weiterhin konnte ggf. ein pauschaler Zusatzbeitrag erhoben werden. Beides wird abgeschafft. Stattdessen kann künftig jede Krankenkasse einen kassenindividuellen einkommensabhängigen Zusatzbeitrag erheben – abhängig von der Wirtschaftlichkeit der Krankenkasse. Es gilt weiterhin für die Versicherten ein Sonderkündigungsrecht, so dass sich der Gesetzgeber einen erhöhten Wettbewerb um die Kunden bei qualitativ hochwertiger Versorgung und effizienten Abläufen und Prozessen erhofft.

- Vollständiger Einkommensausgleich

  Damit die unterschiedliche Einkommensstruktur der Mitglieder der Krankenkassen nicht zu Wettbewerbsverzerrungen für einzelne Krankenkassen führt, ist ein vollständiger Einkommensausgleich vorgesehen. Dadurch werden alle Krankenkassen in Bezug auf die Höhe der beitragspflichtigen Einkommen ihrer Mitglieder rechnerisch gleich gestellt. Dadurch soll dem Anreiz für die Krankenkasse entgegengewirkt werden, im Wettbewerb um die Versicherten besser Verdienende zu bevorzugen, um niedrigere Zusatzbeiträge erheben zu können.

- Mehr Transparenz beim Zusatzbeitrag

  Zur Verbesserung der Informationstransparenz müssen die Krankenkassen bei Erhebung oder Erhöhung des Zusatzbeitrages ihre Versicherten in einem gesonderten Schreiben über das Sonderkündigungsrecht mit der Wechselmöglichkeit und über den durchschnittlichen Zusatzbeitragssatz aller Krankenkassen informieren. Weiterhin muss die Krankenkasse in diesem Schreiben auf die Übersicht des GKV-Spitzenverbands im Internet mit den jeweiligen Zuzahlungsbeiträgen der Krankenkassen hinweisen.

- Sozial ausgewogene Lösung

  Durch die einkommensabhängige Bemessung der Zusatzbeiträge erfolgt der Solidarausgleich zukünftig vollständig innerhalb der GKV. In den Fällen, in denen bereits der „allgemeine" Krankenkassenbeitrag von Dritten (Bundesagentur für Arbeit etc.)

gezahlt wird, wird von dort auch der Zusatzbeitrag bezahlt. Für Arbeitslosengeld II-Empfänger trägt der Bund die Zusatzbeiträge in Höhe des durchschnittlichen Zusatzbeitrages. Für Bezieher von Arbeitslosengeld I, die den Zusatzbetrag, sofern ein solcher von der Kasse erhoben wurde, bislang selbst tragen mussten, wird der kassenindividuelle Zusatzbeitrag in Zukunft von der Bundesagentur für Arbeit bezahlt.

- Bürokratieabbau

  Geringverdiener zahlen niedrigere Zusatzbeiträge als Besserverdiener. Dadurch wird auch der deutlich aufwändigere steuerfinanzierte Sozialausgleich entbehrlich. Da durch das Gesetz der kassenindividuelle Zusatzbeitrag künftig prozentual direkt vom Gehalt oder der Rente abgezogen werden, entfällt das aufwendige Einzugs- und Ausgleichsverfahren des bisherigen Zusatzbeitrags. Kassen, die bisher Prämien an ihre Mitglieder ausgeschüttet haben, können ihre Mitglieder unbürokratischer durch niedrige Zusatzbeiträge entlasten.

- Gründung eines Qualitätsinstitutes

  Mit dem FQWG wird die Gründung eines Instituts zur Qualitätssicherung und Transparenz im Gesundheitswesen ermöglicht. Das neue Qualitätsinstitut soll - in Form einer Stiftung und fachlich unabhängig - dem Gemeinsamen Bundesausschuss dauerhaft wissenschaftlich und methodisch fundierte Entscheidungsgrundlagen für Maßnahmen der Qualitätssicherung liefern. Diese Regelung trat am 25. Juli 2014 in Kraft.

- Finanzielle Entlastung für Hebammen

  Um Hebammen im Hinblick auf steigende Prämien für ihre Berufshaftpflichtversicherung ab dem 1. Juli 2014 finanziell zu entlasten, werden die Krankenkassen gesetzlich verpflichtet, für Geburtshilfeleistungen, bei denen typischerweise nur wenige Geburten betreut werden, zusätzliche Mittel bereit zu stellen. Dadurch wird sichergestellt, dass auch Hebammen, die nur wenige Geburten im Jahr betreuen, durch die Haftpflichtprämien nicht unverhältnismäßig belastet werden.

  Ab dem 1. Juli 2015 wird diese Übergangsregelung durch einen Sicherstellungszuschlag ersetzt. Damit wird dauerhaft gewährleistet, dass auch Hebammen, die wenige Geburten betreuen, die Prämien für ihre Berufshaftpflichtversicherung finanzieren können. Hierfür sind seitens der Hebammen die notwendigen Qualitätsanforderungen zu erfüllen.

- Förderung der Unabhängigen Patientenberatung Deutschland (UPD)

  Die bundesweit 21 Beratungsstellen der UPD informieren vor Ort oder telefonisch zu gesundheitlichen, rechtlichen und psychosozialen Themen. Mit der Erhöhung der Fördersumme auf 9 Millionen Euro lassen sich sowohl die Personalressourcen als auch die Anzahl der Beratungsstellen ausweiten, um insbesondere die telefonische Erreichbarkeit der UPD zu verbessern. Die Erhöhung der Fördersumme der UPD ist ab 1. Januar 2016 vorgesehen und tritt entsprechend in Kraft.

- Mehr Zeit zur Anpassung an das neue PEPP-Entgeltsystem

  Durch das Gesetz wird auch die Einführungsphase des neuen pauschalierenden Vergütungssystems für psychiatrische und psychosomatische Krankenhäuser (PEPP) um zwei Jahre verlängert. Damit steht den Krankenhäusern mehr Zeit für notwendige Anpassungen zur Verfügung. Außerdem erhalten die Selbstverwaltungspartner auf Bundesebene dadurch die Gelegenheit zur Weiterentwicklung des Vergütungssystems. Dies bedeutet, dass die psychiatrischen und psychosomatischen Einrichtungen auch in den Jahren 2015 und 2016 noch frei darüber entscheiden können, ob sie bereits das neue oder das alte Vergütungssystem anwenden wollen. Die obligatorische Anwendung des neuen Vergütungssystems verschiebt sich dadurch um zwei Jahre auf das Jahr 2017.

Ob durch die Umsetzung dieser Gesetze eine wohnortnahe, bedarfsgerechte und flächendeckende medizinische Versorgung bei gleichzeitiger verbesserter Finanzgrundlage der GKV langfristig und nachhaltig gesichert werden kann, werden die nächsten Jahren zeigen.

3 Gesetzliche Rentenversicherung (GRV)

3.1 Einführung

Die Rentenversicherung ist in fast allen Industrieländern der größte Versicherungszweig der Sozialversicherung. Das Bundesministerium für Arbeit und Soziales liefert jährlich einen Überblick über das Leistungsspektrum und die Finanzierung der sozialen Sicherung in Deutschland. Im Jahr 2013 wurden insgesamt rund 812 Mrd. Euro für soziale Leistungen, auch Sozialbudget genannt, ausgegeben, davon fast 500 Mrd. Euro für die Sozialversicherungssysteme. Die Rentenversicherung erhält davon über 30 % (über 260 Mrd. Euro).

Die Rentenversicherung in Deutschland wird, wie die übrigen Sozialversicherungszweige auch, nach dem Umlageverfahren betrieben. Die Arbeitnehmer finanzieren über einkommensabhängige Beiträge die Renten der Älteren. Durch den „Generationenvertrag" soll sichergestellt werden, dass die Renten der jetzigen Arbeitnehmer wiederum von der nachfolgenden Generation finanziert werden. Der Umfang der Rentenleistung bemisst sich im Wesentlichen an der relativen Höhe der während der aktiven Zeit geleisteten Beiträge. Nur in Ländern mit einer (meist steuerfinanzierten) Staatsbürgerrente – wie z. B. Schweden, Großbritannien oder den Niederlanden – ist dies nicht der Fall. Die Renten in der Bundesrepublik Deutschland sind zudem bruttolohnbezogen, was bedeutet, dass sie an die Entwicklung der Bruttolöhne des vorangegangenen Jahres angepasst werden. Die Bundesregierung kann mit Zustimmung des Bundesrats eine Aussetzung der Rentenanpassung beschließen.

Aufgrund der historischen Entwicklung in Deutschland sowie der in Deutschland vorhandenen sozialen Grundsätze existieren besondere Arten von Renten. Folgende Renten können differenziert werden:

- „normale" Altersrente

  Für einen Anspruch auf die so genannte Regelaltersrente genügen bereits fünf Jahre Versicherungszeit.

- Altersrente für langjährig und besonders langjährig Versicherte

  Die Altersrente für langjährig Versicherte und die für besonders langjährig Versicherte ist abhängig vom Geburtsjahr des Versicherten.

- Altersrente für schwerbehinderte Menschen

  Eine gesundheitliche Beeinträchtigung kann eine Beschäftigung bis zur Regelaltersgrenze verhindern. Ab einem Grad der Behinderung von mindestens 50 % ist ein vorzeitiger Renteneintritt möglich.

- Altersrente für Frauen

  Frauen, die vor 1952 geboren sind, können unter bestimmten Voraussetzungen schon mit 60 Jahren eine vorgezogene Altersrente in Anspruch nehmen.

- Altersrente für langjährig unter Tage beschäftigte Bergleute

  Personen mit ständigen Arbeiten unter Tage, die ab oder nach dem 60. Lebensjahr die Wartezeit von 25 Jahren erfüllt haben, haben Anspruch auf diese Altersrente.

- Altersrente bei Arbeitslosigkeit oder nach Altersteilzeit

  Mehr als zwei Millionen Menschen in Deutschland erhalten nach einer Phase der Altersteilzeit oder Arbeitslosigkeit diese Altersrente.

- Rente an Hinterbliebene

  Bei Tod des Ehegatten bzw. des eingetragenen Lebenspartners wird die so genannte kleine oder große Witwenrente gezahlt.

- Erwerbsminderungsrente

  Rentenzahlung erfolgt, wenn die Arbeit nicht mehr oder nur noch stundenweise aufgrund einer Erwerbsminderung ausgeübt werden kann.

Die Regelungen zur GRV sind im Sozialgesetzbuch VI in sechs Kapiteln festgeschrieben.

3.2 Kreis der Versicherten

Die GRV ist vom Ursprung her keine Pflichtversicherung für die gesamte Bevölkerung, sondern in ihrem Kern eine Absicherung der abhängig beschäftigten Arbeitnehmer. Der Kreis der Pflichtversicherten ist aber seit der Bismarck'schen Sozialversicherung weiter ausgeweitet worden.

Im Rahmen der deutschen gesetzlichen Rentenversicherung sind folgende Personenkreise versicherungspflichtig (§ 1 ff. SGB VI):

- Kreis der Arbeitnehmer, deren Arbeitsentgelt die Beitragsbemessungsgrenze (2014: 60.000 Euro in den alten und 71.400 Euro in den neuen Bundesländern im Jahr) nicht übersteigt,
- Wehr- und Zivildienstleistende sowie Personen im Freiwilligendienst, deren Beiträge voll vom Bund übernommen werden,
- die Empfänger von Lohnersatzleistungen der Bundesagentur für Arbeit,
- die Empfänger der Grundsicherung Arbeitslosengeld II nach dem SGB II,
- Bezieher von Krankengeld,
- Personen, für die eine Kindererziehungszeit anzurechnen ist,

- Mütter oder Väter für die Dauer der Elternzeit,
- private Pflegepersonen,
- bestimmte Gruppen selbstständig Gewerbetreibender, wie Künstler, Publizisten, Heimarbeiterinnen, Hausgewerbetreibende und Handwerker sowie
- sogenannte arbeitnehmerähnliche Selbstständige (für die übrigen Zweige der Sozialen Sicherung besteht bei dieser Personengruppe jedoch keine Versicherungspflicht).

Versicherungsfrei sind Beamte und weitere Personen, die einen Anspruch auf Versorgung haben sowie Altersrentner, Pensionäre, Schüler und Studenten, die während ihrer Ausbildung „geringfügig" arbeiten. Ferner besteht Versicherungsfreiheit für geringfügig Beschäftigte sowie geringfügig Selbstständige und Pflegepersonen (Minijobs). Für Landwirte besteht eine eigene Alterssicherung der Landwirte; bestimmte Berufsgruppen in Kammerberufen (z. B. Ärzte, Ingenieure, Architekten, Steuerberater, Rechtsanwälte) können sich über die so genannten berufsständischen Versorgungswerke rentenversichern.

Alle nicht versicherungspflichtigen Personen, die in der Bundesrepublik Deutschland ihren Wohnsitz haben, sowie im Ausland lebende deutsche Staatsangehörige können sich freiwillig versichern.

Die Beitragshöhe richtet sich grundsätzlich nach der Höhe des Bruttoeinkommens des Versicherten und dem Beitragssatz in der gesetzlichen Rentenversicherung. Als Obergrenze gilt hierbei die sogenannte Beitragsbemessungsgrenze. Diese wird, wie auch der jeweils geltende Beitragssatz, von der Bundesregierung festgelegt. Der Beitragssatz beträgt zurzeit 18,9 %. Versicherte Arbeitnehmer und Arbeitgeber teilen sich diesen Wert pari (jeweils 9,45 %). Versicherte Selbstständige und freiwillig Versicherte müssen ihren Beitrag allein tragen. Die Höhe des Beitrags können freiwillig Versicherte zwischen einem Mindest- und einem Höchstbeitrag frei wählen.

Jeder Versicherte ab dem 27. Lebensjahr erhält von der Rentenversicherung jährlich eine Renteninformation. Darin sind der aktuelle Stand der bisher erworbenen Höhe einer Regelaltersrente sowie die Höhe einer Rente wegen voller Erwerbsminderung und die Hochrechnung der Regelaltersrente, abgestellt auf die Regelaltersgrenze, enthalten. Durch diese Renteninformation erfolgt eine regelmäßige Information über die Rentenanwartschaften zur besseren Planung der zusätzlich notwendigen privaten Altersvorsorge.

Nach Vollendung des 55. Lebensjahres wird die Renteninformation alle drei Jahre durch eine Rentenauskunft ersetzt. Sie enthält eine Berechnung der Rente wegen voller und teilweiser Erwerbsminderung, der Regelaltersrente sowie der Witwen- oder Witwerrente.

Nach den Regelungen des *Alterseinkünftegesetzes* gilt seit 2005 auch bei den Renten aus der GRV das Prinzip der nachgelagerten Besteuerung, das jedoch nur schrittweise, über einen Zeitraum von 45 Jahren hinweg eingeführt wird: 2005 betrug für alle Bestandsrentner und für jene Rentner, die in diesem Jahr erstmalig eine Rente beziehen, der Besteuerungsanteil 50 % des Rentenbetrages. Der Besteuerungsanteil bestimmt sich nicht mehr nach dem Lebensalter bei Renteneintritt, sondern ausschließlich nach dem Jahr des Renteneintritts.

Der steuerpflichtige Rentenanteil wird bei jedem neu hinzukommenden Rentnerjahrgang, also seit dem Jahr 2006, bis zum Jahr 2020 jährlich um jeweils 2 % angehoben, so dass bei dem Neurentnerjahrgang des Jahres 2020 schließlich 80 % dieser Renten aus Altersvorsorgeverträgen der Besteuerung zugrunde gelegt werden. Daraus ergibt sich, dass Renten, die erstmalig im Jahr 2013 bezogen worden sind, zu 66 % zu versteuern sind. Von 2020 bis 2040 steigt der Besteuerungsanteil langsamer, jährlich um einen Prozentpunkt. Im Jahr 2040 wird dann die volle Besteuerung erreicht sein. Im Gegenzug werden die Vorsorgeaufwendungen (Arbeitnehmerbeiträge) schrittweise (volle Wirkung im Jahr 2025) von der Besteuerung freigestellt.

Der sich ergebende steuerfrei bleibende Teil der Jahresbruttorente wird auf Dauer festgeschrieben, d. h. jeder Jahrgang behält seinen absoluten Rentenfreibeitrag, der von der Besteuerung ausgeschlossen bleibt. Da dieser Freibetrag über die gesamte Rentenlaufzeit nominal konstant bleibt, also im Verlauf von Rentenerhöhungen an Wert verliert, kann es dazu kommen, dass auch „Altfälle" sukzessive in die Besteuerung mit einbezogen werden. Denn bei den zukünftigen Rentenerhöhungen erhöht sich der steuerpflichtige Teil schrittweise, der steuerfreie Betrag bleibt gleich. Der Rentenanpassungsbetrag wird also voll versteuert.

3.3 Aufgaben und Leistungen

Die gesetzliche Rentenversicherung hat die folgenden Aufgaben (SGB VI, zweites Kapitel):

- berufliche Rehabilitation (Erhaltung, Verbesserung und Wiederherstellung der Erwerbsfähigkeit),
- Absicherung des Erwerbsunfähigkeitsrisikos (Gewährung von Versichertenrenten wegen Erwerbsunfähigkeit),
- Absicherung des Altersrisikos (Gewährung von Altersrenten) sowie
- Absicherung gegen den Tod des Ernährers (Gewährung von Renten an Hinterbliebene).

Zu den wesentlichen Leistungen der gesetzlichen Rentenversicherung gehören demnach Rehabilitationsleistungen und Renten:

1. Leistungen zur *Erhaltung, Verbesserung und Wiederherstellung der Erwerbsfähigkeit* (§§ 9–32 SGB VI): Die Rentenversicherung erbringt Leistungen zur *medizinischen Rehabilitation, zur Teilhabe am Arbeitsleben* und weitere Leistungen, um die Auswirkungen von Krankheit, körperlichen, geistigen oder seelischen Behinderungen auf die Erwerbsfähigkeit zu überwinden oder zu vermindern. Dadurch sollen Beeinträchtigungen der Erwerbsfähigkeit sowie das vorzeitige Ausscheiden aus dem Arbeitsleben verhindert bzw. eine Wiedereingliederung ermöglicht werden. Der Grundsatz „Rehabilitation geht vor Rente" ist ausdrücklich im Rentenrecht verankert (§ 9 SGB VI). Für die Beanspruchung von Rehabilitationsleistungen und Leistungen zur Teilhabe am Erwerbsleben sind je nach Art der Leistungen unterschiedlich lange Wartezeiten Voraussetzung.

   Im Rahmen von Rehabilitationsmaßnahmen wird den Versicherten in Abhängigkeit von Familienstatus und Art der Rehabilitation ein Übergangsgeld bezahlt. Die medizinischen Rehabilitationsmaßnahmen umfassen die ärztliche Behandlung, Arznei- und Verbandmittel einschließlich Krankengymnastik sowie Bewegungs- und Sprachtherapie, Belastungserprobung und Arbeitstherapie sowie die Ausstattung mit Körperersatzstücken, orthopädischen und anderen Hilfsmitteln. Die berufsfördernden Rehabilitationsleistungen umfassen Hilfen zur Erhaltung oder Erlangung eines Arbeitsplatzes, Berufsvorbereitung, Ausbildung, Fortbildung, Umschulung und sonstige Hilfen der Arbeits- und Berufsförderung. Zu den weiteren Leistungen gehören Haushaltshilfen, Reisekosten, Kinderkuren usw.

2. *Renten wegen Alters, wegen verminderter Erwerbsfähigkeit oder wegen Todes* (§§ 33–105 SGB VI): Renten werden geleistet, um ausgefallenes Arbeitseinkommen zu ersetzen. Ein Anspruch auf Rente besteht, wenn die für die jeweilige Rentenart geforderte Mindestversicherungszeit (Wartezeit) erfüllt ist, sowie die rechtlichen und persönlichen Voraussetzungen vorliegen.

   a) Die *Rente wegen Alters* wird geleistet als Regelaltersrente sowie als Altersrente für Frauen, für langjährig Versicherte, für schwerbehinderte Menschen, für langjährig unter Tage beschäftigte Bergleute sowie wegen Arbeitslosigkeit oder nach Altersteilzeitarbeit.

   Der Anspruch auf eine *Regelaltersrente* besteht, wenn die versicherte Person das 65. bzw. das 67. Lebensjahr vollendet und die allgemeine Wartezeit (die Mindestversicherungszeit) erfüllt hat. Die allgemeine Wartezeit beträgt grundsätzlich 5 Jahre.

   Bundestag und Bundesrat haben im März 2007 mit dem „*Rentenversicherungs-Altersgrenzenanpassungsgesetz*" die Rente mit 67 beschlossen. Kernstück ist die schrittweise Anhebung des Renteneintrittsalters von bisher 65 auf 67 Jahre ab 2012 – begonnen wird mit dem Geburtsjahrgang 1947. Von 2012 bis 2023 steigt das Renteneintrittsalter zunächst jährlich um einen Monat von 65 auf 66 Jahre, von 2024 bis 2029 dann jährlich um jeweils zwei Monate auf 67 Jahre. Das heißt: Wer 1947 geboren wurde, muss über seinen 65. Geburtstag hinaus noch einen Monat länger arbeiten. Ab Jahrgang 1964 gibt es die Rente ohne Abzüge in der Regel erst mit 67 Jahren.

Grundsätzlich haben weiterhin viele Versicherte die Möglichkeit, bis zu vier Jahren früher in Ruhestand zu gehen – allerdings dann mit 3,6 % Abschlag pro Jahr des vorzeitigen Rentenbeginns.

b) Die *Rente wegen Erwerbsminderung* unterscheidet zwischen voller und teilweiser Erwerbsminderung.

Teilweise erwerbsgemindert ist, wer aus gesundheitlichen Gründen (Krankheit oder Behinderung) auf nicht absehbare Zeit unter den üblichen Bedingungen des allgemeinen Arbeitsmarkts täglich mindestens drei, aber weniger als sechs Stunden tätig sein kann. Als Rente erhält der Versicherte die Hälfte einer Altersrente.

Voll erwerbsgemindert ist, wer aus gesundheitlichen Gründen unter den Bedingungen des allgemeinen Arbeitsmarkts täglich keine drei Stunden mehr tätig sein kann. Die Rente wegen voller Erwerbsminderung wird in Höhe einer Altersrente gezahlt.

c) *Renten wegen Todes* können in Hinterbliebenenrenten, d. h. Witwenrente und Waisenrente sowie Erziehungsrente unterschieden werden.

Eine kleine Witwen-/Witwerrente wird maximal 24 Monate für nicht wiederverheiratete Hinterbliebene gewährt, wenn der verstorbene Ehegatte die allgemeine Wartezeit erfüllt hat. Anspruch auf die große Witwen-/Witwerrente besteht, wenn der Verstorbene die allgemeine Wartezeit erfüllt hat und die Hinterbliebenen ein Kind unter 18 Jahren erziehen, das 45. Lebensjahr vollendet haben oder erwerbsgemindert sind.

Kinder haben Anspruch auf Halbwaisenrente, wenn sie noch einen Elternteil haben, der unterhaltspflichtig ist, und Anspruch auf Vollwaisenrente, wenn kein Elternteil mehr am Leben ist. Waisenrenten werden bis zum 18. Lebensjahr bzw. bei Schul- oder Berufsausbildung sowie für den Fall, dass die Waise außerstande ist, sich selbst zu unterhalten (z. B. aufgrund Behinderung), bis zum 27. Lebensjahr geleistet.

Erziehungsrenten sind keine Renten aus der Versicherung eines Verstorbenen, sondern eine Rente aus eigener Versicherung. Sie werden an Versicherte, deren Ehe nach dem 30. Juni 1977 geschieden wurde, bis zur Vollendung des 65. Lebensjahres gezahlt, wenn der geschiedene Ehegatte verstorben ist und die versicherte Person ein eigenes Kind oder ein Kind des Verstorbenen erzieht, nicht wieder geheiratet hat und bis zum Tod des Ehegatten aus der eigenen Versicherung die allgemeine Wartezeit erfüllt hat.

3. Weitere Leistungen der gesetzlichen Rentenversicherung beziehen sich auf die Entrichtung von *Beiträgen zur gesetzlichen Krankenversicherung der Rentner*. Die Krankenversicherung der Rentner (KVdR) wird von den Trägern der gesetzlichen Krankenversicherung durchgeführt und beginnt grundsätzlich mit dem Tag der Rentenantragstellung. Da zum Zeitpunkt der Rentenantragstellung im Allgemeinen noch nicht bekannt ist, ob und von welchem Zeitpunkt an ein Rentenanspruch besteht, muss der Rentenbewerber die Beiträge zur KVdR zunächst selbst zahlen. Sobald seinem Rentenantrag stattgegeben wurde, erhält er von der Krankenkasse die Beiträge zurück, die er ab Rentenbeginn (frühestens ab Rentenantragstellung) verauslagt hat. Krankenversicherungspflichtige Rentner haben aus ihrer Rente Beiträge zur KVdR zu zahlen.

Bezieht ein Berechtigter mehrere Renten aus der gesetzlichen Rentenversicherung (z. B. Versicherten- und Witwen- oder Witwerrente), sind alle Renten beitragspflichtig. Hat der Rentner weitere mit der Rente vergleichbare Einnahmen (Versorgungsbezüge, z. B. Betriebsrenten) oder Arbeitseinkommen aus selbstständiger Tätigkeit, so sind auch diese Einnahmen beitragspflichtig. Als Beitragssatz für die Beiträge aus der Rente ist der allgemeine Beitragssatz der Krankenkasse zugrunde zu legen, bei welcher der Rentner krankenversichert ist. Unterliegt die Rente der Beitragspflicht, tragen der krankenversicherungspflichtige Rentner und die Rentenversicherung die auf die Rente entfallenden Beiträge jeweils zur Hälfte. Wer als Rentner nicht krankenversicherungspflichtig, sondern freiwillig bei einer gesetzlichen Krankenkasse oder bei einem privaten Krankenversicherungsunternehmen versichert ist, kann vom Rentenversicherungsträger einen Zuschuss zu seinen Aufwendungen für die Krankenversicherung erhalten. Der Zuschuss wird in Höhe des halben Betrags geleistet, der sich aus der Anwendung des durchschnittlichen allgemeinen Beitragssatzes der Krankenkassen auf den Zahlbetrag der Rente ergibt. Seit 2004 müssen Rentner den auf Betriebsrenten entfallenden Beitrag zur Krankenversicherung komplett selbst tragen.

Sind die Voraussetzungen für die KVdR erfüllt, besteht ebenfalls Versicherungspflicht in der *sozialen Pflegeversicherung*. Dies gilt selbst dann, wenn die KVdR zwar ausgeschlossen, der Rentner jedoch anderweitig gesetzlich krankenversichert ist (z. B. als freiwilliges Mitglied einer gesetzlichen Krankenkasse). Die Beiträge zur Pflegeversicherung werden nach denselben Grundsätzen wie bei den Beiträgen zur KVdR einbehalten und abgeführt. Der Beitragssatz beträgt derzeit bundeseinheitlich 2,05 % und wird von den Rentnern seit 1.4.2004 allein getragen.

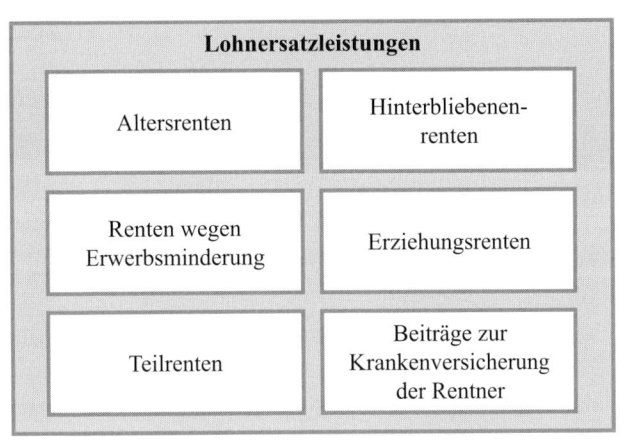

Leistungen zur Rehabilitation	Lohnersatzleistungen	
Medizinische Rehabilitation	Altersrenten	Hinterbliebenen-renten
Berufsfördernde Leistungen zur Rehabilitation	Renten wegen Erwerbsminderung	Erziehungsrenten
Übergangsgeld	Teilrenten	Beiträge zur Krankenversicherung der Rentner

Abbildung 159: Leistungen der gesetzlichen Rentenversicherung

3.4 Berechnung der Rente

Die Höhe der so genannten Zugangsrente (erste Rente) wird nach der Rentenformel berechnet (§§ 63–78a SGB VI), die im Laufe der Zeit immer wieder geändert wurde. Die Formel stellt sicher, dass die Rente umso höher ist,

- je länger der Versicherte Beiträge eingezahlt hat,
- je höher sein Arbeitseinkommen in seiner aktiven Zeit war und
- je höher das Einkommen der im aktiven Erwerbsleben stehenden Versicherten ist.

Entsprechend legt die derzeitige Rentenformel fest, dass die Rente pro Monat das Produkt aus vier Faktoren ist, nämlich

- der „Summe der Entgeltpunkte",
- dem „Zugangsfaktor",
- dem „Rentenartfaktor" und
- dem „aktuellen Rentenwert".

Als Formel ausgedrückt:

Monatsrente = persönliche Entgeltpunkte × Rentenartfaktor × aktueller Rentenwert,

persönliche Entgeltpunkte = Summe der Entgeltpunkte × Zugangsfaktor.

Mit dem *Gesetz zur Sicherung der nachhaltigen Finanzierungsgrundlagen der gesetzlichen Rentenversicherung* vom 16.6.2004 wurde in die Rentenanpassungsformel zur Bestimmung des aktuellen Rentenwerts ein „Nachhaltigkeitsfaktor" eingeführt, mit dem das Verhältnis von Beitragszahlern zu Leistungsempfängern bei der jährlichen Rentenanpassung berücksichtigt wird. Die Effekte, die sich aus steigender Lebenserwartung, Geburten- und Erwerbstätigenrückgang sowie Migration ergeben, sollen damit gerechter auf Beitragszahler und Rentenempfänger verteilt werden.

Persönliche Entgeltpunkte (§ 66 SGB VI)

Die Rentenhöhe wird im besonderen Maße von den persönlichen Entgeltpunkten bestimmt. Die persönlichen Entgeltpunkte berechnen sich aus dem Produkt der Summe der Entgeltpunkte und dem Zugangsfaktor. Sie stellen den leistungs-, d. h. arbeitsbezogenen Teil der Rentenformel dar. Die Summe der Entgeltpunkte wird vor allem von der Höhe der geleisteten Beiträge und der Zahl der Beitragsmonate bestimmt (Berücksichtigung des individuellen Äquivalenzprinzips). Allerdings gehen auch bestimmte beitragsfreie Zeiten in die Entgeltpunkte ein.

Die *Summe der Entgeltpunkte* setzen sich zusammen aus

- der Summe der Entgeltpunkte für *vollwertige Beitragszeiten* (Beitrag für vollständige Monate),
- der Summe der Entgeltpunkte für *beitragsfreie Zeiten*,
- der Summe der Zuschläge für *beitragsgeminderte Zeiten* sowie
- weiteren Zuschlägen (z. B. für Arbeitsentgelte aus geringfügiger, versicherungsfreier Beschäftigung, aufgrund von Ehegattensplitting oder Versorgungsausgleich).

Die Entgeltpunkte werden in Abhängigkeit des Arbeitseinkommens, der Beitragsbemessungsgrenze und des Durchschnittsentgelts aller Versicherten berechnet. Dabei wird das erzielte Entgelt des Versicherten in Entgeltpunkte umgerechnet, indem es durch das Durchschnittsentgelt aller Versicherten dividiert wird. Entspricht das jährliche Entgelt genau dem Durchschnitt, werden also 1,0 Entgeltpunkte angerechnet. Wenn das Jahresarbeitsentgelt eines Versicherten 42.000 Euro beträgt und das durchschnittliche Arbeitsentgelt aller Versicherten im gleichen Jahr 35.000 Euro, erhält der Versicherte demgegenüber

$$\frac{42.000}{35.000} = 1,2$$

Entgeltpunkte gutgeschrieben. Die Monatsrente eines Versicherten wird folglich umso höher, je höher sein beitragspflichtiges Einkommen ist. Das höchstmögliche beitragspflichtige Einkommen wird jährlich durch den Gesetzgeber festgelegt und als *Beitragsbemessungsgrenze* bezeichnet. Sie beträgt rund das 1,8-fache des Durchschnittseinkommens aller Versicherten. Das vorläufige Durchschnittsentgelt aller Versicherten für das Jahr 2014 beträgt 34.857 Euro.

Als *vollwertige Beitragszeiten* gelten auch Kindererziehungs- und Berufsausbildungszeiten. Kindererziehungszeiten sind Pflichtbeitragszeiten, für die Beiträge als gezahlt gelten bzw. seit dem 1.6.1999 vom Bund tatsächlich an die Rentenversicherung gezahlt werden. Für Geburten seit dem 1.1.1992 werden der oder dem Erziehenden die ersten 36 Monate (vor 1992: 24 Monate) nach der Geburt des Kindes als Erziehungszeit und damit als Pflichtbeiträge angerechnet. Bei Mehrlingsgeburten wird die Zeit doppelt bzw. mehrfach berücksichtigt. Für die Kindererziehungszeit wird unterstellt, dass ein durchschnittlicher Verdienst erzielt wurde.

Berufsausbildungszeiten sind Pflichtbeitragszeiten, die aus diesem Grund bei der Rentenberechnung besonders bewertet werden. Ferner werden Zeiten des Wehr- und Zivildiensts berücksichtigt. Personen, die aufgrund gesetzlicher Pflicht mehr als drei Tage Wehr- bzw. Zivildienst leisten, sind grundsätzlich in der gesetzlichen Rentenversicherung versicherungspflichtig.

Beitragsfreie Zeiten sind solche Zeiten, in denen zwar keine Beiträge gezahlt worden sind, die aber trotzdem einen Rentenanspruch erzeugen oder rentenerhöhend wirken. Hauptsächlich handelt es sich dabei um Ersatz-, Anrechnungs- oder Zurechnungszeiten.

Ersatzzeiten sind Zeiten ohne Beitragsleistung, weil der Versicherte – aus nicht selbst zu verantwortenden Gründen – an der Zahlung von Beiträgen gehindert war, z. B. durch Kriegsgefangenschaft, NS-Verfolgung, Flucht und politische Haft in der DDR. Ersatzzeiten sind auf Zeiten bis zum 31.12.1991 begrenzt und werden bei der Wartezeit und der Rentenberechnung berücksichtigt.

Anrechnungszeiten sind Zeiten, in denen zwar keine Beiträge gezahlt wurden, die aber für die Wartezeit und die Rentenberechnung als rentenrechtliche Zeiten angerechnet werden. Das sind Zeiten, in denen der Versicherte z. B. wegen Krankheit arbeitsunfähig oder wegen Schwangerschaft, Mutterschaft oder Arbeitslosigkeit nicht versichert war und dadurch eine versicherte Beschäftigung, eine selbstständige Tätigkeit oder ein versicherter Wehr- bzw. Zivildienst unterbrochen wurde (§ 58 II SGB VI). Anrechnungszeiten wegen Krankheit und Arbeitslosigkeit werden mit 80 % des individuellen durchschnittlichen Entgeltpunktwerts bewertet. Die Anrechnung von Zeiten des Schulbesuchs nach dem 17. Lebensjahr sowie eine Fach- oder Hochschulausbildung bis zu acht Jahren ist mit dem *RV-Nachhaltigkeitsgesetz* (2004) abgeschafft worden.

Um Versicherten, die in jungen Jahren vermindert erwerbsfähig werden, eine ausreichende Rente zu sichern, wird ihnen die so genannte *Zurechnungszeit* angerechnet. Die Zurechnungszeit ist die Zeit vom Eintritt der Erwerbsminderung bis zur Vollendung des 60. Lebensjahres.

Die Bewertung der beitragsfreien Zeiten erfolgt nach dem Prinzip der „Gesamtleistungsbewertung". Das bedeutet, dass beitragsfreie Zeiten entsprechend dem durchschnittlichen (Monats-)Gesamtwert der Beiträge einschließlich freiwilliger Beiträge bewertet werden. Die Bewertung beitragsfreier Zeiten wird daher umso höher, je höher die Zahl der Entgeltpunkte, d. h. je höher das Arbeitseinkommen und je höher die Zahl der Beitragsmonate war. Durch dieses Element der Gesamtleistungsbewertung wurde die Lohn- bzw. Beitragsbezogenheit der Rente verstärkt.

Rentenrechtlich relevanter Zeitraum	Bedeutung
Beitragszeiten	Zeiten, für die Pflichtbeiträge aufgrund einer versicherungspflichtigen Beschäftigung / Tätigkeit oder freiwillige Beiträge geleistet worden sind.
Berücksichtigungszeiten	Als Beitragszeiten gelten auch: • Kindererziehungszeiten bis einschließlich 10. Lebensjahr • Zeiten ehrenamtlicher Pflegetätigkeit
Beitragsfreie Zeiten	Sollen einen Ausgleich dafür schaffen, dass der Versicherte keine Beschäftigung gegen Entgelt ausüben konnte.
Anrechnungszeiten	Vor allem Zeit der Arbeitsunfähigkeit und der Arbeitslosigkeit.
Zurechnungszeiten	Im Fall einer geringen Rentenanwartschaft, beispielsweise aufgrund von Erwerbsminderung oder Tod, wird bei der Ermittlung der Entgeltpunkte die Zeit zwischen Versicherungsfalleintritt und Rentenbeginns als (Quasi-)Versicherungszeit berücksichtigt.
Ersatzzeiten	Zeiträume, in denen der Versicherte aus besonderen Gründen keine Beiträge entrichten konnte, beispielsweise wegen Kriegsdienst.
Wartezeiten	Zeiten der Mitgliedschaft in der gesetzlichen Rentenversicherung, die einen Rentenanspruch auf Versicherungsleistungen konstituieren. Auf die allgemeine Wartezeit von fünf Jahren werden Beitragszeiten und Ersatzzeiten angerechnet. Möglichkeiten der vorzeitigen Erfüllung der Wartezeit sind in bestimmten Fällen möglich.
Beitragsgeminderte Zeiten	Monate, in denen sowohl beitragsfreie Zeiten als auch Beitragszeiten vorliegen.

Abbildung 160: Rentenrechtliche Versicherungszeiten

Zugangsfaktor (§ 77 SGB VI)

Mit der Rentenreform 1992 wurde der Zugangsfaktor in die Berechnung der Rente eingeführt, der im Vergleich zum vorher geltenden Rentenrecht die Anreize zu einem frühestmöglichen Renteneintritt verminderte. Mit ihm wird das Alter des Versicherten bei Renteneintritt berücksichtigt und bestimmt damit, in welchem Umfang die persönlichen Entgeltpunkte bei der Ermittlung der Monatsrente zu berücksichtigen sind. Bei vorzeitiger oder bei aufgeschobener Inanspruchnahme der Altersrente hat der Zugangsfaktor die Funktion, die im Vergleich zur „Normalrente" verlängerte oder verkürzte Rentenbezugsdauer zu berücksichtigen. Der Zugangsfaktor für die „Normalrente" beträgt 1. Wird die Altersrente „vorgezogen", so wird der Zugangsfaktor für jeden Monat vorzeitiger Inanspruchnahme um 0,003 gesenkt. Wird die Rente „aufgeschoben", so wird der Zugangsfaktor für jeden Monat um 0,005 erhöht. Bei einem Jahr vorzeitigen Rentenbezugs verringert sich dadurch die Rente um 3,6 %, bei einem Jahr aufgeschobener Inanspruchnahme erhöht sie sich um 6 %. Vorgezogene Altersrente kann sowohl als Voll- wie auch als Teilrente frühestens drei Jahre vor Erreichen der Regelaltersgrenze bezogen werden.

Rentenartfaktor (§ 67 SGB VI)

Die Rentenart wird bei der Rentenberechnung über den so genannten Rentenartfaktor berücksichtigt. Entsprechend ihrer unterschiedlichen Sicherungsfunktion sind den einzelnen Rentenarten verschieden hohe Rentenartfaktoren zugeordnet Die folgende Abbildung veranschaulicht diese Berechnung.

Rentenart	Rentenartfaktor
Renten wegen Alters	1,0
Renten wegen voller Erwerbsminderung	1,0
Renten wegen teilweiser Erwerbsminderung	0,5
Erziehungsrenten	1,0
Kleine und große Witwen-/Witwerrenten bis zum Ende des dritten Monats nach dem Sterbemonat des Ehegatten („Sterbevierteljahr")	1,0
Große Witwer- und Witwenrenten	0,55
Kleine Witwer- und Witwenrenten	0,25
Vollwaisenrenten	0,2
Halbwaisenrenten	0,1

Abbildung 161: Rentenartfaktoren

Aktueller Rentenwert (§ 68 SGB VI)

Die letzte Bestimmungsgröße der Zugangsrente ist der aktuelle Rentenwert. Das ist der Betrag, der einer monatlichen Rente aus den Beiträgen eines Durchschnittsverdienenden für ein Jahr entspricht. Er wird durch die Bundesregierung mit Zustimmung des Bundesrats jeweils zum 1. Juli eines Jahres festgelegt. Durch die Erhöhung des aktuellen Rentenwerts wird die Rente an die Veränderung der Löhne und Gehälter angepasst. Die Anbindung der Zugangsrenten an die Entwicklung der Arbeitseinkommen, die so genannte Dynamisierung der Renten, ist eine Errungenschaft der Rentenreform des Jahres 1957.

Bis zum Rentenreformgesetz von 1992 wurde in der Rentenversicherung das Bruttoanpassungsprinzip verwendet, d. h. der aktuelle Rentenwert ging mit der Entwicklung der Bruttolöhne einher. Seitdem wurden die Nettolöhne verwendet. Die Begründung hierfür lag in dem Umstand, dass in Folge von höheren Beitrags- und Steuerbelastungen der Arbeitseinkommen die Abstände zwischen Nettolöhnen und Renten merklich kleiner geworden waren. Von 1992 bis 2001 galt die Nettoanpassung der Renten. Gründe für die Einführung der Nettoanpassung lagen in den Problemen, mit denen das deutsche Rentenversicherungssystem durch hohe Arbeitslosenzahlen und steigende Rentnerzahlen zu kämpfen hatte. Damit wurden neben der Veränderungsrate des Bruttoarbeitsentgelts der Versicherten auch die durchschnittliche Belastungsveränderung dieser Entgelte durch Steuern und Sozialversicherungsbeiträge sowie die Belastungsveränderungen bei den Renten berücksichtigt.

Wie oben bereits erwähnt, fügte der Gesetzgeber einen so genannten Nachhaltigkeitsfaktor in die Rentenanpassungsformel ein. Dieser von der „Rürup-Kommission" (Kommission für die Nachhaltigkeit in der Finanzierung der Sozialen Sicherungssysteme unter Leitung von Prof. Dr. Bert Rürup) vorgeschlagene Faktor berücksichtigt die Entwicklung des Verhältnisses zwischen Beitragszahlern und Leistungsempfängern anhand des Rentnerquotienten. Je mehr sich die Anzahl der Beitragszahler im Verhältnis zu den Rentnern verringert, umso mehr wird der Rentenanstieg gebremst.

Der aktuelle Rentenwert wird ab dem 1. Juli 2005 entsprechend dieser Formel angepasst:

$$aR_t = aR_{t-1} \cdot \frac{BE_{t-1}}{BE_{t-2}} \cdot \frac{100 - AVA_{t-1} - RVB_{t-1}}{100 - AVA_{t-2} - RVB_{t-2}} \cdot \left((1 - \frac{RQ_{t-1}}{RQ_{t-2}}) \cdot \alpha + 1 \right)$$

mit

aR: aktueller *Rentenwert* des jeweiligen Jahres t

BE: durchschnittliches *Bruttoentgelt* des jeweiligen Jahres t

AVA: *Altersvorsorgeanteil* des jeweiligen Jahres, der von 2003 bis 2009 mit 0,5 % auf 4 % steigend angerechnet wurde („daher Riester-Treppe")

RVB: *Rentenversicherungsbeiträge* des jeweiligen Jahres

RQ: *Rentnerquotient* des jeweiligen Jahres

α: *Gewichtungsfaktor*, $\alpha = 0{,}25$

Der Rentnerquotient wird ermittelt, indem die Anzahl der Äquivalenzrentner durch die Anzahl der Äquivalenzbeitragszahler geteilt wird. Die Anzahl der Äquivalenzrentner ergibt sich aus der Division des Gesamtrentenvolumens durch die Standardrente, die Anzahl der Äquivalenzbeitragszahler wird ermittelt, indem die Gesamtbeiträge durch das Durchschnittsentgelt dividiert werden. Damit sollen Verzerrungen durch geringfügige Beiträge bzw. Leistungen vermieden werden.

Neben dem Rentnerquotienten ist zusätzlich der Parameter α eingeführt worden, über den sich die Gewichtung des Rentnerquotienten steuern lässt. Ein α in Höhe von Null ließe die bisherige Rentenformel unverändert, was bedeuten würde, dass die Lasten aus dem steigenden Rentneranteil allein durch die Beitragszahler zu tragen wären. Bei $\alpha = 1$ würden die Lasten auf die Rentner allein übertragen. Je niedriger α ist, umso höher ist also das Rentenniveau. Die Festlegung von α auf den Wert von 0,25 resultiert aus dem mit den Rentenreformen seit 2001 verfolgten Ziel, den Beitragssatz maximal auf 20 % bis 2020 bzw. auf 22 % bis 2030 ansteigen zu lassen. Zusammen mit einer Heraufsetzung der Altersgrenze auf 67 Jahre würde mit $\alpha = 0{,}25$ nach derzeitigen Schätzungen genau dies erreicht. Eine Entscheidung über die Heraufsetzung des Rentenalters wurde allerdings noch nicht getroffen, sondern auf einen zukünftigen Zeitpunkt verschoben.

Der Altervorsorgeanteil wurde bereits mit der „Riester-Reform" 2001 in die Rentenanpassungsformel eingefügt. Mit ihm wird eine Senkung des Rentenniveaus erreicht, die durch die private „Riester-geförderte" Altersvorsorge wieder ausgeglichen werden soll. Die Anpassungsstufen (von 2003 bis 2009 von 0,5 % auf 4 %) laufen hier zeitlich leicht versetzt hinter der „Riestertreppe" für die staatliche Förderung (von 2002 bis 2008 von 1 % auf 4 %).

In den letzten Jahren sind mehrere Anpassungen der Rentenformel umgesetzt worden: 2005 und 2006 wurde die Rentenformel mit einer sogenannten Schutzklausel versehen, um eine Absenkung der Altersbezüge zu verhindern. 2008 und 2009 wurde der Riester-Faktor storniert.

Der aktuelle Rentenwert beträgt seit 1. Juli 2014 in den alten Bundesländern 28,61 Euro und in den neuen Bundesländern 26,39 Euro. Damit liegt die sogenannte „Standardrente", auch „Eckrente" genannt, seit dem 1. Juli 2014 bei 1.287,45 Euro in den alten bzw. 1.187,55 Euro in den neuen Bundesländern. Diese Berechnung basiert auf einer angenommenen modellhaften Erwerbsbiografie: Bezug einer Regelaltersrente bei vorheriger 45-jähriger Beitragszahlung in Höhe des Durchschnittentgeltbeitrags (Bruttoberechnung – vor Abzug des Beitrags zur Kranken- und Pflegeversicherung).

Das „tatsächliche" durchschnittliche Renteneintrittsalter ist auf einem Höchststand seit mehr als 20 Jahren: das Eintrittsalter der Männer lag 2012 bei 61,2 Jahren (60,9 im Jahr 2011) und Frauen gingen mit 61 Jahren durchschnittlich in Rente (60,8 im Jahr 2011). Weil die Beschäftigten immer länger arbeiten, müssen sie den Angaben zufolge auch weniger Abschläge für vorgezogenen Ruhestand hinnehmen. Im Schnitt gingen Altersrentner mit Abschlägen 27 Monate vor dem regulären Rentenalter in den Ruhestand – seit 2001 der niedrigste Wert. Für jeden Monat vorgezogenen Ruhestand wird die Rente dauerhaft um 0,3 % gekürzt. Rentner verzichteten dadurch im Jahr 2012 auf 87 Euro Rente im Monat.

3.5 Organisation und Finanzierung

Trägerorganisationen der GRV

Nach § 125 SGB VI sind die Bundesträger der gesetzlichen Rentenversicherung (allgemeine und knappschaftliche Rentenversicherung) die Deutsche Rentenversicherung Bund und die Deutsche Rentenversicherung Knappschaft-Bahn-See. Mit der Organisationsreform der Rentenversicherung wurde die Trennung von Arbeiter- und Angestelltenversicherung aufgehoben. Seit 1. Oktober 2005 firmieren die früheren Landesversicherungsanstalten als Regionalträger der Deutschen Rentenversicherung.

Neben der Verwaltung der Beitragsgelder und der Auszahlung der Renten übernehmen sie Aufgaben wie den Betrieb von Rehabilitationskliniken sowie Maßnahmen für die gesundheitliche Prävention.

Die Aufbringung der Mittel erfolgt aus:

1. Beiträgen, die zur Hälfte von Arbeitgebern und Arbeitnehmern aufzubringen sind. Die *Beitragsbemessungsgrenze*, die in der GRV identisch mit der Versicherungspflichtgrenze ist (im Jahre 2014: 71.400 Euro in den alten und 60.000 Euro in den neuen Bundesländern), legt die Obergrenze der maximal zu berücksichtigenden Beitragsbemessungsgrundlage fest.

2. Staatlichen Zuschüssen, die bislang mit den Kriegsfolgelasten (nicht beglichene Bürgschaften des Reiches, Finanzierungslücke durch eine geringere Anzahl an Erwerbstätigen, Witwenrenten von Kriegstoten) und den versicherungsfremden Aufgaben begründet wurden.

3. Beiträgen der Träger von Lohnersatzleistungen (u. a. Bundesanstalt für Arbeit, gesetzliche Krankenversicherungen, gesetzliche Unfallversicherung), die für die Empfänger der Lohnersatzleistungen (Kranken-, Übergangs-, Verletzten-, Arbeitslosen- und Unterhaltsgeld sowie Arbeitslosenhilfe) die Rentenversicherungsbeiträge ganz oder zur Hälfte zu tragen haben.

Die Leistungen der gesetzlichen Rentenversicherung werden – bis auf eine relativ kleine Schwankungsreserve von wenigen Monatsausgaben – über ein Umlageverfahren finanziert, d. h. die aktuellen Aufwendungen werden durch die aktuellen Einnahmen gedeckt (SGB VI § 158). Die heutigen Rentner haben während ihrer aktiven Jahre die Renten ihrer Elterngeneration finanziert. Die heute Erwerbstätigen kommen für die Renten der derzeitigen Rentnergeneration auf und werden ihrerseits ihre Rente von den zukünftigen Erwerbstätigen erhalten. Dies wird etwas irreführend als Generationenvertrag bezeichnet; letztlich kann dieser vermeintliche „Vertrag" in Zeiten des demographischen Wandels nur mit staatlichem Zwang aufrechterhalten werden.

3.6 Weitere Herausforderungen und Reformen

In der gesetzlichen Rentenversicherung hat sich in den zurückliegenden 40 Jahren das zahlenmäßige Verhältnis von Beitragszahlern zu Rentnern von etwa 3:1 auf 2:1 verschlechtert. Trotz diverser Rentenreformen stiegen die Aufwendungen ständig an und der derzeitige Beitragssatz kann nur durch steuerfinanzierte Bundeszuschüsse gehalten werden. Im Jahr 2012 wurden rund 25 % der Einnahmen der GRV (ca. 65 Mrd. Euro) durch Bundeszuschuss gewährleistet und nur rund 74 % durch Beitragseinnahmen (ca. 194 Mrd. Euro) aufgebracht.

Das Ziel einer Lebensstandardsicherung durch die GRV ist bereits mit der Rentenreform von 2001 aufgegeben worden – dieser Umbruch wird oft als „Paradigmenwechsel in der GRV" bezeichnet. Die Vorstellung, dass im Alter – nach einem langen Arbeitsleben – der im Lebensverlauf erreichte Lebensstandard (mit Abstrichen) beibehalten werden kann, gilt für das Leistungsniveau der GRV schon lange nicht mehr. Eine Lebensstandardsicherung kann nur noch erreicht werden, wenn die GRV durch andere Vorsorgeleistungen ergänzt wird. Das sogenannte Standardrentenniveau verringert sich seit Jahren kontinuierlich: der frühere Wert von rund 70 % wird sich im Sinne eines Mindestsicherungssatzes (2030: 43% vor Steuern) verringern. Die durch die Leistungsverschlechterungen und das Absenken des Rentenniveaus entstehende Versorgungslücke soll und muss durch einen Ausbau der privaten und betrieblichen Altersvorsorge kompensiert werden.

Die „Riester-Rente"

Die entstehenden Versorgungslücken sollen durch die Förderung der Vorsorge geschlossen werden. Dabei soll das Prinzip der Solidargemeinschaft und Leistungsbezogenheit nicht abgeschafft werden, sondern dem ursprünglichen Konzept lediglich ein weiterer Baustein hinzugefügt werden. Um die Eigenvorsorge attraktiv zu gestalten, gewährt der Staat seit dem 1. Januar 2002 bei Vorliegen bestimmter Voraussetzungen steuerliche Vorteile und finanzielle Zulagen. Die so entstehende zusätzliche Vorsorge wird nach dem ehemaligen Bundesminister für Arbeit und Sozialordnung, Walter Riester, als „Riester-Rente" bezeichnet.

Da die „Riester-Rente" die Absenkung des Rentenniveaus ausgleichen soll, begünstigt die staatliche Förderung insbesondere die Pflichtversicherten der gesetzlichen Rentenversicherung sowie die Versicherungspflichtigen nach dem Gesetz über die Alterssicherung der Landwirte. Weiterhin können auch Beamte, Richter, Soldaten und sonstige Bezieher von Amtsbezügen eine Förderung erhalten. Eine Ausnahme besteht bei Ehepaaren: Wird ein Ehepartner gefördert, so ist auch der andere Ehepartner berechtigt, Zulagen zu erhalten. Keine steuerliche Vergünstigung erhalten dagegen Selbstständige und berufsständisch Versicherte.

Gesetzesgrundlagen der Rentenreform 2001 sind das *Altersvermögensgesetz* (AVmG) und das *Altersvermögensergänzungsgesetz* (AVmEG). Gefördert werden jedoch nur Verträge zur Altersvorsorge, die bestimmte Kriterien erfüllen. Die konkreten Anforderungen sind im *Altersvorsorgeverträge-Zertifizierungsgesetz* (AltZertG) festgelegt. Nur wenn ein Vertrag diese Kriterien erfüllt, kann dieser auch zertifiziert und gefördert werden.

Jahr	Beitrag in % des Sozialversicherungspflichtigen Vorjahres-Einkommens	Staatliche Zulage		Förderfähiger Höchstbeitrag
		Grundzulage	Kinderzulage pro Kind	
2002	1 %	38 €	46 €	525 €
2003	1 %	38 €	46 €	525 €
2004	2 %	76 €	92 €	1.050 €
2005	2 %	76 €	92 €	1.050 €
2006	3 %	114 €	138 €	1.575 €
2007	3 %	114 €	138 €	1.575 €
ab 2008	4 %	154 €	185 bzw. 300 €	2.100 €

Abbildung 162: Zulagen, Mindestbeiträge und Höchstgrenzen der „Riester-Förderung"

Da der Aufbau der Altersvorsorge aus nicht versteuertem Einkommen erfolgt, unterliegen die späteren Auszahlungen der Steuerpflicht (nachgelagerte Besteuerung).

Im Folgenden werden die für eine „Riester-Förderung" zugelassenen Produktgruppen kurz dargestellt:

- Private Rentenversicherung:

  Bei der privaten Rentenversicherung investiert der Versicherer das Geld in überwiegend sichere Anlagen, wie z. B. Anleihen. Der Anleger bekommt eine Mindestrente garantiert, die sich durch eine Überschussbeteiligung erhöhen kann. Die Rendite ist in aller Regel niedriger als bei alternativen Anlageformen. Durch die Zertifizierung wird der Spielraum der vertraglichen Gestaltungsmöglichkeiten der privaten Rentenversicherung zusätzlich stark eingeschränkt.

- Banksparplan:

  Einzahlungen sowie Zins und Zinseszins werden angesammelt, wobei verschiedene Verzinsungsvarianten in Frage kommen.

- Investmentfonds:

  Alle Formen von Investmentfonds sind möglich. Jedoch kann die geforderte Nominalwerterhaltung Rendite mindernd wirken, da die Beiträge sicherheitsorientiert angelegt werden müssen, um dem Anleger die Sicherung seine Sparbeiträge zu garantieren.

- Betriebliche Altersvorsorge:

  Unter der betrieblichen Altersvorsorge versteht man die Zusage des Arbeitgebers gegenüber seinen Arbeitnehmern bezüglich Leistungen der Alters-, Invaliditäts- und Hinterbliebenenversorgung. Es gelten hier die Vorschriften des Gesetzes zur Verbesserung der betrieblichen Altersvorsorge (BetrAVG). Da durch das BetrAVG bereits ein ausreichender Mindeststandard gewährleistet ist, können die Kriterien der Zertifizierung als weitgehend erfüllt angesehen werden, so dass keine weitere Zertifizierung mehr erfolgen muss.

  Seit 2002 haben Arbeitnehmer Anspruch darauf, Teile ihres Einkommens in eine betriebliche Altersvorsorge umzuwandeln. Für die betriebliche Altersversorgung stehen fünf Durchführungswege zur Verfügung: Direktzusage, Direktversicherung, Pensionskasse, Unterstützungskasse und Pensionsfonds. Unterschiede der Durchführungswege basieren vor allem auf ihrer steuerlichen und beitragsrechtlichen Behandlung. Allerdings ist nur für die Direktversicherung, Pensionskasse und Pensionsfonds eine staatliche Förderung nach dem AVmG (*Altersvermögensgesetz*, „Riester-Rente") vorgesehen. Voraussetzung für die „Riester-Förderung" ist, dass die Beiträge aus sozialversicherungspflichtigem Arbeitsentgelt geleistet werden und die Auszahlungen in Form einer lebenslangen Rente oder durch einen Auszahlungsplan mit anschließender lebenslanger Restkapitalverrentung erfolgen.

Welche Anlageform das Unternehmen anbietet, wird in einer Vereinbarung zwischen Arbeitgeber und Arbeitnehmer einzelvertraglich, betrieblich oder tariflich festgelegt. Der Arbeitgeber führt die Beiträge ab. Dabei können die Beiträge entweder vollständig vom Arbeitnehmer bzw. Arbeitgeber oder von beiden anteilig entrichtet werden. Die Ansprüche aus der betrieblichen Altersvorsorge bleiben auch bei einem Arbeitgeberwechsel erhalten.

a) *Direktzusage:*

Der Arbeitgeber sagt dem Arbeitnehmer unmittelbar Leistungen zu, ohne dass ein Versorgungsträger eingeschaltet wird. Für die Versorgungszusage muss der Arbeitgeber Pensionsrückstellungen bilden und in der Bilanz ausweisen.

b) *Direktversicherung:*

Die Direktversicherung ist eine Lebensversicherung auf das Leben des Arbeitnehmers. Die Beitragszahlung erfolgt durch den Arbeitgeber, bezugsberechtigt ist der Arbeitnehmer oder seine Hinterbliebenen. Im Rahmen der „Riester-Förderung" der Direktversicherung können sowohl die steuerliche Förderung wie auch die Zulagen in Anspruch genommen werden. Auch hier erfolgt eine nachgelagerte Besteuerung, so dass die späteren Rentenzahlungen aus der Direktversicherung voll steuerpflichtig sind.

c) *Unterstützungskasse:*

Der Arbeitgeber sagt dem Arbeitnehmer Leistungen zur Altersvorsorge zu und bedient sich zur Umsetzung der Unterstützungskasse. Der Arbeitnehmer hat keine (direkten) Ansprüche gegenüber der Unterstützungskasse.

d) *Pensionskasse:*

Die Pensionskasse ist eine rechtlich selbstständige Versorgungseinrichtung, meist in der Rechtsform eines VVaG oder einer AG, die von einem oder mehreren Unternehmen getragen wird. Die Pensionskasse übernimmt die Abwicklung der Beiträge und Leistungen, für den Arbeitnehmer entsteht ein Rechtsanspruch gegenüber der Pensionskasse. Ähnlich wie bei der Direktversicherung ist bei den Pensionskassen eine neue „Riester-fähige" Variante der Pensionskasse entstanden, so dass die Anforderungen an die Sparbeiträge grundsätzlich denen der privaten „Riester-Förderung" entsprechen. Beiträge können durch Zulagen und Sonderausgabenabzug gefördert werden.

e) *Pensionsfonds:*

Pensionsfonds stellen eine neue Ergänzung zu den bereits bestehenden Alterssicherungsformen in Deutschland dar. Sie existieren in anderen europäischen Ländern schon seit geraumer Zeit. Ein Pensionsfonds ist eine selbstständige Rechtseinheit in Form einer AG oder eines Pensionsvereins, die dem Arbeitnehmer oder seinen Hinterbliebenen Rechtsansprüche auf künftige Leistungen einräumen. Dabei wird der Pensionsfonds extern und unabhängig verwaltet, so dass mehrere Arbeitgeber die Beiträge ihrer Arbeitnehmer in einen Pensionsfonds einzahlen können. Im Gegensatz zur Pensionskasse hat der Pensionsfonds liberalere Anlagevorschriften und somit die Möglichkeit in Aktien und Investmentfonds zu investieren. Damit ist eine höhere Rendite denkbar, die jedoch mit größeren Risiken einhergeht. Für die Zulagenförderung und die steuerliche Förderung durch Sonderausgabenabzug gelten die gleichen Regeln.

3.7 Kritische Würdigung und Ausblick

Trotz der vielen Rentenreformen bestehen in der Altersversorgung nach wie vor massive, ungelöste Probleme. Dazu gehören eine

- steigende Rentnerquote aufgrund der demographischen Entwicklung,
- Unterversorgung im Alter bei Erwerbstätigen mit einer kurzen Beitragszeit,
- als zu gering bewertete Alterssicherung der Frauen,
- unzureichende Abstimmung zwischen den verschiedenen Alterssicherungssystemen (3-Schichten-Modell),
- zu geringe eigenständige private Alterssicherung der Bürger (sowohl aufgrund von Verdrängung der Risiken als auch aus Geldknappheit in jungen Jahren) ,
- Überversorgung einiger Rentner durch solidarisch finanzierte Alterssicherungssysteme sowie
- fehlende Kapitaldeckung der Alterssicherungssysteme.

Das neueste Rentenreformgesetz wurde am 25.3.2014 als Gesetzentwurf in den Bundestag eingebracht: „Gesetz über Leistungsverbesserungen in der gesetzlichen Rentenversicherung" (*RV-Leistungsverbesserungsgesetz*). Alle im Gesetzentwurf vorgesehenen Änderungen gelten seit dem 1. Juli 2014.

Das neue Rentenpaket enthält vier Komponenten: die Rente ab 63, die Mütterrente, die verbesserte Erwerbsminderungsrente und die Erhöhung des Reha-Budgets. In die Beratung des Rentenpakets wurde zudem die Weiterbeschäftigung im Rentenalter eingebracht. Diese Maßnahmen sollen die gesetzliche Rente für alle Generationen gerechter gestalten. Dieses „Rentenpaket" hat zum Ziel, die Stabilität des Rentensystems und die Akzeptanz in der Bevölkerung zu verbessern. Folgende Komponenten enthält das Gesetz:

- Abschlagsfreie Rente ab 63

  Wer 45 Jahre Beitragsjahre in der Rentenversicherung erreicht hat, kann ab 1. Juli 2014 mit Vollendung des 63. Lebensjahres (vom Jahrgang 1953 an) ohne Abschläge in den Ruhestand gehen. Zudem werden die Anspruchsvoraussetzungen erleichtert: Kurzzeitige Unterbrechungen durch Arbeitslosigkeit (Bezug von Arbeitslosengeld I), Zeiten der Pflege (sofern Versicherungspflicht bestand), Erziehung von Kindern bis zum 10. Lebensjahr sowie Schlechtwetter-, Insolvenz- oder Kurzarbeitergeld werden angerechnet. Mit dem Rentenpaket kann die Wartezeit von 45 Jahren auch erstmals mit freiwilligen Beiträgen begründet werden – dies ist wichtig für freiwillig Versicherte, wie z. B. selbstständige Handwerker.

- Mütterrente

  Die Mütterrente verbessert die soziale Absicherung von Müttern, die vor 1992 Kinder bekommen und erzogen haben. Sie erhalten einen zusätzlichen Entgeltpunkt für jedes Kind, der auf ihren bestehenden Rentenanspruch aufgeschlagen bzw. für die spätere Rente berücksichtigt wird.

- Verbesserte Erwerbsminderungsrente

  Menschen, die ab dem 1. Juli 2014 in Erwerbsminderungsrente gehen, profitieren von der verbesserten Erwerbsminderungsrente: Die sogenannte Zurechnungszeit wird um zwei Jahre (von 60 auf 62 Jahre) verlängert. Erwerbsgeminderte werden dann so gestellt, als ob sie mit ihrem bisherigen durchschnittlichen Einkommen zwei Jahre länger als bisher gearbeitet hätten. Darüber hinaus findet eine sogenannte „Günstigerprüfung" statt: Kam es in den letzten vier Jahren vor Eintritt der Erwerbsminderung bereits zu Lohneinbußen (z. B. durch gesundheitlich bedingte Teilzeitarbeit), dann werden die letzten vier Jahre bei der Rentenberechnung nicht berücksichtigt, weil sie den Anspruch mindern.

- Erhöhung des Reha-Budgets

  Das Reha-Budget (Leistungen der Rentenversicherung zur medizinischen und beruflichen Rehabilitation) wird an die Bevölkerungsentwicklung angepasst. Rückwirkend zum 1. Januar 2014 wird das jährliche Reha-Budget um rund 100 Millionen Euro erhöht. Der jährliche Aufschlag steigt auf 233 Millionen Euro im Jahr 2017.

Grundsätzlich gilt: die Renten folgen der Entwicklung von Löhnen und Gehältern. Steigen diese Einkommen, steigt auch die Rente. Kommt es zu negativen Lohnentwicklungen, sind Rentenkürzungen allerdings ausgeschlossen. Die Kürzungen werden stattdessen in Jahren mit positiven Rentenanpassungen nachgeholt: Rentenerhöhungen werden so lange reduziert, bis der Ausgleichsbedarf abgebaut ist. Die Reduzierung darf maximal bis um die Hälfte vorgenommen werden. 2013 verblieb in den westlichen Bundesländern nach der Rentenanpassung noch ein Ausgleichsbedarf aus früher unterbliebenen Rentenkürzungen von 0,46 Prozentpunkten. Für den Abbau wird die Rentenanpassung 2014 letztmalig reduziert. In den östlichen Bundesländern ist der Nachholbedarf bereits 2012 vollständig abgebaut worden. Das vom Kabinett beschlossene Rentenkürzungsverbot bürdet Steuer- und Beitragszahlern enorme Zusatzlasten auf. Der erneute Eingriff in die Formel kostet nach ersten Prognosen bis zum Jahr 2020 rund 46 Milliarden Euro.

4 Arbeitslosenversicherung (ALV)

4.1 Einführung

Arbeitslosigkeit ist eines der großen Probleme in modernen Marktwirtschaften. In sich entwickelnden Ländern mit einem ursprünglich großen landwirtschaftlichen Sektor ziehen die Menschen, die einen Arbeitsplatz in Industrie und Handel haben, in die Nähe der Arbeitsplätze, d. h. vom Land in die großen Städte. Verlieren sie den Arbeitsplatz wieder, so ziehen sie zurück auf das Land, wo die von der landwirtschaftlichen Produktion lebende Großfamilie sie wieder aufnimmt und ernährt. In modernen Industriestaaten fehlt für die meisten Erwerbstätigen diese Möglichkeit, zumal sich die Großfamilien aufgelöst haben und ihre soziale Sicherungsfunktion deshalb nicht mehr ausüben können.

Damit ist der Verlust des Arbeitsplatzes und des Arbeitseinkommens ein Risiko, das zu Armut und sozialem Elend führen kann, wenn die Gesellschaft hierfür keine Vorkehrungen trifft. Als Reaktion auf die große Arbeitslosigkeit während der Weltwirtschaftskrise wurde 1927 das Gesetz über Arbeitsvermittlung und Arbeitslosenversicherung verabschiedet.

Dabei stellt sich – anders als bei der Kranken-, Renten- und Unfallversicherung – die Frage, ob die Arbeitslosenversicherung überhaupt eine „echte" Versicherung ist. Bei Arbeitslosigkeit besteht nämlich ein sehr hohes Kumulrisiko, d. h. die einzelnen Risiken sind in hohem Maße miteinander korreliert. In Phasen der Vollbeschäftigung gibt es wenige Arbeitslose und in Wirtschaftskrisen sehr viele. Die Konjunktur – d. h. die Aufeinanderfolge von Aufschwungphase, Hochkonjunktur, Abschwungphase und Rezession – ist schwer prognostizierbar, und die Länge des nächsten Konjunkturzyklus ist unbestimmt. Hinzu kommen Sondereinflüsse, wie z. B. Migrationsbewegungen oder die Wiederherstellung der deutschen Einheit. Zudem unterscheidet sich das Arbeitslosenrisiko zwischen Berufsgruppen, Einkommensschichten und Branchen erheblich (die Wahrscheinlichkeit, arbeitslos zu werden, ist sehr unterschiedlich). Eine Kalkulation des Arbeitslosigkeitsrisikos ist daher schwierig und eine reine Umlagefinanzierung durch Beiträge der Versicherten mit erheblichen Schwankungen der Beitragssätze verbunden. Dies wird durch Moral Hazard noch verstärkt. Die Arbeitslosenversicherung selbst ist häufig ein Grund für die Arbeitslosigkeit. Es kann daher nicht verwundern, dass es kein privatwirtschaftliches Angebot einer Arbeitslosenversicherung gibt und die gesetzliche Arbeitslosenversicherung immer mehr oder weniger auf Zuschüsse aus dem Staatshaushalt angewiesen ist.

Von 1959 bis 1973 bestand in der Bundesrepublik Deutschland ununterbrochen Vollbeschäftigung. Die Arbeitslosenversicherung hätte in dieser Zeit große Kapitalreserven akkumulieren können, wenn sie nicht eine Vielzahl von versicherungsfremden Aufgaben – einschließlich der Arbeitsvermittlung – übernommen hätte. 1974 überstieg die Zahl der Arbeitslosen in der alten Bundesrepublik die Millionengrenze. Die Arbeitslosenquote (Anteil der Arbeitslosen an der Zahl der Erwerbsfähigen) stieg auf 2,6 %, was damals bereits als Wirtschaftskrise bezeichnet wurde.

In den Folgejahren war die Arbeitslosigkeit eines der größten sozialen Probleme in Deutschland, so dass mit Beginn des 21. Jahrhunderts mit den sogenannten „Hartz-Reformen" eine Reformierung der staatlichen Arbeitsvermittlung und eine effizientere Gestaltung der Arbeitsmarktpolitik angestrebt wurde. Die Vorschläge der Kommission „Moderne Dienstleistungen am Arbeitsmarkt" unter dem Vorsitz des damaligen VW-Vorstandsmitglieds Peter Hartz wurden ab 2002 als Hartz I–IV eingebracht: Neben der Einrichtung von Personal-Service-Agenturen, Aufwertung der Leiharbeit und die Einführung pauschaler Sozialversicherungsbeitragssätze für geringfügig Beschäftigte / Minijobs im Rahmen von Hartz I und II wurde im Jahr 2004 aus der Bundesanstalt für Arbeit (Arbeitsamt) die Bundesagentur für Arbeit mit Job-Centern (Hartz III). Im Zuge von Hartz IV (2005) wurde die Arbeitslosenhilfe und die Sozialhilfe für bedürftig erwerbsfähige Personen zum Arbeitslosengeld II zusammengeführt. Die Grundsicherung wird in die Sozialhilfe integriert, so dass mit der Hilfe zum Lebensunterhalt und dem ALG II Parallelsysteme zur Sicherstellung des Existenzminimums etabliert sind.

An dieser Stelle soll die grundsätzliche Unterscheidung zwischen Arbeitslosengeld I und II nochmals betont werden: Während ALG I eine Versicherungsleistung darstellt, ist ALG II (besser bekannt als Hartz IV) eine staatliche Leistung für Bedürftige und somit als Grundsicherung für Arbeitssuchende zu verstehen.

Bis zum Jahr 2005 erhöhten sich die Arbeitslosenzahlen kontinuierlich bis zu einem Stand von über 4,86 Millionen (11,7 %). Dieser Höchststand resultierte auch durch die Zusammenlegung der Arbeitslosen- und Sozialhilfe im Jahr 2005. Seit dem Jahr 2011 liegt die Arbeitslosenzahl in Deutschland im Jahresdurchschnitt unter der 3-Millionen-Grenze bzw. unter 7 %.

Auch über 20 Jahre nach der Deutschen Einheit ist die Arbeitslosenquote in den Bundesländern sehr unterschiedlich. Die Spannweite reicht von 3,5 % Arbeitslosenquote in Bayern bis zu 10,5 % in Mecklenburg-Vorpommern und 11 % in Berlin. Neben dem Ost-West-Unterschied fällt vor allem die unterschiedliche Betroffenheit einzelner Bevölkerungsgruppen auf: Frauen, Jugendliche und gering Qualifizierte haben ein deutlich erhöhtes Risiko, arbeitslos zu werden. Weiterhin ist der Aspekt der Langzeitarbeitslosigkeit (Arbeitslosigkeit von einem Jahr und länger – § 18 Abs. 1 SGB III) von hoher Bedeutung. Nach Schätzungen der Bundesagentur beträgt der Anteil der Langzeitarbeitslosen an allen Arbeitslosen knapp 38 % – je nach Gruppe unterscheidet sich dieser Wert: ältere Arbeitslose und auch Frauen sind überproportional häufig von längerfristiger Arbeitslosigkeit betroffen.

Auch durch positivere Wirtschaftsentwicklung würden die Arbeitslosenzahlen vermutlich nicht signifikant gesenkt werden können. Es handelt sich nämlich nicht um eine vorwiegend konjunkturelle oder saisonale, sondern um eine strukturelle und regionale Arbeitslosigkeit. Vor allem niedrig qualifizierte Arbeitskräfte und Arbeitskräfte in bestimmten Regionen sind von der Arbeitslosigkeit betroffen. Die Hoffnung auf ein Absinken der Arbeitslosenquote stützt sich derzeit vor allem auf die sinkende Zahl von Erwerbsfähigen aufgrund der in das Erwerbsleben eintretenden geburtschwachen Jahrgänge sowie auf Qualifizierungsprogramme.

Der Wirtschaftspolitik fehlt offenbar ein „Rezept" für Vollbeschäftigung, obwohl gerade politische Parteien immer wieder den Eindruck erwecken, man könne das Problem der Arbeitslosigkeit mit Hilfe der Wirtschafts- und Sozialpolitik lösen. Vorschläge, die möglicherweise zu einer Senkung der Arbeitslosenzahlen führen können, wie z. B. die Sozialabgaben für Geringverdiener zu senken und die Selbstständigkeit zu fördern, werden häufig als unsolidarisch abgelehnt. Zudem wird das Arbeitsrecht und hier insbesondere das Kündigungsschutzgesetz (*KüSchG*) kritisiert, das dazu führt, dass Unternehmen, die eine erhöhte Nachfrage nach ihren Produkten oder Leistungen verzeichnen, lieber von ihren derzeitigen Arbeitskräften Überstunden abverlangen als neue (wegen des KüSchG schwer kündbare) Arbeitskräfte einzustellen.

Außerdem wird die Lohnpolitik der Gewerkschaften kritisiert, die – so das Argument – mit dazu beiträgt, dass die Löhne über dem Niveau liegen, das Vollbeschäftigung ermöglichen würde. Dieses Verhalten der Gewerkschaften kann durchaus rational sein, was mit folgendem kleinen Modell gezeigt werden soll. Wir definieren, dass sich die Zahl der Erwerbfähigen (und -willigen) E aus der Summe der tatsächlich abhängig Beschäftigten W, der selbstständig Beschäftigten S und der Arbeitslosen A ergibt:

$$E = W + A + S$$

Die Zahl der Selbstständigen (S) ist in diesem Modell konstant. Die abhängig Beschäftigten erhalten den gleichen Zeitlohn l.

Wir nehmen ferner an, dass die Zahl der Erwerbstätigen, d. h. der von Unternehmen Beschäftigten, vom Lohn l abhängt:

$$W = W(l), \quad \text{mit } \frac{\delta W}{\delta l} < 0 \text{ und } \frac{\delta W}{\delta l} = 0 \text{ für } W = E - S$$

Das bedeutet: Je größer der Lohnsatz ist, umso weniger Arbeitnehmer werden von den Unternehmen eingestellt. Wenn Vollbeschäftigung erreicht wird ($W = E - S$), führt eine weitere Lohnsenkung nicht zu einer Veränderung der Beschäftigungshöhe.

Weiter nehmen wir an, dass ein Anteil φ der Erwerbstätigen Gewerkschaftsmitglieder sind. Für die Mitgliedschaft spielt die Lohnhöhe eine Rolle, da der Erfolg gewerkschaftlicher Arbeit von den Arbeitnehmern an der Durchsetzung hoher Löhne gemessen wird:

$$\varphi = \varphi(l), \quad \text{mit} \ \frac{\delta \varphi}{\delta l} \geq 0$$

Arbeitslose sind in unserem Modell grundsätzlich nicht Mitglied der Gewerkschaft. Die Mitgliedsbeiträge B, die die Gewerkschaftsmitglieder zu zahlen haben, seien proportional abhängig vom Lohn der erwerbstätigen Gewerkschaftsmitglieder:

$$B = c \cdot l, \quad \text{mit} \ \zeta > 0$$

Die Gesamteinnahmen der Gewerkschaft sind dann:

$$M = B \cdot \varphi \cdot W$$

Wir unterstellen der Gewerkschaftsbürokratie, dass sie das Ziel verfolgt, das Budget der Gewerkschaft zu maximieren:

$$\max M = M(l)$$

bzw. unter Berücksichtigung der obigen Beziehungen

$$\max \zeta \cdot l \cdot \varphi(l) \cdot W(l)$$

Die erste Bedingung für eine optimale Lohnpolitik erhält man durch die erste Ableitung (Produktregel) und Nullsetzung der Zielfunktion:

$$\frac{\delta M}{\delta l} = \zeta \cdot (\varphi \cdot W) + \zeta \cdot l \cdot (\varphi \cdot W)' = \zeta \cdot \left(l \cdot W \cdot \frac{\delta \varphi}{\delta l} + \varphi \cdot W + l \cdot \varphi \cdot \frac{\delta W}{\delta l} \right) = 0$$

Der erste Term, $l \cdot W \cdot \varphi'$, welcher den Mitglieder erhöhenden Effekt einer erkämpften Lohnsteigerung beschreibt, ist positiv. Der zweite Term, $l \cdot W$, der die Bemessungsgrundlage der Mitgliedsbeiträge angibt, ist ebenfalls positiv. Der letzte Ausdruck, der den die Arbeitslosigkeit erhöhenden oder die Beschäftigung senkenden Effekt einer Anhebung der Löhne umschreibt, ist hingegen negativ. Sowohl eine Lohnmaximierung mit der Konsequenz $W = 0$ als auch einer Lohnminimierung, aus der Vollbeschäftigung resultiert ($W = E - S$), sind aus Sicht der Gewerkschaft nicht optimal.

Vielmehr ist die optimale Politik durch ein internes Optimum mit positiver Arbeitslosigkeit ($A = E - W - S > 0$) gekennzeichnet. Dies mag erklären, warum Gewerkschaften in Zeiten großer Arbeitslosigkeit nicht dazu bereit sind, ihre lohnpolitischen Forderungen so auszurichten, dass sie zu mehr Arbeitsplätzen und weniger Arbeitslosigkeit beitragen.

Selbst wenn ein sehr hoher Beschäftigungsgrad herrscht, sind Arbeitsplatzverluste in einer Marktwirtschaft, in der Vertragsfreiheit, Niederlassungsfreiheit und Freiheit der Berufs- und Arbeitsplatzwahl herrscht, unvermeidbar. Änderungen in der Produktionstechnologie und in der Nachfrage nach Produkten sowie Betriebsverlagerungen und das Ausscheiden von unrentablen Betrieben führen zu temporärer Arbeitslosigkeit, die auch als friktionelle, freiwillige oder Such-Arbeitslosigkeit bezeichnet wird.

4.2 Kreis der Versicherten

Gemäß §§ 24 ff. SGB III sind gegenüber der Bundesagentur für Arbeit grundsätzlich alle Personen beitragspflichtig, die als Arbeiter oder Angestellte gegen Entgelt oder zu ihrer Berufsausbildung beschäftigt sind, ohne Rücksicht auf die Höhe des erzielten Arbeitseinkommens (Pflichtversicherung für alle abhängig Beschäftigten). Nicht beitragspflichtig sind Beamte, die nicht vom Risiko der Arbeitslosigkeit bedroht sind, Schüler und Studenten sowie Mini-Jobber und Selbstständige. Letztere können sich unter bestimmten Voraussetzungen freiwillig in der gesetzlichen Arbeitslosenversicherung weiter versichern.

Es gelten folgende Voraussetzungen:

- Arbeitslosigkeit
- 65. Lebensjahr noch nicht vollendet
- Bereitschaft, der Arbeitsvermittlung zur Verfügung zu stehen
- Persönliche Arbeitslosenmeldung und
- Erfüllung der Anwartschaftszeit

4.3 Aufgaben und Leistungen

Das Arbeitslosengeld I ist als Versicherungsleistung im Sinne einer Entgeltersatzleistung zur Sicherung des Lebensunterhaltes zu verstehen (SBG III). Die Finanzierung erfolgt aus den Beiträgen zur Arbeitslosenversicherung. Das Arbeitslosengeld ist die Leistung einer Risikoversicherung. Die Höhe dieser Leistung bestimmt sich daher nicht nach der Dauer oder der Gesamtheit der gezahlten Beiträge, sondern nach dem versicherten Risiko. Nach geltendem Recht beträgt die Höhe des Arbeitslosengeldes für Arbeitslose mit einem Kind im Sinne des Steuerrechts 67 %, für die übrigen Arbeitslosen 60 % des um pauschalierte Abzüge verminderten Bruttoarbeitsentgeltes.

Arbeitslosengeldempfänger sind über die Agentur für Arbeit gesetzlich kranken-, pflege- und unfallversichert und meist auch rentenversichert. Entscheidend für den Anspruch ist eine persönliche und frühzeitige Arbeitslosenmeldung.

Die für den Anspruch auf Arbeitslosengeld erforderliche Anwartschaftszeit von zwölf Monaten muss grundsätzlich innerhalb der letzten zwei Jahre vor der Arbeitslosmeldung (sogenannte Rahmenfrist) erfüllt werden.

Die Höchstdauer des Anspruchs auf Arbeitslosengeld beträgt grundsätzlich zwölf, für über 50-jährige Arbeitnehmer bis zu 15, für über 55-jährige Arbeitnehmer bis zu 18 und für über 58-jährige Arbeitnehmer bis zu 24 Monate.

Die Dauer des Anspruchs auf Arbeitslosengeld hängt von der Dauer des Versicherungspflichtverhältnisses innerhalb der um drei Jahre erweiterten Rahmenfrist und dem bei Entstehung des Anspruchs vollendetem Lebensjahr des Arbeitslosen ab (nach § 127 SGB III).

Versicherungspflicht in den letzten 5 Jahren vor der Arbeitslosmeldung (Monate)	Vollendetes Lebensjahr	Höchstanspruchsdauer (Monate)
12		6
16		8
20		10
24		12
30	50.	15
36	55.	18
48	58.	24

Abbildung 163: Anspruchsdauer auf Arbeitslosengeld abhängig von der Dauer des Versicherungspflichtverhältnisses

Personen mit überwiegend kurzen befristeten Beschäftigungen können unter bestimmten Voraussetzungen einen erleichterten Zugang zur Versicherungsleistung Arbeitslosengeld erhalten:

Voraussetzung für diesen erleichterten Zugang ist insbesondere, dass

1. sich die in der Rahmenfrist liegenden Beschäftigungstage überwiegend aus versicherungspflichtigen Beschäftigungen ergeben, die auf nicht mehr als zehn Wochen befristet sind und

2. das Arbeitsentgelt in den letzten zwölf Monaten die maßgebliche Bezugsgröße nach § 18 Absatz 1 des Vierten Buches Sozialgesetzbuch (2014: monatlich 2.765 Euro bzw. 33.180 Euro jährlich) nicht übersteigt. Bei Vorliegen aller sonstigen Voraussetzungen gilt eine auf sechs Monate verkürzte Anwartschaftszeit. Diese Regelung ist bis 31. Dezember 2014 befristet.

Die Dauer des Anspruchs auf Arbeitslosengeld unabhängig vom Lebensalter veranschaulicht nachfolgende Abbildung.

nach Versicherungspflichtverhältnissen mit einer Dauer von insgesamt mindestens ... Monate	... Monate
6	3
8	4
10	5

Abbildung 164: Anspruchsdauer auf Arbeitslosengeld unabhängig vom Lebensalter

Der Anspruch auf Arbeitslosengeld kann für 2 bis 12 Wochen in folgenden Fällen ruhen (sog. Sperrzeit):

- wenn ein Arbeitnehmer seinen Arbeitsplatz freiwillig aufgegeben (d. h. selbst gekündigt) hat,
- wenn ein vertragswidriges Verhalten Anlass für die Kündigung durch den Arbeitgeber war,
- wenn sich ein Arbeitsloser ohne wichtigen Grund weigert, an beruflichen Aus- bzw. Fortbildungs- und Umschulungsmaßnahmen teilzunehmen, oder wenn er eine solche Maßnahme abbricht,
- wenn der Arbeitslose ohne wichtigen Grund einer Aufforderung der Agentur für Arbeit, sich zu melden, nicht nachkommt,
- wenn der Arbeitslose zumutbare vermittelte Arbeit ohne wichtigen Grund nicht annimmt.

Bei der Beurteilung der Zumutbarkeit sind die Interessen der Arbeitslosen und der Beitragszahler gegeneinander abzuwägen.

Die Dauer einer Sperrzeit bei unzureichenden Eigenbemühungen beträgt 2 Wochen, bei Meldeversäumnissen jeweils eine Woche. Bei Sperrzeiten von insgesamt 21 Wochen erlischt der Anspruch auf Arbeitslosengeld. An dieser Stelle sei die frühzeitige Meldepflicht bei drohender Arbeitslosigkeit nochmals betont: unmittelbar nach Kenntnis der Beendigung des Arbeitsverhältnisses (Kündigung / Aufhebungsvertrag etc.) oder eines sonstigen Versicherungspflichtverhältnisses (z. B. Krankengeldbezug) ist die persönliche Meldung bei der Agentur für Arbeit vorzunehmen. Diese Meldung muss drei Monate vor Ablauf des Arbeitsverhältnisses erfolgen (Ausnahmeregelung, wenn der Arbeitnehmer erst später von der eintretenden Arbeitslosigkeit erfährt). Bei Nichtbeachtung dieser Meldepflicht wird eine einwöchige Sperrzeit wirksam.

Nach Ausschöpfung des Anspruchs auf Arbeitslosengeld I (so genannte „Aussteuerung") erhalten Arbeitslose Arbeitslosengeld II. Wie bereits ausgeführt, besteht kein versicherungstechnischer Anspruch, sondern es wird eine Bedürftigkeitsprüfung vorgenommen. Diese Leistung beruht demnach auf dem Subsidiaritätsprinzip und nicht – wie das Arbeitslosengeld I – auf dem Solidaritätsprinzip.

Der Anspruch auf Arbeitslosengeld II ist zeitlich unbegrenzt und orientiert sich an der Bedürftigkeit des Einzelnen (§§ 19 ff., 28 SGB II). Die Leistungen des Arbeitslosengelds II umfassen neben der Grundleistung zur Sicherung des Lebensunterhalts auch Leistungen, die der Integration in das Arbeitsleben dienen. Eigenes Einkommen und Vermögen wird auf die neue Leistung angerechnet. Vermögen kann in angemessenem Umfang unberücksichtigt bleiben, insbesondere Vermögen, das zur Altersvorsorge verwendet wird (z. B. „Riester-Rente oder Rürup-Rente).

Das ALG II / Sozialgeld kann sich aus folgenden Bausteinen zusammensetzen:
- pauschalierte Regelbedarfe (= Leistungen zur Sicherung des Lebensunterhalts)
- Kosten für Unterkunft und Heizung
- Beiträge zur gesetzlichen Kranken-, Pflege- und Rentenversicherung
- Mehrbedarfe in besonderen Lebenssituationen und
- einmalige Bedarfe (z. B. für Alleinerziehende, Eingliederungshilfe für Behinderte)

Seit 2011 erhalten Kinder von ALG-II- und Sozialgeld-Empfängern weitere Leistungen aus dem sogenannten Bildungspaket (Kosten für Schülerbeförderung und Schulausflüge, Mittagsverpflegungszuschuss etc.).

Neben dem Arbeitslosengeld I und II existieren noch eine Reihe weiterer Leistungen der Bundesagentur für Arbeit. Beispielhaft seien hier spezielle Programme zur Bekämpfung von Langzeitarbeitslosigkeit, die Zahlung von Kurzarbeiter-, Winter- und Insolvenzgeld genannt.

4.4 Organisation und Finanzierung

Träger der Arbeitslosenversicherung ist die Bundesagentur für Arbeit mit Hauptsitz in Nürnberg. Die Verwaltung erfolgt durch die Regionaldirektionen (ehemals: Landesarbeitsämter) und die zahlreichen örtlichen Agenturen für Arbeit (ehemals: Arbeitsämter). Insgesamt beschäftigt die Bundesagentur über 100.000 Angestellte und ist somit einer der größten Arbeitgeber des Bundes. Der Bundesagentur für Arbeit angeschlossen ist das Institut für Arbeitsmarkt- und Berufsforschung sowie andere besondere Dienststellen.

Die Mittel für die Finanzierung des Arbeitslosengelds werden durch die Beiträge der beitragspflichtigen Arbeitnehmer und der Arbeitgeber aufgebracht. Die Beiträge werden bis zur jeweils geltenden Beitragsbemessungsgrenze (im Jahre 2014: 71.400 Euro in den alten und 60.000 Euro in den neuen Bundesländern) erhoben. Der Beitragssatz beträgt derzeit 3 % (Stand: 2014 / jeweils 1,5 % Arbeitnehmer bzw. Arbeitgeber).

4.5 Aktuelle Diskussionspunkte

Die Forderung nach einem Recht auf Einkommen ist eine alte Diskussion. Hinter den Stichworten Bürgergeld oder garantiertes Grundeinkommen stehen heftige Debatten in den verschiedenen politischen Lagern. Beispielhaft seien hier weitere Argumente und Streitpunkte aufgeführt:

Auch die Arbeitslosenversicherung steht vor der Herausforderung, die finanzielle Basis zu sichern. In den letzten Jahren reichten die Beiträge allein nicht mehr zur Finanzierung aus und der Bund unterstützte die Arbeitslosenversicherung mit mehreren Milliarden Euro. Dieser Trend wird sich entsprechend des demographischen Wandels verschärfen, denn immer weniger Beitragszahler zahlen in das System ein.

Ein weiterer Streitpunkt ist die zielgerichtete Einsetzung der Beiträge. Die Abschaffung der versicherungsfremden Aufgaben der Arbeitsagenturen sowie die Abkopplung vom Lohn als Finanzierungsperspektive könnten Lösungsmöglichkeiten darstellen.

Letztlich ist die Berechnung der Arbeitslosenzahl an sich diskussionswürdig, denn den in der Arbeitslosenstatistik geführten Erwerbslosen (ALG I und ALG II) stehen weitere Millionen Personen gegenüber, die aufgrund von Qualifizierungs-Maßnahmen, Vorruhestandsregelungen oder niedrig entlohnter Erwerbsarbeit zwar aus der offiziellen Arbeitslosenrechnung herausfallen, aber auf staatliche Leistungen angewiesen sind.

5 Gesetzliche Unfallversicherung (GUV)

5.1 Einführung

Die Unfallversicherung hat eine lange Tradition: Während der industriellen Revolution wurde die Situation der Arbeiter in den Industriestädten immer schlechter. Durch den verstärkten Einsatz von Maschinen stiegen die Unfallraten der Arbeiter dramatisch an. Reichskanzler von Bismarck führte daher am 6. Juli 1884 die gesetzliche Unfallversicherung mit dem Ziel ein, die Gesundheit und Arbeitskraft bestmöglich wiederherzustellen.

Die Berufsgenossenschaften sind für die gewerbliche Wirtschaft und Landwirtschaft die zuständigen Unfallversicherungsträger. Die Gemeindeunfallversicherungsverbände und Unfallkassen sind zuständig für den Bereich der öffentlichen Hand.

Wesentliche Bestandteile der gesetzlichen Unfallversicherung sind:

- Schutz des Versicherten und seiner Familie vor den Folgen von Arbeitsunfällen und Berufskrankheiten,
- Beitragsfinanzierung durch Umlageverfahren allein durch die Arbeitgeber (Pflichtversicherung für Unternehmer) sowie
- Prävention, Rehabilitation und Entschädigung als ganzheitlicher Ansatz aus einer Hand.

Die gesetzliche Unfallversicherung sorgt zum einen durch Verordnung und Überwachung von Maßnahmen der Unfallverhütung für eine Schadenbegrenzung. Zum anderen hat die Unfallversicherung, welche in ihren Grundzügen bis heute gleich geblieben ist, eine „Friedensfunktion", da ein verunfallter Arbeitnehmer nicht mehr gezwungen ist, zivilrechtlich seine Forderungen gegenüber seinem Arbeitgeber durchzusetzen. Die gesetzliche Unfallversicherung fungiert somit als eine Haftpflichtversicherung des Arbeitgebers gegenüber seinen Arbeitnehmern. In der Bundesrepublik Deutschland können Arbeitnehmer Haftpflichtansprüche gegen den Arbeitgeber außerhalb der gesetzlichen Unfallversicherung nur geltend machen, wenn grobe Fahrlässigkeit oder Vorsatz des Arbeitgebers vorliegt.

Die rechtlichen Grundlagen der gesetzlichen Unfallversicherung sind seit 1996 im siebten Buch des Sozialgesetzbuchs (SGB VII) festgelegt und seit 1. Januar 1997 in Kraft. Das SGB VII ersetzte die Vorschriften des Dritten Buches der Reichsversicherungsordnung.

Die Unfallversicherung wurde zum 1.1.2009 reformiert mit dem Gesetz zur Modernisierung der gesetzlichen Unfallversicherung (*Unfallversicherungsmodernisierungsgesetz*/UVMG). Ein wesentlicher Punkt war die Neufassung des Lastenausgleichsverfahren zwischen den Berufsgenossenschaften, denn durch fortlaufende Verschiebungen der Leistungsfähigkeit zwischen den Gewerbezweigen (vom produzierenden Gewerbe zum Dienstleistungsbereich) erhöhten sich die Unternehmerbeiträge in den vom Strukturwandel benachteiligten Branchen erheblich. Durch diese Neuverteilung der Altlasten auf alle Träger wurde das Solidarprinzip bei der Finanzierung der Unfallversicherung gestärkt. Weiterhin erfolgte eine Modernisierung der Verwaltungsstrukturen.

5.2 Kreis der Versicherten

In der gesetzlichen Unfallversicherung sind insgesamt rund 75 Millionen Menschen in Deutschland erfasst. Alle Unternehmen sind Zwangsmitglieder der Berufsgenossenschaft ihrer Branche. Zu den versicherten Personengruppen gehören nach dem Gesetz zur Neuordnung der Organisation der landwirtschaftlichen Sozialversicherung (*LSV-Neuordnungsgesetz* / 12.4.2012) unter anderem:

- Beschäftigte,
- Lernende während der beruflichen Aus- und Fortbildung in Betriebsstätten, Lehrwerkstätten, Schulungskursen und ähnlichen Einrichtungen,
- Personen, die sich Untersuchungen, Prüfungen oder ähnlichen Maßnahmen unterziehen, die aufgrund von Rechtsvorschriften zur Aufnahme einer versicherten Tätigkeit oder infolge einer abgeschlossenen versicherten Tätigkeit erforderlich sind, soweit diese Maßnahmen vom Unternehmen oder einer Behörde veranlasst worden sind (z. B. Arbeitslose bei Erfüllung ihrer Meldepflichten),
- behinderte Menschen, die in anerkannten Werkstätten für behinderte Menschen oder in Blindenwerkstätten im Sinne des § 143 des Neunten Buches oder für diese Einrichtungen in Heimarbeit tätig sind,
- Landwirte und ihre Familienangehörigen,
- Hausgewerbetreibende und Zwischenmeister sowie ihre mitarbeitenden Ehegatten oder Lebenspartner,
- Kinder, die eine Tageseinrichtung besuchen,
- Schüler und Studenten,
- Zivil- und Katastrophenschutzhelfer sowie Helfer bei Unglücksfällen,
- Personen, die ehrenamtlich für öffentlich-rechtliche Institutionen tätig sind,
- Helfer bei nicht gewerbsmäßigen Bauarbeiten und,
- Pflegepersonen im Sinne des § 19 SGB XI bei der Pflege eines Pflegebedürftigen im Sinne des § 14 SGB XI.

Für Beamte gelten beamtenrechtliche Unfallfürsorgevorschriften. Sie sind daher von den Vorschriften der gesetzlichen Unfallversicherung befreit. Auch wenn durch Standesorganisationen eine lebenslange Versorgung gewährleistet wird, besteht Versicherungsfreiheit. Dies ist beispielsweise der Fall bei Mitgliedern geistlicher Genossenschaften, Schwestern vom Roten Kreuz, Diakonissen, aber auch bei Ärzten, Zahnärzten, Apothekern und Heilpraktikern.

5.3 Versicherte Risiken

Arbeitsunfall

Voraussetzung der Leistungsgewährung der gesetzlichen Unfallversicherung ist, dass ein Arbeitsunfall vorliegt. Als Arbeitsunfall gilt dabei neben dem eigentlichen Arbeitsunfall während der Arbeitstätigkeit (im engeren Sinne) auch der Arbeitsunfall im weiteren Sinne. Zu diesen zählen vor allem Unfälle auf dem Weg zur Arbeit und zurück sowie Berufskrankheiten, die vom Gesetz her dem Arbeitsunfall gleichgestellt sind.

Für die Anerkennung einer Leistungspflicht ist ein ursächlicher Zusammenhang in zweifacher Hinsicht erforderlich. Zum einen muss ein Kausalzusammenhang zwischen der versicherten Tätigkeit und dem Unfallereignis bestehen. Hier wird von *haftungsbegründender Kausalität* gesprochen. Zum anderen muss eine *haftungsausfüllende Kausalität* gegeben sein, d. h. es muss zusätzlich ein Kausalzusammenhang zwischen dem Unfallereignis und der eingetretenen Gesundheitsschädigung bestehen. Das Unfallereignis muss als alleinige oder zumindest wesentliche Ursache der aufgetretenen Gesundheitsschädigung isoliert werden können. Dieses muss in der Regel fachmedizinisch beurteilt werden.

Ein Verschulden oder ein verbotswidriges Handeln der versicherten Person wirkt leistungsmindernd. Ein vorsätzlich herbeigeführtes Ereignis oder ein Ereignis beim Begehen eines Verbrechens befreit die Träger der gesetzlichen Unfallversicherung gänzlich von der Leistungspflicht. Ein Arbeitsunfall ist innerhalb von drei Tagen nach bekannt werden vom Unternehmen zu melden, sofern eine Arbeitsunfähigkeit von mehr als drei Tagen vorliegt.

Die Bundesregierung ist verpflichtet, jährlich einen Unfallverhütungsbericht herauszugeben. Den Berichten ist zu entnehmen, dass die verstärkten Bemühungen aller an der Unfallverhütung Beteiligten zu einem Rückgang der Arbeitsunfälle führten. Als aussagekräftiger Indikator gilt die Zahl der Arbeitsunfälle je 1.000 „Vollarbeiter". Der Durchschnittswert ist von 109 meldepflichtigen Arbeitsunfällen je 1.000 „Vollarbeiter" im Jahre 1960 auf 40 im Jahre 2000 und weiter auf 25 im Jahr 2012 gesunken (siehe auch nachfolgende Abbildung). In den einzelnen Branchen ist die Lage allerdings sehr unterschiedlich. Die häufigsten Arbeitsunfälle sind im Bereich der „Landwirtschaftliche Berufsgenossenschaft" mit 72 Arbeitsunfällen und der „Gewerblichen Berufsgenossenschaften" im Wirtschaftszweig „Baugewerbe" mit 65 Arbeitsunfällen im Jahr 2012 zu verzeichnen.

Zu bedenken ist auch, dass der generelle Rückgang der Arbeitsunfälle nicht nur auf die Bemühungen der Berufsgenossenschaften zurückzuführen ist, sondern auch auf die sich verändernde Arbeitswelt.

Meldepflichtige Arbeitsunfälle absolut

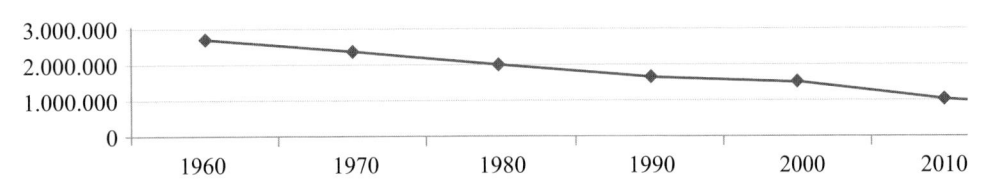

Abbildung 165: Meldepflichtige Arbeitsunfälle
Quelle: Bundesministerium für Arbeit und Soziales (Hrsg.) (2013): Sicherheit und Gesundheit bei der Arbeit 2012, S. 31.

Wegeunfall

Wie bereits erläutert, ist der Wegeunfall dem Arbeitsunfall gleichgestellt. Versichert sind danach Unfälle, die sich auf Wegen zum oder vom Ort der versicherten Tätigkeit sowie auf Wegen ereignen, die die versicherte Person unternimmt, um ihr Kind, aus Gründen der eigenen Berufstätigkeit oder der Berufstätigkeit des Ehepartners, in fremde Obhut zu geben. Darüber hinaus sind Umwege, die in Kauf genommen werden müssen, weil die versicherte Person mit anderen Personen eine Fahrgemeinschaft gebildet hat oder Umleitungen, versichert.

Bei den Wegeunfällen ist es Aufgabe der Rechtsprechung, die Gesetzesvorlagen zu präzisieren. Wichtig ist in jedem Falle, dass der Weg mit der versicherten Tätigkeit in einem ursächlichen, örtlichen und zeitlichen Zusammenhang steht. Es ist nicht erforderlich, dass der Weg zur Arbeit auf der kürzesten Strecke erfolgt. Versichert ist vielmehr die übliche Wegstrecke, die sich aus Gründen der Zweckmäßigkeit, beispielsweise aufgrund der Verkehrslage, herausgebildet hat. Von einem solchen Umweg ist der „Abweg" zu unterscheiden. Dieser entsteht, wenn der Weg unterbrochen wird, um eigenwirtschaftlichen oder persönlichen Interessen nachzugehen. Dieser ist nicht versichert. Ausgangs- bzw. Endpunkt des versicherten Wegs bildet die Haustür des Hauses, in dem die versicherte Person wohnt.

Das hohe Erfolgsniveau der Vermeidung von Arbeitsunfällen konnte bei den Wegeunfällen nicht erreicht werden. Dennoch sanken diese von 8,63 meldepflichtigen Wegeunfällen je 1.000 Versicherte im Jahre 1960 auf 5,26 im Jahre 2000 und auf 3,7 im Jahr 2012 (siehe auch nachfolgende Abbildung).

Meldepflichtige Wegeunfälle je 1.000 Versicherte

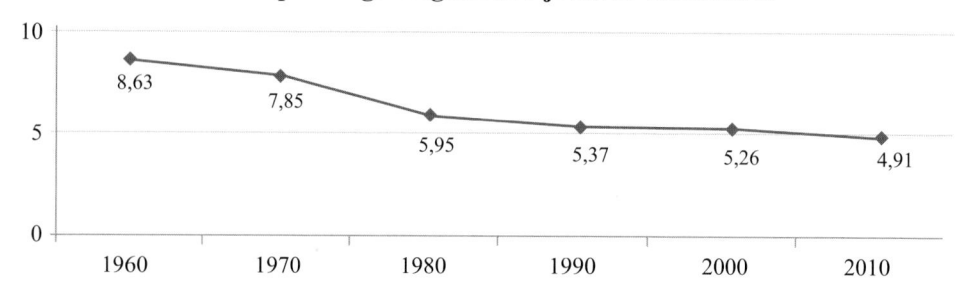

- 1960: 8,63
- 1970: 7,85
- 1980: 5,95
- 1990: 5,37
- 2000: 5,26
- 2010: 4,91

Abbildung 166: Entwicklung der meldepflichtigen Wegeunfälle
Quelle: Bundesministerium für Arbeit und Soziales (Hrsg.) (2013): Sicherheit und Gesundheit bei der Arbeit 2012, S. 34.

Berufskrankheit

Auch die Berufskrankheiten sind den Arbeitsunfällen gleichgestellt. Im Gegensatz zu Arbeits- und Wegeunfällen, die plötzlich eintreten, entstehen Berufskrankheiten durch eine meist über Jahre hinweg andauernde oder zumindest wiederholte Einwirkung schädigender Einflüsse. Die Ermittlungen des Versicherungsträgers in Bezug auf die Kausalitäten sind deshalb im Allgemeinen schwierig und langwierig.

Die Berufskrankheiten stellen ein Problemfeld der gesetzlichen Unfallversicherung dar. Deutlich wird dies schon dadurch, dass die Zahl der Anzeigen auf Verdacht einer Berufskrankheit seit Jahren steigt. Im Einzelnen ist es häufig schwer überprüfbar, ob es sich wirklich um eine Krankheit handelt, die berufsbedingt ist.

In Deutschland existiert ebenso wie in vielen anderen Ländern ein gemischtes System zur Erfassung von Berufskrankheiten. Es gibt zum einen eine Liste von Berufskrankheiten, die durch Gefährdungen hervorgerufen werden und denen bestimmte Personengruppen durch ihre Arbeit in erheblich höherem Maße ausgesetzt sind. Zum anderen besteht aber auch eine Entschädigungsmöglichkeit für Krankheiten, die noch nicht in der Liste verzeichnet sind, aber sonst alle Voraussetzungen einer Entschädigung erfüllen. Die Kausalzusammenhänge müssen aber auch hier erfüllt sein. Der Versicherungsträger hat nach dem Gesetz kein Ermessen hinsichtlich der Entschädigung.

Die Leistungen aus der gesetzlichen Unfallversicherung sind bereits dann zu gewähren, wenn die Gefahr vorhanden ist, dass eine Berufskrankheit entsteht. Für einen solchen Fall ist ein Arbeitsplatzwechsel vorgesehen. Ein damit gegebenenfalls verbundener Minderverdienst ist durch eine Übergangsleistung für längstens fünf Jahre auszugleichen. Der Nachweis der beruflichen Kausalität kann im Einzelfall sehr schwierig sein. Dies trifft insbesondere dann zu, wenn Multikausalitäten vorliegen oder Einflüsse wie Nikotinabhängigkeit gleichartige Wirkungen hervorrufen wie z. B. schädigende Werkstoffe, mit denen der Arbeitnehmer zu tun hatte. Dass eine entschädigungspflichtige Berufskrankheit vorliegt, muss vom Grundsatz her der Betroffene beweisen. Zur Erbringung des Beweises sind ihm jedoch alle Hilfen von Seiten des Arztes, des ärztlichen Gutachters und des Trägers der gesetzlichen Unfallversicherung zu gewähren.

Die Entwicklung der Berufskrankheiten sieht anders aus als die der Unfallverhütung: Es sind ansteigende Fallzahlen zu verzeichnen.

Berufskrankheiten ab 1960

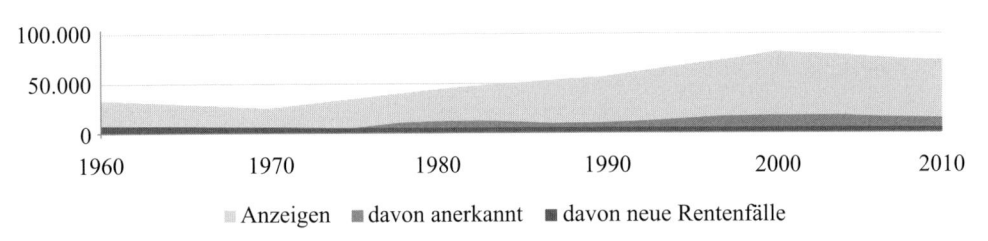

Abbildung 167: Berufskrankheiten ab 1960
Anmerkungen: Für die Jahre 1960-1977 liegen keine Daten für anerkannte Berufskrankheiten vor.
Quelle: Bundesministerium für Arbeit und Soziales (Hrsg.), Sicherheit und Gesundheit bei der Arbeit 2012 (2013), S. 35.

Die Berufskrankheiten-Liste (Anlage 1 zur *Berufskrankheitenverordnung* / BKV) enthält derzeit 73 Positionen. Eine Unterteilung der Krankheiten erfolgt nach folgenden Ursachen:

- durch chemische Einwirkungen verursachte Krankheiten,
- durch physikalische Einwirkungen verursachte Krankheiten,
- durch Infektionserreger oder Parasiten verursachte Krankheiten sowie Tropenkrankheiten,
- Erkrankungen der Atemwege und der Lungen, des Rippenfells und Bauchfells,
- Hautkrankheiten und
- Krankheiten sonstiger Ursache.

5.4 Aufgaben und Leistungen

Die gesetzliche Unfallversicherung hat die Aufgabe, mit allen geeigneten Mitteln

1. Versicherungsfälle (Arbeitsunfälle und Berufskrankheiten) sowie arbeitsbedingte Gesundheitsgefahren zu verhüten,
2. nach Eintritt von Versicherungsfällen die Gesundheit und Leistungsfähigkeit der Versicherten wiederherzustellen und
3. die Versicherten oder ihre Hinterbliebenen durch Geldleistungen zu entschädigen.

Die Rangfolge der drei zentralen Aufgabengebiete ist Prävention, Rehabilitation und Kompensation von Unfällen und Berufskrankheiten (finanzielle Entschädigung).

Leistungen der gesetzlichen Unfallversicherung ohne Schadensfall

Die Prävention von Unfällen und Berufskrankheiten stützt sich einerseits auf staatliche Gesetze und Verordnungen (wie das Arbeitssicherheitsgesetz und die Arbeitsstättenverordnung) und andererseits auf verbindliche Unfallverhütungsvorschriften der Berufsgenossenschaften für ihre Mitgliedsunternehmen. Der Arbeitsschutz obliegt in Deutschland dementsprechend zwei Institutionen: den staatlichen Gewerbeaufsichtsämtern und der gesetzlichen Unfallversicherung. Die Kontrolle des Arbeitsschutzes erfolgt durch die Gewerbeaufsicht und die technische Aufsicht durch die Berufsgenossenschaften, wobei beide Institutionen zur Zusammenarbeit verpflichtet sind.

Technischer Aufsichtsdienst der Unfallversicherungsträger

Die Träger der Unfallversicherung sind verpflichtet, Vorschriften darüber zu erlassen, welche Einrichtungen die Mitgliedsunternehmen zur Verhütung von Arbeitsunfällen bereitzustellen, welche Anordnungen sie zu treffen und welche Maßnahmen sie zu ergreifen haben sowie welches Verhalten die Versicherten zur Verhütung von Arbeitsunfällen zu beachten haben. Diese Vorschriften sollten ferner regeln, inwieweit ärztliche Untersuchungen von Versicherten vor ihrer Beschäftigung mit Arbeiten, deren Verrichtung mit außergewöhnlichen Unfall- oder Gesundheitsgefahren für sie oder Dritte verbunden sind, durchgeführt werden müssen. Die Träger der Unfallversicherung haben die Mitgliedsunternehmen außerdem anzuhalten, dass in ihren Betrieben eine wirksame „Erste Hilfe" bei Arbeitsunfällen sichergestellt wird. Rettungsmittel müssen entsprechend Mitarbeiterzahl und Risikoklasse in ausreichender Zahl vorhanden sein. Die Anzahl ausgebildeter Ersthelfer und gegebenenfalls die Einrichtung von Rettungsräumen können je nach Unternehmensgröße vorgeschrieben werden. Für Mitgliedsunternehmen kostenfrei bietet die Berufsgenossenschaft außerdem Aus- und Fortbildungslehrgänge an.

Technische Aufsichtsbeamte (Mitarbeiter der Berufsgenossenschaften) überwachen die Durchführung der Unfallverhütung und beraten die Unternehmen über die wirksamsten Maßnahmen. Sie sind befugt, bei Gefahr im Verzug sofort vollziehbare Anordnungen zur Beseitigung von Unfallgefahren zu treffen. Die technischen Aufsichtsbeamten haben das Recht, die Arbeitsstätten während der Arbeitszeit zu besichtigen, Proben zu entnehmen sowie bestimmte Unterlagen einzusehen. Die Aufsichtspersonen unterliegen der Schweigepflicht. Weiterhin koordinieren die Aufsichtspersonen die Zusammenarbeit von Betriebsräten und Berufsgenossenschaft.

Das Arbeitsgebiet der Unfallforschung fällt in den Aufgabenbereich der Bundesanstalt für Arbeitsschutz und Arbeitsmedizin (BAuA). Diese Anstalt ist eine Ressortforschungseinrichtung des Bundes, die das Bundesministerium für Arbeit und Soziales in allen Fragen von Sicherheit und Gesundheit berät und zur menschengerechten Gestaltung der Arbeit beiträgt.

Als Bundeseinrichtung mit Forschungs- und Entwicklungs-Aufgaben agiert die Bundesanstalt an der Schnittstelle von Wissenschaft und Politik und erbringt Übersetzungsleistungen vom Wissenschaftssystem in Politik, betriebliche Praxis und Gesellschaft und umgekehrt. Dabei reicht das Aufgabenspektrum der BAuA von der Politikberatung über die Wahrnehmung hoheitlicher Aufgaben und den Transfer in die betriebliche Praxis bis zur Bildungs- und Vermittlungsarbeit der DASA (Arbeitsausstellung in Dortmund). Grundlage der Arbeit sind kurzfristig abrufbare fachliche Kompetenzen auf allen Gebieten des Arbeitsschutzes und der Arbeitsmedizin und die Fähigkeit, langfristig angelegte Fragestellungen kontinuierlich bearbeiten zu können, sowie Neutralität und Unabhängigkeit.

Innerbetrieblicher Arbeitsschutz

Zur wirksamen Bekämpfung der Unfall- und Gesundheitsgefahren im Arbeitsleben sind die Arbeitgeber verpflichtet, Betriebsärzte und Fachkräfte für Arbeitssicherheit zu bestellen. Dadurch sollen die sachverständige Anwendung technischer und medizinischer Vorschriften sichergestellt, die Anwendung moderner sicherheitstechnischer und arbeitsmedizinischer Erkenntnisse ermöglicht und ein größtmöglicher Wirkungsgrad der vorhandenen Mittel für den Arbeitsschutz und die Unfallverhütung erreicht werden. Der Aufgabenumfang der Betriebsärzte und Fachkräfte für Arbeitssicherheit bestimmt sich nach dem Ausmaß der Unfall- und Gesundheitsgefahren, der Anzahl der Arbeitnehmer und ihrer Zusammensetzung sowie der Betriebsorganisation. Besonders wichtig ist, dass bereits bei der Planung von Betriebsanlagen und sozialen Einrichtungen sowie bei der Beschaffung von Maschinen und der Einführung von Arbeitsverfahren die Betriebsärzte und Fachkräfte für Arbeitssicherheit zu beteiligen sind.

Bei der Bekämpfung von Unfall- und Gesundheitsgefahren kommt dem Betriebsrat eine besondere Bedeutung zu. Nach dem Betriebsverfassungsgesetz hat der Betriebsrat im Arbeitsschutz einen Überwachungs- und Gestaltungsauftrag, ein Mitbestimmungsrecht, einen Unterstützungsauftrag gegenüber den Arbeitsschutzbehörden und ein Informations- und Beteiligungsrecht.

Neben den Betriebsärzten und Fachkräften für Arbeitssicherheit sind in Betrieben, in denen mehr als 20 Arbeitnehmer beschäftigt werden, Sicherheitsbeauftragte tätig. Die zuständige Berufsgenossenschaft kann je nach Risiko die Anzahl der Sicherheitsbeauftragten erhöhen.

Staatliche Gewerbeaufsicht

Die staatlichen Gewerbeaufsichtsämter sind regional tätig, d. h. ein Gewerbeaufsichtsamt ist für einen bestimmten Bezirk innerhalb eines Bundeslands zuständig. Es werden alle Betriebe, die ihren Sitz in diesem Bezirk haben, überwacht, unabhängig von der Branchenzuordnung. Die Gewerbeaufsichtsämter wachen darüber, dass die Arbeitsschutzbestimmungen eingehalten werden. Wenn notwendig, werden Verwarnungen ausgesprochen oder Betriebe mit einem Bußgeld belegt. Bei schweren Verstößen gegen Vorschriften, die den Unfall-, Gesundheits- und Nachbarschaftsschutz betreffen, wird Strafanzeige erstattet. Früher waren die Gewerbeaufsichtsämter vorwiegend auf dem Gebiet des Arbeitsschutzes tätig. Mit dem Umweltschutz wurde der Gewerbeaufsicht ein weiteres Aufgabengebiet übertragen.

Leistungen im Versicherungsfall

Wie jede Versicherung prüft die gesetzliche Unfallversicherung, ob es sich tatsächlich um einen Versicherungsfall handelt. Es wird vor allem Wert darauf gelegt, den Verletzten wieder in das Berufsleben einzugliedern.

Nach Eintritt eines Versicherungsfalles (Arbeits-/Wegeunfall, Berufskrankheit) haben die Versicherten Anspruch auf die verschiedenen Leistungen der Unfallversicherung. Zu diesen gehören vor allem:

1. Heilbehandlung und Leistungen zur medizinischen Rehabilitation

    - Erstversorgung, ärztliche und zahnärztliche Behandlung einschließlich Versorgung mit Zahnersatz,
    - Versorgung mit Arznei-, Verband- und Heilmitteln (einschließlich Krankengymnastik, Bewegungs-, Sprach- und Beschäftigungstherapie),
    - Versorgung mit Hilfsmitteln (insbesondere Körperersatzstücke, orthopädische und andere Hilfsmittel einschließlich der notwendigen Änderung, Instandsetzung und Ersatzbeschaffung sowie der Ausbildung im Gebrauch),
    - häusliche Krankenpflege,
    - Belastungserprobung und Arbeitstherapie

2. Leistungen zur Teilhabe am Arbeitsleben
   - Beratung, Trainingsmaßnahmen und Mobilitätshilfen
   - Umgestaltung des Arbeitsplatzes
   - Zuschüsse an Arbeitgeber
   - Aus- und Fortbildung, Umschulung
3. Leistungen zur Teilhabe am Leben in der Gemeinschaft, insbesondere Hilfen
   - zum Erwerb praktischer Kenntnisse und Fähigkeiten
   - zur Verständigung mit der Umwelt
   - bei Beschaffung, Erhalt und Ausstattung einer behindertengerechten Wohnung
   - zum selbstbestimmten Leben in betreuten Wohnmöglichkeiten
   - zur Teilhabe am kulturellen und gemeinschaftlichen Leben
4. ergänzende Leistungen
   - ärztlich verordneter Rehabilitationssport in Gruppen unter ärztlicher Aufsicht
   - Reisekosten (auch für Familienheimfahrten) zur Durchführung der Leistungen
   - Betriebs- und Haushaltshilfe
   - Kinderbetreuungskosten
   - Kraftfahrzeughilfe
   - Wohnungshilfe
5. Leistungen bei Pflegebedürftigkeit
   - Gewährung von Pflegegeld
   - auf Antrag Stellung einer Pflegekraft (Hauspflege)
   - Unterhalt und Pflege in einer geeigneten Einrichtung (Heimpflege)
6. Geldleistungen
- Verletztengeld während der Arbeitsunfähigkeit
- Übergangsgeld während der Dauer berufsfördernder Leistungen
- Versichertenrente
- Hinterbliebenenleistungen (Sterbegeld, Überführungskosten, Witwen- und Waisenrenten)

Trotz der rückläufigen Zahl der Unfälle und Rentenempfänger stiegen die Leistungen und damit die Ausgaben der GUV auf den Höchststand von 15,27 Mrd. Euro im Jahr

2002. Im Jahr 2010 betrugen die Ausgaben 14,4 Mrd. Euro, davon u.a. 5,6 Mrd. Euro für Rentenzahlungen, rund 3 Mrd. für Heilbehandlungen, 1,3 Mrd. für Verwaltungs- und Verfahrenskosten sowie rund 614.000 Euro für Verletztengeld und besondere Unterstützungszahlungen. Die volkswirtschaftlichen Kosten von Arbeitsunfällen (für den Produktions- und Freizeitausfall sowie die Verwaltungs- und Rechtsfolgekosten) belaufen sich auf ein Mehrfaches dieser Summe.

Der größte Anteil der Ausgaben der gesetzlichen Unfallversicherung entfällt somit auf Kompensationszahlungen in Form von Renten (Verletzten- und Berufskrankheitsrenten, auch für Hinterbliebene) und Abfindungszahlungen. Die Rentenberechnung ist komplex, richtet sich nach dem Grad der Minderung der Erwerbsfähigkeit (unter Anwendung der so genannten „Gliedertaxe") und der Höhe des Arbeitseinkommens des Betroffenen.

5.5 Organisation und Finanzierung

Träger der GUV

Während die gesetzliche Unfallversicherung als Teil der Sozialversicherung in berufsgenossenschaftlicher Selbsthilfe konzipiert ist, obliegt die Gewerbeaufsicht den Bundesländern. Träger der Unfallversicherung sind die gewerblichen Berufsgenossenschaften, die landwirtschaftlichen Berufsgenossenschaften und die Unfallversicherungsträger der öffentlichen Hand (insbesondere des Bundes, der Länder und der Gemeinden). Die einzelnen Träger der gesetzlichen Unfallversicherung in Deutschland sind in § 114 Abs. 1 SGB VII näher aufgeteilt. Die unter staatlicher Aufsicht stehenden Berufsgenossenschaften und die öffentlichen Unfallversicherungsträger sind Körperschaften des öffentlichen Rechts und haben eine Selbstverwaltung. Bis Mitte 2007 waren diese Träger in drei getrennten Dachverbänden, dem Hauptverband der gewerblichen Berufsgenossenschaften (HVBG), dem Bundesverband der Unfallkassen (BUK) und dem Bundesverband der landwirtschaftlichen Berufsgenossenschaften (BLB) aufgeteilt. Zum 1. Juni 2007 haben der HVBG und der BUK zum gemeinsamen Spitzenverband „Deutsche Gesetzliche Unfallversicherung e. V. (DGUV) fusioniert.

Die neun gewerblichen Berufsgenossenschaften sind nach Branchen gegliedert. Die Unfallversicherungsträger der öffentlichen Hand gliedern sich in 19 Unfallkassen und Gemeindeunfallversicherungsverbände, vier Feuerwehr-Unfallkassen sowie die Eisenbahn-Unfallkasse, die Unfallkasse Post und Telekom und die Unfallkasse des Bundes. Diese drei Träger sind bundesweit zuständig.

Außerdem ist die DGUV regional in sechs Landesverbände gegliedert. Die Landesverbände übernehmen gemeinsame regionale Aufgaben ihrer Mitglieder auf den Gebieten der Prävention und Rehabilitation.

Berechnung der Beiträge

Die Beitragshöhe für die Arbeitgeber ist – wie bei den anderen Sozialversicherungen auch – abhängig von der Lohnsumme der Mitarbeiter (Löhne und Gehälter) und den Ausgaben der gesetzlichen Unfallversicherung. Es werden die tatsächlich entstandenen Kosten umgelegt, die die Berufsgenossenschaften und Unfallkassen Non-Profit-Unternehmen darstellen (Umlageverfahren der nachträglichen Bedarfsdeckung). Zusätzlich spielt auch das Unfallrisiko im jeweiligen Gewerbe eine Rolle – ausgedrückt durch die Gefahrklasse (auch Schadenklasse genannt). So ist natürlich ein Büroarbeitsplatz weniger risikoträchtig als die Arbeit auf einer Baustelle. Für die Beitragsberechnung ist weiterhin der Beitragsfuß (oder: Umlageziffer) relevant. Er wird errechnet, um die Lohnsumme um die Gefahrenklasse zu bereinigen. Der Beitragsfuß wird abhängig von dem jeweiligen Finanzbedarf der Berufsgenossenschaft oder Unfallkasse in einem Jahr berechnet und ist für alle versicherten Unternehmen des Trägers gleich, wird jedoch jedes Jahr von der Unfallversicherung neu festgelegt.

Der Beitrag ermittelt sich aus:

$$\text{Zu zahlender Beitrag} = \frac{\text{Lohnsumme} \cdot \text{Gefahrenklasse} \cdot \text{Beitragsfuß}}{1.000}$$

Im langjährigen Trend liegt der durchschnittliche Beitragssatz zur gesetzlichen Unfallversicherung übrigens bei ca. 1,3 %.

Die Entwicklung der Beiträge kann durch Arbeitsschutzmaßnahmen in den Unternehmen beeinflusst werden: Weniger Unfälle und Erkrankungen senken die Kosten für Rehabilitation und Renten – und damit auch die Beiträge. Schon eine individuelle Senkung der Arbeitsunfallzahlen in dem Betrieb durch wirksame Präventionsmaßnahmen kann sich mit Beitragsnachlässen oder gestaffelten Prämien auszahlen.

5.6 Kritische Würdigung

Im Jahre 1961 wurde mit etwa 2,87 Millionen Fällen bislang die höchste Zahl von Arbeitsunfällen gemeldet. Seit diesem Jahr ist die Zahl der angezeigten Arbeitsunfälle insgesamt betrachtet rückläufig. Im Jahr 2012 waren dies 969.860 meldepflichtige Arbeitsunfälle. Die Zahl der tödlichen Arbeitsunfälle ist ebenfalls stark rückläufig, wobei die Entwicklung in den verschiedenen Wirtschaftszweigen nicht einheitlich verläuft.

Inwieweit die Unfallverhütungsmaßnahmen den Rückgang der Arbeitsunfälle bewirkt haben, ist empirisch nicht belegt. Die Berufsgenossenschaften verbuchen die Entwicklung als ihren Erfolg. Kritiker führen an, dass durch die Berufsgenossenschaften eine durch Zwangsbeiträge finanzierte Bürokratie entstanden ist, die durch eine häufige Änderung der Unfallverhütungsvorschriften immer wieder legitimiert ist, Überprüfungen vorzunehmen.

Auch die Zahl der tödlichen und nicht-tödlichen Wegeunfälle ist im Zeitablauf zurückgegangen, wobei in der ersten Hälfte der 90er Jahre eine auffällig hohe Zunahme festzustellen war. Auch dieser Anstieg ist vor allem auf die Einbeziehung der neuen Bundesländer zurückzuführen, in denen die Häufigkeit der Verkehrsunfälle sehr viel höher war.

Die Zahl der Anzeigen auf Verdacht einer Berufskrankheit ist seit Jahren steigend. Dieser Anstieg dürfte unter anderem auch darauf zurückzuführen sein, dass sich die Sensibilität der Arbeitnehmer in Bezug auf Berufskrankheiten erhöht hat. Nur ein sehr geringer Teil der Anzeigen auf Verdacht einer Berufskrankheit führt jedoch tatsächlich zu einer Entschädigung.

Die häufigste anerkannte und damit entschädigte Berufskrankheit ist Lärmschwerhörigkeit – gefolgt mit großem Abstand von Asbestose (Staublungenkrankheit), Mesotheliom (Tumor durch Asbestkontakt) und Lungen-/Kehlkopfkrebs. Es ist anzunehmen, dass insbesondere bei den anderen Erkrankungen die Entschädigungspraxis restriktiv gehandhabt wird: Die Anerkennungsverfahren sind für die Betroffenen schlecht überschau- und kontrollierbar, die Gutachten der medizinischen Experten sind zum Teil widersprüchlich und berufsbiographische Gutachten fehlen meist. Die Folge von Intransparenz und Expertenstreit, insbesondere bei neuen Berufskrankheiten, ist eine eher restriktive Anerkennungs- und Entschädigungspraxis durch die Träger der gesetzlichen Unfallversicherung. Auch hier zeigt sich die Dominanz von Geschäftsführung und Verwaltung über die eigentlichen, paritätisch besetzten Entscheidungsgremien. Die faktischen Anforderungen, die an den Nachweis einer arbeitsbedingten Erkrankung gestellt werden, erscheinen zum Teil überzogen und überfordern die Betroffenen, obwohl nach Gesetzeslage die „wesentliche Teilverursachung durch arbeitsbedingte Faktoren bei hinreichender Wahrscheinlichkeit" zur Anerkennung ausreicht. Noch schwieriger erweist sich die Durchsetzung der Aufnahme neuer Krankheiten in das Register anerkannter Berufskrankheiten. Exemplarisch sei hier die angezeigte hohe Fallzahl von Hauterkrankungen angeführt, die nur zu einem sehr geringen Anteil als Berufskrankheit anerkannt wird.

Verbesserungsfähig sind die materiellen Anreizsysteme zur Unfallverhütung. Die weitgehende Ausgliederung der finanziellen Verantwortung für Arbeitsunfälle aus der Haftung des einzelnen Betriebs und der Verzicht, die Unfallentschädigung vom tatsächlichen Verschulden der Unternehmen abhängig zu machen, weisen neben den offensichtlichen Vorteilen für Betriebe und Arbeitnehmer auch einen bedeutsamen Nachteil auf. Neben den sozialen Kosten der Arbeitsunfälle tauchen auch die betriebswirtschaftlichen Kosten nur noch zum Teil (Ausfall des Arbeitnehmers) oder vermittelt (als Prämien zur Unfallversicherung) in den einzelwirtschaftlichen Kostenrechnungen auf. Damit entfällt ein wesentlicher materieller Anreiz zur Unfallverhütung im Betrieb. Umso mehr bedarf es daher der Kontrolle von Seiten der Berufsgenossenschaft, der Gewerbeaufsicht, der Gewerkschaften und der Arbeitnehmer der Betriebe.

Bei den letzten Reformbestrebungen ist der Leistungskatalog der Unfallversicherung nicht tangiert worden. In letzter Zeit wird eine Konzentration auf betriebsspezifische Risiken durch eine Strukturreform und ein Abbau der Überversorgung bei gleichzeitiger Verbesserung der Wirtschaftlichkeit verstärkt diskutiert. Im Hinblick auf eine Reform des Leistungsrechts in der gesetzlichen Unfallversicherung wird beispielhaft die Streichung der Wegeunfälle angeführt, da der Einfluss der Arbeitgeber auf den Arbeitsweg der Arbeitnehmer faktisch nicht gegeben ist und Risikoabsicherungsvorkehrungen seitens des Arbeitgebers nicht erfolgen können. Eine dementsprechende Haftung für Wegeunfälle seitens des Arbeitgebers wird daher oft diskutiert.

6 Soziale Pflegeversicherung (SPV)

6.1 Einführung

Seit Mitte der 70er Jahre wurde die Notwendigkeit der Einführung einer Pflegeversicherung diskutiert. Gründe hierfür waren und sind die zunehmende Zahl älterer, pflegedürftiger Menschen, die steigenden Kosten der Pflege, insbesondere in Pflegeheimen, sowie die Zunahme der pflegebedürftigen Sozialhilfeempfänger, die besonders für die Kommunen als Träger der Sozialhilfe ein Problem darstellte.

Bundestag und Bundesrat entschieden sich 1993/94 für die Verabschiedung des als Buch XI in die Sozialgesetzgebung eingeordneten „Gesetz[es] zur sozialen Absicherung des Risikos der Pflegebedürftigkeit (*Pflegeversicherungsgesetz*)". Die Absicherung des Pflegerisikos in Deutschland wurde durch die Pflichtversicherung mit Wirkung zum 1. Januar 1995 neu geregelt. Leistungen bei häuslicher Pflege erhalten die Versicherten seit dem 1. April 1995 – bei stationärer Pflege seit dem 1. Juli 1996.

Das Gesetz machte die Pflegeversicherung neben der Unfall-, der Kranken-, der Renten- und der Arbeitslosenversicherung zur fünften Säule des deutschen Sozialversicherungssystems, die weitgehend den für die ersten vier Säulen geltenden Prinzipien entspricht. Dies gilt insbesondere für die (arbeits-)einkommensabhängigen Beiträge, die jeweils zur Hälfte von Arbeitnehmer und Arbeitgeber zu tragen sind.

Die Pflegeversicherung bietet in Deutschland für mehr als 2,5 Millionen Leistungsbezieher eine Absicherung gegen die Folgen der Pflegebedürftigkeit. Derzeit ist der „Pflegebedürftigkeitsbegriff" ein vieldiskutiertes Thema. Grundsätzlich ist in § 14 Absatz 1 SGB XI Folgendes definiert:

Als pflegebedürftig gelten Versicherte, die wegen einer körperlichen, geistigen oder seelischen Krankheit oder Behinderung dauerhaft, das heißt voraussichtlich mindestens für sechs Monate, in erheblichem Maße Hilfe bei den Verrichtungen des täglichen Lebens brauchen. Pflegeleistungen erhalten Versicherte, die

- pflegebedürftig sind,
- eine bestimmte Vorversicherungszeit nachweisen und
- einen Antrag auf Leistungen gestellt haben.

6.2 Kreis der Versicherten

Versicherungspflichtig sind sowohl alle Versicherten einer gesetzlichen Krankenversicherung als auch die Versicherten einer privaten Krankenversicherung. Es gilt das Prinzip, dass die Pflegeversicherung der Krankenversicherung folgt.

Der Teil der Bevölkerung, der nicht in der gesetzlichen Krankenversicherung pflichtversichert ist (Selbstständige, Beamte, Arbeitnehmer mit einem Einkommen oberhalb der Versicherungspflichtgrenze), ist zum Nachweis einer nach Art und Umfang gleichwertigen privaten Pflegeversicherung verpflichtet. Die privaten Krankenversicherer gründeten eine umlagefinanzierte Pflegeversicherung.

6.3 Aufgaben und Leistungen

Mit der sozialen Pflegeversicherung soll das finanzielle Risiko der Pflegebedürftigkeit abgesichert werden. Sie soll es dem Pflegebedürftigen ermöglichen, ein selbstbestimmtes Leben zu führen. Demnach ist die Pflegeversicherung keine Vollversicherung. Sie stellt eine soziale Grundsicherung in Form von unterstützenden Hilfeleistungen dar, die die Eigenleistungen der Versicherten und anderer Träger nicht entbehrlich machen.

Es gilt der Grundsatz: Rehabilitation vor Pflege. D. h. die Krankenkasse prüft, welche Leistungen zur medizinischen Rehabilitation für den Versicherten in Betracht kommen, um Pflegebedürftigkeit zu überwinden, zu mindern oder ihre Verschlimmerung zu verhüten.

Maßgebend dafür, welche Leistungen Pflegebedürftige erhalten, ist der Grad der Hilfsbedürftigkeit. Die Beurteilung der Pflegebedürftigkeit, die Eingruppierung in eine Pflegestufe und die Auswahl der in Betracht kommenden Pflegeleistungen ist Aufgabe des medizinischen Dienstes der Krankenkassen.

Unter gewöhnlichen und regelmäßig wiederkehrenden Verrichtungen werden dabei folgende Tätigkeiten verstanden (§ 14 Abs. 4 SGB XI):

- Körperpflege: das Waschen, Duschen und Baden, die Zahnpflege, das Kämmen, das Rasieren, die Darm- oder Blasenentleerung.
- Ernährung: das mundgerechte Zubereiten oder die Aufnahme der Nahrung.
- Mobilität: das selbstständige Aufstehen und Zubettgehen, An- und Auskleiden, Gehen, Stehen, Treppensteigen sowie Verlassen und Wiederaufsuchen der Wohnung.
- Hauswirtschaftliche Versorgung: das Einkaufen, Kochen, Reinigen der Wohnung, Spülen, Wechseln und Waschen der Wäsche und Kleidung sowie das Beheizen der Wohnung.

Die Bereiche Körperpflege, Ernährung und Mobilität werden zusammen auch als *Grundpflege* bezeichnet.

Die Leistungen der sozialen Pflegeversicherung werden als Sach- oder Pflegegeldleistungen gewährt. Seit ihrer Einführung wurden die Leistungen nicht an die Inflationsrate angepasst. In der häuslichen Pflege ist die Wahl zwischen Pflegegeld- und Sachleistungen sowie die Kombination beider Leistungstypen möglich.

Außerdem werden insbesondere folgende Leistungen zur Verfügung gestellt:

- Pflegekurse für Angehörige und ehrenamtliche Pflegepersonen,
- Pflegegeld für selbst beschaffte Pflegehilfen
- Tages- und Nachtpflege
- Pflegehilfsmittel und technische Hilfen sowie
- Zuschüsse zur pflegegerechten Gestaltung des Wohnumfeldes des Pflegebedürftigen

Für die Gewährung von Leistungen an Pflegebedürftige sind Pflegestufen vorgesehen:

Pflegestufe 0: Als nicht pflegebedürftig im Sinne der Pflegeversicherung gelten Personen, bei denen der Pflege- und Betreuungsbedarf im Tagesdurchschnitt unter 90 Minuten liegt.

Pflegestufe I – Erheblich Pflegebedürftige: Es handelt sich um Personen, die für wenigstens zwei Verrichtungen aus den Bereichen Körperpflege, Ernährung oder Mobilität mindestens einmal täglich der Hilfe bedürfen und zusätzlich mehrfach in der Woche Hilfen bei der hauswirtschaftlichen Versorgung benötigen. Der Hilfebedarf für die Grundpflege und die hauswirtschaftliche Versorgung muss pro Tag mindestens 90 Minuten betragen, wobei auf die Grundpflege mehr als 45 Minuten entfallen müssen.

Pflegestufe II – Schwerpflegebedürftige: Personen, die bei der Körperpflege, der Ernährung oder der Mobilität mindestens dreimal täglich zu verschiedenen Tageszeiten hilfsbedürftig sind und zusätzlich mehrfach in der Woche Hilfe bei der hauswirtschaftlichen Versorgung benötigen, gehören in die Pflegestufe II. Der Hilfebedarf für die Grundpflege muss pro Tag mindestens 3 Stunden betragen, wobei auf die Grundpflege mindestens 2 Stunden entfallen müssen.

Pflegestufe III – Schwerstpflegebedürftige: Die Schwerstpflegebedürftigen sind Personen, die bei der Körperpflege, der Ernährung oder der Mobilität täglich rund um die Uhr (auch nachts), der Hilfe bedürfen und zusätzlich mehrfach in der Woche Hilfe bei der hauswirtschaftlichen Versorgung benötigen. Der Hilfebedarf für die Grundpflege und die hauswirtschaftliche Versorgung muss pro Tag mindestens 5 Stunden betragen, wobei auf die Grundpflege mindestens 4 Stunden entfallen müssen.

Pflegestufe III+ – Härtefälle: Die Pflegestufe III+ ist für Schwerstpflegebedürftige, die einen außergewöhnlich hohen Pflegebedarf haben. Der Gesetzeswortlaut enthält dazu keine Details. Diese sind von den Spitzenverbänden der Pflegekassen in den Härtefall-Richtlinien festgelegt worden. Nach diesen Richtlinien erfordert die Anerkennung der Pflegestufe III+, dass

- die Grundpflege für den Pflegebedürftigen auch während der Nacht nur von mehreren Pflegekräften gemeinsam erbracht werden kann oder
- Hilfe bei der Körperpflege, der Ernährung und der Mobilität mindestens sieben Stunden täglich, davon wenigstens zwei Stunden in der Nacht, erforderlich ist.

Ein außergewöhnlich hoher Pflegebedarf wird meist in Endstadien verschiedener Krankheiten anerkannt, wie beispielsweise auch bei einer schweren Ausprägung der Demenz. Hier gelten in allen Pflegestufen erhöhte Pflegesätze. Der derzeitige Umfang der Leistungen ist in der folgenden Tabelle zusammengefasst:

	Pflege zu Hause		Pflege im Heim
	Pflegegeld	Sachleistung	
Pflegestufe 0			
Pflegestufe I	235 €	450 €	1.023 €
Pflegestufe II	440 €	1.100 €	1.279 €
Pflegestufe III	700 €	1.550 €	1.550 €
Pflegestufe III+		1.918 €	1.918 €

Abbildung 168: Monatliche Leistungen der sozialen Pflegeversicherung *
*Leistungen bei Demenz sind hier nicht berücksichtigt.

Nach statischen Angaben der Betriebskrankenkassen sind mehr als die Hälfte aller Pflegebedürftigen derzeit der Pflegestufe I zugeordnet. In Pflegestufe II sind rund 30 % sowie mehr als 10 % in Pflegestufe III.

Wenn Angehörige oder Bekannte die Pflege übernehmen, wird ein monatliches Pflegegeld gezahlt. Die „ehrenamtlichen" Pflegenden sind während ihrer pflegerischen Tätigkeit automatisch renten- und unfallversichert, wenn sie eine Mindestzahl von Pflegestunden erreichen.

Jeder Versicherte hat Anspruch auf Leistungen der Pflegeversicherung, wenn er vor Antragstellung mindestens zwei Jahre in einer Pflegekasse versichert war.

6.4 Organisation und Finanzierung

Die soziale Pflegeversicherung ist eine eigenständige soziale Sicherungseinrichtung und wird unter dem Dach der gesetzlichen Krankenversicherung durchgeführt. Träger der sozialen Pflegeversicherung sind die Pflegekassen als selbstständige Körperschaften des öffentlichen Rechts. Den Krankenkassen wurde die Administration der Pflegekassen übertragen, so dass kein eigener Verwaltungsapparat geschaffen wurde.

Der aktuelle Beitragssatz zur Pflegeversicherung liegt bei 2,05 % vom Lohn bzw. Gehalt. Arbeitgeber und Arbeitnehmer übernehmen jeweils einen Anteil von 1,025 %. Da im Bundesland Sachsen nicht wie im übrigen Bundesgebiet zur Finanzierung der Pflegeversicherung ein Feiertag abgeschafft wurde, zahlen die Arbeitnehmer hier einen höheren Anteil vom Einkommen: 1,525 %. Die Arbeitgeber übernehmen nur 0,525 %. Kinderlose, die mindestens 23 Jahre alt und nach dem 31. Dezember 1939 geboren sind, zahlen einen Beitragszuschlag von 0,25 %. Der Beitrag wird mit den übrigen Sozialabgaben automatisch bei der Lohn- oder Gehaltsabrechnung einbehalten.

Der Beitrag für Rentner, der bis zum März 2004 zu 50 % von der Rentenversicherung übernommen wurde, ist seit April 2004 vollständig von den Rentnern zu tragen.

Der Beitrag für Studenten beträgt monatlich 12,24 Euro oder 13,73 Euro für Kinderlose, die mindestens 23 Jahre alt sind. Er wird – wie der Krankenversicherungsbeitrag – durch die Pflegekassen in Rechnung gestellt.

Den gesamten Beitrag für die Bezieher von Arbeitslosengeld, Arbeitslosenhilfe, Eingliederungshilfe, Unterhaltsgeld und Altersübergangsgeld leistet die Bundesagentur für Arbeit, die Beiträge für Rehabilitanden trägt der Rehabilitationsträger, für Behinderte in Einrichtungen der Träger der Einrichtung und für Empfänger sonstiger Sozialleistungen der zuständige Leistungsträger.

Die Jahreseinnahmen werden im Rahmen des Umlageverfahrens innerhalb eines Jahres verausgabt. Es findet sowohl ein Finanzausgleich innerhalb der Sozialversicherung als auch mit der privaten Pflegeversicherung statt. Die Mindestversicherungszeiten betragen seit dem 1. Januar 2000 fünf Jahre innerhalb eines Zehn-Jahres-Zeitraums.

Um die Leistungsfähigkeit des Pflegesektors zu sichern, haben die Pflegekassen einen Sicherstellungsauftrag erhalten, d. h. sie haben den Auftrag, durch Versorgungsverträge und Vergütungsvereinbarungen mit Pflegeheimen, Sozialstationen und ambulanten Pflegediensten die pflegerische Versorgung der Versicherten zu gewährleisten. Zur Pflege dürfen nur Einrichtungen zugelassen werden, die eine leistungsfähige und wirtschaftliche Versorgung der Pflegebedürftigen gewähren können. Die Pflegeeinrichtungen haben gegen die zuständige Pflegekasse einen Anspruch auf leistungsgerechte Vergütung ihrer Leistungen. Im Pflegesatz nicht enthalten sind die so genannten „Hotelkosten" für Unterkunft und Verpflegung, die vom Betroffenen selber zu tragen sind.

6.5 Private Pflege-Pflichtversicherung und Pflege-Zusatzversicherung

Die Prämien für die private Pflege-Pflichtversicherung richten sich nicht nach dem Einkommen, sondern nach dem Lebensalter beim Eintritt in die Versicherung (Festbetrag statt prozentualer Anteil vom Einkommen). Die Höchstprämie ist gesetzlich festgelegt. Sie darf nicht höher sein als der Höchstbeitrag in der sozialen Pflegeversicherung. Beamte, die im Pflegefall auch Anspruch auf Beihilfeleistungen haben, zahlen nicht mehr als die Hälfte dieses Höchstbetrags. In den neuen Bundesländern gilt entsprechend der dort niedrigeren Beitragsbemessungsgrenze auch ein niedrigerer Höchstbeitrag.

Die Beiträge gelten einheitlich für Männer und Frauen. Für Verheiratete, bei denen nur ein Ehepartner erwerbstätig ist oder ein Ehepartner mit seiner Erwerbstätigkeit die Geringfügigkeitsgrenze nicht überschreitet, darf der Beitrag zur privaten Pflegeversicherung nicht mehr als 150 % des Höchstbeitrags zur sozialen Pflegeversicherung betragen. Kinder sind, wie in der sozialen Pflegeversicherung, beitragsfrei mitversichert.

Einführung des „Pflege-Bahr"

Der Gesetzgeber hat zum 1. Januar 2013 eine staatlich geförderte, private Pflegezusatzversicherung eingeführt, den sogenannten „Pflege-Bahr". Die Förderung erfolgt in Form einer Zulage. Der Abschluss ist freiwillig.

Die gesetzliche Pflegeversicherung wird somit um eine geförderte, private Pflegezusatzversicherung ergänzt. Zusätzlich zum umlagefinanzierten Teilleistungssystem der gesetzlichen Pflegeversicherung soll der Verbraucher nach dem Willen des Gesetzgebers dabei unterstützt werden, eigenverantwortlich und kapitalgedeckt für den Fall der Pflegebedürftigkeit vorzusorgen. Zudem können auch Privatversicherte eine Pflege-Bahr-Police abschließen.

Die staatliche Förderung in Form von Zulagen wird für Pflegetagegeld-Policen bereitgestellt, die die nachfolgenden Kriterien erfüllen müssen:

- Es besteht Kontrahierungszwang, das bedeutet, dass Antragsteller nicht aufgrund ihrer Vorerkrankungen abgelehnt werden dürfen. Risikozuschläge oder Leistungsausschlüsse dürfen nicht vereinbart werden.
- Der Versicherer muss auf das ordentliche Kündigungsrecht verzichten.
- Das Pflegemonatsgeld muss in Pflegestufe III mindestens 600 Euro betragen. In der Pflegestufe II müssen mindestens 30 %, in der Pflegestufe I mindestens 20 % und in der Pflegestufe 0 mindestens 10 % des Pflegemonatsgeldes gezahlt werden.
- Die Zahlung des Pflegemonatsgeldes muss einsetzen, wenn die soziale oder private Pflegepflichtversicherung die Pflegebedürftigkeit anerkennt.

- Die Wartezeit darf höchstens fünf Jahre betragen.
- Der Versicherungsnehmer kann den Vertrag drei Jahre ruhen lassen, sofern eine Hilfebedürftigkeit nach dem zweiten oder zwölften Sozialgesetzbuch festgestellt wurde. Während dieser Zeit müssen keine Beiträge gezahlt werden.
- Die Abschlusskosten dürfen höchstens zwei Monatsbeiträge und die Verwaltungskosten höchsten 10 % der Bruttoprämie betragen.
- Der Verband der privaten Krankenversicherer ist mit der Festsetzung brancheneinheitlicher Versicherungsbedingungen beauftragt. Diese sind von den Versicherern als Teil der allgemeinen Versicherungsbedingungen zu verwenden.

Grundsätzlich sind alle Personen förderfähig, die der sozialen oder privaten Pflegepflichtversicherung angehören. Allerdings müssen sie über 18 Jahre alt sein und dürfen noch keine Leistungen wegen Pflegebedürftigkeit oder Demenz (Pflegestufe 0) beziehen oder bereits bezogen haben.

Der Mindestbeitrag des Versicherten beträgt 120 Euro jährlich (10 Euro monatlich). Der jährliche Förderbeitrag von 60 Euro (5 Euro monatlich) kommt hinzu. Der Mindestbeitrag muss für den förderfähigen Tarif verwendet werden.

Verlegt die versicherte Person ihren Wohnsitz ins europäische Ausland oder in einen Mitgliedsstaat der EU, kann die geförderte ergänzende Pflegeversicherung fortgeführt werden, sofern die soziale oder private Pflegepflichtversicherung fortbesteht.

Wird der Wohnsitz ins übrige Ausland verlegt, kann die geförderte ergänzende Pflegeversicherung in eine Anwartschaftsversicherung umgestellt werden. Ansonsten endet der Vertrag mit der Aufgabe des Wohnsitzes im Inland.

Der Umfang der Inanspruchnahme dieser Fördermöglichkeit ist derzeit noch gering. Bei der Bevölkerung steht – wenn überhaupt – die Altersvorsorge im Vordergrund. Die Selektivität der Inanspruchnahme und Verteilungswirkungen sind Kritikpunkte, denn einkommensschwache Haushalte werden weiterhin Sozialhilfe zur Absicherung beantragen. Gleichzeitig besteht die Adverse Selektion Problematik, da es nur einen Risikozuschlag für Alter gibt und somit die Versicherungsprämien hoch angesetzt werden. Es besteht somit die Gefahr der Zweiklassenpflege.

6.6 Kritische Würdigung und weitere Reformen

Der Gesetzgeber verfolgte mit der Einführung der Pflegeversicherung die folgenden Zielstellungen, an denen sich die Wirkungen der Pflegeversicherung auch empirisch messen lassen:

- Unterstützung der häuslichen Pflege, damit die Pflegebedürftigen möglichst lange in ihrer häuslichen Umgebung bleiben können,
- Verringerung der pflegebedingten Sozialhilfeabhängigkeit (Rückführung der Sozialhilfe auf ihre eigentliche Funktion),
- Sicherstellung einer bedarfsgerechten und bundeseinheitlichen Pflegeversicherung auf einem gesicherten Qualitätsniveau,
- Abbau möglicher Fehlbelegungen im Krankenhausbereich (Sicherstellungsauftrag und Qualitätssicherung).

Die Pflegeversicherung ist nur eine Teilabsicherung. Ihre Leistungssätze sind nach oben begrenzt und die versicherten Tatbestände, die unter den Pflegebegriff fallen, umfassen nur einen Teil der von Pflegebedürftigen nachgefragten pflegerischen Verrichtungen. Abgedeckt wird nur der Bedarf an Hilfe in den Bereichen Körperpflege, Ernährung, Mobilität und hauswirtschaftliche Versorgung. Psychosoziale und kommunikative Aspekte des Pflegebedarfs bleiben weitgehend unberücksichtigt. Dieser eingeschränkte Pflegebegriff wird von vielen Pflegebedürftigen, Selbsthilfezusammenschlüssen und Verbänden heftig kritisiert, wobei eine noch stärkere Berücksichtigung der Betreuung psychisch kranker, geistig behinderter und dementer Menschen und der Qualität in der Pflege gefordert wird.

Auch nach 20 Jahren Bestehen der SPV ist der Modernisierungsbedarf größer denn je. Durch zwei *Pflegestärkungsgesetze* will das Bundesgesundheitsministerium in dieser Wahlperiode deutliche Verbesserungen in der pflegerischen Versorgung umsetzen. Durch das erste Pflegestärkungsgesetz sollen bereits zum 1. Januar 2015 die Leistungen für Pflegebedürftige und ihre Angehörigen spürbar ausgeweitet und die Zahl der zusätzlichen Betreuungskräfte in stationären Pflegeeinrichtungen erhöht werden. Zudem soll ein Pflegevorsorgefonds eingerichtet werden.

Mit dem zweiten Pflegestärkungsgesetz soll noch in dieser Wahlperiode der neue Pflegebedürftigkeitsbegriff und ein neues Begutachtungsverfahren eingeführt werden. Die bisherige Unterscheidung zwischen Pflegebedürftigen mit körperlichen Einschränkungen einerseits und mit kognitiven und psychischen Einschränkungen (insbesondere Demenzkranke) andererseits soll dadurch wegfallen. Im Zentrum steht der individuelle Unterstützungsbedarf jedes Einzelnen. Dadurch wird die Pflegeversicherung auf eine neue Grundlage gestellt. Zur Finanzierung der Leistungsverbesserungen werden mit dem zweiten Pflegestärkungsgesetz die Beiträge zur Pflegeversicherung um weitere 0,2 Prozentpunkte angehoben.

Durch die Pflegestärkungsgesetze werden die Beiträge für die Pflegeversicherung in zwei Schritten um insgesamt 0,5 Beitragssatzpunkte angehoben. Dadurch stehen fünf Milliarden Euro mehr pro Jahr für Verbesserungen der Pflegeleistungen zur Verfügung. 1,2 Milliarden Euro fließen in einen Pflegevorsorgefonds. Insgesamt können die Leistungen aus der Pflegeversicherung um 20 % erhöht werden.

Bereits das erste Pflegestärkungsgesetz, das zum 1. Januar 2015 in Kraft treten soll, sieht Leistungsverbesserungen vor, die auch schon umsetzen, was mit dem neuen Pflegebedürftigkeitsbegriff angestrebt ist: eine bessere Berücksichtigung der individuellen Situation von Pflegebedürftigen und ihren Angehörigen und einen Abbau von Unterschieden im Umgang mit körperlichen und geistigen Einschränkungen.

Statt drei Pflegestufen soll es künftig fünf Pflegegrade geben, die der individuellen Pflegebedürftigkeit besser gerecht werden. Bei der Feststellung der Pflegebedürftigkeit soll nicht mehr zwischen körperlichen, geistigen und psychischen Beeinträchtigungen unterschieden werden. Ausschlaggebend dafür, ob jemand pflegebedürftig ist, wird der Grad der Selbstständigkeit sein: Was kann jemand noch alleine und wo benötigt er oder sie Unterstützung? Davon profitieren alle Pflegebedürftigen – Demenzkranke und Menschen mit körperlichen Einschränkungen – gleichermaßen. Ausgehend von der Selbstständigkeit einer Person wird das Stadium der Einschränkung in fünf Grade eingestuft, von geringer Beeinträchtigung der Selbstständigkeit (Pflegegrad 1) bis zur schwersten Beeinträchtigung, die mit besonderen Anforderungen an die pflegerische Versorgung einhergeht (Pflegegrad 5).

Um den Grad der Selbstständigkeit einer Person zu messen, werden Aktivitäten in sechs pflegerelevanten Bereichen untersucht. Das Verfahren berücksichtigt erstmals auch den besonderen Hilfe- und Betreuungsbedarf von Menschen mit kognitiven oder psychischen Einschränkungen. Bei dem neuen Begutachtungsverfahren wird nicht wie bei der bisher geltenden Methode, die Zeit gemessen, die zur Pflege der jeweiligen Person durch einen Familienangehörigen oder eine andere nicht als Pflegekraft ausgebildete Pflegeperson benötigt wird, sondern es werden Punkte vergeben, die abbilden, wie weit die Selbstständigkeit einer Person eingeschränkt ist. Anhand der Ergebnisse der Prüfung werden die Pflegebedürftigen in einen der fünf Pflegegrade eingeordnet.

Vor der Einführung des neuen Pflegebedürftigkeitsbegriffs muss sichergestellt werden, dass sich das neue Begutachtungssystem in der Praxis bewährt und die Verbesserungen auch wirklich bei den Pflegebedürftigen ankommen. Das wird im Laufe diesen Jahres erprobt und dient als Basis für das zweite Pflegestärkungsgesetz.

Die Erprobung wird im Rahmen von zwei Modellprojekten geschehen, die durch den GKV-Spitzenverband koordiniert werden. In einem Modellprojekt – der „Praktikabilitätsstudie zur Einführung des Neuen Begutachtungsassessments" – wird untersucht, ob sich das neue Begutachtungsverfahren in der Praxis bewährt. Dadurch sollen durch den Expertenbeirat zur konkreten Ausgestaltung eines neuen Pflegebedürftigkeitsbegriffs im Jahr 2013 vorgeschlagene Modifizierungen (z. B. bei Kinderbegutachtungen, bei besonderen Bedarfskonstellationen – Härtefällen, und bei der Klärung des Rehabilitationsbedarfs) überprüft und mögliche Probleme bei der neuen Begutachtung frühzeitig aufgedeckt werden. In einem weiteren Modellprojekt zur „Evaluation des Neuen Begutachtungsassessments (NBA) – Erfassung von Versorgungsaufwänden in stationären Einrichtungen" wird untersucht, welche Leistungen mit welchem Zeitaufwand für die einzelnen Pflegebedürftigen erbracht werden. Außerdem wird untersucht, wie die Pflegebedürftigen nach dem neuen System eingestuft würden. Daraus ergibt sich ein Bild, wie sich heutiger Pflegeaufwand und zukünftiger Pflegegrad in der stationären Pflege zueinander verhalten. Dies sind wichtige Hinweise für die Gesetzgebungsarbeit.

Mit der Umsetzung der Modellprojekte wurde bereits begonnen: zunächst werden die Gutachter des Medizinischen Dienstes der Krankenversicherung auf die neuen Regeln geschult. Anschließend werden insgesamt 4.000 Pflegebedürftige in ganz Deutschland, Erwachsene und Kinder, zu Hause und in Pflegeheimen begutachtet – und zwar nach den geltenden und den künftigen Regeln. Parallel wird durch Pflegekräfte begleitet und erfasst, welche konkreten Leistungen in Pflegeheimen mit welchem Zeitaufwand erbracht werden. Die Ergebnisse der beiden Studien werden Anfang 2015 vorliegen und können dann im Gesetzgebungsprozess zur Einführung des neuen Pflegebedürftigkeitsbegriffs berücksichtigt werden. Der neue Pflegebedürftigkeitsbegriff soll noch in dieser Wahlperiode eingeführt werden.

Die Zukunft wird zeigen, wie schnell die geplanten Maßnahmen umgesetzt werden können und wie nachhaltig diese Reformen für die Qualität und die Finanzierung der sozialen Pflegeversicherung sein werden.

Resümee und Ausblick

Resümee und Ausblick

Herausforderungen für die Finanzdienstleistungsbranche

Über Jahrzehnte hinweg war der deutsche Versicherungsmarkt durch ein kontinuierliches Prämienwachstum und auskömmliche Gewinne der Versicherungsunternehmen gekennzeichnet. In den letzten Jahren haben sich jedoch gravierende Veränderungen sowohl in den Rahmenbedingungen als auch im Wettbewerbsumfeld von Versicherungsunternehmen ergeben. Neben der Sättigung der Versicherungsmärkte und dem zunehmenden Wettbewerbsdruck in der Finanzdienstleistungsbranche wird die Versicherungswirtschaft auch durch die zunehmende Globalisierung und Internationalisierung der Märkte an sich vor neue Herausforderungen gestellt: Einerseits resultieren aus den veränderten Marktbedingungen neue Chancen, beispielhaft die Nutzung neuer Informationstechnologien, die Erschließung neuer Märkte und die Entwicklung von innovativen Produkten sowie Geschäftsmodellen; andererseits müssen auch erhebliche Risiken, u. a. durch ausländische Konkurrenz, volatilere Kapitalmärkte und IT-Risiken, berücksichtigt werden. Die Finanzmarktkrise und die derzeit anhaltende Niedrigzinsphase haben den Druck auf die Versicherungsunternehmen hinsichtlich der Renditeanforderungen, insbesondere im Bereich der Lebensversicherung, zusätzlich erhöht.

Die Veränderung der Altersstruktur in der Gesellschaft („demographischer Wandel") verlangt nach innovativen Lösungen seitens der Versicherungsunternehmen. Das Geschäftsfeld Altersvorsorge stellt sich als der Zukunftsmarkt der Finanzdienstleistungsbranche dar. Gleichzeitig werden Versicherungsprodukte immer noch verkauft und nicht gekauft, denn Menschen verdrängen Risiken und geben insbesondere in jungen Lebensjahren ihr Geld für Konsumgüter aus. Die Kundenorientierung sowie die Bindung der Bestandskunden ist somit ein entscheidender Erfolgsfaktor für den Versicherungsvertrieb.

Die Bedeutung des Risikomanagements ist in den letzten Jahren nicht nur durch die gesetzlichen Anforderungen im Sinne von Solvency II und MaRisk gestiegen, sondern auch durch die Erschließung neue Geschäftsfelder, wie z. B. die Versicherung von erneuerbaren Energieanlagen bzw. deren Infrastruktur. Die Grenzen der Versicherbarkeit verschieben sich fortlaufend und die Tarifierung von Produkten und Leistungen bei innovativen Versicherungslösungen sind kontinuierliche Herausforderungen.

Eine strategische Positionierung auf dem Versicherungsmarkt ist für die zukünftige Überlebensfähigkeit der einzelnen Marktteilnehmer von hoher Bedeutung. Zusätzlich muss innerhalb der operativen Unternehmensführung für effektive und effiziente Prozesse und eine wertorientierte Steuerung aller Unternehmensbereiche gesorgt werden. Um bei diesem Unternehmensumbau erfolgreich zu sein, ist der damit verbundene Wertewandel durch ein „Change Management", das die betroffenen Mitarbeiter als Beteiligte in den Veränderungsprozess einbindet und die Führungsebene als Motor und Vorbild dieses Prozesses versteht, zu begleiten.

Versicherungsunternehmen im Wandel

Die zunehmende Verflechtung der Versicherungswirtschaft mit anderen Finanzdienstleistungsunternehmen (vor allem Geschäfts- und Investmentbanken, Bau-sparkassen und Anlageberatern) wirft die Frage auf, ob die Versicherungswirtschaft noch eine eigenständige Branche ist. Es existieren vielfältige Formen der Zusammenarbeit: von Kooperationen, z. B. beim Vertrieb (Allfinanz-Konzept), bis hin zur Zusammenfassung verschiedener Finanzdienstleistungsunternehmen unter einer Holding. Ziel dieser Verflechtungen ist einerseits das Angebot einer aus Kundensicht bedarfsgerechten Lösung von Versicherungs-, Bank-, Investment- und Immobilienprodukten und andererseits die Kosten senkende Ausnutzung von Synergie- und Skaleneffekten, z. B. beim Asset Liability Management oder im Vertrieb.

In der Finanzdienstleistungsbranche und insbesondere in der Versicherungswirtschaft konnten in den letzten Jahren verstärkt Konzentrationsprozesse beobachtet werden. „Größe" ist jedoch nicht immer mit „Leistungsfähigkeit" gleichzusetzen.

Auf dem Versicherungsmarkt sind folgende drei Unternehmenstypen vorzufinden:

- internationale Finanzdienstleistungskonzerne,
- nationale und europäische Versicherungsgruppen sowie
- Spezialversicherer,

die im Folgenden kurz charakterisiert werden.

Auf dem deutschen Finanzdienstleistungsmarkt existieren mehrere international tätige Großkonzerne, die die gesamte Produktpalette des Finanzdienstleistungsbereichs über Tochterunternehmen – Versicherungen, Banken, Investmentgesellschaften und Bausparkassen – abdecken. Die vorherrschende Rechtsform dieses Unternehmenstyps ist die Aktiengesellschaft. Die Zahl und auch die Größe dieser Konzerne werden weiter zunehmen. Die internationalen Finanzdienstleistungskonzerne werden kleinere Unternehmen übernehmen und neue Tochtergesellschaften in Zukunftsmärkten gründen.

Derzeit gehören die meisten Versicherungsunternehmen auf dem deutschen Markt einer nationalen oder europäischen Versicherungsgruppe an. Diese Versicherungsgruppen werden auch zukünftig einen wesentlichen Marktanteil behalten. Die Unternehmen dieses Unternehmenstyps stehen einerseits in Konkurrenz zu den Unternehmen anderer Versicherungsgruppen und andererseits sowohl zu den „Global Playern" der Finanzdienstleistungsbranche als auch zu den zahlreichen Spezialversicherern. Daher ist insbesondere bei diesem Unternehmenstyp eine eindeutige strategische Positionierung aufgrund des Wettbewerbsumfelds zwingend erforderlich.

Bei den nationalen Versicherungsvereinen auf Gegenseitigkeit sind weitere Fusionsbestrebungen zu erwarten, die damit zwar noch nicht die Größe eines internationalen Finanzdienstleistungskonzerns erreichen werden, sich dadurch aber die Basis für eine verstärkte Expansion aufbauen. Das Ziel dieser Zusammenschlüsse ist die Ausweitung von Marktanteilen und die Nutzung von Synergieeffekten. Die größten Erfolgsaussichten haben hierbei Unternehmen, die eine ähnliche Entwicklung und/oder Marktausrichtung besitzen. Diese Ziele verfolgen auch die öffentlich-rechtlichen Versicherer, trotz ihrer nach wie vor starken regionalen Ausrichtung und den seit langem bestehenden Verbünden mit Sparkassen, Bausparkassen etc. Auch die Marktausweitung nach Osteuropa ist eine häufig anzutreffende strategische Entscheidung bei diesen Versicherungsgruppen.

Von den Unternehmen dieses Unternehmenstyps werden alle Vertriebswege einbezogen („Multi-Channel-Management"). Die Bedeutung von Vertriebskooperationen zwischen Versicherungsunternehmen und Banken, auch über die bereits bestehenden Verbünde hinaus, wird steigen. Auch eine Erweiterung des Maklervertriebs ist zu erwarten.

Der letzte Unternehmenstyp, die Spezialversicherer, bieten ihren Kunden ein spezialisiertes Produkt- und Dienstleistungsangebot an oder wählen meist einen bestimmten Vertriebsweg, wie z. B. das Internet. Weiterhin sind auch regionale Spezialisierungen (lokal geprägte Marktsegmente) oder eine Ausrichtung auf einzelne Kundengruppen (z. B. Ärzte oder Handwerker) möglich. Entscheidend für den Markterfolg dieses Unternehmenstyps ist die hohe Fach- und Servicekompetenz in dem bearbeiteten Marktsegment. Bei diesem Unternehmenstyp ist die Markttransparenz besonders hoch, so dass für eine erfolgreiche Positionierung auf dem Versicherungsmarkt und insbesondere gegenüber anderen Spezialversicherern effiziente und vor allem effektive Leistungsprozesse erforderlich sind, um dem Kostendruck standzuhalten.

Der Versicherungsmarkt mit seinen vielfältigen Herausforderungen an alle Marktteilnehmer bleibt dynamisch und vielschichtig. Die Zukunft wird zeigen, welche Unternehmen auf dem Finanzdienstleistungsmarkt langfristig erfolgreich sein werden und welche visionären Vorstellungen über die Marktentwicklung Realität werden. Auf jeden Fall ist eine solide Ausbildung und die Schärfung der analytischen Kräfte für das Management von hoher Bedeutung, oder wie der amerikanische Philosoph und Dichter Ralph Waldo Emerson bereits sagte:

„Schwache Menschen glauben an das Glück.
Starke Menschen dagegen glauben an Ursache und Wirkung."

Literaturverzeichnis

Bundesanstalt für Finanzdienstleistungsaufsicht (Hrsg.): Jahresbericht der BaFin 2013, Bonn 2014

Bundesministerium für Arbeit und Soziales (Hrsg.): Sicherheit und Gesundheit bei der Arbeit 2013, Berlin 2012

Braess, P.: Versicherung und Risiko, Wiesbaden 2013

Farny, D. u.a. (Hrsg.): Handwörterbuch der Versicherung (HDV), Karlsruhe 1988

Farny, D.: Versicherungsbetriebslehre, 5. Auflage, Karlsruhe 2011

Gesamtverband der Deutschen Versicherungswirtschaft e.V. (Hrsg.): Statistisches Taschenbuch der Versicherungswirtschaft 2013, Berlin 2013

Gesamtverband der Deutschen Versicherungswirtschaft e.V. (Hrsg.): Jahrbuch 2012, Die deutsche Versicherungswirtschaft, Berlin 2012

GKV-Spitzenverband (Hrsg.): Kennzahlen der gesetzlichen Krankenversicherung, Berlin 2014

Hull, J.: Risikomanagement: Banken, Versicherungen und andere Finanzinstitutionen, 3. Auflage, Hallbergmoos 2014

Koch, P.: Versicherungswirtschaft – Ein einführender Überblick, 7. Auflage, Karlsruhe 2013

Kurzendörfer, V.: Einführung in die Lebensversicherung, 3. Auflage, Karlsruhe 2000

Lampert, H. / Althammer, J.: Lehrbuch der Sozialpolitik, 8. Auflage, Berlin 2007

Laux, H. / Gillenkirch, R. M. / Risken, H. W. / Schenk-Mathes, H. Y.: Entscheidungstheorie, 8. Auflage, Berlin 2012

Liebwein, P.: Klassische und moderne Formen der Rückversicherung, 2. Auflage, Karlsruhe 2009

Nguyen, R. / Romeike, F.: Versicherungswirtschaftslehre – Grundlagen für Studium und Praxis, Wiesbaden 2013

Outreville, J. F.: Theory and Practice of Insurance, New York 2012

Romeike, F. / Müller-Reichart, M.: Risikomanagement in Versicherungsunternehmen: Grundlagen, Methoden, Checklisten und Implementierung, 2. Auflage, Weinheim 2008

Schulenburg, J.-M. Graf von der / Greiner, W.: Gesundheitsökonomik 3. Auflage, Tübingen 2013

Schulenburg, J.-M. Graf von der / Zuchandke, A.: Übungen zur Versicherungsökonomik, Berlin 2011

Simon, M.: Das Gesundheitssystem in Deutschland, 3. Auflage, Bern / Schweiz 2009

Wagner, F. (Hrsg.): Versicherungslexikon, Wiesbaden 2011

Zweifel, P. / Eisen, R.: Versicherungsökonomie, 2. Auflage, Berlin 2013

Stichwortverzeichnis

A

Adverse Selection	66, 118, 276, 315, 375, 433
Alternativer Risikotransfer	188
Alterseinkünftegesetz	90
Alterssicherung	398, 427
Altersvermögensgesetz	135
Altersvorsorge	90, 399
Änderungsrisiko	65
Ansteckungsrisiko	64
Anwartschaftsdeckungsverfahren	399, 403, 440
Äquivalenzprinzip	88, 116, 166, 336, 399, 433
Arbeitslosenquote	482
Arbeitslosenversicherung	481
Arbeitsunfall	492
Asset Liability Management	77, 515

B

Beitragsbemessungsgrenze	442, 462, 474
Berufskrankheit	494
Berufsunfähigkeitsversicherung	130
Betriebliche Altersvorsorge	477
Bonus-Malus System	118
Bruttoprämie	47

C

Capital Asset Pricing Model	80, 190
Combined Ratio	119

D

Dienstleistung	39
Dienstleistungsfreiheit	104, 396
Distributionsargumente	382
Dread-Disease-Deckung	132
Durationmatching	79
Durchführungswege	90

E

Economies of Scale	274, 360
Economies of Scope	274, 360
Entscheidungsprinzipien	220
Entscheidungsregeln	260
Erwartungswertkriterium	220
Europäisches System der Finanzaufsicht	396
Externe Effekte	347

F

Finanzierungsverfahren	399, 440
Friedensfunktion	490

G

Generationenvertrag	460
Geschäftsfelder	81
Gesetz der großen Zahl	33, 36, 274
Gesetzliche Krankenversicherung	441
Gesetzliche Rentenversicherung	460
Gesetzliche Unfallversicherung	490
Gesundheitsfonds	446
Grundpflege	506
Grundsicherung	429

H

Höchstrechnungszinssatz	140
Hotelling'sches Straßenmodell	362

I

Individualversicherung	86, 89
Irrtumsrisiko	66

K

Kapitalanlagerisiken	67
Kapitaldeckungsverfahren	166, 399, 403, 440
Kapitalmarktrisiken	69
Kassenärztliche Vereinigungen	447
Kassenwahlfreiheit	455
Katastrophenrisiko	64
Kompositversicherung	101
Kontrahierungszwang	88, 114, 509
Kostenerstattungsprinzip	166, 427, 438
Kraftfahrtversicherung	113
Kreditrisiken	70
Kumulrisiko	64, 481
Kundenbindung	159
Kundentypen	160
Kundenzufriedenheit	159

L

Lebensversicherung	121
Liquiditätsrisiken	71

M

Moral Hazard	66, 118, 275, 299, 375, 481

N

Nettoprämie	47
Niederlassungsfreiheit	104

O

Ombudsmann	89
Ordnungskonformität	432

P

Personenversicherung	82
Pflege-Bahr	509
Pflegebedürftigkeit	504
Pflegestufen	506
Pflegeversicherung	131, 504
Pflichtversicherung	5, 93, 114, 388, 427, 433
Positionierung	519
Principal-Agent-Theorie	275, 315
Prinzip der kognitiven Verfügbarkeit	53
Prinzip des Ankereffekts	54
Prinzip des Framing	55
Private Krankenversicherung	164

R

Rationalitätspostulat	203
Rechnungsgrundlagen	148
Rechtsform	13, 32
Regelaltersrente	464
Regulierungstiefe	81, 91
Rentenauskunft	462
Rentenformel	467
Renteninformation	462
Repräsentationsprinzip	51
„Riester"-Produkte	135
Riester-Rente	475
Risiko	199, 217
Risikoarten	62
Risikoaversion	251
Risikofreude	247, 379
Risikomanagement	42, 72, 517
Risikoneutralität	246
Risikoscheu	248

Risikostrukturausgleich	166, 446	Standard-gamble-Verfahren	239
Risikovorsorge	430	Sterbetafel	141
Rückversicherung	174	St. Petersburger Paradoxon	222
Rückversicherungsformen und -arten	178	Stress-Test	77
		Subsidiaritätsprinzip	431
Rückversicherungspolitik	187		

S

U

Sachleistungsprinzip	166, 427, 438, 441	Umlageverfahren	166, 399, 402, 440, 460
Sachversicherung	82	Ungewissheit	200, 217, 259
Savage-Nutzenfunktion	250	Unisextarifierung	81
Schadenverhütung	101, 108, 300	Uno-actu-Prinzip	39, 158, 274
Schadenversicherung	103, 119		

V

Selbstbeteiligung	452, 453	Versicherung	32, 39, 274
Selbstverwaltung	436, 444	Versicherungsaufsicht	391, 414
Sicherheit	199	Versicherungsökonomik	3, 24
Sicherheitsäquivalent	245, 254	Versicherungsoptimum	289
Signaling-Theorie	29, 317	Versicherungspflicht	5, 92, 388, 389, 427, 433
Simulationsprinzip	54		
Sitzlandprinzip	105	Versicherungspflichtgrenze	164, 442, 474
Solidaritätsprinzip	87, 432	Versicherungstechnik	101, 113
Solidarprinzip	166, 441	Versicherungstechnische Risiken	62
Solvency II	79	Versicherungswissenschaft	3
Solvency-Prozess	413, 419	Verteilungsfunktion	57
Sozialbudget	460		

W

Sozialhilfe	429	Wegeunfall	493
Sozialpolitik	337	Wette	40
Sozialversicherung	86, 88, 394, 427		

Z

Sozialversicherungswahlen	436	Zieldreieck	208
Sozialversicherungszweige	427	Zufallsrisiko	63
Stabilitätsargumente	386		

Der perfekte Start in den Tag

Sie möchten wissen, was die Versicherungsbranche täglich umtreibt? Welche Themen aktuell, relevant und wichtig sind? Dann starten Sie Ihren Tag mit dem Online-Report Versicherungswirtschaft-heute.de. Egal ob Vermittler, Makler oder Manager – hier werden alle fündig, die sich für die Einordnung relevanter Versicherungsthemen in Politik, Wirtschaft und Märkte interessieren.

Ihre Vorteile:

- Lesen Sie nur die Themen, die wirklich relevant sind
- Erhalten Sie ein Verständnis für die Branche und darüber hinaus
- kostenfrei und jederzeit wieder abbestellbar
- täglich zum Frühstück in Ihrem Postfach

Jetzt kostenlos anmelden unter
www.versicherungswirtschaft-heute.de

Versicherungs wirtschaft heute
TAGESREPORT